U0746035

药品GMP车间
实训教程

（上册）

总 主 编　马爱霞

执行主编　明广奇

主　　编　何小荣　顾勤兰

中国医药科技出版社

内 容 提 要

本书是国内第一部全面介绍"药品 GMP 车间实训教程"的专著，本书为上册，主要内容包括：空气净化系统、质量管理系统、制药用水的制备、原料药生产、生物制药生产、中药提取生产、口服固体制剂（包括片剂、片剂包衣、硬胶囊、软胶囊、铝塑泡罩）、无菌制剂（包括小容量注射剂、塑料瓶大输液、软袋大输液、冻干粉针剂）的生产实训等典型制药生产的实训情景，囊括了常见药物制剂企业的实际生产情境，对学生进行有针对性的训练。上册包括生产过程的质量管理、空气净化系统的运行和管理、制药用水系统的验证、压缩空气岗位实训、化学原料药生产实训、生物制药生产实训、中药的提取与精制车间实训。本书内容重在对学生之前的专业知识和技能进行拓展和升华，强调实训过程的完整性和工作过程化。

本书不仅适合医药高职教育及专科、制药领域本科生、研究生等各层次不同办学形式教学使用，还可作为企业负责人及高层管理人员对制药企业培训教材的主要参考书。

图书在版编目（CIP）数据

药品 GMP 车间实训教程. 上册/马爱霞主编. —北京：中国医药科技出版社，2016.6
ISBN 978 - 7 - 5067 - 7956 - 2

Ⅰ. ①药…　Ⅱ. ①马…　Ⅲ. ①制药工业 – 质量管理体系 – 中国 – 高等学校 – 教材
Ⅳ. ①F426.7

中国版本图书馆 CIP 数据核字（2015）第 286378 号

美术编辑　陈君杞
版式设计　郭小平

出版　中国医药科技出版社
地址　北京市海淀区文慧园北路甲 22 号
邮编　100082
电话　发行：010-62227427　邮购：010-62236938
网址　www.cmstp.com
规格　787×1092mm $\frac{1}{16}$
印张　31¼
字数　645 千字
版次　2016 年 6 月第 1 版
印次　2024 年 1 月第 4 次印刷
印刷　北京印刷集团有限责任公司
经销　全国各地新华书店
书号　ISBN 978 - 7 - 5067 - 7956 - 2
定价　65.00 元

编委会

序

　　《药品 GMP 车间实训教程》一书是根据《教育部关于"十二五"普通高等教育本科教材建设的若干意见》精神以及 2010 年国家食品药品监督管理局修订的《药品生产质量管理规范》（GMP）的基本要求和本课程特点编写而成。本书注重培养能进行标准化操作、操作中的偏差处理以及新技术应用能力的综合性技术人才，以使科技成果更好地与市场发展相结合，促进科技成果的转化。其宗旨是"面向 21 世纪高等学校药学教育改革——药品 GMP 车间实训教学推上一个新台阶"。

　　从 2009 年开始，在中国药科大学原高等职业技术学院马爱霞院长和明广奇副院长领导下，组织各车间骨干教师，分别派驻进入生产第一线实地学习，编写实训教材大纲，每学期给全校本科学生、硕士生、博士生进行实践培训，并接待多所兄弟院校前来实训的数百名学生，其辐射作用和示范引领作用已经影响到了全国各大专院校。为使资源共享，在此基础上马爱霞院长领导下的团队不断收集资料，总结教学实践经验，进行整理、归纳与提炼，编撰成书。

　　本书作为药学生产实训教材，从空气净化、制药用水、质量管理、原料药、生物制药、中药提取、口服固体制剂及无菌制剂角度出发，比较全面、深入地论述了各种药品的生产过程，同时也是一部内容丰富的药学实训专著。本书的突出特点是具有系统性、新颖性和实用性。系统性表现在全书内容安排符合学科内在规律，对本领域的各个方面均有比较系统、深入地阐述；新颖性表现在本书参考了大量国内外有关书籍和文献，反映了国内外最新的研究成果；实用性表现在本书重点突出，内容生动，理论联系实际，密切结合药学专业人员需要。本专著将当前的基本需要和今后的发展需要相结合，因此内容中既反映了国际较新的发展，也包括了国内制药工业中成功的经验，力求全面、系统、准确地反映国内外先进成果，给读者更多的信息。本书内容丰富、编排合理，图文并茂，所述实例来自实践第一线，先进、可靠，有较强的科学性，具有较高参考价值。

　　马爱霞教授毕业于南京大学，经济学教授，药物经济学博士生导师，药物经济学、企业管理专业硕士生导师。现任中国药科大学国际医药商学院院长。她从教于中国药科大学，献身教育事业，致力于管理药学科学研究。长期从事医药国际贸易、药物经济学、国际市场营销、社会与管理药学等方面的教学与科研工作，主持并完成了一系列科研项目，取得了显著的进展与研究成果。

作为国际贸易和药物经济学专家，她十分重视总结科学研究与教学实践的经验，推动学术交流，主持完成的"药品类职业人才核心技能培养校内实践体系的建设"获国家教学成果二等奖，并荣获江苏省"三八红旗手"称号。她历年培养了百余名硕士、博士研究生，收获丰硕，在国内外重要学术刊物（包括美国SCI）上发表了众多的研究论文与专著。

两年前，她编撰出版了《国际医药贸易理论与实务》。这次，我高兴地看到马爱霞教授率领的团队又新著《药品GMP车间实训教程》一书。该书的问世，将为全国各医药院校培养企业技术管理人才提供指导，以及促进教学和学科的发展均将发挥积极的作用。

2015 年 3 月 28 日

前 言
Preface

GMP 是英文 Good Manufacturing Practice 的缩写，即"药品生产质量管理规范"。世界卫生组织将 GMP 定义为指导食物、药品、医疗产品生产和质量管理的法规。中国药科大学 GMP 车间自从 2008 年建设至今 7 年，每年满足本校本专生、硕士生、博士生实践培训，同时接受十多所兄弟院校师生实训，以 GMP 实训车间为平台开发的药物制剂实训教学虚拟仿真软件被全国五十余所院校采用，其辐射作用和示范引领作用已经影响到了全国各大专院校。其宗旨是"面向 21 世纪高等学校药学教育改革——药品 GMP 车间实训教学推上一个新台阶"。

药品生产质量管理规范（GMP）是在药品生产全过程中运用科学的原理和方法来保证生产出优质产品的一整套科学管理办法。以防止药品在生产过程中污染和交叉污染、混淆和差错的发生，从而保证药品质量，保障人民用药安全，维护人民身体健康和用药的合法权益。

GMP 是一套适用于制药行业的强制性质量标准，要求企业从原料、人员、设施设备、生产过程、包装运输、质量控制等方面按国家有关法规达到卫生质量要求，形成一套可操作的作业规范，及时发现生产过程中存在的问题并加以改善。简要地说，GMP 要求制药等生产企业应具备良好的生产设备、合理的生产过程，完善的质量管理和严格的检测系统，确保最终药品质量符合法规要求。

中国药科大学专门引进一大批良好的先进生产设备，各车间均备有大型自动化设备（如大型动力设备、二级反渗透制药用水生产线、酰化釜、结晶罐、脱色釜、自动高压灭菌器、发酵罐、连续流冷冻离心机、GZX - 1 高速分离机、中空纤维超滤器及液相层析仪、多功能中药提取罐、离心喷雾干燥设备、高速旋转压片机、软胶囊压制机、高效包衣机、小容量注射剂联动线、塑料瓶大输液联动线、非 PVC 软袋大输液生产联动线、西林瓶洗灌封联动线、真空冷冻干燥机以及多效蒸馏水机等等），装备成符合GMP 要求的车间。

全书分上下两册共 16 个实训模块，上册 7 个实训模块，内容包括：质量管理系统实训；空气净化系统实训；制药用水的制备实训；压缩空气及高压气体；化学原料药生产实训；生物制药生产实训；中药提取与精制生产实训。下册 9 个实训模块，内容包括：物料的管理；制药企业的文件管理；生产过程卫生与清场管理；颗粒剂的制备；片剂的制备；硬胶囊剂制备；软胶囊剂的制备；最终灭菌注射剂的制备；注射用粉针剂的制备。

为使药品生产过程可能存在的污染和交叉污染、混淆和差错等风险问题能及时发现，并在生产过程中加以控制。我们按照新版 GMP 中引入风险管理的理念，并在实训教程中相应增加了一系列新措拖内容，如：每个模块都包含有供应商的审计和批准、偏差管理、超标（OOS）调查、纠正和预防措施（CAPA）等，分别从原辅料采购、生产工艺变更、操作中的偏差处理、发现问题的调查和纠正等方面，对各个环节可能出现的风险进行管理和控制，促使生产建立全链条的、相应的制度，及时发现影响药品质量的不安全因素，主动防范质量事故的发生，以最大限度保证产品和药品的质量。每个实训模块均附有实训复习思考题与测试，便于读者自我检测有关"知识要点、名词解释、各设备的结构性能特点、工作原理及操作程序、工艺流程及质量控制等"是否达到预期目标。

在编写教材中注意了国内外知识相结合，当前的基本需要和今后的发展需要相结合。因此，内容中既反映了国际较新的发展，也包括了国内制药工业中成功的经验，力求全面、系统、准确地反映国内外先进成果和最新进展，给读者更多的信息。本书内容丰富、编排合理，所述实例来自实践第一线，先进、可靠，有较强的科学性、实用性，具有较高参考价值。希望能给读者以启迪，给开拓攀登者一级台阶。

本书作者均是定期派驻制药企业生产第一线进行实地学习，并从事化学制药、生物制药、中药或天然药物教学与科研工作多年的教师，并力邀经验丰富的资深制药专家顾觉奋教授加盟科研团队给予具体指导；同时，教材编写过程还得到了王广基院士、副校长姚文兵教授给予的技术指导，在此特别表示感谢。

本书可作为制药领域专科生、本科生和研究生的专业参考书。为了使本书适应我国药学行业与教育发展的需要，我们参考了大量国内外有关书籍和文献，实地走访了众多生产企业，并结合作者们几十年教学经验和科研实践中积累的丰富心得和体会。但限于水平和时间仓促，难免会有误讹和不足之处，祈盼专家、同仁及广大读者不吝批评赐教。

马爱霞　谨识

2015 年 3 月于中国药科大学

目 录
Contents

项目三　空气净化系统的验证 ／ 97

模块三　制药用水系统运行与管理

项目一　反渗透＋EDI 纯化水系统的设计 ／ 113

模块五　化学原料药生产实训

模块六　生物制药生产实训

项目二　中药提取液的浓缩、精制 / 431

目 录

模块一

生产过程的质量管理

项目一　质量管理系统的概述

质量问题实际上是一个经济问题。中国古老文化在创造质量"品質"这一词汇时，就为我们在《说文解字》提供了佐证。"質"，上半部两个斤，意味"斤斤计较"，下部"貝"，通解为"钱"。也就是说，质量对企业和顾客而言都在"钱"即经济性上"斤斤计较"。

按照国家标准的定义，质量是指产品、过程或服务满足规定或潜在要求（或需要）的特征的总和。质量不仅指产品质量，而且也包括过程质量、服务质量。对于过程质量和服务质量，可以统称为工作质量。

质量是一个动态的概念，质量特性的重要程度不是固定不变的，这是由用户对产品质量的不同要求所决定的。如同样是葡萄糖粉，有注射用、口服用、工业用，它们的质量要求是不同的，因此，质量标准也不同。

质量管理学家朱兰（Juran JM，美国）说过：21世纪是质量的世纪。什么是质量？ISO 9000标准里对质量的解释是："质量，就是一组固有特性满足要求的程度"。这里"固有特性"是在某事或某物中本来就有的，尤其是那种永久的特性。"要求"包括明确的、隐含的及必须履行的需求和期望。目前，质量管理已逐渐发展成为一门现代科学。

一、质量管理的发展

质量管理是指在质量方面指挥和控制组织的协调的活动。在质量方面的指挥和控制活动，通常包括制定质量方针和质量目标及质量策划、质量控制、质量保证和质量改进。

上述定义可从以下三个方面来理解。

第一，质量管理是通过建立质量方针和质量目标，并为实现规定的质量目标进行质量策划，实施质量控制和质量保证，开展质量改进等活动予以实现的。

第二，组织在整个生产和经营过程中，需要对诸如质量、计划、劳动、人事、设备、财务和环境等各个方面进行有序的管理。由于组织的基本任务是向市场提供符合顾客和其他相关方要求的产品，围绕着产品质量形成的全过程实施质量管理是组织的各项管理的主线。

第三，质量管理涉及到组织的各个方面，是否有效地实施质量管理关系到组织的兴衰。组织的最高管理者应正式发布本组织的质量方针，在确立质量目标的基础上，按照质量管理的基本原则，运用管理的系统方法来建立质量管理体系，为实现质量方针和质量目标配备必要的人力和物质资源，开展各项相关的质量活动，这也是各级管理者的职责。所以，组织应采取激励措施激发全体员工积极参与，充分发挥他们的才干和工作热情，造就人人争做贡献的工作环境，确保质量策划、质量控制、质量保证和质量改进活动顺利地进行。

质量管理理论的产生和发展经过三个阶段：

第一阶段：是以检验为特征的传统质量管理阶段。经历手工业生产方式时代，生产人员就是检验人员，采取自检为主确保产品质量；进入机械化生产方式，生产分工细化，出现专职检验人员，并形成专职检验部门，生产人员加工为主，自检为辅。质量检验的主要特点的事后检验，对生产中出现的不合格产品或不合格的零部件剔除出来，以保证质量，防止不良品出厂。但这种检验等于"死后验尸"，不良品的损失已经造成。这种事后检验的方式已不符合大生产发展的要求。

第二阶段：是以数理统计方式应用于质量控制为特征的质量管理阶段。1924年，美国贝尔电话实验室的休哈特发明了质量控制的控制图，他把质量的波动区分为正常波动和异常波动。指出"异常波动"是生产中的"人、机、料、法、环"等因素的失控造成的，利用控制图，可以及时发现产品质量的异常波动，从而通过分析采取措施，是质量恢复到受控状态。1928年，该实验室的道奇和罗密格提出了系统抽样方案，并编制了抽样检验表。质量控制图和统计抽样检查表把数理统计方法引入质量管理，使单纯依靠"事后检验"的质量发展到具有"预防为主"功能的统计质量管理。在20世纪40年代的第二次世界大战中，美国军用品生产广泛运用数理统计方法控制产品质量，这一方法普及和运用于民品生产中。

第三阶段：是以美国的质量管理专家费根堡姆在总结美国企业质量管理实践经验的基础上，于1961年在所著的《全面质量管理》一书中，费根堡姆认为，全面质量管理是为了能够在最经济的水平上并考虑到充分满足用户需求的条件下进行市场研究、设计、生产和服务，把企业各部门的设计质量、过程控制质量和质量改进等活动构成一体的有效体系。简而言之，就是产品质量的好坏不仅来自最后的检验手段或检验方法的优劣，更来自于市场调研、设计开发、生产控制及后勤物流等产品制造的所有环节。因此就有必要建立一个与各部门管理水平密切相关的质量管理体系，才能真正保证和提高产品质量。结果来自过程，一个产品生产的每一个过程必然都会对产品的质量造成影响，而要保证和提高产品质量就必然需要从产品生产的所有环节和过程去考虑。从而开创了现代质量管理的一个新时代，即全面质量管理阶段。

全面质量管理（total quality management，以下简称为TQM）思想的提出，为质量管理的系统化、科学化提供了指南和依据，对现代质量管理的发展起着深远的影响。全面质量管理经过几十年的发展，融合了其他现代质量管理思想的精华，现在已形成了一个比较严密及完整的质量学说体系，目前已经成为全球通用的质量管理模式。对于药品生产质量控制来说，全面质量管理思想因其把握住了过程影响质量这一核心重要观念，对药品生产企业的质量管理及其发展进程产生深远影响并具有重大的指导意义。

二、TQM 简介

（一）TQM 的概念

TQM 是指以企业为主体，建立质量体系把全体员工组织起来，综合运用管理技术、专业技术与现代化管理方法，努力控制各种因素，提高商品、工作服务管理水平，把企业内各部门的研制质量、维持质量和提高质量的活动构成一体的一种有效的体系，以最经济的手段，为用户提供满意的商品和服务，并取得良好的社会和经济效益的全企业、全员、全过程的科学的质量管理活动。TQM 的意义是提高产品质量、改善产品设计、加速生产流程、鼓舞员工的士气和增强质量意识、改进产品售后服务、提高市场的接受程度、降低经营质量成本、减少经营亏损、降低现场维修成本和减少责任事故。

实施 GMP 是药品生产企业推行 TQM 的具体措施。药品只按照质量标准检验合格，并不能完全地客观地反映药品生产的全过程；而且，对于药品生产企业，生产过程是一个连续的生产过程，质量检验是不可逆的，一旦发现原料、辅料、半成品、成品不合格，往往会造成很大的浪费，所以单靠原料、辅料、半成品、成品的控制是远远不够的，需要运用全面质量管理进行生产全过程的控制。只有生产过程控制在稳定状态下，才能保证半成品流入下道工序，才能最大程度地保证成品合格，才能尽可能地减少浪费。药品生产企业只有从原料采购、入库开始，一直到制造、成品出厂全过程实施 GMP 管理，质量才能真正得到保证。因此，必须制定原辅料、包装材料、中间体（半成品）、成品质量标准（包括法定标准和企业内控标准），建立原辅材料验收制度，对工艺用水、环境监测也制定相应的标准和要求；同时还应制定完善各产品工艺规程和各岗位 SOP，健全工艺卫生管理制度、清场管理制度、完善质量管理方面的各项制度，如产品收回程序、退货管理制度、留样观察制度、用户访问制度等，并相应建立各项记录。技术部门、质管部门应分别对各车间、仓库制定质量控制及工艺卫生检查点，定期到各关键工艺点查证，及时发现问题，提出整改意见。此外，还需重视产品质量反馈情况，了解产品在使用过程中质量情况。

（二）TQM 的基本思想

TQM 的中心思想是：全面的管理，全过程的管理，全员参与的管理，强调用数据说话，强调质量过程控制，强调零缺点的质量控制。TQM 的基本观点是"一切为了顾客""一切以预防为主""一切凭数据说话""一切按 P、D、C、A 办事"，即所谓的全面质量管理的"四个一切"。其中 P、D、C、A 指的是全面质量管理的循环工作程序，即计划（plan）、执行（do）、检查（check）、处理（action），后面会具体介绍 PDCA 方法模式的应用。TQM 的主要内容有以下几个方面的含义：

质量控制（quality control）："质量"并不是"最好"，而是指"最适合于一定顾客的要求"。这些要求是：产品的实际用途，产品的售价。"控制"表示一种管理手段，包括四个步骤：制定质量标准、评价标准的执行情况、偏离标准时采取纠正措施、改善标准的计划。

影响产品质量的因素：这些因素可以划分为两大类：一类是技术方面的，如设施设备、材料工艺等；另一类是人方面的，即操作者、维护和管理人员。在这两类因素中，人是决定因素。要有效地控制影响产品质量的因素，就必须在生产或服务过程的所有主要阶段加以控制。这些控制称为质量管理工作（job of quality control），按其性质可分为四类：新设计控制、进厂材料控制、产品控制和专题研究。质量管理贯穿在工业生产过程的所有阶段，质量管理的基本原理适用于任何制造过程，由于企业行业、规模的不同，方法的使用上略有不同，但基本原理仍然是相同的。方法上的差别可概括为：在大量生产中，质量管理的重点在产品；在单件小批生产中，重点在控制工序。

质量体系的建立：质量体系的建立是开展质量管理工作的一种最有效的方法与手段。在组织方面，全面质量管理是管理部门的工具，用来委派产品质量方面的职权和职责，以达到既可免除上层管理部门的不必要的日常繁杂事务，又可保留上层管理部门确保质量成果令人满意的手段的目的。质量管理工作必须有上层管理部门的全力支持，企业负责人应当成为企业质量管理工作的"总设计师"。质量管理体系工作包括两个方面：一是为有关的全体人员和部门提供产品的质量信息和沟通渠道；二是为有关的雇员和部门参与整个质量管理工作提供手段。

值得注意的是，在全面质量管理工作中，无论何时、何处都会用到数理统计方法，但是，数理统计方法只是全面质量管理中的一个内容，它不等于全面质量管理。全面质量管理工作的一个重要特征是从根源处控制质量。例如，通过由操作者自己衡量成绩来促进和树立他对产品质量的责任感和关心。

（三）TQM 的质量保证体系

一个产品从市场调查、研究设计到使用的全过程，一般分为设计过程、制造过程、辅助生产过程和使用过程四个阶段。因此，全面质量管理的质量保证体系基本上是由上述四个过程的质量保证体系构成的。

设计过程的质量保证体系：设计质量靠"设计过程的质量控制"来保证。这是一项细致的工作，具体内容有设计计划、检验测试规范、设计评审、设计验证、试制鉴定和设计定型（包含工艺定型）、销售前的准备和设计更改。

制造过程的质量保证体系：工艺规范的制定；制造过程质量控制，即原材料质量控制和外购件验证、严肃工艺纪律、工序能力验证、工序验证与"首件三绘制"；验证状态的控制和不合格品的处理；检测和试验设备的控制；技术文件的控制；纠正措施。

辅助生产过程的质量保证体系：辅助材料的质量控制；工具的质量控制；设备质量控制；动力、水、暖、风、气的质量控制；运输养护中的质量控制。

使用过程中的质量保证体系：在使用过程中的质量控制分为两部分，一部分是为"别人"（即顾客）；另一部分是为"自己"（即企业）。为顾客应做的质量控制工作有提供产品说明书，提供专用工具，做好市场保障工作；为企业自身应做的质量控制工作如充分利用销售渠道，进行质量追踪，从而提高产品质量。

（四）PDCA 方法模式应用

过程管理方法中最完善的首推国际标准化组织在所有过程管理中使用的 PDCA（plan

→do→check→action）方法模式。"一切按 P、D、C、A 办事"是全面质量管理的基本观点之一。该方法模式本身就是一个从初级向高级循环转动的过程，使一个体系达到对质量的有效管理，获得良好的效率。在药品生产企业中应用 PDCA 方法模式推进质量管理，能更好地实施 GMP。

PDCA 循环又称戴明循环，分为四个阶段八个步骤（图 1-1）。

PDCA 循环（戴明循环）的特点是：①要顺序形成一个大圈，接着四个阶段不停的转（图 1-2）。②循环上升。每转一圈都有新计划和新目标，循环每转动一周，水平就提高一步（图 1-3）。③大环套小环，一环扣一环，小环保大环，推动大循环（图 1-4）。

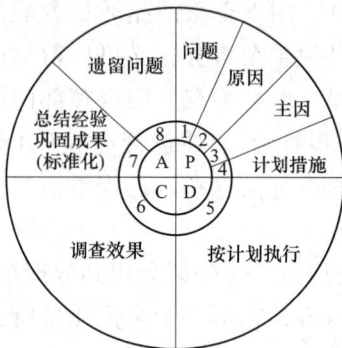

图 1-1　PDCA 循环的四个阶段八个步骤　　图 1-2　PDCA 循环转

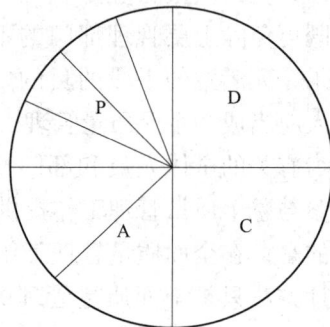

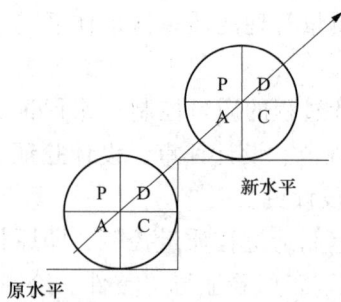

图 1-3　PDCA 循环上升　　图 1-4　PDCA 大环套小环

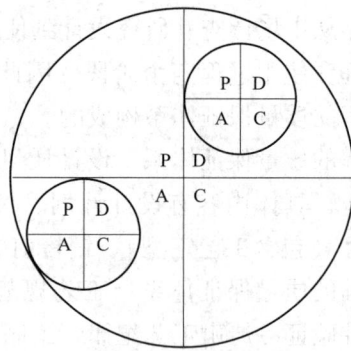

1. 计划　PDCA 方法的核心是计划。计划在实施、检查和处理阶段有其不同的内涵。把握好计划，就把握了 PDCA 方法的灵魂，其他阶段的工作也就能顺利有效地展开，达到计划要求的结果。针对推行 GMP 实施的计划，首要前提是企业最高管理者对 GMP 有充分地理解和掌握，积极参与计划活动。质量管理计划可以涵盖以下内容。

（1）以 GMP 为准则对企业现状全面分析　识别企业特点和运作的主要过程和各关键子过程以及支持性过程，分析这些过程的相互关系和作用。企业建立的质量管理制度，可作为对企业状况进行分析的线索和路径。换言之，经综合分析所识别的企业生产经营特点及过程之间的相互关系则为制定这些管理制度的依据。

（2）设计文件系统　设计不同层次的文件，在质量体系运行中发挥不同作用。文件可以分为三个层次：质量方针和质量目标类文件；标准类文件，包括技术标准、管理标准和工作（操作）标准；记录（凭证）类文件以及文件管理控制程序。文件应符合国家法律法规及相关规定要求。根据企业的特点制定管理和工作标准性文件和记录（凭证）类文件，强制性法规标准必须直接采用为技术标准性文件，通常记录（凭证）类文件对标准类文件起到支持性作用。最后，不可缺的是要有如何控制文件的程序文件，以确定文件编写、审批、修改、分发、保存、处置等的方式方法。

质量体系和文件必须注重规定过程的接口关系，妥善界定和分配职责。因为在实施GMP时各个过程之间的关系作用纵横交错，如不能清晰地加以区别和规定，会使各部门和人员的职责不明，进而影响体系运作的有效性和效率。实践中要注意根据实际操作情况，适时对文件给予评审和修订。

（3）建立质量体系　建立质量体系应考虑与企业原有的其他管理体系的相容性。避免将各种管理体系简单重叠而造成效率下降，甚至是负效率。建议编写文件采用"自下而上"的方法，以确保文件能反映过程特点，增强文件的可操作性。建立质量体系时进行资源配置还应关注成本因素。GMP要求的基本硬件、软件配置必须给予满足，切不可因节约而达不到规范的要求。

2. 实施　当总体质量体系计划完毕，形成文件后则进入实施阶段。首先应组织员工对体系文件学习理解，培训各相关岗位人员，研究分析实施过程中不可预见因素以及确定对突发性事件将采取的应变措施等。按循序渐进的原则推进实施，对药品生产、储存、销售以及相关的资源和活动均加以控制。实施过程必须有良好的沟通、交流和信息反馈渠道，以便企业的最高领导者和有关员工都能及时知晓体系的建立和运行状况，确保实施顺利进行。

3. 检查　检查环节的重要性体现在为质量体系提供的自我完善、持续改进的机制。检查除对产品检验，还包括对人员、质量体系运作情况和各项改进措施的评价、审核和验证等，是推动PDCA方法不断向前转动的重要环节。应做好如下工作：

（1）检查计划　检查内容主要包括体系、人员和措施，确定检查的准则、方法以及检查的实施方案。检查准则为相关的要求，如规范、法规、体系文件，包括顾客的要求。检查方法包括查（记录、档案）、问（与当事负责人交谈）、看（实际操作情况）、收集客观证据，并将其与检查准则对比评价，以获得检查结果。

（2）体系运行状况的检查　企业最高管理层应每年至少进行一次企业质量体系评审。由各部门准备相关的体系运行情况资料，参加评审会议。对照检查准则评价体系运行是否符合规范要求，是否适合企业运作，是否具备有效性和效率，提出改进的建议和意见，形成决定落实实施。

（3）人员的检查　根据GMP对企业各层次、各岗位的学历、技能、经验等方面的要求进行人员考核。检查培训计划是否制定和实施以及培训记录的情况审核，评价培训效果，跟踪验证受训人员在岗位的能力状况改善的结果。有条件的企业应结合对员工绩效的管理考核，实施对GMP人员的检查。人事教育部门与业务部门和其他职能管理部门共同确定岗位的工作要求，评定考核准则、员工岗位工作绩效记录和评价方式。

4. 处理 处理既是 PDCA 方法中的最后一环，亦是启动下一轮 PDCA 转动的一环。通常根据检查环节中发现的问题，确定处理的方式和应采取的措施。但在 GMP 的质量体系建立和实施之初，有些症结在各部门运行过程中已表现出来，遇到这样的情况相关部门应及时采取措施加以解决，而不要等下一轮检查再处理。

三、质量控制

质量控制（QC）是质量管理的一部分，致力于满足质量要求。

作为质量管理的一部分，质量控制适用于对组织任何质量的控制，不仅仅限于生产领域，还适用于产品的设计、生产原料的采购、服务的提供、市场营销、人力资源的配置等，涉及组织内几乎所有的活动。质量控制的目的是保证质量，满足要求。为此，要解决要求（标准）是什么，如何实现（过程），需要对哪些进行控制等问题。

质量控制是一个设定标准（根据质量要求）、测量结果、判定是否达到了预期要求，对质量问题采取措施进行补救并防止再发生的过程，质量控制不是检验。在生产前对生产过程进行评审和评价的过程也是质量控制的一个组成部分，具体质量控制的流程见图 1 - 5。

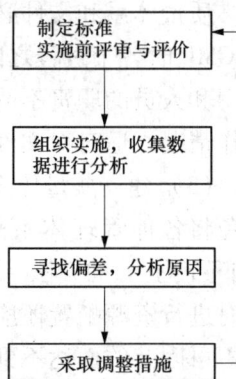

图 1 - 5　质量控制流程图

总之，质量控制是一个确保生产出来的产品满足要求的过程。

四、质量保证

质量保证（QA）是质量管理的一部分，致力于提供质量要求会得到满足的信任。

质量保证定义的关键词是"信任"，对达到预期质量要求的能力提供足够的信任。这种信任是在订货前建立起来的，如果顾客对供方没有这种信任则不会与之订货。质量保证不是买到不合格产品以后保修、保换、保退。保证质量、满足要求是质量保证的基础和前提，质量管理体系的建立和运行是提供信任的重要手段。因为质量管理体系将所有影响质量的因素，包括技术、管理和人员方面，都采取了有效的方法进行控制，因而具有减少、消除、特别是预防不合格产品的机制。

组织规定的质量要求，包括产品的、过程的和体系的要求，必须完全反映顾客的需求，才能给顾客以足够的信任。因此，质量保证要求，即顾客对供方的质量体系要求往往需要证实，以使顾客具有足够的信任。证实的方法包括：供方的合格声明；提供形成文件的基本证据（如质量手册，第三方的型式检验报告）；提供由其他顾客认定的证据；顾客亲自审核；由第三方进行审核；提供经国家认可的认证机构出具的认证证据（如质量体系认证证书或名录）。

质量保证是有双方存在时才存在，由一方向另一方提供信任。由于双方的具体情况不同，质量保证分为内部和外部两种。内部质量保证是组织向自己的管理者提供信任；外部质量保证是组织向顾客或其他方提供信任。

质量保证对企业内部来说是全面有效的质量管理活动，对企业外部来说是对所有的有关方面提供证据的活动。QA 的主要工作是相关文件的制定、审查、监督和成品签发。现结合工作实际谈谈 QA 的日常工作。

1. 文件管理 GMP 的特点是一切行为以文件为准。生产管理和质量管理的一切活动，必须以文件的形式来体现，一切行动以标准为依据，任何行动后都有文字记录可查。企业的各项规程、指令和标准必须是书面的，经批准的，各部门根据各项规程进行日常工作。各项规程、指令和标准随着法定标准的更动，分析方法、分析手段的进步均应不断修改更新；所有更新的标准，在发出新版时，必须收回旧版，以免工作时引起混乱。QA 负责文件的设计、制定、审核、分发、执行、归档及变更等。

2. 计量管理 QA 有经过培训的计量管理员，根据《中华人民共和国计量管理法》，制定本公司计量管理制度和有关技术文件，督促检查各部门对计量的执行情况，对精密计量器具登记并妥善保管，定期送检强制检定的计量器具。

3. 验证及再验证 验证是确认生产所有用原辅料、方法、工艺过程、规程和设备是否能达到预期的结果，达到均一的生产条件和无缺陷的管理。全部验证工作包括厂房设施与设备的鉴定、检验及计量验证、生产过程验证和产品验证等四个方面。所有工作均有验证方案和验证报告。厂房设施主要以注射用水、空调净化系统为重点，包括对原水水质、纯水及注射用水的制备、贮存及输送系统和灭菌器灭菌效果等项目的确认。生产环境的鉴定应按生产要求的洁净级别，对空气中的尘粒和微生物含量、温湿度换气次数等进行监测。凡能引起质量产生差异和影响的工艺条件都应经过验证。

再验证是检查以前所验证的生产过程是否达到规定的要求。如因轴承磨损所进行的定期再验证和计量器具的强制性再验证等。

4. 原辅料及包装材料厂家的质量审计 根据质量标准选择符合质量标准的供货单位，了解供货单位的概况，包括产品工艺路线、设备、工艺卫生状况、质量管理机构、厂家信誉等，根据这些情况对供货方进行筛选。向初选合格的厂家索取小样，送质量部 QC 室检验。检验合格后，采购能生产 1～3 批成品的原辅料及内包材进行工艺验证。与正常产品进行对照检查，并检查产品的贮藏稳定性。符合质量要求可判为合格，由QA 质量保证人员填写原料、包材试生产报告，由技术质量部负责人签署审批意见，发放供货证书，每种物料至少选择 2 家供货单位。

5. 原料和包材取样、送检与评价 根据每批物料的数量及包装件数确定取样件数，制订取样计划，以保证样品的代表性、均一性。QA 取样人员根据取样计划、工艺条件，在规定的取样条件下进行取样，如工艺中无除菌措施的原辅料应在万级洁净区内装有层流装置的取样室取样。取样前要核对包装上品名、批号、包装件数及是否破损。取样人员按规定数量，用适当容器取样后要重新密封取过样的包装，以防止内容物受污染，并贴签标记清楚，将样品及时送 QC 检验。检验后由 QA 根据各项指标及记录对本批物料做出评价。

6. 生产的中间控制 这项工作由车间和质量部共同完成。中间控制工作大致可分为两类：①管理性中间控制。如配料的复核，包装清场检查等。②检查性中间控制。如灌装的中间控制，空气中浮游菌、沉降菌的测定等。QA 检查员将结果和执行情况记录在批生产记录或中间体质量监控记录上，归入批档案中。若生产中有异常情况，要及时了解情况并反映上一级主管，要有书面的异常情况处理报告并归入批档案。

7. 成品的取样、检验与评价　成品取样在生产开始、中间和结束阶段分别取样，混合后送 QC 检验。检验合格后，还不能被批准合格，QA 评价人员还须按 GMP 的规定对产品的全面情况进行评价，如原料合格，投料数量准确，批生产记录完整、一致、无缺陷，均符合各项标准规程，方可判为合格。

8. 样品的留样考察总结　QC 留样人员将每批成品按规定的贮藏条件分类存放，在贮藏期间进行质量情况考察，每月将异常品种及质量状况写书面报告交质量部 QA。质量部 QA 通过对 QC 检查试验结果、资料积累，掌握产品质量动态，总结经验，完善工艺，提高质量，同时在用户质量投诉时，根据投诉内容对个别项目进行检验。贮存期满的样品由 QC 留样人员填写清单，经批准后销毁。

9. 处理用户意见、投诉和退货　收到用户意见和投诉时，QA 专职人员着手做必须的调查，根据投诉类型与相关部门联系。如属生产工艺方面的投诉，则与生产部门联系，如有必要，取留样做适当检验。根据调查结果写成书面材料报质量部负责人，并及时答复投诉人，直到用户满意。如有退货，首先确认是否为本公司的产品，然后查清退货原因并采取相应的解决措施。

质量保证贯穿于企业生产的全过程。应有效地贯彻 GMP 的精髓，即药品质量是设计和生产出来而非检验出来的。

项目二 产品质量的几个要素

一、质量控制实验室管理

（一）概述

作为质量管理体系的一部分，质量控制实验室管理是确保所生产的药品适用于预定的用途，符合药品标准和规定的要求的重要因素之一，能帮助制药企业中的实验室更好地满足 GMP 的要求。

制药企业实验室的质量分析与测试是质量管理部门对物料、中间产品、成品、环境、空气洁净度、水质等监控的重要手段，是生产的眼睛。快速准确地提供检测结果，能为质量管理部门的现场监控提供支持数据。为保证检测数据的准确性和可靠性，药品检验与测试须执行批准的操作规程和管理制度。具体表现在以下方面。

1. 及时放行合格的生产物料用于药品的制造，为生产出合格的药品提供必备的前提条件。

2. 有效的药品生产过程中间控制保证了各个阶段生产产物的正确性和质量符合性，准确的终产品的检验数据为产品最终放行提供了重要的质量依据。

3. 有效的稳定性数据和趋势分析指导企业确定药品正确的有效期、包装材料、运输/贮存条件等，并确保在市产品处于有效的质量保证状态。

4. 通过实验室各个方面的有效管理，使质量系统始终处于受控状态。

（二）实验室的布局和设施要求

质量控制实验室通常应与生产区分开。生物检定、微生物和放射性同位素的实验室还应彼此分开。无菌检查实验室、微生物限度检查实验室、抗生素效价测定实验室、阳性菌实验室也应彼此分开。

应与所生产药品的生产规模、品种和检验要求相适应。实验室的所有化学分析检验室，配备与生产检验相适应若干实验室，如分析天平室、精密仪器室、热工室、毒气柜、无菌检查室、微生物限度检定室、标准溶液标化室、留样观察室、办公室、贮藏室及更衣室等。检测设备应能与所生产品种相适应并配备洁净室监测设施。企业根据生产品种的需要，设置中药标本室，生物检定和放射性同位素检定等实验室。

用于微生物检验的实验室应有符合无菌检查法和微生物限度检查法要求的、用于具有开展无菌检查及微生物限度检查等检测活动的、独立设置的洁净区或隔离系统，并为上述检验配备相应的阳性菌实验室、培养室、实验结果观察区、培养基及实验用具准备区、标准菌种储存区、污物处理区等。

实验室应设有专门的区域或房间用于清洗玻璃器皿、取样器具，以及其他用于样品测试的物件。

（三）人员要求

质量控制部负责人必须由具有相应的资质和经验的人员担任，并经专业技术培训，具有基础理论知识和实际操作技能。质量控制实验室所有人员的职责应当书面规定。

实验室人员的培训包括：

（1）新化验员的培训　分配到实验室的新员工（包括转岗人员）应接受岗前培训，考核合格后方可进行独立操作。岗前培训的内容至少涵盖以下内容：部门统一的GMP管理培训；指定岗位的岗位职责；指定岗位应知应会的标准操作规程、质量标准和分析方法的学习等。

（2）在岗化验员的再培训　应定期组织化验员进行GMP、其他法规要求以及专业技术知识、标准操作规程等的培训；应组织化验员对新发布的标准操作规程的学习；质量控制部负责人可以根据工作需要安排化验员参加权威机构或仪器供应商组织的专业知识培训；如有必要，质量控制部负责人或其授权的人员可定期组织进行化验员知识及技能的考核。

（四）文件要求及分类

质量控制部实验室的所有文件应受控管理，包括起草、修订、发放、存档、销毁等。质量控制实验室的文件应符合GMP第八章"文件管理"的原则。大体可分为以下几类文件。

1. 质量标准及分析方法。
2. 取样操作规程和记录。
3. 实验室样品的管理规程。
4. 检验记录、原始数据、超标结果的处理。
5. 检验报告或证书。
6. 环境监测操作规程和记录。
7. 生产用水的监测操作规程和记录。
8. 检验方法验证方案及报告。
9. 实验室分析仪器的使用、校准和维护的操作规程及记录。
10. 实验室分析仪器的确认方案及报告。
11. 实验室试剂的管理规程及配制、使用记录等。
12. 标准品的管理规程及标定、使用记录等。
13. 菌毒种的管理规程及记录。
14. 实验室剧毒物品易制毒的管理规程及记录。

（五）取样

1. 取样办法

（1）对原辅料、中间产品、成品、副产品及包装材料都应分别制定取样办法。对取样环境的洁净要求，取样人员，取样容器，取样的部位，取样方法，取样量、样品混合方法，取样容器的清洗、保管，必要的留样时间，以及对无菌或有毒物料在取样时的特殊要求等都应有明确的规定。原料可在仓储区原料取样间取样，取样环境的空气洁净度级别应与生产要求一致，如不在取样室取样，取样时应有防止污染和交叉污染的措施。

（2）取样件数　一般原辅料总件数 $n \leqslant 3$ 时，每件取样；n 为 $4 \sim 300$ 时，取样量为 $\sqrt{n}+1$；$n \geqslant 300$ 时，取样量为 $\sqrt{n}/2+1$。中间产品、成品、副产品及特殊要求原料等按具体情况另行规定。中药材取样件数 $\leqslant 5$ 时，逐件取样，$5 \sim 99$ 件时，取样 5 件；$100 \sim 1000$ 件时按 n 的 5% 取样；超过 1000 件时，超过部分按 1% 取样；贵细药材，逐件取样。

包装材料取样：按 GB 2828 规定。

（3）取样时填写取样记录，内容包括取样日期、品种、物料编号、规格、批号、进厂编号、来源、包装，必要的取样说明、取样人签名等。

（4）物体超过规定储存期时，要重新取样检验。

（5）已取样的物料，贴上取样证。

2. 取样数量　每个取样量一般应按全检所需数量 $1 \sim 3$ 倍，特殊情况另订。

（六）留样

用于留样（GMP 第二百二十五条）的样品要能代表整批物料或产品的质量，也可以抽取其他样品来监控生产过程中最重要的环节（如生产的开始和结束环节）。成品留样应该是最终市售包装形式，原料药的留样如不采用市售包装形式的，可采用模拟包装。用于药品生产的活性成分、辅料和包装材料均需要留样。

一般来说，成品留样量应至少为全检样品量的两倍。对于活性成分、辅料和包装材料的留样量，应至少足够进行鉴别检验。

成品留样应该根据批准的储存条件进行储存，至少储存至效期后 1 年。原始物料应按照生产商/供应商要求的条件储存，如果稳定性许可应储存到物料最后使用期限后 2 年。生产过程中用到的溶剂、气体和制药用水不需要留样。

留样的使用可以分为主动使用和被动利用两种类型。主动使用是指公司内部主动对留样进行质量追溯。被动使用是指有客户或政府监察机构投诉或其他非预期事件发生，用于质量调查时对物料或产品的质量确认。留样使用之前必须得到所在公司授权部门的批准。

留样应有相应的留样记录，记录留样的名称、批号、数量，取样日期，产品（物料）失效日期、储存条件、储存期限以及留样管理人员的签名等信息。

对于成品留样，应至少每年一次对留样外观进行检查并留下检查记录，一般应每年至少对同一产品的 3 批留样进行外观检查。外观检查不应损坏留样包装。在效期内出现外观异常时（例如外包装变形、褪色、字迹不清淅或掉字等），公司质量管理部门应对异常现象进行全面彻底调查并采取相应纠正和预防措施。

（七）质量控制实验室的管理

1. 仪器、仪表、小容量玻璃仪器的管理

（1）生产和检验用的仪器、仪表、小容量玻璃仪器等须专人负责校验或按规定送计量部门检定，经检定合格后方能使用。检定后的仪器、仪表应贴上合格证并规定使用期限。

（2）计量仪器仪表、计量用玻璃器具应建立台账，注明检定或送检日期，合格证有效日期等，仪器仪表应按规定定期复检。

2. 滴定液、标准液、标准品、对照品和检定菌的管理

（1）质管部门必须指定专人负责滴定液、标准液、标准品、对照品和检定菌的管理。

（2）滴定液应制定标化允许误差及有效期。标准溶液应制定使用期。滴定液的标签应有品名、标准溶液的浓度、标化时温度、日期、标化人及复核人签名及使用期限。滴定液和标准溶液由质管部门指定专人配制，专人复核，专人分发并定期复标。领用滴定液、标准溶液要做好登记。

（3）标准品及对照品由质管部门专人加锁保管并统一申领和发放，并做好记录。

（4）检定菌由质管部门建立收发制度。使用部门定期进行传代纯化，做好遗传谱，做好记录。

（八）实验动物管理

1. 饲养动物人员应配备专用工作服、鞋、帽、手套、口罩等劳保用品，参观人员必须按规定更衣。

2. 必须从经认可的实验动物饲养单位购买动物。新购入实验动物必须经检疫合格，才能进入饲养室。

3. 实验动物的饲养、实验、清洗、消毒、废弃物、饲料各室应分开。饲育与实验室要分开，并有与动物饲育室分开的工作人员办公室（或休息室）、更衣室及沐浴间。

4. 饲养室周围环境无直接污染源，有防止老鼠、害虫进入室内。室内应整洁，地面无积水，室内环境应符合国家有关规定。

5. 排污设备条件完善，符合环保要求。

6. 饲育器具采用无污染材质，饮水器具及笼具应能灭菌消毒，饮用水应符合国家卫生标准。

7. 实验动物应有记录台账。

8. 制定和执行有关实验动物管理制度，明确岗位责任制及操作规程。

9. 建立与工作相适应的各项记录。

二、偏差管理

我国 GMP（2010 年修订）对偏差处理做了详细的规定。

第二百四十七条　各部门负责人应当确保所有人员正确执行生产工艺、质量标准、检验方法和操作规程，防止偏差的产生。

第二百四十八条　企业应当建立偏差处理的操作规程，规定偏差的报告、记录、调查、处理以及所采取的纠正措施，并有相应的记录。

第二百四十九条　任何偏差都应当评估其对产品质量的潜在影响。企业可以根据偏差的性质、范围、对产品质量潜在影响的程度将偏差分类（如重大、次要偏差），对重大偏差的评估还应当考虑是否需要对产品进行额外的检验以及对产品有效期的影响，必要时，应当对涉及重大偏差的产品进行稳定性考察。

第二百五十条　任何偏离生产工艺、物料平衡限度、质量标准、检验方法、操作规程等的情况均应当有记录，并立即报告主管人员及质量管理部门，应当有清楚的说明，重大偏差应当由质量管理部门会同其他部门进行彻底调查，并有调查报告。偏差调查报告应当由质量管理部门的指定人员审核并签字。企业还应当采取预防措施有效防止类似偏差的再次发生。

第二百五十一条　质量管理部门应当负责偏差的分类，保存偏差调查、处理的文件和记录。

（一）偏差的定义

偏差（deviation）是指对批准的指令（生产工艺规程、岗位操作法和标准操作规程等）或规定的标准的偏离（1CHQ7a）。具体指在产品检验、生产、包装或存放过程中发生的任何偏离批准的规程、处方、质量标准、趋势、设备或参数的非计划性差异。偏差可能会影响生产物料的纯度、强度、质量、功效或安全性，也可能会影响用于生产、贮藏、产品分发，以及法律法规符合性的、已验证的设备或工艺。

根据偏差对药品质量影响程度的大小，可将偏差类如下。

1. 微小偏差　是指发现后可以采取措施立即予以纠正、现场整改，无须深入调查即可确认对产品质量无实际和潜在影响的偏差。如生产前发现所领物料与生产不符且未进行进一步生产既采取退库，生产中由于设备不稳定、调试导致的物料补领。

2. 重大偏差　是指已经或可能对产品质量造成可挽回的实际或潜在影响的偏差，即在偏差出现后，已明显对产品质量产生影响，须对其重新处理或销毁处理等或者当时没有发现产品汇总可能存在隐患，对该产品进行质量追踪、重点留样并采取产品召回。如设备故障、差错、损坏、关键参数偏离。测试结果未达到质量标准或超过警戒水平，清场不合格。

3. 严重偏差　指已经或可能对产品质量造成不可挽回的实际或潜在影响的偏差。须对其立即销毁处理。如混药、混批、包装材料混淆等。

（二）偏差管理

偏差管理（deviation management）是指对生产或检验过程中出现的或怀疑存在的可能会影响产品质量的偏差的处理程序。即依据现场、现物、现实，发现问题，查找原因，制定纠正和预防措施，并通过 PDCA 循环，即计划（plan）→执行（do）→检验（check）→处理（act）来进行改进和创新，从而促进组织的整合能力和应变能力。

建立偏差调查管理程序有利于产生偏差批次产品经过调查后得以正确的处理，及时纠正产生偏差的原因，通过采取预防措施避免事件的再次发生。偏差分析是通过审核批生产记录、批检验记录、现场考察、人员询问等方式，查找发生偏差的原因，随之展开实验室调查、生产过程调查和相关批次的质量追溯，进行偏差性质的分析和对质量造成影响的评估并决定放行与否，同时探索更优化的工艺条件、生产、质量管理流程的过程。

（三）常见偏差处理流程

偏差处理坚持三个原则：一是发生偏差时应及时报告，调查并处理；二是要制定有效的预防措施；三是避免偏差的再次发生，最终目的是确保产品的质量和 GMP 的符合。

生产偏差处理程序适用于当实验室检验结果异常时，经上述偏差调查发现与实验室偏差相关性较低时，需要启动全面的偏差调查程序，主要涉及生产全过程的偏差调查；生产过程中发现的偏差，可能未引起检验结构的异常，但也需要报告、记录并开展相应的调查。具体偏差处理流程见图1-6。

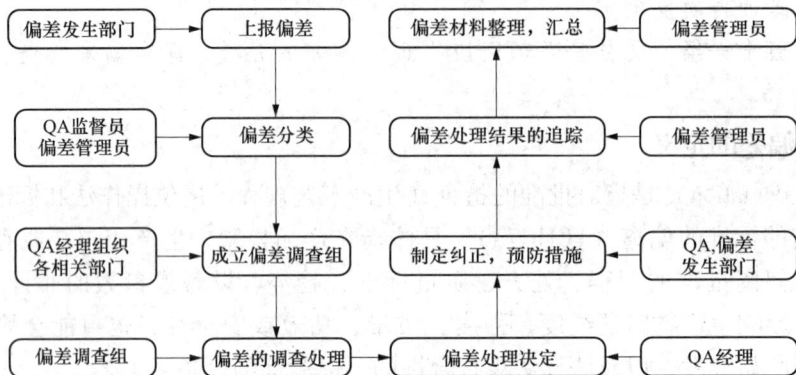

图1-6 常见偏差处理流程

1. 上报偏差（偏差发生部门） 生产过程中的偏差，偏差发生部门应及时填写偏差报告表，上报质量管理部 QA 监督员；其他偏差发生部门应及时填写偏差报告表上报质量管理部偏差管理员。由质量管理部监督员和偏差管理员对发生的偏差初步进行分析，确定偏差对质量的影响程度。

2. 偏差事件报告评估 偏差事件发生部门负责人上报 QA，QA 通过与发现偏差的部门经理及相关人员沟通后进行偏差确认，评估和批准最初的风险评估及采取的应急处理措施；确认偏差涉及的物料或产品的隔离方式，避免发生偏差的物料或产品发生混淆或误用；对偏差进一步确认过程。质量部同样需评估过去一个月中是否发生类似事件。如发生过，过去事件的事件报告号需记录。如果当前事件是一定时间内多次发生，即使它符合只报告事件条件，该事件应经评估以确认是否需要进入调查。

3. 偏差事件报告批准 质量部负责人作为事件报告的批准人，利用质量分析工具审核和评估事件报告，以确认以下事实：偏差问题得到了充分和适当的评估；结论合乎逻辑并有调查资料支持；建议的行动得到落实；确定了根本原因。

质量部根据以下原则将事件报告分类，并在规定的工作日内完成事件报告的评估和批准。对分类基本原理，所有支持资料或信息，应清楚地描述。

（1）无须根本原因调查事件，即次要偏差

①次要生产偏差一般对生产物料、设备、区域、工艺、程序影响很小或没有影响。在决定是否需要调查时，应考虑事件本身及周围环境。一般包括已知根本原因和纠正预防措施已确认但未完成实施的重复发生事件，或者已知根本原因，应采取的措施在相关 SOP 中已有规定的事件。必须有证据证明那些特定生产偏差其性质较轻，相关过程或区域完全在控制当中。

②原因分析和最终处理：质量部审阅已完成的事件报告，包括已确定的纠正和预防性措施。必要时，与相关部门人员共同进行根本原因分析后，确定根本原因。质量部决定受影响批次、设备、工艺过程、系统的处理。

（2）对于重大偏差，偏差管理员或 QA 监督员立即赶往现场，协助偏差发生部门调查取证并上报质量管理部经理。质量管理部经理应立即组织成立偏差调查组进行调查，偏差调查组应包括 QA 偏差管理员或 QA 监督员、质量管理部经理、出现偏差部门主管领导、技改设备部经理、生产技术部经理等相关部门人员。生产过程中的偏差填写《生产过程偏差调查处理表》，非生产过程中的偏差填写《偏差调查处理表》。

4. 主要生产偏差或重大生产偏差的调查 偏差调查组通常由技术部、工程部、生产部门、质量部门等组成，调查组组长应拥有足够的知识实施调查。

调查组应对出现偏差涉及的所有线索进行调查，包括记录、报告、设备设施、仪器仪表、环境、使用原辅包材、操作方法等情况等进行检查，并填写偏差调查处理表中偏差调查及处理意见一栏中的内容。偏差调查组还应对出现偏差的产品前、后的批次进行追踪调查，检查其产品质量是否有潜在的质量隐患，并在偏差调查处理表中进行描述。

调查过程是确定产生偏差根本原因的过程，偏差调查的过程应紧密围绕人员、环境五个关键要素以鱼骨图方式及"5W"方法为调查工具进行逐一排查。

5. 根本原因分析及纠正预防措施的制定

（1）数据资料收集。

（2）数据资料分析 首先需要对相关的文件进行回顾，其中包括取样记录、批记录、清洁记录、设备或仪器的维护记录，涉及的产品、物料、留样，评价对比此前、后续批号潜在的质量影响，相关 SOP、质量标准、分析方法、验证报告、产品年度质量回顾报告、设备校验记录、预防维修计划、变更控制、稳定性考察结果趋势、曾经发生过类似不符合事件趋势，必要时应对相关供应商进行审计等。通过排查确定不可能原因并给出充分的理由，逐步缩小范围，找出最可能的根本原因。

（3）根本原因的确定 记录最有可能的根本原因；附上原因和排除这些原因相应的文件和收集资料；分析最有可能的根本原因以确保所有相关的数据资料支持和结论；如果原因不确定，需要记录所有可能的原因并进行趋势分析。

6. 调查报告的审阅和批准

（1）相关部门负责人应审阅批准调查报告。

（2）质量受权人负责最后审阅批准主要偏差和重要偏差。

（3）审阅人和批准人应确保调查是有条理的，并确认调查的范围。

适当的纠正和预防措施，需考虑的方面包括：①所有的文件已完成，包括附件及相关文件、记录复印件等；②符合 GMP 要求；③对适用的根本原因进行了充分的评估查找根本原因和（如批记录、测试记录、检定结果、温度等）；④最有可能根本原因的选择是依据支持数据和可靠的科学推理；⑤适宜、充分和及时采取了立即行动和纠正措施；⑥预防措施实施、跟踪和监控的有效性；⑦采取的措施和提出的建议是适当的、充分的、适时的；⑧对必要的相关人员进行了审阅和批准。

（4）尽可能记录所有的附件和引用的文件。

7. 最终处理 根据调查和纠正预防措施的结果，调查组的最终处理建议、各部门审阅意见，质量负责人或受权人应作最后批准，并决定有问题的物料、批次、设备、区域或方法的最终处理，记录决定的理由。

质量管理部门跟踪纠正预防措施的实施效果，质量管理定期对偏差进行回顾，评估所采取措施的有效性。

8. 生产偏差调查程序图 具体见图1-7。

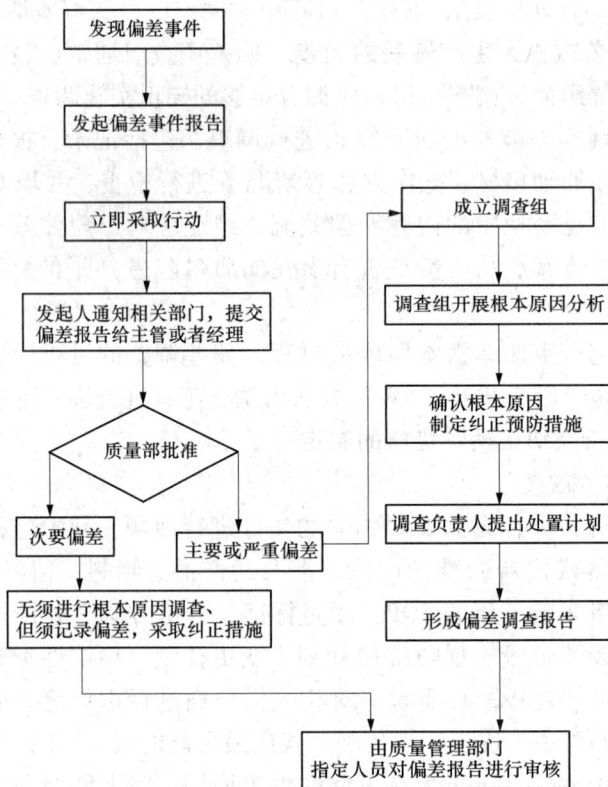

```
        ┌──────────────┐
        │  发现偏差事件  │
        └──────┬───────┘
               ↓
        ┌──────────────┐
        │ 发起偏差事件报告 │
        └──────┬───────┘
               ↓
        ┌──────────────┐          ┌──────────────┐
        │  立即采取行动  │          │   成立调查组   │
        └──────┬───────┘          └──────┬───────┘
               ↓                          ↓
   ┌─────────────────────┐        ┌──────────────────┐
   │ 发起人通知相关部门，提交 │        │ 调查组开展根本原因分析 │
   │ 偏差报告给主管或者经理   │        └────────┬─────────┘
   └──────────┬──────────┘                 ↓
               ↓                    ┌──────────────┐
        ◇─────────────◇            │  确认根本原因  │
        │  质量部批准   │            │ 制定纠正预防措施 │
        ◇──────┬──────◇            └──────┬───────┘
         ┌─────┴──────┐                   ↓
         ↓            ↓            ┌──────────────────┐
   ┌──────────┐ ┌──────────────┐  │ 调查负责人提出处置计划 │
   │  次要偏差  │ │ 主要或严重偏差  │  └────────┬─────────┘
   └────┬─────┘ └──────────────┘           ↓
        ↓                          ┌──────────────┐
  ┌────────────────┐               │  形成偏差调查报告 │
  │ 无须进行根本原因调查、│              └──────┬───────┘
  │ 但须记录偏差，采取纠正措施│                  │
  └────────┬───────┘                          │
           │                                   │
           └──────────┬────────────────────────┘
                      ↓
            ┌─────────────────────┐
            │   由质量管理部门       │
            │ 指定人员对偏差报告进行审核 │
            └─────────────────────┘
```

图1-7 生产偏差调查流程图

（四）偏差管理中常见问题

1. 偏差未（及时）报告和记录。

2. 没有或者错误地确定了根本原因，以前已找到原因的偏差重复发生。

3. 支持判断及结论的数据不充分或不合理。

4. 调查缺乏逻辑性和系统性，未能有效记录调查过程。

5. 在进行偏差调查时未进行必要的延伸，各产品和系统之间的联系未引起重视。

6. 在偏差调查时，不恰当地引入新的问题或其他潜在偏差。

7. 未确定CAPA有效性，没有系统跟踪/评价CAPA的完成情况及效果。

8. "培训"作为整改及预防措施过于频繁，针对性不强且效果未经评价；未对偏差进行定期的总结和分析。

9. 临时性计划偏差的发生未被有效控制。

10. 偏差报告结束/批准的日期在涉及产品批次放行日期之后。

三、变更控制

实施 GMP 的目的是最大限度地降低药品生产过程中污染、交叉污染，以及混淆、差错等风险，确保持续稳定地生产出符合预定用途和注册要求的药品。

有效的变更控制系统可以使系统始终处于受控状态，即通过对工艺运行和产品质量的有效监控，为工艺能力及其稳定性提供保障。根据 ICH 质量管理系统模型，变更控制是质量管理体系的子体系，是质量系统的四大组成要素之一。我国 GMP（2010 年修订）对变更控制作了严格规定。

第二百四十条 企业应当建立变更控制系统，对所有影响产品质量的变更进行评估和管理。需要经药品监督管理部门批准的变更应当在得到批准后方可实施。

第二百四十一条 应当建立操作规程，规定原辅料、包装材料、质量标准、检验方法、操作规程、厂房、设施、设备、仪器、生产工艺和计算机软件变更的申请、评估、审核、批准和实施。质量管理部门应当指定专人负责变更控制。

第二百四十二条 变更都应当评估其对产品质量的潜在影响。企业可以根据变更的性质、范围、对产品质量潜在影响的程度将变更分类（如主要、次要变更）。判断变更所需的验证、额外的检验以及稳定性考察应当有科学依据。

第二百四十三条 与产品质量有关的变更由申请部门提出后，应当经评估、制定实施计划并明确实施职责，最终由质量管理部门审核批准。变更实施应当有相应的完整记录。

第二百四十四条 改变原辅料、与药品直接接触的包装材料、生产工艺、主要生产设备以及其他影响药品质量的主要因素时，还应当对变更实施后最初至少三个批次的药品质量进行评估。如果变更可能影响药品的有效期，则质量评估还应当包括对变更实施后生产的药品进行稳定性考察。

第二百四十五条 变更实施时，应当确保与变更相关的文件均已修订。

第二百四十六条 质量管理部门应当保存所有变更的文件和记录。

（一）变更的定义及分类

变更是指即将准备上市或已获准上市的药品在生产、质量控制、使用条件等诸多方面提出的涉及来源、方法、控制条件等方面的变化。这些变化可能影响到药品安全性、有效性和质量可控性。包括药品生产、质量控制、产品使用整个药品生命周期内任何与原来不同的规定和做法。是为了改进的目的而提出的对药品生产和管理全过程的某项内容的变化。变更是最重要的质量管理系统之一，贯穿药品生产的整个生命周期，与企业内各管理系统紧密联系。变更控制涉及的方面如图 1-8 所示。

根据药品管理相关法规的要求以及对产品质量或对产品的验证状态的影响程度可分

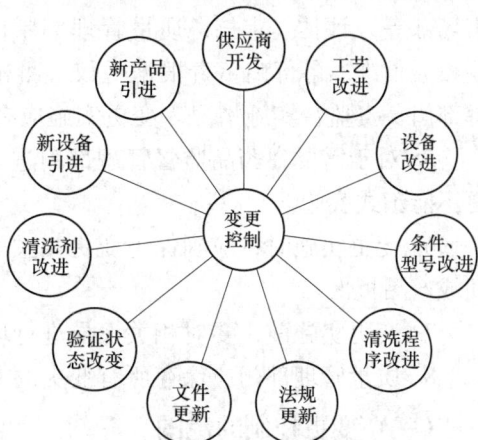

图 1-8 变更控制涉及的方面

为三类。

Ⅰ类：为次要变更，对产品安全性、有效性和质量可控性基本不产生影响或影响不大。

此类变更由企业自己控制，不需要经过药品监督管理部门备案或批准。例如，SOP的变更、中间产品检验标准或方法的变更、关键监控点的变更、实验室样品常规处理方法的互换、试剂或培养基生产商的改变、非关键零部件的改变、不影响药品质量的包装材料的改变《如打包带》等。

Ⅱ类：中度变更，需要通过相应的研究工作证明变更对产品安全性、有效性和质量可控制不产生影响。

这类变更企业要根据《药品注册管理办法》和其他相关要求，报药品监督管理部门备案。如关键生产条件的变更、印刷类包材样式的变更等。

Ⅲ类：较大变更，需要通过系列的研究工作证明对产品安全性、有效性和质量可控性没有产生负面影响。

这类变更必须按照相关法规要求报药监局批准，如原料工艺变更发生重大变更、质量标准药品有效期的变更、直接接触药品的包材、许可范围内的变更、新增药品规格变更等。

（二）变更控制的基本要求

1. 企业应建立变更控制系统，对所有影响产品质量或产品验证状态的变更进行评估和管理。

2. 应建立书面规程规定原辅料、包装材料、质量标准、检验方法、操作规程、厂房、设施、设备、仪器、生产工艺和计算机软件等变更的申请、评估、审核、批准和实施。质量管理部门应指定专人负责变更控制。

3. 任何申请的变更都应评估其对产品质量或对产品验证状态的潜在影响。企业可以根据变更的性质、范围，对产品质量或对产品验证状态潜在影响的程度将变更分类（如主要、次要变更）。判断变更所需的验证、额外的检验以及稳定性考察应有科学依据。

4. 任何与药品质量或药品的验证状态有关的变更经申请部门提出后，应由质量管理部门及受变更影响的部门（如生产部、物流部、采购部、研发部、注册部、技术部、市场部等）评估、审核，质量管理部制订变更实施的计划，明确实施的职责分工，由受权人批准。各部门负责根据受权人批准的实施计划和时限执行相关的任务。质量管理部门负责监督实施情况。变更实施应有相应的完整记录。

5. 对于需要在药品监督管理部门进行备案或批准的变更，在未得到批准前，该变更不能正式实施。

6. 变更实施时，应确保与变更相关的文件均已修订，并记录第一次实施变更的时间或产品批次。

7. 变更实施前，要对相关人员进行培训。

8. 质量管理部门应保存所有变更的文件和记录。

（三）变更控制的范围

1. 新产品的上市　指新品种、新剂量的产品或新包装规格的产品上市。

2. 现有产品的撤市　将现有产品品种、现有剂量的产品或现有包装规格的产品从市场上撤回。

3. 厂房的变更　包括厂房原设计功能的改变、间隔的改变、洁净装修材料或形式的改变、对墙体或地面造成破坏性的改变等。

4. 设备、设施的变更　包括改变送、回风管路和送、回、排风口尺寸、位置，空气处理机组或消毒系统；改变温湿度控制设施，改变气流组织，改变洁净区内地漏；纯化水制水设备、贮水设施材质、纯化水管管路及用水点的改变，净化空调系统空调过滤器型号改变，高效、亚高效过滤器供应商的改变，直接接触药品的气体过滤器的改变，生产设备的改变（包括新增和报废），直接接触药品的容器材质的改变，洁净区内运输形式的改变等。

5. 检验方法的变更　包括取样方法、条件的变化，样品制备和处理方法的变化，对照品配备方法的变化，检验仪器型号的改变等。

在法定的检验方法（如药典检验方法）变更后，按照企业内部备案流程在企业内部落实变更后的检验方法。

6. 质量标准的变更　包括原辅料、包装材料、中间产品、成品质量标准项目的改变，有效期或贮存期的改变，贮藏条件的改变，中间产品项目监控点的改变等。

在法定标准（如药典中的质量标准）变更后，按照企业内部备案流程在企业内部落实变更后的质量标准。

7. 在药品监督管理部门注册、备案的技术文件的变更。

8. 生产工艺的变更　包括辅料品种或数量（数量范围）、溶剂浓度、用量的改变，生产方法的改变，批量调整、药材炮制方法的改变等。

根据《药品注册管理办法》，需要确定该变更是否需要到药品监管部门备案或批准。

经药品监督管理部门批准后（取得批件后），在实施变更前按照备案流程落实变更后的生产工艺。

9. 物料供应商的变更　包括化学原料药的生产商，化学合成辅料、中药饮片的生产商以及其他原料、辅料和包装材料的供应商。

10. 直接接触药品的包装材料的变更　根据《药品注册管理办法》，该类变更需要由药品监管部门批准。

11. 文件、记录的变更　因文件较多，涉及面较大，适宜另外制定文件变更管理办法进行管理，重要的是对每份文件的变更制定文件变更明细表，记录每次变更的原因、时间、内容等，变更实施前对相关人员进行必要的培训。

12. 其他可能影响产品质量的变更　包括使用于直接接触药品的设备、工器具、手的消毒剂和用于生产环境的消毒剂的改变，工作服材质和款式的重大变化，产品关键监控点或监控方法的改变，生产地点的改变，与生产、质量控制相关的计算机软件的变更，包装材料设计样稿和内容的变更，产品外观的变化等。

（四）变更控制的职责

1. 各个部门或个人可根据工作职责提出变更申请。

2. 受变更影响的各部门对变更申请进行了评估、审核、列出相关的实施计划。并对经受权人批准的变更申请和行动计划负责实施，负责将实施情况书面报告给质量管理部门。

3. 质量管理部门负责变更的管理，指定专人负责变更控制工作，界定变更分类，组织变更评估和审核，制订变更实施计划，跟踪变更的实施，对变更效果进行评价，及时反馈变更信息。

4. 质量受权人负责对所有变更申请和实施计划进行批准以及对变更进行批准。

（五）变更控制流程

对药品质量无影响的Ⅰ类变更可以由提出变更申请的部门自行评估、审核、实施，变更完成后按照变更备案流程进行；已经药品监督管理部门批准的Ⅱ、Ⅲ类变更（包括法定质量标准、检验方法、工艺、处方的变更，印刷包装材料样式或内容改变，新增产品、新增产品规格以及撤销产品和产品规格等）和不需要药品监督管理部门备案或批准的对药品质量有影响的Ⅰ类变更，经受权人批准后实施；其他情况的变更按照企业制定的变更批准流程进行。

1. 变更备案流程

（1）对药品质量无影响的Ⅰ类变更　由变更的发起人提出变更申请，经部门负责人批准后实施，完成变更后由部门负责人组织相关人员包括使用部门负责人进行效果评价，提出是否批准启用的意见，交质量管理部备案，质量管理部负责人进行备案确认。上述变更不需要受权人批准。

（2）Ⅱ、Ⅲ类变更在取得药品监督管理部门的备案件或批件后，经受权人批准后实施变更，记录相关信息后报质量管理部备案。

2. 企业内部变更批准流程

（1）涉及的部门　可能涉及药品生产企业内部的所有部门，包括生产部、质量部、工程部、研发部、技术部、注册部、物流部、市场部和销售部等。

（2）变更申请　变更申请可能由上述部门的任何一位员工提出。只要员工认为有必要对现有的工作程序、运行状态做出变更、变革、改善或改进，则他/她就需要按照企业的变更控制程序提出变更申请。

变更申请人应详细说明变更的理由或需求，由本部门负责人同意后送交质量管理部门的变更控制专人。

（3）变更申请的编号　质量管理部门在接到变更申请后，由指定的变更控制专人对申请的变更类型进行界定，并给出变更编号。企业可以根据文件管理的要求自定编号规则，如变更范围—变更年份—变更流水号：XXBG—XXXX—XXXX 等。

（4）变更申请的评估和审核　一般由提出变更申请的部门负责人负责召集受影响的各部门负责人进行评估、审核，质量管理部门必须派人参与评估和审核。评估、审核的内容至少应包括：①对申请的客观评价，包括同意或不同意变更申请；②本部门的实施计划；③因实施该变更而产生的费用、产品成本的增加或降低；④注册部门特别要说明该变更是否在启用前需要药品监管部门的备案或批准。

必要时由质量管理部门组织相关的专家和部门负责人对变更项目的必要性和可能导致的风险、效果进行评估，对评估无变更价值或变更后不利于产品质量的项目进行否决，并由质量管理部把否决意见反馈到申请部门；对于有必要变更的项目根据变更的类型、范围和内容提出具体要求，如属于主要变更应按照相关法规和相应的技术指导原则的要求进行变更前的研究、准备工作，制订实施计划，包括分工、负责人和完成时间。

（5）变更申请的批准　在各相关部门评估、审核后，受权人给出审核评估意见，对无异议的变更申请进行批准。对有异议的变更申请综合评估，必要时再次召开评估、审核会议，最终由受权人做出是否批准的结论。不批准的变更申请由变更控制专人归档，同时将不批准的意见反馈给申请部门或申请人。

（6）变更实施前的准备、研究工作　对于受权人批准的变更项目，各相关部门按照实施计划进行准备工作。

典型的准备、研究工作包括：①对变更前、后产品进行研究，证明变更后产品的重要理化性质和指标是否与变更前一致；②工艺验证研究；③进行变更后产品的加速稳定性试验研究，包括与变更前的产品稳定性做出比较；④进行变更后产品的长期稳定性考察；⑤制定新的管理制度；⑥修订现有管理制度；⑦对员工进行培训。

同时应该注意到，产品某一项变更往往不是独立发生的。例如，生产地点变更可能同时伴随生产设备及生产工艺的变更，处方中已有药用要求的辅料变更可能伴随或引发药品质量标准的变更，或同时伴随着药品包装材料的变更等。在这种情况下，研究工作总体上应按照技术要求较高的变更类别进行。在特殊情况下，还可能需要考虑进行有关生物学的研究工作。

（7）变更的备案和批准

①企业内部的批准：除了对药品质量无影响的Ⅰ类变更由部门负责人批准外，其他变更均需由质量受权人批准后实施，包括Ⅱ、Ⅲ类变更在完成申报工作，取得药品监督管理部门的批准后也必须经过质量受权人确认才可以在企业内部实施变更。

②药品监管部门的备案或批准：对Ⅱ、Ⅲ类变更，根据药品注册管理办法和相关法规的要求，在企业启用某些变更前，要到药品监管部门办理补充申请或到药品监督管理部门备案。

（8）变更跟踪、评价和实施

①变更控制专人对各部门实施计划的完成情况进行追踪，各部门的实施计划完成后应书面报告质量管理部。

②实施计划完成后由质量管理部负责人评价是否达到预期的效果，以及对产品质量或质量管理体系产生的影响。

③不需要到药品监督管理部门备案或批准的对药品质量有影响的Ⅰ类变更，在实施计划完成后由质量管理部评价是否达到预期的效果，以及对产品质量或质量管理体系产生的影响。受权人根据质量管理部对实施效果的评价，批准或否决变更。在得到该受权人的批准后，在企业内部才可以实施变更。

④对于需要到药品监督管理部门备案或要由其事先批准的变更申请（补充申请），在企业完成相应的研究工作，并在备案工作完成后或得到药品监督管理部门的批准后，报受权人备案。在得到该受权人的确认后，在企业内部才可以实施变更。

（9）变更的反馈与评估　变更控制专人应将变更申请和变更的批准情况、变更实施的情况及时反馈给相关部门或人员。

变更效果的评估方式有很多种，常见的有如下情况：①回顾周期内有无因为此变更所导致的偏差或OOS。如有，确认是偶然因素所致还是新流程存在某种缺陷，制订改进计划。②大型的变更项目经验分享与回顾，有哪些收获和哪些有待改进的地方。③对比变更实际成本与变更后的收效，检查是否100%达到设想的变更受益。

（10）变更的归档　所有的被批准实施的变更或被否决的变更文件，以及相关的资料均由变更控制专人归档。某企业变更控制程序流程图见图1－9。

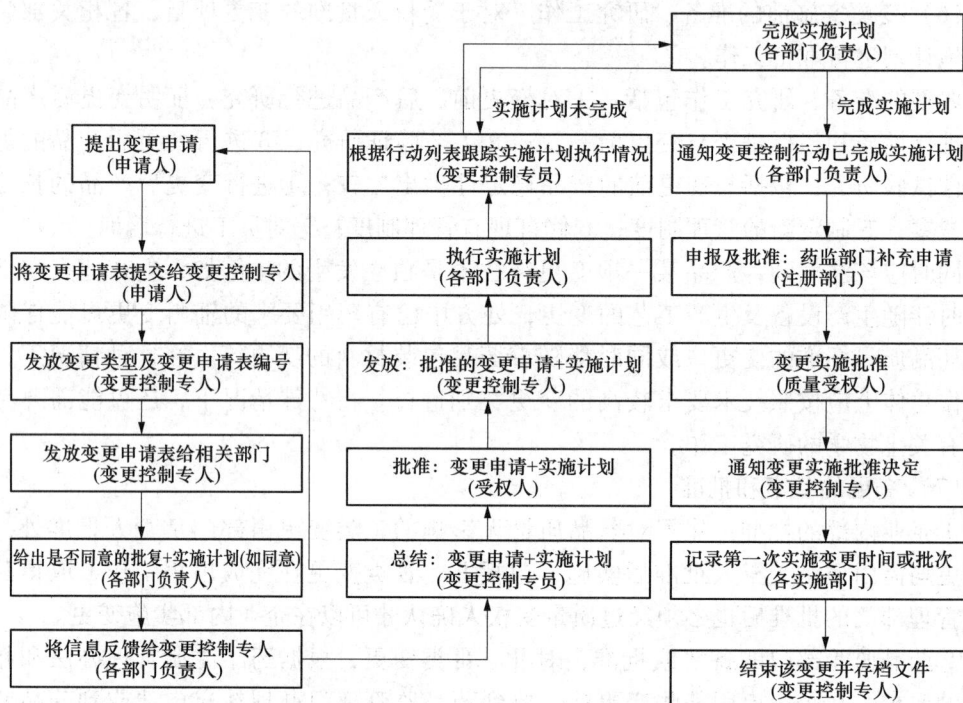

图1－9　某企业变更控制程序流程图

四、纠正措施和预防措施

我国GMP（2010年修订）对纠正措施和预防措施（CAPA）的要求。

第二百五十二条　企业应当建立纠正措施和预防措施系统，对投诉、召回、偏差、自检或外部检查结果、工艺性能和质量监测趋势等进行调查并采取纠正和预防措施。调查的深度和形式应当与风险的级别相适应。纠正措施和预防措施系统应当能够增进对产品和工艺的理解，改进产品和工艺。

第二百五十三条　企业应当建立实施纠正和预防措施的操作规程，内容至少包括：

（一）对投诉、召回、偏差、自检或外部检查结果、工艺性能和质量监测趋势以及其他来源的质量数据进行分析，确定已有和潜在的质量问题。必要时，应当采用适当的统计学方法；

（二）调查与产品、工艺和质量保证系统有关的原因；

（三）确定所需采取的纠正和预防措施，防止问题的再次发生；

（四）评估纠正和预防措施的合理性、有效性和充分性；

（五）对实施纠正和预防措施过程中所有发生的变更应当予以记录；

（六）确保相关信息已传递到质量受权人和预防问题再次发生的直接负责人；

（七）确保相关信息及其纠正和预防措施已通过高层管理人员的评审。

第二百五十四条　实施纠正和预防措施应当有文件记录，并由质量管理部门保存。

（一）纠正措施和预防措施的概述

纠正措施（Corrective Action）：为了消除导致已发现的不符合或其他不良状况的原因所采取的行动。

预防措施（PreventiveAction）：为了消除可能导致潜在的不符合或其他不良状况的诱因所采取的行动。

纠正措施与预防措施的本质区别：纠正是用来防止事情的再发生而预防是用来防止事情的发生。

CAPA主要包括对具体问题的补救性整改措施；通过对问题根本原因的分析，用于解决偏差发生的深层次原因，并将采取措施预防类似问题发生；对预防措施进行跟踪，评估实施效果。图1-10简要说明了CAPA系统的实施流程，以及与其他相关要素的衔接口。

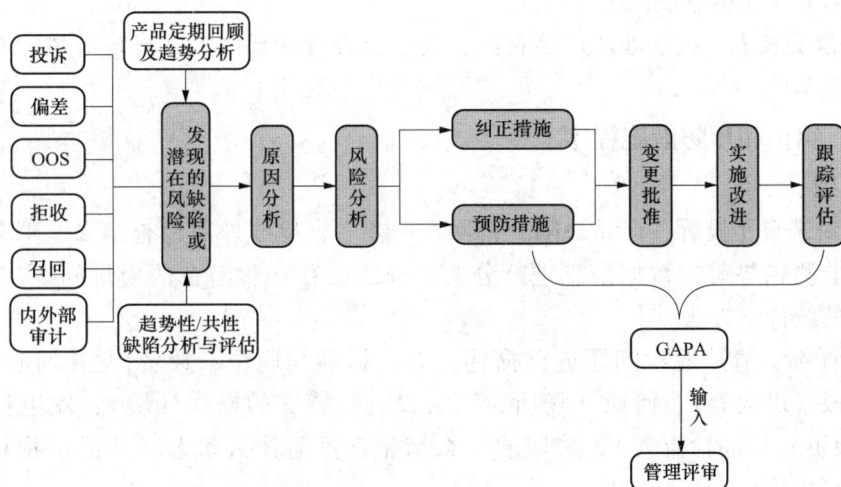

图1-10　CAPA系统流程及与其他要素接口

（二）CAPA在产品周期中的应用

药品的生命周期包括药品研发、技术转移、工业生产、产品终止四个阶段。为使药品质量的关键属性与临床研究中使用的药品属性保持一致，药品质量应贯穿于药品整个生命周期的始终，在产品整个生命周期内实施药品质量管理体系管理将促进创新和持续改进药品质量，并使药品研发和生产活动之间的联系更加紧密。药品质量体系由工艺性能和产品质量监控系统、纠正和预防措施系统、变更管理系统、工艺性能和产品质量回顾四个主要要素组成，这些要素都应适当地应用到产品生命周期的每个阶段，CAPA在产品生命周期内的应用参见表1-1。

表1-1　纠正和预防措施系统在整个产品生命周期内的应用

药品研发	技术转移	药品生产	产品终止
对于开发产品或工艺变更，CAPA的方法是有用的。纠正措施和预防措施的方法能够被整合在反复设计和开发过程之中	CAPA可被用作反馈、前馈和持续改进的有效体系	应运用CAPA，并应评估其效果	在产品终止后，应继续CAPA。应考虑还在市场上的产品的影响及可能会受到影响的产品

（三）实施纠正和预防措施的职责

1. 企业所有员工　企业所有员工正确理解纠正和预防措施（CAPA）规程的要求。在不合格问题发生时，按要求采取适当的措施，并报告主管或直接领导。

2. CAPA措施负责人　CAPA措施负责人应根据批准的计划，在规定期限内完成相应的整改措施。定期检查计划的进展，直到所有的整改措施均已完成并最终得到质量管理人员的确认、批准。因特殊原因，整改措施计划需要进行变更或延长时，应在原计划完成日之前提出申请，并得到部门负责人、质量管理部负责人的批准。

3. 质量部　质量部负责建立和维护纠正和预防措施（CAPA）系统。批准CAPA的执行。确保CAPA的合理性、有效性和充分性。批准CAPA的变更，包括完成期限的延长，跟踪CAPA实施进展情况。

4. 质量受权人　批准涉及产品召回、药品监督管理部门检查发现等风险级别较高问题的整改措施。

（四）纠正和预防措施程序

1. 识别

（1）对来自于投诉、产品缺陷、召回、偏差、自检或外部检查结果、工艺性能和产品质量监测趋势等的数据信息进行分析，确定已存在和潜在的质量问题。必要时，运用适当的统计学方法。

（2）详细、清楚地对问题进行描述，应包括谁（职位、姓名）、在何时（时间、日期、阶段、班次等）、何地（场所、厂房设施、特殊的操作环境）、发生什么事情（如客户投诉、外部检查等）、采取的什么措施、目前什么状态（产品、物料、仪器等）等详细内容。

（3）上述资料信息一般应有记录。如：顾客投诉、内部质量审计、趋势分析数据、风险分析信息，这对于有效评估、调查和制定适当的纠正和预防措施，进而从根本上解决问题很有价值。

2. 评估

（1）通过评估，确定问题的严重程度及是否需要采取整改措施。若需要，根据风险评估等级确定措施级别。评估主要包括以下几方面。

①问题所造成的潜在影响评估：确认并记录影响到的所有方面，包括成本、安全、可靠性和客户满意度等。

②对企业和顾客影响的风险评估：基于影响程度的评估，确认问题的严重程度。

③立即采取的措施：通过潜在影响和风险评估，在纠正预防措施制定前，有必要采取的立即纠正措施。

（2）在生产质量活动过程中，能够采取立即纠正措施解决发生的问题，无须建立纠正和预防措施计划。立即采取的纠正措施可以不归入纠正预防措施体系进行管理。在文件中记录相关的决定和适当的跟踪确认后，CAPA 即可关闭。

3. 调查

（1）成立调查小组、制定完整的根本原因分析调查程序。

（2）确定调查的目的、调查的方法、人员职责和所需的资源。

（3）调查问题产生的原因，收集涉及问题相关所有方面的数据，如：设备、人员、设计、培训、软件、财务等。

（4）收集数据。

4. 原因分析

（1）信息资料分析。通过分析信息资料，确定是否已详细说明所报告问题的影响因素和范围；问题是否与类似的问题有关联或正成为某趋势中的一部分；是否需要额外的信息资料。可能的根本原因；可能的纠正/预防性措施。

（2）在以上信息的基础上，进行初步根本原因分析，评估相应的事实，在人、机、料、法、环等方面的变化，分析人、机、料、法、环变化之间的关联性。

（3）如果经过分析没有能确定明确的根本原因或所有可能的原因都已经被排除，那么就需要进行进一步的分析和评估。

（4）分析过程中应确保资料信息完全支持所得出的结论，并对分析过程中的所有活动和结论予以记录。

（5）根本原因判断

①通过分析小组的分析来确定根本原因。

②将调查人员分成小组，利用头脑风暴和因果图表等工具。

③确定可能的原因：从列出的有关事实、关联中排除与资料信息不符的原因，确定所有可能的根本原因。

④挑选根本原因：根据人、机、料、法、环等关联变化、相应的资料数据，在所有可能的根本原因中，挑选与资料最相符的根本原因。

⑤核实根本原因：核实最有可能的根本原因和支持结论的资料。剔除所有与资料信息不符的可能原因。

⑥即使没有确定的根本原因，也应记录原因分析过程中所有活动和得出的结论。

⑦所有用于根本原因分析的支持文件必须作为问题定性和根本原因分析依据或调查报告文件所附的一部分。

5. 制订计划

（1）针对根本原因制定全面的、适当的纠正和预防性措施。

（2）是否建立 CAPA 整改小组及整改小组的组成规模取决于 CAPA 目标达成的风险级别和困难程度。

（3）一般情况下，对于风险级别较低的 CAPA，由质量部确定的 CAPA 跟踪协调人负责确定 CAPA 整改负责人。

（4）对于来自于如召回或药品监管部门检查发现等风险级别较高的 CAPA，应由质量受权人和企业管理层共同确认 CAPA 整改小组的组织结构。

（5）整改小组成员可以仅负责 CAPA 其中一项行动，也可以贯穿于整个行动。每一 CAPA 整改小组应指定措施负责人。

（6）确定措施方案

①建立所有可能的解决方案：可以消除根本原因的长期解决方案，对不能消除根本原因的，列出可以降低风险的解决方案。

②针对确认的根本原因，审核每一纠正和预防措施是否恰当。

③制订的计划包含人员职责、措施行动、计划完成时间。

④按风险级别和审批规定，纠正和预防措施计划应获得质量管理部负责人或质量受权人的批准。

⑤在正式执行方案计划前应与相关人员做好沟通工作。

⑥制定纠正和预防措施。

6. 执行

（1）根据批准的计划，CAPA 整改小组和相关部门负责人共同确定行动计划的具体执行。

（2）CAPA 计划的变更、延迟应上报质量部，并得到质量部批准。

①CAPA 有任何改变，如截止日期变化、行动责任人变化、整改措施变化，CAPA 责任人都需以书面形式向质量部提出整改措施变更申请，获得质量管理部批准。对于来自于诸如药品监管部门检查出的问题的整改措施，还需进一步取得质量受权人、企业管理层的批准。

②申请报告中需详细描述 CAPA 到目前进展情况、对现有系统或程序的影响、在截止日期内未完成的原因，以及 CAPA 新预期完成日期。（见附表2）。

③按风险级别和审批规定，质量管理部负责人或质量受权人评估、批准该类申请。

④批准后，CAPA 跟踪协调人在跟踪系统中输入变更内容包括修改后的完成日期。

（3）CAPA 支持文件和证据材料的收集　CAPA 跟踪协调人收集所有 CAPA 计划中相关的文件。支持文件和证据材料可以是相关文件的签字页复印件（如 SOP，培训记录）或其相关可追溯性的企业内部文件编号。

7. CAPA 的跟踪

（1）CAPA 计划的跟踪　CAPA 跟踪协调人在跟踪系统中设定 CAPA 系统唯一性跟踪号，将 CAPA 信息录入跟踪系统并与相关行动负责人定期沟通行动进展情况，记录跟踪信息。

①CAPA 跟踪号。

②CAPA 来源的文件（如来自生产偏差、客户投诉等）。

③问题简要描述。

④CAPA 行动描述概要。

⑤CAPA 负责人。

⑥受影响的区域。

⑦计划完成日期。

⑧实际完成日期。

（2）跟踪结果应形成文件，定期报告管理层。必要时需上报药品监管部门。

（3）建立 CAPA 监控系统确认 CAPA 的有效性。应建立短期和长期的监控系统监控 CAPA 的有效性。监控系统应有衡量行动执行有效性的指标。

8. CAPA 的关闭

（1）CAPA 的完成不仅包括确认批准的整改措施已经全部完成，还包括评估和确认纠正及预防措施的合理性、有效性和充分性。

（2）确认整改措施全部完成：

①所有的措施计划已经完成。

②所有的变更完成，过程中所有发生的变更予以了记录。

③所有相关的员工在变更实施后经过了培训，且能掌握相关内容。

项目三 确认与验证

一、确认与验证的概述

中国 GMP 1998 版第七章"验证"中有如下叙述"第五十七条 药品生产验证应包括厂房、设施及设备安装确认、运行确认、性能确认和产品验证",其中确认只是作为验证中的一个组成部分存在。

中国 GMP 2010 修订版对"验证"进行了重新的定义,并将确认作为一个独立的概念从验证中分离出来。其中规定:

验证是有文件证明任何操作规程(或方法)、生产工艺或系统能达到预期结果的一系列活动。

确认是有文件证明厂房、设施、设备能正确运行并可达到预期结果的一系列活动。

验证和确认本质上是相同的概念,确认通常用于厂房、设施、设备和检验仪器,而验证则用于操作规程和检验方法、生产工艺或系统。在此意义上,确认是验证的一部分。

除了定义方面的更新,新版中国 GMP 还将验证和确认的范围也进行了扩展。在确认中引入了设计确认的概念从而将开发过程也列入了确认的范围。验证的范围也从单纯针对产品的生产验证扩展为包含所有的生产工艺、操作规程和检验方法,并且新增加了清洁程序验证的内容。此外,新版中国 GMP 中还规定确认或验证的范围和程度应经过风险评估来确定,这一点也与近几年在国际制药行业中广泛应用的质量风险管理的概念相一致。

(一) 确认与验证的对象

确认主要针对厂房、设施、设备和检验仪器。其中厂房和设施主要指药品生产所需的建筑物以及与工艺配套的空调系统、水处理系统等公用工程;生产、包装、清洁、灭菌所用的设备以及用于质量控制(包括用于中间过程控制)的检测设备、分析仪器等也都是确认的考察对象。

而验证主要考察生产工艺、操作规程、检验方法和清洁方法等。新版中国 GMP 对计算机化系统进行了定义,其中虽未明确规定验证的要求,但在制药行业中通常认为计算机化系统也属于验证的范畴。

(二) 确认与验证的范围

1. 应有一个适当和充分的系统,包括组织机构和文件基础、足够的人员和财务资源来按时完成验证任务，还应包括管理和负责质量保证的人员。

2. 根据所需进行的验证工作，应由具有适当资质和经验的人员负责实施验证，他们应代表不同的部门。

3. 验证实施前，应有恰当的准备和计划，应有关于验证活动的具体程序。

4. 验证应按照文件规定的规程和方案有组织地进行。

5. 下列情况应进行验证

（1）采用新的生产处方或生产工艺前，应当验证其常规生产的适用性。

（2）间隔一定周期；首次确认或认证后，应根据产品质量回顾分析情况进行再确认或再认证；关键的生产工艺和操作规程应当定期进行再验证。

（3）原辅料、与药品直接接触的包装材料等发生主要变更时。

（4）设备、公用设施和系统、生产工艺以及规程、检验方法发生变更。

6. 验证应按书面的方案实施，应根据验证结果撰写书面报告。

7. 验证应持续一段时间才能完成，如至少需三个连续的批次（全批量）性，应考虑最差条件的情况，以证明一致。

8. 中间控制和验证之间存在明显的区别。中间控制的测试是在每批生产过程中按照研发阶段设计的质量标准和方法进行的，其目的是连续监控生产工艺。

9. 当采用新的生产处方或方法时，应有步骤地证明其适用于常规生产。已制定的使用具体物料和设备的生产工艺应表明能持续一致地生产出一定数量的符合质量要求的产品。

10. 生产企业应确定需要进行何种验证工作，才能证明操作的关键方面已适当受控。厂房设施或设备以及可能影响产品质量的生产工艺发生重大变更时，应进行验证。应采用风险评估手段来确定所需验证的范围和程度。

（三）实施验证的目的

根据验证的定义，可以把验证的目的归结为；保证药品的生产过程和质量管理以正确的方式进行，并证明这一生产过程是准确和可靠的，且具有重现性，能保证最后得到符合质量标准的药品。

1. 新药开发过程验证 从新产品研究与开发（research and development）阶段开始，确定新产品的规格和起始原料，以及确定工艺条件必须能生产出预期规定质量要求的产品，就需要验证。新药开发过程验证的目的是为正式生产提供确认的工艺标准，确认工艺的重现性和可靠性。工艺条件的优选是这个阶段的一个重要的工作，此外还有完善规程，培训人员等。这个阶段的验证，是要通过试验弄清并确认在什么样的工艺控制条件下可以达到什么样的结果，为商业性生产做准备。另外，对起始原料以及成品的鉴定、纯度、效力、均一性等的分析方法，都需要验证，既要检查这些方法的准确性、精密性、重现性，还要检查可靠性。这些验证同样是为保证药品申报时有一份可靠的资料。新药开发阶段所取得的结果以及技术经验为生产工艺的验证提供了基础条件。

2. 药品生产过程验证 药品生产过程验证是指在完成厂房、设施、设备的鉴定和质控、计量部门的验证后，对生产线所在生产环境、工艺装备的局部或整体功能、质量控制方法及工艺条件的验证，以确证该生产过程是有效的，而且有重现性。我国GMP规定："药品生产过程的验证内容必须包括：①空气净化系统；②工艺用水系统；③生产工艺及其变更；④设备清洗；⑤主要原辅材料变更。无菌药品生产过程的验证内容还应增加：①灭菌设备；②药液滤过及灌封（分装）系统。"

药品生产过程验证的目的就是确认工艺的重现性和可靠性。生产过程是执行各种标准的过程，必须遵照"一切按规程办事"的原则。生产过程的验证包括所用设备和仪器的操作参数能保证设备、仪器适用于生产指定质量的产品，保证工艺的安全和效率。

对于非无菌药品而言，生产阶段的验证可以是同步验证，也可以是回顾性验证，即对过去生产中取得大量的数据进行校验，证明这些数据是准确可靠的，并对这些数据加以分析利用。相对前验证而言，这可称为后验证（retrospective validation），即回顾性验证。

就具体的验证方案来说，每个验证方案都要列出验证目的。举例说，蒸汽灭菌器验证的目的，是通过一系列验证试验提供足够的数据和文件依据，以证明生产过程中所使用的每一台蒸汽灭菌器对各种不同物品灭菌过程的可靠性和重现性。验证结果必须证明生产中采用的灭菌过程对经过灭菌的物品能够保证残存微生物污染的概率（或可能性）低于百万分之一（10^{-6}）。"再具体到一个 HR－01 型快速冷却灭菌釜验证方案"，验证目的可分列三点：

（1）检查并确认灭菌釜安装符合设计要求，资料和文件符合 GMP 的管理要求；

（2）检查并确认灭菌釜的运行性能，看装载情况下灭菌釜不同位置的热分布状况；

（3）验证产品预定的灭菌程序 115.5℃ 30min 能确保灭菌釜冷点的产品达到 $F_0 > 8$ 的要求。

3. 药品检验过程验证　质检方法验证的目的是，确认质检方法的可靠性与重现性。在新药研制过程中，可靠的分析方法对获得生物利用度等药物动力学研究的准确数据，起着非常重要的作用。为了保证测定结果的可靠性和准确性，应对任何新的或经修改的分析方法进行效能指标（验证参数）测定，这些指标是建立分析方法的实验依据，整个实验过程称为分析方法验证（analytical method validation）。不同分析方法的效能指标基本相同，包括选择性（selec－tion）、线性（linearity）、准确性（accuracy）、精密度（precision）、灵敏度（sensitivity）、稳定性（stability）和质量控制（quality control）等。

标准操作规程（SOP）是实验室 GLP 建设的一个重要内容，包含了实验室中所有与实验研究有关的活动。其主要内容包括样品接收、登记、保管、试剂配制、仪器保养与校正、分析测定、质量保证与质量控制、数据复审、结果报告等的详细叙述。SOP也需要验证，而且不仅在药品检验方面，在药品生产等方面的 SOP 也同样需要验证。

（四）验证的基本原则

只要有药品生产，就必须实施 GMP；只要实施 GMP，就必须进行验证。不同形式的验证在药品生产实施 GMP 过程中形成一个有机循环，只要药品生产活动在进行，验证活动就不能终止。药厂应采取措施以验证其生产所用物料、方法、工艺过程、规程和设备设施是否能够达到预期的结果，以达到均一的生产条件和无缺陷的管理。验证管理准则应保证药品在开发、制造和管理上等项主要操作是可靠的，并具有重现性，遵守规定的生产规程和管理方法，能够达到生产出预期质量的产品。总之，验证合格的标准就是验证过程中是否已经获得充分的证据，以致设备、设施、物料及工艺等确实能够始终如一地产生预计的结果。

实施 GVP 的基本原则至少有以下几点。

1. 符合有关验证规范要求的原则　我国 GMP（2010 年修订）第七章确认与验证，以及 GMP 附录有关规定，提出了我国现阶段实施 GVP 的要求。这些规定要求界定了我国制药企业进行药品生产和质量管理中有关验证的基本准则。如果企业有需要、有实力，把验证范围扩大、验证水平提高，采用更先进的验证技术与仪器，这是法规允许的。国家鼓励采用先进的科学技术。邓小平同志说："科学技术是第一生产力"，先进的科技必定带来先进的生产力。

2. 切合实际的原则　真理的原则性与实践的灵活性相结合，就是"实践是检验真理的标准"。实施 GMP（包括 GVP）应结合制药企业的实际，找出关键的切入点，实事求是地一步一个脚印地进行，首先要达到国家 GMP 标准。例如，生产大输液的企业，灭菌设备、药液滤过及灌封（分装）系统、空气净化系统、工艺用水系统、生产工艺、主要物料、设备清洗等方面的验证应符合要求。举例说，灭菌柜的验证应先与供应商合作制订一个验证方案，制定标准操作规程，进行培训，然后具体地按程序实施。

3. 符合验证技术要求的原则　验证科学与计算机技术的相结合，与高精度温度测量技术相结合，使验证仪器智能化、精密化，因此更加符合验证技术要求的基本原则——统计上的合理性、精确的数据、确凿的证据、低成本且有效的报告。由于一些验证仪器具有以微机软件为基础、采用先进的温度基准技术、节省时间的自动化操作等特点，因而形成了完整的验证系统，得以在制药行业应用，降低了成本，提高了生产率。

（五）验证组织及职能

验证既是制药企业的基础性工作，又是经常性的工作，需要协调各部门的活动。通常由分管生产、技术、质量管理的企业负责人或总工程师分管验证工作；在厂一级可组成有各部门负责人参加的验证指导委员会，明确职责；下设一个常设的职能部门来负责验证管理。

企业主管验证管理部门的负责人应具有医药或相关专业大专以上学历，有验证管理经验，对 GMP 验证规范的实施负责。最好由精通仪表、计算机、药剂学、微生物学及数理统计等方面知识，有一定的药品生产和管理经验，有一定社交活动能力的人员担任验证管理部门的专职人员，以便适应工艺验证工作的特殊需要。验证部门编制应经科学核定，必要时可组成若干个验证组。

明确规定各个部门的职责，使各个部门在组织中具有完整、明确的作用是最基本的管理原则，这也有利于各部门之间的沟通与理解。验证管理部门的职责是与他们的基本任务相联系的，这个基本任务就是：满足 GMP 的要求，使工艺通过验证。

验证指导委员会的职责可概括为：对本企业验证工作从宏观上进行领导，在技术上进行指导。完成验证任务是各部门共同的目标；只有在验证管理、生产、质量管理、工程和研究开发部门的协同合作下，验证的目标才能达到。这项工作从指导委员会确定验证任务开始，然后在完成目标的日常工作期间继续。

验证管理部门的具体职责可概括如下。

（1）负责日常的验证管理工作，其中包括：日常验证计划的制订和监督实施，日常验证活动的组织、协调。

（2）验证管理及操作规程的制定与修订。

（3）验证年度计划的制订及监督。

（4）验证方案的起草与协调。

（5）参加企业新建和改进项目的验证及新产品生产工艺的验证。

（6）验证文档管理。

（六）临时验证机构及其职责

通常验证的常设机构是适应一般正常运行的制药企业对验证的需要；而临时验证机构的设立是适应新建厂或老厂较大的技改项目的需要，有大量的前验证工作要在较短时间内完成，在这种情况下往往使用了设计或咨询单位。临时验证机构的名称可为"验证（指导）委员会"或"验证领导小组"或更为合适的称谓。

在人员安排上，主任委员由生产副总经理或总工程师来担任；常设验证机构兼验证办公室，而验证管理部门的主管可为秘书长；设计或咨询单位的专家（组）可为顾问；各车间主任、工程部主管、仓储部主管，以及质量管理部负责人可为委员。

厂内外的专家在制订验证方案和咨询决策方面会发挥很大的作用。通过验证方案的制订实施，不仅为今后工艺正常运行及再验证打下基础，而且也给制药企业的员工提供了技术培训的机会。当这种战役式的验证工作结束之后，使制药企业平稳过渡到正常工艺运行，对质量保证体系的健全和验证工作的连续都有很大的益处。各有关部门不仅要服从大局、服从企业总的验证计划，而且在总的工艺验证过程中通过协调完成各自的验证计划。例如，质量管理部除了实验室仪器校准和检验方法的验证外，还必须负责无菌室洁净度的确认；工程部负责保证工艺用水系统、空调净化系统、氮气系统的验证和正常运行；仓储部保证配料系统正常运行等。

临时验证机构的任务和职责可概括为完成战役性的验证工作，负责验证的总体策划与协调，制订验证方案并予以审核实施，并为验证提供充足的资源。

（七）兼职验证机构及其职责

对于一个管理基础较好的非无菌药品生产企业来说，采用兼职机构的办法也是一种可选的方案，当然也不排除设立常设专职验证机构的可能性。

兼职的验证任务，按质量管理的标准与理论应由制药企业的质量管理部门或质量保证部门承担。赋予质量管理部门以验证的职责，作为他们正常生产时的一项重要的工作内容。在特殊需要时，可采用临时验证机构形式，由副总经理或总工程师组织负责，直接协调全厂性的验证活动。

非无菌药品生产企业在完成大量的前验证的任务之后，日常所进行的最大量验证工作是回顾性验证，当然也有同步验证工作。回顾性验证的具体工作与常规生产中的故障调查及分析、趋势分析、生产及质量的季度或年度总结等密切相关。这些工作，也应是兼职验证机构的职责。

在组织形式上，可在质量管理部门设立一个验证管理室，人员也可以是兼职的，但从专业能力上，要熟悉生产工艺操作和验证技术，有药学或相关专业大专学历背景，有微生物学、统计学和计算机科学知识；验证专业人员可从有经验的生产操作人员中提拔，给他提供一个能有效地发挥才能并能产生较大利益的岗位，提供一个解决问题、做出贡献的机会。因此，机构虽然是兼职的，但人员可为专职的。制药企业在验证方面的投入越多，得到的回报也越多，这已经在验证的发展历史中得到证实。

（八）制药企业各部门在验证中的职责

制药企业内各主要职能部门在验证中的职责简要概括如下。

1. 质量管理部门　制订验证总计划；起草验证方案；检验方法验证；取样与检验；环境监测；结果评价，验证报告；验证文件管理。

2. 生产部门　参与制订验证方案；实施验证；培训考核人员；起草生产有关规程；收集验证资料、数据；会签验证报告。

3. 工程部门　设备预确认；确定设备标准、限度、能力和维护保养要求；设备操作，维护保养方面的培训；设备安装及验证中提供技术服务。

4. 研究开发部门　对一个开发的新产品，确定待验证的工艺条件、标准、限度及检测方法；起草新产品、新工艺的验证方案；指导生产部门完成首批产品验证，等等。

5. 其他部门　其他有关部门涉及到环境监控、统计、培训、安全等方面，也需要进行验证。

广义的环境监控包含了厂区环境的空气、水质等的监控，而制药企业洁净室（区）的微粒与微生物的监控，一般由 QC 部门负责。制药企业不仅要通过 GMP 认证，而且要通过 ISO 1400 环境管理体系认证。也就是说，制药企业还要拿到"绿色通行证"。在洁净室（区）的生产并不等同清洁生产。联合国环境规划署（UNEP）1996 年对清洁生产定义为："清洁生产是一种新的创造性的思想，该思想将整体预防的环境战略持续应用于生产过程、产品和服务中，以增加生态效率和减少人类及环境的风险"。那么，对生产过程，要求节约原材料和能源，淘汰有毒原材料，在生产过程排放废物之前减降废物的数量和毒性；对产品，清洁生产战略旨在减少从原材料的提炼到产品的最终处置的全生命周期的不利影响；对服务，要求将环境因素纳入设计和所提供的服务中。对清洁生产的审计，是制药企业对现在的和计划进行的药品生产和经营活动实行预防污染的分析和评估。与"验证"概念有相似与交叉的一些方面，从某些侧面可以看为是对清洁生产的确认或验证。

对 GMP 等的培训的确认，要看培训方案、培训教材、培训记录，以及员工的培训档案。考核考试成绩要有试卷佐证。培训记录上不仅有培训师的讲课题目和签名，也要有员工的签名。这正体现了 GMP 的一句格言：一切凭证据说话。

（九）验证总计划

验证总计划是总结公司确认和验证的整体策略、目的和方法的文件。它的作用是确定确认和验证的策略、职责以及整体的时间框架。其一般要求包括：

1. 应对所有的厂房、设施、设备、计算机化系统，与生产、测试或储存相关的规程、方法是否需要确认或验证进行评估。

2. 应能反映上述确认和验证活动的状态。

3. 应定期回顾。

4. 应及时更新。

通常验证总计划包括但不限于以下内容：

1. 验证必须遵循的指导方针与指南。

2. 详细说明验证活动中相关部门的职责。

3. 验证的范围：已验证和需验证的厂房、设施、设备、检验仪器、生产工艺、操作规程和检验方法等的情况。

4. 相关文件：列出项目验证活动所涉及的相关管理及操作规程的名称和代号。

5. 项目进度计划和时间表。

6. 变更控制。

7. 附录：平面布置图，工艺流程图、系统图以及其他各种图表等。

验证总计划可分为年度计划或项目计划。

二、验证的分类

（一）前验证

前验证通常指投入使用前必须完成并达到设定要求的验证。这一方式通常用于产品要求高，但没有历史资料或缺乏历史资料，靠生产控制及成品检查不足以确保重现性及产品质量的生产工艺或过程。

无菌产品生产中所采用的灭菌工艺，如蒸汽灭菌、干热灭菌以及无菌过滤应当进行前验证，因为药品的无菌不能只靠最终成品无菌检查的结果来判断。对最终灭菌产品而言，我国和世界其他国家的药典一样，把成品的染菌率不得超过百万分之一（10^{-6}）作为标准；对不能最终灭菌的产品而言，当置信限设在95%时，产品污染的水平必须控制在千分之一（10^{-3}）以下。这类工艺过程是否达到设定的标准，必须通过前验证——以物理试验及生物指示剂试验来验证。

氨基酸以及葡萄糖类输液产品生产中采用的配制系统及灌装系统的在线灭菌程序应当前验证，因为企业必须有可靠的手段，在系统出现异常的微生物污染时使污染受控。冻干剂生产用的中小型配制设备的灭菌，灌装用具、工作服、手套、过滤器、玻璃瓶、胶塞的灭菌以及最终可以灭菌产品的灭菌，冻干剂生产相应的无菌灌装工艺都属于前验证的类型。前验证是这类产品安全生产的先决条件，因此要求在有关工艺正式投入使用前完成前验证。

新品、新型设备及其生产工艺的引入应采用前验证的方式，不管新品属于哪一类剂型。前验证的成功是实现新工艺从开发部门向生产部门转移的必要条件，它是一个新品开发计划的终点，也是常规生产的起点。对于一个新品及新工艺来说，应注意采用前验证方式的一些特殊条件。由于前验证的目标主要是考察并确认工艺的重现性及可靠性，而不是优选工艺条件，更不是优选处方。因此，前验证前必须有比较充分和完整的产品和工艺的开发资料。从现有资料的审查中应能确信：

1. 配方的设计、筛选及优选已完成。

2. 中试性生产已经完成，关键的工艺及工艺变量已经确定，相应参数的控制限已经摸清。

3. 已有生产工艺方面的详细技术资料，包括有文件记载的产品稳定性考察资料。

4. 即使是比较简单的工艺，也必须至少完成了一个批号的试生产。

此外，从中试放大至试生产中应无明显的"数据漂移"或"工艺过程的因果关系发生畸变"现象。为了使前验证达到预计的结果，生产和管理人员在前验证之前进行必要的培训是至关重要的。其实，适当的培训是实施前验证的必要条件，因为它是一项技术性很强的工作。实施前验证的人员应当清楚地了解所需验证的工艺及其要求，消除盲目性，否则前验证就有流于形式的可能。由于没有将影响质量的重要因素列入验证方案，或在验证中没有制定适当的合格标准，结果验证获得了一大堆所谓的验证文件，但最终并没有起到确立"运行标准"及保证质量作用的事例并不少见。

（二）同步验证

同步验证系指"在工艺常规运行的同时进行的验证，即从工艺实际运行过程中获得的数据来确立文件的依据以证明某项工艺达到预计要求的活动"。以水系统的验证为例，人们很难制造一个原水污染变化的环境条件来考察水系统的处理能力并根据原水污染程度来确定系统运行参数的调控范围。又如，维生素 C 泡腾片的生产往往需要低于 20% 的相对湿度，而相对湿度受外界温度及湿度的影响，空调净化系统是否符合设定的要求，需要经过雨季的考验。这种条件下，同步验证成了理性的选择。如果同步验证的方式用于某种非无菌制剂生产工艺的验证，通常有以下先决条件：

——有完善的取样计划，即生产及工艺条件的监控比较充分；

——有经过验证的检验方法，方法的灵敏度及选择性等比较好；

——对所验证的产品或工艺过程已有相当的经验及把握。

在这种情况下，工艺验证的实际概念即是特殊监控条件下的试生产，而在试生产性的工艺验证过程中，可以同时获得两方面的结果：一是合格的产品；二是验证的结果，即"工艺重现性及可靠性"的证据。验证的客观结果往往能证实工艺条件的控制达到了预计的要求。专家们对这种验证方式的应用曾有过争议，争议的焦点是在什么条件下可以采用这种验证方式。在无菌药品生产工艺中采用这种验证方式风险太大，口服制剂中一些新品及新工艺也比较复杂，采用这种验证方式也会存在质量风险。当然，验证是一个技术性很强的工作，人员的素质及设备条件将直接影响验证的结果和可靠性。什么条件下采用何种验证方式，企业须根据自己的实际情况做出适当的选择。重要的问题是在制订验证方案并实施验证时，应当特别注意这种验证方式的先决条件，分析主客观的情况并预计验证结果对保证质量可靠性的风险程度。

（三）回顾性验证

当有充分的历史数据可以利用时，可以采用回顾性验证的方式进行验证。同前验证的几个批次或一个短时间运行获得的数据相比，回顾性验证所依托的积累资料比较丰富；从对大量历史数据的回顾分析可以看出工艺控制状况的全貌，因而其可靠性也更好。

回顾性验证也应具备若干必要的条件，这些条件包括：

——通常需要求有20个连续批号的数据，如回顾性验证的批次少于20，应有充分理由并对进行回顾性验证的有效性作出评价。

——检验方法经过验证，检验的结果可以用数值表示并可用于统计分析。

——批记录符合GMP的要求，记录中有明确的工艺条件。不难理解，没有明确的工艺条件下的数据是无法用作回顾性验证的。以最终混合而言，如果没有设定转速，没有记录最终混合的时间，那么相应批的检验结果就不能用于统计分析。又如，成品的结果出现了明显的偏差，但批记录中没有任何对偏差的调查及说明，这类缺乏可追溯性的检验结果也不能用作回顾性验证。

——有关的工艺变量必须是标准化的，并一直处于控制状态。如原料标准、生产工艺的洁净级别、分析方法、微生物控制等。

同步验证、回顾性验证通常用于非无菌工艺的验证。一定条件下二者可结合使用。在移植一个现成的非无菌产品时，如已有一定的生产类似产品的经验，则可以以同步验证作为起点，运行一段时间，然后转入回顾性验证阶段。经过一个阶段的正常生产后，将生产中的各种数据汇总起来，进行统计及趋势分析。这些数据和资料包括；

——批成品检验的结果。

——批生产记录中的各种偏差的说明。

——中间控制检查的结果。

——各种偏差调查报告，甚至包括产品或中间体不合格的数据等。

系统的回顾及趋势分析常常可以揭示工艺运行的"最差条件"，预示可能的"故障"前景。回顾性工艺验证还可能导致"再验证"方案的制订及实施。回顾性工艺验证通常不需要预先制订验证方案，但需要一个比较完整的生产及质量监控计划，以便能够收集足够的资料和数据对生产和质量进行回顾性总结。

（四）再验证

所谓再验证，是指一项生产工艺、一个系统或设备或者一种原材料经过验证并在使用一个阶段以后，旨在证实其"验证状态"没有发生漂移而进行的验证。根据再验证的原因，可以将再验证分为药监部门或法规要求的强制性再验证、发生变更时的"改变"性再验证、每隔一段时间进行的"定期"再验证三种类型。

1. 强制性再验证和检定　强制性再验证/检定包括下述几种情况。

无菌操作的培养基灌装试验（WHOGMP指南的要求）。

计量器具的强制检定包括：计量标准用于贸易结算，安全防护医疗卫生环境监测方面并列入国家强制检定目录的工作计量器具。

此外一年一次的高效过滤器检漏也正在成为验证的必查项目。

2. 改变性再验证　药品生产过程中，由于各种主观及客观的原因，需要对设备、系统、材料及管理或操作规程作某种变更。有些情况下，变更可能对产品质量造成重要的影响，因此，需要进行验证，这类验证称为改变性再验证。例如：原料、包装材料质量标准的改变或产品包装形式（如将铝塑包装改为瓶装）的改变；工艺参数的改变或工艺路线的变更；设备的改变；生产处方的修改或批量数量级的改变；常规检测表明系统存在着影响质量的变迁迹象。

上述条件下，应根据运行和变更情况以及对质量影响的大小确定再验证对象，并对原来的验证方案进行回顾和修订，以确定再验证的范围、项目及合格标准等。重大变更条件下的再验证犹如前验证，不同之处是前者有现成的验证资料可供参考。

3. 定期再验证　由于有些关键设备和关键工艺对产品的质量和安全性起着决定性的作用，如无菌药品生产过程中使用的灭菌设备、关键洁净区的空调净化系统等。因此，即使是在设备及规程没有变更的情况下，也应定期进行再验证。

三、确认的要求

确认包括设计确认（DQ）、安装确认（IQ）、运行确认（OQ）和性能确认（PQ）。中国 GMP（2010 年修订版）对这几种类型确认所应实现的目标有如下要求：

第一百四十条　应建立确认和验证的文件和记录，并能以文件和记录证明达到以下预定的目标：

1. 设计确认（Design Qualification，DQ）　应证明厂房、辅助设施、设备的设计符合预定用途和本规范要求；

2. 安装确认（Installation Qualification，IQ）　应证明厂房、辅助设施和设备的建造和安装符合设计标准；

3. 运行确认（Operational Qualification，OQ）　应证明厂房、辅助设施和设备的运行符合设计标准；

4. 性能确认（Performance Qualification，PQ）　应证明厂房、辅助设施和设备在正常操作方法和工艺条件下能持续有效地符合标准要求。

厂房、设施、设备等的生命周期包含设计、采购、施工、测试、操作、维护、变更以及退役，而确认工作应贯穿生命周期的全过程，确保生命周期中的所有步骤始终处于一种受控的状态。

通过图 1-11 可以看出确认与生命周期的对应关系

确认中的测试项目、范围和程度由风险分析而定。当发生变更时，应执行变更管理程序并通过风险评估确定是否需要进行再确认。

（一）设计确认

新的厂房、设施、设备确认的第一步为设计确认（DQ）。设计确认是有文件记录的对厂房、设施、设备等的设计所进行的审核活动，目的是确保设计符合用户所提出的各方面需求，经过批准的设计确认是后续确认活动（如安装确认，运行确认，性能确认）的基础。通常，设计确认中包括以下的项目：

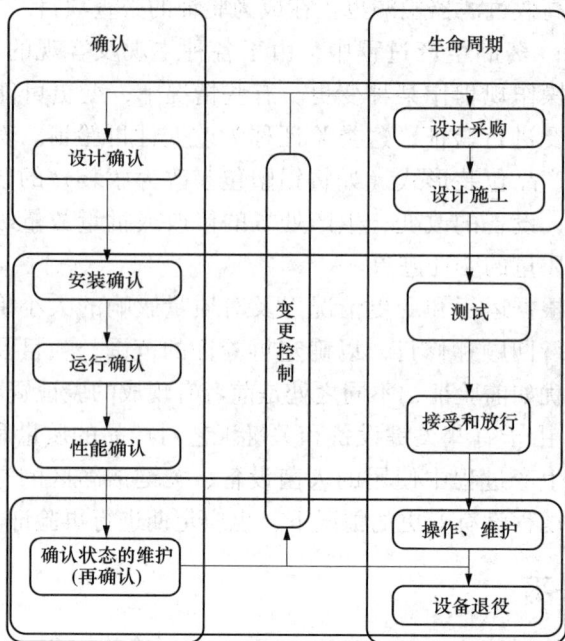

图 1-11 确认与生命周期的对应关系

1. 用户需求说明文件（user requirement specification，URS） 用户需求说明文件是从用户角度对厂房、设施、设备等所提出的要求。需求的程度和细节应与风险、复杂程度相匹配，其中可以针对待设计的厂房、设施、设备等考虑以下内容。

（1）法规方面的要求（GMP 要求、环保要求等）。

（2）安装方面的要求和限制（尺寸、材质、动力类型、洁净级别等）。

（3）功能方面的要求。

（4）文件方面的要求（供应商应提供的的文件及格式要求，如图纸、维护计划、使用说明、备件清单等）。

2. 技术规格说明文件（technical specification，TS） 技术规格说明文件是从设计者角度对厂房、设施、设备等怎样满足用户需求所进行的说明。

技术规格说明应根据用户需求说明文件中的条款准备，其中应包括必要的技术图纸等。

3. 对比户需求说明和技术规格说明 可采用表格的方式将需求条款与设计条款进行逐条比对并将对比的结果进行记录。为了方便对比以及对相应条款进行引用，建议对每一条需求和技术规格单独编号。

4. 风险分析 应通过风险分析确定后续确认工作的范围和程度，并制定降低风险的措施。降低风险的措施可以是确认中的某项具体测试、或者增加相应的控制或检查规程等，这些措施的执行情况需在后续的确认活动中进行检查。

对于标准化的设备，"设计"在很多情况下仅仅是对不同的型号进行选择的活动。在这样的情况下，设计确认的内容可以根据设备的复杂程度以及"客户化"的程度相对简化。例如，标准的或"低风险"的设备，可以将需求文件在采购文件之中进行描述，不需要单独建立用户需求说明或技术说明。

（二）安装确认

应对新的或发生改造之后的厂房、设施、设备等进行安装确认；设备、设施、管路的安装以及所涉及的仪表应对照工程技术图纸及设计确认文件进行检查；供应商提供的操作指导、维护和清洁的要求等文件应在安装确认过程中收集并归档；新设备的校准需求和预防性维护的需求应在这一阶段定义。

安装确认应包括以下的检查项目但不局限于。

1. 到货的完整性　将到货的实物与订单、发货单、DQ 文件等进行对比；检查设计确认文件中所规定的文件（如操作说明、备件清单、图纸等）是否齐全。

2. 材质和表面　检查直接接触产品的设备材质类型和表面的光滑程度；检查可能对产品质量产生影响的其它物质（如润滑剂、冷却剂等）。

3. 安装和连接情况　对照图纸检查安装情况（机械安装、电器安装、控制回路等）；加工情况（如焊接、排空能力、管路斜度、盲管等）；设备等的标识（内部设备编号的标识、管路标识等）；检查设备设施等与动力系统（如供电）的连接情况；检查设备设施等与公用设施（如压缩空气系统、冷水系统等）的连接情况。

4. 初始清洁。

5. 校准　应对厂房、设备、设施等的控制或测量用的仪表等进行校准需求的评估；对需校准的仪表等建立校准方法；完成初始校准。

6. 文件　收集及整理（归档）由供应商提供的操作指导、维护方面的要求；建立设备设施等的工作日志（logbook）；技术图纸等的审核（确认为最新状态）。

（三）运行确认

运行确认（OQ）应在安装确认完成之后进行。其中的测试项目应根据对于工艺、系统和设备的相关知识而制定；测试应包括所谓的"最差条件"即操作参数的上下限度（例如最高和最低温度），而且测试应重复足够的次数以确保结果可靠并且有意义。运行确认应包括以下内容但不局限于。

1. 功能测试　设备的基本功能；系统控制方面的功能（如报警、自动控制等）；安全方面的功能（如设备的急停开关功能，安全联锁功能等）。

2. 培训　在运行确认结束之前，应确认相关人员的培训已经完成，其中应至少包括设备操作、维护、以及安全指导方面的内容。

3. 检查 OQ 中所使用到的测量用仪器　必须确保运行确认中所使用的测量用仪器仪表等都经过校准。

4. 检查相关文件的准备情况　以下文件都应在运行确认结束前完成。

（1）操作规程　与设备设施操作、清洁相关的操作规程应在运行确认过程中进行完善和修改并在运行确认结束之前完成。

（2）预防性维护计划　新设备已加入企业预防性维护计划中。

（3）校准计划。

（4）监测计划。

（四）性能确认

性能确认（PQ）应在安装确认和运行确认成功完成之后执行，尽管将性能确认作为一个单独的活动进行描述，在有些情况下也可以将性能确认与运行结合在一起进行。性能确认是通过文件证明当设备、设施等与其他系统完成连接后能够有效地可重复地发挥作用，即通过测试设施、设备等的产出物（例如纯化水系统所生产出的纯化水、设备生产出的产品等）证明它们正确的性能。

性能确认中可以使用与实际生产相同的物料，也可以使用有代表性的替代物料（如空白剂）；测试应包含"最差条件"，例如在设备最高速度运行时测试。

在很多情况下，确认（安装确认和运行确认）是与试运行同时执行的，它们的内容存在重叠的情况，即试运行中的某些测试或检查项目与确认中的项目相类似甚至完全相同（例如，检查并记录设备的型号、功率；与公用系统的连接等）。但确认活动对文件的要求更为严格，同时要求质量部门的参与。图1-12引自"ISPE基准指南第五册中'试运行与确认'"，通过它即可看出试运行、确认以及后续的工艺验证之间的关系。

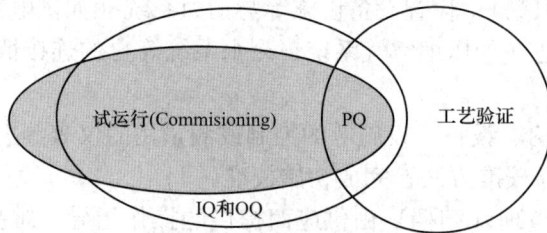

图1-12　确认与工艺验证之间的关系

四、计算机系统验证

根据PIC/S法规对计算机化系统的定义：计算机化系统（computerized system）由计算机系统（computer system）和被其控制的功能或程序（controlled function or process）组成；计算机系统由所有的计算机硬件、固件、安装的设备驱动程序和控制计算机运行的软件组成；被控制的功能可以包括被控制的设备（例如：自动化设备和实验室或工艺相关的使用仪器）、决定设备功能的操作程序、或者不是设备的而是计算机系统硬件的操作。计算机化系统由硬件、软件和网络等组件，与受控的功能和相关联的文件组成（图1-13）。

（一）计算机化系统的生命周期

计算机系统验证行为取决于系统发展的生命周期（system development life cycle，SDLC）。SDLC是一种模式，它定义了计算机系统由概念初始到结束这一全过程，这一生命周期对于硬件和软件都适用。

应首先建立一个概念，计算机系统的验证不只局限于系统的使用过程，新系统的验证应始于系统初期的定义和设计阶段，终止于系统无使用价值阶段。验证生命周期（SVLC）应伴随着系统发展的整个生命周期（SDLC）。

计算机化系统的生命周期包含由最初概念至退役的所有活动，分为四个主要阶段，如图1-14所示（来自GAMP 5）。

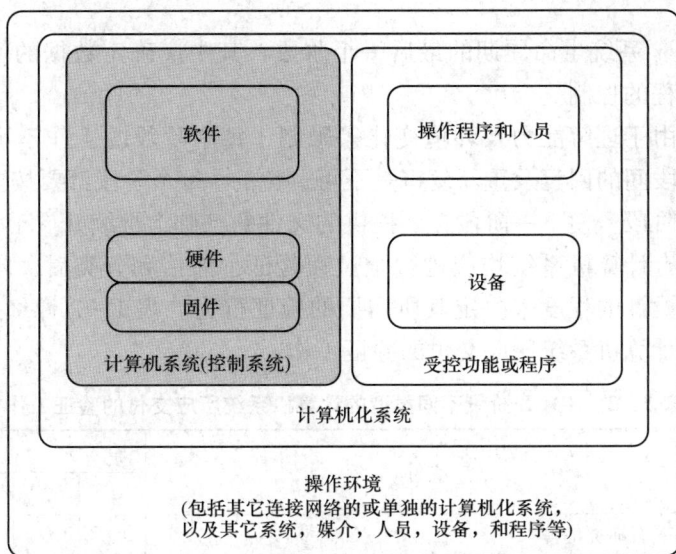

图 1 – 13　计算机系统和计算机化系统的关系

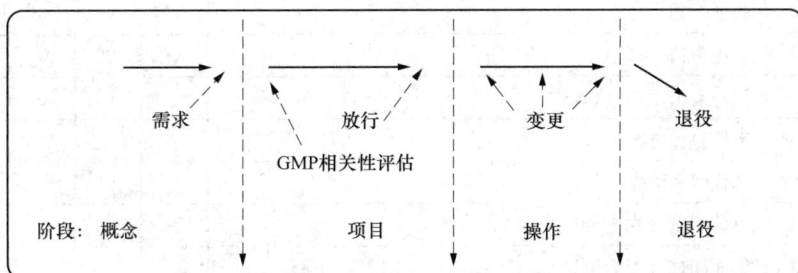

图 1 – 14　计算机化系统的生命周期

1. 概念阶段　通常，在这个阶段确定需求。

2. 项目阶段　项目阶段包括计划、供应商的评估和选择、标准的制订、配置（对客户化的应用程序编码）、测试、报告和放行。图 1 – 15 显示了项目阶段的主要活动以及流程，这一流程对项目阶段以及在操作阶段发生变更时同样适用。

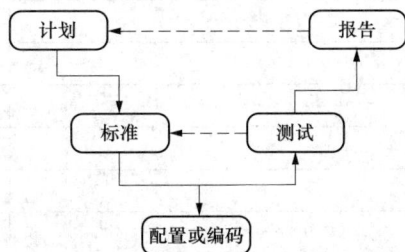

图 1 – 15　项目阶段的主要活动

3. 操作阶段　系统操作通常是生命周期中最长的一个阶段，通过应用必要的操作规程使系统维持在"符合要求"的受控状态。变更控制是这一阶段非常重要的活动。

4. 退役阶段 系统生命周期的最后一个阶段，其中应确定数据的保存、转移或销毁以及对这些过程的控制。

应当注意，由于理解能力及环境变化等限制，每个阶段的工作不可能直线地顺利执行，出现各阶段间的回复及重新复审是不可避免的。每个阶段都要按要求产生一定的文件交付给下一阶段，使下一阶段在所提供的文件的基础上继续开展工作。

当然不是所有计算机系统均应进行全过程验证，评估和分类后，应根据其标准化程度及用户自行设计的程度来决定其所需要的验证行为。表 1-2 详细地列出了 SDLC 阶段不同类型的计算机系统所应交付的验证工作。

表 1-2　SDCL 阶段不同类型的计算机系统所应交付的验证工作

SDCL 阶段	交付	分类				
		1	2	3	4	5
可行性研究	可行性研究报告	√	√	√	√	√
工程计划	工程计划	√	√	√	√	√
	供户评估	√	√	√	√	√
	验证计划	√	√	√	√	√
	费用申请					√
需求定义	用户需求说明（URS）	√	√	√	√	√
系统设计	系统设计方案				√	√
	源代码和配置		√			
系统测试	单体测试（白盒测试）					
	集成测试（黑盒测试）				√	√
系统验收及确认	安装确认（IQ）草案和报告		√	√	√	
	操作确认（OQ）草案和报告	√	√	√	√	√
	工艺/性能确认（PQ）草案和报告	√	√	√	√	√
	人员培训	√	√	√	√	√
	释放通知	√	√	√	√	√
使用和维护	问题报告	√	√	√	√	√
	变更通知	√	√	√	√	√
	系统管理	√	√	√	√	√
	安全程序	√	√	√	√	√
	备份/存档/灾难恢复	√	√	√	√	√
	维护日志	√	√	√	√	√
	周期性回顾	√	√	√	√	√
	人员持续培训	√	√	√	√	√
系统引退	工程计划（引退系统）	√	√	√	√	√
	系统引退报告	√	√	√	√	√

（二）计算机系统验证计划

1. 计算机系统的设计

（1）系统设计　所有的需求被转化为计算机系统硬件和软件的技术设计。具体包括如下。

①硬件设计标准将定义如标准仪器、微控制器、可编程序逻辑控制器（PLC）等。

②软件设计标准将定义系统的整体框架、计算机语言、界面、屏幕设计、数据流程图、报告设计、图表设计、运算法则、安全测试、系统结构图、I/O图、工程制图、流程图解、程序体系图解、详细说明和一个数据字典。

（2）源代码和配置　必须根据已定义的标准编写、维护和使用源代码。源代码包括所有组成系统的目标、变量、逻辑及配置程序，源代码被用于软件开发过程中的技术查阅及系统使用后的维护活动。

（3）系统设计文件　系统设计文件一般由供户制订，但必须经过用户审核及认可后方可实施。

2. 计算机系统的测试　该阶段的主要任务是发现并排除在分析、设计、编程各阶段中产生的各种类型的错误，以得到可运行的计算机系统。系统测试和确认过程与系统的需求定义、设计及编程阶段相对应，单元测试及组装测试一般在供户处进行。

（1）单元测试　单元测试是对系统的每一个模块进行独立测试，其目的是找出与模块的内部逻辑有关的

错误单元测试一般以白盒法为主。

（2）集成测试　集成测试根据系统设计中各功能模块的说明及制定的组装测试计划，将经过单元测试的模块逐步进行组装和测试。每并人一个模块，都要找出由此产生的错误。集成测试一般以黑盒法为主。

3. 计算机系统验收与确认　当最终的计算机系统及相关的文件发至用户，其被安装在用户环境中并评价其功能的正确性。确认测试（安装确认、运行确认及性能确认）是计算机系统付之实际使用之前的既完整又系统的测试，它直接影响到计算机系统的使用质量。也就是说，确认测试是计算机系统质量保证的最后一个环节。尽管确认测试的某些部分是在单元测试和组装测试相同的条件下进行的，而且所用的数据相同，但确认测试仍是必要的。确认测试一般由用户执行。

（1）安装确认　安装确认（IQ）的目的是保证系统的安装符合设计标准，并保证所需技术资料俱全。具体确认内容包括如下。

①各种标准清单，包括使用者要求、功能性要求、物理要求、系统标准。

②各种标准操作程序（SOP），包括硬件和软件的操作、预防维修、备份和数据存档、灾难（断电、硬软件损坏等）恢复及系统退役。

③配置图，配置图是控制系统的概图，包括以下内容：a. 整个系统概图。b. 各个中央处理器（CPUS）包括插件指定的配置图。c. 输入/输出装置接线图。d. 控制回路图。e. 状态转变图。f. 网络接线图。g. 硬件驱动/网络驱动指示树，可包括逻辑的和物理的驱动指定。

④硬件和软件手册，包括安装、操作、维修保养手册。

⑤硬件配置清单，包括已安装系统的所有组成部分，对于芯片、微处理器或EPROM，应记录其修订版号。

⑥软件清单和源代码的复制件：a. 列出与系统有关的所有软件和软件版本，并保证所有软件的复制件都归入档案，安全存放。b. 应存放以下几种软件。源代码产生器或编辑器、源代码（包括初级排序、功能和报告的产生）、操作系统、诊断程序、存档/备份程序。

⑦输入/输出（I/O）清单及连续性检查。连续性检查是保证信号可从控制系统发至装置并又可从装置返回至控制系统。

⑧环境和公用工程测试：a. 确认并记录系统安装的环境，包括清洁度、射频/电磁干扰、振动、物理安全性、噪声、照明。b. 记录关键公用工程系统的情况，并确认公用工程系统的关键性质与功能说明书相符。包括火警通告/抑制、冷却系统、电力及调节、不间断供电、WAN连接、LAN连接、灾难恢复接线、电话数码/模拟。c. 确认并记录系统符合安全及人机工程的要求。

⑨结构测试（白盒法），主要指源代码的结构测试。对以下各项进行确认：a. 遵循模块化程序设计。b. 无无效代码。c. 按照标准进行识别、修订、注解和评论。d. 算法/公式和计算准确。e. 模块排序准确。f. 关键上属性、报警等锁存准确。g. 保持惟一的逻辑输入/输出。h. 数据贮存寄存器是惟一的。i. 定时器和定序器设定准确。

⑩确认整个安装过程符合操作手册要求。

（2）运行确认　系统运行确认（OQ）的目的是保证系统和运作符合需求标准。系统运行确认应在一个与正常工作环境隔离的测试环境下实施，但应模拟生产环境。具体包括如下。

①系统安全性测试：a. 挑战所有逻辑系统，诸如各工作层的使用权限，证明各安全层面的允许权限未经授权的操作得到禁止。b. 确认系统外围的安全性，诸如I/O总线卡，操作人员接口终端等。

②操作人员接口测试，确认操作人员接口系统的功能。

③报警、互锁功能测试。

④数据的采集及存贮，确认系统的数据采集及存贮功能如下：a. 准确的采集、贮存和检索数据；b. 确认数据的输出长度、进位及空值、零及负值的处理能力；c. 自动将数据存档并保存至指定时期。

⑤确认数据处理能力，包括算法、统计、利用查表数值及报告的产生等。

⑥定时器和定序器测试。

⑦功能性测试（黑盒法），根据系统定义中所提供的各种要求文件、标准（最好有一张包括运作分支在内的功能图）对系统各功能和各决断通路进行测试。测试应在最高特定条件下进行（如最高通讯负载，大型数据文件的处理等）。

⑧断电/修复测试：a. 复查断电之前，期间和之后的数据采集状况证明数据没有破坏或丢失。b. 测试后备供电、不间断供电和动力调节器、发电机功能恢复是否正常。

⑨灾难恢复测试，制造一起系统失效现象，按照灾难恢复程序一步步确认以下各

项。a. 现有的数据未被破坏。b. 保证对系统的数据备份有效。

⑩制定系统标准操作程序：运行确认结果合格后，证明系统具备了能够在正式生产环境下使用的条件，可以在正常生产环境下进行进一步确认。

（3）性能确认　性能确认（PQ）是为了确认系统运行过程的有效性和稳定性，应在正常生产环境下进行测试。测试项目依据对系统运行希望达到的整体效果而定（如对生产出的产品质量各项特性进行测试），测试应在正常生产环境下（相同条件下）重复3次以上。

注：当计算机系统取代人工系统时，可以进行平行的验证试验。

（4）人员培训　系统在正式投入使用之前，应对所有相关人员，包括操作人员、维修人员等进行培训，确认其能够按要求正确操作。

（5）释放通知　当确认所有的验证结果符合预先设定的可接受标准，验证报告已得到相关人员审批并完成人员培训后，计算机系统可正式投入使用。

注：在系统的测试、验收及确认过程中，由于理解能力及环境变化等限制，不可避免地会出现结果与预先所设定的可接受标准之间产生偏差的现象。这时必须查清偏差产生的根本原因，采取有效纠正措施进行处理（有时可能会涉及部分修订系统设计标准）。当每一偏差都得以有效处理后，验证过程方可进入下一阶段。偏差产生的原因、处理过程及结果均在相应文件中进行记录。

五、电子记录和电子签名

（一）电子记录的定义和特征

电子记录是指依靠计算机系统进行创建、修改、维护、存档、找回或发送诸如文字、图表、数据、声音、图像及其他以电子（数字）形式存在的信息的任何组合，具有如下的特性。

1. 当数字数据存入磁盘、磁带或其他一些持久的电子媒介时，电子记录即产生。

2. 仪器将数据写入磁盘文件时所产生的就是电子记录的原件。当这些信息打印到纸上时，产生的是电子记录原件的纸张复印件。这与原始的记录原件及复印件的概念有所不同。

3. 原始记录是第一个电子记录，在纸张复印件上签字并不能使这个纸张复印件成为原件。

（二）电子签名的定义和特征

电子签名是指计算机对一些符号的执行、采用或者被授权的行为进行数字处理，这些行为是指在法律上完全等效于传统个人手工签名的一种个人行为。电子签名有两种形式。

1. 无生物特征的电子签名　如用户识别码和密码，其随时间的流失具有惟一性。

2. 具有生物特征的电子签名　如指纹、视网膜扫描、发声等，这些特征在体现个人独有方面是可测量的。

（三）电子记录的要求

1. 基本要求

（1）真实，可信赖。

（2）安全（密码控制/限制通路/正确存储）。

（3）可随时调出查阅。

（4）应符合相关法律法规要求（如 GMP 等）。

2. 封闭系统中对电子记录的要求　封闭系统是指系统通道处于一种能够被一定的人员所控制的环境，该人员有权限在系统上进行电子记录的操作，如被拥有者所使用的个人计算机。使用封闭系统进行电子记录的生成、修改、维护、发送等活动的人员，应建立相关的管理及控制程序以确保电子记录真实、完整并保密（需要时）。管理及控制程序内容应包括以下内容。

（1）对系统进行验证以确保其精确、真实、一致以及能够识别无效或被改变的记录。

（2）系统应能够生成准确而完整的复制件，包括人工可阅读的形式及能够接受检查的电子形式。

（3）保护记录，使其在保存期内可随时调出查阅。

（4）限制通道，只能被有权限的人使用。

（5）采用计算机系统生成的时间印记追踪功能（time - stamped audit trails），如

①何人、何时作了何事（记录生成、修改、删除、发送等）；

②由计算机自动记录（非纸张），按时间顺序存储，并在其保存期内可随时调出查阅；

③记录更改不能够遮盖原始的记录信息。

（6）对于具有按一定顺序进行的过程（如电子批记录等），必须检查其操作的步骤顺序，确保其按一定的顺序记录。

（7）对用者的资格权限进行确认，以确保只有有权限的人才能进入系统并完成某些操作（读、写、删除、修改等）、变更记录、电子签名等。

（8）对硬件设施（如终端等）功能进行检查，以确认功能运行，并保证源数据输入有效。

（9）确认开发、维护，或者使用电子签名/电子记录系统的人员有一定的教育背景，接受过培训并有一定的经验完成他们的工作。

（10）制订一定的管理规程，要求操作人员有责任保证记录、签名原样保存，防止记录和签名被仿造。

（11）系统文件进行控制，包括充分控制文件的发放及使用，变更控制（软硬件开发，版本控制）等，以便使其可追踪。

3. 开放系统中对电子记录的要求

开放系统是指系统通道处于一种不能够被有权限在系统上进行电子记录操作的人员所控制的环境，如电子信件、在因特网上发送信息等。封闭系统对电子记录的要求完全适合于开放系统，另外还应再增加一些措施，如文件（数据）加密、数字签名等，

以确保电子记录信息真实、完整，并保密。

（四）电子签名的要求

1. 基本要求

（1）每个电子签名对每个人来讲应该是独有的，不能被任何其他人再使用或再分配。

（2）在组织成立之前，必须先对具有电子签名资格的个人身份进行分配、批准并确认其一致。

（3）每次签名应具有时间的印记。

（4）签名应同时代表其含意，如起草、审核、批准等。

（5）签名应限制于其相关文件中，以防止未授权的复制及更改操作。

（6）签名应充分体现在电子记录的复印件中。

2. 电子签名的组成及控制

（1）无生物特征的电子签名　至少使用两个截然不同的识别组分，如识别码和密码。当签名在单独、一段连续的控制系统中多次进行时，第一次签名应使用所有的电子签名组分（识别码加密码）；在随后的签名中应至少使用一个个人的唯一识别组分（如识别码）。在非连续的控制系统中进行签名时，必须使用所有的电子签名组分。

电子签名只能被真正的拥有者使用。应对除了拥有者之外须协助拥有者签名的其他个人的电子签名进行管理和确认。系统管理者不应该知道用户密码，也不能够将密码透露给其他人（防止伪造记录）。

（2）具有生物特征的电子签名设计应确保除真正拥有者之外，其他人无法使用。

3. 识别码及密码控制

使用识别码及密码进行电子签名的人必须实施以下控制方法，以确保其安全及完整。

（1）识别码及密码应大于或等于6个字母/数字。

（2）保持每一个识别码和密码单一，如在识别码和密码的组成中不能出现两个相同的元素，不能再分配。

（3）定期检查、变更及撤除（人员离开时）识别码及密码。

（4）出现诸如权限丢失、被窃或其他危及安全的事件时，相关程序应能够保证使用卡或其他设施具有或产生识别码或密码信息，并确保正确置换（暂时/永久）。

（5）建立安全防护措施，防止识别码及密码被非法使用。检测、跟踪那些未授权限企图进入系统的行为，发现问题立即报告。

（6）初始并定期检测那些能够具有或产生识别码或密码信息的装置，如卡等，以确保其功能运行正常并不能够被以未授权的方式改变。

（五）电子签名与电子记录系统的验证要求

1. 验证范围　涉及以下因素的电子签名及电子记录系统均应实施验证（但并不仅限于此）。

（1）涉及产品的质量、安全及有效的系统。

（2）涉及数据的完整、真实及保密的系统。

2. 验证实施　　电子签名及电子记录系统验证方法从原则上来讲基本可按照计算机系统验证实施过程总体要求实施，包括系统需求定义、系统开发及设计（按照系统需求标准实施）、系统安装、系统测试（设计测试条件，对所要求功能的有效性及可靠性予以确认）、系统维护（变更控制、定期回顾、再验证等）。

3. 应特殊考虑的问题

（1）商业用的现成软件　　商业用的现成软件用于电子记录及电子签名系统时，必须同用户开发（或委托开发）的系统一样实施验证。因为这些市场上销售的软件并无足够的证据证明其能够满足以上所述的电子记录及电子签名系统要求。当然，用户对商业用软件的验证有可能与开发的软件的验证有一些不同，如有时不易得到源代码及开发文件等。用户应该有能力对商业用现成软件实施以下验证：

按照以上所述的电子记录及电子签名系统要求制定用户需求标准，用户需求标准可能与软件开发标准不同，可能时可索取软件开发标准进行比较。

软件结构完整性确认。用户如果无法得到源代码，应按以下方法推断软件结构的完整性。

①调查程序故使用历史，如程序已知的局限性、评价其他用户的使用经验、鉴别软件存在的问题及解决的方法等。

②评价供户软件开发活动，以确定其是否与现行标准相一致。这种评价最好来自于对供户的审计（用户或有能力的第三方进行）。

③软件的功能测试，测试的项目应覆盖用户将使用的所有功能。当用户无法直接得到程序的源代码及开发文件时，功能测试的广度及深度应更加全面及严格以确保关键数据完整及真实。注意，仅靠功能测试结果来确认软件的适用性还是不充分的。

（2）因特网　　目前，已经认识到，在开放系统中，越来越多重要的记录，如临床研究报告、批生产（释放）记录等可以通过因特网进行传送。要对因特网像对计算机系统一样实施验证是非常难的，因为其配置是动态的。例如，当一份记录从始发地传至目的地时，记录的许多不同部分可能会独自通过完全不同的路径被传送，而无论是发送者，还是接收者事先都无法定义或知道具体的路线。但是，如果通过一些在线测量的手段确认电子记录（数据）从始发地到目的地能够准确地、完全地、及时地传送，并且对始发地及目的地的计算机系统（包括两个通信线路的终端）进行验证，电子记录通过因特网进行传送还是可以信赖的。测量的手段可包括（并不仅限于次）以下内容。①采用数字式签名技术来确认电子记录传送后不会被改变并确定发送者的身份。②进行交付确认，如通过收据或采用除因特网之外的其他确认方式（如传真、录音电话等）。

项目四 质量风险管理及应用

质量风险管理由人用药品注册技术要求国际协调会（ICH）制订，目前已经进入第四阶段（Step 4，2005 年 11 月 9 日），这对于行业及其监管有着重大意义，ICH 文件作为一种全球信息指导，被成熟市场所尊重，不受欧盟、美国和日本等地域限制。欧盟新 GMP 指南对质量风险管理增加一个附录（附录 20），全面引用 ICH－Q9，该附录于 2008 年 3 月 1 日生效。中国新版 GMP 增加质量风险管理的内容。

一、质量风险管理的定义

ICH Q9 中关于质量风险管理（quality risk management，QRM）的定义为：质量风险管理是质量管理方针、程序及规范在评估、控制、沟通和回顾风险时的系统应用。

风险由两个关键因素构成：①危害发生的概率；②危害发生的后果。

有效地管理风险就是对风险的这两个因素进行有效地控制。

二、质量风险管理的范围

质量风险管理应用范围很广，可以贯穿于质量和生产的各个方面，包含多种方法和适应范围。质量风险管理方法的应用针对不同的风险所用的方法和文件可以有所不同。对质量风险的评估应该基于科学和保护患者的出发点，质量风险管理流程和文件的复杂程度应该与所对应的风险程度相一致。

质量风险管理可以应用于，但不仅限于以下方面：

1. 确定和评估产品或流程的偏差或产品。投诉对质量和药政法规造成的潜在影响，包括对不同市场的影响；

2. 评估和确定内部的和外部的质量审计的范围；

3. 厂房设施、建筑材料、通用工程及预防类维护项目或计算机系统的新建或改造评估；

4. 确定确认、验证活动的范围和深度；

5. 评估质量体系，如材料、产品发放、标签或批审核的效果或变化；

6. 其他方面的应用。

三、质量风险管理的管理模式

质量风险管理通过掌握足够的知识、事实、数据后事先推断未来可能会发生的事件，通过风险控制，避免危害发生。质量风险管理的模式有三部分组成（图1-16）：①风险评估（risk assessment）；②风险控制（risk control）；③风险审核，文件和沟通（documentation and communication）。

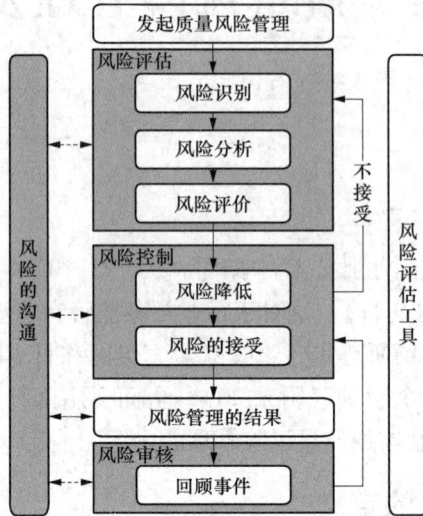

图1-16　质量风险管理模式图

四、质量风险管理流程

根据质量风险管理的模式图，质量风险管理流程可以概括为以下基本步骤：

1. 风险识别（risk identification）　确定事件并启动质量风险管理；确定风险评估的问题（define the risk question）；收集和组织信息（collect and organise information）。

在此阶段清楚地确定风险的问题或事件对QRM的结果有很重要的影响。通常须考虑的风险包括对患者的风险、产品不符合标准要求的风险、法规不符合的风险等。在此阶段还须收集背景信息并确定QRM项目小组人员及资源配置等。用于识别风险的信息可以包括历史数据、理论分析、成型的意见，以及影响决策的一些利害关系等。

2. 风险分析（risk analysis）　在进行风险分析时，要评估风险发生和重现的概率，也可以考虑测定风险发生或重现的能力。针对不同的风险项目，须选择应用不同的分析工具。

（1）选择风险评估的工具（choose risk assessment tool）：流程图、图形分析、鱼骨图、检查列表等。

（2）确定风险的因素（determine risk factors）：如发生的概率，危害的程度，可测量，并界定风险因素的范围（define the scales for the risk factors）。

（3）界定风险的类型或确定风险的矩阵（define the risk terms and/or develop matrix）。

（4）确定采取的行动（determine the threshold for action）。

3. 风险评估（risk evaluation）　应用风险评估的工具进行风险评价，风险评估可以确定风险的严重，将已识别和分析的风险与预先确定的可接受标准比较，可以应用定性和定量的过程确定风险的严重后果。风险评估的结果可以表示为总体的风险值，例如：定量的表示为具体的数字，如 0 到 10（百分比 0 到百分比 100）；定性的表示为风险的范围，如高，中，低。

4. 风险降低（risk reduction） 确定风险降低的方法（define risk mitigating measures）。当风险超过可接受的水平时，风险降低将减少或避免风险，包括采取行动降低风险的严重后果或风险发生的概率；应用一些方法和程序提高鉴别风险的能力。须注意的是，风险降低的一些方法可能对系统引入新的风险或显著提高其他已存在的风险，因此风险评估必须重复进行以确定和评估风险可能的变化。

5. 风险接受（risk acceptance） 确定可接受的风险的最低限度。设计理想的 QRM 策略来降低风险致可接受的水平。这个可接受水平由许多参数决定并应该具体情况分别对待。

6. 风险沟通和审核（ongoing risk review） 文件记录和批准。应用 QRM 时，应有必要的风险的沟通及文件记录和批准。QRM 的决定或行动基于当时的条件下作出，QRM 结果应根据新知识、新环境而更新，根据风险控制项目及水平在必要时进行回顾。

五、质量风险管理常用的工具

进行质量风险评估时，针对不同的风险项目或数据可选择不同的风险评估工具和方法，一般常用统计工具包括：流程图、排列、图形分析、鱼骨图、检查表等。

1. 流程图 流程图是流经一个系统的信息流、观点流或部件流的图形代表。在企业中，流程图主要用来说明某一过程，这种过程既可以是生产线上的工艺流程，也可以是完成一项任务必需的管理过程（图 1 – 17）。

2. 排列图 排列图又称为帕累托（柏拉）图，是为寻找主要问题或影响质量的主要原因所使用的图。它是由两个纵坐标、一个横坐标、几个按高低顺序依次排列的长方形和一条累计百分比折线所组成的图。

排列图最早是由意大利经济学家帕累托（柏拉）发现并提出所谓的"关键的少数、次要的多数"的命题。后来，美国质量管理专家朱兰把这个"关键的少数、次要的多数"的原理应用于质量管理中，作为改善质量活动中寻找主要问题的一种方法。排列图提供在没法面面俱到的状况下抓重要的事情，而这些重要的事情又不是靠直觉判断得来的，而是有资料依据的。

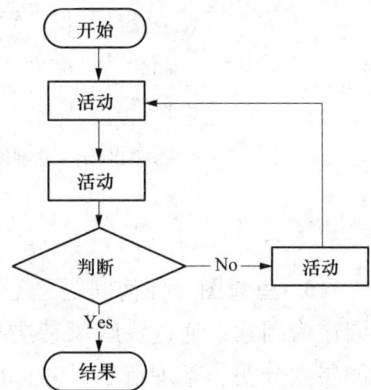

图 1 – 17　用于风险评估的流程图

排列图的应用主要包括以下步骤：

（1）选择要进行质量分析的项目。

（2）选择用于质量分析的度量单位，如出现的次数（频数）、成本、不合格品数、金额或其他度量单位。

（3）选择进行质量分析的时间范围。所选定的时间段应足够长，以使数据具有一定代表性。

（4）画横坐标。按质量单位量值递减的顺序自左向右在横坐标上列出项目，将量值最小的1个或几个项目归并为"其他"项，把它放在最右端。

（5）画纵坐标。在横坐标的两端画出两个纵坐标，左边的纵坐标按度量单位规定，其高度必须与所有项目度量单位的量值和相等，右边纵坐标应与左边纵坐标等高。

（6）在每个项目上画矩形，其高度表示该项目度量单位的量值，用以显示出每个项目的作用大小。

（7）由左至右累加每一项目的量值（以百分比表示），并画出累计频率曲线，用来表示各项目的累计百分比。

（8）利用排列图可以确定对质量改进最重要的项目。风险评估的帕累托图如图1-18所示。

例：某原料厂对月影响优级品率90批合格品进行分析
色泽45；外观30；氯化物10；黑点3；硫化物1；生金属1

排列图(帕累托图)

序号	项目	频数	累计数	累计%
1	色泽	45	45	50.0
2	外观	30	75	83.3
3	氯化物	10	85	94.4
4	黑点	3	88	97.8
5	硫化物	1	89	98.9
6	重金属	1	90	100

从图看出色泽是影响优级的主要因素

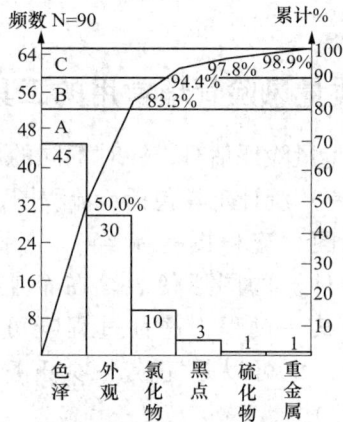

图1-18 用于风险评估的帕累托图

3. 鱼骨图 任何问题总是有原因产生的。将质量问题的结果作为特征，将产生原因作为因素，通过头脑风暴法找出这些因素，并将它们与特征值一起按关联整理而成的层次分明、条理清楚，并标出重要因素的图形称为因果分析图或因果图，这种图因其形状如鱼骨，所以又称为鱼骨图。

鱼骨图是一种透过现象看本质的分析方法。头脑风暴法是一种通过集思广益、发挥团体智慧，从各种不同角度找出问题所有原因或构成要素的方法。

（1）确定要解决的问题，画出主干线，并把问题写在鱼骨的头上。

（2）召集有关员工共同讨论问题出现的可能原因，尽可能多地找出问题，并把各种建议记录下来。

（3）分析影响质量问题的原因，画出原因的分支线。分析原因要从大到小，从粗到细，直到能采取措施为止。

（4）运用排列法、调查法等找出影响质量的主要原因或关键因素，并用方框框起来，作为制订质量改进措施的重点考虑对象。

（5）画出因果分析图，找出主要原因之后到现场落实主要原因项目，再拟定措施解决。

（6）措施实施后检查其效果。例如，影响药片硬度的鱼骨图见图1－19。

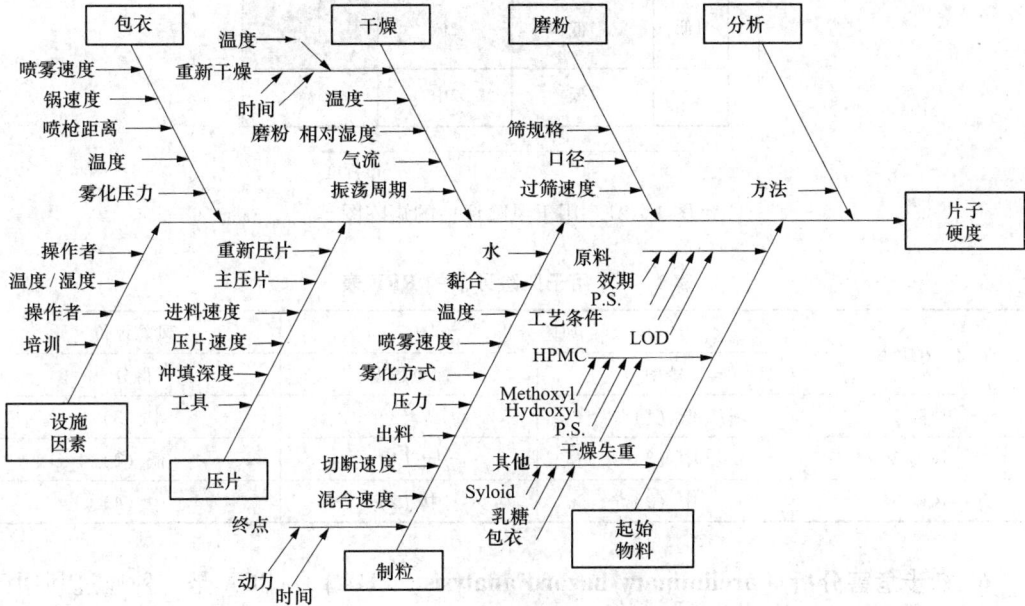

图1－19　影响药片硬度的鱼骨图

4. 检查表　用表格的方式列出系统具有的风险或危害，通常根据已有的经验或知识制订，可以用来进行具体问题的分析，一般通过具体现场察看，文件查阅，员工面谈等形式得出具体答案，使用人员须相应接受培训，并清晰了解具体问题意义的人员使用，使用过程是了解风险，认识风险，得出控制措施的过程（图1－20）。

图1－20　用于风险评估的检查表

5. 风险排列和过滤（risk ranking and filtering RRF）　这种方法是一种用于比较风险并将风险分级的工具。对每种风险因素做多重的定量和定性的评价，权重因素并确定风险得分。风险评价可以使用"低/中/高"或"1/2/3"的分类和简单的矩阵（见图1－21，表1－3）。

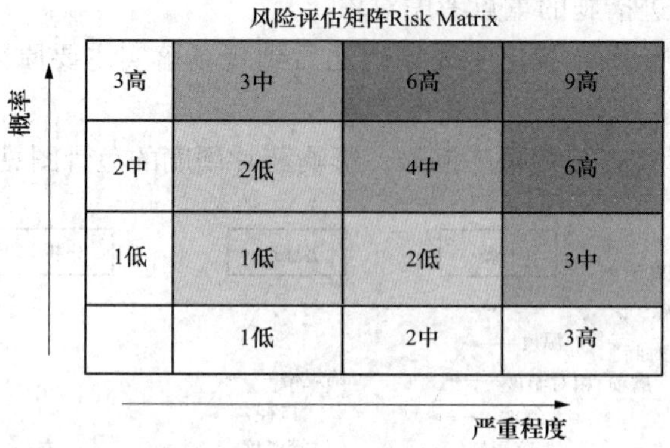

风险评估矩阵Risk Matrix

概率		严重程度	
3高	3中	6高	9高
2中	2低	4中	6高
1低	1低	2低	3中
	1低	2中	3高

图1-21 用于风险评估的矩阵图

表1-3 用于风险评估的 RRF 表

潜在的风险	风险分析		风险评价
	概率	严重程度	得分
风险1	低（1）	高（3）	中（3）
风险2	中（2）	低（1）	低（2）
风险3	中（2）	中（2）	中（4）

6. 初步危害分析（preliminary hazard analysis，PHA） PHA 是一种通过利用已有的关于危害源或失败的经验或知识来识别将来的危害源、危险局面和导致危害的事件的分析方法。

这种方法基于在给定的条件下对风险矩阵的开发（表1-4），包括以下内容。

严重程度的定义和排列：严重、主要、次要、可忽略。

发生频次（概率）的定义和排列：频繁、可能、偶尔、罕见。

风险的水平和定义：

高：此风险必须降低；

中：此风险必须适当地降低至尽可能低；

低：考虑收益和支出，降低至尽可能低；

微小：通常可以接受的风险。

表1-4 事先危害分析（PHA）

概率	严重程度			
	可忽略	次要	主要	严重
频繁	低	中	高	高
可能	低	中	高	高
偶尔	微不足道	中	中	高
罕见	微不足道	低	中	中

7. 失败模式效果分析（failure mode effects analysis，FMEA） 评估潜在的失败

模式和因此对产品性能或结果产生的影响。一旦失败模式确定，可应用风险降低来消除、减少或控制潜在的失败（见表1-5，表1-6）。

FMEA工具依赖对产品和流程的深入了解，针对每种失败模式确定相应的风险得分。

FMEA排列标准和失败得分举例：严重程度×概率×可测定度＝风险得分。

表1-5 失败模式效果分析（FMEA）打分

序数排列	严重程度	发生的频率	可测定度	风险得分
1	潜在的次要伤害且不是永久的伤害；次要的药政法规问题且可以改正	孤立发生	很容易被鉴别的风险，并可采取行动避免	1
2	潜在的严重伤害但不是永久的伤害；显著的药政法规问题	发生的概率中等	中等	8
3	潜在的死亡或永久的伤害；主要的药政法规的问题	某种程度上不可避免	不容易被鉴别的风险，不易采取行动避免	27

表1-6 失败模式效果分析矩阵

风险	行动	风险得分
高	此风险必须降低	12，18，27
中	此风险须适当降低至尽可能低	8，9
低	考虑费用和收益，此风险须适当减低至尽可能低	3，4，6
微小	通常可以接受的风险	1，2

8. 危害分析及主要控制点（hazard analysis and critical control points，HACCP） HACCP是一种系统而预防的方法，用于安全、可靠地确保产品的质量。HACCP共有7步，该工具的应用须基于对过程或产品有深刻的理解。

（1）列出过程每一步的潜在危害，进行危害分析和控制；

（2）确定主要控制点（CCP）；

（3）对主要控制点建立可接受限度；

（4）对主要控制点建立监测系统；

（5）确定出现偏差时的正确行动；

（6）建立系统以确定HACCP有效执行；

（7）确定所建立的系统持续维持。

9. 过失树分析（fault tree analysis，FTA） FAT是鉴别假设可能发生过失的原因分析方法。

FAT结合过失产生原因的多种可能假设，基于对过程的认识做出正确的判断，过失树分析见图1-22。

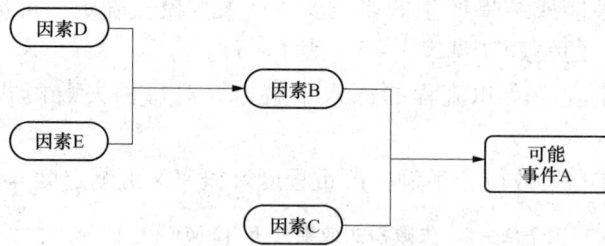

图 1 - 22　过失树分析图

六、风险管理工具在各领域的应用

风险管理工具在各领域的应用如表 1 - 7 所示。

表 1 - 7　风险管理工具在各领域的应用

应用领域	风险管理目标	推荐工具
文件和记录管理	用于识别文件和记录的重要作用，并建立保存政策，以便符合所有的使用要求，以及业务持续性计划	优先级
内审	用于确定具体区域或体系的内审频率。对高风险会比低风险区域要求更多的内审。同时可运用 QRM 对内审发现项进行分级，并进行趋势分析，以确定体系中的问题及可采取更有力的纠正措施。这种趋势分析可作为内审计划中重点审计区域的来源	帕累托图、控制图、相关分级/风险指数
变更管理	用于变更分级及变更影响的分析评估。应主要考虑对患者对法律或法规影响的关键评估	优先矩阵、关键分析、决策树
管理审评	一个有效的管理审评系统应强调趋势回顾中的关键问题。对潜在风险的评估应确保适当的纠正预防措施可以优先执行并回顾。管理评审的目的是识别并优先这些重要的关键风险，并取得管理委员会的关注，应对此类主题进行回顾，包括任何可以影响病人安全，产品有效性或产品市场供应的风险评估的结果，以及投诉健康安全评估的结果	管理行动计划、控制图
物料和产品释放	基于风险管理实施物料的免检或产品的参数释放；必须确定物料/产品的关键属性；过程必须受控；关键质量元素必须识别和验证	关键分析、控制图、失效模式和影响分析、趋势图、过程能力分析
人员组织、培训及资质	进行关键评估，确定培训计划。一旦关键步骤已确定，应比非关键步骤集中更广泛的培训和管理资源	失效模式和影响分析、关键分析、趋势图
产品召回	通过健康危害评估识别出潜在风险及预测召回类型	健康危害评估
法规事务过程	在开始任何提议的变更，交流及客户的反馈时进行适当的影响评估。变更评估应考虑可能影响安全、有效、均一的潜在风险	失效模式和影响分析、相关分级/风险指数

续表

应用领域	风险管理目标	推荐工具
验证管理	通过过程工艺分析，确定哪些步骤和具体操作是决定产品的关键质量属性。验证过程中应注意这些关键的步骤或操作。进一步分析识别关键参数。此外，新的或变更的产品/工艺验证评估可以启动变更控制需求，以确保考虑、评估、降低和记录风险	关键分析、失效模式和影响分析、工艺流程图
工艺设备的清洗	通过清洗流程的风险分析确定哪些产品及哪些设备是难以清洗的，应更关注难清洗的设备或产品。一旦证明清洗过程有效，则可以实施免检	关键分析、失效模式和影响分析、工艺流程图
清洁验证	通过清洗流程的风险分析识别出难清洗的设备及难清洗的特殊产品。验证时要重点关注高风险区域。清洁验证的范围选择最难清洗产品，以及基于风险的限度安全因素	关键分析、失效模式和影响分析、工艺流程图
产品制造	通过过程工艺分析，确定哪个过程的步骤和具体的操作是决定产品关键质量属性。这些步骤或操作都是关键的。然后应对这些关键步骤，包括所有元素及人机界面进行风险分析并识别出高风险区域以降低风险	关键分析、失效模式和影响分析、趋势图
工艺验证	通过工艺关键分析，识别验证过程中须注意的高风险区域。这些高风险区域应该是和产品安全、有效的关键质量属性相关联的	过程失效模式和影响分析、过程流程图、过程关键分析
工艺设备校验	基于关键分析建立适当的校准频次。控制关键参数的工艺设备应比非关键设备校准频次更高。校准频次还应该考虑器件的关键点及性能	关键分析、决策树、趋势图及控制图
计算机系统验证	用来确定验证的范围，比如关键性能参数的确定须与设计选择，编码审查，测试的深度及测试方法，以及电子记录及签名的可靠性关联	决策树、过程失效模式和影响分析
生产和仓储环境控制	确保适当的环境控制可以保护操作者及产品。这应考虑到产品的最终使用（如口服、局部、无菌等）、微生物限度、物料毒性。制造环境应进行评估并确定封闭与开放的程度，然后通过适当的环境条件及防护服来保护产品及操作者。例如：使用隔离或屏障进行必须洁净区域的控制，而非采取使整个区域洁净的方法	过程关键分析、过程失效模式和影响分析
设施、设备和公用系统维护	基于关键分析及每个设施、设备和公用系统相关的关键分析进行QRM的应用。基于关键及性能确定适当的维护频率	关键分析、决策树、相关分级/风险因子、可靠性分析
设施、设备和公用系统确认	有助于基于使用的关键点确定试机及确认的范围与程度	危害分析、决策树、失效模式和影响分析
产品销售	在销售网络中通过风险分析，识别并注意高风险区域，降低风险，尤其对于冷链产品的管理	过程失效模式和影响分析
物料控制	通过风险分析识别出要求特殊储存条件或其他类似风险降低的物料。另外，新的或变更的产品过程的风险分析应纳入变更控制系统，以确保考虑、评估、降低和风险记录	过程失效模式和影响分析、过程关键分析

续表

应用领域	风险管理目标	推荐工具
供应商管理	应用于确定供应商等级，以及评估供应商质量分数，基于风险分析评估进行质量审计周期的矩阵确定，对于提供产品服务的关键供应商会进行更高频率的审计。另外，可应用于定义审计发现项的严重程度。对发现项的趋势分析可决定是否存在体系问题和应采取更有利的纠正预防措施	帕累托图、决策矩阵、相关分级/风险因子
物料包装和标签控制	通过风险分析识别出高风险领域，且通过风险降低或采取其他控制措施防止失效	过程失效模式和影响分析、过程关键分析
印字包材管理	基于质量风险管理，对印字包材内容的起草、审核及审批，和供应链中涉及的所有步骤进行流程化管理。须特别注意对主文件，来料控制及变更控制的审核与批准	过程失效模式和影响分析、过程关键分析
物料包装和标签下发	通过风险分析识别出高风险领域，风险降低和避免混淆	过程失效模式和影响分析、过程关键分析
稳定性管理	基于质量风险管理，稳定性计划中取样频率常依据矩阵简化取样方案，括号法及统计方法进行方案设计。当稳定性观察发现产品不能满足预设的标准时，则须进行健康危害评估以确定对受试者潜在的风险。这类型的风险应该立即上报给相关管理层	回归分析、假设检验、趋势图
仪器确认与校验	基于仪器的关键及性能，确定适当的校准频率。仪器确认过程中QRM有助于检验过程中基于使用的关键点来确定确认的范围和程度	决策树、趋势图、控制图、风险评估、失效模式和影响分析
样品控制	通过风险分析识别高风险区域，并降低风险	失效模式和影响分析
标准管理	基于使用物料的关键点，关键物料的标准通常应比非关键物料更详细	过程失效模式和影响分析、关键分析

【实例分析】

一、高速压片机验证方案

文件编号：

高速压片机验证方案

方案起草人：　　　　　　年　　月　　日

方案审核人：　　　　　　年　　月　　日

方案批准人：　　　　　　年　　月　　日

1. 简介

我公司所用的高速压片机是 XXX 有限公司生产的 XXX 型，用于片剂产品压制，本设备从安装到投入生产须验证。

2. 验证的目的

检查并确认高速压片机安装、运行和性能是否符合设计要求及工艺要求，资料和文件是否符合 GMP 要求。

3. 验证范围

　　本方案适用于我公司的高速压片机验证。

4. 实施验证的人员

人员组成		职责
组长		负责组织协调
副组长		负责方案汇总
成员		起草验证方案
		监控、制订取样计划和合格标准
		取样、检验
		负责操作

5. 验证项目

5.1　验证使用文件：检查验证所使用的各类文件是否齐全。

文件名称	存放地点	检查结果
开箱验收记录		
产品质量保证书		
高速压片机标准操作规程		
高速压片机清洁规程		
高速压片机维护、保养标准操作规程		
产品使用说明书		
片重差异检查法		
中间产品取样操作规程		
药典附录片剂片重差异质量标准		

复核人：　　　　　　　　　检查人：　　　　　　　　　　　　日期：

5.2　设备安装确认

　　目的：检查设备配置、安装条件及安装过程是否符合设计要求。

5.2.1　设备描述

设备名称	高速压片机	规格型号	
设备类型		设备编号	

序号	项目	内容	检查结果
1	生产厂家		
2	性能参数		
3	安装位置		
4	安装时间		
5	公用系统		
6	合同号		

复核人：　　　　　　　　　检查人：　　　　　　　　　　　　日期：

5.2.2 确认内容。

5.2.2.1 设备安装

设备名称	检查项目	检查结果
高速压片机	与主机配套的辅机、附件是否齐全	
	设备安装时应良好地接地，电机不得反转	
	设备安装是否用水平仪校准至水平	
	安装是否符合设计要求	
	安装是否便于操作、维护及保养	
	整机表面是否光洁平整、无明显损伤痕迹	
	电源：380V 24A 50Hz 三相四线	

复核人：　　　　　　　　检查人：　　　　　　　　日期：

5.2.2.2 主要零部件验证

验证内容	规格与材料	检查结果
冲头		
中模		
中冲盘		
上导轨盘和下拉凸轮		
加料器		
加料桶		
出片槽		
压料板		
工作室内的围罩		

复核人：　　　　　　　　检查人：　　　　　　　　日期：

5.2.2.3 模具验证

验证内容	出厂时设置	测量仪器	检查结果
硬度			
粗糙度			
冲杆长度			
冲杆直径			
片径			
片形			

复核人：　　　　　　　　检查人：　　　　　　　　日期：

5.2.2.4 冲模主要位置验证

验证内容	出厂时设置	检查结果
上冲进模深度		
充填深度		

复核人：　　　　　　　　检查人：　　　　　　　　日期：

5.2.2.5 加料器的安装验证

加料器的正确安装是为了压片机能正常工作，因此加料器的底面与转台表面应有一个合理的间隙，并且当螺钉紧固后不得松动。

验证内容	出厂时设置	检查结果
加料器的底面与转台表面的间隙		

复核人：　　　　　　　　检查人：　　　　　　　　日期：

5.2.2.6 润滑系统的验证

润滑点	验证方法	检查结果
蜗轮传动机构	依照《使用说明书》检查润滑剂或润滑脂配置情况	
上下导轨		
主轴		
冲杆孔		
压轮		
压轮轴		
齿轮调节机构		

复核人：　　　　　　　检查人：　　　　　　　日期：

5.3 设备运行确认

目的：经安装确认合格，按《高速压片机标准操作规程》（编号XXX-XX-XX）开动设备，检查系统各部件功能是否正常，是否符合设计及生产工艺要求。

5.3.1 PLC控制系统功能参数显示正常。

5.3.2 加料器与中冲模盘的间隙应校准到0.05mm。

5.3.3 润滑系统按预先设定的时间间隔电动润滑泵注入注油器内的压力为2.5MPa。

5.3.4 操作片厚手轮、填充手轮、预压手轮达到设定的标准压片值。

5.3.5 填充、定量、预压、主压成型、出片正常，设备运行平稳无噪声。

5.3.6 转台旋转方向验证

接通电源后，压片机空载，按点动按钮，观察传动手轮旋转方向，判断是否正确。

验证内容	出厂时设置	实际检测	检查结果
转台旋转方向	逆时针		

复核人：　　　　　　　检查人：　　　　　　　日期：

5.3.7 液压系统验证

验证内容	验证	方法	检查结果
液压系统各元件的动作及密封性能	按《使用说明书》观察系统动作的密封和渗漏	启动液压系统	

复核人：　　　　　　　检查人：　　　　　　　日期：

5.3.8 电气系统与安全保护验证

验证内容	验证要求	实际检测	检查结果
各电气操作件	动作正常		
电气安全指标	符合GB/T5226.1《工业机械电气设备》		
压力过载保护	灵敏可靠		
紧急停车开关	位置醒目，动作可靠		

复核人：　　　　　　　检查人：　　　　　　　日期：

5.3.9 运转验证

验证内容	验证要求	实际检测	检查结果
空运转试验	空运转1~2小时，速度由低速至高速顺序进行，检查压片机各部分传动情况		
机械传动部分	运行平稳，无松动、无异常噪声		
空载噪音（不带辅机）	≤82dB（A）		
各调节装置	工作正常、可靠		

复核人：　　　　　　　检查人：　　　　　　　日期：

5.4 性能确认

目的：性能验证是在运行确认正确情况下带料运行，检验压片机运行性能。

本验证采用 20~80 目（细粉含量小于 20%）的空白颗粒进行。

5.4.1 负荷试验验证

验证内容	验证要求	实际检测	验证结果
用 8mm 片径，以 80% 最高速度试验 0.5~1 小时	检查压片机的运转状况，无异常现象		

5.4.2 充填量验证

验证内容	验证方法	验证结果
调节手轮的转向与充填深度增减是否一致	调节手轮按顺时针转动，观察充填深度的变化	

5.4.3 片厚调节验证

验证内容	验证方法	验证结果
调节手轮的转向与片厚增减是否一致	调节手轮按顺时针转动，观察片厚的变化	

5.4.4 整机性能验证

验证内容	验证要求	实际检测	验证结果
产量	10~15 万片/小时		
片重差异	±7.5%（片剂的平均质量小于 0.3g）		
平均片重限度	为 ±2%		

5.4.5 净化功能

验证内容	验证要求	实际检测	验证结果
工作室门窗	密封效果好		
除尘系统	除尘效果好		
传动部件与工作室	隔离		
润滑密封装置	无渗油、漏油现象		

5.4.6 清洗功能验证

验证内容	验证要求	实际检测	验证结果
拆卸清洗	模具、加料器、料斗、出片槽、除尘装置应拆卸方便，易清洗		
在线清洗	方便，易清洗		

验证人：　　　　　　　　检查人：　　　　　　　　　　　　日期：

6. 功能评价

6.1 检测仪器：BS210S 电子分析天平（0.1mg）。

6.2 取样点：压片机出片口。

6.3 取样方法：按中间产品取样标准操作规程（附页）取样。

6.4 取样时间：压片过程中每 15 分钟取一次，取 20 片。

6.5 合格标准：应符合验证要求，即平均片重限度为 ±2%；片重差异限度为 ±7.5%（片剂的平均质量小于 0.3g 时，按药典附录片剂项下有关规定检查）。

6.6　检验方法：按片重差异检查法（附页）检查。

6.7　检验记录：

批　号	检验项目、数据及结果			合格标准	检验结论
取样时间	平均片重	片重差异			
15min					
30min					
45min					

复核人：　　　　　　　　检查人：　　　　　　　　日期：

（检验报告书附后）

7.　验证时间：　　年　月。

8.　再验证周期

再验证周期为1年。

二、小容量注射剂风险评估报告

1. 风险分析：（人流与物流）

编号	步骤	子步骤	风险	影响	S	原因	P	控制措施	D	起始RPN	风险水平	验证活动
1	人流	进入车间	未经批准的人员进入车间未进行正确更衣	厂房使用不当产品污染来自于外部环境的活粒子及非活性粒子污染厂房	3	进入控制设计不当不符合SOP缺乏培训	2	人工控制记录设计上只有经过更衣室才能进入车间SOP到位培训到位	2	12	中	检查车间的进入控制及人流检查车间的进入控制及人流SOP（卫生及更衣）以及培训情况
2	物流	进入车间	非预期物料进入车间物料未经清洁进入车间物料进入车间的程序不当	物料包装的污染导致厂房与产品污染	4	进入控制设计不当不符合SOP缺乏培训	3	物料进入控制SOP到位	2	24	高	检查物料进入车间的控制检查SOP（卫生及更衣）及培训到位

　　人流、物流进入车间都存在污染的高风险，通过对操作人员的培训和控制（比如采用监控的方式），风险已经降至可接受水平。

2. 工艺设备循环设施

编号	步骤	子步骤	风险	影响	S	原因	P	控制措施	D	起始RPN	风险水平	验证活动
3	纯化水	用于安瓿的预清洗	纯化水质量不当	有颗粒和化学残留	3	设施污染	1	周期取样在线监测（电导率、酸碱度）	3	9	中	仪表校准检查纯化水的质量

编号	步骤	子步骤	风险	影响	S	原因	P	控制措施	D	起始RPN	风险水平	验证活动
4	注射用水	安瓿的最后清洗	注射用水质量不当	存在颗粒化学污染微生物污染	4	设施污染		周期取样在线监测（电导率、温度）	2	8	中	仪表校准，检查注射用水质量
5		用于配料和配料罐、过滤器、灌装机的清洗					1					
6	压缩空气	用于过滤器完整性测试、配料罐压空药液	压缩空气质量不当	存在颗粒微生物污染	4	设施污染使用点过滤器损坏	1	周期取样按规程对过滤器进行完整性测试	3	12	高	检查压缩空气质量，执行及记录过滤器完整性测试的规程到位
7	纯蒸气	用于配料罐、灌装机的消毒	压力温度不够	目标消毒不成功	3	操作不当	1	规程规定操作	3	9	中	—

　　工艺设备循环系统的纯化水、注射用水、压缩空气和纯蒸气存在中风险和高风险，通过采用校验仪表、完善操作规程，对过滤器进行全面检查，风险已经降至可接受水平，但生产过程中须加强水质监控，如微生物和细菌内毒素监测。

　　3. 洗瓶机、隧道烘箱

编号	步骤	子步骤	风险	影响	S	原因	P	控制措施	D	起始RPN	风险水平	验证活动
8	安瓿清洗	清洗周期	安瓿未完全浸入超声波水中；安瓿位置错误；未根据所建立清洗程序调整清洗参数	安瓿不洁净，存在颗粒，微生物负载，内毒素交叉污染	2 3	不当的设备操作，设计不当的工艺参数	2	使用控制系统调整设备控制一些参数（注射用水温度及压力、设备速度）	2	12	中	根据要求检查设备的关键组件，确认设施连接及关键仪表的校准，确认清洁程序的正确操作及工艺参数的恰当调节，确认清洁程序及清除颗粒的效率
	安瓿烘干	烘干周期	灭菌温度、时间和降温温度达不到要求	灭菌不彻底，降温达不到要求影响产品质量	4	不当的设备操作，设计不当的工艺参数	3	使用控制系统调整设备控制参数（温度及设备速度）	3	36	高	根据要求检查设备的关键组件；确认设施关键仪表的校准；确认设备的正确操作；工艺参数的恰当调节

洗瓶机清洗安瓿过程存在中风险，通过调整设备控制参数（注射用水温度及压力、设备速度）来降低风险。隧道烘箱在烘干灭菌安瓿过程中存在高风险，通过加强检查和周期监测来降低风险至可接受水平，正常生产中做为质量监控的重点，如水温、水压、不溶微粒、细菌内毒素、烘干温度、时间等。

4. 配料罐与过滤系统

清洁工艺

编号	步骤	子步骤	风险	影响	S	原因	P	控制措施	D	起始RPN	风险水平	验证活动
9	设备清洁	配料罐、过滤系统	清洁方法未能清洁整个内表面；不当的清洁规程；未遵循清洁顺序	设备污染，交叉污染	4	清洁规程的设计不当；员工使用方法不当	3	清洁工艺完成后进行目检；批准清洁方法；周期清洁监测；记录并在工艺结束时审核工艺参数	2	24	高	制定清洁规程，规定清洁步骤和时间；确认清洁方法经过批准并且培训到位；确认清洁方法；能够清洁整个内表面；验证清洁方法

配料系统生产工艺

编号	步骤	子步骤	风险	影响	S	原因	P	控制措施	D	起始RPN	风险水平	验证活动
10	称量投料	原料活性炭	原料称量、投料操作不规范或未遵循顺序	粉尘、颗粒污染环境	4	排风系统操作不当未按SOP操作	2	配料区的排风系统及压差监控、记录；SOP详细规定称量操作	3	24	高	验证HVAC（IQ、OQ）；确认维护到位
				配方不当	3	工艺参数不当；加料操作控制不当；上料顺序不正确	2	在批记录中记录步骤及关键参数	1	6	中	确认控制系统的正确运行；验证生产工艺
11	药液配制	—	不当的操作参数（时间、搅拌速度、温度、pH值等）	成品不符合质量参数	3	参数不当；控制系统不当；仪表测量不当	2	控制系统在批记录中记录步骤及关键参数	1	6	中	仪表校准；确认设备基本操作（上料、加热、冷却等）工艺参数适当控制与记录；验证生产工艺

续表

编号	步骤	子步骤	风险	影响	S	原因	P	控制措施	D	起始RPN	风险水平	验证活动
12	溶液过滤	过滤器	过滤器完整性不当；过滤参数不当（压力等）	产品不溶微粒或微生物不合格	4	过滤器不到位或位置不正确；过滤器阻塞或不适合的过滤器完整性；缺乏参数不当	2	确认设备附近是否安装过滤器；过滤步骤前进行过滤器完整性测试；记录并审核批记录中的工艺参数	1	8	高	确认过滤器使用规程到位；过滤器完整性测试；验证生产工艺
13	存放时间	配料罐	缺乏所建立的保留条件（时间等）	颗粒或微生物；污染溶液	4	配料罐呼吸器维护不当	1	呼吸器的周期性维护	3	12	高	仪表校准确认；呼吸器使用规程到位；呼吸器完整性测试
				溶液降解（缺乏批均一性）	3	溶液保留时间长于所规定的时间；保留条件错误	1	根据规程记录关键时间，控制并记录保留参数	1	3	低	仪表校准；建立并验证每种溶液的最长保留时间

配料罐及管道、过滤器清洁消毒方面存在高风险，通过采用批准的清洁方法和清洁完成后的检查、周期清洁监测来降低风险水平。

注射剂的配料使关键操作步骤存在高风险，通过采取一系列控制措施来降低风险至可接受水平，但在正常生产过程中应做为质量监控的重点。

5. 灌装机

编号	步骤	子步骤	风险	影响	S	原因	P	控制措施	D	起始RPN	风险水平	验证活动
14	设备清洁	灌装机、管道系统	清洁方法未包括清洁所有药液接触的部位；不当的清洁规程；未遵循清洁顺序	设备污染，交叉污染	4	清洁规程的设计不当；员工使用方法不当	3	清洁工艺完成后进行目检；批准清洁方法；周期清洁监测、记录	2	24	高	制定清洁规程，规定清洁步骤和时间；确认清洁方法经过批准并且培训到位；确认清洁方法能够清洁整个内表面；验证清洁方法

清洁消毒生产工艺：

编号	步骤	子步骤	风险	影响	S	原因	P	控制措施	D	起始RPN	风险水平	验证活动
15	灌封	装量	装量不足或装量过多	产品超出规格	4	参数不当；药液泵性能不当；在线控制不当	2	工艺中控制并调整灌装量灌装点探测液位的传感器检测	1	8	高	控制系统控制定量及灌装操作验证生产工艺
		封口	封口不严或外观不合格	颗粒或微生物污染溶液；外观质量不合格	4	设计缺陷；设备调整不当；未按规程操作	2	调整设备，控制设备运行速度规程规定操作	1	8	高	验证生产工艺
		人员操作	在A级区操作	颗粒或微生物污染溶液	4	设备运行不正常，破瓶、卡瓶，人手进入A级区操作	1	调整设备；SOP到位培训到位	3	12	高	设备验证；A级区验证

灌装机清洁消毒和灌装工艺存在高风险，发生的概率高，通过采用批准的清洁方法和清洁完成后的检查、周期清洁监测及生产中的检查来降低风险水平。

编号	步骤	子步骤	风险	影响	S	原因	P	控制措施	D	起始RPN	风险水平	验证活动
16	适用性	控制系统不准	各参数的控制不准确；温度传感器布置不合理	部分产品灭菌不彻底	4	控制温度传感器显示不准确；未能监测到冷点的温度、F_0值	3	校验仪表；系统维护；合理布置探头	3	36	高	验证灭菌柜；半年校验一次；关键参数传感器，每年进行一次灭菌设备再确认
17	性能	装载量	与配料罐、生产线能力不匹配	超量装载影响灭菌效果	2	未按文件规定装载	1	按灭菌柜验证最大装载量配制药品；SOP规定装载方式和装载量	2	4	低	验证灭菌柜
18	升降温介质	升降温介质对产品造成污染	微生物污染	3	纯化水污染	2	按文件规定更换纯化水；定期清洁灭菌柜	3	18	中	—			
19	安全	柜体压力显示、泄压系统；开关门安全系统	安全事故	3	压力超过规定限度；开门安全装置失灵	2	校验仪表；系统维护；SOP规定详细注意事项	1	6	低	验证灭菌柜

6. 灭菌柜
灭菌工艺

编号	步骤	子步骤	风险	影响	S	原因	P	控制措施	D	起始RPN	风险水平	验证活动
20	灭菌	显示记录系统	温度传感器准确度漂移，记录数据与真实值不符合；意外事件导致灭菌中断和数据丢失	记录的数据不能反映真实情况，灭菌不彻底	4	传感器失灵；线路干扰	2	校验仪表系统维护	1	8	低	验证灭菌工艺
		未灭菌和已灭菌区分	产品混淆	未灭菌产品流出	4	硬件措施缺失；未按规定执行	4	制定详细的管理规程和操作规程	3	36	高	—

　　灭菌柜和灭菌工艺方面灭菌控制系统和已灭菌、未灭菌混淆存在高风险，通过采用校验仪表、验证和生产过程中的检查监控来降低风险至可接受水平。在正常生产中做为检查监控的重点。

7. 外包线

编号	步骤	子步骤	风险	影响	S	原因	P	控制措施	D	起始RPN	风险水平	验证活动
21	灯检	产品漏检	不合格品流入市场	影响患者健康	4	灯检员视力不合格，培训不到位	1	选择视力合格，责任心强的灯检员，加强岗前培训和生产过程中的抽查	1	4	高	—
22	印字	—	信息（批号、有效期）不清晰或错误	生产批次不可跟踪	4	设备性能不当	2	批次生产前进行目检以确认批号及有效期在线控制	2	16	高	验证生产工艺
23	包装	—	使用其他产品的说明书产品或说明书缺失	产品标识不当，缺乏患者所需信息，产品缺失	4	使用错误说明书的人为失误	2	包装操作开始时进行目检包装工艺中进行在线控制	1	8	中	—
		—	产品混批	影响患者健康	4	清场不彻底	2	严格清场；SOP加强检查	3	24	高	—

　　外包线存在高风险，主要是发生的概率高，通过采用检查和核对来降低风险，使风险可控。

8. 公用系统

纯化水

编号	步骤	子步骤	风险	影响	S	原因	P	控制措施	D	起始RPN	风险水平	验证活动
24	设计	—	材质不适	与材质相互作用或材质有利于微生物活动而污染	3	制备及配送系统的设计不当	1	使用规定的材质（304不锈钢）	3	9	中	确认与水接触组件使用恰当的材质；确认水质量
25		—	安装中存在盲管	生物膜滋生导致的水污染	3	制备及配送系统的设计不当	1	按GMP和设计要求进行安装	3	9	中	确认制备中心及回路中不存在死体积，确认排水系统的安装及管道坡度，确认水质量
26		—	水与非控制环境接触	颗粒或微生物引起的水污染	3	制备及配送系统的设计不当	1	密封罐口、安装呼吸器并定期检测完整性	3	9	中	确认每个储罐通气阀均装有绝对过滤器；确认水质量
27	工艺参数	流量	流量不足	生物膜滋生导致的水污染	3	制备及配送系统的设计不当,工艺参数不当	2	安装流量计和压力计采用变频控制系统；规程规定取样方案	2	12	中	确认关键仪表的校准；确认控制系统性能；确认水质量
28	消毒工艺	—	消毒工艺不当,消毒温度不当	消毒效率低，微生物污染水	3	消毒工艺设计不当；工艺参数不当	2	制订消毒规程,定期用纯蒸气消毒系统；系统装有UV灯；规程规定取样方案	2	12	中	确认UV灯的安装；确认纯蒸气温度、压力、水质量

注射用水

编号	步骤	子步骤	风险	影响	S	原因	P	控制措施	D	起始RPN	风险水平	验证活动
29	设计	—	材质不适于注射用水	材质相互作用或材质有利于微生物活动而导致的水污染	4	制备及配送系统的设计不当	1	使用316l低碳不锈钢	3	12	高	确认与水接触组件适当物料的使用确认水质量
30		—	安装中存在盲管	生物膜滋生导致的水污染	4	制备及配送系统的设计不当	1	按GMP和设计要求进行安装	3	12	高	确认制备及回路中不存在死体积,确认排水系统的安装及管道坡度；确认水质量

编号	步骤	子步骤	风险	影响	S	原因	P	控制措施	D	起始RPN	风险水平	验证活动
31		—	水与非控制环境接触	颗粒或微生物引起的水污染	4	制备及配送系统的设计不当	1	密封罐口、安装呼吸器并定期检测完整性	3	12	高	确认每个储罐的通气阀均装有绝对过滤器；确认水质量
32	工艺参数	流量	流量不足	生物膜滋生导致的水污染	4	制备及配送系统的设计不当工艺参数不当	2	安装流量计和压力计采用变频控制系统；规程规定取样方案	2	16	高	确认关键仪表的校准；确认控制系统性能；确认水质量
33		温度	水温不当	生物膜滋生导致的水污染	4	制备及配送系统的设计不当；工艺参数不当	2	温度计到位控制系统监测温度；规程规定取样方案	2	16	高	确认关键仪表的校准（IQ），确认控制系统性能及警报激活（OQ），确认水质量（OQ）
34	消毒工艺	—	消毒工艺不当；消毒温度不当	消毒效率低；微生物污染水	3	消毒工艺设计不当；工艺参数不当	2	消毒规程；规程规定取样方案	2	12	中	确认水质量（OQ）
35	贮存方法	—	贮存时间过长；循环温度达不到要求	微生物引起的水污染	3	设计的控制系统不当；未按规定贮存	2	制定循环贮存规程；按规定循环、监测、记录	3	18	高	验证工艺

纯蒸气

编号	步骤	子步骤	风险	影响	S	原因	P	控制措施	D	起始RPN	风险水平	验证活动
36		—	材质不适于纯蒸气	材质相互作用或材质有利于微生物活动而导致的纯蒸气污染	4	制备及配送系统的设计不当	1	使用316l低碳不锈钢	3	12	高	确认与纯蒸气接触组件使用材质
37	设计	—	安装中存在盲管	生物膜滋生导致的纯蒸气污染	4	制备及配送系统的设计不当	1	按GMP和设计方案进行安装	3	12	高	确认纯蒸气站及回路中不存在死体积；确认排气系统的安装及管道坡度；确认纯蒸气温度、压力

编号	步骤	子步骤	风险	影响	S	原因	P	控制措施	D	起始RPN	风险水平	验证活动
38	工艺参数	压力、温度、流量等	纯蒸气压力、温度、流量不适	生物膜滋生导致的纯蒸气污染;纯蒸气的物理属性(干燥度、过热蒸气、不可冷凝气体)不当	4	制备及配送系统的设计不当;工艺参数不当	2	安装压力表控制系统;规程规定取样方案	2	16	高	确认关键仪表的校准;确认控制系统性能;确认纯蒸气温度、压力

压缩空气:

编号	步骤	子步骤	风险	影响	S	原因	P	控制措施	D	起始RPN	风险水平	验证活动
39	设计	—	材质不适于压缩空气	产品污染	4	制备及配送系统的设计不当	1	管路系统使用304不锈钢管;关键使用点前安装阻截颗粒及微生物的过滤器	3	12	高	确认与压缩空气接触组件使用材质;确认过滤器维护方案到位;确认压缩空气质量
40		—	非无油压缩机	油含量超出规格;产品污染	4	制备系统的设计不当	1	规程规定取样方案;过滤器过滤油污	1	4	高	确认压缩机的使用及过滤器的安装;确认过滤器及压缩机维护方案到位;确认压缩空气质量(OQ)
41	工艺参数	压力	压力不足	设备故障	3	工艺参数不当	2	安装仪表	2	12	中	确认关键仪表的校准

纯化水、注射用水、纯蒸气、压缩空气系统存在较多的高风险点,主要是发生的概率高,通过设计确认和安装确认来降低风险发生的概率,通过检查监控来降低风险水平。做为生产中检查监控的重点。

9. 空调系统

编号	步骤	子步骤	风险	影响	S	原因	P	控制措施	D	起始RPN	风险水平	验证活动
42	设计	空气质量	所供应的空气质量不当	颗粒引起的产品污染;车间微生物污染	4	过滤器压差不当	2	仪表安装;空调系统控制系统完整性测试 A级区安装在线粒子监测系统	1	8	高	确认HEPA过滤器的安装且维护方案到位;确认关键仪表的校准;按照工艺需求验证空调系统;验证空调系统控制系统

编号	步骤	子步骤	风险	影响	S	原因	P	控制措施	D	起始RPN	风险水平	验证活动
43		层流	空气速度小于设定值；流向不单一	产品污染	4	层流设计不当；气流维护不当	2	空调控制系统完整性测试（适用于HEPA过滤器）；A级区的在线粒子监测方案	1	8	高	确认HEPA过滤器的安装且维护方案到位；确认关键仪表的校准；验证空调系统等
44	工艺参数	风量	风量不当；空气不流通；区域换气次数减少；房间之间的压差不当	产品污染	4	进风口和排风口位置错误，形成空气不流通区；过滤器堵塞造成压差平衡问题；进/排风阀调节错误	2	安装仪表测量每个房间内的风量、压差空调控制系统；完整性测试	1	8	高	确认HEPA过滤器的安装且维护方案到位；确认关键仪表的校准；按照工艺需求验证空调系统等；验证空调系统控制系统
45		房间温度和湿度	温度、湿度超出所设定的范围	舒适环境缺失	1	工艺参数不当	2	安装仪表测量每个房间的温度、湿度空调控制系统	1	2	低	验证空调系统的温度、湿度；验证空调控制系统
46		消毒	消毒不彻底	微生物污染	2	消毒周期不恰当；消毒方法不当	2	制定恰当的消毒规程，按规定的周期、方法进行消毒	2	8	中	验证消毒方法

空调系统存在高风险点，主要是发生的概率高，通过设计确认和安装确认来降低风险发生的概率，通过检查监控和在线监测来降低风险水平。

10. 物料系统

编号	步骤	子步骤	风险	影响	S	原因	P	控制措施	D	起始RPN	风险水平	验证活动
47	物料供应	供应商资质不符合规定	原材料和包装材料质量不符合规定	存在于原材料和包装材料中的微生物可能进入产品	3	未进行供应商评估或评估流于形式	3	进行严格的供应商评估，重点关注供应商的生产过程对微生物污染、细菌内毒素污染、产品混淆和交叉污染风险的控制	1	9	中	对供应商及其供应的物料进行年度质量回顾分析，以评估其质量状况；对有质量不良趋势的供应商应采取针对性的措施，如增加现场检查的频率，增加更严格的抽样方案

编号	步骤	子步骤	风险	影响	S	原因	P	控制措施	D	起始RPN	风险水平	验证活动
48	发运过程不符合要求		原材料和包装材料发运过程中破损	原材料和包装材料受到污染	3	对发运方式未要求	2	签订采购合同时将发运方式和包装作为一项重要内容写入合同	2	12	中	严格执行到货验收和检验
		检验	物料不符合标准或工艺要求	不符合要求的物料用于生产，影响产品质量	2	未按规定进行验收取样不能代表整批物料的质量	2	制定详细的取样SOP按规定取样检验	4	16	高	严格执行到货验收和检验
49	贮存环境不符合要求	物料贮存	物料受到污染	被污染的原材料和包装材料用于生产	3	未按要求贮存	2	严格管理仓储条件，确保原料储存过程中质量受控，如干燥、防虫、防鼠等	1	6	低	验证仓储条件
		贮存管理	混批	产品质量不能追溯；产生劣药	3	未按规程管理	3	严格按物料管理规程码放、贮存、发放、使用检查到位	2	18	高	—
50	领用路线、环境、清洁消毒过程不符合规定	物料使用	物料污染环境或环境中的微粒、微生物污染物料	被污染的原材料和包装材料用于生产产品不合格	4	人为原因监控不到位	3	严格规定物流路线和外清、进入洁净区的操作	2	24	高	—
51	称量或使用过程不符合规定		微粒、微生物污染物料	原材料和包装材料受到污染	4	未按SOP进行操作	3	加强培训检查监控	1	12	高	—

本次风险评估结论：主要高风险点存在于配料、洗瓶、胶塞清洗、灌装、灭菌、注射用水系统，生产中应做为检查监控的重点，车间质监员应将所有中等风险和高风险点作为质量控制点，在每批的生产中检查记录。

【实训思考与测试】

一、名词解释

偏差管理　　变更　　设计确认　　再验证　　质量风险管理

二、填空题

1. 质量保证是（　　　）的一部分。企业必须建立（　　　　），同时建立完整的（　　　），以保证系统有效运行。

2. 质量控制包括相应的（　　　）、（　　　）以及（　　　）等，确保物料或产品在放行前完成必要的检验过程，确认其质量符合要求。

3. 生产一定时间后的验证是（　　　　），正式投产前的质量活动是（　　　　），以历史数据的统计为基础，旨在证实生产工艺条件适用范围的验证是（　　　　），法定方法的有效化是（　　　　），与工艺运行同时进行的验证是（　　　　）

4. 批记录应当由（　　　）负责管理，至少保存至药品有效期后（　　　　）。

5. 制剂的工艺规程的内容至少应当包括：（　　　）、（　　　）、（　　　）。

6. 质量风险管理过程所采用的方法、措施、形式及形成的文件应当与（　　　　）相适应。

三、单项选择题

1. 与《药品生产质量管理规范》范有关的文件应当经哪个部门的审核？（　　）
   A. 生产管理部门　　　　　　　　B. 质量管理部门
   C. 物料管理部门　　　　　　　　D. 企业管理部门

2. 质量管理部门应当（　　）。
   A. 参与与质量有关的活动，负责审核与本规范有关的文件。
   B. 参与所有与生产有关的活动，负责审核与本规范有关的文件。
   C. 参与与检验有关的活动，负责审核与本规范有关的文件。
   D. 参与所有与质量有关的活动，负责审核所有与本规范有关的文件。

3. 质量管理部门人员（　　）
   A. 可以将职责委托给其他部门的人员。
   B. 不得将职责委托给本部门的人员。
   C. 不得将职责委托给其他部门的人员。
   D. 可以将职责委托给他人。

4. 质量标准、稳定状态考察、确认、验证、变更等其他重要文件保存期限应当是（　　）。
   A. 保存药品有效期后一年　　　　　B. 三年
   C. 五年　　　　　　　　　　　　　D. 长期保存

5. 验证的基本要素是（　　）。
   A. 证明生产工艺的所有方面均达到预期结果的证据
   B. 证明系统、设施、设备和生产工艺的所有方面均达到预期结果的书面证据
   C. 证明生产设备按照预期进行运行的书面证据
   D. 证明厂房设施按照预期进行运行的书面证据

6. 设计确认的目的是为检查确认（　　）。
    A. 其是否正确地进行建造
    B. 其是否正确地进行设计
    C. 其是否正确地生产产品
    D. 其是否正确地进行质检

四、多项选择题

1. 哪些是质量保证系统应当确保符合的要求内容？（　　）
    A. 药品的设计与研发体现本规范的要求；生产管理和质量控制活动符合本规范的要求；管理职责明确
    B. 采购和使用的原辅料和包装材料正确无误；中间产品有效控制；确认、验证的实施；严格按照规程进行生产、检查、检验和复核
    C. 每批产品经质量受权人批准后方可放行；在贮存、发运和随后的各种操作过程中有保证药品质量的适当措施
    D. 按照自检操作规程，定期检查评估质量保证系统有效、适用

2. 质量控制的基本要求包括（　　）
    A. 应当配备适当的设施、设备、仪器和经过培训的人员，有效、可靠地完成所有质量控制的相关活动
    B. 应当有批准的操作规程，用于原辅料、包装材料、中间产品、待包装产品和成品的取样、检查、检验及产品的稳定状态考察，必要时进行环境监测，以确保符合本规范的要求
    C. 由化验室人员按照规定的方法对原辅料、包装材料、中间产品、待包装产品和成品取样
    D. 取样、检查、检验应当有记录，偏差应当经过调查并记录
    E. 物料和最终包装的成品应当有足够的留样，以备必要的检查或检验；除最终包装容器过大的成品外，成品的留样包装应当与最终包装相同

3. 当影响产品质量的哪些主要因素变更时，均应当进行确认或验证，必要时，还应当经药品监督管理部门批准（　　）？
    A. 原辅料、与药品直接接触的包装材料变更
    B. 生产设备、生产环境（或厂房）、生产工艺变更
    C. 检验方法变更
    D. 人员变更

4. 符合下列哪些情形之一时，应当对检验方法进行验证？（　　）
    A. 采用新的检验方法
    B. 检验方法须变更
    C. 采用《中华人民共和国药典》及其他法定标准未收载的检验方法
    D. 法规规定的其他须验证的检验方法

5. 验证方案主要内容包括（　　）
    A. 验证目的、要求　　　　　　　　B. 质量标准

    C. 实施所需的条件   D. 测试方法 E. 进度安排

6. 下列对校准的叙述正确的是（　　）。

    A. 应当按照操作规程和校准计划定期对生产和检验用衡器、量具、仪表、记录和控制设备及仪器进行校准和检查，并保存相关记录。校准的量程范围应当涵盖实际生产和检验的使用范围

    B. 应当确保生产和检验使用的关键衡器、量具、仪表、记录和控制设备及仪器经过校准，所得出的数据准确、可靠

    C. 应当使用计量标准器具进行校准，且所用计量标准器具应当符合国家有关规定

    D. 衡器、量具、仪表、用于记录和控制的设备及仪器应当有明显的标识，标明其校准有效期

    E. 校准记录应当标明所用计量标准器具的名称、编号、校准有效期和计量合格证明编号，确保记录可追溯

五、简答题

1. 简述 PDCA 实施的步骤。

2. 哪些情形下必须进行再验证？

3. 简述变更控制的基本要求和范围。

4. 简述最终灭菌产品的质量风险控制点。

（何小荣）

模块二

空气净化系统的运行与管理

实训目标

掌握HVAC系统的设计要点；净化空调机组
的基本组成；洁净室的重要参数的检测方
法；高效空气过滤的检漏方法。

项目一　HVAC 系统的设计

Heating, Ventilating and Air Conditioning（HVAC）即暖通空调系统，是药品生产质量控制系统的重要组成部分，通过其为药品生产提供具有符合规定的温度、湿度、悬浮粒子数、微生物等的环境，并对这些参数进行控制和监测，以避免污染和交叉污染，同时为操作人员提供舒适的环境。HVAC 系统还到减少和避免药品在生产过程中对人和周围环境造成的不利影响，保护人的健康和周围的环境。

任务一　HVAC 系统的控制要素设计

一、空气净化

为保证洁净室（区）的洁净度，应采取措施：防止尘埃粒子从外部进入室内；防止室内产生尘埃粒子；及时排出已进入室内的尘埃粒子和室内产生的尘埃粒子。

送入洁净室（区）的空气须经多级过滤，以防止外界粒子进入室内；通过严格的生产及人员管理、洁净室围护结构合格规范的施工、合适材料等减少洁净室（区）尘埃粒子的产生量；通过合理的排风和回风来及时排出室内的尘埃粒子。

空气过滤器是空调净化系统的核心设备。空气流经过滤器时，空气中的尘粒被各种作用，如拦截效应、惯性效应、扩散效应、重力效应、静电效应等截留于过滤器。

（一）空气过滤器分类及效率

空气过滤器按性能可分为粗效过滤器、中效过滤器、高中效过滤器、亚高效过滤器、高效过滤器、超高效过滤器；按型式可分为平板式、折褶式、袋式、卷绕式、筒式、静电式；按滤料更换方式可分为可清洗、可更换、一次性使用。

按国家标准 GB/T 14295－2008《空气过滤器》和 GB/T 13554－2008《高效空气过滤器》，过滤器的分类及效率如表 2－1～表 2－3 所示。

表 2 − 1　过滤器额定风量下的效率和阻力

性能指标　　性能类别	代号	迎面风速（m/s）	额定风量下的效率（E）%		额定风量下的初阻力/ΔP_i/（Pa）	额定风量下的终阻力/ΔP_f(Pa)
亚高效	YG	1.0	粒径不小于 0.5μm	99.9 > E ≥ 95	≤120	240
高中效	GZ	1.5		95 > E ≥ 70	≤100	200
中效 1	Z1			70 > E ≥ 60		
中效 2	Z2	2.0		60 > E ≥ 40	≤80	160
中效 3	Z3			40 > E ≥ 20		
粗效 1	C1		粒径不小于 2.0μm	E ≥ 50		
粗效 2	C2			50 > E ≥ 20		
粗效 3	C3	2.5	标准人工尘计重效率	E ≥ 50	≤50	100
粗效 4	C4			50 > E ≥ 10		

注：当效率测定结果同时满足表中两个类别时，按较高类别评定

表 2 − 2　高效空气过滤器性能

类别	额定风量下的钠焰法效率（%）	20% 额定风量下的钠焰法效率(%)	额定风量下的初阻力（Pa）
A	99.99 > E ≥ 99.9	—	≤190
B	99.999 > E ≥ 99.99	99.99	≤220
C	E ≥ 99.999	99.999	≤250

表 2 − 3　超高效空气过滤器性能

类别	额定风量下的计数法效率（%）	额定风量下的初阻力（Pa）	备注
D	99.999	≤250	扫描检漏
E	99.9999	≤250	扫描检漏
F	99.99999	≤250	扫描检漏

（二）常用术语

计重效率：指用人工尘试验过滤器在任意一个试验周期内受试过滤器积尘量与发尘量之比，即受试过滤器捕集灰尘粒子质量的能力，该效率以百分数（%）表示。

初阻力：指未积尘的受试过滤器通过额定风量时的空气阻力，单位以 Pa 表示

终阻力：指在额定风量下由于过滤器积尘，而使其阻力上升并达到的规定值。可以以表规定的值，也可以由生产厂家推荐，单位以 Pa 表示。

容尘量：指在额定风量下受试过滤器达到终阻力时所捕集的人工尘总质量，单位以 g 表示。

（三）空气过滤器的结构

空气过滤器的外框材料有纸板、塑料板、木板、铝合金板、镀锌钢板、冷轧钢板、不锈钢板等。粗效过滤器一般为由化纤无纺布、玻璃纤维滤料制成板式或袋式过滤器；

中效过滤器一般为由玻璃纤维滤料、PP制成的袋式过滤器；高效过滤器一般采用超细玻璃纤维、带静电聚四氟乙烯纤维等制成。高效过滤器按滤芯结构可分为有隔板过滤器和无隔板过滤器，如图2-1所示。有隔板过滤器的分隔板可采用铝箔、塑料板、胶版印刷纸等，无隔板过滤器的分隔板可采用热熔胶、玻璃纤维纸条、阻燃丝线等。

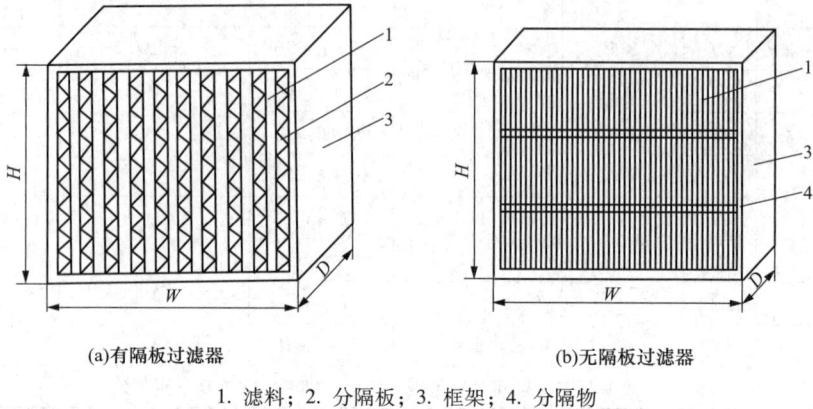

(a)有隔板过滤器　　　　　　　　　(b)无隔板过滤器

1. 滤料；2. 分隔板；3. 框架；4. 分隔物

图2-1　有隔板过滤器和无隔板过滤器

（四）空气过滤器的选用

1. 空气过滤器的选用和布置方式要求

（1）中效空气过滤器宜集中设置在净化空气处理机组的正压段；

（2）高效空气过滤器或亚高效空气过滤器宜设置在净化空气调节系统的末端；

（3）在回风和排风系统中，高效空气过滤器和亚高效空气过滤器及作为预过滤的中效过滤器应设置在系统的负压段；

（4）中效空气过滤器、高效空气过滤器应按小于或等于额定风量选用；

（5）设置在同一洁净区内的高效空气过滤器、亚高效过滤器运行时的阻力和效率宜相近。

2. 过滤器选用的一般建议

（1）根据不同场所洁净度的要求确定末级过滤器的效率；

（2）末级的高效过滤器选择效率合适的前级过滤器；

（3）高效空气过滤器必须逐台检测；

（4）选用通用尺寸的过滤器。

末端过滤器决定空气的洁净程度，前级过滤器起保护末端过滤器的作用，延长末端过滤器的使用周期，减少维护费用，保护净化空调系统正常工作。过滤器的使用寿命除取决于其本身的优劣，如过滤材料、过滤面积、结构设计、初始阻力等，还与空气中的含尘浓度、实际使用风量、终阻力的设定等因素有关。过滤器对空气形成阻力，随着过滤时间增加，积尘随之增加，过滤器阻力也随之增大。若过滤器积尘太多，阻力过高，通过风量降低，则使洁净室（区）洁净洁净级别、温湿度等不符合要求。因此，过滤器须设定使用周期，在过滤器没有损坏的情况下，一般以阻力作为判定依据。

二、排风设计

下列情况下的净化空调系统的空气不应循环使用：

1. 生产过程散发粉尘的洁净室（区），其室内空气如经处理仍不能避免交叉污染时。

2. 生产中使用有机溶媒，且因气体积聚可构成爆炸或火灾危险的工序。

3. 病原体操作区。

4. 放射性药品生产区。

5. 生产过程中产生大量有害物质以及异味或挥发性气体的生产工序。

医药洁净室（区）的排风系统应符合下列规定：

1. 应采取防止室外气体倒灌的措施。

2. 排放含易燃、易爆物质气体的局部排风系统应采取防火、防爆措施。

3. 对直接排放超过国家排放标准的气体排放时应采取处理措施。

4. 对含有水蒸气和凝结性物质的排风系统应设置坡度及排放口。

5. 生产青霉素等特殊药品的排风系统应符合相关规定。

为防止室外气体倒灌，可采取在排风管路上安装过滤器、止回阀或电动排风阀与止回阀连锁等措施。

下列情况的排风系统应单独设置：

1. 不同净化空气调节系统。

2. 散发粉尘或有害气体的区域。

3. 排放介质毒性为现行国家标准《职业性接触毒物危害程度分级》GB 5044 中规定的中度危害以上的区域。

4. 排放介质混合后会加剧腐蚀、增加毒性、产生燃烧和爆炸事故或发生交叉污染的区域。

5. 排放易燃、易爆介质的区域。

下列情况下的排风应经净化处理：

1. 生产特殊性质的药品，如高致敏性药品（如青霉素类）或生物制品（如卡介苗或其他用活性微生物制备而成的药品）；

2. 生产 β - 内酰胺结构类药品、性激素类避孕药品；

3. 生产某些激素类、细胞毒性类、高活性化学药品的空气净化系统。

生产过程中散发粉尘的医药洁净室（区）应设置除尘设施，除尘器应设置在净化空气调节系统的负压段。采用单机除尘时，除尘器应设置在靠近发尘点的机房内；如机房门向医药洁净室（区）方向开启，机房内环境要求宜与医药洁净室（区）相同。间歇使用的除尘系统应有防止医药洁净室（区）压差变化的措施。

发散大量有害气体或有爆炸气体的医药洁净室（区）应设置事故排风装置，事故排风系统应设置自动和手动控制开关，手动控制开关应分别设置在洁净室（区）内和洁净室（区）外便于操作的地点。

有爆炸危险的除尘系统应采用有泄爆和防静电装置的防爆除尘器。防爆除尘器应设置在排尘系统的负压段，并应设置在独立的机房内或室外。

采用熏蒸消毒灭菌的医药洁净室（区）应设置消毒排风设施。

任何室内排风风口均应有过滤器。排风对环境造成有毒有害影响时，排风口的室内侧必须安有高效过滤器，必要时还应加装活性炭过滤器。排出可能含有Ⅲ类生物危险度的生物气溶胶的管道必须是不锈钢焊接成型的负压管道，排风口上的过滤装置应为 B 类或更高的高效过滤器。

有腐蚀性气溶胶的排风管道应采用防腐材料制作。

三、新风设计

新鲜空气量（新风量）应取下列最大值：

1. 补偿室内排风量和保持室内正压所需新鲜空气量；

2. 室内每人每小时新鲜空气量不低于40m³。系统的新风比不应简单地按照系统内所需人员的新风量与总风量之比，而应根据医药洁净区内人员密度最大房间所需新风量的新风比确定。

四、回风设计

单向流洁净室采用水平送风水平回风或垂直送风垂直回风设置；非单向流洁净室一般采用采用顶送下侧回、侧送下侧回。

散发粉尘或有害物质的医药洁净室（区）不应采用走廊回风，且不宜采用顶部回风。

一般不宜采用顶部回风，因为回风流向与尘粒沉降方向相反，可能导致洁净室下部积聚粒径较大的尘粒。

洁净室（区）的空气如可循环使用，应采取有效措施避免污染和交叉污染，回风口应有过滤器。回风口一般最低应安装中效过滤器，宜安装超低阻高中效过滤器，每次生产结束后可清洁回风口上过滤器，并设定更换周期。

采用下侧回风时，回风口上边离地宜不超过500mm，下边离地宜不小于100mm。

为减少尘粒在格栅上积聚，回风口格栅应为竖条。

回风管上应按设计要求设防火阀。

五、洁净室的气流组织设计

单向流：指空气朝同一个方向，以稳定均匀的方式和足够的速率流动，如图2-2所示。单向流能持续清除关键操作区域的颗粒。风速应在（1±20%）×4.5m/s。

非单向流：凡不符合单向流定义的气流形。通过送入干净的风，与室内空气混合，稀释悬浮粒子和微生物，通过回风口、回风管进入组合空调机组再次过滤除去，并调温调湿，或通过排风装置排到环境，并应在排风口上装过滤装置和防止空气倒流的装置。

气流流型的设计应符合下列要求：气流流型应满足空气洁净度等级的要求。空气洁净度 A 级时，气流应采用单向流流型；空气洁净度为 B、C、D 级时，气流应采用非单项流流型，非单项流气流流型应减少涡流区。

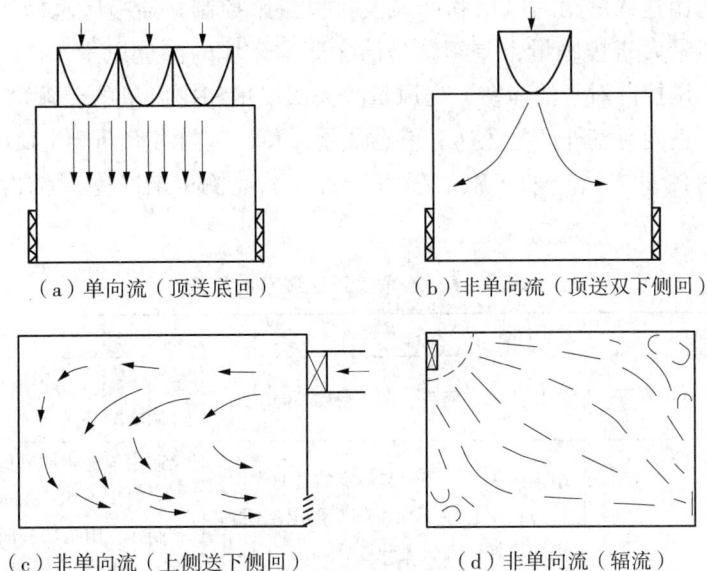

（a）单向流（顶送底回）   （b）非单向流（顶送双下侧回）

（c）非单向流（上侧送下侧回）   （d）非单向流（辐流）

图 2-2 洁净室的气流组织

六、压差设计

GMP 第四十八条规定："洁净区与非洁净区之间、不同等级洁净区之间的压差应不低于 10Pa。必要时，相同洁净度级别的不同功能区域（操作间）之间应保持适当的压差梯度。"

为避免污染或交叉污染，同一空气等级区域内的各洁净室之间常须维持一定的压差，一般可控制为 5Pa。

正压具有以下作用：①在门窗关闭的情况下，防止洁净室外的污染物由缝隙渗入洁净室；②在门开启的瞬间，保证有足够的气流向外流动，减少门开启或人进入的瞬间带来的干扰气流；③保证洁净区域内合理、有序的气流流向与流量。

下列医药洁净室（区）应设置指示压差的装置：

1. 不同空气洁净度等级的洁净室（区）之间。

2. 无菌洁净室与非无菌洁净室之间。

3. 按规定，须保持相对负压的房间

4. 人员净化室和物料净化室的气闸室。

下列医药洁净室（区）应与相邻医药洁净室（区）保持相对负压：

1. 生产过程中散发粉尘的医药洁净室（区）。

2. 生产过程中使用有机溶媒的医院洁净室（区）。

3. 生产过程中产生大量有害物质、热湿气体和异味的医药洁净室（区）。

4. 青霉素等特殊药品的精制、干燥、包装室及其制剂产品的分装室。

5. 病原体操作区。

6. 放射性药品生产区。

房间的压力由送入房间的风量和回风及排风量来控制。洁净区总体压差是由新风量控制的，当新风量大于排风量，差额就是洁净区向环境的渗透风量，产生正压。新风量可通过新风阀来调控。对于洁净室，送风量减去回风量和排风量的差额部分即渗透风量：渗透风量为正，室内对室外产生正压；渗透风量为负，室内对室外产生负压。

可采用两种测量方法，来实施洁净室压力关系监测：洁净室对洁净室；洁净室对公共参考点。

表2-4 洁净室正压调节的措施

名　称	特　点	备　注
回风口或支风管上装调节阀	结构简单，经济，调节精度不高	适用于各种洁净室，最好用对开式多叶调节阀
回风口上装空气阻尼层	结构简单，经济，起一定的过滤作用，室内正压有些变化，随着阻尼层阻力逐渐增加而有所上升	仅适用于走廊或套间回风方式；阻尼层一般用厚5～8mm泡沫塑料或无纺布制作；阻尼层一般1～2个月清洗一次，以维持室内正压
余压阀	灵敏度较高，安装简单，长期使用后关闭不严	当余压阀全关闭时室内正压仍低于预定值，则无法控制。一般设在洁净室下风侧的墙上
差压式电动风量调节阀	灵敏度高，可靠性强，设备较复杂，主要用于控制回风阀和排风阀。须与自控系统配合，造价较高，系统调试较难	当正压低于或高于预定值时，可自动调节回风阀或排风阀，使室内正压保持稳定

七、洁净室的温度、湿度设计

生产工艺对温度和湿度无特殊要求时，空气洁净度为A级和B级的洁净区（室）温度应为20℃～24℃，相对湿度应为45%～60%；空气洁净度为C级和D级的洁净区（室）温度应为18℃～26℃，相对湿度应为45%～65%。生产工艺对温度和湿度有特殊要求时，应根据工艺要求确定。

人员净化及生活用室的温度，冬季应为16℃～20℃，夏季为26℃～30℃。

采用表冷段中安装表冷器对空气降温，降温幅度与冷却盘管中冷却水进水温度、流量有关，冷却盘管表面附着的灰尘、内部的水垢会阻碍热交换，须定期清洁清洗。采用电加热或蒸气加热方式对空气升温。

可采用冷却盘管、除湿机、加湿器等进行空气的湿度处理。

对于低湿度洁净室（如粉剂生产），应考虑应用除湿机。由于投资和运行费较高，故常在露点温度低于5℃时才使用。

当洁净室有相对湿度要求时，夏季的室外空气应先经过冷却器冷却后再经再加热器等湿加热，用以调节相对湿度。

为了防止水分吸收，裸露的粉剂产品可能要求相对湿度低于40%。须注意，当相对湿度过低（20%～30%），则操作人员咽喉和眼睛会感觉不适。

如须控制室内静电，则应在寒冷或干燥气候条件下考虑增湿。

任务二　洁净室的基本围护结构

一、洁净室围护结构总原则

洁净区的内表面（墙壁、地面、天棚）应当平整光滑、接口严密，无裂缝，无颗粒物脱落，避免积尘，便于有效清洁，并应耐清洗消毒。

医药洁净室（区）内的色彩宜淡雅柔和。医药洁净室（区）内各表面材料的光反射系数，顶棚和墙面宜为0.6～0.8，地面宜为0.15～0.35。

二、对装饰材料的总要求

洁净室的建筑装饰材料除应满足隔热、隔声、防振、防虫、防腐、防火、防静电、防潮等要求外，还应保证洁净室的气密性能和装饰表面不产尘、不吸尘、不积尘，并应易清洁。对装饰材料还要求表面光滑、耐磨、耐腐蚀，易加工、价格合理。

医药工业洁净厂房的建筑围护界区和室内装修应选用气密性能良好，且在温度和湿度变化的作用下变形小的材料。

三、洁净室围护结构——墙板

洁净室内墙壁和顶棚的表面应平整、光洁、接口严密，无裂缝，无颗粒物脱落，并应耐清洗和耐酸碱。墙壁和地面、吊顶结合处宜作成弧形，踢脚不宜高出墙面。采用轻质材料融断时，应采用防碰撞措施。转角处可用弧形材料或密封材料处理。

地面与墙面的夹角应为曲率半径 R 不小于30mm的圆角。采用型材过渡形成圆角时，突出墙面、地面的两端处应用弹性材料逐渐过渡并嵌固密封。经常用液体处理地面和墙面的洁净室不宜采用此种形式（图2-3）。

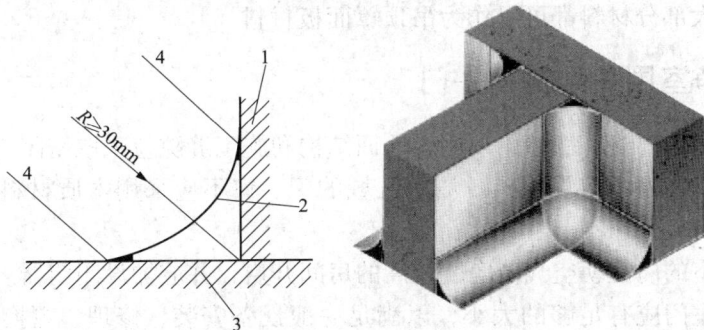

图2-3　型材过渡墙角的圆弧处理

（1. 墙体；2. 型材墙角；3. 地面；4. 密封嵌固材料）

洁净室内墙面阳角宜做成圆角或大于等于120°的钝角。

墙面应采用耐腐蚀、耐清洗、表面光滑和不易生霉的材料。现大量采用装配式壁板，壁板由面材和芯材组成。面材有铝合金板、不锈钢板、彩钢板；芯材有聚氨酯泡沫、无机质蜂窝、岩棉、夹聚苯乙烯板、铝蜂窝板等，见表2-5。

表2-5 墙面芯材比较

芯材材料	防火性能	保温性能	承重能力	表面平整度	其他
铝蜂窝	好	差	强	好	质轻
无机质蜂窝	好	差	强	好	质轻
岩棉	好	好	差	差	质量大，产尘，不易填充密实
聚苯乙烯	差，需阻燃剂	好	较强	较好	质轻
聚氨酯	差，需阻燃剂	好	较强	好	质轻，填充密实

装配式金属夹心板的钢板名义厚度不应小于0.5mm，与整体充填材料粘贴牢固、无空鼓、脱层和断裂。金属夹心板墙面的内部充填材料应使用难燃或不燃材料。金属夹心板安装前应严格划线、编号，墙角应垂直交接。安装过程中不得剥离金属夹心板表面保护膜，不得撞击板面。金属夹芯板需中性密封胶密封缝隙。金属夹心板不宜在现场开洞。板上各类洞口应切割方正、边缘整齐，对其中的填充材料的切割边缘应用密封胶均匀镶嵌密封。

四、洁净室围护结构——顶板

医药洁净室（区）的顶棚和壁板（包括夹芯材料）应采用非燃烧体，且不得采用燃烧时产生有害物质的有机复合材料。顶棚的耐火极限不应低于0.4小时，壁板的耐火极限不应低于0.5小时，疏散走道的顶棚和壁板的耐火极限不应低于1.0小时。

医药洁净室内墙面与顶棚采用涂料面层时，应选用不易燃、不开裂、耐腐蚀、耐清洗、表面光滑、不易吸水变质、生霉的材料。

墙面用的大部分材料都可以作为吊顶罩面板材料。

五、洁净室围护结构——门

医药洁净室内门窗、墙壁、顶棚、地面结构和施工缝隙应采取密闭措施。

医药洁净室门框不应设门槛。洁净区域的门、窗不应采用木质材料，以免生霉生菌或变形。

医药洁净室的门宜朝空气洁净度较高的房间开启，并应加设闭门器。

医药洁净室门应有足够的大小，以满足一般设备安装、修理、更换的需要及运输车辆的安全要求。

无窗洁净室的门上宜设置观察窗。

安全疏散门如设有关闭件，应安在方便打开的明显位置。安全门如为须临时破开的结构，破门工具必须设于明显位置，并应牢靠放置，且取用方便。

门的把手要光滑，易于清洁。在接触污染的地方，应考虑用推板或自动开门装置。

六、洁净室围护结构——窗

医药洁净室外墙上的窗应具有良好的气密性能，能防止空气的渗漏和水汽的结露。

医药洁净室的窗与内墙面宜平齐，不宜设置窗台。如有窗台时宜呈斜角，以防积灰并便于清洗。

无菌洁净室的窗应采用双层玻璃。

医药洁净室（区）和人员净化用室设置外窗时，应采用气密性能好的中空玻璃固定窗。

七、洁净室围护结构——地面

洁净室的地面应平整，耐磨、耐撞击，不易积聚静电，易除尘清洗。地面垫层应配筋，潮湿地区应做防潮处理。

对地面的一般要求有以下几点：耐磨、耐酸碱侵蚀、防静电、防滑、可无接缝加工、易清扫。

1. 水磨石地面　特点：光滑，不易起尘，整体性好，可冲洗，防静电，无弹性。

2. 涂料地面

（1）总特点　具有水磨石优点，耐磨，密封性能好，有弹性，施工复杂，不耐重物搬运。

（2）材料　在环氧树脂、聚氨酯树脂、聚酯树脂中加入颜料，硬化剂而成。施工时，一般设计成洁净级别越高区域的颜色越淡。

3. 卷材板材地面

（1）总特点　光滑，耐磨，略有弹性，不易起尘，易清洗，施工简单，易产生静电，受紫外灯照射易老化，与混凝土基层伸缩不同，大面积时可能起壳。

（2）材料　均为以聚氯乙烯树脂为主体的塑料，多数由聚氯乙烯的表层和配有无机填料的里层构成

4. 耐酸瓷板地面

（1）总特点　耐腐蚀，质脆经不起冲击，施工较复杂，造价高，裂缝处易受污染，适用于有耐腐要求的区域。

（2）材料　瓷板加耐酸胶泥贴砌。

5. 玻璃钢地面

（1）总特点　耐腐蚀，整体性好，膨胀系数与基地不同，宜小面积使用，并用耐火品种。

（2）材料　玻璃钢。

项目二 空调净化机组

任务一 空调净化机组基本组成

一、新风段

新风段与新风管道、新风口相连，应在新风管上装新风阀，以根据需要调控新风量。应在新风口上装格栅设施或防鸟网；新风口设置高度应离地不少于2.5m，新风口水平方向应离排风口10m以上，垂直方向在排风口2m以下。屋顶上的新风口应高出屋顶1m以上。新风口应直接对室外，不能开口于机房内、顶棚内或走廊内。为减少杂物吸入量，新风口风速不应大于5m/s，以3~4m/s为宜。新风口应有防雨措施，如安装挡雨棚或新风管向下倾斜一定角度，以防止雨水进入净化空调机组。为避免污染，应在新风段或新风管上装预过滤装置。

二、新风回风混合段

为新风与车间回风混合的空间，主要完成空气的导入工作，并可以调节新风和回风的比例。

三、粗效段

滤除大于等于5μm的尘粒和各种异物。一般为涤纶无纺布（毡）做的平板式或袋式滤过器。每个过滤段都应安装阻力监测装置（如压差计），以决定何时更换过滤器。如能采用压差自动警报装置提醒更好。

每天记录压差值（阻力），当终阻力达到初阻力两倍值时或过滤网达到规定使用时间后须对过滤网进行清洗或更换。

四、表冷段

表冷段中装有表冷器（图2-4），通过里面流动的冷冻水（冷水机组提供）把流经管外换热翅片的空气冷却，风机将降温后的空气送到洁净区域，冷冻水从表冷器的回水管道将所吸收的热量带回冷

图2-4 表冷器

水机组，放出热量、降温后再送回表冷器吸热、冷却流经的空气，不断循环。

主要用来降低空气的温度。当空气温度降低时，空气中含有的水气部分冷凝成水，因此兼有除湿作用。

表冷段在组合式空调机组的负压段时，凝结水排放管应安装水封（U型），水封的高度应符合要求。

五、加热段

加热可采用工业蒸气加热或电加热。

蒸气加热采用蒸气盘管，盘管可采用不锈钢管、铜管绕钢片等。蒸气采用上进下出盘管，蒸气凝结水出水口应安装疏水阀。蒸气管路上应安装阀门调节蒸气流量。

电加热元件固定在框架上，可采用PTC加热条或翅片式加热管。电加热器必须在通风情况下才能通电使用，电加热装置应与送风机连锁，并应设置无风和超温断电保护。安装时电加热器外壳必须接地，以避免因漏电导致触电事故。使用时定期清除加热器上的污垢。

六、风机段

风机（图2-5）段为空气流动的动力段，为调控风量风速，风机宜采用变频控制，无级可调速。风机与电机安装在一个共同底座上，并采用弹簧减震器减震。风机与箱体柔性连接。风机主要使用离心风机，按驱动形式可以分成两类：皮带轮驱动式、直联式。

图2-5 风机

风机变频控制具有下列优点：能适应空调系统的阻力变化，可使系统风量恒定、房间压力稳定；可满足值班送风要求；风机启动平稳；节能等。

七、消毒段

对空气的消毒可采用多种方法，如甲醛、过氧乙酸、环氧乙烷等化学试剂熏蒸，臭氧因其高效、环保、广谱、经济、操作简单等特点而广泛应用。将臭氧发生器装在消毒段，HVAC 系统循环风将其送入洁净区，扩散分布至整个区域。臭氧易分解难于储存，须现制现用。

据《消毒技术规范》：采用 20mg/m³ 浓度的臭氧，作用 30min，对自然菌的杀灭率达到 90% 以上。所以，臭氧对空气中的微生物杀灭作用明显。

须验证臭氧消毒效果，消毒过程中每间隔一定时间测试洁净区关键区域及换气次数少的洁净室，以臭氧浓度达到 20mg/m³ 要求开始计时，维持此浓度至少 30min。消毒程序结束后可根据情况检测浮游菌、沉降菌、表面微生物以确定消毒效果。

臭氧对人体有害。使用臭氧消毒空气时须关闭洁净区排风装置，且洁净区无人条件下进行，消毒后至少过 30min 才能进入（国家规定大气中臭氧允许浓度为 0.2mg/m³）。

温度对臭氧的衰减速度影响极大，多种因素，如温度、相对湿度等可影响臭氧的杀菌效果，应加以控制。

臭氧为强氧化剂，浓度越高作用越强，加速洁净区部分材料老化，应加以注意。

八、中效段

滤过 1μm 以上的尘粒一般由中细孔泡沫塑料、涤纶无纺布（毡）及细玻璃纤维等制成。中效过滤段和粗效过滤段一样也应安装压差计。

九、加湿段

根据加湿方式，加湿器（图 2-6）可分为三类，即：①蒸汽加湿式，喷干蒸气、电热式、电极式、PTC 蒸气发生器；②喷雾蒸发式：喷淋式、高压喷雾式、超声波式、湿膜蒸发式；③远红外式。

加湿时湿气来源宜采用纯蒸气或纯化水。喷雾蒸发式加湿有滋生细菌的条件，一般不采用。采用电热式、电极式、PTC 蒸汽发生器加湿时，设备应有缺水断电及报警功能。

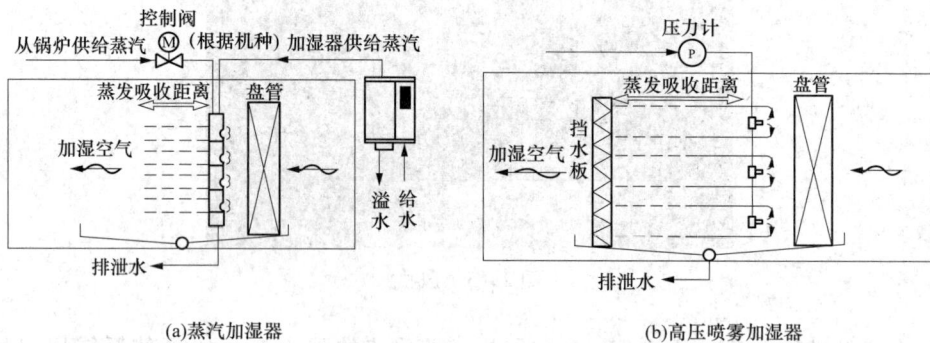

图 2-6　各种加湿器示意图

十、消声段

净化空调系统噪声超过允许值时，应采用隔声、消声、隔震等措施，消声设施不得影响洁净室净化条件。一般使用阻性片式消声器，微穿孔片式消声器。

十一、除湿段

空气除湿的原理和方法有：升温降湿、冷却除湿，吸附除湿三类。当产品或工艺要求洁净区为低湿度，且表冷段冷却除湿及加热段升温降湿都无法达到其要求时，应安装转轮除湿机（图2-7）吸附除湿。

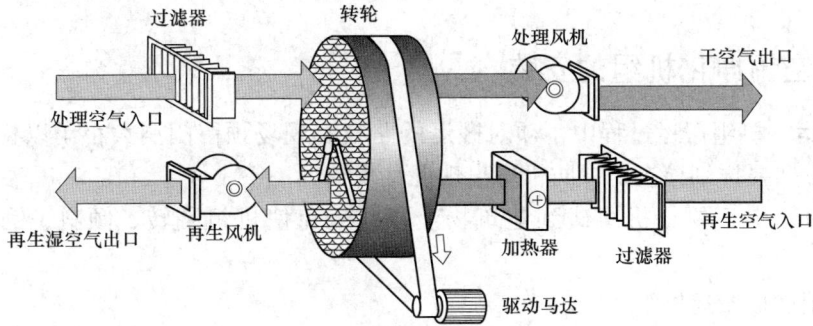

图2-7　转轮除湿机

十二、组合式空调机组构件——门

所有的空气处理单元（如盘管、过滤器、风机、加湿器等）都应安装检修门，检修门应足够宽，允许操作人员进行清洁和检查。所有盘管都应在每个面（上下端面）安装一个检修门。门一般应朝压力高的方向开启，正压密封。门应该是双垫片挤压设计，所有的门都应防撞、防污，且视孔清晰（如聚碳酸酯玻璃）。为安全起见，所有的门都须在空气处理单元内部有门把手，内部门把手可防止工作人员被困在空气处理单元内部。

十三、组合式空调机组构件——风管

风管应选用表面不易起尘、不易积尘和便于清扫的金属材料制造，咬口缝均应胶封。

表2-6　风管材料及特点

材料	特点
冷轧钢板	价格低，容易腐蚀
镀锌钢板	耐腐蚀性能好，在加工中镀锌皮容易脱落，油漆附着力差
铝合金板	不起尘，价格高
不锈钢板	不起尘、耐腐蚀、价格高

风管应有足够内径，控制风速在以下范围：总管风速在7~9m/s，无风口支管或干管风速在5~7m/s，有风口支管或干管风速在3~5m/s。

风管法兰之间均应有密封垫，密封垫材料宜为闭孔海绵橡胶，严禁采用含开孔孔隙和易产尘、易老化的材料。厚度不应小于5mm。密封垫上不得有涂料。

风管应严密包裹保温材料，内外壁不得结露。

风管上应按要求设防火阀。

风管与设备应柔性连接。

任务二 空调净化机组的安装、使用及维护

一、空调净化机组的安装

1. 搬运 机组搬运过程中，须对搬运的路线和现场预留门洞大小予以检查，搬入的顺序和方向要详细检查，以防机房出现混乱现象。

搬入过程中不要让机组碰到建筑物上，并避免使机组翻转、倾斜、倒立等情况出现。

避免用撬棍搬运机组

吊装机组时，需在有吊装标识的位置起吊。起吊前需检查机组有无松动，并注意吊绳的角度，以防止危险。

2. 安装 机组须安装在水平的混凝土基础或槽钢基础上，为防止地面潮湿，安装基础应高于地面一定高度。基础的四周应留有地沟、地漏，方便冷凝水及其他污水排放。

机组四周应留出足够的空间，以便机组安装、操作、维修、保养等。

机组应严格按图纸安装。

安装时应留有可供各功能段检修的空间。

机组不得承受外接管道和风管的重量。

空调机组与外风管间应柔性连接，以避免振动的传递。

机组箱板之间必须紧密连接。如有密封橡胶条，则必须压紧，以防漏风。

空气过滤器应在机组其他部件安装完毕后再安装。

机组安装时应及时清除机组内杂物，用压缩空气或毛刷仔细吹刷盘管翅片上的灰尘。

机组的冷凝水管必须安装水封，水封的高度应符合要求。

蒸汽盘管应接驳疏水器。

机组内照明电压应为36V。

二、空调净化机组的使用及维护

（一）组合式空调机组运行程序

1. 净化空调机组安装、调试和检修维护后，投入生产运转前，应按以下程序进行检查。

（1）清除机组各功能段内、风管内的杂物；

（2）检查机组内各部连接得是否紧固；

（3）检查机组所需水、电、蒸气、压缩空气是否符合要求；

（4）检查冷却塔、膨胀水箱水位高度是否符合要求；

（5）排尽水泵及表冷器内气体；

（6）用毛刷清扫或压缩空气吹扫表冷器上尘埃，以防影响换热效果；

（7）用手转动风机皮带轮，看叶轮是否碰撞风机壳，是否灵活转动；

（8）点动风机，看风机转向是否正确。

2. 开机

（1）将新风阀、总送风阀、总回风阀开启至合适角度；

（2）开启电源开关，将风机变频器频率缓慢调节至规定频率，风机启动；

（3）根据新风温湿度及回风温湿度情况开启冷水机组或（和）加热器；

（4）冷水机组开启关闭程序　①冷水机组开启：a. 在风机启动状态下，开启冷冻水循环泵；b. 启动冷却塔风机，再开启冷却水循环泵；c. 开启模块化冷水机组，冷水机组根据情况自动调整输出功率。②冷水机组关机：a. 关闭模块化冷水机组；b. 半小时后关闭冷冻水循环泵；c. 关闭冷却水循环泵、再关闭冷却塔风机。

（5）电加热器开启关闭程序　①在风机启动状态下，开启电加热器；②关闭电加热器。

（6）臭氧发生器开启关闭程序　①根据情况确定消毒频率；②消毒前，与车间负责人确认生产结束、中间品已密闭保存、人员已全部离开车间，并确认至下次生产的时间间隔符合要求；③关闭排风阀、调小新风阀，开启臭氧发生器产生臭氧；④臭氧发生器开启规定时间后关闭臭氧发生器。

（7）干蒸气加湿器的开启关闭程序　①根据空气湿度确定是否须开启干蒸气加湿器；②缓慢调整蒸气阀门至合适的加湿量，生产过程中根据情况随时调整蒸气阀门以使湿度符合要求。

3. 关机　在冷水机组和加热器关闭半小时后才可以关闭风机。

4. 注意事项

（1）严禁在风机运行状态下打开组合式空调机组检修门而进入机组内部。

（2）在有可能结冰的地域，表冷器停止使用时应及时排除其内部积水，以防管件冻裂。

（二）运行记录

净化空调系统使用时须对以下设备运行状态及有关参数进行实时显示和记录或超限报警。

1. 室内洁净度的监测。

2. 室内外温湿度。

3. 空调机组送风和回风总管温度、湿度。

4. 表冷段中表冷器进出口的冷冻水温度。

5. 冷却水出回水温度。

6. 蒸气加热段蒸气的压力和温度。

7. 风机、水泵、加湿器、转轮除湿器等设备启停状态。

8. 各级空气过滤器及房间压差检测。

9. 送风风量超限报警。

(三) 维护

1. 表冷器　表冷器在冬季不使用时，应将表冷器内水放空，以防结冰冻裂。每半年用压缩空气吹扫或水冲洗表冷器铝片表面污垢。

每年用化学试剂清洗表冷器内部，除去水垢。

2. 机组风机　每月检查风机传动带松紧情况，及时调整传动带松紧度。

每月为风机、电动机轴承等须润滑部位加注润滑油。

每月检查风机出风口软接头，如破损及时更换。

3. 空气过滤器　初、中效过滤器的终阻力达到初阻力的两倍值时，须清洗更换。洗涤后可重复使用的初、中效过滤器应按套建立档案，并规定每套过滤器最多可清洗使用的次数（如最多可清洗两次，可使用3次）。

可重复使用的空气过滤器拆卸后应及时清洗，清洗时如破损应更换，并填写过滤器清洗更换记录。清洗时应用中性洗涤剂配成清洗液，轻柔洗涤，饮用水漂净，挤压脱水后晾干。初、中效过滤器应分开清洗，分类存放并做好标识，长期储存的初、中效过滤器应定期晾晒，以防发霉。

4. 对机组内外易锈蚀金属件应每年除锈后做防锈处理，如表冷段和加湿段箱框底部。

5. 定期对箱体内外部清扫、擦洗。

项目三　空气净化系统的验证

任务一　相关检测状态与时间段要求设计

一、洁净室（区）测试与监测的周期设计（表2-7）

表2-7　洁净室（区）监测项目和频次

监测项目	监测频次			
	A 级区	B 级区	C 级区	D 级区
温度、湿度	2 次/班	2 次/班	2 次/班	2 次/班
风量、风速	动态连续	1 次/周	1 次/月	1 次/季度
压差	2 次/班	2 次/班	2 次/班	2 次/班
悬浮粒子	动态连续	1 次/班	1 次/月	1 次/月
沉降菌	动态连续	1 次/班	1 次/月	1 次/月
浮游菌	1 次/班	1 次/班	1 次/月	1 次/月

在不违反 GMP 及相关规范的前提下，可根据产品及生产工艺等实际情况调整各项目的监测频次。

在监测过程中发生偏离正常状态的情况时应增加监测频率。

二、洁净室（区）各阶段测试要求

各阶段要求如表2-8。

表2-8　测试与验证项目

测试项目	单向流	非单向流	混合型
风量与均匀度	1，2，3	1，2，3	1，2，3
风速与均匀度	1，2，3	OPT	OPT
滤网泄露	1，2	1，2	1，2
洁净度	1，2，3	1，2，3	1，2，3
压力	1，2	1，2，3	1，2，3
平行度	1，2	N/A	OPT（1、2only）
空间泄露	1，2	1，2	1，2
恢复率	N/A	1，2	1，2

续表

测试项目	单向流	非单向流	混合型
粒子沉降测试	1，2，3	1，2，3	1，2，3
照度	1，OPT（2，3）	1，OPT（2，3）	1，OPT（2，3）
噪音	1，2，3	1，2，3	1，2，3
温度、湿度	1，2，3 OPT	1，2，3 OPT	1，2，3 OPT
振动	OPT	OPT	OPT

测试的顺序没有硬性规定。

1. 测试适用于 As – built 状态；

2. 测试适用于 At – rest 状态；

3. 测试适用于 Operational 状态；

N/A：代表该测试在该状态下"不适用"；

OPT：代表该测试在该状态下为"选择性测试"，可以视需求而定。

风量测试（使用气罩）适用任何状态，因为不易受干扰。风速测试在非单向流无尘室不推荐，因为容易受干扰。

空态（As – built）：设施已经建成，所以动力接通并运行，但无生产设备、材料及人员。

静态（At – rest）：设施已经建成，生产设备已经安装，并按业主及供应商同意的状态运行，但无生产人员。

动态（Operational）：设施以规定的状态运行，有规定的人员在场，并在商定的状态下进行工作。

测试的项目选择，依重要作用分成三级。

第一级（Level 1）为主要的测试，与洁净度直接相关：

A. 风速测量；

B. 风量测量；

C. 前两项的均匀度分析；

D. 滤网泄露测试；

E. 洁净度测试；

F. 压力测试。

第二级（Level 2）与洁净度和气流有关，但只在特殊情况下才须进行：

A. 气流平行度测量（只适用单项流型无尘室）；

B. 空间泄露测试（几乎已被压差测试取代）；

C. 恢复率测试（依建议只适用乱流型无尘室）；

D. 粒子沉降测试（近年来已经很少采用）。

第三级（Level 3）与气流无关，都属于环境因素：

A. 照度与其均匀度；

B. 噪音测试；

C. 振动测试；

D. 温湿度测试。

任务二　风管的漏风与漏光测试

一、风管的漏光测试

风管的漏光测试可按《通风与空调工程施工质量验收规范》GB 50243 – 2002 附录A 漏光法检测与漏风量测试（表 2 – 9）。

1. 漏光法检测是利用光线对小孔的强穿透力，对系统风管严密程度进行检测的方法。

2. 检测应采用具有一定强度的安全光源。手持移动光源可采用不低于 100W 带保护罩的低压照明灯，或其他低压光源。

3. 系统风管漏光检测时，光源可置于风管内侧或外侧，但其相对侧应为暗黑环境。检测光源应沿着被检测接口部位与接缝作缓慢移动，在另一侧进行观察，发现有光线射出，则说明查到明显漏风处，并应记录。

4. 对系统风管的检测宜采用分段检测、汇总分析的方法。在严格安装质量管理的基础上，系统风管的检测以总管和干管为主。采用漏光法检测系统的严密性能时，低压系统风管以每 10m 接缝，漏光点不大于两处，且 100m 接缝平均不大于 16 处为合格；中压系统风管每 10m 接缝，漏光点不大于一处，且 100m 接缝平均不大于 8 处为合格。

5. 漏光检测中对发现的条缝形漏光应密封处理。

二、风管的漏风测试

风管的漏风测试可按《通风与空调工程施工质量验收规范》GB 50243 – 2002 附录A 漏光法检测与漏风量测试。

测试原理：在风管系统在密闭的状态下，利用专用的漏风量测试装置的风机不断向密闭的风管注入风量，风管内压力上升。调整进入系统的风量，使压力达到预定值，并稳定不变，这时风机送入的风量在该压力下正好等于系统的漏风量。通过测试装置的流量计读出注入系统的风量，就得出系统在某个试验压力下的漏风量，总漏风量除以被测试风管面积，得被测试风管的单位面积漏风量，与允许值比较，得知被测试风管漏风量是否合格。漏风量测试装置可采用风管式或风室式。

1. 正压或负压系统风管与设备的漏风量测试分正压试验和负压试验两类。一般可采用正压条件下的测试来检验。

2. 系统漏风量测试可以整体或分段进行。测试时，被测系统的所有开口均应封闭，不应漏风。

3. 被测系统的漏风量超过设计和规范的规定时，应查出漏风部位（可用听、摸、观察、水或烟检漏），并标记；修补完工后重新测试，直至合格。

4. 漏风量测定值一般应为规定测试压力下的实测数值。在特殊条件下，也可采用

相近或大于规定压力下的测试代替，其漏风量按

$$Q_0 = Q \ (P_0/P)^{0.65}$$

换算。式中，P_0 规定试验压力，Pa；

Q_0 为规定试验压力下的漏风量，$m^3/(h \cdot m^2)$；

P 为风管工作压力，Pa；

Q 为工作压力下的漏风量，$m^3/(h \cdot m^2)$。

表 2 - 9　风管漏光、漏风量测试记录

单位工程名称								
系统工程名称								
安装单位				项目经理（负责人）				
施工执行标准名称及编号								
风管材质		光源强度（W）				工作压力/Pa		
试验项目		漏光测试				漏风量测试		
测试内容 试验部位	接缝总长度(m)	每10m漏光点		每100m漏光点		风管表面积 m²	试验压力 Pa	允许漏风量 m³/(h·m²)	实测漏风量 m³/(h·m²)
		允许值处	实测值处	允许值处	实测值处			
安装单位检查评定结果	专业工长（施工员）：					测试人员：		
	项目专业质量检查员：　　　　　年　月　日							
监理（建设）单位验收结论	专业监理工程师： （建设单位项目专业技术负责人）：　　　年　月　日							

任务三　高效过滤器检漏测试

一、高效过滤器的安装密封设计

1. 接触填料密封　密封用填料有固体密封垫和液体密封胶，固体密封垫一般采用螺栓机械压紧，液体密封胶采用填充和粘附方法密封。

2. 液槽刀口密封　在槽型框架中注入一定高度的密封液体，高效过滤器的刀口插入密封液中，使两侧的空气道路受阻达到密封作用。

3. 负压泄漏密封　利用洁净室相对室外的正压空气泄漏到室外空间，确保洁净室不受污染。

安装高效过滤器的框架应平整。每个高效过滤器（图2-8）的安装框架平整度允许偏差不大于1mm，而且要保持过滤器的外框上箭头和气流方向一致。当其垂直安装时，滤纸折痕应垂直于地面。

高效空气过滤器和框架之间的密封一般采用密封垫、不干胶密封、负压密封、液槽密封和双环密封等方法时，都必须把填料表面、过滤器边框表面和框架表面及液槽擦拭干净。密封垫的厚度不宜超过8mm，压缩率为25%～30%。其接头形式和材质应符合设计要求，框架各接缝处不得有渗漏现象。采用双环密封条时，粘贴密封时不要把环腔上的孔眼堵住。双环密封和负压密封都必须保持负压管道畅通。

目前，国内大多数过滤器安装都是采用密封垫法安装的，因为海绵橡胶板是闭孔型的，具有良好的气密性能，所以一般用它作为作密封材料。如有必要，最好在密封条上均匀打上点玻璃胶。把过滤器和静压箱连接上时，四周受力要均匀。待24小时，玻璃胶干了再运行净化系统。

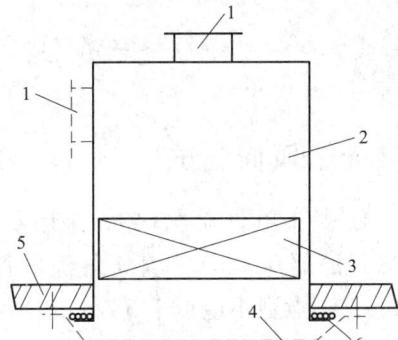

图2-8　高效过滤器安装示意图

1-进风口　2-箱体　3-过滤器
4-扩散板送风口　5-吊顶　6-密封圈

二、高效过滤器检漏

（一）安装前的高效过滤器检漏

高效空气过滤器（HEPA）的检漏方法有计数扫描法、光度计扫描法。

1. 计数扫描法的试验装置及试验过程详见 GB/T 13554-2008《高效空气过滤器》附录 B 计数扫描检漏试验。

2. 光度计扫描法的试验装置及试验过程详见 GB/T 13554-2008《高效空气过滤器》附录 C 光度计扫描检漏试验。

（二）已安装于洁净室的高效空气过滤器检漏

高效空气过滤器现场检漏的试验过程详见 GB 50591-2010《洁净室施工及验收规范》附录 D 高效空气过滤器现场扫描检漏方法。

1. 对已安装好的高效空气过滤器的现场检漏，应采用扫描法在过滤器与安装框架接触面、过滤器边框与滤纸接触面及其全部滤芯出风面上进行。

2. 扫描法可分为光度计法和光学粒子计数器法。检漏应优先选用粒子计数器法。

3. 光度计法可用于最大穿透率大于等于0.001%的过滤器检漏，应采用多分散的检漏气溶胶，光度计法适用于高效过滤器上游大气尘浓度低于4000粒/升，且过滤器上游系统上可以设置检漏气溶胶注入点。

4. 粒子计数器法适用于所有等级的洁净场所过滤器检漏。

5. 常用的气溶胶物质有：DOS（癸二酸二辛酯）、DOP（邻苯二甲酸二辛酯）、矿物油、石蜡油、PSL（聚苯乙烯乳胶球）、大气尘溶胶等。

6. 被检漏过滤器必须已测过风量，在设计风速的80%～120%之间运行。

7. 采用粒子计数器检漏高效过滤器上风侧应引入均匀浓度的大气尘或含其他气溶胶的空气，上风侧的气溶胶浓度与粒径、测试采样量应与过滤器的效率相适应，并符合相关规定。

8. 粒子计数法检漏时将采样口放在离被检过滤器表面 2~3cm 处，宜以 1.5cm/s（2.83L/min）或 2cm/s（28.3L/min）的速度移动，对被检过滤器扫描。上游浓度较大时可提高扫描速度。

任务四　洁净室的性能确认

一、风向测试

1. 对于单向流洁净室，采用室截面平均风速和截面积乘积的方法确定送风量。离高效过滤器 0.3m，垂直于气流的截面作为采样测试截面，截面上测点间距不宜大于0.6m，测点数不应低于 5 个，以所有测点风速读数的算术平均值作为平均风速。

2. 对于非单向流洁净室，采用风口法或风管法确定送风量，方法如下。

（1）风口法是在安装有高效过滤器的风口处，根据风口形状连接辅助风管进行测量，即用镀锌钢板或其他不产尘材料做成与风口形状及内截面相同、长度等于 2 倍风口长边长的直管段连接于风口外部。在辅助风管出口平面上，按最少测点数不少于 6点均匀布置，使用热球式风速仪测定各测点之风速。然后，以求取的风口截面平均风速乘以风口净截面积求取测定风量。

（2）对于风口上风侧有较长的支管段，且已经或可以钻孔时，可以用风管法确定风量。测量断面应位于大于或等于局部阻力部件前 3 倍管径或长边长，且局部阻力部件后 5 倍管径或长边长的部位。

对于矩形风管，将测定截面分割成若干个相等的小截面。每个小截面尽可能接近正方形，边长不应大于 200mm，测点应位于小截面中心，且整个截面上的测点不宜少于 3 个。

对于圆形风管，应根据管径大小将截面划分成若干个面积相同的同心圆环，每个圆环测 4 点。根据管径确定圆环数量，不宜少于 3 个。

二、截面风速测试

1. 洁净室垂直单向流或非单向流应选择距墙或维护结构内表面大于 0.5m，且离地面高度 0.5~1.5m 作为工作区。水平单向流以距送风墙或维护结构内表面 0.5m 处的纵断面为第一工作面。

2. 测定截面的测点数和测定仪器应符合相关规定。

3. 测定风速时应用测定架固定风速仪，以避免人体干扰。不得不用手持风速仪测定时，手臂应伸至最长位置，尽量使人体远离测头。

4. 室内气流流形的测定宜采用发烟或悬挂丝线的方法，进行观察测量与记录。然后，标在记录的送风平面的气流流形图上。一般每台过滤器至少对应一个观察点。

风速的不均匀度 β_0 按下列公式计算，一般 β_0 值不应大于 0.25：

$$\beta_0 = s/v$$

式中，v 为各测定风速的平均值；s 为标准差。

三、气流组织测试

（一）气流流型的检测

1. 布置测点

（1）垂直单向流洁净室选择纵剖面、横剖面各一个，以及距地面高度 0.8m、1.5m 的水平面各一个；水平单向流洁净室选择纵剖面和工作区高度水平面各一个，以及距送风、回风墙面 0.5m 和房间中心处等 3 个横剖面，所有面上的测点间距均为 0.2 ~ 1m。

（2）乱流洁净室选择通过典型的送风口中心的纵剖面、横剖面和工作区高度的水平面各一个，剖面上的测点间距为 0.2 ~ 0.5m，水平面上测点间距为 0.5 ~ 1m。两个风口之间的中线上应有测点。

2. 测定方法　用发烟器或悬挂单丝线的方法逐点观察和记录气流流向，并可用量角器量出角度，发烟源可用超声波雾化的去离子水、喷射方法生成的乙醇或正二醇、固态二氧化碳（干冰）等，在高强度光源下示踪。在确保对人和物无损害时可以四氯化钛作示踪粒子。

（二）气流流向的检测

1. 检测一个区域的定向流流向时，应在该区域头尾之间分段立杆，杆上不同高度挂有单丝线，或者发烟，按照测定气流流型同样的方法，观测定向流流向并记录。也可分段接力发烟，目测绘制或摄影、摄像。

2. 测一个洁净室的定向流流向时，应在该室门口至排（回）风口之间设立测杆，方法同上。

（三）流线平行的检测

1. 用单丝线观测送风平面的气流流向，每台过滤器对应一个观察点。

2. 用量角器测定气流流向偏离规定方向的角度，避免人为干扰。

四、自净时间测试

1. 自净时间测定应在洁净室通过与室外相通，并停止运行 24 小时以上，室内含尘浓度已接近大气尘浓度 70% 以上时进行。若要求快速测定，可当时发烟。

2. 若以大气尘浓度为基准，则在符合自净时间测定的条件后，应先测出洁净度室内浓度，立即开机运行，定时读数直到浓度稳定达到最低限度为止，这一段时间为自净时间。若以人工尘为基准，则应将发烟器放在离地面 1.8m 以上的室中心点发烟 1 ~ 2min 即停止，待 1min，在工作区平面的中心点测定含尘浓度，然后开机。

3. 由测得的开机前原始浓度或发烟停止后 1min 的污染浓度（N_0）、室内达到稳定时的浓度（N）和实际换气次数（n）查图（GB 50591 - 2010 洁净室施工和验收规范 E.11.3），得到计算自净时间，再和实测自净时间进行对比。

五、静压差测试

1. 静压差的测定应在所有房间的门关闭时进行，有排风时，应在最大排风量条件下进行，并宜从平面上最里面的房间依次向外测定相邻相通房间的压差，直至测出洁净区与非洁净区、室外环境（或向室外开口的房间）之间的压差。

2. 对于洁净度5级或优于5级的单向流洁净室，还应测定在门开启状态下离门口0.6m处的室内侧工作面高度的粒子数。

3. 有不可关闭的开口与邻室相通的洁净室，还应测定开口处的流速和流向。

4. 采用微压差计时，灵敏度不应低于2.0Pa。

六、温度与湿度测试

1. 根据温度和相对湿度波动范围，应选择相应具有足够精度的仪表进行测定，每次测定间隔不应大于30min。

2. 室内测点布置

（1）送回风口处；

（2）恒温工作区典型的地点（如沿着工艺设备周围布置或等距离布置）；

（3）没有恒温要求的洁净室中心；

（4）测点一般应布置在距外墙表面大于0.5m，且离地面0.8m的同一高度上，也可以根据恒温区的大小分别布置在离地不同高度的几个平面上。

3. 测点数应符合表2-10的规定。

表2-10　温、湿度测点数

波动范围	室面积不大于50m^2	每增加20~50m^2
$\Delta t = \pm 0.5℃ \sim \pm 2℃$	5个	增加3~5个
$\Delta RH = \pm 5\% \sim \pm 10\%$		
$\Delta RH \leqslant \pm 5\%$	点间距不应大于2m，点数不应少于5个	

4. 有恒温恒湿要求的洁净室。室温波动范围按各测点的各次温度中偏差控制点温度的最大值占测点总数的百分比整理成累积统计曲线。如90%以上测点偏差值在室温波动范围内为符合设计要求。反之，不合格。

区域温度以各测点中最低的一次测试温度为基准，各测点平均温度与超偏差值的点数占测点总数的百分比整理成累计统计曲线，90%以上测点所达到的偏差值为区域温差，应符合设计要求。相对温度波动范围可按室温波动范围的规定执行。

七、照度测试

1. 室内照度的检测应为测定除局部照明之外的一般照明的照度。

2. 室内照度的检测可采用便携式照度计，照度计的最小刻度不应大于2Lx。

3. 室内照度必须在室温趋于稳定之后进行。荧光灯已有100小时以上的使用期，检测前已点15min以上；白炽灯已有10小时以上的使用期，检测前已点5min以上。

4. 测点距地面高 0.8m，按 1 ~ 2m 间距布点。30m² 以内的房间测点距墙面 0.5m；超过 30m² 的房间，测点距墙面 1m。

八、噪声测试

1. 一般情况下可只检测 A 声级的噪声，必要时可采用带倍频程分析仪的声级仪，按中心频率 63Hz、125Hz、250Hz、500Hz、1000Hz、2000Hz、4000Hz、8000Hz 的倍频程检测，测点附件 1m 内不应有反射物。声级计的最小刻度不宜低于 0.2dB（A）。

2. 测点距地面高 1.1m。面积在 15m² 以下的洁净室可只测室中心一点，15m² 以上的洁净室除中心一点外，应再测对角四点，距侧墙各 1m，测点朝向各角。

3. 为混合流洁净室时，应分别测定单向流区域、非单向流区域的噪声。

4. 有条件时，宜测定空调净化系统停止运行后的本底噪声。室内噪声与本底噪声相差小于 10dB（A）时，应对测点值进行修正：相差（6 ~ 9）dB（A）时减 1dB（A），相差（4 ~ 5）dB（A）时减 2dB（A），相差 3dB（A）时减 3dB（A），相差小于 3dB（A）时测定值无效。

九、洁净度级别验证

（一）微生物检测

1. 微生物检测方法有空气悬浮微生物法和沉降微生物法两种，采样后的基片（或平皿）经恒温箱内 37℃、48 小时的培养生成菌落后进行计数。使用的采样器皿和培养液须进行消毒灭菌处理。采样点可均匀布置或取典型的地域布置。

2. 悬浮微生物法应采用离心式、狭缝式和针孔式等碰击式采样器，采样时间应根据空气中微生物浓度来决定，采样点数可与测定空气洁净度测点数相同。各种采样器应按仪器说明书规定的方法使用。

沉降微生物法应采用直径为 90mm 培养皿，在采样点上沉降 30min 后进行采用，培养皿最少采样数应符合表 2 – 11 的规定。

3. 制药厂洁净室（包括生物洁净室）室内浮游菌和沉降菌测试也可采用按协议确定的采样方案。

表 2 – 11　最少培养皿数

空气洁净度级别	培养皿数
< 5	44
5	14
6	5
≥7	2

4. 用培养皿测定沉降菌，用碰撞式采样器或过滤采样器测定浮游菌，还应遵守以下规定。

（1）采用装置采样前的准备及采样后的处理均应在设有高效空气过滤器排风的负压实验室进行操作，该实验室的温度应为 22℃ ±2℃，相对湿度应为 50% ±10%。

（2）采样仪器应消毒灭菌。

（3）采样器选择应审核其精度和效率，并有合格证书。

（4）采样装置的排气不应污染洁净室。

（5）沉降皿个数及采样点、培养基及培养温度、培养时间应按有关规范的规定执行。

（6）浮游菌采样器的采用率宜大于100L/min。

（7）碰撞培养皿的空气速度应小于20m/s。

（二）尘埃粒子的检测

1. 空气洁净度等级的检测应在设计指定的占用状态（空态、静态、动态）下进行。

2. 检测仪器的选用：应使用采样速率大于1L/min的光学粒子计数器，在仪器选用时应考虑粒径鉴别能力、粒子浓度适用范围和计数效率。仪表应有有效的标定合格证书。

3. 采样点的规定

（1）最低限度的采样点数NL见表2-12。

表2-12　最低限度的采用点数NL表

测点数NL	2	3	4	5	6	7	8	9	10
洁净区面积/A（m²）	2.1～6.0	6.1～12.0	12.1～20.0	20.1～30.0	30.1～42.0	42.1～56.0	56.1～72.0	72.1～90.0	90.1～110.0

注：1. 在水平单向流时，面积A为与气流方向呈垂直的流动空气截面的面积。

　　2. 最低限度的采用点数NL按公式$NL = A^{0.5}$计算（四舍五入，取整数）

（2）采样点应均匀分布于整个面积内，并位于工作区的高度（距地坪0.8m的水平面），或设计单位、业主特指的位置。

4. 采样量的确定

（1）每次采样的最少采样量见表2-13。

表2-13　每次采样的最少采用量V_s（L）表

洁净度等级	粒径（μm）					
	0.1	0.2	0.3	0.5	1.0	5.0
1	2000	8400	—	—	—	—
2	200	840	1960	5680	—	—
3	20	84	196	568	2400	—
4	2	8	20	57	240	—
5	2	2	2	6	24	680
6	2	2	2	2	2	68
7	—	—	—	2	2	7
8	—	—	—	2	2	2
9	—	—	—	2	2	2

（2）每个采样点的最少采样时间为1min，采样量至少为2L。

（3）每个洁净室（区）最少采样次数为3次。当洁净区仅有一个采用点时，则在该点至少采样3次。

（4）对预期空气洁净度等级达到4级或更洁净的环境，采样量很大，可采用ISO

14644 - 1 附录 F 规定的顺序采样法。

5. 检测采用的规定

（1）采样时采样口处的气流速度应尽可能接近室内的设计气流速度。

（2）对于单向流洁净室，其粒子计数器的采样管口应迎着气流方向；对于非单向流洁净室，采样管口宜向上。

（3）采样管必须干净，连接处不得渗漏。采样管的长度应根据允许长度确定；如果无规定时，不宜大于 1.5m。

（4）室内的测定人员必须穿洁净工作服，且不宜超过 3 名，并应远离或位于采样点的下风侧静止不动或微动。

6. 记录数据评价。空气洁净度测试时，当全室（区）测点为 2 ~ 9 点时，必须计算每个采样点的平均粒子浓度 C_i 值、全部采样点的平均粒子浓度 N 及其标准差，导出 95% 置信上限值；采样点超过 9 点时，可采用算术平均值 N 作为置信上限值。

（1）每个采样点的平均粒子浓度 C_i 应小于或等于洁净度等级规定的限值，见表 2 - 14。

表 2 - 14　洁净度等级及悬浮粒子浓度限值

洁净度等级	大于或等于表中粒径 D 的最大浓度 C_n/（pc/m³）					
	$0.1\mu m$	$0.2\mu m$	$0.3\mu m$	$0.5\mu m$	$1.0\mu m$	$5.0\mu m$
1	10	2	—	—	—	—
2	100	24	10	4	—	—
3	1000	237	102	35	8	—
4	10000	2370	1020	352	83	—
5	100 000	23700	10200	3520	832	29
6	1 000 000	237 000	102 000	35200	8320	293
7	—	—	—	352 000	83200	2930
8	—	—	—	3 520 000	832 000	29300
9	—	—	—	35 200 000	8 320 000	293 000

1. 本表仅表示整数值的洁净度等级（N）悬浮粒子最大浓度的限值。

2. 对于非整数洁净度等级，其对应于粒子粒径 D（μm）的最大浓度限值（C_n），应按下列公式求取：$C_n = 10^N \times (0.1/D)^{2.08}$。

3. 洁净度等级定级的粒径范围为 0.1 ~ 5.0 μm，用于定级的粒径数不应大于 3 个，且其粒径的顺序极差不应小于 1.5 倍。

（2）全部采样点的平均粒子浓度 N 的 95% 置信上限值应小于或等于洁净度等级规定的限值，即

$$(N + t \times s/\sqrt{n}) \leqslant 级别规定的限值$$

式中，N 为室内各测点平均含尘浓度，$N = \Sigma C_i/n$；

n 为测点数；s 为室内各测点平均含尘浓度 N 的标准差；t 为置信度上限为 95% 时，

单侧 t 分布的系数见表 2 - 15。

表 2 - 15　单侧 t 分布系数

点数	2	3	4	5	6	7 ~ 9
t	6.3	2.9	2.4	2.1	2.0	1.9

7. 每次测试应记录，并提交性能合格或不合格的测试报告。测试报告应包括以下内容。

（1）测试机构的名称、地址。

（2）测试日期和测试者签名。

（3）执行标准的编号及标准实施日期。

（4）被测试的洁净室或洁净区的地址、采样点的特点编号及坐标图。

（5）被测洁净室或洁净区的空气洁净度等级、被测粒径（或沉降菌、浮游菌）、被测洁净室所处的状态、气流流型和静压差。

（6）测量用仪器的编号和标定证书；测试方法细则及测试中的特殊情况。

（7）测试结果包括在全部采样点坐标图上注明所测的粒子浓度（或沉降菌、浮游菌的菌落数）。

（8）对异常测试值进行说明及数据处理。

说明：A 级洁净区空气悬浮粒子的级别为 ISO 4.8，以 ≥5.0μm 的悬浮粒子为限度标准。B 级洁净区（静态）的空气悬浮粒子的级别为 ISO 5，同时包括表中两种粒径的悬浮粒子。对于 C 级洁净区（静态和动态）而言，空气悬浮粒子的级别分别为 ISO 7 和 ISO 8。对于 D 级洁净区（静态），空气悬浮粒子的级别为 ISO 8。

【实训思考与测试】

一、单项选择题

1. 粗效过滤器、中效过滤器的终阻力一般为初阻力多少倍值时，过滤器须清洗更换（　　）

　　A. 2　　　　　　　　B. 3　　　　　　　　C. 4　　　　　　　　D. 5

2. 为保证洁净室内操作人员舒适，室内每人每小时新鲜空气量不低于多少立方米（　　）

　　A. 10　　　　　　　B. 20　　　　　　　C. 30　　　　　　　D. 40

3. 洁净区与非洁净区之间、不同等级洁净区之间的压差应不低于多少帕斯卡（　　）

　　A. 5　　　　　　　　B. 10　　　　　　　C. 20　　　　　　　D. 30

4. 生产工艺对温度和湿度无特殊要求时，空气洁净度为 A、B 级的洁净区（室）温度应为多少（　　）

　　A. 18 ~ 26℃　　　　B. 20 ~ 24℃　　　　C. 10 ~ 30℃　　　　D. 0 ~ 40℃

5. 生产工艺对温度和湿度无特殊要求时，空气洁净度为 A，B 级的洁净区（室）相对湿度应为多少（　　）

　　A. 30% ~ 45%　　　B. 45% ~ 70%　　　C. 40% ~ 80%　　　D. 45% ~ 60%

6. 组合式空调机组内照明电压应为多少伏特（　　）

A. 36　　　　　　B. 220　　　　　　C. 380　　　　　　D. 110

7. 空气洁净度（　　）级时，气流应采用单向流流型
　　A. A　　　　　　B. B　　　　　　C. C　　　　　　D. D

8. 空气洁净度 A 级时，气流应采用单向流流型，风速应在（　　）
　　A.（1±10%）×4.5m/s　　　　　　B.（1±20%）×5.0m/s
　　C.（1±20%）×3.0m/s　　　　　　D.（1±20%）×4.5m/s

9. 中效过滤器宜安装在净化空调机组的（　　）
　　A. 负压段　　　　　　　　　　B. 系统的末端
　　C. 正压段　　　　　　　　　　D. 风机的前面

10. 采用臭氧对空气消毒时，一般要求空气中臭氧的浓度达到（　　）
　　A. 20mg/m³　　B. 10mg/m³　　C. 1mg/m³　　D. 0.1mg/m³

二、多项选择题

1. 空气经过空气过滤器时，受到哪些作用的影响被截留下来（　　）
　　A. 拦截效应　　B. 惯性效应　　C. 扩散效应　　D. 静电效应

2. 空气过滤器按更换方式可分为（　　）
　　A. 可清洗　　B. 可更换　　C. 一次性使用　　D. 可修补

3. 下列情况下的净化空调系统的空气不应循环使用（　　）
　　A. 生产过程散发粉尘的洁净室（区），其室内空气如经处理仍不能避免交叉污染时
　　B. 生产中使用有机溶媒，且因气体积聚可构成爆炸或火灾危险的工序
　　C. 病原体操作区
　　D. 生产过程中产生大量有害物质、异味或挥发性气体的生产工序

4. 下列哪些医药洁净室（区）应与相邻医药洁净室（区）保持相对负压（　　）
　　A. 生产过程中散发粉尘的医药洁净室（区）
　　B. 生产过程中使用有机溶媒的医院洁净室（区）
　　C. 生产过程中产生大量有害物质、热湿气体和异味的医药洁净室（区）
　　D. 青霉素等特殊药品的精制、干燥、包装室及其制剂产品的分装室

5. 关于气流流型说法正确的是（　　）
　　A. 空气洁净度 A 级时，气流应采用单向流流型
　　B. 空气洁净度为 B、C、D 级时，气流应采用非单项流流型
　　C. 非单项流气流流型应减少涡流区
　　D. 空气洁净度 A 级时，气流也可以采用非单向流流型

6. 组合式空调机组哪些功能段具有调节湿度的功能（　　）
　　A. 粗效过滤段　　　　　　　　B. 表冷段
　　C. 加热段　　　　　　　　　　D. 干蒸汽加湿段

7. 下列关于洁净室的门说法正确的是（　　）
　　A. 医药洁净室门框不应设门槛
　　B. 门宜朝空气洁净度较高的房间开启
　　C. 洁净区域的门不应采用木质材料

D. 门的表面应平整光洁、无脱落物

8. 洁净室（区）建筑装饰材料应满足下列哪些要求（　　　）

A. 隔热、隔声、防振、防虫、防腐、防火、防静电、防潮等要求

B. 表面不产尘、不吸尘、不积尘，并应易清洁

C. 表面光滑、耐磨、耐腐蚀

D. 易加工、价格合理

9. 可用于对洁净室（区）空气消毒的化学试剂有（　　　）

A. 甲醛　　　　　B. 过氧乙酸　　　　C. 乙醇　　　　　　D. 臭氧

10. 粒子计数器法检漏用的气溶胶物质有（　　　）

A. DOS（癸二酸二辛酯）　　　　B. DOP（邻苯二甲酸二辛酯）

C. PSL（聚苯乙烯乳胶球）　　　　D. 大气尘溶胶

三、名词解释

单向流　　　高效过滤器　　　洁净室（区）　　　气闸室　　　空态测试

四、简答题

1. 简述组合式空调机组常见的功能段及各功能段的作用。

2. 简述洁净室（区）装修材料的基本要求。

3. 简述过滤器选用和布置的原则和要求。

（黄泉明）

制药用水系统运行与管理

实训目标

（1）掌握典型的纯化水生产工艺流程；纯化水的预处理方法；反渗透膜的清洗方法；纯化水和注射用水的在线检测指标：电导率、TOC。

（2）熟悉纯化水系统的验证。

水是药物生产中用量最大、使用最广的一种辅料，用于生产过程及药物制剂的制备。

中国药典（2015 版）中所收载的制药用水因使用的范围不同而分为饮用水、纯化水、注射用水及灭菌注射用水。一般应根据各生产工序或使用目的与要求选用适宜的制药用水。药品生产企业应确保制药用水的质量符合预期用途的要求。

制药用水的制备从系统设计、材质选择、制备过程、贮存、分配到使用方法均应符合药品生产质量管理规范的要求。

制水系统应经过验证，并建立日常监控、检测和报告制度，有完善的原始记录备查。制药用水系统应定期清洗与消毒，消毒时可以采用热处理或化学处理等方法。采用的消毒方法及化学处理后清毒剂的去除方法应经过验证。

项目一　反渗透 + EDI 纯化水系统的设计

纯化水为饮用水经蒸馏法、离子交换法、反渗透法或其他适宜的方法制得的供药用的水，不含任何附加剂。其质量应符合纯化水项下的规定。

纯化水有多种制备方法，应严格监测各生产环节，防止微生物污染，确保使用点的水质。

纯化水可作为配制普通药物制剂用的溶剂或试验用水；可作为中药注射剂、滴眼剂等灭菌制剂所用药材的提取溶剂；可作为口服、外用制剂配制用溶剂或稀释剂；可作为非灭菌制剂用器具的精洗用水；用作非灭菌制剂所用药材的提取溶剂。纯化水不得用于注射剂配制与稀释。

常见的纯化水工艺流程有：

1. 预处理→二级反渗透；

2. 预处理→反渗透→EDI。

任务一　水预处理单元的设计

一、预处理的作用

现常见的纯化水制备工艺流程均采用反渗透方法，而反渗透方法对进水水质有一定要求，因此进水必须经过适当的预处理（表3 – 1）。合适的预处理能减轻膜污染情况，延长膜的使用寿命，从而保证产水的水质。

表 3 – 1　反渗透进水水质要求及预处理

项　目	允许值	超标后可能引起膜污染的类型	预处理解决方法
浊度	<1	淤泥、泥沙污染	过滤，絮凝沉淀，微滤，超滤
淤积密度指数 SDI	<5	淤泥、泥沙、胶体污染	过滤，絮凝沉淀，微滤，超滤
pH 值	3 ~ 10	膜元件水解	加酸或碱
水温（℃）	5 ~ 45℃	难溶盐沉淀、膜降解	热交换器
COD（高锰酸钾以 O_2 计）	<1.5	有机物污染	活性炭过滤
TOC（mg/L）	<2	有机物污染	活性炭过滤
游离氯（mg/L）	<0.1	膜元件氧化	活性炭过滤、加还原剂
铁（总铁计）（mg/L）	<0.05	铁污染	氧化 + 沉淀或过滤

续表

项　目	允许值	超标后可能引起膜污染的类型	预处理解决方法
锰（mg/L）	<0.1	锰污染	使用分散剂
表面活性剂（mg/L）	选择阳离子或两性表面活性剂时要注意	膜元件产水量衰减	避免使用
难溶盐	浓水不发生沉淀	无机盐沉淀	降低回收率、加阻垢剂、软化

注：根据不同的膜，对进水水质的要求会有差异，以上供参考。

预处理的目的有以下几点：

1. 降低淤积指数，保证 SDI15 最大不超过 5.0，争取低于 3.0；

2. 降低浊度，保证浊度低于 1.0 NTU；

3. 去除余氯等氧化物；

4. 去除部分有机物；

5. 防止结垢；

6. 防止微生物污染。

预处理一般可以分为传统预处理方法和膜法预处理。所谓传统预处理方法，是对膜法预处理出现前反渗透预处理工艺的总称，包括絮凝、沉淀、多介质过滤和活性炭过滤等。随着高分子分离膜技术的不断发展，微滤和超滤逐步出现在反渗透的预处理系统中，并在部分案例中替代传统预处理工艺。

预处理对纯化水系统的投资和连续的操作成本有主要的影响，可靠的操作和预处理控制能有效地减少最终处理的操作和维护成本。预处理中重要的操作步骤有：①去除混浊物和微粒使膜和设备污垢最小化；②去掉硬度成分和金属离子来防止最终处理的结垢；③去掉有机物和微生物控制微生物增长。预处理直接影响最终处理的水质，或对最终处理设备性能的长期影响而对最终处理的水质产生间接影响。

二、预处理的方法

（一）混凝沉淀法

混凝的主要对象是原水中的细小悬浮物颗粒和胶体微粒，这些颗粒很难通过自然沉淀和机械过滤器过滤从水中分离出去。

当原水所含悬浮物高，SDI 很高时，最好采用传统的混凝－助凝处理工艺，产生的絮体在特别设计的反应空间内长大沉淀，以淤泥形式排掉，上清液进入多介质滤器进一步处理。

混凝是向水中定量投加化学药剂（混凝剂），使细小的悬浮颗粒和胶体微粒聚集成较粗大的颗粒而沉淀，得以与水分离使水而净化的方法。絮凝过滤是指在水中加入絮凝剂，水与絮凝剂在流经砂滤器的过程中反复接触进行絮凝反应，当生成的絮状体达到一定体积时则被截留在砂柱空隙之间，这些被截留的絮状体进一步吸附所流过水中的细小矾花，从而使水质变澄清。混凝包括絮凝与凝聚两个过程，因此将能起凝聚与絮凝作用的药剂统称为混凝剂。常用混凝剂有聚合氯化铁、聚合氯化铝、聚丙烯酰胺等。混凝剂一般加在原水箱中，应定量加入，及时混合，加药装置与原水进水阀连锁。

（二）过滤法

介质过滤（即机械过滤）可以有效过滤水中的悬浮物，降低浊度和 SDI 值，可与混凝沉淀法配合使用。机械过滤利用一种或几种过滤介质在一定的压力下，使水通过该介质以去除杂质。机械过滤器主要利用填料来降低水体中浊度，截留除去水中的悬浮物、有机物、胶质颗粒、微生物等，使水得以净化。

机械过滤常作为反渗透、纳滤、超滤，以及离子交换除盐系统等的预处理部分。其内装的填料一般为石英砂、无烟煤、颗粒多孔陶瓷、磁铁矿等，根据实际情况选择使用。还可以根据给水水质情况和出水水质的要求，选用单层滤料、双层滤料或多层滤料。采用石英砂上填充无烟煤的双介质过滤器（图 3-1）时，它允许悬浮物等杂质进入过滤层内部，产生更有效的深层过滤而延长清洗间隔。过滤介质的最小设计总床层深度为 0.8m。在双介质过滤器中，通常填充 0.5m 高的石英砂和 0.4m 高的无烟煤。

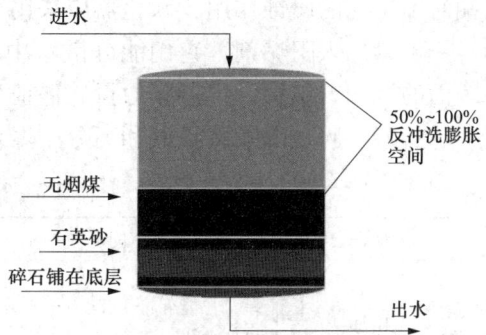

图 3-1　双介质过滤器示意图

（三）吸附法

吸附法是利用多孔性固体物质吸附水中的某些污染物质在其表面，从而达到净化水体的方法。吸附法能去除的污染物包括：有机物、胶体、余氯，还能去除色度和嗅味等。

最常用的是颗粒状活性炭。活性炭还有很强去除余氯能力。Cl_2、$HOCl$ 和 OCl^- 的总和称为自由氯或残留余氯，以 mg/L Cl_2 计。活性炭在整个脱氯过程并不是简单的吸附作用，而是在其表面发生催化作用：

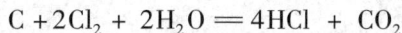

$$C + 2Cl_2 + 2H_2O = 4HCl + CO_2$$

因此，活性碳去除余氯不存在吸附饱和的问题，只是损失少量的炭，所以活性炭脱氯可以运行相当长的时间。当余氯的含量比较高时，还可以在预处理过程加入还原剂来去除余氯。常用的还原剂有焦亚硫酸钠、亚硫酸钠、亚硫酸氢钠。因为这几种还原剂在水溶液中很容易与空气中的氧气发生氧化还原反应，所以不应一次配制大量的溶液。

活性炭吸附有机物、微生物等，所以炭床上会滋生微生物，因此活性炭过滤器应定期消毒，消毒的方法有：巴斯德消毒、纯蒸气消毒等。其中，纯蒸气消毒能部分恢复活性炭衰减的吸附能力。

活性炭使用一定时期后吸附能力会减弱，因此须定期更换。

为了防止过滤器被污染物堵塞，活性炭过滤器和多介质过滤器都应定期反冲洗。

（四）软化法

含有钙、镁等硬度成分的水通过反渗透膜时，硬度成分会在反渗透膜表面沉淀，可以采用化学软化或者离子交换等方法对水进行软化。离子交换常用的为钠型强酸性阳离子交换树脂，树脂上的钠离子与水中的阳离子发生离子交换反应，水中的钙离子、镁离子被树脂吸附，从而降低水的硬度。使用一段时间后，树脂中的钠离子量逐渐减少，失去软化的作用，这时用氯化钠溶液对树脂再生，恢复树脂的软化作用。再生的频率与水的硬度有关。装有阳离子交换树脂的过滤器称为软化器。为防止再生时氯化钠对不锈钢的腐蚀作用，软化器应采用不锈钢外壳内衬聚乙烯或采用玻璃钢的外壳。

可以加入阻垢剂，它们能分散水中的难溶性无机盐，阻止或干扰难溶无机盐在膜表面的沉积、结垢，维持膜通量，保证生产正常进行。阻垢剂主要包括一些天然分散剂、膦酸、膦羧酸及膦磺酸和高分子聚合物，如多聚丙烯酸盐等。

表 3 – 2　常用的阻垢剂

阻垢剂	阻垢效果	优　点	缺　点
六偏磷酸钠	差，只能保证 LSI≤0.8 时不发生碳酸钙结垢	价格低廉	阻垢效果有限，而且不稳定，易水解，有产生磷酸钙结垢的风险
有机小分子磷酸盐	好，LSI≤2.0 时不发生碳酸钙结垢	阻垢效果好	价格较高
多聚丙烯酸盐	好，LSI≤3.0 时不发生碳酸钙结垢	阻垢效果好	价格较高

（五）微孔过滤

精密过滤也称为保安过滤。精密过滤器一般装在反渗透膜进水的前面，滤膜的孔径一般在 $3\sim5\mu m$，作用是滤除微小的颗粒物，同时防止预处理中的滤材、活性炭、树脂进入反渗透系统，以免破坏反渗透膜。

精密过滤器的进水和出水口应设置压力表，其差值可以判断精密过滤器中滤芯的污染程度。当差值大于规定时，须清洗或更换精密过滤器。

（六）超滤

超滤是以压力为推动力的筛分过滤。超滤膜的孔径为 $0.001\sim0.1mm$（切割相对分子质量为 $1\,000\sim500\,000$）。对水中的悬浮固体、胶体、大分子有机物、细菌、热原有较高的去除率；对小分子有机物、无机离子则几乎不能截留。

超滤膜一般为非对称膜，超滤膜的活性分离层上有无数不规则的小孔，且孔径大小不一，很难确定其孔径，也很难用孔径去判断其分离能力，因此超滤膜的分离能力用截留分子量来予以表述，将能截留90%的物质的分子量称为膜的截留分子量。通常用典型的已知分子量的球型分子，如肌红蛋白、胃蛋白酶、球蛋白等作基准物进行测定。实际上溶质分子能否通过超滤膜或者通过多少，还与分子形态、溶液条件及膜孔径的分布差异等有关，即相同分子量的物质被截留的百分率并不完全相同。超滤的分离机理一般认为是筛分作用。

1. 超滤操作方式

（1）死端过滤　死端过滤时原料液中液体全部透过超滤膜，大于膜孔径的物质被截留在膜表面，通过周期反洗操作由反洗液带出。此法较错流过滤能耗低，能更好地去除透过组分；但膜污染严重（图3-2）。

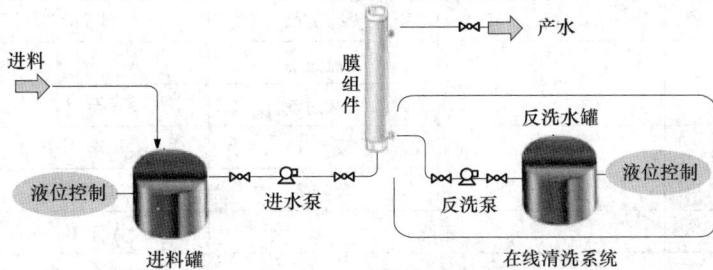

图3-2　死端过滤工艺流程示意图

（2）错流过滤　错流过滤可以增大膜表面的液体流速，使膜表面凝胶层厚度降低，可以有效降低膜的污染。由于需要更大的水流量，因此相对于死端过滤需要更大的能耗。

超滤常用的过滤操作方式为错流过滤。

错流过滤的浓缩液可以回到原水箱或预处理的入口经过预处理后重新进入超滤系统过滤处理。根据浓缩液是否重新进入超滤系统及进入的比例，可分为无循环错流过滤、部分循环错流过滤、全循环错流过滤（图3-3）。

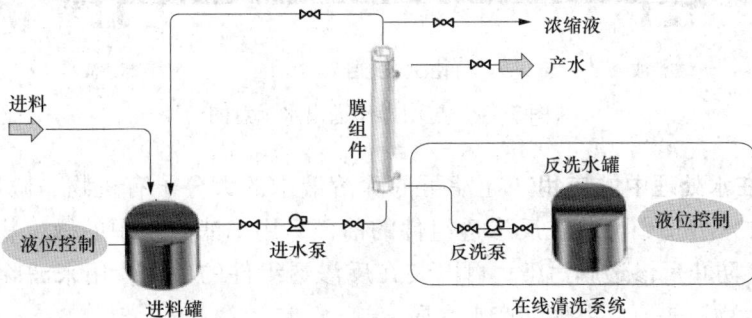

图3-3　错流过滤工艺流程示意图

2. 超滤操作过程（表3-3和图3-4）　在一般情况下，超滤膜连续工作时典型的操作过程为产水、反冲、正洗等过程。三个过程的排列组合：产水-反洗-正洗-……-产水-反洗（化学清洗）-正洗-产水-反洗-正洗-……，如此循环，排列组合根据水质、操作条件而不同。操作过程一般采用自动模式。

正洗：此操作通过增加膜表面的流速和流量来冲刷沉积的污染物，恢复膜通透量。

反洗：水流方向与产水方向相反，可以有效去除污染物。为避免污染膜产水侧，常采用超滤产水作为反洗水。

化学清洗：化学清洗可分为碱性清洗、酸性清洗、氧化还原清洗、生物酶清洗。根据不同的污染物和污染情况选择使用。其目的是为了去除污染物，并防止微生物滋长。碱性清洗常使用氢氧化钠或氢氧化钾，清洗液 pH 值在 12 左右；酸性清洗一般采用盐酸或硫酸，清洗液 pH 值在 2 左右；氧化还原清洗多采用次氯酸钠或双氧水；生物酶清洗可采用胰蛋白酶和胃蛋白酶，用来去除膜上的蛋白质和油脂污染物。

表 3–3　超滤操作过程表

序号	过程	操作方式	流向	时间
1	产水	错流过滤	A 至 B、C	15～90min
		死端过滤	A 至 C	
2	反洗	反洗1	C 至 A	20～60s
		反洗2	C（D）至 B	20～60s
3	正洗		A 至 B	10～20s
4	化学清洗（反洗）		C 至 A、B	1～20min
5	化学清洗（正洗）		A 至 B、C	＞60min

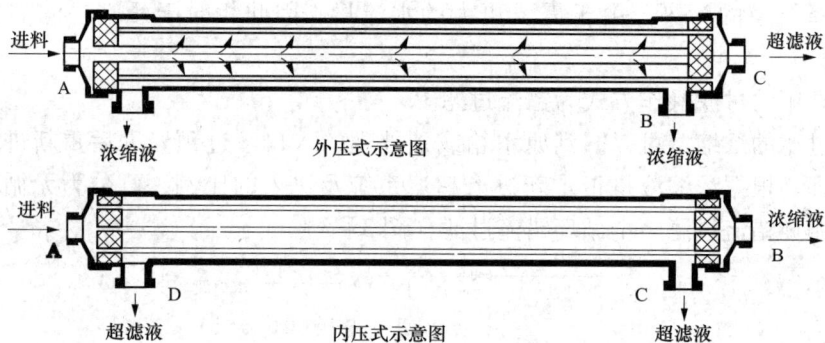

图 3–4　超滤操作进出水示意图

3. 超滤在水处理中的应用　超滤可滤除溶液中的大分子有机物、微生物、热原。因此，超滤在水处理中可装在反渗透组件的前面，用来滤除水中的微生物、大分子有机物、热原，防止反渗透膜污染；可以装在反渗透组件的后面，用来滤除反渗透出水中少量的微生物、热原，以保证产水水质。

超滤可以在注射剂配液时代替活性炭滤除热原，防止活性炭在吸附热原时对药物吸附或使药物降解；可以分离大分子化合物和小分子化合物，如蛋白质脱盐等。

任务二　反渗透 + EDI 设计

一、纯化水系统的设计

（一）系统设计的考虑因素

1. 根据纯化水的用途来选择相应的纯化方法或纯化步骤，选择水处理方法时，应考虑以下因素。

（1）水的质量标准；

（2）纯化系统的产量或效率；

（3）原水质量及不同时期的质量变化（如季节变化）；

（4）水处理设备操作的可靠性和耐用性；

（5）水处理设备在市场上的可获性；

（6）对纯化设备进行维护和保养的能力；

（7）运行成本。

2. 水处理设备、贮水和分配系统的质量标准要求应考虑以下因素。

（1）与水接触的材料浸出对水造成污染的风险；

（2）与水接触的吸附材料的反作用（材料中吸附的污染物进入水中）；

（3）无渗漏；

（4）整体布局形式要避免微生物滋生和繁殖；

（5）对清洗剂和消毒剂（热力消毒和化学消毒）的耐受力；

（6）对系统容量和产量的要求；

（7）对所有必需的仪器、检测和取样点进行规范，使整个系统的关键质量参数能够被监测。

3. 制药用水的纯化设备、贮水及分配系统的设计、布局和规划应该考虑以下物理因素。

（1）可用于安装设备的空间；

（2）建筑物的结构负荷；

（3）对设备进行良好保养的保障系统；

（4）安全处理，可再生和化学消毒物质的能力。

（二）典型纯化水工艺流程

1. 双级 RO 纯化水系统：原水箱→原水泵→多介质过滤器→活性炭过滤器→软化器→精密过滤器→一级高压泵→一级反渗透→中间水箱→加药箱（pH 值调节）→二级高压泵→二级反渗透→纯化水储罐→纯化水泵→紫外线杀菌器→用水点。

2. 一级 RO + EDI 纯化水系统：原水箱→原水泵→多介质过滤器→活性炭过滤器→软化器→精密过滤器→一级高压泵→一级反渗透→中间水箱→EDI 加压泵→EDI 系统→纯化水储罐→纯化水泵→紫外线杀菌器→用水点。

3. 双级 RO + EDI 纯化水系统：原水箱→原水泵→多介质过滤器→活性炭过滤器→软化器→精密过滤器→一级高压泵→一级反渗透→中间水箱→加药箱（pH 值调节）→二级高压泵→二级反渗透→反渗透水储罐→EDI 加压泵→EDI 系统→纯化水储罐→纯化水泵→紫外线杀菌器→用水点。

当原水的硬度不大时，流程中的软化器可以去除；如果水泵均能变频控制，使前级的产水量与后面的进水量匹配，流程中的中间水箱可以去除。

有部分流程采用在纯化水分配系统的主管路上安装微孔过滤器（0.22μm）来除菌过滤以控制微生物，但这将使微孔过滤器成为微生物滋长点，对纯化水水质产生不良影响，因此不建议该种方法。

（三）纯化水系统比较

纯化水系统比较见3-4。

表3-4 纯化水系统比较

	离子交换	RO＋离子交换	二级反渗透	RO＋EDI	蒸馏
投资费用	M	M	M	M	H
化学处理	H	M	L	L	L
能耗	L	M	M	M	H
水消耗	M	H	H	H	H
外部服务成本	L	L	L	L	L
维护	M	M	M	M	L
产水电导率(25℃)（μs/cm）	0.06～1.0	0.06～1.0	0.5～2.5	0.07～1.0	0.1～1.0
TOC(PPB)	大多数情况能达到＜500	＜500	＜500	＜500	＜500
微生物去除效果	L	M	H	M	H
备注	L＝低　M＝中等　H＝高				

二、反渗透

（一）反渗透的特点

反渗透制备纯化水有以下优点。

1. 在常温不发生相变化的条件下，对溶质和水进行分离，能耗较低；

2. 杂质去除范围广，不仅可以去除溶解的无机盐类，还可以去除各类有机物、微生物、热原等；

3. 脱盐率高，可达到99%以上。

反渗透的机理有许多模型解释。优先吸附－毛细管流模型：水优先被吸附在膜的表面，而形成纯水层，膜的表面存在许多孔径为纳米级的细孔，纯水可以通过细孔透过膜，而盐与水形成的水合离子阻碍不能透过膜。反渗透膜对有机物、微生物、热原的去除现象一般用筛分机理解释。

（二）反渗透膜元件

反渗透元件一般采用卷式膜组件。卷式膜组件也是用平板膜制成的。支撑材料插入三边密封的信封状膜袋，袋口与中心集水管相接，然后衬上起导流作用的料液隔网，两者一起在中心管外缠绕成筒，装入耐压的圆筒中即构成膜组件。使用时进水沿隔网流动，与膜接触，掺水透过膜，沿膜袋内的多孔支撑流向中心管，然后由中心管导出。

卷式膜组件的设备比较紧凑、单位体积内的膜面积大。其缺点是清洗不方便，膜有损坏，不易更换，易堵塞，对预处理要求高。卷式膜组件结构见图3-5、图3-6。

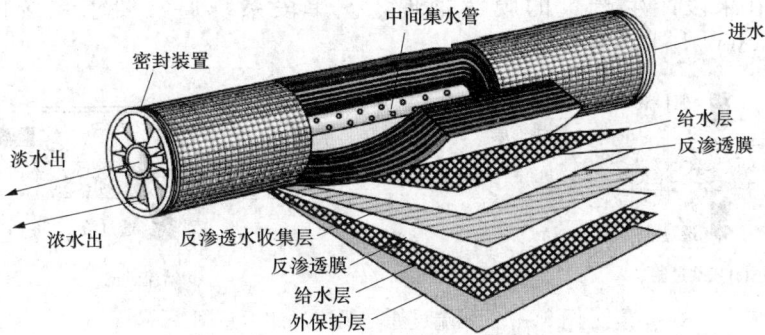

图 3 - 5　螺旋卷绕式反渗透膜示意图

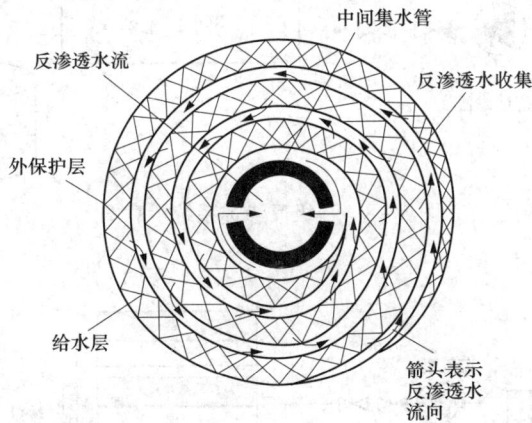

图 3 - 6　螺旋卷绕式膜（横断面）示意图

反渗透材料一般为复合膜，膜的表层与支撑层的材料不同。结构上分为起分离作用很薄的致密表层和起机械支撑作用的多孔支撑层。致密表层的性质和孔径决定分离特性，厚度主要决定传递速率；多孔的支撑层主要起机械支撑作用，对分离特性和传递速率影响小。

（三）反渗透膜过滤方式 - 错流过滤

原料液以切线方向流过膜表面，在压力下透过膜，透过液的流向与原料液流向垂直，又称为"十"字流或切向流。原料液流量越大，流速越高，膜表面截留物质覆盖层越薄，膜污堵现象越轻（图 3 - 7）。

（四）反渗透系统膜组件排列方式

1. 一级反渗透系统　一级反渗透系统通常可以用于一些原水水质较好、含盐量不高，且对产水水质不要求达到纯化水的工艺流程中（图 3 - 8）。

（1）单段系统　两个或两个以上的膜组件并联，进水、产水和浓水均由总管管路系统分别相联。单支膜元件的回收率在 8% ~ 15% 之间，为了提高回收率，可以在每一个压力容器内串联更多的膜元件。当回收率高，而串联的膜元件多时，每支膜元件在水流过时透过部分水，导致膜表面水流量越来越小，杂质含量越来越高，可能在末段产生严重的膜污染现象。单段系统通常要求系统回收率小于50%（图3-9）。

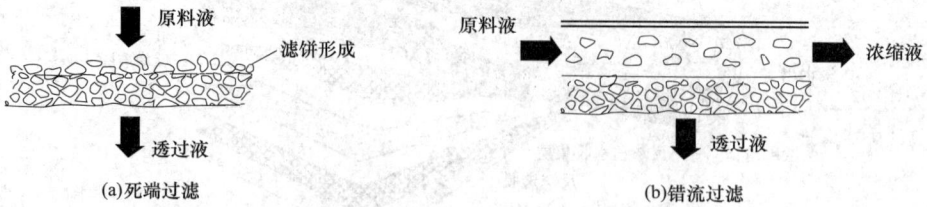

图3-7 死端过滤与错流过滤示意图

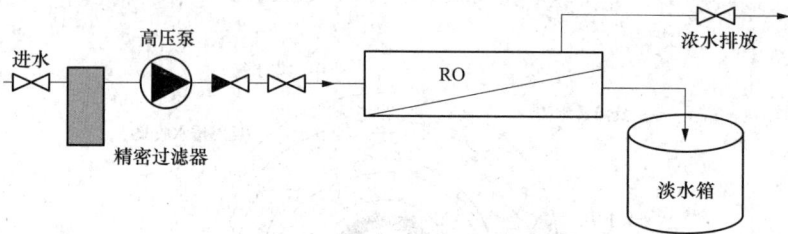

图3-8 一级反渗透系统示意图

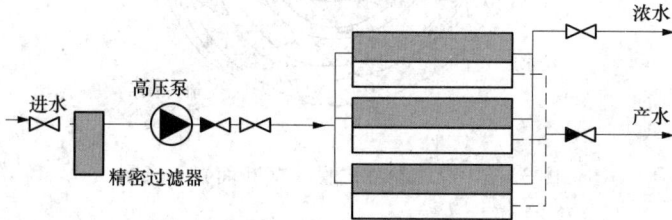

图3-9 单段系统示意图

（2）多段系统 当系统的回收率要求高于50%时，可以采用多段系统。多段系统是指第一段的浓水作为第二段的进水，第二段的浓水作为第三段的进水，以此类推。每段的进水一部分变成产水，后一段的进水流量减少，含盐量升高。为了保证每一段的进水流量足够大，防止污染物在膜表面沉积，后一段压力容器数量都比前一段的压力容器数量少，前后相邻两段的压力容器数量的比值一般在4:3到3:1之间，较高的比值可以有效地增加后段的进水流量，较低的比值可以降低前一段中各支膜元件的回收率。一般的排列方式是2:1或4:2:1。通常，两段系统可以把回收率升到50%～75%，三段系统回收率升到75%～90%（图3-10）。

2. 二级反渗透系统 当单级反渗透的产水水质无法满足要求时，可以采用二级反渗透，即一级反渗透的产水作为二级反渗透的进水。二级的浓水的质量远远高于第一级反渗透的进水，因此将其与与第一级反渗透的进水混合作为第一级的进水，以提高水的利用率和出水水质（图3-11）。

（五）反渗透膜性能主要影响因素

反渗透膜的性能主要由水通量（水透过速率）和脱盐率（分离效果）来决定。

水通量和脱盐率受操作压力、浓度、温度、流量、pH 值及回收率等因素影响。

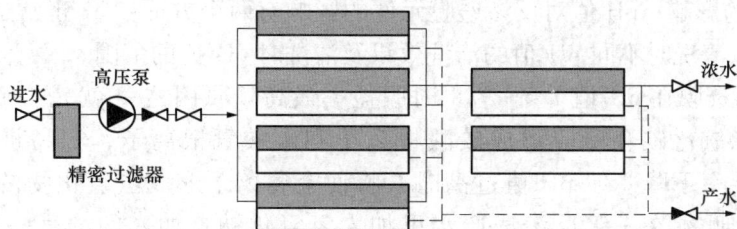

图 3-10　多段系统示意图

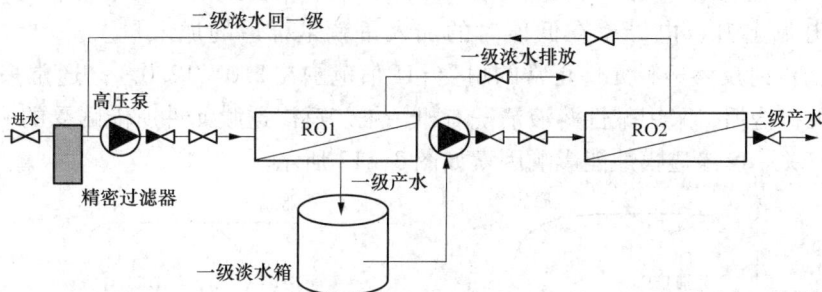

图 3-11　二级反渗透系统示意图

1. 操作压力的影响　水通量的增加量与压力成正比。仅通过增加压力来增加产水量，可导致单位产水能耗增加及膜损坏，因此选择适当的膜元件数量（膜面积）才是经济的。

压力增大时，脱盐率提高，但是不同膜元件的脱盐率随压力的变化趋势是不同的。原则上说，膜元件的分离层越致密，脱盐率随操作压力的正比变化越不显著，这时脱盐率基本保持一个定值。

2. 给水流量的影响　给水流量对产水量和脱盐率的影响比较缓和。随着给水流量增加，膜表面的流速也增大，这使得压力随之上升，产水量增加。同时，由于流速升高，膜表面的浓差极化减少，从而提高脱盐率。

3. 给水含盐量的影响　在一定的压力下，当给水中的含盐量增高时产水量就会减少。这是因为给水的渗透压变高，有效压力随之降低的缘故。通常含盐量增高时脱盐率会下降。

4. 温度的影响　温度对脱盐率和产水量的影响非常大。对全部类型的反渗透膜元件来说，温度升高，水的黏度降低，膜通量增加。在相同的压力下，温度每上升或下降1℃，产水量可增大或降低3%～4%。因此为了保证产水量，必要时须对反渗透进水适当加温。温度对于脱盐率的影响根据不同的膜材质而有所差异，一般而言温度增高，脱盐率降低。因为当温度上升时，盐的扩散速度就会增大。

5. 回收率　回收率是指产水量和进水流量的比值。在压力一定时，回收率提高，膜表面的浓差极化现象也更加严重，有效压力则相对减小，这导致膜通量下降，脱盐率降低。反渗透系统在设计和调试时，回收率与原水水质密切相关。回收率增高，溶解于溶液中的盐会更加接近饱和状态，有可能析出后在膜表面沉淀并结垢，会对膜性能带来很大的危害。

6. pH 值的影响　pH 值对反渗透膜元件的影响有两个方面：① 正常运行时对脱盐率的影响；② 清洗时不同 pH 值的清洗效果及清洗时 pH 值的范围。

（1）反渗透膜在 pH 值 7.5 ~ 7.8 时脱盐率最高　原因之一就是在碱性环境时，水中溶解的二氧化碳会反应形成碳酸根离子和碳酸氢根离子，容易被反渗透膜去除，产水电导率下降。但 pH 值过高时，将使金属离子形成氢氧化物的沉淀，在膜表面结垢。因此须在一级反渗透产水里加入氢氧化钠，加入的浓度一般为 0.01 ~ 0.02mol/L，加入量可以从二级反渗透产水电导率变化情况判断。加入氢氧化钠后，二级产水电导率开始下降，缓慢加大加入量，随着加入量增加，电导率会先下降而后开始上升，电导率在低值时的加入量就是合适的加入量。

（2）清洗时反渗透膜元件正常的耐受 pH 值范围在 2.0 ~ 12.0。　通常采用酸性溶液来清洗无机盐垢，采用碱性溶液清洗有机污染。反渗透膜元件所能耐受的 pH 值范围还和温度有关。反渗透膜性能影响因素如图 3 - 12 所示。

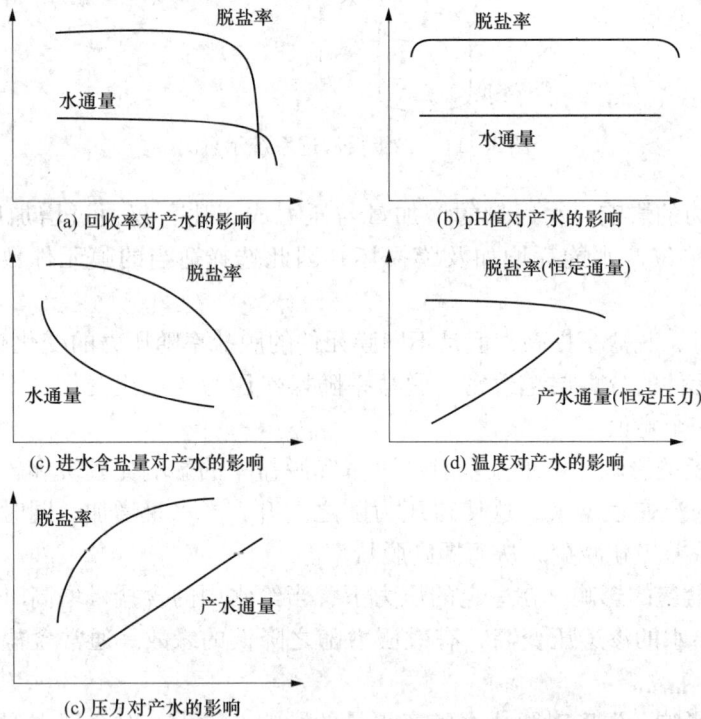

图 3 - 12　反渗透膜性能影响因素

三、EDI

电去离子（electrodeionization，EDI）是一种将离子交换技术、离子交换膜技术和离子电迁移技术相结合的纯水制造技术。它巧妙地将电渗析和离子交换技术相结合，利用高压直流电场使水中离子定向移动，通过离子交换树脂及选择性树脂膜加速离子移动去除，从而达到水纯化的目的。在 EDI 除盐过程中，离子在电场作用下通过离子交换膜清除。同时，水分子在电场作用下产生氢离子和氢氧根离子，这些离子对离子交换树脂进行连续再生。

（一）EDI 原理

EDI 膜堆由夹在两个电极之间一定对数的单元组成。每个单元内有两类不同的室，即淡水室和收集所除去杂质离子的浓水室。淡水室中用混匀的阳离子、阴离子交换树脂填满，树脂位于两个膜之间，只允许阳离子透过阳离子交换膜及只允许阴离子透过阴离子交换膜。在直流电场作用下，淡水室中阴离子、阳离子分别作定向迁移，透过阴离子、阳离子交换膜进入到浓水室而去除，淡水室离子化合物含量降低。电流的传导不再单靠阴离子、阳离子在溶液中的运动，包括离子的交换和离子通过离子交换树脂的运动，因而提高离子的迁移速度，加速离子去除（图3-13）。

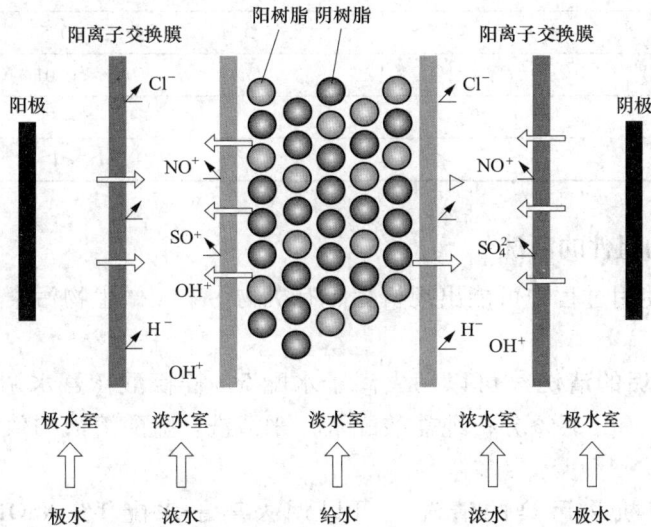

图3-13 EDI工作原理示意图

在工作状态下，流经 EDI 单元水中的离子化合物发生三种迁移过程：

1. 离子与阴树脂、阳树脂发生离子交换而结合到树脂颗粒上。

2. 离子在电场作用下经树脂颗粒构成的离子通道迁移。

3. 离子经过离子交换膜迁移到浓水室，从而完成水的脱盐过程；在一定的电流强度下，树脂、膜、水之间的界面处因产生浓差极化而迫使水分解成 H^+ 和 OH^-，同时再生树脂。

在 EDI 中，离子交换、离子迁移和离子交换树脂的再生过程是同时进行的。当进水离子浓度一定时，在一定电场作用下，离子交换、离子迁移和离子交换树脂的再生过程达到动态平衡，使离子得以分离。

（二）EDI 的特点

EDI 技术与离子交换技术相比有如下优点：①产水水质高而稳定；②容易实现全自动控制；③连续不间断制水，不因再生而停机；④不需化学药剂再生；⑤运行费用低；⑥厂房面积小；⑦无污水排放。

（三）电去离子的进水水质要求

电击离子的进水水质要求见表 3 - 5。

表 3 - 5　EDI 进水水质要求

项　目	数　值
电导率（μs/cm）	<20
pH	5~9
硬度（以 $CaCO_3$ 计，mg/L）	<0.5
总有机碳（mg/L）	<0.5
SiO_2（mg/L）	<0.5
CO_2（mg/L）	<1.0
余氯（mg/L）	<0.5
Fe、Mn、H_2S（mg/L）	<0.01
进水温度（℃）	5~35
SDI（15min）	<1

（四）EDI 的组件的清洗

EDI 设备在使用过程中可能出现析垢、有机物污染、微生物污染等情况，因此须清洗。

1. 浓水侧结垢的清洗　可以用去离子水配 5% 柠檬酸（氨水调 pH 值为 3）或 2.5% 的 HCl 溶液（用 37% 分析纯盐酸配置）来清洗。盐酸溶液的效果不错，但腐蚀性比较强。

2. 淡水侧有机物污染的清洗　可以用去离子水配 1% NaOH + 5% NaCl 来清洗。

3. 模块的除菌清洁

（1）产品水侧用 Triton - X 表面活性剂清洁，之后用水冲洗干净并使膜块再生。

（2）1% 的 Triton - X 表面活性剂与 20% USP 级丙二醇混合清洗。

（3）2% 浓度的过氧化氢溶液用于阳树脂和阴树脂的消毒处理，为了保证良好的消毒效果而又不损伤树脂，须控制浓度、温度、和接触时间。

（五）电去离子在水处理中的应用

EDI 在水处理中一般用来深度除盐。

EDI 设备一般以反渗透（RO）纯水作为 EDI 进水。RO 纯水电导率一般是 2~40μs/cm（25℃）。EDI 纯水电阻率可以高达 17MΩ · cm（25℃），EDI 适用于制备电阻率要求在（1~17）MΩ · cm（25℃）的纯水。

EDI 常与反渗透合用用来制备高纯水。

四、制药用水分配系统

（一）常见制药用水分配系统

水分配系统分类	制药用水分配系统示意图及说明
1. 热储存热分配系统	 图 3－14　热储存热分配系统 优点：适用于产水是高温的，且所有用水点都需要热水供应的情况； 能提供极好的微生物控制水平； 清洗及消毒灭菌频率低。 缺点：无法提供常温水； 循环泵气蚀情况； 水温较高，流速较快，管路易产生红锈
2. 热储存冷却使用后再加热系统	 图 3－15　热储存冷却使用后再加热系统 优点：适用于管路中有多个低温用水点； 能提供极好的微生物控制水平； 清洗消毒消耗的水少。 缺点：能耗高
3. 单储罐平行环状配水系统	 图 3－16　单储罐平行环状配水系统 优点：适用于用水点多、用水点温度要求不同和不宜采用大流速的情况。 缺点：须考虑及解决管路流量平衡问题

水分配系统分类	制药用水分配系统示意图及说明
4. 常温储存常温分配系统	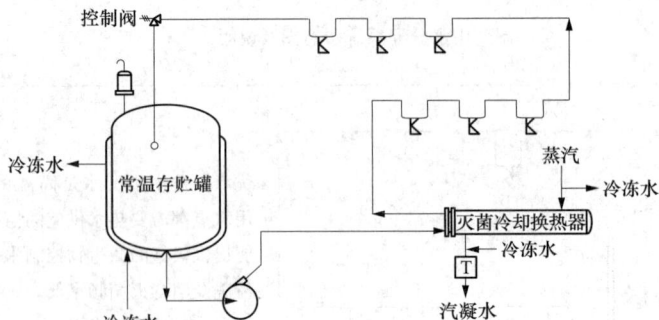 图3-17 常温储存常温分配系统 优点：适用于水是常温生产的，且用水点对常温水、低温水需求较多的情况；系统的资金投入和操作成本小。 缺点：微生物控制不如热储存系统，须经常对系统清洗消毒灭菌
5. 热储存自带配水系统	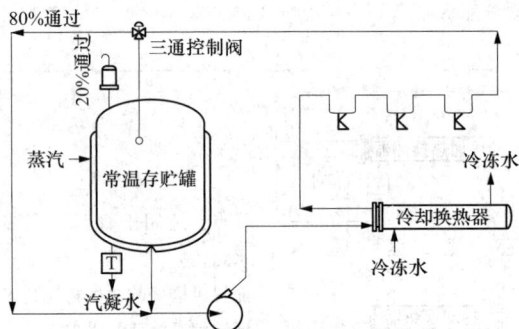 图3-18 热储存自带配水系统 优点：适用于产水是高温的，且有较多的低温用水点的情况；能耗低。 缺点：储罐内水循环速度慢，储罐至循环泵段易成死水段
6. 多个储罐循环系统（批量系统）	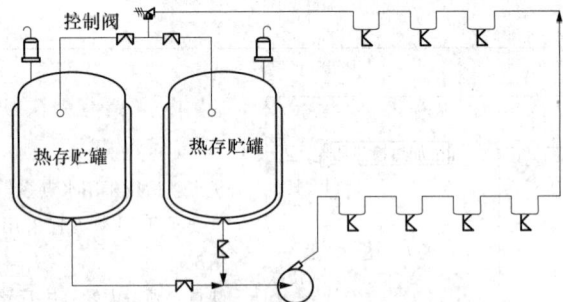 图3-19 多个储罐循环系统（批量系统） 优点：适用于制水方法不太可靠、用水前须检查水质的情况。 缺点：投资和运行费用较大；操作较复杂

续表

水分配系统分类	制药用水分配系统示意图及说明	
7. 使用臭氧消毒的系统	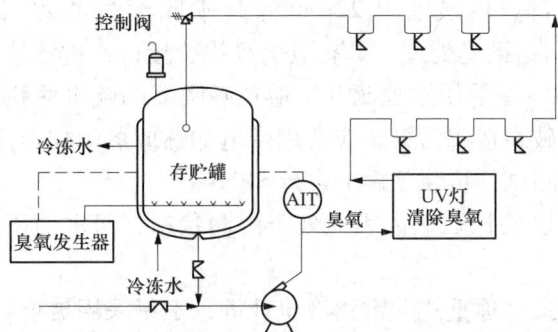图 3-20　使用臭氧消毒的系统	优点：适用常温储存分配水并允许周期自动化消毒的系统。 缺点：使用前必须从工艺水中将臭氧完全去除，可采用紫外线辐射的方法；须证明臭氧已被去除，如使用在线监测
8. 单罐储存直流配水系统	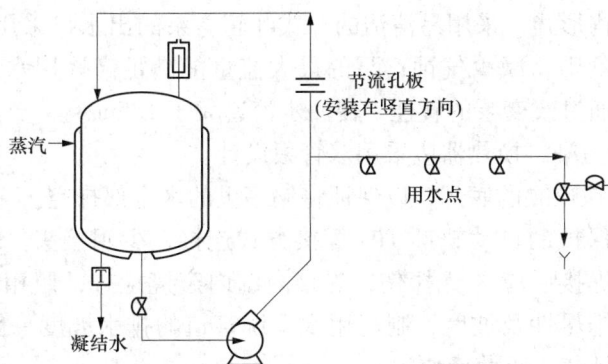图 3-21　单罐储存直流配水系统	优点：适用于资金紧张；持续用水；对微生物的要求不严格。 缺点：不用水时，管道内水是停滞的，容易导致微生物污染；须经常对管道进行清洗、消毒灭菌

（二）制药用水分配系统的组件

1. 储罐　制药用水贮罐的容量应考虑以下因素：应满足正常生产时各种用水情况下的储水量；能储备足够的水量，以保证制水设备进行维修时和出现紧急情况时，仍能维持一定的正常生产时间。

优先选用立式贮罐，因其占地面积小，且回水喷淋效果好，有利于阻止生物膜形成。

当系统采用纯蒸气灭菌时，储罐必须耐压。

注射用水若为80℃以上保温储存方式，罐体应采取保温措施，保温层的外壳为304不锈钢保护层。

纯化水储罐可采用304不锈钢，注射用水贮罐须采用316L不锈钢材料制造，贮罐的内表面应使用机械抛光或机械抛光加电解抛光。

采用多个贮罐并联储水时，贮罐与贮罐之间连接管道的设计和操作应能避免死水段。

为避免空气中二氧化碳溶入水中，导致电导率上升，贮罐可以设置充氮保护功能，充氮量可随用水量自动调节，使贮罐内部略微保持正压。

制药用水贮罐常见的附件有人孔，呼吸过滤器，喷淋球，液位传感器等。注射用水储罐还应有温度传感器。

呼吸过滤器安装于罐体顶部，内装有 $0.22\mu m$ 的疏水除菌过滤器（PTFE 或 PVDF），筒体为 316L 不锈钢，内壁抛光处理，具有卫生级快装接口；过滤器材质应能耐臭氧消毒和（或）纯蒸气灭菌。注射用水贮罐为了避免呼吸器的疏水滤膜被蒸气凝结水堵塞，储罐水位下降时内吸破裂造成污染，应选用带电加热或蒸汽加热的呼吸器。呼吸器须定期灭菌，进行完整性测试，再装于罐上进行 SIP。

贮罐顶部须设置喷淋装置，以确保贮罐内表面处于湿润状态，回水的压力与流量应确保喷淋装置能有效工作。

液位传感器可选用隔膜压力式、称重式、雷达液位计等，不得采用玻璃管水位计。罐体还应安装高低液位报警装置。

2. 泵 制药用水输送泵一般为离心泵，浸水部分为316L 不锈钢制造，电抛光并钝化处理。泵应为易拆卸的结构形式，采用易清洁的开式叶轮。泵的出水口采用 45°，使泵内结构上部空间无容积式气隙，减少气蚀；泵的最大流量能满足高峰用水量加回水流量要求，宜采用变频泵，通过改变泵的转速，使回水流速大于 1.5m/s。

3. 换热器 为避免渗漏污染，换热器应采用双管板设计。

4. 管路 出水管应安装在贮罐的底部，以保证将储罐里的水全部排空。

管道尽量采用惰性气体保护的自动轨迹 TIG 焊接方式连接，少用接头。焊接时应先试验，以确定焊接参数。焊接后应 X 光探伤，焊接内壁内窥镜检查，照相留档。管道阀门安装设计时应考虑可排尽性及坡度，制药用水系统管道的排水坡度一般取 1%。整个管路须经试压、清洗、钝化、灭菌后使用。

5. 阀门 阀门应为卫生级隔膜阀。

项目二 纯化水系统的运行与管理

任务一 系统运行中的质量监控

一、系统运行规程

1. 目的 为双级反渗透纯化水系统制定操作规程，规范员工的操作，确保生产合格的纯化水。

2. 范围 本操作规程适用于制水间的双级反渗透纯化水系统。

3. 职责 制水间操作员工执行本规程，工程部主管、经理，质量部 QA 负责监督本规程的执行情况。

4. 内容

（1）运行前检查：

①确认设备状态为"完好"。

②确认饮用水（市政供水）供应正常。

③确认各阀门状态正确。

④确认氢氧化钠加药箱内试剂体积大于10L。

⑤确认压缩空气压力在 0.4 ~ 0.6MPa。

⑥确认各仪器仪表在检定有效期内。

（2）开机启动

①开启电源锁，电源指示灯亮。

②打开一级浓水排放阀、一级淡水排放阀。

③开启原水泵、一级高压泵，冲洗一级反渗透膜5min。

④缓慢关闭一级浓水排放阀，一级膜前、膜后压力上升，一级淡水电导率逐步下降。

⑤当一级淡水电导率低于10μs/cm时，关闭一级淡水排放阀，一级反渗透水进入中间水箱。

⑥确认一级淡水箱中液位高于1/2后，进行下一步操作。

⑦打开二级浓水排放阀、二级淡水排放阀。

⑧开启二级高压泵，开启加药泵，冲洗二级反渗透膜5min。

⑨缓慢关闭二级浓水排放阀，二级膜前、膜后压力上升，二级淡水电导率逐步下降。

⑩当二级淡水电导率低于2.0μs/cm时，关闭二级淡水排放阀，二级反渗透水进入纯化水储罐。

⑪记录各仪器仪表读数，对二级淡水取样，测定pH值并记录，每两小时记录测定一次。

⑫取下"停止"状态标识牌，挂上"运行"状态标识牌。

（3）关机

①打开二级淡水排放阀，缓慢打开二级浓水排放阀，二级膜前、膜后压力下降，二级淡水电导率上升。冲洗二级反渗透膜5min。

②关闭加药泵，关闭二级高压泵，随即关闭二级淡水排放阀和二级浓水排放阀。

③打开一级淡水排放阀，缓慢打开一级浓水排放阀，一级膜前、膜后压力下降，一级淡水电导率上升。冲洗一级反渗透膜5min。

④关闭一级高压泵和原水泵，随即关闭一级淡水排放阀和一级浓水排放阀。

⑤关闭电源锁。

⑥取下"运行"状态标识牌，挂上"停止"状态标识牌。

二、系统运行中的质量监控指标

表3-6　纯化水制备系统运行日常监控记录表

纯化水制备系统运行日常监控记录表　　年　　月　　日							
一级反渗透	一级膜前压力（MPa）						
	一级膜后压力（MPa）						
	一级浓水流量（L/min）						
	一级淡水流量（L/min）						
	一级产水电导率（μs/cm）						
二级反渗透	二级膜前压力（MPa）						
	二级膜后压力（MPa）						
	二级浓水流量（L/min）						
	二级淡水流量（L/min）						
	二级产水电导率（μs/cm）						
	二级产水pH值						
记录人							
记录时间							

备注：操作人员每两小时监测记录一次数据

三、反渗透膜的处理

反渗透膜在使用过程中会各种污染现象，如有机物污染、微生物污染、胶体污染、钙类沉积物污染等。为了保证膜正常使用，应定期清洗膜组件。

1. 反渗透装置运行时如出现下面几种情况，则必须立即进行化学清洗：

（1）装置总压差比运行初期增加 0.15～0.2MPa。

（2）装置脱盐率比上次清洗后下降 2% 以上时。

（3）装置的总产水量比上次清洗后下降 10% 以上时。

（4）即使未出现上述情况，一般 3～4 个月应清洗一次膜组件。

2. 反渗透膜元件污染症状及处理方法（见表 3-7 和表 3-8）。

表 3-7　RO 膜元件污染症状及处理方法

污染物	一般特征	处理方法
1. 钙类沉积物（碳酸钙及磷酸钙，一般发生于系统第二段）	脱盐率明显下降；系统压降增加；系统产水量稍降	用溶液 1 清洗系统
2. 氧化物（铁、镍、铜等）	脱盐率明显下降；系统压降明显升高；系统产水量明显降低	用溶液 1 清洗系统
3. 各种胶体（铁、有机物及硅胶体）	脱盐率稍有降低；系统压降逐渐上升；系统产水量逐渐减少	用溶液 2 清洗系统
4. 硫酸钙（一般发生于系统第二段）	脱盐率明显下降；系统压降稍有或适度增加；系统产水量稍有降低	用溶液 2 清洗系统
5. 有机物沉积	脱盐率可能降低；系统压降逐渐升高；系统产水量逐渐降低	用溶液 2 清洗系统，污染严重时用溶液 3 清洗
6. 细菌污染	脱盐率可能降低；系统压降明显增加；系统产水量明显降低	依据可能的污染种类选择三种溶液中的一种清洗系统

表 3-8　RO 膜元件清洗液配方

清洗液	成分	配制 379L 溶液时的加入量	pH 值调节
1	柠檬酸	7.7kg	用氨水调节 pH 至 3.0
	反渗透产品水（无游离氯）	379L	
2	三聚磷酸钠	7.7kg	用硫酸调节 pH 至 10.0
	EDTA 四钠盐	3.18kg	
	反渗透产品水（无游离氯）	379L	
3	三聚磷酸钠	7.7kg	用硫酸调节 pH 至 10.0
	十二烷基苯磺酸钠	0.97kg	
	反渗透产品水（无游离氯）	379L	

四、机械过滤器的反冲与消毒

每天或定期对砂滤器和炭滤器进行反冲洗，以去除截留的杂质。

反冲洗过程可以通过多路阀控制器自动控制，也可以手动调节阀门状态来进行。下面以手动为例进行说明。过滤器及阀门示意图见图 3 – 22。

（1）反洗：开启 V3、V4、V1 阀门，其余阀门关闭，开启原水泵，反洗 5 ~ 15 分钟。

（2）正洗：开启 V1、V2、V5 阀门，其余阀门关闭，开启原水泵，正洗时间 5 ~ 10 分钟。

（3）运行：开启 V1、V2、V6 阀门，其余阀门关闭，

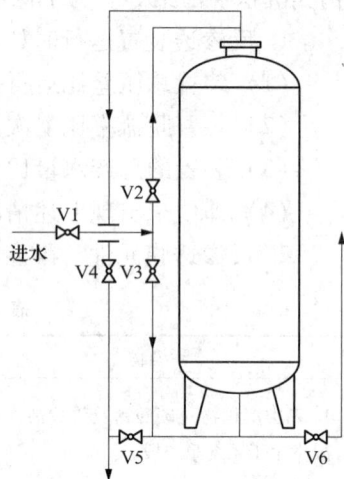

图 3 – 22　反冲洗示意图

多介质过滤器和活性炭过滤器应每隔一定时间反洗一次，先反洗后正洗，正洗完毕后再回到运行状态。为提高反冲洗的清洁效果，可以在反洗时同时通入一定压力的压缩空气。

任务二　纯化水系统的验证

一、系统描述

本系统使用符合生活饮用水卫生标准 GB 5749 – 2006 的原水作为水源，通过多介质过滤器、活性炭过滤器、保安过滤器（3μm）过滤，经双级反渗透制取纯化水进入纯化水储罐。纯化水由纯化水泵从储罐输出，经紫外杀菌器消毒过滤，送至普通固体制剂车间各用水点，作为生产工艺用水及清洁用水使用。纯化水须符合《中国药典》2015 年版要求和 GMP 规定。

1. 基本情况

设备编号：

设备名称：1000L/H 双级反渗透纯化水制备系统

设备型号：

生产厂家：　　　　　　　　出厂日期：　年　月　日

使用部门：纯化水制备车间

安装地点：　　　　　　　　工作间编号：

2. 纯化水系统工艺流程

原水箱→原水泵→多介质过滤器→活性炭过滤器→精密过滤器→一级高压泵→一级反渗透→中间水箱┬二级高压泵→二级反渗透→纯化水储罐→纯化水泵→紫外杀菌器

　　　　　　　　　└氢氧化钠加药泵

→车间用水点→纯化水储罐。

二、验证目的

为确认纯化水系统能够正常运行，设备各项性能指标符合设计要求，保证生产出质量合格、稳定的纯化水，特制订本验证方案，并对纯化水系统进行验证。验证过程应严格按照本方案规定的内容进行，若因特殊原因确须变更时，应填写验证方案变更申请及批准书，报验证委员会批准。

1. 检查并确认该系统设备所用材质、设计、制造符合 GMP 要求；

2. 检查并确认管路分配系统的安装符合 GMP 要求；

3. 检查该系统设备的文件资料齐全且符合 GMP 要求；

4. 检查并确认设备的安装符合生产要求，公用工程系统配套齐全且符合设计要求；

5. 确认该系统设备的各种仪器仪表经过校正且合格；

6. 确认该系统的各种控制功能符合设计要求；

7. 确认该系统设备在稳定的操作范围内能稳定运行且能达到设计标准；

8. 确认系统生产的水质能达到设定的质量标准，验证相关 SOP 的可行性、有效性，确定水的微生物警戒线，用系统运行的实际数据证明系统的能力及可靠性；

9. 为设备维修、改造和再验证提供数据资料。

三、验证参与部门及各部门职责

（一）验证委员会

1. 负责验证方案审批。

2. 负责验证的协调工作，以保证本验证方案规定项目顺利实施。

3. 负责验证数据及结果审核。

4. 负责验证报告审批。

5. 负责发放验证证书。

6. 负责纯化水系统日常监测项目及验证周期确认。

（二）工程部

1. 负责设备安装、调试，并填写相应的记录。

2. 负责建立设备档案。

3. 负责仪器、仪表校正。

4. 负责拟订纯化水系统日常监测项目及验证周期。

5. 负责收集各项验证、试验记录，报验证委员会。

6. 负责起草纯化水系统操作、清洗、维护保养的标准操作程序。

7. 负责纯化水系统操作、清洗和维护保养。

（三）质量部

1. 负责验证方案起草。

2. 负责制定纯化水质量标准、取样程序及检验规程。

3. 负责纯化水检验，并根据检验结果出具检验报告单。

4. 负责员工岗位培训及考核。

四、验证执行文件

1. 验证管理规程。
2. 纯化水验证方案。
3. 纯化水制备和输送操作规程。
4. 电导率仪操作规程。
5. 纯化水设备维护保养规程。
6. 纯化水系统清洁消毒操作规程。
7. 工艺用水监测管理规程。
8. 纯化水质量标准。
9. 纯化水检验操作规程。
10. 纯化水取样标准操作规程。

五、验证步骤

（一）预确认

项　目	确认结果	资料存放点
设备供应商资质审计表		
设备订货合同		
设备开箱验收报告单		
结论		
确认人：	复核人：	日期：

（二）安装确认

1. 文件资料确认

项　目	确认结果	资料存放点
制水间平面布置图		
纯化水制备工艺流程图		
设备说明书		
设备合格证		
管道部位材质及检测报告		
管道制作清洁记录		
管道焊接记录		
过滤器完整性测试记录		
制水设备调试报告		
纯化水制备标准操作规程		
结论		
确认人：　　　日期：	复核人：　　　日期：	

2. 系统安装竣工情况确认

项　目	检查结果	
工艺流程是否符合设计要求	符合要求（　）	不符合要求（　）
安装布置是否符合 GMP 要求	符合要求（　）	不符合要求（　）
确认人：　日期：	复核人：　日期：	

3. 纯化水制备设备安装确认
（1）多介质过滤器

项　目	要　求	检查结果
过滤器规格	Φ××	符合（　）不符合（　）
过滤器材质	外壳：304 不锈钢	符合（　）不符合（　）
过滤介质	石英砂	符合（　）不符合（　）
管件阀门	304 不锈钢材质，卫生级隔膜阀，能反冲、排放	符合（　）不符合（　）
计量仪表	齐全、安装正确、无损，有合格证	符合（　）不符合（　）
总体安装	正确无损	符合（　）不符合（　）
检查人：　日期：	复核人：　日期：	

（2）活性炭过滤器

项　目	要　求	检查结果
过滤器规格	Φ××	符合（　）不符合（　）
过滤器材质	外壳：304 不锈钢	符合（　）不符合（　）
过滤器过滤介质	活性炭	符合（　）不符合（　）
管件阀门	304 不锈钢材质，卫生级隔膜阀，能反冲、排放	符合（　）不符合（　）
计量仪表	齐全、安装正确、无损，有合格证	符合（　）不符合（　）
总体安装	正确无损	符合（　）不符合（　）
检查人：　日期	复核人：　日期：	

（3）精密过滤器

项　目	要　求	检查结果
过滤器规格	Φ××	符合（　）不符合（　）
过滤器材质	304 不锈钢	符合（　）不符合（　）
滤芯材质	PP 熔喷；过滤精度 3μm	符合（　）不符合（　）
管件阀门	齐全正确无损	符合（　）不符合（　）
计量仪表	齐全正确无损，有合格证	符合（　）不符合（　）
总体安装	正确无损	符合（　）不符合（　）
检查人：　日期：	复核人：　日期：	

（4）一级反渗透装置

项　目	要　求	检查结果
规格	Φ××	符合（　）不符合（　）
材质	ESPA 组合件	符合（　）不符合（　）
生产单位	海德能	符合（　）不符合（　）
管件阀门	齐全正确无损	符合（　）不符合（　）
计量仪表	齐全正确无损，有合格证	符合（　）不符合（　）
总体安装	正确无损	符合（　）不符合（　）
检查人：　　日期：		复核人：　　日期：

（5）二级反渗透装置

项　目	要　求	检查结果
规格	Φ××	符合（　）不符合（　）
材质	ESPA 组合件	符合（　）不符合（　）
生产单位	海德能	符合（　）不符合（　）
管件阀门	齐全正确无损	符合（　）不符合（　）
计量仪表	齐全正确无损，有合格证	符合（　）不符合（　）
总体安装	正确无损	符合（　）不符合（　）
检查人：　　日期：		复核人：　　日期：

（6）其他设备

设备名称	要　求	检查结果
原水泵	不锈钢	符合（　）不符合（　）
一级高压泵	不锈钢、GRUNDFOS	符合（　）不符合（　）
中间水箱	304 不锈钢	符合（　）不符合（　）
二级高压泵	不锈钢、GRUNDFOS	符合（　）不符合（　）
调 pH 加药泵	组合件	符合（　）不符合（　）
氢氧化钠加药泵	PP 材质、40L	符合（　）不符合（　）
清洗泵	不锈钢、GRUNDFOS	符合（　）不符合（　）
清洗水箱	PP 材质、500L	符合（　）不符合（　）
纯化水泵	不锈钢、GRUNDFOS	符合（　）不符合（　）
检查人：　　日期：		复核人：　　日期：

（7）公用项目及其他

确认项目	要求	检查结果
生产环境	墙面平整光洁不积尘、地面平整易清洁	符合（ ） 不符合（ ）
仪器仪表校验	电导率仪、流量计、压力表、液位仪均经校验合格，在合格周期内	符合（ ） 不符合（ ）
排水	通畅、无积水	符合（ ） 不符合（ ）
电源	380V，50Hz	符合（ ） 不符合（ ）
水源	生活饮用水	符合（ ） 不符合（ ）
压缩空气	洁净无油，0.4～0.6MPa	符合（ ） 不符合（ ）
部位间的连接工艺	与设计要求及说明书相符	符合（ ） 不符合（ ）
控制系统	与设计要求及说明书相符	符合（ ） 不符合（ ）
资料	有说明书、操作规程、设计图纸	符合（ ） 不符合（ ）
检查人： 日期：		复核人： 日期：

（8）纯化水制备设备安装确认结论

确认人： 复核人：

日期： 日期：

4. 储存分配系统安装确认。

（1）管道及阀门的材料确认：

项 目	要 求	检查结果
管道规格、材质	Φ××，304 无缝不锈钢管	符合（ ） 不符合（ ）
快装接头、卡箍	Φ××，304 不锈钢	符合（ ） 不符合（ ）
阀门	304 不锈钢卫生级隔膜阀	符合（ ） 不符合（ ）
快装三通	Φ××，304 不锈钢	符合（ ） 不符合（ ）
焊接弯头、快装弯头	Φ××，304 不锈钢	符合（ ） 不符合（ ）
硅胶垫	硅橡胶	符合（ ） 不符合（ ）
检查人： 日期：		复核人： 日期：

（2）管道连接和试压：输送管道连接采取热熔式氩弧焊焊接，接点内壁光滑，管道内壁光滑，无死角。安装后，用纯化水试压，试验压力为工作压力的 1.5 倍，保压24 小时，应无渗漏。

（3）管道清洗、钝化、消毒。

①纯化水循环预冲洗：临时准备一个储液罐、一台水泵、一个精密过滤器，与须钝化的管道连成一个循环通路，在储液罐中注入足够的常温纯化水，用水泵加以循环，30min 后打开排水阀，边循环边排放。在此期间，工艺管路上所有的阀门都应在关闭状态下开启 3次，每次时间大于 10s；冲洗结束后清洗储液罐、精密过滤器。

②碱液清洗：取氢氧化钠化学纯试剂，在储液罐中加入热纯化水（不低于 70℃）制成 1% 的溶液，用泵进行循环，时间不少于 30min，然后排放；在储罐内放入纯化水，

开启水泵，打开各用水点阀门，直到各用水点电导率与储水罐一致，排水时间至少30分钟。

③钝化：取化学纯硝酸加纯化水制成8%溶液，在49℃~52℃温度下循环1小时后排放。

④初始冲洗：用常温纯化水冲洗，时间不少于5分钟。

⑤最后冲洗：再次冲洗，直到各用水点电导率与储水罐一致。

⑥纯蒸气消毒：打开纯蒸气阀门，在整个不锈钢管道系统中通入纯蒸气，以离纯蒸气接入点最远处温度达到121℃开始计时，至少15min，期间工艺管路上所有的阀门都应在关闭状态下开启3次，每次时间大于10s。

（4）文件记录：管道焊接记录；管道试压记录；管道清洗、钝化、消毒记录。

（5）储存分配系统安装确认

确认项目	确认标准	检查结果
管道材料	304不锈钢	符合（　）不符合（－）
管道连接及连接点	管道无死角，连接点热熔式氩弧焊焊接，接点内壁光滑	符合（　）不符合（　）
纯化水储罐	304不锈钢，内壁电解抛光并钝化，无死角、无泄漏，装有自动清洗球、数显式液位计	符合（　）不符合（　）
0.22μm呼吸器	有合格证	符合（　）不符合（　）
阀门	不锈钢卫生级隔膜阀	符合（　）不符合（　）
快装接头	卫生快装接头	符合（　）不符合（　）
纯化水泵	水润滑不锈钢卫生泵、GRUNDFOS	符合（　）不符合（　）
紫外线杀菌器	功率：××KW，带计时器	符合（　）不符合（　）
检查人：　　　日期：		复核人：　　　日期：

（6）储存分配系统安装确认结论

确认人：　　　　　　　　　　　　　　复核人：

日期：　　　　　　　　　　　　　　　日期：

5. 安装确认结论

确认人：　　　　　　　　　　　　　　复核人：

日期：　　　　　　　　　　　　　　　日期：

（三）运行确认

1. 首先对岗位操作人员进行全面培训并考核，合格后凭上岗证上岗操作。

结论：岗位操作人员按员工培训管理规程要求接受培训及考核。

符合（　　）　不符合（　　）上岗要求。

附岗位操作人员培训记录。

确认人：　　　　　　　　　　　　　　复核人：

日期：　　　　　　　　　　　　　　　日期：

2. 运行前按相应的清洁规程清洗所有储罐及输送管路。

3. 运行确认项目

确认项目	确认标准	检查结果
电压、电流	数值与说明书相符并稳定	符合（　　）不符合（　　）
机器部件运转	与说明书相符，无异常响动	符合（　　）不符合（　　）
控制系统	与说明书相符	符合（　　）不符合（　　）
纯化水制水量	与设计及说明书相符	符合（　　）不符合（　　）
纯化水电阻率	$\geq 0.5 M\Omega \cdot cm$	符合（　　）不符合（　　）
结论		
确认人：　　　　　日期：		复核人：　　　　　日期：

（四）性能确认

1. 单体设备性能确认。

（1）多介质过滤器。

名称：多介质过滤器运行确认。

目的：检查多介质过滤器的运行能否达到设计要求。

确认内容：在运行8小时后进行测量，检查确认内容见下表。

项目名称	设计值	实测值	检查结果
进水浊度	≤5 度		符合（　　）不符合（　　）
出水浊度	≤1 度		符合（　　）不符合（　　）
检查人：　　　　　复核人：			日期：

（2）活性炭过滤器。

名称：活性炭过滤器运行确认。

目的：活性炭过滤器的运行能否达到设计要求。

确认内容：在运行8小时候进行测量，检查确认内容见下表。

项目名称	设计值	实测值	检查结果
出水 TOC			符合（　　）不符合（　　）
出水余氯			符合（　　）不符合（　　）
检查人：　　　　　复核人：			日期：

（3）一级反渗透装置。

名称：一级反渗透装置运行确认。

目的：一级反渗透装置的运行能否达到设计要求。

确认内容：运行8小时后进行测量，检查确认内容见下表。

项目名称	设计值	实测值	检查结果
进水压力	(1.0±0.2) MPa		符合（　） 不符合（　）
浓水压力	(0.8±0.1) MPa		符合（　） 不符合（　）
产水流量			符合（　） 不符合（　）
浓水流量			符合（　） 不符合（　）
产水电导率	≤10μs/cm		符合（　） 不符合（　）

检查人：　　　　　复核人：　　　　　日期：

（4）二级反渗透装置。

名称：二级反渗透装置运行确认。

目的：二级反渗透装置的运行能否达到设计要求。

确认内容：运行8小时后进行测量，检查确认内容见下表。

项目名称	设计值	实测值	检查结果
进水压力	(1.0±0.2) MPa		符合（　） 不符合（　）
浓水压力	(0.8±0.1) MPa		符合（　） 不符合（　）
产水流量			符合（　） 不符合（　）
浓水流量			符合（　） 不符合（　）
产水电导率	≤2μs/cm		符合（　） 不符合（　）

检查人：　　　　　复核人：　　　　　日期：

（5）系统其他装置。

名称：系统其他装置运行确认。

目的：系统其他装置的运行能否达到设计要求。

确认内容：在运行8小时后进行测量，检查确认内容见下表。

项目名称	设计要求	检查结果
精密过滤器	运行正常	符合（　） 不符合（　）
中间水箱	运行正常	符合（　） 不符合（　）
pH调节系统	运行正常	符合（　） 不符合（　）
清洗泵	运行正常	符合（　） 不符合（　）
紫外线杀菌器	运行正常	符合（　） 不符合（　）
0.2μm呼吸器	运行正常	符合（　） 不符合（　）

检查人：　　　　　复核人：　　　　　日期：

单体设备性能确认结论：

确认人：　　　　　复核人：　　　　　日期：

2. 水系统性能确认测试。

（1）在正式开始水系统性能确认测试前，先按纯化水质量标准及检验操作规程对纯化水出水水质进行测试，以便在测试时发现问题并及时解决。

（2）水系统按照设计要求正常运行后记录日常操作的参数，检测根据设计及使用情况连续三周。

①取样频率：分 3 个周期，每周期 7 天，取样点见附表。

②合格标准：符合《中国药典》2015 年版纯化水项下质量标准要求。

③重新取样：由于取样、检验等因素，有时会出现个别点水质不合格的现象，可在不合格使用点再重复取样、检验一次，重测指标必须合格。

表 3 - 9 日常监测程序及验证周期

	取样点	取样频率，全检
日常监测取样	产水口	1 次/天
	纯化水储罐	1 次/天
	总出水口	1 次/天
	总回水口	1 次/天
	使用点	轮流取样，保证每个使用点 1 次/周
	取样规程	纯化水取样操作规程
	检验规程	纯化水检验操作规程
	质量标准	纯化水质量标准 2015 年版《中国药典》
重新取样程序	出现个别取样点纯化水质量不符合标准的结果时，应按下列程序进行处理： 1. 在不合格点重新取样，重新检验不合格项目或全部项目。 2. 必要时，在不合格点的前后分段取样，进行对照检测，以确定不合格的原因。 3. 若属系统运行方面的原因，必要时报验证委员会，调整系统运行参数或对系统进行处理。	
再验证周期		
确认	工程部 年 月 日	质量部 年 月 日	验证委员会 年 月 日

详细内容见附件检验操作记录及检验报告书

纯化水系统性能确认结论：

确认人：   复核人：   日期：

六、验证结论及评价报告

1. 是否按规程内容完成，如未按规程进行

理由：   批准人：

2. 主要验证结果

项　目	标　准	验证结果	是否符合规定
预确认	供应商资质及随机资料合格		

安装确认	机组、管路、仪表及测量仪器仪表符合 GMP 要求		
运行确认	试运行达到设计要求		
性能确认	产水、储罐水、用水点水质均符合《中国药典》2015 年版纯化水项质量标准要求		

3. 对结果的分析

报告人：　　日期：

4. 会签　重要试验是否完整　完整（　）欠缺（　）不合格（　）

　　　　　试验结果可靠性　可靠（　）尚须重试（　）

　　　　　评价结果　合格（　）　不合格（　）

　　会签人：

验证小组负责人：　　　　　　　　　　　　　　　　　　年　月　日

七、验证报告书批准

验证项目名称	纯化水系统验证方案及报告
验证目的	检查并确认纯化水系统安装符合设计要求，资料和文件符合 GMP 的管理要求。 调查并确认纯化水系统的运行性能。 验证纯化水系统出水及输送系统水质符合《中国药典》2015 年版纯化水项下质量标准要求及内控标准要求
验证方案及验证报告编号	

该验证项目及验证报告已经审核无误，予以批准。特此证明。

本验证项目有效期

　　　　　自　年　月　日至　年　月　日止。

　　　　　验证管理部门负责人

　　　　　　年　　月　　日

企业盖章

项目三 多效蒸馏水机的运行与管理

任务 多效蒸馏水机运行中的质量监控

一、多效蒸馏水机

注射用水为纯化水经蒸馏所得的水，应符合细菌内毒素试验要求。注射用水必须在防止细菌内毒素产生的设计条件下生产、贮藏与分装。其质量应符合注射用水项下的规定。

为保证注射用水的质量，应减少原水中的细菌内毒素，监控蒸馏法制备注射用水的各生产环节，并防止微生物的污染。应定期清洗与消毒注射用水系统。

注射用水的储存方式和静态储存期限应经过验证，以确保水质符合质量要求，如可以在80℃以上保温或70℃以上保温循环或4℃以下的状态下存放。

注射用水须控制细菌内毒素，其具有挥发、水溶、耐热和可滤过等性质。由于其可滤过，因此一般的过滤如微滤无法去除细菌内毒素，需要超滤或反渗透才能滤除它。由于其耐热，进料水即使加热到150℃时也无法破坏其活性，需要250℃，30分钟以上才能破坏其活性。由于热原可水溶，热原存在于水及混有液（雾）滴的蒸气中。我们利用热原的不挥发和水溶的特点采用蒸馏法和汽水分离装置来除去热原。通过加热蒸发、气液分离和冷凝等过程达到去除化学物质和微生物的目的。

制备注射用水的设备多为多效蒸馏水机，多效式蒸馏水器采用列管式或盘管式换热器，多次利用余热蒸发制水，能较充分利用蒸气热量，能耗及水耗均较低。

（一）多效蒸馏水机的结构

多效蒸馏水机由蒸发器、预热器和冷凝器与原料水管、蒸汽管、凝结水管及冷却水管道组成。

1. 蒸发器

（1）蒸馏塔内部结构分加热室、蒸发室、分离器，都安装在一个蒸馏塔内。加热、蒸发、除沫分离热原几个工艺过程在一个腔体内完成。这一点凡是列管式蒸馏水机都差不多，结构见图3－23。

（2）多效蒸馏水机从蒸发原理上可分为降膜蒸发与沸腾蒸发，主要就是进料水布液后进入列管的方向。从顶部进入蒸发室成膜状沿管壁流下，即降膜蒸发式；沸腾蒸发就是进料水经加热沸腾后，产生二次蒸气，进行分离，也称为升膜式。

降膜蒸发是料液以液膜的形式流经加热表面进行的一种表面蒸发。和普通的蒸发不同，降膜蒸发过程中没有料液的剧烈沸腾，蒸发一般只在液膜表面发生，是管内气液两相的强制对流传热。

（3）汽液分离结构　在蒸发过程中，气液两相互相运动接触，会有液滴进入气相。在多效蒸馏水机中，上一效产生的二次蒸气将作为下一效的加热源，而冷凝为蒸馏水，如气液分离不完全，易使热效率降低。同时，由于热原水溶，气液两相分离的效果直接影响蒸馏水的质量。

热原的除去效果取决于气水分离装置。气水分离装置一般采用以下一些技术来分离气水。

①重力分离：利用液滴本身的重力来实现分离。从列管中高速流出的汽流经闪蒸室后，其速度将降低到一定的值，汽流经过180℃转向向上，会有一定部分液滴从汽流中分离并沉降下来。重力沉降只适用于那些颗粒直径大于5μm的液滴。

②导流板撞击式分离：当带有液滴的气流通过这种通道时，液滴会和挡板发生碰撞并留在上面，最后以液膜的形式经排液管排走。

③螺旋离心分离：气流经过分离器时，螺旋式挡板迫使气流螺旋上升。它利用液滴和蒸气粒子的质量之比相差若干几何级数，湿蒸气在高速螺旋上升时使液滴和蒸气微粒分离的加速度甚至达到几百倍地心引力的加速度，液滴抛离至器壁上，通过容器壁上的孔隙流回蒸发室而除去。螺旋离心分离运动阻力小，整个分离结构通畅干燥，分离效果好。螺旋分离原理见图3-24。

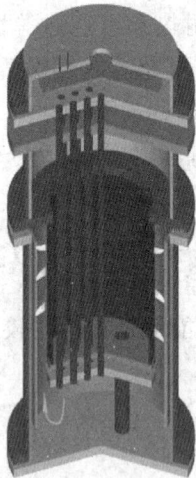

图3-23　双管板蒸发器示意图　　　　图3-24　螺旋分离示意图

④丝网除沫器：利用惯性碰撞、气体吸附、截留作用及静电吸附来实现分离的目的。对于5μm以上的液滴，丝网除沫器的分离效率在98%以上。但蒸发腔内液位一旦失控，容易造成液滴夹带，当夹带的雾沫量很高时，金属丝网中会产生液层不凝降现象，从而使分离效果下降。丝网除沫器要达到除沫效果，还须安装一定的高度。丝网

除沫器的不足之处：蒸气运行阻力大，能量耗损大；停止使用期间，丝网除沫器处于温暖潮湿状态，易滋生微生物。因此多效蒸馏水机一般不采用丝网除沫的方式实施水气分离。

为了保证气水分离效果，气水分离装置一般同时利用上述技术中的几种。比如重力分离＋螺旋离心分离＋导流板撞击式分离。

2. 预热器 上一效的纯蒸气在下一效的预热器中与纯化水发生热交换，纯化水被加热，纯蒸气被冷凝为蒸馏水。

3. 冷凝器 冷凝器在主机中起三相交换作用：纯蒸气、进料水和冷却水，即预热进料水，冷凝纯蒸气成蒸馏水，调节蒸馏水出水温度。冷凝器在整机制水全过程是最后一个重要部件，制成的蒸馏水汇集于此，然后输出。蒸馏水与进料水，冷却水之间须严格密封分隔，防止相互泄漏、渗透。也可将冷凝器一分为二，进料水与冷却水分开为两个单独行程的热交换器，壳腔串联连通。

蒸发器、预热器、冷凝器都应采用双管板结构（图3-25），能有效地防止相互泄漏、渗透。

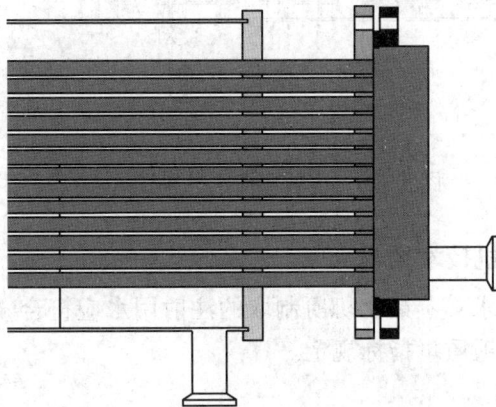

图3-25 冷凝器双管板结构示意图

（二）多效蒸馏水机工作流程

1. 第一效蒸发器以工业蒸气为热源，其他蒸发器则以前一效蒸发器蒸发产生的纯蒸气为热源

2. 第一效蒸发器以工业蒸气为热源，工业蒸气在第一效被冷凝产生的凝结水作为废水被排放。其他蒸发器以纯蒸气为热源，纯蒸气被冷凝为蒸馏水。

3. 纯化水首先进入冷凝器，在冷凝器首次预热，然后依次进入各效预热器预热，预热 $N+1$ 次（N 为多效蒸馏水机效数）后进入第一效蒸馏塔顶部经分水装置，均匀地分布进入蒸发列管，并与工业蒸汽发生热交换，在蒸发列管内形成薄膜状的水流入第一效蒸发室内蒸发，没有被蒸发的水在压力差作用下进入下一效，在下一效再次蒸发。

4. 在末效没有被蒸发的水作为废水被排放，多效蒸馏水机的蒸馏水收率一般在90%～95%，也就是在末效有相当于纯化水进水流量5%～10%的水作为废水排掉。

5. 各效产生的纯蒸气在下一效被冷凝，为蒸馏水，末效产生的纯蒸气进入冷凝器，在冷凝器被冷凝。

6. 各效产生的蒸馏水（第一效不产蒸馏水）温度都超过100℃，收集送入冷凝器预热纯化水在冷凝器被冷却到合适温度。

7. 无法被冷凝的气体通过冷凝器上的不凝气体排放口排出。

多效蒸馏水机流程见图3-26。

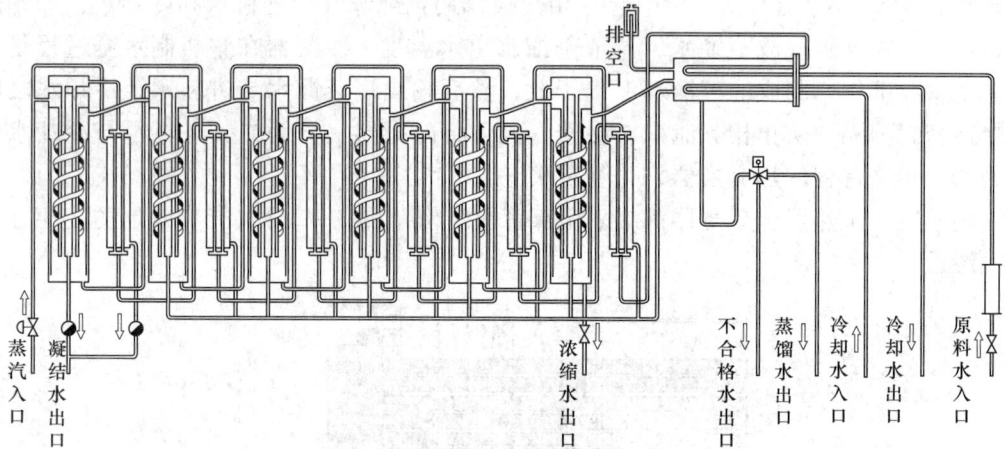

图3-26 多效蒸馏水机流程示意图

（三）多效蒸馏水机技术要求

1. 注射用水水质要求：蒸馏水机所制取的注射用水应符合《中国药典》2015年版中"注射用水"中的各项质量指标规定。

2. 材质要求

（1）蒸馏水机中凡与注射用水（包括纯蒸气）接触的零部件均应采用SUS316L低碳优质不锈钢制造，或其他已经证明同样可以适用的原材料。

（2）蒸馏水机中各部件所选用的密封件应采用无毒、无味、无颗粒脱落且耐腐蚀的硅橡胶、聚四氟乙烯或性能类似的材质。

（3）蒸馏水机中采用的保温材料应符合GB/T 4272-1992中5.2规定。

3. 制造质量

（1）馏水机中各连接部位应牢固，密封处不得出现渗漏现象。

（2）蒸馏水机中凡与注射用水包括纯蒸气接触的筒体、管路和焊缝应作电抛光、酸洗钝化处理。

4. 性能要求 蒸馏水机在0.3MPa蒸气压力下测得的蒸气耗量、冷却水耗量和原料水耗量应符合表3-10的规定。

表3-10 多效蒸馏水机性能参数

型　式		列 管 式				盘 管 式			
效　数		3	4	5	6	3	4	5	6
比　值	Q_A/Q	≤0.45	≤0.34	≤0.27	≤0.23	≤0.45	≤0.32	≤0.27	≤0.24
	Q_B/Q	≤1.47	≤1.11	≤0.58	≤0.21	≤1.50	≤1.00	≤0.40	—
	Q_C/Q	≤1.15	≤1.15	≤1.15	≤1.15	≤1.50	≤1.45	≤1.45	≤1.45

注：Q_A——单位时间内生产一定量的注射用水所须消耗的蒸气量，L/h

Q_B——单位时间内生产一定量的注射用水所须消耗的冷却水量，L/h

Q_C——单位时间内生产一定量的注射用水所须消耗的原料水量，L/h

Q——单位时间内测得的注射用水产量，L/h

从表3-10可以看出效数越多，越节能，越少耗冷却水。

5. 功能要求

（1）蒸馏水机应具有显示出口注射用水质量的电导仪，当出水电导率超出规定值时能自动将蒸馏水作为不合格水排放掉。

（2）蒸馏水机应配备温度自动控制仪、蒸气压力报警装置和冷却水流量调节装置。蒸馏水机所产注射用水温度应为92℃～99℃。

（3）蒸馏水机采用微机或人机界面等控制的设备时，必须提供可靠的手动、自动切换装置。

6. 外观

（1）蒸馏水机的外观质量应光洁平整，无明显划痕，无凸起和凹陷现象。

（2）蒸馏水机的连接管道应排列整齐。

二、多效蒸馏水机运行规程

1. 目的　建立多效蒸馏水机操作规程，规范其操作，保证生产出合格的注射用水。

2. 范围　适用于××公司生产的LD-500/5G多效蒸馏水机。

3. 职责　操作员工按本规定执行操作，工程部主管、质量部QA监督其执行。

4. 内容

（1）开机前准备　①确认设备状态标示为"完好"；②确认纯化水储罐液位，确保有足够量纯化水；③开蒸气总阀门，并开排污阀，排尽管道内冷凝水后关闭，确认蒸汽压力达到0.4～0.6MPa；④开一次凝结水阀于2/3处（可调节）；⑤开末效浓水阀于1/2处，运行中根据末效视镜水位进行调节；⑥开压缩空气阀，确实压缩空气压力在0.4～0.6MPa；

（2）开机　①开电源锁，开自动钮；②开主蒸气阀，使压力逐渐升高并稳定为0.3MPa；③开进料水阀，随时调节，当蒸气压力上升到0.3MPa时，纯化水泵自动开启，纯化水进入多效蒸馏水机；④开主控面板上"废弃"按钮，强制废弃设备初期产水5min，然后关闭"废弃"按钮；⑤当产水电导率低于1.0μs/cm时，设备自动关闭排水阀，蒸馏水进入注射用水储罐，设备进入自动控制运行。

（3）关机 ①关闭纯化水进料水阀，看到Ⅰ效视镜水位下降后，即关闭主蒸汽阀；②关闭压缩空气阀；③关蒸汽总阀门；④关电源锁。

（4）注意事项 设备运行时，须防止烫伤。

三、多效蒸馏水机运行中的质量监控指标

班次：	操作人：	复核人：	日期： 年 月 日

生产开始时间：　　　　　　　　　　　　　　　　　生产结束时间：

	记录时间				
多效蒸馏水机	加热蒸气压力（MPa）				
	压缩空气压力（MPa）				
	一效温度（℃）				
	纯化水流量（L/min）				
	纯化水电导率（μs/cm）				
	蒸馏水机出水温度（℃）				
	蒸馏水机出水电导率（μs/cm）				
	蒸馏水机出水 TOC（mg/L）				
注射用水储罐	储罐液位（m）				
	储罐温度（℃）				
	回水温度（℃）				
	回水电导率（μs/cm）				
	回水 TOC（mg/L）				
	回水流速（m/s）				

备注：操作员工每两小时记录一次。

【实训思考与测试】

一、单项选择题

1.《中国药典》2015 年版规定注射用水的生产方法是（　　　）

　　A. 蒸馏法　　　　　B. 反渗透法　　　　C. 离子交换法　　　　D. 电渗析法

2. 直接与注射用水接触的材料一般应为（　　　）

　　A. 304 不锈钢　　　B. 聚乙烯　　　　　C. 聚丙烯　　　　　　D. 316L 不锈钢

3. 砂滤器的主要作用是（　　　）

　　A. 滤除大的颗粒物和悬浮物，降低水的浊度

　　B. 吸附有机物

　　C. 降低水中余氯含量

　　D. 去除微生物

4. 反渗透膜一般采用（　　　）结构

　　A. 卷式膜　　　　　B. 中空纤维式　　　C. 板框式　　　　　　D. 管式

5. 注射用水的原水是 (　　)
   A. 饮用水　　　　　B. 纯化水　　　　　C. 蒸馏水　　　　　D. 去离子水

6. 反渗透膜上沉积的碳酸钙、磷酸钙类污染物可用 (　　) 清洗
   A. 氢氧化钠　　　　　　　　　　　B. 硫酸
   C. 柠檬酸　　　　　　　　　　　　D. 十二烷基苯磺酸钠

7. 《中国药典》2015 年版规定纯化水在 25℃时，电导率值应小于 (　　)
   A. 1.0μs/cm　　　　B. 2.0μs/cm　　　　C. 5.1μs/cm　　　　D. 0.5μs/cm

8. 在纯化水检测项目中，(　　) 与总有机碳两项可选做一项
   A. 氨　　　　　　　B. 一氧化物　　　　C. 重金属　　　　　D. 硝酸盐

9. 下列 (　　) 检测项目纯化水不做，注射用水须做
   A. 氨　　　　　　　B. 细菌内毒素　　　C. 电导率　　　　　D. 重金属

10. 注射用水细菌内毒素的含量应小于 (　　)
    A. 0.25EU/ml　　　B. 0.5EU/ml　　　　C. 0.125EU/ml　　　D. 1.0EU/ml

二、多项选择题

1. 注射用水的储存方式应经过验证确保水质符合质量要求，例如可以在 (　　) 存放
   A. 80℃以上保温　　　　　　　　　B. 70℃以上保温循环
   C. 4℃以下的状态　　　　　　　　　D. 室温

2. 纯化水的生产方法有 (　　)
   A. 蒸馏法　　　　　B. 离子交换法　　　C. 反渗透法　　　　D. 电渗析法

3. 纯化水预处理工艺中炭滤器的作用是 (　　)
   A. 吸附有机物　　　B. 降低余氯含量　　C. 去除氯离子　　　D. 去除电解质

4. 降低纯化水原水中余氯含量的方法有 (　　)
   A. 加还原剂，如亚硫酸氢钠　　　　B. 炭滤器过滤
   C. 砂滤器过滤　　　　　　　　　　D. 微孔滤膜过滤

5. 反渗透法制备纯化水的优点有 (　　)
   A. 能耗低　　　　　　　　　　　　B. 成本低
   C. 杂质去除范围广　　　　　　　　D. 去除离子化合物效果较好

6. 为了保证过滤效果，炭滤器应定期 (　　)
   A. 定期更换活性炭　　　　　　　　B. 定期反冲洗
   C. 定期消毒　　　　　　　　　　　D. 定期再生

7. 纯化水可做 (　　) 用途
   A. 口服、外用制剂配制用溶剂或稀释剂
   B. 注射剂的配制与稀释
   C. 配制普通药物制剂用的溶剂或试验用水
   D. 非灭菌制剂用器具的精洗用水

8. 注射用水可做 (　　) 用途
   A. 配制注射剂的溶剂或稀释剂

  B. 配制滴眼剂的溶剂

  C. 无菌制剂用容器的精洗用水

  D. 注射用灭菌粉末的溶剂

三、名词解释

纯化水 注射用水 警戒水平（alert level） 纠偏限度（action limit）

四、简答题

1. 纯化水生产中常见的预处理方法有哪些？各有什么作用？

2. 纯化水生产中预处理的目的是什么？

3. 试设计一个纯化水系统。

4. 多效蒸馏水机是如何去除细菌内毒素的？

5. 简述影响反渗透膜性能的因素有哪些。

压缩空气岗位实训

实训目标

(1)掌握压缩空气系统的安装和设计要点；压缩空气的基本组成；压缩空气的技术要求和检测方法。

一、压缩空气概述

压缩空气，即被外力压缩的空气。空气具有可压缩性，经空气压缩机做机械功使其体积缩小、压力提高后的空气称为压缩空气。压缩空气是一种重要的动力源，具有易于控制、使用方便、没有特殊危害等特点，在制药行业得以广泛使用，如物料的输送。以及气动元件的控制、清洁、气密性试验等。

压缩空气系统一般由空气压缩机、储气罐、过滤器、干燥器、分配管路等组成。

如表4-1所示，空压机按工作原理可分为容积式和动力式（也称为速度式）。按排气压力可分为低压空压机、中压空压机和高压空压机。不管哪类型空压机，其工作原理都是：吸气-压缩-排气这三个过程。

表4-1 空压机的分类

按工作原理	按运动件或气流工作特征	按工作腔中运动件的结构特征
容积式	往复式	活塞式
		柱塞式
		隔膜式
	回转式	滚动转子
		滑片
		液环
		三角转子
		涡旋
		罗茨
		螺杆式
动力式（速度式）	离心式	叶轮式
	轴流式	
	旋涡式	
	喷射式	喷射泵

二、螺杆式空压机

螺杆式空压机是一种在制药行业使用比较广泛的空压机。其具有以下优点。

1. 结构简单，运转部件少，易耗件少，可长时间连续运行，可靠性高；
2. 操作维护方便，可实现无人值守运转；
3. 体积小，重量轻，占地面积少；
4. 气流脉冲小，排气稳定；
5. 振动小，噪音较低。

螺杆式空压机按照螺杆数目分为单螺杆和双螺杆；按压缩过程中是否有润滑油参与分为喷油和无油螺杆式空压机，无油空压机又分为干式和喷水两种。

（一）工作原理

双螺杆式压缩空压机是由一对相互平行啮合的阴阳转子（或称螺杆）在气缸内转动，使转子齿槽之间的空气不断地产生周期变化的容积，当转子转一周（即360°），空气则沿着转子轴线由吸入侧输送至输出侧，实现螺杆式空压机的吸气、压缩和排气的全过程。这种周而复始的容积变化实现压缩机压缩气体的工作过程（图4-1）。阴阳转子由主电机驱动而旋转。

螺杆气体压缩机组由电动机、主机、减荷阀、分离油罐、精油分离器、最小压力阀、冷却器（含气冷却器和油冷却器）、温控阀、安全阀、气水分离器及微电脑控制器等组成（图4-2）。

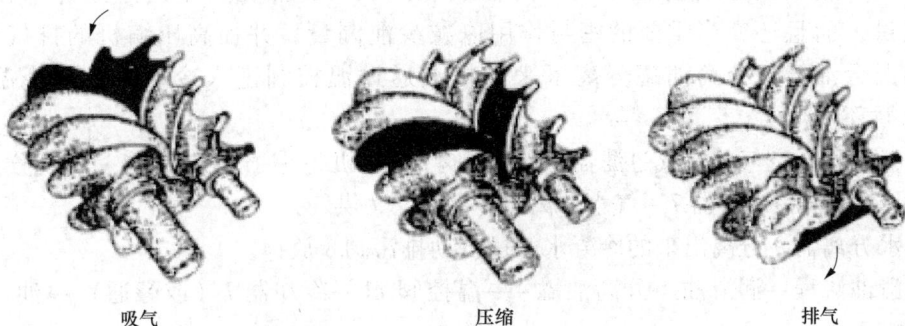

| 吸气 | 压缩 | 排气 |

图4-1　螺杆式空压机压缩空气三个状态

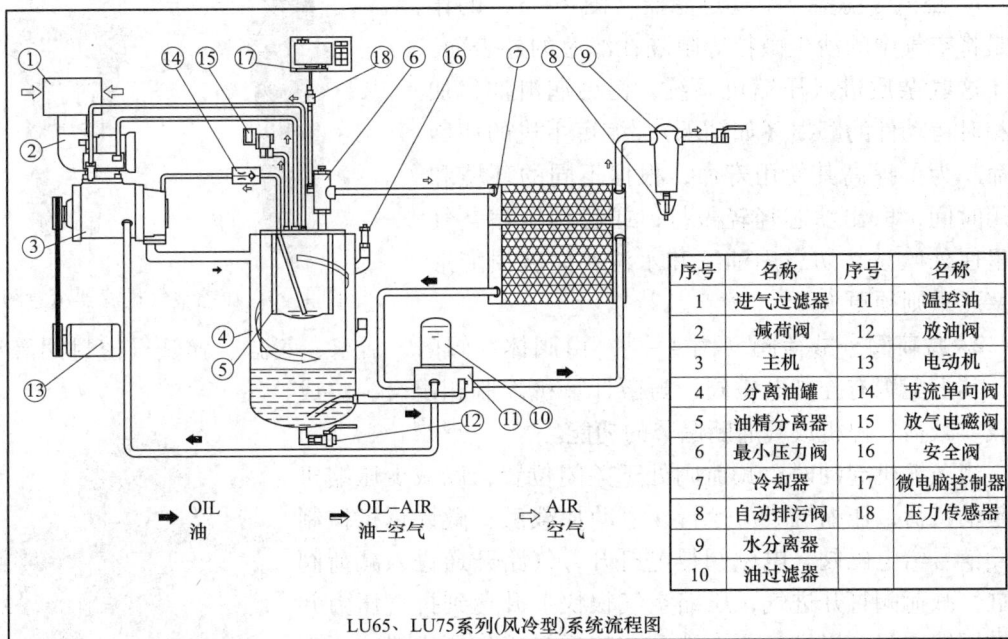

序号	名称	序号	名称
1	进气过滤器	11	温控油
2	减荷阀	12	放油阀
3	主机	13	电动机
4	分离油罐	14	节流单向阀
5	油精分离器	15	放气电磁阀
6	最小压力阀	16	安全阀
7	冷却器	17	微电脑控制器
8	自动排污阀	18	压力传感器
9	水分离器		
10	油过滤器		

→ OIL
油　　⇒ OIL-AIR
油-空气　　⇒ AIR
空气

LU65、LU75系列(风冷型)系统流程图

图4-2　螺杆式空压机系统流程图

电动机通过皮带传动主机，主机阴阳转子高速运转产生吸入、压缩、排出三个工作过程。空气通过空气过滤器被吸入压缩，这时排出端排出的气体为油气混合压缩空气，进入油气分离罐后大部份机油被截留于罐内，小部分机油最终被油精分器截留下来，被截留下来的这部分利用压力差通过回油管，单向阀进入主机吸气端。分离后的压缩空气经过最小压力阀到冷却器冷却，冷却后的压缩空气经水分离器分离掉冷凝水。

润滑系统分离油罐内的螺杆机油，利用系统内压力差的作用，通过温控阀，再经过油过滤器后喷入气腔。压缩机工作时，阳转子传递功率，同时承受气体的压力，随着气体压力递增，气体被压缩并产生热传递，为保证机件正常运转，螺杆压缩机采用喷油方式使运动机件的轴承得以润滑，油在其中还起到冷却作用并带走热量，而且还充当重要的密封作用以减少泄漏量，并提高压缩机的排气效率。高温的混合油气经分离油罐分离下来的机油通过温控阀进入冷却器冷却降温后再供主机循环使用。

空气流程：空气→空气过滤器1→减荷阀2→主机3→油气分离器4、油气分离器5→最小压力阀6→冷却器7→气水分离器9→出口（供气）。

气水分离器9分离出来的冷凝水经过自动排污阀8放掉。

润滑油流程：润滑油→分离油罐4→温控阀11→冷却器7（或旁通）→油过滤器10→主机3。

（二）螺杆式空压机各部件的作用

1. 空气过滤器 空气过滤器（图4-3）的作用是将空气中的沙尘微粒等阻隔在滤芯的外表面，防止这些杂质进入压缩机系统，污染润滑油，加速相对运动件的磨损（如轴承），缩短主机的使用寿命。为了提高其使用寿命，根据不同的环境和使用时间，取出滤芯轻轻敲打，或者用压缩空气由里往外吹洗，切忌用油洗和水洗，如破损变形堵塞严重则须更换。

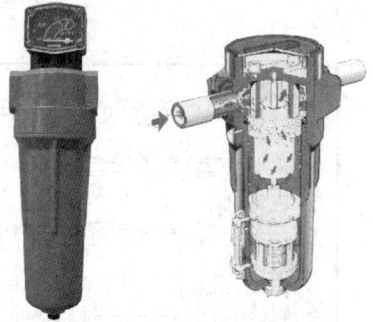

图4-3 压缩空气过滤器示意图

2. 减荷阀 减荷阀（图4-4）由阀体、阀门、活塞、气缸、弹簧、密封圈等组成，其上配置有控制电磁阀，与微计算机控制相配合，集成加载、减荷、停机放气通断调节的功能。

当压缩机起动时，减荷阀处于关闭位置，以减少压缩机的起动负荷，压缩机减荷运行。手动加载后，微计算机控制器发信号给电磁阀，电磁阀得电打开，气路开通进入减荷阀气缸，减荷阀打开进气，压缩空气很快上升达到排气压力并提供压缩空气。当排气压力达到或略超过工作压力时，压力传感器把压力信号传回微计算机，微计算机控制器发出信号使电磁阀失电，减荷阀阀门关闭，使压缩机处于减荷空载状态，直到压力逐渐降低到设定值时，压力传感同样反馈信号

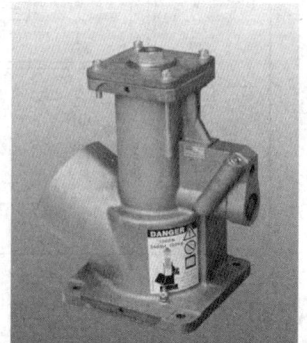

图4-4 减荷阀外形图

给微计算机，微计算机发信号给电磁阀通电，减荷阀打开，压缩机又正常加载供气，这个过程称为通断调节。压缩机减荷时，通过减荷阀快速放气，分离油罐上的最小压力阀关闭，有一小部分气体通过减荷阀内的小孔进入主机吸气口，以平衡减荷阀小孔的吸入气量，使分离油罐内的压力保持在设定值，维持正常的润滑油循环。减荷阀的开启和关闭动作是否灵活，对压缩机的可靠运行是很重要的。因此，减荷阀应定期进行维护保养。

3. 油气分离器（分离油罐、油精分离器） 分离油器（图4-5）是集分离功能和储油罐为一体，来自主机排气口的混合压缩空气进入油分离罐空间，改变其转折、旋转方向，由于离心作用，大部分润滑油聚集于油罐的下部，通过罐底的管道进入温控阀、冷却器、油过滤器进入主机，起到密封润滑作用。

图4-5 油气分离器

少部分润滑油随压缩空气经油精分离器，通过滤芯的拦截、凝聚及吸附等效应被截留下来，使润滑油充分回收，这一小部分油集中到油精分器下部碗形状凹处，通过其底部的回油管吸出经节流单向阀进入主机。

油气分离罐上部（或者侧面）装有安全阀，如果容器内的压力超过设定的工作压力，安全阀就会释放部分压缩空气，确保压缩机正常运行。油气分离器下部设有加油口和油位指示器，以方便观察油位和加油，压缩机在运行中油位应保持在1/2以上。压缩机运行一段时间后停下来经过自然冷却，系统内空气水分会冷凝沉积在分离罐的底部。所以应每次在启动设备投入使用前通过装在分离罐底部的排油管放出水分，以保证润滑油不含水，同时保证使用寿命。

4. 最小压力阀 最小压力阀由阀体、阀芯、弹簧、活塞体、密封圈、调节螺钉等组成。该阀装置在油精分离器的出口端，主要作用是保持油气分离罐内的压力设定值，保证系统内建立油压所需的气体压力，使油气混合气在分离器内得以较好地分离，在减荷或者停机时防止终端系统的压缩空气倒流（起到止逆阀的作用）。最小压力阀在出厂试车的时候其保持压力已经调整好，一般在用户设备投入使用后无须调整。

5. 冷却器 冷却器（图4-6）有风冷式和水冷式。风冷式冷却器为铝质材料翅片式结构；水冷式为铜质材料列管式结构。不管哪种形式冷却器，其作用是把压缩机排出的压缩空气和润滑油冷却下来。当压缩机压缩空气时，产生的热量大部分由润滑油带出来，并在冷却器中通过强制对流的方式

图4-6 冷却器

由冷却风（水冷式为水）带走。

在风冷式热交换过程中，冷却空气侧的热阻起主导作用，因此要经常保持散热片表面清洁。水冷却器要定期清洗除垢，水质最好要求为经过处理的软化水，可进行循环使用。

6. 温控阀　温控阀由阀体、活塞、弹簧、密封圈、温控元件、微调螺钉等组成。它的作用是控制压缩机的最低喷油温度，防止润滑油低温造成压缩机排气温度偏低，从而在油气分离器内析出冷凝水，并恶化润滑油的品质，最终缩短其使用寿命。在控制喷油温度高于一定温度时，压缩机系统内的混合气始终高于露点温度。作用原理是调节流向冷却器和旁通油量的比例来调控油温。

7. 油过滤器　油过滤器的作用是在润滑油循环过程中滤去其中的颗粒，粉尘和其他杂质，保证压缩机正常工作，在其上部装有一个压差发信器，如油过滤器阻塞时压差发信器报警指示，应更换油过滤器。

8. 气水分离器　气水分离器的结构利用重力、惯性碰撞的原理，分离出经过冷却后气体的冷凝水，由装在分离器低部的排污电磁阀定时排水。

（三）螺杆式空压机操作程序

1. 首次开机

（1）接上电源线及接地线，检查电压是否正确，三相电压是否平衡。

（2）检查电气接线是否安全牢固可靠。

（3）检查油气筒内油位是否符合规定。

（4）在初次启动之前或3~6个月长时间停机之后再使用，应通过进气口注入1升润滑油进入压缩机体内，并用手盘动空压机数转，防止起动时机头内失油烧损。

（5）首次送电，电源灯亮，面板显示当前温度及累计运行时间。注意：如电源相位不符，故障灯亮并显示逆相，这时应对调电源线的任意两相。

（6）打开输气口阀门。

（7）转向测试：

转向测试仍为新机开机的重要步骤，在电机检修后同样要重新转向测试。其测试方法如下：按下ON按钮启动压缩机转动，立即按"紧急停止"按钮，确认压缩机转向应当与机头上的箭头方向一致，如果转向错误，对调两相电源线即可。风扇电机也同样要注意转向。

（8）再次起动压缩机，机组自动启动，并缓慢关闭输气口阀门，使排气压力上升直至机组开始卸载，检查卸载压力是否与设定值一致（若不一致，应重新设定）。同时观察显示仪表及指示灯是否正常，如有异常声音、振动、泄漏，立即按下"紧急停止"按钮，以停机检修。

（9）停机：按OFF停机键，机组进入停机程序。注意：正常运行时勿用"紧急停止"按钮停机。

2. 日常运行

（1）开机　①打开油气筒放油口的螺塞及球阀，将停机后沉在油气筒最下方的冷凝水排出，直到有润滑油流出时立刻关闭。注意：打开油气筒泄水放油口前必须确认油气筒内无压力。②用手盘车数转，确认主机转动轻松。③打开输气口阀门。④接通电源，运行压缩机周边设备如压缩空气干燥机。⑤按下 ON 按钮起动压缩机。注意压缩机运转是否正常，检查排气压力、润滑油压力、排气温度，并填写相关的记录。⑥运转平稳后检查油位，若油位低于或接近于油位下限，则须停机加油。⑦若发现有任何的异常情况，须立即按 OFF 按钮或"紧急停机"按钮，排除故障后方可重新开机。

（2）压缩机运行状态　①起动：所有准备工作完成后按 ON 按钮，压缩机轻载起动。②加载：启动约 10 秒钟后，压缩机进入全负载运行。③卸载：当用气量持续小于压缩机的排气量时，机组排气压力将达到或超过卸载运行的设定值，压缩机卸载运行。④待机：如果卸载运行时间持续时间较长（以设定值为准），微计算机控制器会判断用户已暂停用气，使压缩机进入待机状态，主电机及风扇电机停止运转，从而达到进一步节能的目的。在待机状态时，如果恢复用气，压力降至恢复加载设定值时，微计算机控制器将使机组重新启动。处在待机状态时，不得随意打开机组的各扇门，更不得进行维修，以防发生意外事故。

（3）停机

①正常停机：长时间停止用气，则应按下停机按钮，压缩机进入停机状态。停机后应关闭输气口阀门，以防止机组受到外部管网压缩空气的影响。最后还须切断机组的外接电源，以防发生意外。②故障停机：当压缩机出现任何电气和超温故障时，微计算机控制器立即停机，同时显示窗口故障提示信息。应根据提示信息排除故障，然后按 RE 键复位，重新开机。③紧急停机：若压缩机出现任何异常的情况，应当立即按"紧急停机"按钮，使压缩机立即停机，避免出现损失。停机后应及时排除故障，然后按 RE 键复位，重新开机。

（4）运行中注意事项　①观察有无异常声响和振动，若有异常声响，应立即停机。②运行过程中不得松开机组中的任何管路、螺栓和螺塞，不得随意打开或关闭机组中的各种阀门。③观察油位，油位过低时应停机补充。④操作者每班应完成运行记录，内容为排气压力、系统压力、排气温度、油位、运行时间等。

3. 长期停机

（1）准备　若压缩机须长期停机时，须作以下处理。①首先若有故障应及时排除，以便下次使用。②应将油冷却器、后冷却器内的水完全排放干净，防止内部锈蚀。③将所有的开口用塑料布或油纸封闭，以防湿气、灰尘进入。④如果停用的时间在两个月以上，则须在停用前更换新的润滑油，并运行 30min，隔日将油气筒内的凝结水彻底排出。

（2）重新开机　①去除保护用的塑料布或油纸。②测量电机的对地绝缘电阻，应在 1MΩ 以上。③按"1、首次开机"程序重新开机。

（四）喷油螺杆式空压机保养计划

保养项目	保养间隔（以工作小时计算）						备注
	每天	500	1000 三个月	2000 六个月	4000 一年	8000 两年	
日常保养工作							
检查油位	●						
检查各部件密封性	●						
检查各仪表正确性	●						
开机前排放冷凝水	●						
空气系统							
清洁空气滤清器		●					
更换空气滤清器					●		
清洁或更换进气阀配件					●		
清洁或更换最小压力阀配件					●		
清洁冷却器		●					
检查或调整安全阀			●				
油路系统							
新机换油		●					
加润滑油（必要时）			●				
检查回油管清洁度				●			
检查或更换温控阀配件					●		
更换油过滤器		●新机	●				
更换油气分离器芯				●	●		
换润滑油				●		●	
传动系统							
检查齿轮				●			
为电机轴承加润滑脂					●		
电气系统							
检查紧急停机按钮		●					
检查电气连接可靠性		●					
检查控制器功能是否正常					●		
检查变频器功能是否正常					●		
检查电机绝缘（1MΩ）					●		

注：本表仅供参考，请以设备说明书为准

三、干燥器

(一) 吸附干燥器

具有一定选择吸附功能的多孔固体物质称为吸附剂,常用的吸附剂有硅胶、活性氧化铝、分子筛等。在吸附剂上富集的物质称为吸附质。在压缩空气干燥中,吸附质为水蒸气。采用吸附干燥方法,可获得压力露点温度低于 −20℃ 的压缩空气。

根据不同的作用机理,吸附过程可分为物理吸附和化学吸附两类。压缩空气的吸附干燥以物理吸附为主。当待干燥的压缩空气与吸附剂接触时,空气中的水分子扩散到吸附剂上,并因范德华引力而被吸附。与此同时,被吸附的水分子因本身的热运动及外界气态分子碰撞,有一部分离开吸附剂表面返回气相,即发生解吸附。当单位时间内水分子的吸附量与解吸附量相等时,就达到一个动态吸附平衡,虽然吸附与解吸附过程均在进行,但速度相等。这时吸附剂对压缩空气不再产生干燥作用。因此须对吸附剂进行再生。

干燥压缩空气时,吸附剂被装填在一个容器内,称为吸附塔。吸附塔的大小取决于须干燥的压缩空气所含的水整齐量及吸附剂的再生方式等因素。在实际应用中,所有吸附式压缩空气干燥机具有两个充满吸附剂的吸附塔,两个塔的进出口分别用管道连接在一起,通过阀门切换,使一吸附塔处于吸附状态,与之并联的另一吸附塔处于再生状态(解吸附)。为了有效地干燥,吸附时压缩空气与吸附剂之间必须有足够长的接触时间,接触时间决定于压缩空气的流速和吸附剂的充填高度。

根据不同的吸附剂再生方式,吸附循环可分为两类:变压吸附和变温吸附。在一定温度下,水在吸附剂上的吸附量随气相中水蒸气分压增大而增大;一定水蒸气分压下,水的吸附量随温度升高而减少。这就说明在低温、高压下水分易被吸附;在高温或低压下水分易被解吸。吸附干燥机就是利用吸附剂的这一性质实现"吸附 − 再生 − 吸附……"之间的转换过程从而达到连续干燥压缩空气的目的。

吸附剂的再生方式有两种:无热再生(heatless regeneration)和有热再生(heat regeneration)。

变温吸附就是吸附剂在常温下吸附,在较高的温度下再生(有热再生)。典型的有热再生干燥机是外加热鼓风再生干燥机。在微热再生干燥机中,变温吸附中也伴随压力(再生用干燥气)的变化,因为干燥再生空气压力低于吸附剂吸附时的空气压力,所以称为变温变压吸附。

无热再生即把干燥后的压缩空气分流出来的一部分,降压至接近大气压(其中的水蒸气分压很低),在不加热的情况下再生已饱和吸附剂。采用无热再生原理的干燥机称为无热再生干燥机。有热再生即在加热状态下再生已饱和的吸附剂。此类干燥机的形式比较多,大致可分为内加热再生干燥机、外加热再生干燥机(即微热再生干燥机)、外加热鼓风再生干燥机、真空再生干燥机和压缩热再生干燥机等。

再生类型	无热再生	微热再生	有热再生（外加热鼓风）
工作原理	变压解吸附	变压、变温解吸附	变温解吸附
出口压缩空气露点	−20℃ ~ −40℃	−20℃ ~ −40℃	−20℃ ~ −40℃
吸附塔相对尺寸	1	1 ~ 1.5	1.5 ~ 2
再生气温度	比进气温度高2~6℃	120 ~ 200℃	120 ~ 320℃
工作周期	4 ~ 10min	1.5 ~ 8h	6 ~ 8h
加热设备功率	无	低	较高
再生气消耗量	12% ~ 16%	6% ~ 8%	3% ~ 5%
综合评价	结构简单、操作方便、一次投资低、占地面积小、再生气消耗量大、所需空压机排气量大、切换频繁	结构稍复杂、操作相对方便、占地面积小、再生气消耗量较小、所需空压机排气量较大、切换时间较长	结构复杂、占地面积大、再生气消耗量小、所需空压机排气量小、切换时间长

（二）冷冻干燥器

冷冻式干燥器利用制冷原理降低压缩空气的温度，使压缩空气中的水蒸气在低温下过饱和而冷凝成液体，再将冷凝水（包含部分油和尘）从压缩空气中分离后排出，使压缩空气得以干燥。一般可将压缩空气的压力露点温度降到2~10℃。

制冷系统冷媒循环原理：①开机后冷媒经压缩机压缩由原来的低温低压状态变成高温高压的蒸气。②高温高压的蒸气流入冷凝器及二次冷凝器，其热量通过热交换被冷却介质带走，温度下降，高温高压的蒸气因为冷凝变成常温高压的液体。③常温高压的液体冷媒流过膨胀阀，因为膨胀阀的节流作用压力降低，使得冷媒变成常温低压的液体。④常温低压的液体进入蒸发器后，因为压力降低，液态冷媒沸腾蒸发变成低压低温的气体，冷媒蒸发时吸收大量压缩空气的热量，使得压缩空气的温度下降，从而达到干燥的目的。⑤蒸发后的低温低压冷媒蒸气，从压缩机的吸气口流回，被压缩压缩后排出进入下一循环。

1. 压缩机 冷干机使用的制冷压缩机目前大多采用中高温型全密封往复式压缩机。

其特点是：结构紧凑、体积小、重量轻、振动幅度小、噪声低，能效比高。由于全密封压缩机的电动机与压缩机主体密封在一钢制壳体内，电动机处在冷媒气态环境中运行，冷却条件较好，寿命较长。壳体下部存有规定数量的润滑油，在压缩机工作时，对各部自动供油，平时不再添加润滑油。

制冷压缩机的制冷量与其工况（即蒸发温度、冷凝温度）密切相关。蒸发温度低，压缩机单位制冷量就少；冷凝温度高，压缩机单位制冷量就少。所以试图通过降低冷干机的蒸发温度来降低压缩空气的压力露点并不经济的。已知气体可以被压缩而液体很难被一般的设备压缩，反而会损坏气体压缩设备。在制冷设备中就有称为"液击"的故障：在冷干机运行时，如果进入蒸发器时的制冷剂液体过多或蒸发压力太低（此时，负荷较低或制冷量过大）而无法完全被压缩空气蒸发，那么未蒸发的制冷剂液体会被吸入压缩机内部。由于制冷剂液体是不可压缩的，在压缩机运转中极易造成阀片被击碎的现象，这就是"液击"。

为了防止压缩机产生"液击"，在冷干机中一般采取下列措施：①选用防液击的制冷压缩机；②设置低压储液器，保证只允许气态制冷剂进入压缩机；③设置热气旁路阀。因为制冷压缩机的吸气温度常低于环境温度，所以制冷压缩机上部表面有时会结露，这是正常现象。但是，如果吸气温度低于0℃，就会结霜，这说明制冷量可能过大，则须对冷干机进行工作点调整。

2. 预冷器　绝大多数冷干机具有预冷器，预冷器是一种空气与空气进行热交换的换热器，一般为列管式换热器。预冷器的主要作用是利用被蒸发器冷却后的压缩空气所携带的冷量来冷却从空压机排出具有较高温度湿度的压缩空气，从而降低能耗，也可防止输送压缩空气的管道外壁因温度低于环境温度出现结露现象。

3. 蒸发器　蒸发器是冷干机主要的换热部件。一般冷干机的蒸发器由壳体和内胆组成，内胆由一簇紫铜管组成。在蒸发器中，从预冷器流出，且经过预冷却的压缩空气在壳层沿折流板上下流动，制冷剂在管内流动，压缩空气被强制冷却，其中大部分水蒸气凝结成液态水而排出机外，从而使压缩空气得以干燥。蒸发器内胆管内液体制冷剂吸取压缩空气的热量后蒸发成蒸气。

4. 冷凝器　冷凝器的作用是将制冷压缩机排出的高压、过热制冷剂蒸气冷却成为液态制冷剂。冷凝器通常分为风冷式和水冷式两种，因此冷干机也分为风冷式冷干机和水冷式冷干机两种。

风冷凝器为翅片式结构，水冷凝器为列管式（管壳式）结构。风冷式冷凝器适合于供水困难地区或移动场合应用，不适于在气温高或通风不良、多粉尘的环境下使用。风冷却效果比水差，其体积比同规格的水冷凝器大，所以一般只适用于中小型冷干机。在冷凝器中，高温、高压的制冷剂蒸气从冷凝器上部进入冷凝器（风冷凝器走管内，水冷凝器走壳体），与冷却介质进行对流热交换，冷媒气体放出热量后凝结成液体，并从冷凝器下部流出。

5. 气水分离器　气水分离器是冷干机的关键部件之一。湿热压缩空气被预冷器和蒸发器冷却后会有大量的凝结水析出，用高效的压缩空气和凝结水分离，以实现干燥压缩空气的目的。

旋风分离器是一种惯性分离器，压缩空气沿筒壁切线方向进入分离器后在里面产生旋转，混在气体中的水滴也跟着一起旋转并产生离心力，离心力作用下水滴向外壁移动，碰到外壁（也是挡板）后再集聚长大并与气体分离。

6. 热气旁路阀　压缩空气在蒸发器中冷却时有大量凝结水析出。如果冷媒蒸发温度过低，使蒸发器铜管表面温度在负荷条件下低于水的冰点，则凝结水就会在蒸发器里结冰，严重时阻塞气流通道，使供气管道瘫痪。为了防止这种情况，必须对冷媒蒸发温度加以控制。其简单有效的措施就是在冷凝器和蒸发器之间加设一只热气旁路阀，热气旁路阀的测压管与蒸发压力直接连接。当蒸发压力低于一定程度时，热气旁路阀自动开启，冷凝器中的高温冷媒蒸气直接进入蒸发器，提升蒸发温度，避免冰堵现象。

7. 热力膨胀阀或毛细管（节流阀）　膨胀阀（毛细管）是制冷系统的节流装置。在冷干机中，蒸发器制冷剂的供给及其调节者是通过节流装置来实现的。节流机构使制冷剂以高温高压液体进入蒸发器。当负荷变化时，热力膨胀阀通过检测压缩机吸气过热温度来调节阀芯开启度，从而控制进入蒸发器冷媒供给量。毛细管则具有自补偿特点，即当蒸发压力降低时，两端压差会相应升高，从而加大流入蒸发器的冷媒量。毛细管结构简单，工作稳定，在小型冷干机获得普遍的应用。

8. 自动排水阀　凝结的冷凝水应及时排放出设备外，避免因冷凝水排放不及时造成空气含水量上升。冷干机常用的自动排水器有四种：①浮球式自动排水器；②倒桶式自动排水器；③电磁时间控制排水器；④液位控制自动排水器。

【实例分析】

压缩空气系统验证方案

验证方案编号：

设备（系统）名称：压缩空气系统

设备（系统）编号：

方案审批	签　　名	日　　期
方案起草		
方案审核		
方案批准		

验证小组成员名单

项目主管：

小组成员：

1. 概述

洁净压缩空气系统为制剂车间公共设施。主要设备有由 FHOG75A 型蜗杆式空气压缩机、气水分离器、2.5m³ 空气储罐、SAD 冷冻式干燥机、LY 型高效除油器、A 级过滤器等组成洁净压缩空气系统的装置。该系统按车间工艺布置图安装于车间二楼空压机室内。为固体制剂车间湿法混合制粒机、沸腾制粒干燥机、高效沸腾干燥机、高效包衣机、铝塑包装机等设备提供洁净压缩空气。

FHOG75A 型蜗杆式空气压缩机系统流程将空气经过空气滤清器滤去尘埃、杂质，由减荷阀控制进入压缩机工作腔，随着蜗杆与两侧星轮片的合运动，空气压缩，并在压缩过程开始时与喷入的润滑油混合，经压缩后的混合气体进入油气分离器，利用旋风分离法和上返分离法粗分离油气后经精分离器滤芯进行精分离，通过最小压力阀排出的气体是比较纯净压缩空气，然后经过板翘式冷却器，将压缩空气冷却，空气中水蒸气饱和析出，与压缩空气一起排出。

空气压缩机排出的压缩空气还含有一些水分、油气和杂质，所以增加一套后处理设备，包括气水分离器（除水）、冷冻干燥机（进一步处除水）、高效除油器（除油）、A 级精密过滤器（除尘、进一步除油）等。经过处理后的压缩空气常压露点不大于 -23℃，含油量不大于 0.01ppm，固体尘不大于 0.01μm。

本系统采用自动控制系统，操作方便。

FHOG75A 型蜗杆式空气压缩机：

容积流量（排气量）：10m³/min；

排气压力（表压）：0.55～0.7MPa；

电机转速：2970r/min；

电机功率：55kW；

空压机气体出口含油：小于3PPm；

高效除油过滤器：出口气体含油量小于0.01PPm，固体尘为0.01μm；

A级精滤器：出口气体含油量小于0.01PPm，固体尘不大于0.01μm。

2. 目的

为确认压缩空气系统能够正常运行，设备各项性能指标符合设计要求，保证生产出质量合格、符合工艺要求的压缩空气，特制订本验证方案，以对压缩空气系统进行验证。验证过程应严格按照本方案规定的内容进行，若因特殊原因确须变更时，应填写验证方案变更申请及批准书作为其附件，并报验证工作领导小组批准。

3. 范围

本验证方案适用于洁净压缩空气系统验证。

4. 职责

4.1 验证领导小组

4.1.1 组织编写验证方案；

4.1.2 领导协调验证方案的实施；

4.1.3 验证方案的审核和批准；

4.1.4 批准验证报告。

4.2 验证工作小组

4.2.1 编写验证方案；

4.2.2 实施验证方案；

4.2.3 编制验证报告；

4.2.4 收集验证数据、记录、信息。

4.3 生产部

4.3.1 协助验证工作小组实施验证方案；

4.3.2 协助编写验证方案、验证报告；

4.3.3 收集验证资料、数据并记录。

4.4 质监部

4.4.1 负责验证实施过程中的取样、检验、测试、监控及结果报告；

4.4.2 协助编制验证方案、验证报告、验证结果。

5. 验证实施的步骤及要求

5.1 验证依据及标准

5.1.1 《药品生产质量管理规范》（2010年修订）；

5.1.2 《中国药典》（2015年版）；

5.1.3 《产品使用与维修说明书》。

5.2 预确认——选择设备供应商

根据确定的设备的技术指标要求，从技术和经济两个方面选择设备供应商，应考虑的主要因素包括：

5.2.1 供应此类设备的经验；

5.2.2 供应商的信誉和财务状况；

5.2.3 供应商的技术水平及生产条件；

5.2.4 能否保证安装、培训和试车方面给予全面的支持；

5.2.5 能否在供应商处进行试车；

5.2.6 试车资料是否齐全；

5.2.7 到其主要客户处了解同类设备的运行及售后服务情况；

5.2.8 能否保证执行交货期；

5.2.9 对供应商成本进行分析，确认价格优势；

5.2.10 供应商是否熟悉或理解GMP。

根据分析结果确认供应商，选择的供应商应作为设备项目小组的成员，共同参与设备评价及验证工作。供应商应按照预确认方案和辅助试验标准操作要求对设备的技术指标设计要求逐项检查，并证实设计合理，设备能够正常运行。

5.3 安装确认所需文件资料及仪器仪表的检定确认

安装确认所需资料文件及存放处见下表。

资料名称	存 放 处	方 法
1. 产品购销合同	生产部	检索
2. 产品使用与保养说明书	生产部	检索
3. 产品合格证	生产部	检索
4. 产品装箱单	生产部	检索
5. 产品质量意见书	生产部	检索
6. 产品试验报告	生产部	检索
7. A级精密过滤器使用说明书	生产部	检索
8. 保修证书	生产部	检索
9. 储气罐、压力容器质量证明书	生产部	检索
10. 压力容器产品安全质量监督检验证书	生产部	检索
11. 工艺流程图	生产部	检索
12. ×××型蜗杆式空气压缩机标准操作程序	生产部	检索

按上表所列文件进行确认并将确认结果填入文件验证记录。

5.4 安装确认

5.4.1 安装区域及要求；

5.4.2 安装区域：

压缩空气系统安装按设备平面布局图安装于空压机房位置。

5.4.3 安装要求：

压缩空气系统按设计图4-7安装连接，导气管道用无缝钢管；压缩空气的流向与过滤器、设备所标的方向路径一致。

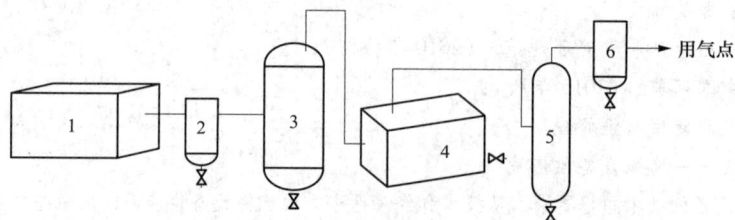

图4-7 洁净压缩空气系统安装示意图

1. 蜗杆式空气压缩机；2. 水分离器；3. 储气罐；4. SAD 冷冻式干燥机；5. 高效除油过滤器；6. A级精密过滤器

5.4.2 设备附件确认。

5.4.2.1 储气罐：

附件名称	制造厂家	体积	确认方法
储气罐	×××压力容器厂	2.5m³	检索

5.4.2.2 列出本正常运行所需的过滤器清单：

过滤器	制造厂家	过滤精度
LY高效除油器	×××	0.01μm
A级精密过滤器	×××	≤0.01μm

5.4.2.3 管路连接：

管路	标准要求	确认方法
压力管道	无漏气	目测
排污	畅通	目测

5.4.3 公用工程连接：

项目	设计要求	确认方法
电压	380V/50Hz	万用表测量

5.4.4 仪器仪表的检定：

仪表名称	厂家型号	系列号	检定文件
压力表			合格证
压力表			合格证

5.5 运行确认

目的：保证压缩空气系统在运转时符合设计要求。

接受范围：按照制造厂商的操作说明书，每步操作均运转正常。

测试步骤：确认机器已经为性能测试做好一切准备。

项目	技术要求	确认方法
运行稳定性	运转正常无异常声音 运转稳定	开机试运行
安全性	大于或等于0.7MPa自动卸机，小于或等于0.55MPa自动加载	开机试运行
输送管道	管道系统无泄漏	开机运行使贮气罐的压力达0.7MPa，关闭所有的阀门并观察1小时

5.6 性能确认

目的：保证压缩空气符合设计要求。

接受范围：按照设计要求，达到净化空气的指标。

测试步骤：系统运行测试三次。

5.6.1　按说明书操作启动空气压缩系统，在运行条件下进行测试，测试内容包括洁净压缩空气的温度和湿度、空气尘埃粒子数、微生物限度等项目。

5.6.1.1　压缩空气的温度和湿度测定方法（图4-8）：

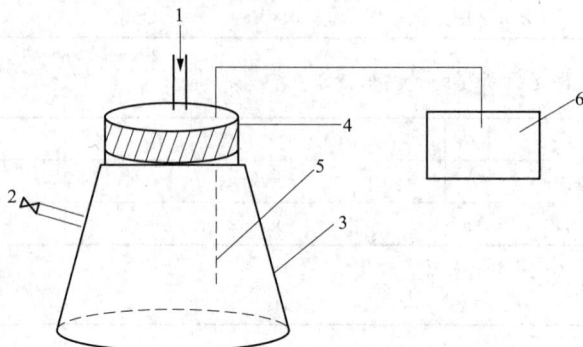

图4-8　压缩空气为适度检测示意图

1. 被测气体；2. 调节阀；3. 10000ml 抽滤瓶；4. 胶塞；5. 温度、湿度计探头；6. 温湿度计

测试条件：温度 18~26℃；相对湿度 45%~65%。

测试方法：

按图4-8装置与被测气体连接，连续通入气体30分钟后按图4-8所示插入 WS-508B 温度、湿度计探头，并计时，每间隔10分钟记录一次温度、湿度计数字显示屏上温度和相对温度，共连续检测60分钟，检测所得结果按温度、湿度测试记录的要求填写。

技术要求和判断标准：

相对湿度（RH）不大于45%。

5.6.1.2　压缩空气的尘埃粒子数测定。

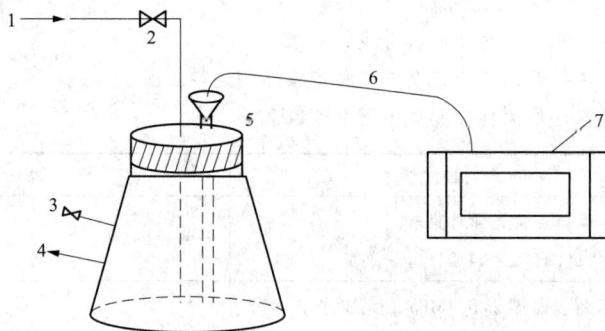

图4-9　压缩空气尘埃粒子检测示意图

1. 被测气体；2. 进气调节阀；3. 出气调节阀；4. 500ml 抽滤瓶；5. 集气斗；6. 采样管；7. 尘埃粒子计数器

测试条件：温度 18~26℃；相对湿度 45%~65%。

测试方法：

按图4-9装置与被测气体连接，连续通入气体30分钟后按图4-9用尘埃粒子计数器测定压缩空气中的悬浮粒子（≥0.5μm、≥5μm），共采样18次并分别记录；检测结果按尘埃粒子数测定记录的要求进行填写。

技术要求和判断标准：

不低于三十万级洁净区空气的洁净要求（≥0.5μm，≤10500000；≥5μm，≤60000）。液体制剂车间为十万级，但洁净区没有使用压缩空气。

5.6.1.3　洁净压缩空气系统的微生物限度检查方法。

测试条件：温度18～26℃；相对湿度45%～65%。

测试方法：

按图4-10所示，所用的抽滤瓶、无菌过滤器等装置经过121℃热压灭菌30分钟及用75%乙醇溶液浸泡12小时灭菌的连接软管及胶塞经烘干后组装成套。在抽滤瓶内加入100ml生理盐水，在系统运行30分钟后接通压缩空气让压缩空气通灭菌生理盐水搅动10分钟，停止通气，按《微生物限度检测标准操作程序》立即送样检测抽滤瓶内生理盐水中微生物含量，并以使用的灭菌生理盐水作检测对照，检测结果按附表做生物检测记录的要求填写。

技术要求与标准：压缩空气微生物菌落数小于10个/毫升。

6. 结果分析与评价

系统各项验证工作完成后由验证实施人员负责整理原始记录，对验证结果进行分析与评价，并编写验证报告，交由验证领导小组审阅，并最终批准。

7. 验证记录、验证项目有关记录表格。

附件1（文件确认记录）：

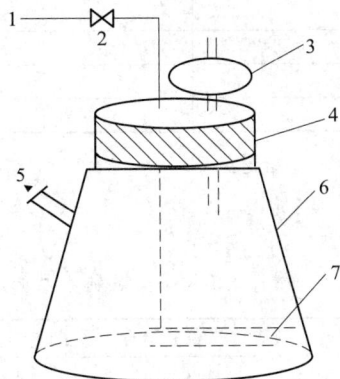

图4-10　压缩空气的微生物限度检查示意图

1. 被测气体；2. 进气调节阀；3. 过滤膜；4. 胶塞；5. 出气口（关闭）；6.250ml抽滤瓶；7. 灭菌生理盐水

设备（系统）名称		型号		设备（系统）编号	
文件名称		保存地点		确认结果	
1. 产品购销合同					
2. 产品使用与保养说明书					
3. 产品合格证					
4. 产品装箱单					
5. 产品质量意见书					
6. 产品试验报告					
7. A级精密过滤器使用说明书					
8. 保修证书					
9. 储气罐、压力容器质量证明书					
10. 压力容器产品安全质量监督检验证书					
11. 工艺流程图					
12. ×××型蜗杆式空气压缩机标准操作程序					

结论：

确认人：　　　　　　　　　　复核人：

日　　期：　　　　　　　　　日　　期：

附件 2（仪器仪表检定确认记录）：

名称	规格型号	精度	数量	合格证	有效日期	检定周期

结论：

确认人： 复核人：

日　期： 日　期：

附件 3（设备安装确认记录）：

设备（系统）名称		型　号		设备（系统）编号	
确认项目		确认技术要求与标准		确认结果	
安装区域		空压机房内			
安装要求		导气管道用无缝钢管			
		按工艺流程图安装			

结论：

确认人： 复核人：

日　期： 日　期：

附件 4（公共介质安装确认记录）：

设备（系统）名称		型　号		设备（系统）编号	
项目		技术标准		确认结果	
电压		380V/50Hz			

结论：

确认人： 复核人：

日　期： 日　期：

附件 5（设备运行确认记录）：

设备（系统）名称		型 号		设备（系统）编号	
项目	技术标准与要求			确认结果	
运行稳定性	运转正常无异常声音；运转稳定				
安全性	大于或等于 0.7MPa 自动卸机，小于或等于 0.55MPa 自动加载				
输送管道	管道系统无泄漏，开机运行使贮气罐的压力达 0.7MPa，关闭所有的阀门观察 1 小时				

结论：

确认人：　　　　　　　　　　复核人：

日　期：　　　　　　　　　　日　期：

附件 6

压缩空气温度、湿度记录

测试单位_____ 测试依据_____ 测试状态_____

仪器及型号_____ 测试日期_____ 报告日期_____

项目 时间	测试点	温度/℃	相对湿度/%	备注
评定标准				
结论				

测试人：　　　　　　　　　　复核人：

日期：　　　　　　　　　　日期：

附件 7（压缩空气尘埃粒子测试记录）：

测试单位_____ 测试依据_____ 测试状态_____

测试温度_____相对湿度_____采样量_____

仪器及型号_____测试日期_____报告日期_____

采样次数	采样点	测试结果		洁净度级别	备注
		≥0.5μm	≥5μm		

测试人：　　　　　　　　　　　　复核人：

日期：　　　　　　　　　　　　　日期：

【实训思考与测试】

1. 简述螺杆式空压机组的工作流程。

2. 分析压缩空气中的杂质来源及处理方法。

3. 压缩空气验证运行测试时应该检测哪些项目？

（黄泉明　何小荣）

化学原料药生产实训

实训目标

1. 掌握化学原料药生产基本流程及质量实现要点；化学合成原料药生产过程和关键控制点。

2. 熟悉化学原料药车间生产过程，常用设备的操作方法、常见故障及处理方法；典型化学原料药生产管理及质量控制要点。

原料药是指用于制剂生产的活性物质，是加工成药物制剂的主要原料，一般由化学合成、DNA 重组技术、发酵、酶反应或从天然物质提取而成。它有非无菌原料药和无菌原料药之分。质量标准中列有无菌检查项目的用于无菌制剂生产的原料药称为无菌原料药。无菌原料药常用于注射剂，通常可直接分装成注射剂。

原料药的生产包括以下几种类型：

（1）化学合成，如阿斯匹林、扑热息痛等，大多数的原料药是化学合成得到的；

（2）提取，如从猪肠提取的肝素，从软骨提取的软骨素等；

（3）发酵，如青霉素、链霉素等，多数的抗生素都来源于发酵过程；

（4）多种工艺组合，如半合成抗生素、甾体激素等。

原料药的生产工艺复杂多样，有些工艺过程很长，如半合成；有些则比较短，如提取。

原料药的生产过程是基于一个个的化学单元反应，以及一个个的单元化工操作进行的。

原料药的生产过程有其自身的特点，往往包含复杂的化学变化和生物变化过程，具有较为复杂的中间控制过程，生产过程中往往会产生副产物，从而通常需要纯化过程。不同品种的生产设备与操作工艺大为不同，同一反应设备常用于不同的反应。随着科技的发展，自动化生产设施设备和在线监测系统、过程分析技术越来越多地应用于原料药的生产。

项目一　化学原料药生产基础认知

任务一　化学原料药生产基本流程认知

生产指令 ⟶ 领料 ⟶ 生产 ⟶ 中间体检验 ⟶ 成品检验 ⟶ 入库

一、生产指令的接收

1. 生产计划部根据生产要求制定生产指令，生产指令包括生产日期、成品批号、生产量及原辅料和包材的名称、规格、用量。

2. 生产指令经 QA 审核，生产总监批准，并由车间主任签字确认后复印分发至生产车间和 QA/QC 及仓储，同时将批生产记录发至车间。

例　批生产记录目录

序号	名　称	文件编号	序号	名　称	文件编号
1	批生产指令		2	批包装指令	
3	物料收领记录		4	合成记录（附件）	
5	合成清场记录		6	成品干燥记录	
7	干燥清场记录		8	成品批包装记录	
9	包装清场记录		10	检验报告单	
11	成品审核记录		…	……	

3. QA 根据生产指令安排过程控制人员到车间进行过程控制（准备好过程控制记录）

二、领料

1. 车间根据生产指令，在生产前开领料单，车间领料员到仓储领料。

例　原辅料限额领料单

领料单位：　　　　　领用性质：　　　　　日期：　　　　　单号：　　　　第　页

药品名称：　　　　　规格：　　　　　包装规格：　　　　　批号：　　　　共　页

项目	原辅料名称	单位	请领量	实发量	化验单号	备注

制单：　　　　　批准人：　　　　　仓管员：　　　　　领料人：

2. 仓储保管员核对领料单，根据合格供应商目录上的物料供应商进行发货，所有物料由仓储送货至车间。

三、生产

1. 更衣 生产人员进入更衣室，更换工作服和工作鞋，手机应关机或放入更衣柜内，手表、首饰等应放入更衣柜内。精烘包工作人员应清洁面部、手部，除去化妆。一般区工作人员应佩戴好安全帽方可进入车间。

2. 生产前准备

（1）到批记录保管人员（工艺员或统计员）处领取当天的生产记录或由保管员发放批记录（状态标识卡有专门的地方存放）。

（2）根据批记录上物料名称、规格、用量在存放区取物料进行生产。

（3）对计量器具进行校验，对设备进行检查，看是否能正常工作，是否在清洁有效期内。

（4）准备生产用器具，如投料漏斗、抽料管、纯化水软管、油抽及转移桶等。

（5）保证有关SOP在现场，设备运行记录、校验记录、计量器具校验、称量记录在现场；精烘包内的温度和湿度压差记录、紫外灯使用记录、消毒剂配制记录、洗衣记录等在现场。

3. 生产

（1）投料。

（2）反应或处理。

（3）过程控制复核：包括物料的名称、规格、批号、投料量，生产前的检查，中间体的得量、收率、检验数据，精烘包岗位的清场确认等。

例 合成记录

产品名称：＿＿＿＿＿＿ 批号：＿＿＿＿＿＿ 执行SOP：＿＿＿＿＿＿

合成日期：＿＿＿年＿＿＿月＿＿＿日 至＿＿＿年＿＿＿月＿＿＿日

生产前检查	检查结果（打√）	操作人	复核人
复查生产区域是否清场，且在清场有效期内	是 □ 否 □		
设备、工具、容器是否清洁，是否在有效期内，且挂有待用及卫生状态标志	是 □ 否 □		
衡器是否已校验，且在有效期内	是 □ 否 □		
复查原辅料外观质量是否异常	是 □ 否 □		
操作要点			
按工艺参数进行控制。称量准确复核并记录。及时清晰、准确填写标签，标签与物料相符			
合成记录（见附表）			
设备使用记录			

设备名称	设备编号	用途	使用时间	备注

备注：合成过程按操作SOP进行记录，以附件形式粘贴在合成记录中。

操作人：＿＿＿＿＿ 复核人：＿＿＿＿＿ QA现场监控员：＿＿＿＿＿

四、中间体检验

1. 中间体完成干燥后电话通知 QA 中控人员取样。

2. 中间体干燥人员填写请验单，给 QA 中控人员；QA 中控人员开取样单，在包装上贴上待检证（车间）。

3. QA 中控人员进行检验，合格后开 COA，并打印合格证，将合格证贴到中间体包装上。

例　成品干燥记录

产品名称：_____批号：_____执行 SOP：_____

干燥日期：_____年____月____日

生产前检查	检查结果（打√）	操作人	复核人
生产区域是否清场，且在清场有效期内	是 □ 否 □		
设备、工具、容器是否清洁，是否在有效期内，且挂待用及卫生状态标志	是 □ 否 □		
温度、湿度是否符合要求	是 □ 否 □		
衡器是否已校验，且在有效期内	是 □ 否 □		
待处理物是否进行验收核对	是 □ 否 □		

操作要点

按工艺参数进行控制。称量准确复核并记录。及时清晰、准确填写标签，标签与物料相符

干燥物料记录（见附表）

设备使用记录

设备名称	设备型号	用途	使用时间	备注

备注：

操作人：　　　　　　　　　　复核人：　　　　　　　　　　QA 现场监控员：

五、成品检验

1. 成品干燥完成后电话通知 QC 取样。

2. QC 取样人员根据产品的性质（无菌、非无菌、液体）选取合适的取样器具；准备好取样瓶等样品容器，应有防止污染的措施；准备好取样单。

3. 取样完成（称重）后，车间精烘包干燥人员开请验单，给 QC 取样人员；QC 取样人员开取样单，成品入库待检。

例 成品包装记录

产品名称：_____ 批号：_____ 执行 SOP：_____

生产日期：___年___月___日　理论量：_____

包装前检查与准备	检查结果（打√）	操作人	复核人
包装区域是否清场，且在清场有效期内	是□　否□		
设备、工具、容器是否清洁，是否在有效期内，且挂待用及卫生状态标志	是□　否□		
温度、湿度是否符合要求，是否挂批生产状态标志	是□　否□		
衡器是否已校验，且在有效期内	是□　否□		
待混合物是否进行验收核对	是□　否□		

操作要点

按工艺参数进行控制。称量准确复核并记录。及时清晰、准确填写标签，标签与物料相符

物料领用记录

物料名称	批号	结存量	领用量	总量	备注

包装记录：

物料总重：_____；物料批号：_____

包装物料名称	编号	净重（kg）	操作人	复核人

物料平衡：_____　　　　　　　　　　　　（控制范围：95%～100%）

计算公式：$\dfrac{\text{实际量}+\text{可回收量}+\text{不可回收量}+\text{取样量}}{\text{理论量}}\times100\%$

$$\underline{\hspace{6cm}}\times100\%=$$

结论：物料是（　）否（　）平衡；　计算人：　复核人：

设备使用记录

设备名称	设备编码	作用	使用时间	备注

备注：

QA 现场监控员：　　　　　　　　　　　　　年　月　日

4. QC 进行检验，合格后开 COA。

例　成品检验报告单

检验单号：

品名		规格		包装	
批号		检品来源		数量	
检验目的		收检日期		年　月　日	
检验项目		报告日期		年　月　日	
检验依据					
检验项目		标准规定		检验结果	
结　论					
化验室主任：		复核人：		检验人：	

六、入库

1. 车间根据 COA 办理入库手续（入库单）。

2. QA 审核车间上交批记录和 QC 上交检验原始记录后，QA 主任填写批放行单，产品放行，仓储可以发货。

例　成品审核记录

品名			规格	
批号		批量	审核日期	年　月　日
审核项目		审核结果（打√）		负责人签字
生产部	1. 物料流转情况	符合规定□	不符合规定□	
	2. 称量过程及复核情况	符合规定□	不符合规定□	
	3. 记录是否规范	符合规定□	不符合规定□	
	4. 清场情况及生产卫生情况	符合规定□	不符合规定□	
	5. 状态标志	符合规定□	不符合规定□	
	6. 工艺查证	符合规定□	不符合规定□	
	7. 物料平衡与偏差处理情况	符合规定□	不符合规定□	
质量控制部（QC）	8. 原辅料、包装材料检验结果	符合规定□	不符合规定□	
	9. 中控点检验结果	符合规定□	不符合规定□	
	10. 成品检验结果	符合规定□	不符合规定□	
	11. 批检验记录	符合规定□	不符合规定□	
质量保证部（QA）	12. 现场巡回检查记录	符合规定□	不符合规定□	
	13. 生产现场环境监控记录	符合规定□	不符合规定□	
	14. 工艺用水检查记录	符合规定□	不符合规定□	
质管部审核结论	审核人：		年　月　日	
备注				

任务二　化学原料药生产质量实现

质量是指为符合预定用途所具有的一系列固有特性的程度。药品质量是指为满足药品的安全和有效的要求，产品所具有的成分、含量、纯度等物理、化学或生物学等特性的程度。原料药质量是在科学合理设计的基础上，通过对所需的人员、物料、生产设备和生产过程等进行控制，对相应的质量活动进行程序管理来实现的。质量活动、管理程序及对应的实现目标示意如表5-1所示。

表5-1　质量活动、管理程序及对应的实现目标

质量活动	人员	物料	设备	环境	工艺	检测	产品
管理程序	人员资质；人员培训；职责授权	供应商管理；取样检验放行	厂房设施设备；生命周期管理；校准操作维护	洁净控制；环境条件；环境检测	技术转移；工艺控制；返工加工	实验室管理；质量控制	产品放行；贮存运输
受控状态实现目标	合格人员	合格物料	确认状态	符合检测标准	验证状态	符合质量标准	受权人放行；符合贮运条件

产品质量的实现取决于对相关质量活动的程序管理，并使其处于受控状态，且达到预定的标准

一、原料药生产人员

任何工作都是由人来完成的，在GMP硬件、软件和人员这三大要素中，人是主导因素，软件是人制定、执行的，硬件是靠人设计、使用的。所有从事生产的人员必须具有起码的药品质量意识和GMP意识。离开高素质的"GMP人"，再好的硬件和软件都不能很好地发挥作用。执行GMP首先要解决人的认识问题，每一位员工都必须真正认识到不执行GMP就等于产品不合格。如果不进行培训，员工就会犯错误，小问题可能会诱发大问题。如果人员都不能满足生产的需求，执行GMP则是一句空话。

由于原料药生产与制剂生产很不同，对人员的要求也有所不同，必须充分考虑化学、发酵和EHS等方面的知识要求。另外，从事原料药生产的特殊岗位人员必须强制取得监管部门颁布的特殊培训上岗证方可上岗。

（一）员工培训

原料药生产人员应明确和理解各自的职责，并接受必要的培训，包括上岗前培训和继续培训。新员工上岗前必须依次接受企业级、部门级、岗位级三级新员工培训，并考核合格方可上岗。转岗员工一般应按新员工重新接受培训。不同部门间换岗的员工必须接受部门级及岗位级培训，同一部门内部换岗的必须接受岗位级培训。

原料药生产员工培训至少要包括：GMP培训、专业培训、EHS培训。GMP培训应包括：各国（地区）或国际组织颁发的GMP、药事法规、世界各国GMP发展动态；本企业的质量政策、质量指南；生产质量管理SOP；内审/外审中所发现的问题分析与整改；日常工作中所出现的偏差、投诉、OOS等情况的分析与整改等。EHS培训包括environment（环保）、health（健康）和safety（安全）的培训。专业培训包括基础培训和

特定的技能培训。专业培训应包括与生产相关的各方面培训，如化学合成或发酵方面的培训。

岗位培训应尽可能地多安排具体操作（如分析化验岗位、计量岗位等）。对于工作复杂的生产操作岗位，岗位培训要分三步进行：对SOP的内容进行阅读和理解、观察培训讲师或有经验同事的示范程序、在培训讲师和有经验同事的直接监督下进行程序操作。

（二）员工上岗

新员工或转岗员工上岗之前，要进行审核，最后由相关部门的负责人批准上岗的岗位和上岗时间。员工上岗评估表可以包括：学历或受教育情况、培训情况（包括培训内容和培训结果）、准予上岗的岗位和时间。

二、原料药生产基础设施及设备

（一）厂房与设施

1. 原料药厂房设施的基本特点与要求　生产原料药和中间体的厂房和设施的选址、设计和施工应该便于生产的清洁、维护保养和操作，满足特定类型和生产阶段的操作要求。设施的设计应该最大程度地减少潜在的交叉污染。为了避免混淆和交叉污染，厂房和设施应该具有足够的空间以有序布置设备和摆放物料。原料药厂房设施选址、设计和建造时应考虑下列因素：选址对产品质量的影响、密闭和暴露系统的选择、不同原料药工艺对空间的不同要求、人流和物流的设计、特定的功能区域和辅助设施等。

（1）选址对产品质量的影响　原料药厂房设施的设计在考虑最大限度地控制可能的污染时，还应充分考虑不同地理位置和气候的影响。

须特别注意湿度大的区域原料药厂房技术夹层的防霉问题。技术夹层里通常有各类管道（包括上下水管道和空调风管），结构比较复杂。部分未充分考虑清洁和维护保养需求厂房的技术夹层往往难以进入，或者人员虽然能够进入，但没有充分的空间以方便地开展维护、维修等工作，一旦技术夹层中的管道发生结露，或者管道泄漏、技术夹层积水等现象，一方面难以及时察觉，另一方面即使发现也难以及时有效地进行维护、维修和清洁消毒等操作，从而导致技术夹层成为整个厂房（包括一般区域和洁净区域）的污染源。

（2）密闭和暴露系统的选择　从前期生产到最终成品应逐步提高对产品的保护力度。原则上有两种方法可以选择：暴露系统（在敞开环境下操作）或密闭系统。

在敞开系统中，产品可能短时暴露（如从容器中取样、离心机卸料等）或长时间暴露（如磨粉、称量和包装操作、敞开过滤、干燥机卸料等），这需要不同层次的保护措施。对于那些短时暴露的产品，应采取额外的保护程序（如在产品暴露的同一区域内，只应进行同一产品的同一操作、适当的人员着装要求等）以最大程度降低潜在污染，但应该严格保证符合中国GMP关于原料药生产的洁净度要求。对于长时间暴露的产品，应安装适当的空气处理系统，确保其必要地予以防护。

（3）不同原料药工艺对空间的不同要求　厂房和设施应有足够的空间，以便有序地放置设备和物料，防止混淆和污染。

对于多用途生产厂房并有可移动的设备时，充足的空间特别重要。专用的原料药生产设施可以根据特定品种的具体性质，使工艺中不同生产步骤的生产能力和生产周期相互匹配，最大限度地减少工序间的等待时间和物料滞留，因此需要的物料暂存空间相对较少；多用途生产厂房则相反，不同的原料药品种由于具体不同的物料理化性质，不同工序之间的生产能力和生产周期可能不能完全匹配（如不同品种的化学反应时间长短不同，过滤难度不同，结晶周期不同，烘干周期不同），甚至于须根据不同品种使用不同的可移动设备，一般需要更多的物料和设备暂存空间。

（4）人流和物流的设计　厂房和设施的物流和人流设计，应考虑到防止混料和污染的要求。如果人流和物流的交叉不能完全避免，则应采取适当的管理措施（如SOP）以防止混淆和污染。

（5）特定的功能区域和辅助设施　待检和合格的物料应有清晰的物料状态标识和追溯功能，同时应建立相应的程序避免非放行的物料被使用。原料药、原辅料、中间体，可以储存在同一区域，但不应放在同一托盘上。

不同类型的危险物料和性质不稳定的物料可能须隔离储存。

某些特定物料需要专用的生产区域，如高致敏性药品（青霉素类）、性激素类避孕药品、细胞毒性类药品、高活性化学药品等。

应当提供足够的清洁及盥洗设施。这些盥洗设施应当装有冷热水（必要时）、肥皂或清洁剂、烘手机和一次性纸巾。盥洗室应与生产区域隔离，但应方便使用。

实验操作通常应当与生产工艺操作隔离。有些实验室区域，特别是用于工艺过程中控制的，可设在生产区内，但是生产工艺操作对实验室测定的准确率应没有负面影响，与此同时，实验室及其操作应该对生产过程、中间体或原料药也没有负面影响。

2. 原料药厂区布局　原料药厂房的总体布局要求考虑环保、安全和防止交叉污染的目的，厂区布局应与具体的产品和工艺相适应。化学合成、危险品库、试验动物房等的设置不能对原料药的生产造成污染；原料药生产不得对制剂生产造成污染或妨碍；化学合成及其他形式的前处理工序在工艺布局上，与精、干、包工序不得互相妨碍；质量控制部门（QC）实验室通常应与生产区分开独立设置。中间产品控制的实验室可设在生产区内，但生产操作和中间控制检测不得互相影响。

厂区内应按照生产、仓储、质量控制、行政、生活和辅助功能进行划分和总体布局，厂区内的人流、物流走向应合理，避免这些功能区域相互影响。原料药生产厂房的总体布局、道路设置，包括建筑高度和建筑间距等，应首先考虑满足消防安全的要求。其中，生产区包括生产操作、包装贴签、换包装和重新贴签的所有区域和车间，仓储区包括生产和检验物料的所有储存区域和仓库，质量控制区包括中心实验室和车间实验室等所有执行生产性检验的区域，辅助区包括休息室、更衣室和盥洗室、档案室、生产辅助活动（如维修、仪表等）、动力（如锅炉房、空压站、变电所、配电间、冷冻站等）、公用工程（如工艺用水、工艺用气、冷却塔、泵房、消防设施等）、安全设施（如工厂大门、门卫室、厂区监视装置等）、环保设施（如污水处理设施、垃圾收集设施、绿化设施等）、运输道路（如车库、道路等），行政区包括办公楼、研究机构等，生活区包括食堂、医务所等。

（1）生产区

①工艺布局原则：工艺布局应按生产流程要求布置合理、紧凑、便于操作，要防止人流、物流混杂和交叉污染。要有利于生产操作，并能保证对生产过程进行有效管理。

②工艺布局要求：应分别设置人员和物流进入生产区域的通道，必要时应设置极易造成污染的物料和废弃物的专用出入口。

进入洁净区的人员应有相应的净化用室和设施，其要求与生产区洁净级别相适应。

进入洁净区的物料应有与生产区洁净级别相适应的净化用室和设施，根据实际情况可采用物料清洁室、货淋（气闸室）或传递窗（柜）进入洁净区，进入非最终灭菌无菌药品生产区的原辅料、包装材料和其他物品必要时还应设置灭菌室或灭菌设施，但不得对洁净环境产生不良影响。

洁净区内物料传递输送路线尽量要短，并不折返。

生产中的废弃物不宜与物料进口合用一个气闸或传递窗（柜）。

洁净区内的半成品不宜直接进入一般生产区，可采用传递窗（柜）、气闸或设置相应的设施进入一般生产区，传输带不得穿越不同洁净级别区域。

用于药品包装的厂房或区域应合理设计和布局，以避免混淆或交叉污染。

生产操作区内应只设置必要的工艺设备和设施。用于生产、贮存的区域不得作为非本区域内工作人员的通道。

人员和物料使用的电梯宜分开。电梯不宜设施在洁净区内，必须设置时，电梯前设气闸室或采取确保洁净区空气洁净度的其他措施。

（2）仓储区　原料药仓储区应包含门禁管理、接收区、取样区、储存区、不合格品区及发运（货）区等功能。

①门禁管理：物料仓库应执行门禁管理，不得随便出入，只有经授权的人员方可进出仓储区，以防止混淆和差错，可以采用电子门禁系统或其他方式，如仓库钥匙管理等来实现。

②接收区：仓储区应设立物料和产品接收区（库），接收区应采用雨篷或库房等设计来保护物料、产品免受外界天气（如雨、雪）的影响；接收区用于检查、接收物料或产品，对外包装进行必要的清洁，必要时，应在接收区对接收的物料粘贴企业内部的物料标签；接收区与物料和产品贮存的区域应有效隔离。物料和产品接收完毕后，转入储存区域。

③取样区：仓库应设置物料取样区，按取样要求设计、建造并配备取样所需的设施设备。不管采用何种取样技术，在取样时原料均要或多或少地暴露在空气之中，为了避免因取样而造成物料污染及污染其他物料，有必要使取样区域进行适当隔离保护，必要时提供相应的洁净条件。

④储存区：用于储存待验或合格物料。待验区与合格区不一定须进行物理隔离，待检和合格的物料（原料药、原辅料、中间体）可以储存在同一区域，但不应放在同一托盘上，物料的状态标识应清晰，同时应建立相应的程序避免非放行的物料被使用。

⑤不合格品区：仓储区应设立不合格品区，用于贮存不合格物料或产品，防止混淆或误用。

⑥发运（货）区：仓储区应设立发运（货）区，发运（货）区应采用雨篷或库房等设计保护物料、产品免受外界天气（如雨、雪）的影响，以及执行装运前的拉膜操作等。

（3）质量控制区　质量控制应贯彻预防为主与检验把关相结合的原则，应对干什么，为何干，怎么干，谁来干，何时干，等做出规定，并对实际质量活动进行监控，以便及时发现问题，采取相应的措施，防止不合格现象重复发生，尽可能地减少损失。

质量控制涵盖药品生产、放行、市场质量反馈的全过程，负责原辅料、包材、工艺用水、中间体及成品的质量标准和分析方法的建立、取样和检验，及产品的稳定性考察和市场不良反馈样品的复核工作。

①布局原则：质量控制实验室应确保其适用于预定的用途，并能够避免混淆和交叉污染，应有足够的区域用于样品处置、留样和稳定性考察样品存放及记录的保存。实验室配置的设施应与生产规模，品种，检验要求相适应，应配备足够的仪器设备以满足检验的要求。

②布局要求：质量控制实验室通常应与生产区分开，生物检定、微生物和放射性同位素的实验室还应彼此分开，无菌检查实验室、微生物限度检查实验室等也应彼此分开。

实验室的设计必须与生产要求相适应。必须有足够的地方避免混淆和交叉污染。同时，还应有足够的区域用于样品处置、留样和稳定性考察样品的存放及记录保存。

必要时应设置专门的仪器室，使灵敏度高的仪器免受静电、震动、电磁波、潮湿等因素的干扰。

处理生物或放射性样品等特殊样品的实验室应符合特殊要求。

用于微生物检验的实验室应有符合无菌检查法和微生物限度检查法要求，以及用于具有开展无菌检查、微生物限度检查等检测活动和独立设置的洁净区或隔离系统，并为上述检验配备相应的阳性菌实验室、培养室、实验结果观察区、实验用具准备区、污物处理区等。

实验室应设置专门的区域或房间用于清洗玻璃器皿，取样器具，以及其他用于样品测试的物件。

（4）辅助区　辅助区通常包含人员净化用室、更衣室、净鞋区、洗手消毒区、原辅料外包清洁室、包装材料清洁室、灭菌室等。

①人员净化用室：人员流动与净化的原则是使发生交叉污染的概率最小，一般应具备雨具存放、脱外衣换鞋、洗手消毒、穿洁净工衣、气闸等功能。洁净度按净化程序由外及里逐次提高。

②更衣室：更衣的不同阶段应分开，以尽可能避免工作服被微生物和微粒污染。更衣室后段的静态级别应与其相应洁净区的级别相同。必要时，可将进入和离开洁净区的更衣间分开设置。气锁间两侧的门不应同时打开，可采用连锁系统，或光学或声学的报警系统，或两侧相互可视，防止两侧的门同时打开。

③净鞋区：洁净厂房入口设双面净鞋设施（凳、台、柜），供不同要求的鞋要能分

开放置。

④洗手消毒区：应设洗手盆、消毒和干手设施。

洁净区更衣常用设施图例见图5-1。

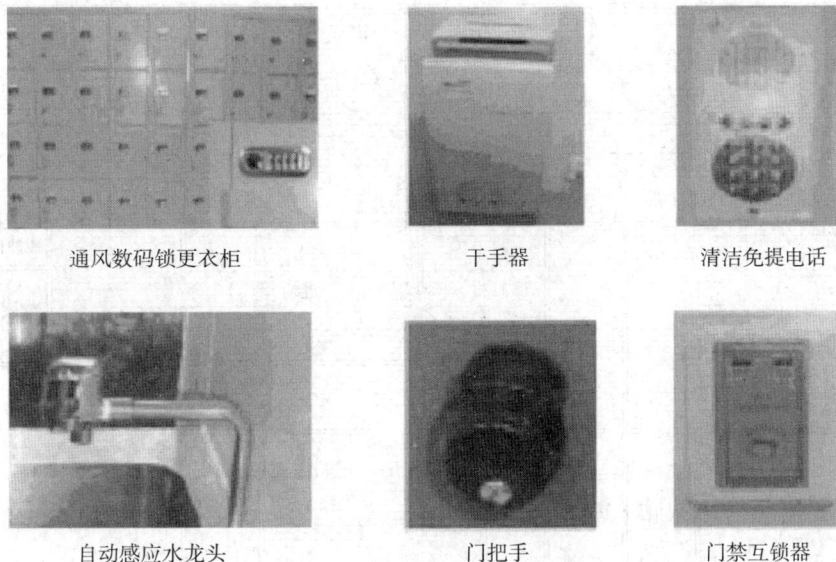

通风数码锁更衣柜　　　　　　干手器　　　　　　清洁免提电话

自动感应水龙头　　　　　　　门把手　　　　　　门禁互锁器

图5-1　洁净区更衣常用设施图

原辅料外包清洁室、包装材料清洁室、灭菌室等。

物料清洁室与洁净区之间应设置气闸室或传递窗，用于传递清洁或灭菌后的原辅料、包装材料和其他物品；传递窗两边的传递门应有防止同时被打开的措施，密封性能好并易于清洁。传递窗的尺寸和结构应满足传递物品的大小和重量所需要求；用于生产过程中产生的易对生产环境产生污染废弃物的出口不宜与物料进口合用一个气闸室或传递窗，宜单独设置专用设施。

（5）档案室　档案室是制药企业非常重要的辅助功能设施之一，应有人员进入控制、适当的储存设备和充分的储存空间、清晰的标识和索引系统及烟雾监测和防火功能，并能避免阳光照射、温度和湿度变化、水灾、虫害等因素对文件和记录储存的不良影响。

3. 原料药精干包区域的设计要求　影响原料药质量、安全和有效的关键因素有原料药的杂质水平（相关物质包括降解产物和合成中的副产物、残留有机溶剂、水分、金属催化剂等）、相关理化性质（晶形、粒度）、原料药的稳定性和可能的污染和交叉污染等。

原料药生产前期的杂质在后续的化学反应过程和物理处理过程中大部分会被去除，一般而言，多数原料药生产工艺中均涉及将原料药粗品溶解到合适的溶剂中，再通过结晶或沉淀来分离纯化。因此，原料药的精制纯化工序是原料药生产的关键工序之一。

原料药生产厂房可以分为三个区域：一般生产区域、精干包区域及辅助区域。一般生产区通常不考虑洁净问题，在设计上主要考虑的是化工生产安全问题。原料药精干包区域则要符合一定的洁净级别的要求。

（1）非无菌原料药　按照GMP要求，非无菌原料药精制、干燥、包装平面布置示意图如图5-2所示。

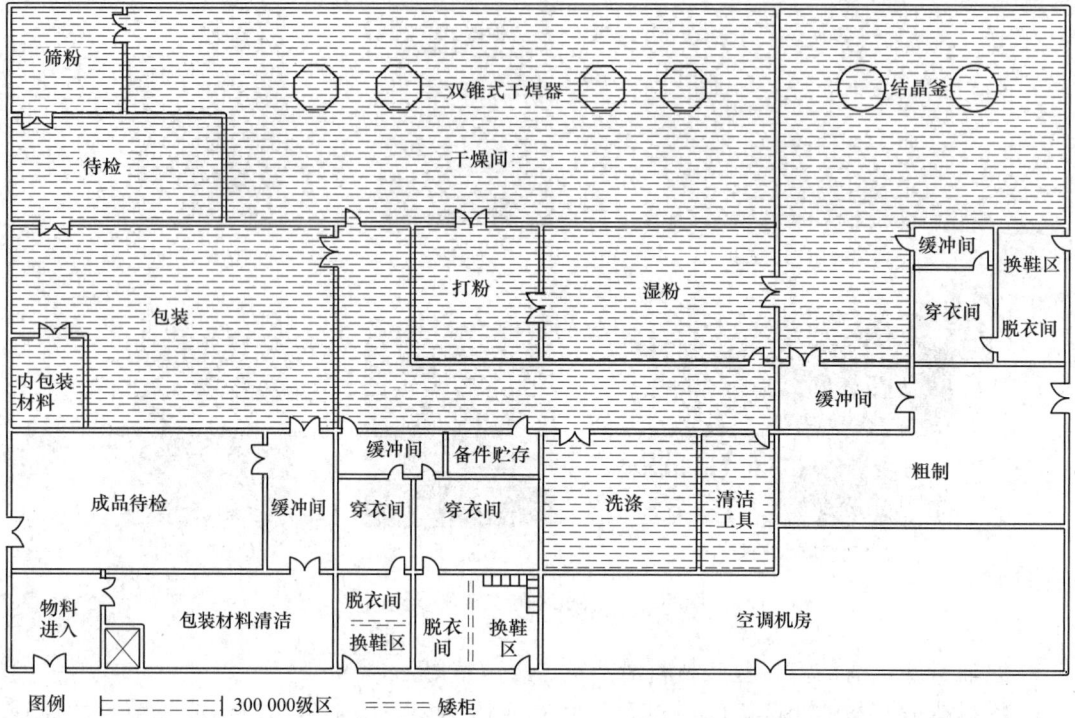

图例　|⌐======⌐| 300 000级区　====矮柜

图5-2　非无菌原料药精制、干燥、包装平面布置示意图

一般原料药生产企业同时生产多种药品，为防止污染和交叉污染，对一些特殊品种如青霉素类、强致敏性药物，以及高活性、有毒、有害的药物应分别在独立厂房或独立空气处理系统的密闭区域中，使用专用设备进行生产。

当中间产品或原料药的质量标准中有微生物限度控制项目时，原料药厂房、设施的设计应当限制产品暴露于有害微生物污染之下。

易燃、易爆、有毒、有害物质生产和储存的厂房设施应符合国家的有关规定。使用有机溶剂或在生产中产生大量有害气体的原料药精制、干燥工序在确保净化的同时要考虑防爆、防毒的有效措施。在这种情况下，这些区域应保持相对负压，回风不宜循环使用。原料药精、干、包区域的废气、废液的排放要有防止倒灌的措施。

质检实验室区域通常应与生产区分开。有些实验室区域，特别是用于中间控制的实验室，只要生产工艺操作对实验室检测的准确率无不利影响，且实验室及其操作对生产过程、中间产品或原料药也无不利影响，可以设在生产区内。

非无菌原料药精制工艺用水应至少符合纯化水的质量标准。

（2）无菌原料药　无菌原料药精制、干燥、包装平面布置示意图如图5-3所示。

无菌操作的特殊防污染措施必须有相应的硬件条件来保证。

无菌原料药的生产厂房要考虑设置合理的消毒灭菌设施，无菌生产工序的设施设

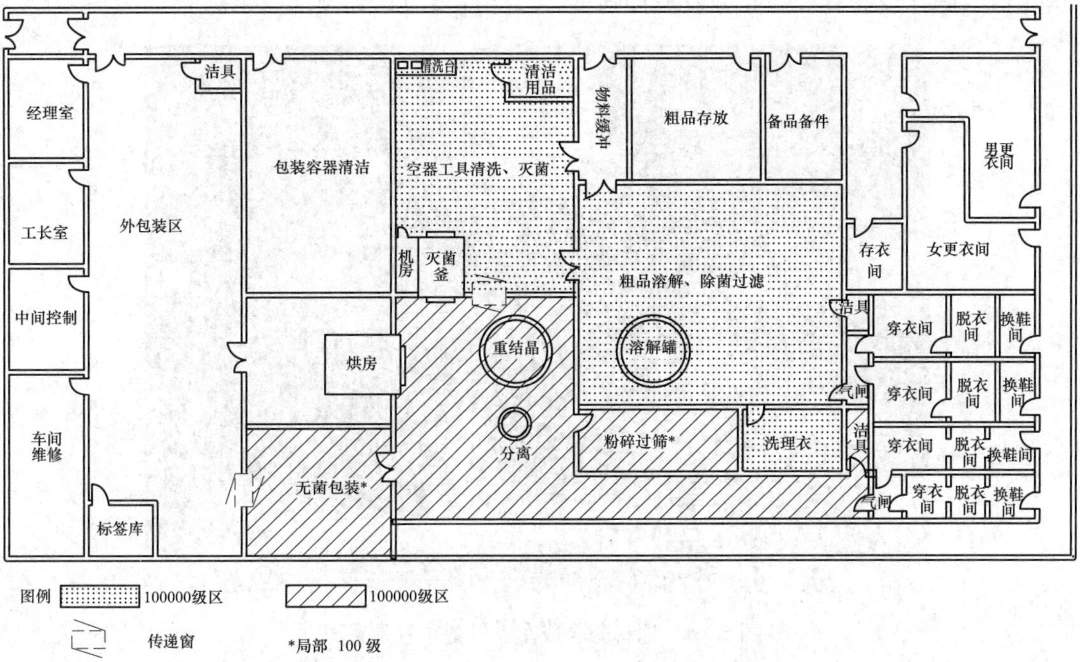

图例 ▦ 100000级区　　▨ 100000级区

▱ 传递窗　　*局部 100 级

图 5 - 3　无菌原料药精制、干燥、包装平面布置示意图

备应能尽可能地避免人员直接接触药品的操作。与无菌制剂生产相比，无菌原料药的生产过程中有更多的暴露环节，无菌风险更大。特别要注意离心、干燥、打粉等设施设备的消毒灭菌效果和人工转移产品时的防污染措施。

无菌原料药精制工艺用水应至少符合注射用水的质量标准。

（二）设备

原料药生产用的设备必须与其工艺相配套，在这些设备中反应罐与储罐占很大的比例。其他设备大多是分离与输送等辅助设备，如过滤、蒸馏、真空、压缩气体，加热等。

由于物料性质的约束，设备的材质多种多样，如不锈钢、碳钢、塑料、搪瓷、硅胶等。图 5 -4 为原料药合成车间设备布置示意图。

1. 常用设备　原料药生产的常用设备有反应设备、萃取及浸取设备、结晶设备、离心过滤设备和干燥设备等。

（1）反应设备　原料药生产中须使用大量的化学反应装置，特别是化学合成药物的生产。其中多数是罐式反应器，也有连续式或连续 - 分批相结合的型式。在反应设备中，除了反应过程有易污染物料进入以外，一般不设置蒸气灭菌设施。如果有易污染物料进入，则应增设灭菌管道等设施，而且进入系统的物料须在进入系统以前进行灭菌或除菌。反应罐外形和结构示意图见图 5 -5。

反应罐要求可以原位清洗，其规模应以容纳一个批号物料为基准考虑，也应根据反应所需温度变化配备加热或冷却系统。

反应罐所配备的搅拌系统应根据不同的反应物系，如液 - 液、液 - 固、气 - 液或气-液-固，设计有效的叶型及搅拌强度，以保证反应达到预期效果。

图 5-4　原料药合成车间设备布置示意图

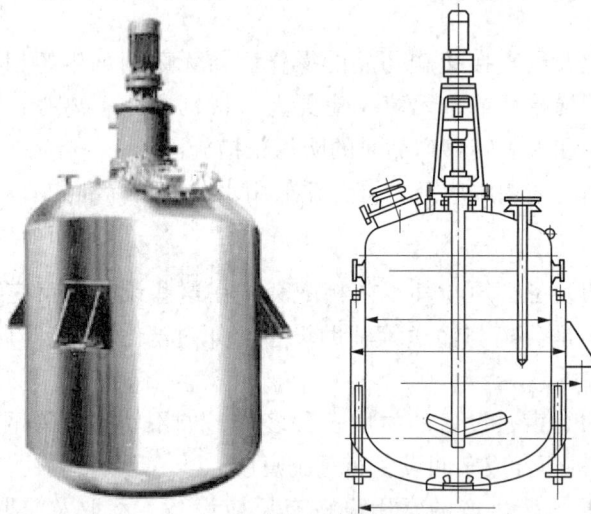

图 5-5　反应罐外形和结构示意图

（2）萃取及浸取设备　萃取及浸取过程是把有效成份从液相或固相中用另一液相进行混合接触并重新分离，使有效成份转移的过程。此类设备要求其设备本体及所附属之管道不积存料液，并可原位清洗。对浸取设备还应能在每批操作结束时将被浸取固体物料全部排净，且能进行原位清洗。萃取设备外形图见图 5-6。

（3）结晶设备　结晶在原料药生产过程中基本上都是原料纯化的工序。结晶设备要求可原位清洗（CIP），无菌原料药的结晶设备还应能原位灭菌（SIP）。结晶设备要求配备蒸气进出管道，蒸气进入结晶设备以前要过滤，以防铁锈等杂物进入。其过滤

图 5 - 6　萃取设备外形图

介质应能耐受灭菌蒸气的温度，其孔径应小于 0.22μm。结晶设备底部排料口与底部阀门之间不能有空间，以防在此区域因搅拌不充分而形成不规格结晶，甚至堵塞。因此应采用向上开启的底阀。结晶设备外形和结构示意图见图 5 - 7。

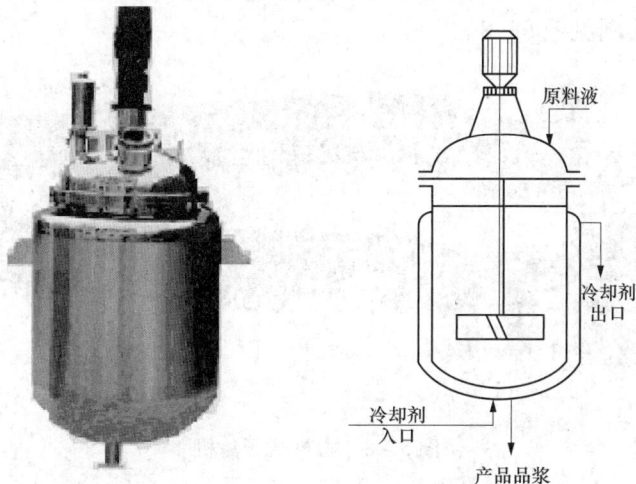

图 5 - 7　结晶设备外形和结构示意图

　　结晶设备的搅拌应配置合适的轴封，轴封的磨损端面可能磨脱的颗粒应利用结晶设备的正压操作及磨损物承接槽（此槽应加设排泄通道，可在清洗及灭菌时得以处理）加以控制，不使此类磨脱颗粒混入成品。

　　搅拌叶轮及组合应根据结晶工艺要求如颗粒度、晶型等进行对比选配。在冷却结晶过程中也应注意叶轮的选用，以防止晶体在器壁形成晶层。

　　减压结晶应增设冷凝器、凝液收集罐等，同样应配备原位清洗及原位灭菌设施。压缩空气也须在进罐前经洁净过滤。对于无菌原料药其引入管的灭菌与结晶罐同时进行。

　　（4）过滤设备　过滤操作是将液相和固相进行分离的单元操作，在原料药生产中有广泛的应用。

过滤设备必须具备充分有效的原位清洗功能。

在原料药成品阶段，如成品结晶以前，其母液及进入结晶器的其他料液都必须进行洁净过滤。其过滤介质常为能耐受该操作温度的孔径 $< 0.22\mu m$ 的膜滤器。对于无菌原料药，该膜滤器在投入使用前应通过注射用水冲刷器内积存物，并经蒸气灭菌，再降至室温。在结晶完成以后，结晶与母液的分离通常是由离心机完成的。离心机转鼓壁上有小孔，转鼓内壁上衬有滤布或滤网。转鼓回转时，因离心力作用，液体通过过滤介质、滤布经小孔被甩出鼓外，固体被截留在转鼓内。

原料药生产中经常须将压缩空气、热空气、蒸馏水、液态原料及原料药溶液等进行无菌过滤。对于这些不同物料、不同状态、不同温度的过滤，都必须结合具体条件选用合适的过滤介质及过滤装置，来完成除菌、除颗粒的操作。这些过滤装置都必须具备原位清洗、原位灭菌的条件。

常用的滤器种类有板框式压滤机、钛滤器、砂滤器、折叠式微孔膜滤器和微孔滤膜器等。

①板框式压滤机：板框式压滤机由多块滤板与滤框相间重叠排列组成，是注射液过滤的常见设备。该设备过滤面积大，截留量多，可用于粘性大、滤饼可压缩的各种物料的过滤，特别适用于含少量微粒的待滤液，缺点是装配和清洗麻烦，容易滴漏。板框式压滤机外形图见图5-8。

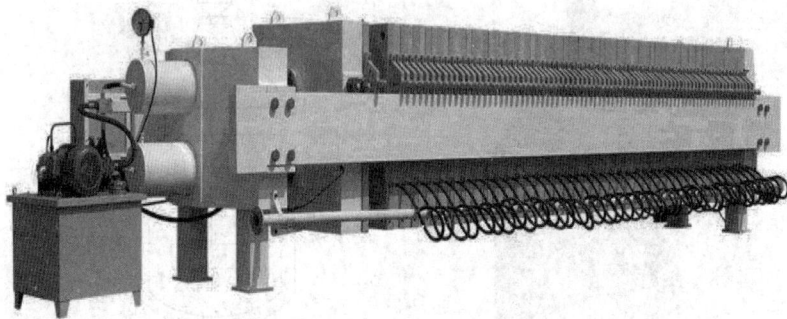

图5-8　板框式压滤机

②钛滤器：图5-9是钛滤器和钛滤棒示意图，钛滤棒是以工业高纯钛粉为原料，经分筛、冷等静压成型后经高温、高真空烧结而成。其优点：结构均匀、孔径分布窄、分离效率高；孔隙率高、过滤阻力小、渗透效率高；耐高温；化学稳定性好、耐酸碱腐蚀、具有抗氧化性能；无微粒脱落，不使原液形成二次污染；机械性能好，可压滤可抽滤，操作简单；压差低，占地面积小，流量大；抗微生物能力强，不与微生物发生作用。

③砂滤器：图5-10是砂滤器和砂滤棒示意图。砂滤棒是由二氧化硅、粘土等材料经高温焙烧而成的空心滤棒，砂滤器则是由多根砂滤棒组成的过滤内芯，适用于大生产中的初滤。

④折叠式微孔膜滤器：为了增大过滤器的过滤面积，常将高分子平板微孔膜折叠成手风琴状后再围成圆筒形。主要种类有聚丙烯滤芯、尼龙膜滤芯、聚偏二氟膜滤芯、

聚偏四氟膜滤芯等。图 5－11 为折叠式微孔膜滤器示意图。

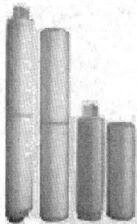

图 5－9　钛滤器和钛滤棒示意图　　　　图 5－10　砂滤器和砂滤棒示意图

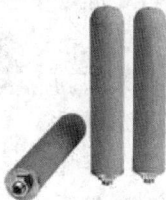

⑤微孔滤膜器：药用微孔膜滤器的结构如图 5－12 所示，微孔滤膜采用高分子材料（如醋酸纤维素等）制作。优点是微孔孔径小，截留能力强；孔径大小均匀，无颗粒泄露；滤速快；没有介质迁移，不影响药液的 pH 值；吸附性小，不影响主药的含量；用后弃去，无污染。缺点是易堵塞，有些滤膜化学性质不理想。

图 5－11　折叠式微孔膜滤器示意图　　　　图 5－12　微孔滤膜器

（5）干燥设备　干燥操作是原料药生产中常见的单元操作，有中间体的干燥操作也有成品的干燥操作。干燥过程中不能有外界灰尘、微生物等杂物进入，进入系统的热空气、料液等都必须经过除菌过滤，在无菌状态所得的结晶在进入干燥装置时也应保持洁净。分批干燥器的容积以能容纳一个批号药物正常运转为度。药物干燥过程中不允许出现粘壁、结团及物料受热不均匀等现象，以保证整批均一。连续干燥过程，如喷雾干燥过程，等则应严格控制整个干燥过程的操作指标，使整批物料质量均一。

①喷雾干燥器：喷雾干燥器外形图见图 5－13。在喷雾干燥器顶部导入热风，同时将料液送至干燥器顶部，通过雾化器喷成雾状液滴，与高温热风接触后水分迅速蒸发，在极短的时间内便成为干燥产品。

喷雾干燥器操作稳定，易实现连续化和自动化；干燥速度较快，干燥时间较短；

可由液体物料直接获得固体产品，从而省去蒸发、结晶、分离等操作；产品常为松脆空心颗粒，可速溶。但喷雾干燥器体积庞大，操作弹性较小，热效率较低，能耗较大，因而主要用于干燥热敏性物料、液体物料。

喷雾干燥的热空气系统应以能耐热空气温度的高效过滤器将经加热的空气进行过滤，不允许过滤以后再加热，以免加热器表面氧化物脱落进入药品。雾化器要求采用经净化过滤的压缩空气雾化的气流式雾化器。

图5-13 喷雾干燥器外形图

②双锥回转真空干燥器：结晶状原料药常用双锥回转真空干燥器，其特点是干燥温度低、干燥速度较快、物料均一性好。要注意的是排气引出管与一侧旋转轴之间的间隙也应满足原位清洗及原位灭菌的要求；压缩空气也要经洁净过滤。如挥发物是有机溶剂应采用低温冷凝器捕集。双锥回转真空干燥器外形图见图5-14。

③沸腾干燥器：沸腾干燥是干燥固体颗粒的常用方法。用于药物干燥，热空气也要求在加热以后过滤，并达到洁净要求。在沸腾干燥的同时喷入洁净的药液或者有关料液可以完成药物的造粒，为压片作准备。

沸腾干燥所用热空气除要求洁净以外，其风温、风量要求可以精确调节，以保证药物的干燥及正常沸腾。沸腾干燥器也要求可原位清洗及原位灭菌。沸腾干燥器外形图见图5-15。

图5-14 双锥回转真空干燥器外形图　　图5-15 沸腾干燥器外形图

用于药物干燥的其他形式干燥器，包括结晶-过滤-干燥联合机等也应注意：传动轴的轴封及轴与壁之间的间隙要求能清洗及灭菌；与药物接触的器壁、内设件（如搅拌器等）均不得黏附药物；热空气在接触药物进行干燥以后不能重复利用，以免所携带少量药物在经空气加热器受热变质影响药物质量；与药物直接接触的热空气应在加热以后进行洁净过滤，以防加热器表面有异物脱落。所用洁净过滤器在操作温度范围内不能脱落过滤介质，如纤维、颗粒等。

2. 设备管理 设备运行所需的润滑剂、加热液或冷却剂等物料不得与中间产品或原料药直接接触，以免改变其质量并导致超出法定或其他预定质量标准的结果。应对任何偏离要求的偏差做出评估，以确保对中间产品或原料药的适用范围无不利影响。应尽可能使用食用级的润滑剂和油类。

原料药生产宜使用密闭设备，密闭设备、管道可以安置于室外。使用敞口设备或打开设备操作时，应有避免污染的措施。

与中间体和原料药质量有关的控制、称量、测量、监控和测试设备应按规程和计划进行校验。与中间体和原料药质量无关的计量器具可不校验，但必须事先有相应的文件规定。

三 、物料管理

原料药厂的物料是多种多样的，即使同一个物料也可能由于应用的岗位不同而有不同的规格标准。在原料药厂，原料的规格可能不是一个技术指标，而是一个经济指标。

（一）供应商管理

原料药生产企业应该建立对关键原料供应商的评价体系。关键原料主要指影响原料药质量的起始原料、重要的试剂、催化剂和精制用溶剂等。用于原料药生产的原料主要为化工原料，不同生产工艺对原料的质量要求不同，因此对关键原料供应商的评价应着重放在生产小试结果和以前生产情况的分析评价上。

供应商的批准应有审核和评估的资料，该资料应有足够的证据（如以往的质量情况、生产小试结果及生产情况）证明该供应商能始终如一地提供符合质量标准和工艺要求的物料。

（二）物料检验

每批原料的取样应该具有代表性。取样方法中应该明确取样的包装数、取样部位及每一个包装的取样数量。取样的包装数和取样数量应该按照取样计划，考虑是否为关键原料、原料的变异性、供应商的历史及检测所需的数量。

取样应该在确定的地点按照确定的规程进行，以避免取样物料之间及与其他物料的污染。取样时，应小心打开包装，取样后重新密封好。

取样后应该附上取样标志（如取样证）。应至少对每批物料进行一项鉴别试验。

如原料药生产企业有供应商审计系统时，供应商的检验报告可以用来替代其他项目的测试。至少应对三批物料做全检后方可减少全检的次数，但至少每年应定期进行一次全检，并与供应商的检验报告比较。应定期检查供应商检验报告的可靠性。

工艺助剂、有害或有剧毒的原料、其他特殊物料（如五氯化磷、叠氮化钠等）或转移到本公司另一部门的物料可以免检，但必须取得供应商的检验报告，且检验报告显示这些物料符合规定的质量标准，还应对其容器、标签和批号进行目检，以确认这些物料。免检应说明理由并有正式记录。

新进厂溶剂与现有的储槽中的溶剂混合前，应有正确的标识，并经检验测试合格后才能予以混和放行。混和后的溶剂应定期进行抽检。

（三）物料状态标识

每一个或每一组（如事先按托盘分组）的原辅料包装上应该注明明确的编号、批号或接收号。在发送时应该记录该号码，现场应有区分每一批状态的体系。

大批量物料不必从待检区域搬到合格区域，可用更换状态标识的办法来确保未批准的物料不被使用。

如果识别标签保持清晰，容器在开启和使用前能适当清洁，某些装在适当容器中的强酸、易腐蚀和易爆物料可在室外存放。

大型贮槽的检修口、进料和出料管道应该标识清楚。必要时，应该对原辅料进行重新评价（例如，长期存放后或暴露在热、湿条件下）。

为避免来自槽车所致的交叉污染，应采用专用槽车运送大宗液体物料，否则应采取有效的措施来确保对槽车彻底清洁。

标准操作规程（SOP）：

大容量溶剂管理

题 目	大容量溶剂管理规程	类 别	
		编 号	
部 门	×××车间	页 码	

1. 目的：加强车间物料管理，保证生产所使用的物料准确合格。
2. 范围：难以精确按批号分开的大容量溶剂，即氯仿、甲醇、DMF、正丁醇等。
3. 职责：车间主任、技术员及相应岗位操作人员对本规程负责。
4. 规程：
4.1 新批次的物料，必须在化验合格后，才能灌入物料贮槽。
4.2 对灌入贮槽中新批次物料的批号、数量及灌入前贮槽中剩余物料的数量做准确记录。
4.3 日常使用时准备好物料结存卡。
4.4 每隔两个月对贮槽中溶剂抽检一次。若抽检不合格，贮槽中溶剂不得使用，并对不合格原因及该物料影响的生产批次进行偏离调查分析。

四、原料药生产清洁卫生管理

（一）人员清洁卫生

人员卫生是GMP的最基础要求。尘粒、微生物和其他外来物质（如尘埃、污物、棉绒、纤维和头发等）是污染的主要形式。而微生物传播污染的四大途径包括：空气、水、表面和人。人是最常见的传染源。当我们谈话、咳嗽和打喷嚏时，被污了的水滴正是不断地从我们的呼吸道中释放到时我们的工作场所。人是药厂中最不清洁的成份，最大的污染源，因为人体是一个永不休止的污染媒介。按要求更衣、带口罩、控制进入洁净区的人数、洁净区人的动作要轻等等是必要的。

1. 原料药生产个人卫生

（1）原料药生产个人卫生技术要求

①必须为所有涉及生产过程的人员每年进行一次体检，患有传染病和外伤者不得进行生产活动。所有新招聘人员必须要经过体检。

②应当避免操作人员的裸手直接接触与中间体以及药品相接触的设备表面。

③所有原料药生产人员应该穿着适合各自生产活动的服装，需要时还应配戴头罩、面罩、手套以防止污染。不准穿洁净服（鞋）进入厕所或离开加工场所。

④衣物和其他与生产无关的私人物品（如阅读材料、钥匙等）必须放在更衣箱内。

⑤物流、人流有各自的专用通道，禁止任何人员以任何理由交叉穿行。

⑥必须保持手的清洁。工作前和每次离开工作场所返回时或当手被弄脏或被污染时，要求用合适的洗涤剂彻底的洗手，并使用安全的消毒剂对手进行消毒。

⑦员工要保持良好的个人卫生习惯。禁止在生产与储存区吃东西、喝水、咀嚼或吸烟，禁止储存食物、饮料、香烟或个人服用的药品。

⑧所有生产员工禁止佩戴首饰，包括手表、戒指、项链、挂坠、耳环、耳坠等。不允许留长指甲、涂指甲油。工厂内不允许戴假睫毛。

⑨对维护人员、承包人、参观者、顾问和检查者等人员也要尽可能地进行个人卫生的培训，最好不要把参观者或未经培训的人员带到生产或质量控制区。

（2）员工个人卫生管理

①员工应身体健康，并建立健康档案。

②员工在工作期间每年必须体检一次，上岗证上要有健康情况记录。

③在工作中如感到身体不适，应及时去医疗部门检查。一旦发现患有传染病、皮肤病及精神疾病要及时上报主管领导，调离工作岗位，不得继续从事药品生产。

④因病离岗的工作人员痊愈后须持医生开具的健康证明方可重新上岗。

⑤每日上岗前应在更衣室穿戴好清洁、完好、符合区域工装要求的工衣、工鞋、工帽。离开工作场地时，必须脱掉工衣、工鞋、工帽。

⑥随时注意保持个人清洁卫生，应勤剪指甲、勤理发剃须、勤换衣、勤洗澡。

⑦工作前要将手洗干净，不得涂抹化妆品，不得佩戴饰物。

⑧工作服应按要求进行更换、清洗。

2. 无菌原料药生产个人卫生 无菌药品制造必须符合一些特殊的要求，以防止微生物，微粒和热源的污染。必须严格按照完善和经过验证的生产方法和工作程序进行，仅靠产品的最终灭菌和某一方面的质量控制是不允许的。

（1）无菌原料药生产个人卫生技术要求

①只有工作需要的最低人数可以进入洁净区，检查和控制都要尽可能在外面进行。

②所有在这些区域工作的人员都要定期进行与无菌药品生产有关的培训，包括卫生和微生物学的基本知识。外来人员须进入时，要特别注意给予指导和监督。

③在洁净区内不准戴手表、首饰，不准化装。

④与生产有关的所有人员应及时报告可能产生异常污染的任何情况，应定期进行健康检查。对可能带来微生物污染的人的处理措施要由指定的合格人员决定。

⑤洁净区工作服清洁和处理的方法要按操作程序进行处理。要求这些工作服最好在各自的洗涤设施进行处理。对工作服不适当的处理方法会损害纤维，增加颗粒脱落的风险。

⑥工作服及其质量应与生产操作的要求及操作区的洁净度级别相适应，其式样和穿着方式应能满足保护产品和人员的要求。各洁净区的着装要求规定如下所述。

D级区：应将头发、胡须等相关部位遮盖。应穿合适的工作服和鞋子或鞋套。应采取适当措施，以避免带入洁净区外的污染物。

C级区：应将头发、胡须等相关部位遮盖，应戴口罩。应穿手腕处可收紧的连体服或衣裤分开的工作服，并穿适当的鞋子或鞋套。工作服应不脱落纤维或微粒。

A/B级区：应用头罩将所有头发及胡须等相关部位全部遮盖，头罩应塞进衣领内，应戴口罩以防散发飞沫，必要时戴防护目镜。应戴经灭菌且无颗粒物（如滑石粉）散发的橡胶或塑料手套，穿经灭菌或消毒的脚套，裤腿应塞进脚套内，袖口应塞进手套内。工作服应为灭菌的连体工作服，不脱落纤维或微粒，并能滞留身体散发的微粒。

外界的衣服不得带进通向B级和C级的更衣室。在A/B级区域工作的各个岗位工作的人员应当穿戴清洁无菌保护服（经过灭菌或充分消毒）。在生产操作中要对手套定期消毒。每班都要更换口罩和手套。

（二）设备清洁卫生

原料药生产设备清洁卫生技术要求如下。

1. 同一设备连续生产同一原料药或阶段性生产连续数个批次时，应间隔适当的时间定期对设备进行清洁，以防止污染物（如降解产物或达到有害程度的微生物）出现和遗留。对于有影响原料药质量的残留物，更换批次时，也应对设备进行彻底的清洁。

2. 难以清洁的特定类型设备可以专用于特定中间产品、原料药的生产或储存。

3. 非专用设备更换品种生产前，必须对设备进行彻底的清洁，以防止交叉污染。

4. 多功能设备的清洁是防止原料药交叉污染的关键，清洁的限度要求与设备所生产的原料药中间体相关。

5. 通常原料药精干包共用设备的清洁要求最高，不同活性物质相互产生交叉污染的风险最大，精干包相关设备（如干燥设备、粉碎设备）一般不易清洁，因此选用设备时要尽可能考虑在线清洗系统，除了进行严格的清洁验证外，建议在更换产品时要进行残留物的日常监控。

共用设备生产不同原料药的中间体的清洁要求次之，但仍要进行严格的清洁验证。

共用设备生产同一原料药的不同中间体的清洁要求最低，产生交叉污染的风险最小，但必要时仍要进行清洁验证。

6. 对残留物的可接受标准、清洁规程和清洁剂的选择应有明确规定并说明理由。清洗规程应该包括足够详细的方法，便于操作者有效、可重复地清洗不同类型的设备。

7. 无菌区域内用于无菌原料药生产的设备要注意消毒灭菌的效果验证，尽可能采用带原位灭菌系统的精制、离心、烘干三合一的设备，以便尽可能地减小人工操作对产品的污染。

(三) 原料药生产区域清洁卫生

1. 一般生产区环境卫生管理制度

(1) 厂房内窗明壁净见本色，无浮尘，无霉斑，无渗漏，无不清洁死角，灯与管线无积尘。

(2) 地面光滑、平整、清洁，无积水，无杂物，地漏干净无积垢。

(3) 厂房严密，防虫防鼠设施完好，生产区内无动物及昆虫。

(4) 物料、中间产品定置放置，堆码整齐，遮盖，防虫良好，状态标志明显。

(5) 一切非生产物品及个人物品不得带入和存放于生产区，不得在生产区内从事与生产无关的活动。

(6) 楼道、走廊、电梯间清洁通畅，不得堆放任何物品。

(7) 人流、物料分开有明显标记。人、物分别在规定通道出入，不得穿行。

(8) 同一操作间内或相邻操作间的操作安排要合理，避免交叉污染。

(9) 生产中的废弃物装在密闭容器内，每天及时清理到规定的废弃物堆放处，并立即清洗干净容器、车辆、工具，并消毒。

(10) 生产区内设洁具清洗间、清洁工具齐全，洗涤剂、消毒措施完备，清洗间通风良好，清洁卫生完成后应及时清洗洁具，并于清洗间内整齐放置。

(11) 工作台表面平整，不易产生脱落物。

(12) 厂部每周组织一次一般生产区清洁检查，并记录于《一般生产区清洁检查记录表》。

2. 一般生产区清洁标准操作程序

(1) 清洁工具　地拖、毛刷、抹布、塑料桶、吸尘机。

(2) 清洁剂　1%（V/V）洗洁精和1%（W/V）洗衣粉液。

(3) 每日清洁工作　用抹布蘸饮用水擦拭、室内桌椅柜及设备外壁；用抹布蘸饮用水擦去门、窗、水池及其他设施上的污迹；消除废物贮器的废物，用饮用水将贮器冲洗干净，倒置晾干；用地拖蘸饮用水擦拭地面，用毛刷蘸水擦拭厕所的便斗。

(4) 每周清洁工作　用抹布蘸洗涤剂擦拭门、窗、水池及其他设施，再用抹布蘸饮用水清洁干净；用地拖蘸洗涤剂擦拭地面（洗涤剂用量为 $0.6L/m^2$），再用地拖蘸饮用水将洗涤剂拖干净；用毛刷蘸洗涤剂擦拭厕所便池、废物贮器、池漏，再用饮用水冲洗干净；用饮用水冲刷排水道及墙裙等处。

(5) 每月清洁工作　每月用吸尘机吸去墙面、顶棚、照明及其他附属装置的尘；用饮用水全面清洗工作场所及生活设施。

(6) 清洁程序　先内后外，先上后下。

(7) 清洁工具用后及时清洗，定点放置，不能进入洁净区。

(8) 清洁效果评价　门、窗、墙面、棚顶、照明及设施见本色，无浮尘，无霉斑；地面清洁，无积水，无杂物，无污迹。

3. 一般生产区容器具的清洁规程

(1) 一般生产区容器具　包括垃圾桶、塑料箱。

(2) 清洁频次　垃圾桶一次/班；塑料箱每次使用完毕。

（3）垃圾桶　用消毒剂涂抹；用5%洗涤灵溶液清洗，之后用饮用水清洗干净。

（4）塑料箱　用抹布擦拭，一般用饮用水，顽固污渍用5%洗涤灵溶液；用饮用水清洗干净。

（5）使用的清洁剂及消毒剂　5%洗涤灵溶液、75%乙醇溶液或0.1%新洁而灭溶液。

（6）清洁工具的清洁方法　刷子、抹布用5%洗涤灵溶液清洗，之后用饮用水清洗干净，自然干燥。

（7）清洁工具存放　刷子、抹布存放在清洁室。

4. 洁净区内生产操作区清洁规程

（1）清洁方法及程序。

①地漏：用镊子清洁地漏杂物；用刷子沾5%洗涤灵溶液刷洗，之后用饮用水、纯化水清洗干净；在地漏中加入消毒剂液封。

②地面：用拖把清洁；顽固污渍，用刷子沾5%洗涤灵溶液刷洗；用饮用水、纯化水清洗干净。

③墙面、天花板、门窗、温度和湿度计、脚踏凳、不锈钢管线、排风管、除尘罩、进风口、回风口表面清洁，灯具表面清洁：用绸布擦拭，一般用纯化水，顽固污渍用5%洗涤灵溶液清洗；用饮用水、纯化水清洗干净。

④工作台、门脚（未成弧角处）、标示牌口袋、文件夹、设备标示牌、笔：用绸布擦拭，一般用纯化水，顽固污渍用5%洗涤灵溶液清洗，之后用饮用水清洗干净；用消毒剂涂抹；用纯化水清洗干净。

⑤房间：开紫外灯灭菌30min。

⑥回风口整体清洁：用湿绸布擦拭回风口表面；拆开回风板，拆下滤布装在洁净的塑料袋中，密封送出洁净区，换上洁净的滤布；用饮用水擦拭回风口内部；用消毒剂涂抹；用纯化水清洗干净；装上回风板。

⑦灯具整体清洁：用湿绸布擦拭灯具表面；拆下灯罩送到容器清洁室内清洁，用5%洗涤灵溶液清洗，之后用饮用水、纯化水清洗干净；用消毒剂涂抹；用纯化水清洗干净；擦干装上灯罩。

（2）使用的清洁剂及消毒剂：5%洗涤灵溶液，75%乙醇溶液或0.1%新洁而灭溶液。

（3）清洁工具的清洁方法。

①拖把：拖把罩用5%洗涤灵溶液清洗，之后用饮用水、纯化水清洗干净，自然干燥；拖把用纯化水清洗干净，自然干燥。

②镊子、刷子、擦墙器及绸布：用5%洗涤灵溶液清洗，之后用饮用水、纯化水清洗干净，自然干燥。

③清洁工具的存放：拖把、镊子、刷子、绸布存放清洁室。

5. 洁净区内辅助区清洁规程

（1）洁净区辅助区：洁净区走廊、缓冲室、二更室、洗衣室、干衣室、清洁室、容器清洁室、模具室。

（2）清洁频次：地面1次/天；其他1次/3天；整体清洁1次/月。

（3）清洁方法及程序。

①地漏：用镊子清洁地漏杂物；用刷子沾5%洗涤灵溶液刷洗，之后用饮用水清洗干净；在地漏中加入消毒剂液封。

②地面：用拖把清洁；顽固污渍，用刷子沾5%洗涤灵溶液刷洗；用饮用水清洗干净。

③水池：用镊子清洁杂物；用刷子沾5%洗涤灵溶液刷洗，之后用饮用水、纯化水清洗干净。

④墙面、天花板、门窗、更鞋柜、工衣架、给皂器、干手器、手消毒器、传递窗、物料垫板、清洁工具存放柜、清洁工具存放架、不锈钢柜子、工具架、隔板、不锈钢管子、灯具表面、回风口表面、送风口、模具柜、压差表：用绸布擦拭，一般用纯化水，顽固污渍用5%洗涤灵溶液清洗；用饮用水清洗干净；用消毒剂擦拭；用纯化水清洗干净。

⑤门脚（未成弧角处）、文件夹、设备标示牌、笔：用绸布擦拭，一般用纯化水，顽固污渍用5%洗涤灵溶液清洗，之后用饮用水清洗干净；用消毒剂涂抹；用纯化水清洗干净。

⑥回风口整体：用湿绸布擦拭回风口表面；拆开回风板，拆下滤布装在洁净的塑料袋中，密封送出洁净区，换上洁净的滤布；用饮用水擦拭回风口内部；用消毒剂涂抹；用纯化水清洗干净；装上回风板。

⑦灯具整体：用湿绸布擦拭灯具表面；拆下灯罩送到容器清洁室内清洁，用5%洗涤灵溶液清洗，之后用饮用水、纯化水清洗干净；用消毒剂涂抹；用纯化水清洗干净；擦干装上灯罩。

（4）使用的清洁剂及消毒剂：5%洗涤灵溶液，75%乙醇溶液或0.1%新洁尔灭溶液。

（5）清洁工具的清洁方法：拖把罩用5%洗涤灵溶液清洗，之后用饮用水、纯化水清洗干净，自然干燥；拖把用纯化水清洗干净，自然干燥；镊子、刷子及绸布用5%洗涤灵溶液清洗，之后用饮用水、纯化水清洗干净，自然干燥。

6. 洁净区容器具清洁规程

（1）洁净区容器具：物料袋、不锈钢工具、不锈钢桶、塑料箱。

（2）清洁频次：每次使用完毕。

（3）清洁方法及程序。

①物料袋：在洁净区洗衣室用物料袋专用洗衣机洗涤，每次清洗件数不得超过15个，液体洗衣剂用量为30ml，洗涤为中速；在洁净区干衣室用干衣机干燥；清洁好的物料袋每10个装在一个洁净的塑料袋中，放在存料袋柜内存放。

②不锈钢工具、不锈钢桶：用绸布擦拭，一般用纯化水，顽固污渍用5%洗涤灵溶液清洗，之后用饮用水清洗干净；用消毒剂涂抹；用纯化水清洗干净。

③塑料箱：用绸布擦拭，一般用纯化水，顽固污渍用5%洗涤灵溶液清洗；用消毒剂消毒、纯化水清洗干净。

④使用的清洁剂及消毒剂：5%洗涤灵溶液，75%乙醇溶液或0.1%新洁尔灭溶液

⑤清洁工具的清洁方法：洗衣机、干衣机用纯化水擦拭，顽固污渍用5%洗涤灵溶液清洗，之后用饮用水、纯化水清洗干净，自然干燥。绸布用5%洗涤灵溶液清洗，之后用饮用水、纯化水清洗干净，自然干燥。

⑥清洁工具的存放：洗衣机、干衣机存放在洗衣室，绸布存放在清洁室。

五、验证管理

原料药的验证应包括工艺验证、清洁验证、空调系统验证、水系统验证、关键设施设备的验证等，在无菌原料药生产中还包括生产设备在线灭菌规程的验证、无菌过滤系统、干燥灭菌、蒸气灭菌系统验证等。空调系统验证、水系统验证及无菌原料药所用灭菌设备的验证方法与制剂一样。

（一）工艺验证

1. 确定原料药生产的关键步骤和关键参数 关键步骤包括相变化（如分解、结晶、蒸发、蒸馏、升华、吸收等）、相分离（如过滤、离心等）、构成目标分子的各种化学反应、精制、粉碎、混和等生产步骤。关键的工艺参数或特性通常应在研发阶段、中试阶段或根据历史的资料和数据确定，应规定重复工艺操作的必要范围，包括确定原料药关键的质量标准及特性、确定影响原料药质量特性的关键工艺参数、确定常规生产和工艺控制中每一关键工艺参数的范围。

2. 工艺验证的方式 原料药生产工艺的验证方法一般应为前验证。因原料药生产批数不多、原料药不经常生产，或用验证过的工艺生产原料药，但该生产工艺已有变更等原因，难以从原料药的重复生产获得现成的数据时，可进行同步验证。同步验证完成前，验证批次的原料药只要进行了充分的监控并经检验符合质量标准，可以放行发放上市，并用于制剂生产。

如生产工艺没有发生因原料、设备、系统、设施或生产工艺改变而对原料药质量有影响的重大变更时，可例外进行回顾验证。回顾验证方法适用于下列情况：、关键质量属性和关键工艺参数均已确定、已设定合适的中间控制项目和合格标准、已明确原料药的杂质情况、从未出现较大的工艺或产品不合格的问题（操作人员失误或设备故障除外）。

回顾验证的批次应当是验证阶段中所有的生产批次，包括不合格批次。应有足够多的批次数，以证明工艺稳定。可测试留样以获得数据进行生产工艺的回顾验证。

3. 工艺验证的程序

（1）根据生产工艺的复杂过程及工艺变更的大小决定工艺验证的运行次数。前验证和同步验证通常采用三个连续、成功的批次，但在某些情况下，需要更多的批次才能保证工艺一致（例如复杂的原料药生产工艺，或周期很长的原料药生产工艺）。回顾验证一般须审查10~30个连续批次的数据，方可评估工艺一致性，但如有充分的理由，审查的批次数可以减少。

（2）工艺验证期间，应对关键的工艺参数进行监控。与质量无关的参数，例如与节能或设备使用相关控制的参数，无须列入工艺验证中。在验证过程中还应考察中间

体和成品的收率以考察工艺的稳定性。

（3）工艺验证应证明每种原料药的杂质都在规定的限度内，如可能与以往数据相比，应比工艺研发阶段确定的杂质限度或者关键的临床和毒理研究批次的杂质数据更好。

（4）工艺验证时可增加抽样频率和数量，并应进行产品稳定性考察。

（5）工艺体系和工艺过程应该进行周期性的评价以证实其仍处于已验证的有效状态。工艺体系或工艺过程如果没有重大的变更并能一致性地生产出合格的产品，定期质量审核可以取代重新验证。关键设备、工艺过程、主要原料、溶剂及重要的工艺参数发生变更时应进行重新验证。

4. 变更控制

（1）应该建立一个正式的变更控制体系以评价可能影响中间体或原料药的生产和控制的所有变更。

（2）应建立原辅料、质量标准、分析方法、设施、支持体系、设备（包括计算机控制系统的硬件）、工艺步骤、标签和包装材料以及计算机控制系统的软件变更的确认、归档、适当的审核及批准的书面文件。

（3）应该对提出的变更进行评价，以确定该变更对中间体或原料药质量的潜在影响。

（4）已批准的变更生效时，应确保变更影响的所有文件已经完成修订。

（5）变更生效后，应该对变更条件下生产或检测的第一个批号进行评价。

（6）可能影响原料药的质量时，应该将生产工艺规程的变更向注册部门进行补充申请并应及时通知制剂厂家。

（二）清洁验证

清洁规程通常应进行验证。清洁验证一般应针对污染及物料夹带易给原料药质量带来最大风险的状况及工艺步骤。因后续的纯化步骤可去除残留物，生产初始阶段的设备清洁规程可不必验证。

清洁规程的验证应当反映设备实际的使用情况。如果多个原料药或中间产品共用同一设备生产，且采用同一规程进行清洁，则可选择典型的中间产品或原料药作为清洁验证的参照物。应根据溶解度、难以清洁的程度，以及残留物的限度来选择清洁参照物，而残留物的限度则根据活性、毒性和稳定性确定。

清洁规程经验证后应定期进行监测，以保证日常生产中的规程有效。设备的清洁程度可通过分析测试来监控，可能时，也可用目检法监控。目检能检查出集中在小面积上的严重污染，但用取样或分析未必能检出。

六、文件管理

原料药企业可以根据质量系统、厂房和设备系统、物料系统、包装和标签系统、生产系统及实验室控制系统，就每个系统中的每个关键组成部分制定相应的 SOP 指导文件，并建立相应的记录文件，形成企业的文件系统。

企业应根据生产工艺要求、对产品质量的影响程度、物料的特性及对供应商的质量评估情况，制订物料的质量标准。

中间体或原料药生产中使用的某些物料，如工艺助剂、垫圈或其他物料，可能对质量有重要影响时，也应当制订相应的质量标准。

如果设备专用于一种中间体或原料药的生产，且该中间产品或原料药的批号有可追踪的顺序，则不需要单独的设备记录。如果使用专用设备，清洁、维护及使用记录可以作为批记录的一部分保存，也可单独保存。

在原料药的生产中，主要或关键设备是指反应器（包括溶液配置罐、反应罐、结晶罐、蒸馏器等）、过滤器、离心机、干燥机等其他一些设备，对于泵等辅助设备，可以不用建立设备清洁使用记录。

原料药企业生产部门应根据产品的开发报告和产品的验证结果来制定生产工艺规程。若多个生产地点使用同样的生产工艺，生产同样的产品，也可由技术部门编写，然后由包括质量部门的其他相关部门进行审核以及批准放行。生产工艺规程应该包括所有的工艺信息、物料信息、设备信息，以及其他的法规要求的相关信息。

每批原料药放行发放前，关键工序的批生产和批检验记录应由质量管理部门审核和批准。在决定批次放行前，所有偏差、调查和超标的报告都应作为批记录的一部分予以审核。

七、生产管理

（一）批生产指令的准备与发放

生产部按相应的 SOP 制定生产计划或批生产指令（包装指令），经质量保证部复核签字后，下达到车间。合成区域可以并例安装相同的生产设备，可以同时生产不同批号的产品，因此不同批号的生产计划或批生产指令可同时下达，但应禁止同时生产不同品种的产品。精干包区域一般同时只生产一个批号的产品，生产计划或批生产指令（包装指令）应按批发放。

标准操作规程（SOP）示例。

题　目	批生产指令、批包装指令的使用管理规程	类　别	
		编　号	
部　门	＊＊＊车间	页　码	

1. 目的　建立一个车间批生产指令、批包装指令的制订、复核、审批与执行程序，使仓库的发料及车间的领料、生产得以规范进行。

2. 范围　批生产指令、批包装指令。

3. 职责　车间主任、车间技术员、物料员及仓储部相关人员对本规程的实施负责。

4. 规程

（1）指令的制定、复核、审批与执行

①车间技术员在车间主任授权下根据生产计划及生产品种的工艺规程填写批生产指令和批包装指令。

②车间工艺员填好批生产指令和批包装指令，由车间主任或车间技术人员审核生效。生效后的指令应予公布。

③批生产指令包括产品名称、原辅料、包装材料的名称、用量等。

④批包装指令包括品名、批号、所用内包材料及外包材料的名称、规格、用量等内容。

（2）批生产指令及批包装指令一般应在生产前一天发布。

（3）生产结束后，批生产指令及批包装指令应及时纳入批生产记录中。

（二）物料的准备与发放

根据生产计划或批生产指令（包装指令）车间管理人员开具"限额领料单"，由各工序负责人复核、车间主任审核、签字后，交仓库保管员。保管员复核后按单备送物料，领发双方核对无误后办理交接手续并记录。

1. 原辅料控制规程

标准操作规程（SOP）示例

题 目	原辅料控制规程	类 别	
		编 号	
部 门	＊＊＊车间	页 码	

1. 目的　规范车间内原辅料控制程序，确保原辅料质量。

2. 范围　原辅料的领用、检查、验收及拒绝过程。

3. 职责　车间负责人、原辅料领用人员负责本规程的实施。

4. 内容

1.1　车间物料领用、验收程序

1.1.1　车间领料员根据生产需要确定领料数量，填写领料单、需料单交给仓库。大宗化工原料应提前上报仓库，预备进货。小宗生产原料可以定时定量领用。

1.1.2　车间对仓库送来的各种物料，由领料员进行严格验收，主要检查品名、数量、供应厂家批号及本厂控制编号、化验报告单、合格证、包装容器、重量等。对有问题的物料拒收并及时将情况反馈回仓库。

1.1.3　车间领料员检查无误后签收并建立车间原料收料记录及领用台账。

1.1.4　原料应放置于指定位置，标志明显。

1.1.5　各工序在投料前，操作人员应再一次仔细检查物料情况并将检查结果记入批生产记录，操作人员在使用原料后应及时将使用数量记入《物料结存卡》，并由复核人检查并签字。

1.1.6　车间领料员每月定期盘存物料结存情况并上报生产部。

1.2　车间中间体物料管理：中间体干燥后，贮存在暂存间。贮存条件：温度≤30℃，同时应建立相应的使用台账。

2. 物料退库操作规程

标准操作规程（SOP）示例

题　目	物料退库操作规程	类　别	
		编　号	
部　门	＊＊＊车间	页　码	

1. 目的　建立生产剩余物料的退料程序，以保证退料质量。

2. 范围　生产过程的剩余物料或生产过程中发现的不合格物料。

3. 责任　车间主任、质量监督员、仓库负责人、仓库保管员，对本物料退料标准程序承担操作及监督检查责任。

4. 内容

4.1　车间领料人员按生产指令核对剩余物料品名、数量。

4.2　填写《退料单》（一式二份），注明品名、批号、规格、领料量、退料量及退料原因，一份车间留底、一份送仓库。

4.3　车间质量员应核查下列内容

4.3.1　尚未开封的物料包装是否完整，封口是否严密，数量与生产指令上的领、用、余量是否相符。确认所余物料无污染、数量准确后，即在退料单上签署意见并签名。

4.3.2　已经开封的零散包装的物料，其开封、取料等是否均在与生产洁净级别要求相适应的洁净区操作，数量与生产指令上的领、用、余量是否相符。确认所余物料无污染、数量准确后，即在退料申请单上签署意见并签名。

4.3.3　如质管员对剩余生产物料的质量产生怀疑，则填写请验单送检验室，取样检验。

4.3.4　当质管员认为剩余生产物料的数量不符时，应核对生产指令，查找原因。

4.3.4　质量管理员审核签字后的退料单，一份送仓库，一份送车间。

4.3.5　车间收到批准的退料单后，清点退料，包装好，封严封口，放在胶箱内，并贴上标签，标签上注明日期、品名、检验单号、规格、退料量，将物料退回仓库。

4.3.6　由检验室检验的剩余物料，如果合格，质管员在退料单上签字后重复以上程序。

4.3.7　质管员在生产过程中对可疑的物料进行质量判定，确定为不合格的物料，由车间清点该物料，将有关内容填入《退料单》，退回仓库处理。

（三）生产前确认

工序在生产前，操作人员应检查上批清场合格证明，确认操作间及设备、容器无上次生产遗留物。准备指令、记录，并确认设备清洁完好，计量器具与称量范围相符，清洁完好，并在计量合格效期内。所有物料、半成品均核对正确。通过生产前的确认，能有效预防上次预留和污染、混淆及差错，经确认后允许生产。

（四）生产操作

生产操作时应严格执行批生产（包装）指令、工艺规程及SOP，不得随意变更。

QA、各工序班组长要随时监控，确保各项指令一丝不苟地执行（应有监控记录）。批生产记录应及时随产品流转，投料情况、关键工艺参数应及时记录。原料应在适宜的条件下称重或量取，以免影响其适用性。称重和量取的装置应具有与使用目的相适应的精度。如将物料分装后用于生产的，应使用适当的分装容器。

关键的称重、量取或分装操作应有复核或有类似的控制手段。使用前，生产人员应检查该物料确是中间体或原料药批记录中规定的物料。

应将生产过程中指定步骤的实际收率与预期收率比较。预期收率的范围应根据以前的实验室、中试或生产的数据来确定。应对关键工艺步骤收率的各种偏差进行调查，以确定偏差对相关批次产品质量的影响或潜在影响。

应遵循工艺规程中有关时限控制的规定，以保证中间体和原料药的质量。发生偏差时，应做记录并进行评价。时限控制并不适用于加工至某一目标值（例如 pH 调节、氢化、干燥至预设标准）的情况，因为反应终点或加工步骤的完成是根据中间控制的取样和检验来确定的。

有毒、有害、高活性、易燃、易爆等危险岗位要严格执行安全操作规程，并采取有效的防范措施。生产过程中发现任何异常情况，都应该在相应的记录本上做好记录，并及时汇报。

（五）工序管理

应该采取有效的措施防止混淆和差错，防止交叉污染及微生物污染。各工序、各设备和物料应有明确的状态标记，并进行定置管理，严格执行卫生管理规程和清洁规程。各工序生产操作的衔接要严格执行批生产指令、批生产记录的相关要求。如有偏差，要按"生产过程偏差处理管理规程"执行。

包装工序更换品种及规格或批号时，多余的标签及包装材料应全部处理，不得在生产现场留有上次生产遗留的标签和包装材料。

标准操作规程（SOP）示例

题　目	原料药车间包装材料及标签控制规程	类　别	
		编　号	
部　门	＊＊＊车间	页　码	

1. 目的　规范车间所用的包装材料及标签使用管理，避免发生差错。

2. 范围　车间所用塑料袋、包装桶及标签的管理。

3. 职责　车间标签专管人员、包装岗位操作人员负责本规程实施。

4. 规程

4.1　包装材料

4.1.1　成品的包装为内衬聚乙烯塑料袋，外用纸桶。车间中间体用专用桶盛装，内衬聚乙烯塑料袋。

4.1.2　每次所用塑料袋为干净新塑料袋，同一中间体的桶可重复使用。

4.1.3　换产品时，所有包装材料均应彻底清理，换用另一产品的专用包装材料。

4.2 标签

4.2.1 标签的领用由车间领料员负责。根据生产安排进行领取，一次领取量不宜过多。领取时须注意检查数量，并检查核对标签内容及印刷质量，核对无误后方可在领料单上签字。

4.2.2 标签由专人专柜保管，产品清场时应及时清理标签。

4.2.3 标签保管柜应加锁保管。

4.2.4 包装人员根据当日生产产量向保管人员领取成品标签。

4.2.5 使用标签时，应标明品名、批号、生产日期、有效期、重量、操作人等。包装过程应随时检查标签填写的内容是否正确。

4.2.6 包装人员对生产多余的标签应及时做好标签结存记录。

4.2.7 在生产结束后准确统计标签领用数、实用数、报废数、剩余数，及时做好记录，并由专人核对。多余已填写的标签由专人在监督人员在场情况下进行销毁并进行记录。

4.2.8 中间体桶外贴标识，应注明品名、批号、生产日期、重量。换批后应及时清理桶外的标识。

原料药精干包区域每批生产结束应按规定的清场规程进行清场并做好清场记录。清场要求各工序所生产的产品应移置指定贮存区域。地面、门窗、室内照明灯、风口、墙面、开关箱等设施外壳等应符合相应级别的清洁要求，室内不得存放与生产无关的杂品。使用的设备、工具、容器应无异物并符合相应级别的清洁要求。非专用设备、管道、容器、工具应按规定拆洗或灭菌。同一设备连续加工同一产品时其清洁周期按规定的、经过验证的清洁周期进行。

更换品种的清场清必须由清场者认真填写《批清场记录》，由班组长检查清场对象及记录后签署检查情况并签字，最后经 QA 检查员确认并发放《清场合格证》。《批清场记录》和《清场合格证》（正本）入当批生产记录，《清场合格证》（副本）入下批次生产记录。

（六）中间体监控和生产过程控制

生产过程控制可由生产部门有资质的人员来承担，过程控制的目的是为了监控和调整工艺，只要工艺调整的范围是在质量管理部门预先规定的限度以内，对工艺的调整可不必经质量管理部门事先批准，但必须有相应的记录。

应制定书面规程，详细阐述生产过程控制、中间体监控的取样方法。应根据科学合理的取样操作来制订取样计划和取样规程。所有的检验及结果均应有记录并归入批记录。

1. 过程控制 中间控制也称过程控制，是为了确保产品符合有关标准，生产中对工艺过程加以监控，以便在必要时进行调节而做的各项检查。可将对环境或者设备控制视作中间控制的一部分。

常见的中间过程控制情况有 pH 控制、反应终点检查、中间体检验、结晶过程检查以及干燥过程检查等。这些情况下，中控数据往往用来监控过程。

应综合考虑所生产中间体和原料药的特性、反应类型、该工艺步骤对产品质量影响的大小等因素来确定中间体控制标准、检测类型和范围。前期生产的中间体控制标准可以宽一些，越接近成品，中间体控制的标准越严（如分离和纯化）。中间体的监控应由质量部门的人员负责。

2. 中间体取样 过程样品的检验在某种意义上来讲，比成品检验更重要，因为该检测结果是用来确定下一步如何处理正在加工的物料。样品的完整性预先决定了检测的完整性，所以，取样过程是极为重要的一环。过程样品的取样应遵循与成品取样同样的规则。

标准操作规程（SOP）示例

题 目	反应过程薄层色谱控制操作规程	类 别	
		编 号	
部 门	＊＊＊车间	页 码	

1. 目的 规范本车间对反应过程中的薄层色谱检测操作。

2. 范围 车间中间体控制室。

3. 职责 化验员、技术员、QA 人员对本规程的实施负责。

4. 规程

4.1 由化验员与操作工在车间相应岗位的取样口取出 5ml 的反应液样品。

4.2 取一空白的硅胶薄层板置于台面上，用一毛细管吸取少量反应液样品，在距离薄层板底部约 1.0cm 处点少量样品，用吹风机将点样处的溶剂吹干。

4.3 用同样的方法，在样品点旁边约 1.0cm 处，点上并吹干预先配制好的对照品。

4.4 把适量预先配制好的展开剂置于展开瓶中，盖严饱和。

4.5 取下展开瓶的盖子，用镊子将薄层板点样端向下轻放入展开瓶中，斜靠在展开瓶的内壁上，保证薄层板的点样下沿浸入展开剂（注意不能将样品点浸没于展开剂中），加盖展开。

4.6 待薄层板上展开剂前沿爬高到距离薄板底部约 6.5cm 后，揭开盖子，用镊子轻轻将薄层板夹出，并用吹风机吹干。

4.7 把薄层板置于紫外线灯下，打开紫外线灯电源，在暗处对比观察样品和对照品的荧光斑点。

4.8 根据薄层板上的斑点情况，判断反应是否完全，并及时通知相关岗位人员。

4.9 取样后的废液倒入指定的回收桶中；展开剂盖严以备下次重复使用，薄层板放置到指定的位置，收集到一定数量后，将硅胶刮去，将玻璃板洗净烘干后，可以再次铺板，重复使用。

（七）原料药或中间体的混合

连续生产的原料药，在一定时间间隔内生产的在规定限度内的均质产品为一批。间歇生产的原料药，可由一定数量的产品经最后混合所得的在规定限度内的均质产品为一批。中间体的批号可与最后原料药的批号相一致，也可互相独立。

混合是指将符合同一质量标准的中间体或原料药合并以得到均一的中间体或原料药的工艺过程。将来自同一批次的各部分产品（如同一结晶批号的中间体分数次离心）中间混合，或将几个批次的中间体合并在一起做进一步加工可作为生产工艺的组成部分论处，而不做混合。只有合格的单批才能用于混批。混合的批记录应完整，应能追溯到参与混合的每个单独批次。

如果原料药的物理性质至关重要（如用于口服固体制剂或混悬剂的原料药），混合工艺应进行验证，以证明混合批次的质量是均一的。因为混合可能对关键特性（如粒径分布、松密度和堆密度）产生影响，验证还应包括对这些特性的检测。

如混合可能对产品的稳定性产生不利影响，则应对最终混合的批次进行稳定性考察。

（八）原料药或中间体的包装

包装容器应能保护原料药或中间产品，使其在运输和规定的贮存条件下不变质、不受污染。包装容器应进行清洁，如中间产品或原料药的性质有要求时，还应进行消毒，以确保其适用性。

包装容器应不与产品发生反应、不释放物质或不具有吸附性，以免影响中间体或原料药的质量，使其超出质量标准的限度。

重复使用的容器，应按书面规程清洁，并去除或涂毁容器上原有的标签。需外运的中间体或原料药的容器应采用特殊方式密封，一旦密封破损或遗失，能使收货者意识到内容物可能已有变动。

（九）不合格原料药或中间体的管理

不合格的中间体和原料药一般可进行返工或重新加工。不合格物料的最终处理情况应有记录。已经产生交叉污染的中间体和原料药必须销毁。

通常可以将不符合质量标准的中间体或原料药返回工艺过程，按既定生产工艺中的步骤重结晶或进行其它化学或物理处理（如蒸馏、过滤、层析、粉碎）。

特殊情况下，不合格的中间体和原料药可通过新的工艺过程来进行重新加工。应对重新加工的批次进行评估、检验及稳定性考察（必要时），并有完整的文件和记录，以表明重新加工后的产品与原工艺生产的产品质量相同。

重新加工产品要有书面操作加工程序，内容包括品名、规格、批号、数量、重新加工原因、方法、步骤、取样、是否做验证和稳定性试验，重新加工的次数，涉及部门及职责，重新加工产品的有效期规定。

重新加工产品必须执行操作加工程序，并做好记录。操作加工程序由生产部制定，须经质量保证部审查批准后，方可进行重新加工。

重新加工过程的所有记录均要详细准确（特别是过程偏差），归入批记录留档备查。

（十）物料和溶剂的回收

如有经批准的回收方法，且回收的物料符合与预定用途相适应的质量标准，则可以从母液或滤液中回收反应物、中间体或原料药。

溶剂可以回收并在相同或不同的工艺步骤中重新使用，应对回收过程进行控制和监测，以确保回收的溶剂在重新使用或与其它批准的溶剂混合前，符合适当的质量标准。

使用回收的溶剂、母液和其他物料应有完整的记录。

标准操作规程（SOP）示例

题目	物料套用管理规程	类别	
		编号	
部门	＊＊＊车间	页码	

1. 目的　建立一套物料套用的标准程序，规范车间物料套用的管理。
2. 范围　所有需使用套用溶剂的岗位。
3. 职责　车间全体员工对本规程负责。
4. 规程
4.1　车间套用溶剂有无水乙醇、氯仿、环己烷、精制无水乙醇等。
4.2　各溶剂均实行隔批套用，并只在同一工序套用。
4.3　三氯甲烷、无水乙醇、精制无水乙醇套用时需补充一定量新的溶剂，新的溶剂根据工艺要求以总量的10%计。
4.4　在使用套用溶剂时，必须在批生产记录中注明回收套用溶剂的批号、数量等。

（十一）物料平衡及偏差处理管理

物料衡算是以质量守恒定律为基础对物料平衡进行计算的。物料平衡是指"在单位时间内进入系统（体系）的全部物料质量必定等于离开该系统的全部物料质量再加上损失掉的和积累起来的物料质量"。

偏差范围包括物料平衡超出收率的合格范围；生产过程时间控制超出工艺规定范围；生产过程工艺条件发生偏移、变化，生产过程中设备突发异常，可能影响产品质量；产品质量（含量、外观等）发生偏移；标签实用数、剩余数与领用数发生差额和生产中的其它异常情况等。

凡发生偏差时，必须由生产工序负责人填写《偏差通知单》，写明品名、批号、规格、批量、工序、偏差的内容、发生的过程及原因、地点、日期，填表人签字。将《偏差处理单》（一式两联）交给车间主任，并通知质量保证部 QA 检查员和负责人。车间主任及车间管理人员会同质量保证部 QA 检查员等有关人员进行调查，根据调查结果提出处理措施。

偏差处理原则：确认经处理不能影响最终产品的质量，符合规格标准，安全、有效。如果确认可能影响产品质量，应报废或销毁。

（十二）批生产记录的审核与管理

每一个中间体和原料药都应有批生产记录，包括每一批生产和控制相关的完整资料。空白批生产记录在发放前应该审核，以确定是正确的版本。记录在发放时应该用特定的批号或识别号编号，并有日期和签名。对于连续生产的产品，在最终批号确定前，可以用识别号加日期和时间作为特别的区分。批生产记录要真实、详细、准确、及时；管理人员要及时复核、签字并对发生的异常和偏差作出调查、解释和处理，详细记录。批生产记录可按中间体和原料药分开管理。

标准操作规程（SOP）示例

题 目	批生产记录管理规程	类 别	
		编 号	
部 门	＊＊＊车间	页 码	

1. 目的　规范车间批生产记录管理程序。
2. 范围　车间批生产记录的设计、批准、填写、审核与归档。
3. 职责　车间主任、技术员、操作人员负责本规程的实施。
4. 内容
4.1　批生产记录的设计变更及批准
4.1.1　批生产记录由车间主任和技术员负责设计，并报生产部与质管部审核签字批准。
4.1.2　批生产记录的变更由车间主任或技术员提出申请，报生产部和质管部批准后再行变更，变更后仍需报生产部与质管部审核签字批准。
4.2　批生产记录管理
4.2.1　空白批生产记录应由车间技术员保管。
4.2.2　使用时，按车间生产指令由工段长向车间技术员限额领取。填写完毕后，应由车间技术员及时收回。如有作废记录，应一并上交。
4.2.3　批生产记录由各工序的操作人员及时填写并签字，由班组长或工段长复核签字。
4.2.4　各工序完成后，由该工序生产技术负责人详细检查审核并签字，然后将生产过程化验原始记录、中间体及成品化验报告附入批生产记录，并仔细检查并填写批生产记录检查表，然后报车间主管审核。
4.2.5　车间主管审核、检查各工序记录，并将记录集合成完整批生产记录，审核符合要求，报 QA 审核。
4.2.6　检查结果如果不符合要求，则退回车间补充完整，并责令写出书面调查报告，该批产品暂缓发放。待车间补充完整后会同调查报告一起重新审核。审核结果符合要求，再报 QA 审核。不符合要求的不予放行。
4.2.7　当每批成品完成后，由车间技术人员根据批生产记录总结该批生产情况，并整理完善。批生产记录由 QA 归档保存。
4.3　批生产记录的填写要求
4.3.1　批生产记录填写必须内容真实并及时记录，记录时必须字迹清晰，用签字笔或圆珠笔填写。
4.3.2　批生产记录不得任意涂改或撕毁，更改时应画线后在旁边重写并签名。删除错误部分应能认出。

4.3.3 按记录表格内容填全，不得有空格，如无内容可一律用"/"表示。内容与上项相同时应重复抄写，不得用"同上"表示。

4.3.4 品名不得简写，规格、数量应注明单位。

4.3.5 操作者、复核者应自己填全姓名，不得只写姓氏或代签。

4.3.6 有计算的记录，应有完整的计算公式。

八、质量管理

1. 质量管理系统 原料药生产厂应建立和完善一个有管理部门和有关部门人员积极参与的有效的质量管理系统。质量管理系统应该包括组织机构、工作程序、工艺、资源以及为确保原料药满足内在的质量与纯度要求所需的一切活动。所有与质量相关的活动必须明确并文件化。应该建立独立于生产的质量部门同时行使质量保证（QA）和质量控制（QC）的职责。

2. 原料药质量审核 为了证实生产工艺的连续性，必须进行定期的质量审核。质量审核一般为每年一次并存档，应该至少包括以下内容：关键的生产过程控制和原料药关键检测结果的审核、不符合现有质量标准的所有批号的审核、所有关键偏离或不一致及相关调查的审核、生产过程或分析方法的任何已执行的变更的审核、稳定性试验结果的审核、所有质量相关的退货、抱怨和产品撤回的审核、整改行动、适当性的审核等。

审核的结果应该加以评估，以确定是否需要进一步的整改或重新验证，进一步整改的必要性应该文件化，已经同意的整改计划应该及时、有效的完成。

3. 原料药质量标准 应根据生产工艺的可接受标准及其一致性来制定合适的原料药质量标准。质量标准应当包括对杂质的控制（如有机杂质、无机杂质、残留溶剂）。如原料药有微生物控制的要求，应制定并符合总菌落数和有害微生物的控制限度标准。如原料药有细菌内毒素控制的要求，应制定并符合细菌内毒素限度标准。

每一种原料药都应有杂质分布图，用以描述常规产品中存在的已知和未知的杂质情况，这些产品应由受控的生产工艺制备得到。杂质分布图应注明观察到的每一杂质的鉴别或其定量分析指标（如保留时间）、杂质范围，以及已确认杂质的类别（如有机杂质、无机杂质、溶剂）。

4. 原料药的稳定性试验 稳定性考察样品存放的容器应当与上市产品的容器相仿。例如，装袋后放在纤维桶内发放上市的原料药，其稳定性考察样品可采用类似或相同的包装，但尺寸可小一些。

最初上市销售的三批产品通常应列入稳定性考察计划，以确认复验期或有效期。但如以前的研究数据表明，原料药至少在两年内保持稳定的，则稳定性考察的批次数可少于三批。此后，应每年至少将一批（除非当年不生产）产品列入稳定性考察计划并检验，以确认稳定性。有效期短的原料药，检验应当更频繁。

项目二 化学合成原料药生产

任务一 认识化学合成原料药生产车间

一、原料药车间生产特点

在生产过程中具有高危险性、高污染性、高毒害性，以及生产环境洁净性是原料药车间生产的主要特点。

（一）高危险性

原料药生产时经常使用大量的有机溶剂，且反应过程中通常要加热或者加压，而大多数的有机溶剂易燃、易爆、易挥发，如果在生产过程中有机溶剂挥发或沉积在地面上，一旦操作不当或设计本身存在缺陷，便具有产生爆炸或火灾的高危险性。

标准操作规程（SOP）示例

题 目	原料药合成车间安全生产操作规程	类 别	
		编 号	
部 门	×××车间	页 码	

1. 目的 规范原料药合成车间安全生产操作过程，以创造一个安全的工作环境，减少人员的意外伤害事件，确保生命财产的安全。

2. 范围 原料药合成×××车间所有的员工。

3. 职责 原料药合成车间所有员工对本规程的实施负责。

4. 内容

4.1 本车间为防爆车间，生产安全第一。未经允许，非本车间人员严禁入内；外来车辆进入防爆区时，必须安装灭火罩。

4.2 本车间严禁烟火，所用生产工具应不产生火花，使用工具时应轻拿轻放。操作人员必须按规定穿戴好劳动保护用品。

4.3 新工人必须经过安全培训，并经考核合格后方可上岗操作。工人应严格按岗位标准操作规程进行生产操作。

4.4 应明确各岗位的安全职责，严格按要求进行交接班，并作好记录。

4.5 应按规定定期检查灭火器并作好记录。一切消防器材禁止擅自移动、挪用。

4.6 车间内须进行设备维修时，要先进行清场；如须动火，则必须取得动火许可证后才可进行操作。

4.7 各生产岗位在进行物料转移时必须对计量读数认真核对，严格执行双检制。

4.8 应作好生产设备和管路的日常检查和维护工作，谁使用谁保养。运行设备时要先检查后开车，遇到异常情况要立即停车检查，排除故障后再重新启动。杜绝跑、冒、滴、漏等现象。

4.9 不得用手或其他物件碰撞、伸入任何正在运行的设备；检修设备时要切断电源，并挂好警示牌。进入设备内操作时必须安排专人监护。

4.10 在进行易燃、有毒化学品的过滤操作时，过滤器上必须有密闭装置，并有良好的通风设备予以通风。

4.11 在进行危险化学品的蒸馏过程中，如果突然停水或停电，须立即停止蒸馏，排空夹套热媒，关闭真空阀门，以自然冷却。操作人员不得离开岗位，恢复正常后重新开始蒸馏。

4.12 车间使用的压力表和温度计须定期检测，如发现读数不准确，必须立即更换。在进行蒸汽、冷冻水、压缩空气等操作时要严格按安全操作规程进行，要随时注意工作压力，一旦超过安全范围，应立即关闭阀门。

4.13 应熟悉本岗位所用到的危险化学品的性质及急救方法，一旦泄漏，立即阻断其源头，停止正在进行的相关操作，在作好自我保护的情况下将问题设备内的危险化学品转移到安全的地方，并及时报告车间负责人，由车间负责人通知设备科对设备进行维修。

（二）高污染性和高毒害性

原料药的生产过程中经常要用到一些有腐蚀性的化工原料，比如强酸和强碱，不仅对设备、设施有强烈的腐蚀性，同时对人体也有极大的危害。同时，原料药合成反应过程中产生的污水、废水对土壤、水体也有很高的污染性。原料药生产过程中直接使用的部分有机溶剂还具有有毒、有害的特性，其挥发至空中后污染大气，其液体排入地下则直接污染水体和土壤。有些溶剂对土壤的污染甚至是永久的，从而给人们的生活环境带来极大的危害。

（三）生产环境的洁净性

原料药的生产与其他医药或化工中间体生产不同，其精制、干燥、包装时生产环境的空气有洁净度级别要求。

原料药车间不同生产区域对生产环境差别化要求如下：

原料药车间按照生产环境的洁净度可以分为三个环境区域：一般生产区、控制区和洁净区。洁净度是指空气净化的对象的洁净程度，通常用一定面积或一定体积空气中所含污染物质的大小和数量来表示。其中，原料药粗品工序洁净程度要求不高，粗品区域为一般生产区，而原料药精干包工序是原料药生产的最后工序，也是直接影响成品质量的关键步骤。精干包工序包括：粗品溶解、脱色过滤、重结晶、过滤、干燥、粉碎、筛分、包装或浓缩液无菌过滤、喷雾（或冷冻）干燥、筛分、包装等步骤。除粗品溶解、脱色过滤按一般生产区处理外，其他生产过程均有洁净等级要求，洁净等级的高低根据原料药成品的性质而有所差别。

二、原料药车间平面布置

（一）原料药车间平面布置基本要求

根据原料药的生产特点，必须将功能、安全环保、清洁生产有机结合，对不同的车间采取不同的平面布置方案。明确车间生产过程中的主要特性，平面布置时应尽可能降低生产过程中的高危险性，减少生产过程中的高污染性和高毒害性，保证车间生产环境的洁净性。原料药车间平面布置要合理分区，要满足安全卫生、环境保护、GMP实施及清洁生产等方面的要求。

1. 安全卫生方面

（1）将有安全隐患或有毒有害区域集中单独布置，并采取有效的防护措施，以达到生产安全卫生的要求。

（2）将易燃、易爆的区域集中设置并与其他区域用防爆墙隔离，区域内有良好的通风、排风系统及电气报警系统。

（3）将有空气洁净度级别要求的精干包区域与合成反应区域有效隔离，以保证生产环境的洁净要求。

（4）原料药精干包工序应按工艺流程的需要进行分割，一般分为重结晶、分离室、干燥室、包装室、留验室和合格品贮存室，以及人员和物料净化室及通道等。这些用室功能和作用不同，但要相互呼应成为一体。

（5）精干包工序应该要方便与上一个工序的联系和交接。

（6）将有安全隐患或有毒、有害的车间液体中转罐或周转罐相对集中布置在车间外，并采取相应的防护措施：设置罐内氮气保护系统与车间监控系统连锁，防止液体泄漏产生火灾和爆炸，防止有毒液体泄漏对人体的危害；对低温液体贮罐、高温液体贮罐采取夹套冷却系统和贮罐顶部喷淋系统等相应的保温、控温防护措施。

（7）有高压安全隐患的反应罐或气体钢瓶应采取安全阀超压泄放措施，以达到生产安全的要求。

（8）原料药生产所产生，且直接排放的对人体有毒害的固体或液体残渣应集中收集后加以焚烧并高空排放。

2. 环境保护方面

（1）原料药车间产生的各种对大气产生危害的尾气不应直接排放至车间或大气中，应进入不同的尾气收集系统，通过采取低温冷凝措施后加以回收再利用。

（2）原料药车间产生的各种对土壤、水体产生危害的废液应尽可能避免采取明沟直排的形式，以免比空气重的挥发性溶剂气体积聚在沟底，给生产车间带来易燃、易爆的安全隐患。应该采用管道排放形式收集不同性质的污水，并进入车间各自的预收集系统，然后由厂区的地上式管道输送系统送入厂区的集中式污水处理站分别处理，达标后排放。

（3）原料药车间产生的各种有害废渣不应随处丢弃或无处暂存、无处处理，应先在车间内收集、暂存，并在厂区内设置集中的废固室外堆场或焚烧区就近焚烧、捕尘吸收后再高空排放，以减少废渣直接排放对环境的污染。

（4）原料药生产车间的母液收集尽量避免地埋式收集系统，以免长期运行的埋地式贮罐泄露对地下水体和土壤产生污染，而应该采用地上式母液收集系统，如有泄露可以随时观察和处理。

（5）原料药生产车间的反应罐系统只要反应有高温加热或反应大量放热，不论反应本身是否须回流，都应该有冷凝回流系统，以减少有机溶剂挥发。

3. GMP 实施及清洁生产方面　原料药生产车间不仅有安全卫生及环境保护的要求，同时也要满足原料药 GMP 的要求。国内很多原料药生产企业对原料药最后的精制、干燥、包装等 GMP 要求比较重视，而对原料药生产的前期 GMP 要求没有充分的认识。从原料药起始物料引入工艺过程开始就应按 GMP 要求加以控制。

（1）布置原料药生产车间时不仅要考虑原料药精制的 GMP 要求，同时也应该考虑原料药合成反应的 GMP 要求。在原料药的合成反应区也应该设置相对独立的原辅料（或化工原料）存放区、反应中间体的干燥存放区等，以避免物料交叉污染。

（2）应避免原辅料、中间体及半成品等与原料药成品交叉污染和混染。

（3）原料药成品送中间贮存或仓贮区的路线要合理，应避免通过严重污染区。

（4）原料药精干包生产区应布置在主导风向的上风侧，原料药合成区应布置在主导风向的下风侧。

（5）原料药生产车间人净设置中，不仅要按 GMP 要求设置精干包人员的人净设施，原料药合成反应岗位的人员也应该有统一的更衣及淋浴系统，尤其是无菌原料药的人净设置，并且应尽可能考虑精干包人员与合成反应岗位的人员须分开进入各自的生产岗位，以减少人员交叉污染。

（6）精干包区域人流、物流口应尽量少，以方便控制全车间的洁净度。

（7）工艺用水、压缩空气（压料用）、氮气等根据工艺要求进行净化处理。

（8）安排好各种暗敷管道的走向及竖井，管道可以和通风夹墙、技术走廊等结合起来处理。

（9）空调室应紧靠洁净区，使通风管道线路最短，合理布置回风管道，发挥洁净空调效果。

（10）洁净级别相同的房间尽可能结合在一起，以利通风，使空调布置合理。洁净级别要求不同的房间相互联系要有防污染措施，如气闸，风淋室、缓冲间及传递窗等。

（11）在有窗的厂房中一般应将洁净要求高的房间布置在内侧或中心部位，也可将无菌结晶室安排在外侧，但加一封闭式的外走廊缓冲。

（12）原料药生产车间公用系统使用得比较复杂，既有不同温度要求的冷媒系统，也有蒸汽和不同温度的热源系统，应该充分考虑节能降耗，以符合清洁生产的要求。如冷冻水（7℃~12℃）系统可以考虑冬天用循环水系统，而夏天则用冷冻水系统的单一冷却水系统模式，以使两套水系统共用同一套管路，通过阀门实现切换，有效地节省能源，同时减少管路的布置。蒸汽凝水系统应考虑回收再利用。

（二）原料药车间平面布置形式

原料药车间的平面布置形式主要有如下三种："一"字形布置，L字形布置和U字形布置。三种平面布置均按工艺流程顺序及人、物明确分流的原则设计设置功能区域，但各有特点。

1. "一"字形的平面布置　见图5-16。车间外观比较齐整，但车间外有突出的溶剂暂存区域及污水收集系统，对厂区的总体规划有一定的影响，而且由于合成反应区域的宽度通常不宜太宽（太宽不利于区域防爆泄爆的处理及人员的安全疏散），为满足生产需要所以车间设计必然会变成细长型，对厂区的要求较高。

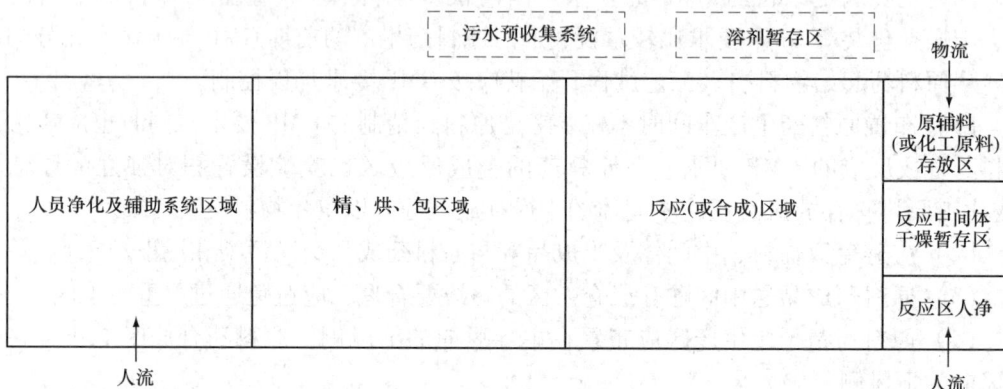

图5-16　"一"字形原料药车间的典型布置

2. L字形布置和U字形布置　见图5-17和图5-18。车间的外观有一定的局限，车间的公用系统及辅助部分设置在L字及U字的突出端，距离使用点较远，从而增加系统的管路长度。因此，原料药车间应综合考虑不同的影响因素，选用不同的布置形式，甚至可以将不同的形式加以融合。无论采用何种布局都应该考虑原料药车间的设计要点以满足生产及规范的要求，达到优化设计的目标。

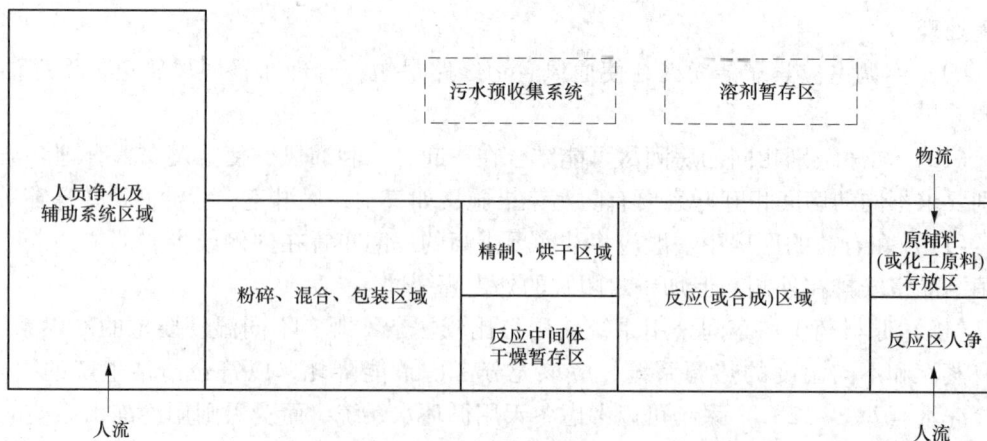

图5-17　L字形原料药车间的典型布置

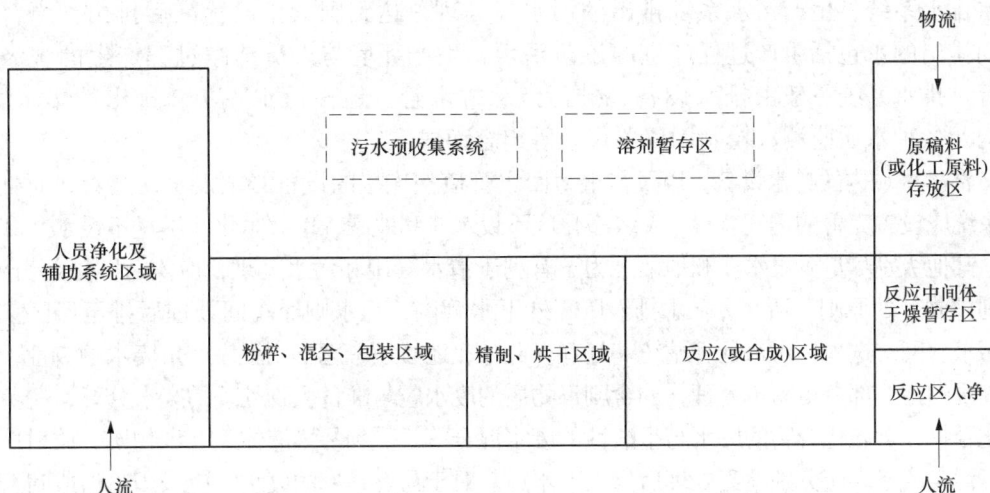

图 5 – 18　U 字形原料药车间的典型布置

三、原料药车间水、电、气供给系统

原料药车间水、电、气供给系统包括给排水、注射用水、强电和弱电、供气和供热、制冷，以及通风和采暖等系统。水、电、气供给系统是保证原料药车间生产系统正常运行所必需的辅助系统，也是实现符合 GMP 要求的环境和条件。

（一）给水排水

原料药生产过程的给排水包括作为生产介质用的工艺水、饮用水、循环水和污水等。给排水系统涉及水处理及排水用的泵房、冷却塔、水池、给排水管网、消防设施和纯水生产供应等设施。给排水设备有各种水泵、鼓风机、引风机、冷却塔、风筒、污水处理池内各种一次性填料、加氯机、加药设备、电渗析器、溶药器、离子交换器、起重设备、空压机、曝气机、刮泥机、搅拌机械、调节堰板、过滤机、压滤机、挤干机、离心机、污泥脱水机、石灰消化器、启闭机械、机械格栅、非标准储槽（罐）、循环水系统的旋转滤网、化验分析仪器等。

1. 给水系统　原料药车间用水有饮用水、软水、脱盐水、冷冻水、循环冷却水等。饮用水一般由城镇给水管网供给，对洁净度级别要求不高的工艺水也可用城镇给水管网供给，锅炉用水则是直流水经过离子交换树脂处理而成的软水。

给水系统由原水取用设施、水处理或净化设施、输水泵及泵房、输水管和管网组成。洁净厂房内的给水系统应根据生产、生活和消防等用水对水质、水温、水压和水量的要求分别设置，而且在管道的设计中应该适当留有余量以适应工艺的变化。

消防给水系统可在厂区设立环状的给水管网，并应结合车间条件在厂区内设立一定量的室外消火栓，提供消防水量以保护整个厂区。洁净厂房必须设置消防给水系统，在生产层及上下技术夹层还应设置室内消火栓。消防水源一般用市政管网的水源，通常火灾开始 10min 室内消防用水由厂区屋面水箱提供，10min 后由市政管网水源提供消防用水。

2. 排水系统　排水系统可以分为生产污水系统、生活污水系统、清洁废水系统、雨水排水系统。生产污水系统排出的污水经处理，达到国家排放标准后排出。原料药车间排出的水包括生产过程产生的工艺污水，生产环境与人员洁净过程产生的洗涤废水等。排水系统一般由排水设备、排污点、排水管、地面污水收集、排出的集水坑、地沟及各种水质监测、控制用仪器仪表等组合而成。

洁净区域内的排水设备，以及与重力回水管道相连接的设备必须设水封装置，而且排水系统应设置完善的透气装置。A级净化区不设水斗和地漏，B级净化区尽量不设水斗和地漏，其他级别尽量少设水斗和地漏。为了有利于清水套用和污水处理，应实行"清污分流，分别排放"的原则。清水、下水排入厂区外下水管网，污水则经车间处理后排至厂区室外的污水管网，送入厂污水处理站统一处理。此外，还必须考虑不同工序产生废水的特性，以使废水的主体部分更易于处理，如含剧毒物质的废水应与准备生物处理的废水分开，避免含氰化合物、含硫化合物的废水与呈酸性的废水混合等。受到易燃液体、有毒物质、放射性物质等污染的下水应分别适当处理后排入下水道。对于易燃易爆的废水，应采用暗沟或暗管排水；不宜采用明沟，必须采用时，应分多段设置。

生产装置、单元、建（构）筑物、罐组、管沟及电缆沟等下水道的出口处，工业生产装置内塔、泵、冷换设备等区的围堰下水道出口处，下水道排入干管处等应设置水封设施，水封井的水封高度不得小于250mm，水封井的井底应设沉淀段。建筑物内由于防水、防爆的要求不同，而分隔开不同的房间时，每个房间的下水道出口应单独设置水封，罐组的水封设施须设在防火堤时，应采取封闭措施，下水道的控制阀门应设在防火堤外。

废水系统应在出口处设置水封井、油水分离器等设施，还应在生产区域与其他区域之间设置切断阀，防止大量易燃易爆物料突发进入废水系统。水封井宜采用增修溢水槽式的水封井。对含有不溶于水的可燃液体和油类物质的下水应设置油水分离池分离油水，以免排入下水道而燃烧。

（二）强电弱电

强电主要是指动力电，电压通常不低于110V；弱电电压低于110V，用于通信及仪器仪表信号的负载传输。工厂电源大多数来自于由国家电网供电的110kV及以下的地方电网或工厂电网，通过工厂变电所，又称终端降压变电所实现对工厂供电。

决定工厂用户供电质量的指标：①电压；②频率；③可靠性。由于制药工业的特殊性，停电现象容易造成生产安全事故，通常采用双回路进线供电系统；一般没有功率超过150kW的电动机，多为中小型电动机，采用380/220V低电压。另外，正常照明电用380/220V低压电，事故照明用220V直流电；电气部分控制、信号及继电保护用电为220V直流电。

1. 供电系统基本模式 制药生产企业厂区动力及照明一般采用三相四线（380/220V），供给电源进入车间后，经总配电柜，各分配电柜引至各用电设备，可以选用放射树干式供电方式，大容量的用电设备采用降压启动的方式以减少启动电流对线路电压质量的影响。

制药生产企业供电系统必须依据规划、生产工艺及其他用电要求进行设计，包括工厂变电所和配电房、生产动力用电设备、建筑物照明、防雷及火灾自动报警系统用电点、通信工具与显示仪表等用电设施，以及输电线路网用电缆和电压等计量装置、输电线缆的布架设施等。

2. 电气安全 在供电用电工作中，必须特别注意电气安全，稍有麻痹或疏忽，就可能造成严重的人身安全事故，或者引起火灾或爆炸，从而造成重大损失，所以应加强电气安全教育，树立"安全第一"的观点，以防患于未然。电气工作人员必须严格执行安全工作规程，必须达到电气知识考核合格、学会触电急救等相应的岗位要求。

进行低电位带电作业时，人与带电体间的安全距离应满足要求，在高压设备上工作时必须至少有两人一起，并填写工作票和口头、电话命令；应严格遵循设计、安装规范，确保设计、安装的质量；应加强供用电设备的运行维护和检修试验工作；应采用安全电压和符合安全要求的电器；应采用基本安全用具和辅助安全用具，如绝缘操作手柄、绝缘手套、绝缘靴、低压试电笔等；电气失火时，应尽快断开失火设备的电源，不能用一般泡沫灭火器和水灭火，可以使用二氧化碳、四氯化碳、二氟一氯一溴甲烷等灭火剂，小面积时也可以采用于砂覆盖来进行带电灭火；应普及安全用电常识，不能私拉电线、超负荷用电等；电线断落在地上时，不可走近，有人触电时，应先迅速脱离电源，再根据具体情况进行急救处理，必要时实行人工呼吸和心脏按压并通知医务人员。

电气线路或电气设备上出现的超过正常工作要求的电压称为过电压，按产生原因，可分为内部过电压和雷电过电压。

内部过电压是由于电力系统内部本身的开关操作发生故障等，使系统的工作状态突然改变，从而在系统内部出现电磁能振荡而引起的过电压。运行经验证明，内部过电压对电力线路和电气设备绝缘的威胁不像雷电过电压那么大。

雷电过电压又称大气过电压和外部过电压，是由于电力系统内的设备或建筑物遭受来自大气中的雷击或雷电感应而引起的过电压。雷电过电压电压很高，电流很大，对系统的危害极大，必须加以防范。一般采用的防雷设备有避雷器和接闪器。避雷器用来防止雷电产生的过电压波沿线路侵入变配电所或其他建筑物内，以免危及被保护绝缘的设备，当线路上出现危及设备绝缘的雷电过电压时，避雷器内部的火花间隙击穿，或由高电阻变成低电阻，使过电压对大地放电，从而保护绝缘的设备。避雷器具体型式有阀式避雷器、排气式避雷器和金属氧化物避雷器等。接闪器专门用来接受直接雷击的金属物体，能对雷电场产生一个附加电场，使雷电场畸变，从而将雷云放电的通道吸引到接闪器本身，然后经与接闪器相连的引下线和接地装置将雷电流泄放到大地中。接闪器具体型式有避雷针、避雷线、避雷带和避雷网等。

（三）供热供气

供热包括为保证生产设备加热及冬季采暖而提供的蒸气、热水（油）或热空气。热空气的输送工作由供气系统来完成。在制药工业领域，供气包括压缩空气、二氧化碳等专用气体。制造与供气应用设施包括锅炉房、供热站、软化水装置、空压站、空气净化站、特种气体和燃气供应站等。

1. 供热系统

（1）蒸气供热系统 蒸气是制药企业生产供热中最洁净、最通用，也是最有效的介质之一，产生蒸气、输送蒸气并使用蒸气的设施组成蒸气供热系统。这些设施包括蒸气锅炉、去离子水装置、蒸气分配装置、供气管网和耗热体系与设备。必须根据生产工艺需要提出蒸气压力和温度，才能真正拥有良好运行效用的蒸气供气系统。

（2）有机载热体供热系统 是以高温有机载热体为加热介质的供热系统，主要由载热体的储罐、附有膨胀箱的加热器、循环泵和设置补偿器的管路等组成。先将载热体用泵输送到加热器，取得热量并达到设定温度，进入用热设备，放出热量后再用泵送到加热升温。在系统内，强制循环的液相有机载热体的加热温度是根据用热系统的需要来确定的。供热系统的温度可以自控，不受压力影响，并且温度波动少。

除蒸气和有机载热体，高温空气也可作为载热体供热。

2. 供气系统

（1）燃气供气系统 按燃气的性质可以分为煤气输送系统、天然气和液化石油气输送系统。

（2）压缩空气系统 无特殊要求的制药企业通常采用温度为环境温度、压力在0.6MPa的普通压缩空气。气动仪表的压缩空气一般由工厂的压缩空气站供给。压缩空气站必须设置除油、除水和除机械杂质的设备。压缩空气中含水，容易出现结露、积水、结冰等现象，对仪表的稳定工作和使用寿命都有不利影响，通常选用硅胶做干燥剂就可以满足供气系统不结露的要求。供气系统中还应设置球形气柜、储气罐等缓冲储气容器。

就地安装的仪表供气可选用小容量过滤减压阀单独供气。如果供气点比较集中，数量又较多，如控制室内仪表的供气，应采用大型过滤器减压阀统一供气，供气方式主要有以下几种：①单回路供气，用于仪表较少、耗气量较小的情况；②复合回路供气，用于耗气量较大和可靠程度要求较高的场所，按不同的用量可几套并联，一套（或两套）运行，一套备用，可以定期互相切换。

四、原料药车间工艺管路

原料药车间工艺管路由管子、管件、管子连接件、管路附件和阀门等零部件组成。工艺管路对制药生产的质量、生产的安全的要求及生产的成本都有很大的影响。工艺管路的作用是按工艺流程把制药设备连接起来，以输送各种流体，如水、蒸气、药液等。因为制药工艺中的流体种类多、性质差异大，因此，制药工艺管路种类多，而且工艺对管路的要求也高。

GMP对管路材料的要求：①管道材料应根据所输送物料的理化性质和使用工况选用。采用的材料应保证满足工艺要求，使用可靠，不吸附和污染介质，施工和维护方便。②引入洁净室（区）的明管材料应采用不锈钢。③输送纯化水、注射用水、无菌介质或成品的管道宜采用低碳优质不锈钢或其他不污染物料的材料。④工艺管道上的阀门、管件的材料应与所在管道的材料相适应。

（一）管子的种类

制药工艺管路中的管子按材质可以分为金属管和非金属管两大类。

1. 金属管 常用的金属管有钢管、铸铁管、有色金属管等。

（1）钢管 钢管按制造方式可以分为有缝钢管（焊接钢管）和无缝钢管。

有缝钢管是用钢板或钢带经过卷曲成型后焊接制成的钢管，其外形图见图5-19。有缝钢管按其表面质量可分为一般焊管（不镀锌，俗称黑管）和镀锌焊管（白管）。

该类钢管的优点是厚度均匀，价格低，质量较铸铁管轻等。缺点是有焊道，不能承受压力。在制药工艺中，镀锌管因其耐腐蚀力能较强而用作流体，如水、冷凝水、蒸气及压缩空气的输送管路。

无缝钢管按生产方法可以分为热轧管、冷轧管等；按材质，可以分为普通碳素结构管、低合金结构管、优质碳素结构管、合金结构管、不锈管等。无缝钢管质量均匀、品种齐全、强度高、韧性好、管段长，主要用在高压和较高温度的管路上或作为换热器和锅炉的加热管，是工业管道中最常用的管材。

在制药工艺管路中，不锈钢材质的无缝钢管应用得比较多，它除了具有普通无缝钢管的上述优点外，还具有防腐性能好、表面光洁、易清洗等优点，符合 GMP "无毒、耐腐蚀、易清洗、易消毒" 的基本要求。不锈钢无缝钢管外形图见图 5 - 20。

图 5 - 19 有缝钢管外形图

图 5 - 20 不锈钢无缝钢管外形图

（2）铸铁管 铸铁管是指用铸铁浇铸成型的金属管，主要用于给水、排水和煤气输送管线，可分为普通铸铁管和硅铁管两种。

普通铸铁管由灰铸铁铸造而成，铸铁中含有耐腐蚀的硅元素和微量石墨，具有较强的耐蚀性能。通常在铸铁管内外壁面涂有沥青层，以提高其使用寿命。普通铸铁管主要用于埋在地下的给水总管、煤气总管、污水管等，它对泥土、酸、碱具有较好的耐腐蚀性能。它的铸铁结构疏松、强度低、脆性大，所以不

图 5 - 21 普通铸铁管外形图

能用于压力较高或有毒、爆炸介质的管路上。普通铸铁管外形图见图 5 - 21。

硅铁铸管由铁硅合金制成，由于硅铁管表面能形成坚固的氧化硅保护膜，因而具有很好的耐腐蚀性能，特别耐多种强酸腐蚀。硅铁管可分为高硅铁管和抗氯硅铁管两种。高硅铁管能抵抗多种强酸的腐蚀，硬度高，不易加工，受振动和冲击易碎。抗氯硅铁管主要能够抵抗各种温度和浓度盐酸的腐蚀。硅铁管硬度高，但耐冲击和抗振动性能差。

（3）有色金属管 制药企业常用的有色金属管主要有铜管、铝及铝合金管、铅及铅合金管等。

紫铜管和黄铜管具有导热系数大，在低温时具有较好的力学性能，所以紫铜管和

黄铜管主要用于制造换热器或低温设备，深度冷冻的管路和空调设备广泛采用紫铜管和黄铜管，如制药企业的 GMP 厂房配备的净化空调系统大量采用黄铜管。铜管外形图见图 5 - 22。

铝和铝合金有较好的耐酸腐蚀性能。铝及铝合金管可以用于制造换热设备，也可用于输送浓硝酸、乙酸等，但不能用于输送碱液。

图 5 - 22　铜管外形图见图

2. 非金属管　非金属管一般使用于温度和压力不高的场合，主要有塑料管、橡胶管、陶瓷管、玻璃管、玻璃钢管等。

塑料管有热塑型塑料管和热固性塑料管两大类。塑料管的主要优点是质轻、耐腐蚀、外形美观、无不良气味、加工容易、施工方便；缺点是强度较低，耐热性差。常用的塑料管主要是聚氯乙烯塑料管（PVC 管），是以聚氯乙烯为原料，加入增塑剂、稳定剂、润滑剂等制成的，是一种热塑型塑料管，耐腐蚀性能较好，而且易于加工成型，易于焊接。

橡胶管是用天然橡胶或合成橡胶制成的，按性能和用途有纯胶管、夹布胶管、棉线纺织胶管、高压胶管等。橡胶管为软管，可任意弯曲，多用作制药工艺管路的挠性连接件。橡胶管对多种酸碱液具有耐蚀性能，质量轻、挠性好，安装拆卸方便。

陶瓷管耐腐蚀性能很好，结构致密，表面光滑平整，硬度较高。陶瓷管除氢氟酸、高温碱和磷酸外，几乎对所有的酸类、氯化物、有机溶剂均具有抗腐蚀作用。缺点是耐压能力低，性脆易碎，耐热性能差。

玻璃管在制药生产中主要用于须监测的管路，一般由硼玻璃或高铝玻璃制成，具有透明、耐腐蚀、阻力小、价格低等优点，缺点是质脆，不耐冲击和振动。

玻璃钢管是以玻璃纤维及其制品为增强材料，以合成树脂为粘结剂，经过一定的成型工艺制作而成。玻璃钢管主要用于酸碱腐蚀性介质的管路，具有质量轻、强度高、耐腐蚀的优点，但是易老化、易变形，耐磨性差。

（二）管件与阀门

在制药工艺管路中，当管道须连接、分支、转弯或变径时，就须用管件来解决。常用的管件有短管和异径管、三通、弯头、管接头等。在管路中为达到开启输送流体的目的，还要用各种阀门以控制流体介质的压力和流量。

1. 常用管件

（1）短管和异径管　短管是一段数厘米长的管子，短管两端有外螺纹，是用来连接两个具有内螺纹的管和阀门的管件。异径管又称为大小头，是两端直径不相等的短管，两管口加工有内螺纹，用来连接同一直线上管径不同的两根管子，异径管可改变流体的流速。短管和异径管外形图见图 5 - 23。

图 5 - 23　短管和异径管外形图

（2）弯头　弯头是管路中改变管路方向的连接管件。按弯头角度可以分为 45°、60°、90°、180°四种类型。弯头用于管道拐弯处，连接两根等径管子。异径弯头用于管道拐弯处,可以连接两根不等径的管子。

弯头与管子联结的方式有:法兰联结、螺纹联结及承插式联结等。弯头的常用材料为碳钢和合金钢,可用直管弯曲而成,也可用管子组焊,还可用铸造或锻造的方法制造。各类弯头外形图见图5-24。

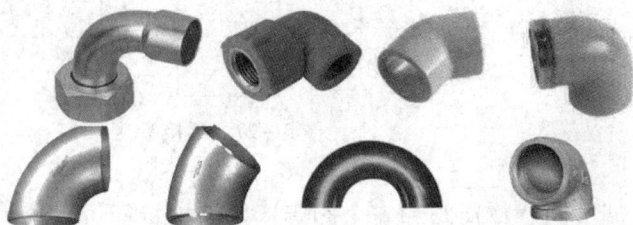

图5-24 各类弯头外形图

(3) 三通、四通 三通管用于三根管子汇集的地方,四通管用于四根管子汇集的地方。三通有直径三通和异径三通。三个口直径相等的为等直径三通,两端直径相同,但汇流端直径与其他两个直径不同的称为异径三通。在直线方向的两端同径与之垂直分岔的一端为小管径,用于连接小管径支管;45°斜三通又称为Y形支管,由于管道交汇于分岔处其局部阻力较小。四通用于管通垂直交叉连接处;异径四通在管道上垂直连接两根较小管径的支管时用。各类三通、四通外形图见图5-25。

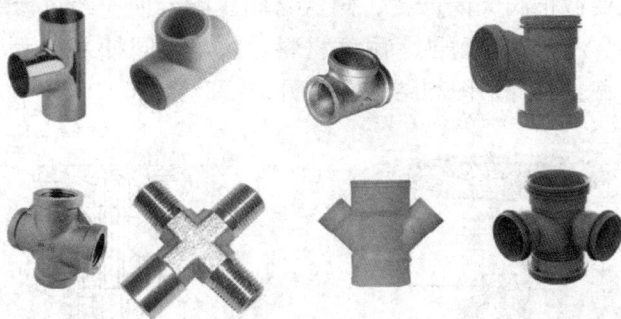

图5-25 各类三通、四通外形图

(4) 盲板 盲板也称为实心法兰,是用来封堵配对法兰通孔用的实心圆盘,其四周钻有螺栓孔。在制药工艺管路中,因检修设备需要,在两法兰之间插入盲板,以切断管路中的介质,暂时封闭管路,确保人身安全。盲板大小可与插入处法兰密封面外径相同,常用材质为钢材。盲板结构如图5-26所示。

(5) 活接头 活接头由两个能互相扣合的管节口及连接两口的套母组成,管节口两端有内螺纹。活接头用于管路中须将同径管道进行活连接的地方,即不转动管子也能将管道拆开。在管路的适当位置装一些活接头,可以方便拆卸修理管路中的设备。活接头结构如图5-27所示。

2. 阀门 阀门是制药工艺管路中非常重要的部件,其作用有接通和截断流体、调节流体压力和流量、控制流体压力、保证管道或设备安全运行等。阀门按作用和用途

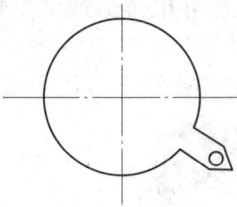

图5-26 盲板

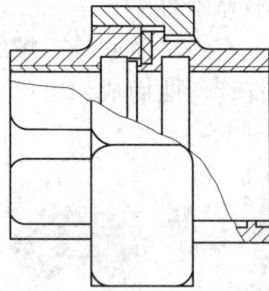

图5-27 活接头

可以分为截止阀、调节阀、止逆阀和安全阀等；按结构特征可以分为球阀、闸阀、旋塞阀（俗称考克）和碟阀等；按阀体材料可以分为金属材料阀、非金属材料阀等。此外，还可按公称压力、工作温度、驱动方式等对阀门进行分类。

（1）截止阀 截止阀又称为球心阀或球形阀，是指关闭（阀瓣）由阀杆带动并沿阀座中心轴线做升降运动的阀门，在管路上主要用来接通或截断管路中的流体。截止阀具有结构简单、维修方便，启闭时间短，操作简便、省力的优点，是制药生产中广泛使用的一种截断类阀门。

截止阀的密封零件是阀瓣和阀座。通过转动手轮，带动阀杆和阀瓣沿轴线方向升降，改变阀瓣与阀座之间距离，从而改变流体通道面积的大小，使得流体的流量改变或截断通道。为了使截止阀关闭严密，阀盘与阀座配合面应经过研磨或使用垫片，也可在密封面镶青铜、不锈钢等耐蚀、耐磨材料。阀瓣与阀杆采用活动连接，以利阀瓣与阀杆严密贴合。截止阀外形图和结构图见图5-28。

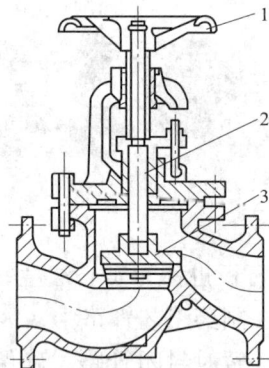

1.手轮；2.阀杆；3.阀瓣

图5-28 截止阀外形图和结构图

截止阀安装时要注意流体流向应与阀体所示箭头方向一致。截止阀在管路中的主要作用是截断和接通流体，不宜长期用于调节压力和流量，否则密封面可能被介质冲刷腐蚀，从而破坏密封性能。截止阀可用于水、蒸气、压缩空气等管路，但不宜用于粘度大、易结焦、易沉淀介质的管路，以免破坏密封面。

（2）球阀 球阀以球体作启闭件，利用球体绕阀杆的轴线旋转90°，从而达到启闭通道的目的。球阀操作方便，启闭迅速，流体阻力小，密封性好，一般用于须快速启闭或要求阻力小的场合。球阀适用于水、汽油等介质，适用于含悬浮和结晶颗粒的介质，也适用于浆液和黏性液体的管道。球阀外形图和结构图见图5-29。

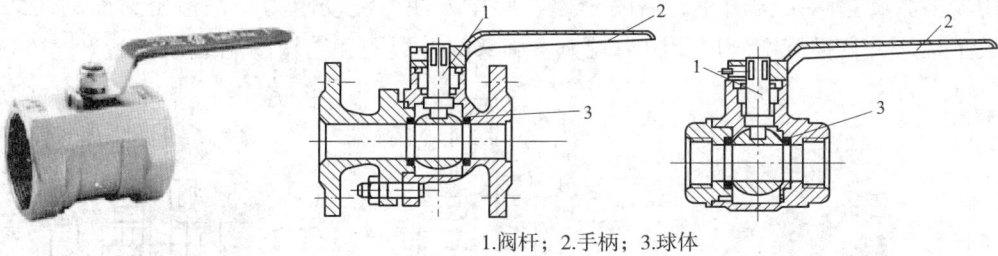

1.阀杆；2.手柄；3.球体

图5-29 球阀外形图和结构图

（3）闸阀 闸阀又称为闸门阀或闸板阀，是利用闸板与阀座相互配合来控制启闭的阀门的。闸板与管内流体流动方向垂直，通过闸板升降改变其与阀座的相对位置，从而改变流体通道的大小。闸阀可以分为平行式（两个密封面互相平行）和楔式（两个密封面成楔形）两种类型。

闸阀在管路中主要作切断用，可以手动开启，也可以电动开启。闸阀的特点是流体阻力小，开启缓慢，易于调节，流体的流向不受限制。但闸阀结构复杂，造价较高，且磨损快，维修更换困难。闸阀多用于大直径上水管道，故又有水门之称，也可用于真空管路和低压气体管路，但不宜用于蒸气管路。为了保证阀门关闭严密，通常会在闸板和阀座上镶嵌耐磨耐蚀的金属材料（如青铜、黄铜、不锈钢等）制成的密封圈。闸阀外形图和结构图见图5-30。

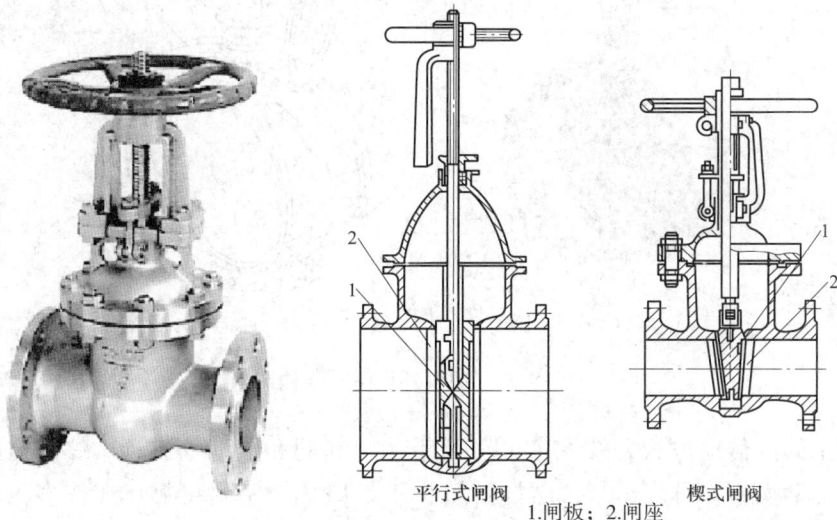

平行式闸阀　　　　楔式闸阀

1.闸板；2.阀座

图5-30 闸阀外形图和结构图

（4）旋塞阀 旋塞阀是以带孔的锥形塞体作启闭件的阀门，塞体随阀杆转动控制阀门启闭，小型无填料的旋塞阀又称为考克。根据不同的通道结构，旋塞阀又可以分为直通式、三通式和四通式。直通式主要用于截断流体，而三通和四通式旋塞阀则用于改变流体方向或进行流体分配。

旋塞阀在医药、化工和食品工业的液体、气体、蒸气、浆液和高粘度介质管道上应用较多。旋塞阀结构简单、启闭迅速、操作方便、流动阻力小，但密封面的研磨修理较困难，大直径旋塞阀启闭阻力较大。旋塞阀外形图和结构图见图 5 - 31。

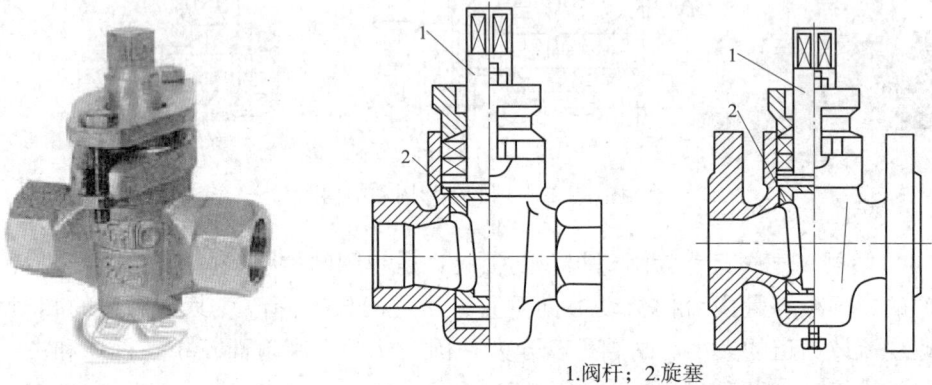

1.阀杆；2.旋塞

图 5 - 31　旋塞阀外形图和结构图

（5）蝶阀　蝶阀是利用一可绕轴旋转的圆盘来控制流体通道开启与关闭的一种阀，圆盘形蝶板绕轴旋转，旋转角度在 0°～90° 之间，旋转到 90° 时，阀门呈全开状态。蝶阀在管路上起切断和节流作用。蝶阀外形图和结构图见图 5 - 32。

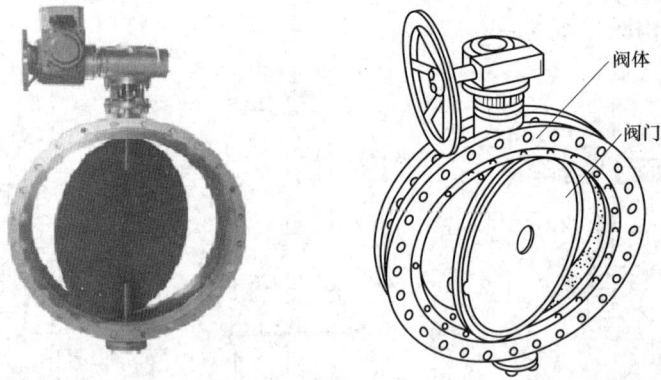

图 5 - 32　蝶阀外形图和结构图

根据不同的传动方式，蝶阀可以分为手动、气动和电动等三种。蝶阀启闭时阀杆只作旋转运动而不作升降运行，阀杆的填料不易破坏，密封可靠。在许多场合，特别是在大流量调节场合，蝶阀取代截止阀和自控系统的调节阀。蝶阀具有结构简单、开闭迅速、流体阻力小、维修方便等优点，可以用于包括水、液体、悬浮液及蒸气管道上的截流和流量调节。

（6）节流阀　节流阀是通过改变节流截面或节流长度来控制流体流量的阀门。节流阀属于调节类阀门。通过转动手轮改变流体通道的截面积，从而调节流体流量与压力的大小。

节流阀与截止阀相似，仅启闭件形状不同：截止阀的启闭件为盘状，节流阀的启闭件为锥状或抛物线状。节流阀启闭时，流通面积变化缓慢，因此它的调节性能比截止阀好，适应须较准确调节流量或压力的水、蒸气和其他液体的管路。但流体通过阀芯和阀座时，流速较大，易冲蚀密封面；密封性能较差，不宜用作截断阀使用。节流阀外形图和结构图见图 5－33。

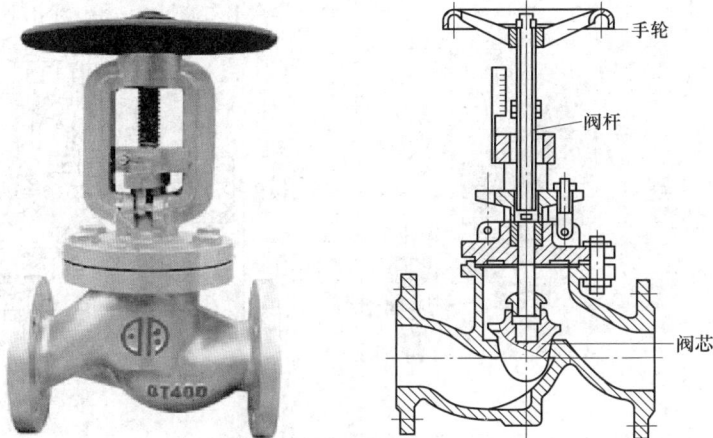

图 5－33　节流阀外形图和结构图

（7）止回阀　止回阀又称为止逆阀或单向阀，是利用阀前后流体的压力差而自动启闭，以控制流体单向流动的阀门，属于自动阀类。止回阀可以用于须防止流体逆向流动的场合，可以用于泵和压缩机的管路、疏水器的排水管，以及其他不允许流体作反向流动的管路上。止回阀按结构可以分为升降式止回阀和旋启式止回阀。一般而言，升降式止回阀较旋启式密封性能好，流体阻力大，卧式宜装在水平管道上，立式装在垂直管道上；旋启式止回阀的安装位置不受限制，它可装在水平、垂直或倾斜的管线上，如装在垂直管道上，流体流向由下而上。止回阀外形图和结构图见图 5－34。

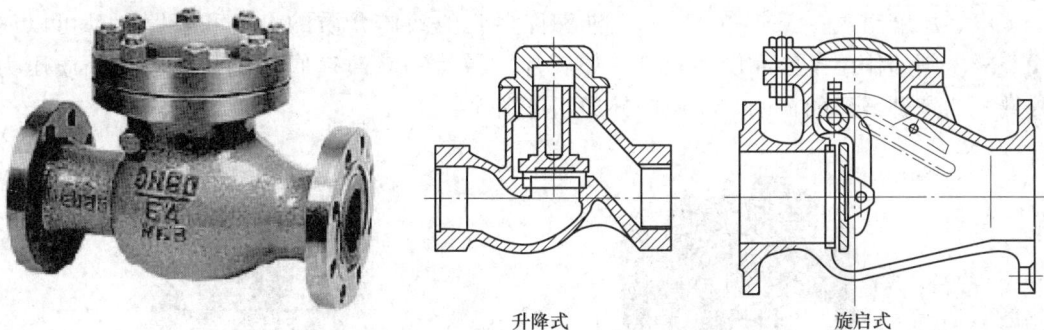

升降式　　　　　　　　　旋启式

图 5－34　止回阀外形图和结构图

（8）隔膜阀　隔膜阀的启闭件是一块用软质材料（橡胶或塑料）制成的隔膜，隔膜把阀体内腔与阀盖内腔及驱动部件隔开，通过隔膜来进行启闭工作。流体流经隔膜阀时，只在橡胶隔膜以下的阀腔通过，橡胶隔膜片将阀杆与介质完全隔绝，所以阀杆处无须用填料密封。

启闭隔膜阀时，转动手轮带动阀杆上下移动，使隔膜离开阀座打开阀门或使隔膜紧压在阀座上关闭阀门。隔膜阀结构简单，便于检修，流体流动阻力小，调节性能较好，常用于输送腐蚀性流体和带悬浮物的流体管路。隔膜阀不能用于流体压力较高的场合，使用温度取决于隔膜材料的耐温性能。隔膜阀外形图和结构图见图 5 - 35。

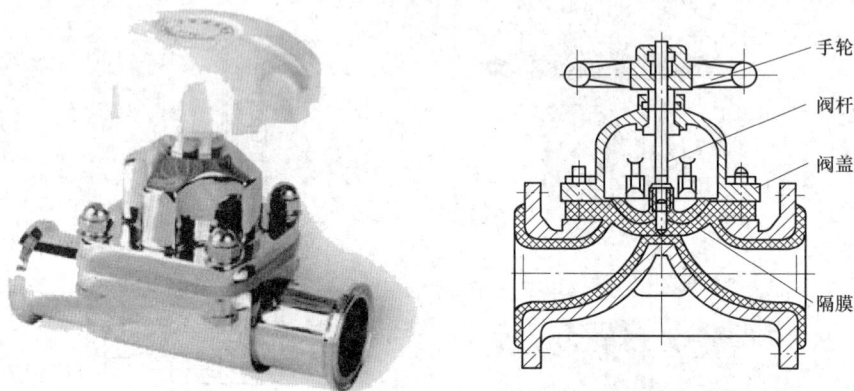

图 5 - 35　隔膜阀外形图和结构图

（9）其他阀门　制药工艺管路中除应用上述阀门外还有：疏水阀、减压阀、安全阀等。

疏水阀：疏水阀主要用于蒸汽管网及设备中，能自动排出凝结水、空气及其它不凝结气体，并能阻水蒸汽的泄漏。疏水阀可使蒸汽加热设备均匀给热，充分利用蒸汽潜热提高热效率，并且可以防止凝结水对设备的腐蚀。疏水阀外形图见图 5 - 36。

安全阀：又称排气阀，安装于设备或管路上，当设备或管道内压力超过规定值时，能自动开启，保证设备和管道内流体压力在规定数值以内，从而避免事故的发生。

减压阀：减压阀是通过启闭件的节流，将进口压力降至某一个需要的出口压力，并在进口压力及流量变动时，能利用本身介质的能量保持出口压力基本不变的阀门。在蒸汽、压缩空气、工业用气、水、油和许多其他液体介质的设备和管路上都可以使用。减压阀的作用是依靠敏感元件，如膜片、弹簧等来改变阀瓣的位置，将介质压力降低，以达到减压的目的。减压阀外形图见图 5 - 37。

图 5 - 36　疏水阀外形图

图 5 - 37　减压阀外形图

3. 阀门的选用原则　阀门是流体输送系统中的控制装置，具有导流、分流、截流、调节和防止倒流等功能，关系到管路的安全和正常的生产过程。阀门应遵循以下的选用原则。

（1）方便　尽可能选择结构简单、操作方便的阀门。方便操作人员操作、维护，便于及时处理各种应急故障。

（2）满足生产目的　原料药生产中须输送的流体性质、温度、压力等多有不同，阀门应该能满足生产工艺的要求，满足各种操作流体性质、温度的要求。流体具有腐蚀性时宜选用隔膜阀；须控制和调节流量时宜选用蝶阀；须防止流体倒流时用止回阀；须切断和接通流体、分配流体和改变流体流动方向时用旋塞阀等。

（3）满足阀门技术规范　阀门是用以控制流体的装置，在满足生产目的要求的前提下，还要符合阀门技术规范的要求。工作温度应在阀门规范的范围内，同时其工作压力不可超过该温度下的允许值等。

（4）经济性　在满足上述要求的同时应该尽量降低装置成本，节约投资。普通材质能满足使用要求时不应该选用较高等级的材质；几种不同阀门类型都能满足使用要求时则应选用价格低廉的阀门。

（三）管路连接

管路连接包括管子与管子的连接、管子与管件及阀门的连接，也包括管子与设备的连接等。其联接方法由流体的性质、压力和温度及管子的材质、尺寸和安装场所等因素决定，主要包括法兰连接、螺纹连接、卡箍连接、承插连接和焊接连接等方法。

1. 法兰连接　法兰连接是制药工艺管路中应用最多的一种连接方式。法兰连接强度高、拆卸方便、适应范围广，在须经常拆装的管段处和管道与设备相连接的地方大多采用法兰连接。法兰连接外形图见图5－38。

2. 螺纹连接　螺纹连接是广泛使用，且可拆卸的固定连接方式，具有结构简单、连接可靠、装拆方便等优点。螺纹连接是通过内外管螺纹拧紧而实现的，其外形图见图5－39。

图5－38　法兰连接外形图　　　　　　图5－39　螺纹连接外形图

常用的螺纹连接有三种：内牙管连接、活管接连接和长外牙管连接。内牙管连接是把两段管子通过内牙管连接在一起，拆装时，须逐段逐件进行；活管接连接时，不

转动两连接管可以将两者分开;长外牙管连接时无须转动两端连接管即可以装拆。螺纹连接结构图见图5-40。

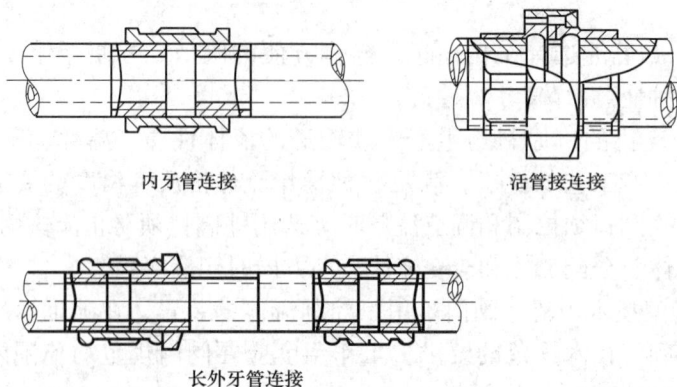

内牙管连接   活管接连接

长外牙管连接

图5-40 螺纹连接结构图

  螺纹连接方法简单、易于操作,但是密封性能较差,主要适用于介质压力不高、直径不大的自来水管和煤气管道,也常用于一些制药设备的润滑油管路中。为了保证螺纹连接的密封性能,在螺纹连接前,一般会在螺纹间加上填料,最为常用的填料为聚四氟乙烯缠绕带。

  3. 卡箍连接 卡箍连接是一种新型的钢管连接方式,也称为沟槽连接件。卡箍连接具有操作简单、不影响管道原有的特性、施工安全及维修方便的优点。制药工艺管路中直径100mm以下管路的卡箍连接已取代法兰和焊接的两种传统管道连接方式。卡箍连接外形图见图5-41。

图5-41 卡箍连接外形图

  4. 承插连接 承插式连接适用于压力不大、密封性能要求不高的场合。连接时,一般在承插口的槽内先填入麻丝、棉线或石棉绳,然后再用石棉水泥或铅等材料填实,还可在承插口内填入橡胶密封环,使其具有较好的柔性,容许管子少量移动,常用于铸铁管连接,也可用于陶瓷管、塑料管、玻璃管等非金属管路连接。承插式连接密封性能较差,且拆卸过程比较困难。承插连接结构图见图5-42。

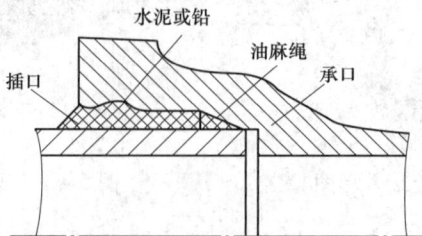

图5-42 承插连接结构图

5. 焊接连接 焊接连接属于不可拆连接方式，密封性能好、连接强度高，可适用于承受各种压力和温度、无须经常拆卸的管路上。常用的焊接形式结构图见图5-43。

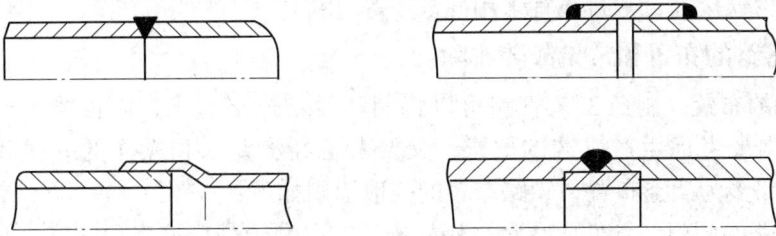

图5-43 焊接连接结构图

6. 温差补偿装置 管路输送温度较高的介质（如水蒸气）时，管路受热膨胀，长度伸长。当一条管路很长时，尽管温差不太大，但所产生的伸长量导致管路两端连接的装置产生很大的应力，严重时发生管路或设备损坏事故。因此，在管路中要考虑温差补偿的问题。管道的温差补偿方法有两种，一种是利用管路本身的弹性变形进行的自然补偿，通常较短管路或温差不大的情况用自然补偿即可；另一种则是通过安装温差补偿器进行补偿，常用的温差补偿器有回折管式补偿器和波形补偿器。

回折管补偿器一般由无缝钢管制成，将直管弯成一定几何形状的曲管，利用刚性较小的回折管所产生的弹性变形来吸收连接在其两端的直管的伸缩变形。采用回折管补偿结构的优点补偿能力大，且制造简单，维护方便。但回折管补偿器要求安装空间大，流体阻力也较大，还可能对连接处的法兰密封有影响。回折管补偿器结构图见图5-44。

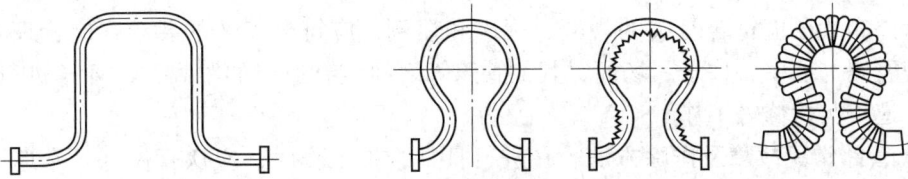

图5-44 回折管补偿器结构图

波形补偿器是利用金属薄壳挠性件的弹性变形来吸收其两端连接直管的伸缩变形。波形补偿器结构紧凑，流体阻力小，但补偿能力不大。若将数个补偿器串联安装或分段安装若干组补偿器，可增加补偿量。波形补偿器结构形式见图5-45。

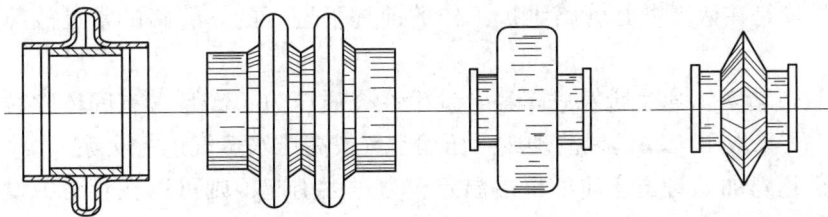

图5-45 波形补偿器结构图

7. GMP对管路连接的要求 洁净室（区）内采用的阀门、管件除须满足工艺要求外，还应采用拆卸、清洗、检修均方便的结构型式。

管道与阀门连接宜采用法兰、螺纹或其他密封性能优良的连接件。凡接触物料的法兰和螺纹的密封填料应采用聚四氟乙烯。无菌药品生产时，药液输送管路的安装过程应尽量减少连接处，密封垫宜采用硅橡胶等材料。

（四）管路的布置和常见故障排除

1. 管路的布置　制药工艺管路可以将制药设备连接起来，以保障生产正常进行。管路的布置既要考虑生产工艺的要求，又要考虑经济要求和操作的方便和安全要求。制药工艺管路多为架空布置，管路布置的一般原则如下：

（1）管路的阀门、管件应尽量采用标准件，以利于进行检修和安装。

（2）阀门、仪表须操作控制的部位应相对集中，安装高度适当，以便工作人员操作。

（3）工艺条件允许时，应使管路尽可能短，使管件阀件尽可能少，以减少投资，使流体阻力减到最低。

（4）应合理安排管路，管道尽量集中成列。在多管垂直排列时，无腐蚀介质管路在上，有腐蚀介质管路在下；热介质管路在上，冷介质管路在下；高压管路在上，低压管路在下。多管水平排列时，低压管路在外，高压管路在内；须经常检修的管路噻在外，不常检修的管路在内。

（5）管道种类较多时，为了便于操作和维修，可以在管道表面上涂以规定颜色的油漆，以资识别，如蒸气管道用红色，压缩空气管道用浅蓝色等。

（6）建筑物内的管路应尽量沿墙壁安装。管架可装在墙上，管与管、墙与管之间要有一定的距离，以满足施工、运行、检修和热胀冷缩的要求。管路穿出建筑物，须通过墙壁的预留孔，并应在管外加套管。

管路布置还应符合有关的规范、标准和惯例，应符合工艺的要求，应合理安排管路，使管路与墙壁、柱子、场面、其他管路等之间应有适当的距离，以便于进行安装、操作、巡查与检修等工作。

2. 管路常见故障及排除方法　在进行日常维护工作时，应认真做好日常巡回检查工作，准确判断管内介质的流动情况和管件的工作状态；适时做好管路的防腐和防护工作，并定期检查管路的保温设施是否完好；及时排放管路的油污、积水和冷凝液，及时清洗沉淀物，疏通堵塞部位；定期检查管路的腐蚀和磨损情况；检查管路的振动情况；察看管架有无松动；检查管路各接口处是否有泄漏现象；检查各活动部件的润滑情况；对管路安全装置进行定期检查和校验调整等，如果发现故障，应及时排除。管路故障排除是在认真做好管路维护工作的前提下进行的。管路的常见故障主要有以下几种：

（1）管道堵塞　管道堵塞故障经常发生在介质压力不高且含有固体颗粒或杂质较多的管路，可采取手工或机械清理或用压缩空气或高压水蒸气进行吹除。

（2）管道弯曲　管道弯曲如果由温差应力过大引起，则可以在管路中设置温差补偿装置或更换已失效的温差补偿装置；如果由于管道支撑件不符合要求而引起管道弯曲，则应撤换不良支撑件或增设有效支撑件。

（3）连接处泄漏　泄漏是管路中的常见故障，常发生在管路接头处。轻则浪费资源，影响正常生产，重则跑、冒、滴、漏，污染环境，甚至可能引起爆炸事故。

如果因阀门、管件等连接处填料密封失效而泄漏，可以对称拧紧填料压盖螺栓，或更换新填料；如果螺纹接头处泄漏，应局部拆下，并检查腐蚀损坏情况，对已损坏的螺纹接头应更换一段管子，重新配螺纹接头。如果法兰密封面泄漏，首先应检查垫片是否失效，对失效的垫片应及时更换；检查法兰密封面是否完好，对遭受腐蚀破坏或已有径向沟槽的密封面应进行修复或更换法兰；对于两个法兰面不对中或不平行的法兰，应该进行调整或重新安装。

3. 阀门常见的故障及排除方法　阀门是管路中最容易损坏的管件之一。阀门种类繁多，发生故障的原因也多种多样，常见的故障及排除方法见表5-2。

表5-2　阀门的常用故障及排除方法

故　障	产生故障的原因	排除故障的方法
填料室泄漏	①填料与工作介质的腐蚀性、温度、压力不相适应。 ②填料的添加方法不对 ③阀杆加工精度低或表面粗糙度大，圆度超差，有磕碰、划伤及凹坑等缺陷。 ④阀杆弯曲。 ⑤填料内有杂质或有油，在高温时收缩。 ⑥操作过猛	①选用合适的填料。 ②取出重新填装。 ③修理或更换合格的阀杆。 ④校直阀杆或更换阀杆。 ⑤更换填料。 ⑥操作应平稳、缓慢开关
关闭件泄漏	①密封面不严。 ②密封圈与阀座、阀瓣配合不严密。 ③阀瓣与阀杆连接得不牢靠。 ④阀杆变形，上下关闭件不对中。 ⑤关闭过快、密封面接触不好。 ⑥材料选用不当，经受不住介质的腐蚀。 ⑦截止阀、闸阀作调节阀用，由于高速介质的冲刷侵蚀，使密封面迅速磨损。 ⑧焊渣、铁锈、泥砂等杂质嵌入阀内，或有硬物堵住阀芯，使阀门不能关严	①安装前试压、试漏，修理密封面。 ②密封阀与阀座、阀瓣采用螺纹连接时，可用聚四氟乙烯生料带作螺纹间的填料，使其配合严密。 ③事先检查阀门各部件是否完好，不能使用阀杆弯扭或阀瓣与阀杆连接不可靠的阀门。 ④校正阀杆或更新。 ⑤关闭阀门用稳劲，不要用力过猛，发现密封面之间接触不好或有障碍时，应立即开启稍许，让杂物随介质流出，然后再细心关紧。 ⑥正确选用阀门。 ⑦按阀门结构特点正确使用，须调节流量的部件应采用调节阀。 ⑧滑扫嵌入阀内的杂物，在阀前加装过漏器
阀杆升降不灵活	①阀杆缺乏润滑或润滑剂失效。 ②阀杆弯曲。 ③阀杆表面粗糙度大。 ④配合公差不合适，咬得过紧。 ⑤螺纹被介质腐蚀。 ⑥材料选择不当，阀杆及阀杆衬套选用同一种材料。 ⑦露天阀门缺乏保护，锈蚀严重。 ⑧阀杆被锈蚀卡住	①经常检查润滑情况，保持正常的润滑状态。 ②使用短杠杆开闭阀杆，防止扭弯阀杆。 ③提高加工或修理质量，达到规定要求。 ④选用与工作条件相应的配合公差。 ⑤选用适应介质及工作条件的材质。 ⑥采用不同的材料，宜用黄铜、青铜、碳钢或不锈钢作阀杆衬套材料。 ⑦应设置阀杆保护套。 ⑧定期转动手轮，以免阀杆锈住；地下安装的阀门应采用暗杆阀门

续表

故　障	产生故障的原因	排除故障的方法
垫圈泄漏	①垫圈材质不耐腐蚀，或者不适应介质的工作压力及温度。 ②高温阀门内所通过的介质温度变化	①采用与工作条件相适应的垫圈。 ②使用时再适当紧一遍螺栓
填料压盖断裂	压紧填料时用力不均或压盖有缺陷	压紧填料时应对称地旋转螺帽
双闸板阀门的闸板不能压紧密封面	顶楔材质不好，使用过程中磨损严重或折断	用碳钢材料自行制作顶楔，换下损坏件
安全阀或减压阀的弹簧损坏	①弹簧材料选用不当。 ②弹簧制造质量不佳	①更换弹簧材质。 ②采用质量优良的弹簧

五、原料药车间压力容器

在原料药车间生产中，压力容器应用得非常广泛：有的用于进行化学反应，如各类药物合成反应设备；有的用来贮存物料，如各种储罐、计量罐、高位槽；有的用来对物料进行物理处理，如换热器、干燥器等。尽管这些设备的作用各不相同，形状结构差异很大，尺寸大小千差万别，内部构件更是多种多样，但是它们都有一个承受一定压力的外壳，这个外壳就是压力容器。压力容器广泛应用在原料药生产的各个环节，如果操作不当，就可能引发安全事故。原料药车间生产中常见的压力容器外形图见图5-44。

图5-44　常见的压力容器外形图

（一）压力容器基本结构

压力容器一般由筒体、封头、支座、法兰、开孔、安全附件及测量仪表等组成。压力容器基本结构图见图5-45。

1. 筒体　筒体是压力容器用以储存物料或完成传质、传热或药物合成反应所需要的工作空间，是压力容器最主要的受压元件之一。筒体内直径和容积通常须由工艺条件进行确定。制药生产中常用的筒体结构是圆柱形筒体（即圆筒）。

2. 封头　根据不同的几何形状，压力容器封头可以分为椭圆形、碟形、球形、锥壳和平盖等几种，其中以椭圆形封头应用最多。封头与筒体的连接方式有可拆连接与不可拆连接两种，可拆连接一般采用法兰连接，不可拆连接则一般采用焊接连接。

3. 支座 压力容器是靠支座支承并固定在基础上的。压力容器支座可以分为立式容器支座和卧式容器支座两类：立式容器支座包括腿式支座、支承式支座、耳式支座和裙式支座四种；卧式容器支座有支承式、鞍式和圈式支座三种，以鞍式支座应用为最多。

4. 开孔与接管 在压力容器中，根据工艺、检修及检测的需要，须设置人孔、手孔、视镜、物料进出口接管，同时安装压力表、液面计、安全阀、测温仪表等。所以，经常在筒体或封头上开设各种大小的孔或安装接管。

5. 密封装置 压力容器封头和筒体之间的可拆式连接，容器接管与外管道之间的可拆连接，以及入孔、手孔盖的连接等，都需要密封装置。压力容器能否保持密闭并能够安全运行在很大程度上取决于密封装置的可靠性能。

6. 安全附件及测量仪表 压力容器往往须在容器上设置一些安全装置和测量、控制仪表来监控工作介质的参数，以保证压力容器使用安全及按工艺要求正常进行生产。压力容器的安全装置主要有安全阀、爆破片、压力表、液面计和测温仪表等。

上述筒体、封头、支座、开孔接管、密封装置、安全附件及测量仪表等组成压力容器的外壳。对于储存类的容器，这一外壳就是容器本身；对用于药物合成反应，以及传热、干燥、提取等工艺类容器而言，则须在外壳内装入工艺所要求的内件。

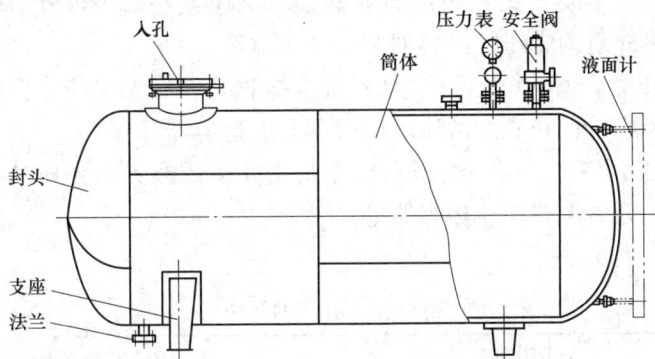

图 5-45 压力容器基本结构图

（二）压力容器的分类

压力容器有多种不同的分类方法，常用的分类方法有以下几种：

1. 按相对壁厚分类 压力容器按壁厚可以分为薄壁容器和厚壁容器两种。所谓厚壁与薄壁，并不是按容器器壁的绝对厚度来划分，而是一种相对概念，通常根据容器外径 D_o 与内径 D_i 的比值 K 来判断：若 $K \leq 1.2$，则为薄壁容器；若 $K > 1.2$，则为厚壁容器。

2. 按承压方式分类 按承压方式分类，压力容器可以分为内压容器与外压容器。容器内部介质压力大于外界压力时为内压容器，反之则为外压容器。在外压容器中，当容器的内压小于一个绝对大气压时，又称为真空容器。

3. 按应用情况分类 按压力容器在生产工艺过程中的作用,可以分为反应压力容器、换热压力容器、分离压力容器和储存压力容器等。

(1)储存压力容器 储存压力容器是指主要用于储存气体、液体、液化气体等介质的压力容器,如各种形式的贮罐、贮槽、高位槽等。

(2)反应压力容器 反应压力容器是指主要用来完成物料物理、化学反应的压力容器,如反应器、反应釜等。

(3)换热压力容器 换热压力容器是指主要用于完成物料热量交换的压力容器,如热交换器、管壳式余热锅炉、蒸发器、冷却器、冷凝器等。

(4)分离压力容器 分离压力容器是指主要用于完成介质的流体压力平衡缓冲和气体净化分离的压力容器,如过滤器、缓冲器等。

4. 按安全技术管理分类 为便于安全技术管理和监督检查,应根据压力容器的压力高低、介质危害程度、容积大小及在生产过程中的作用,对压力容器进行综合分类。例如,储存易燃或毒性程度中度以上危害介质的压力容器,其危害程度要比相同几何尺寸、储存毒性程度轻度或非易燃介质的压力容器大得多。压力容器的危害程度与其设计压力 P 和全容积 V 的乘积有关,PV 值越大,则容器破裂时爆炸能量越大,危害程度也越大,对容器的设计、制造、检验、使用和管理的要求也越高。《压力容器安全技术监察规程》采用既考虑容器压力与容积乘积大小,又考虑介质危害程度及容器品种的综合分类方法,将压力容器分为三类。

(1)第三类压力容器 第三类压力容器是指高压或超高压容器、剧毒介质的中压容器、易燃或有毒介质的中压贮运容器和反应容器等。

(2)第二类压力容器 第二类压力容器是指非易燃或无毒的中压容器、剧毒介质的低压容器、易燃或有毒介质的低压反应容器和贮运容器等。

(3)第一类压力容器 第一类压力容器是指非易燃或无毒介质的低压容器、易燃或有毒介质的低压分离容器和换热容器等。

介质的划分见表 5-3。

表 5-3 介质的划分

名 称	划分说明	举 例
剧毒介质	指进入人体小于50g即会引起机体严重损伤或致死的介质	氟、氢氟酸、氢氰酸、光气、氟化氢、碳酰氟等
有毒介质	指进入人体大于或等于50g即会引起人体正常功能损伤的介质	二氧化硫、氨气、一氧化碳、氯乙烯、甲醇、硫化乙烯、二硫化碳、硫化氢等
易燃介质	指与空气混合的爆炸下限小于10%,或爆炸上限与下限之差值大于20%的气体	乙烷、乙烯、氯甲烷、环氧乙烷、环丙烷、氢气、丁烷、三甲胺、丁二烯、丁烯、丙烷、丙烯、甲烷等

(三)压力容器零部件的标准化

为了使压力容器零部件在设计、生产和使用过程中具有统一、通用、可互换的特点,以便于降低成本,提高劳动生产率,我国有关部门对容器的零部件(如筒体、封头、法兰、支座、人孔、手孔、视镜、液面计等)进行标准化、系列化的工作。压力容器的标准代号见表5-4。

表5-4 压力容器的标准代号

序　号	标准代号	标准所属部门
1	GB	国家标准
2	JB	机械部标准
3	JB/Z	机械部指导技术文件
4	TH	机械部化工通用机械专业标准
5	YB	冶金部标准
6	HG	化工部标准
7	SY	石油部标准

压力容器零部件标准的最基本参数有公称压力与公称直径。

为了使压力容器的零部件标准化、通用化、系列化，将其承受的压力范围分为若干个标准压力等级。容器及管道的操作压力经标准化以后的标准压力称为公称压力，以 Pg 表示，单位为 MPa。公称直径则是指标准化以后的标准直径，以 Dg 表示，单位为 mm。

(四) 内压容器封头

封头也称为端盖，按照形状可分为三类：凸形封头、锥形封头和平板形封头。其中，凸形封头包括椭圆形封头、碟形封头、球冠形封头和半球形封头。锥形封头分为无折边封头与折边封头。常用封头的形式见图5-46。

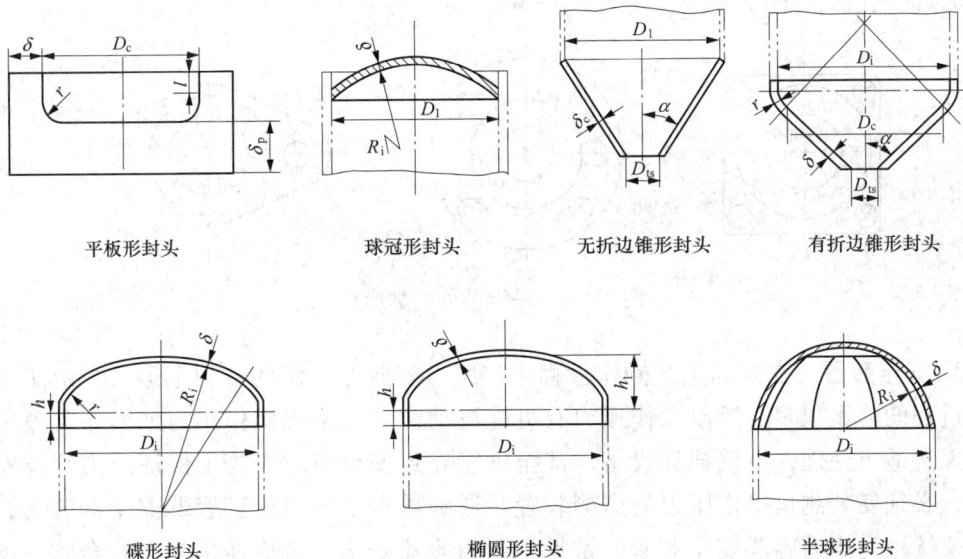

平板形封头　　　球冠形封头　　　无折边锥形封头　　　有折边锥形封头

碟形封头　　　椭圆形封头　　　半球形封头

图5-46 常用封头的形式

不同形状的封头与简体之间的连接方式不同，边缘应力大小不同，因此承压能力也不同。在简体与封头的连接处，简体的变形和封头的变形不相协调，互相约束，自由变形受到限制,这样就会在连接处出现局部的附加应力,这种局部附加应力称为边缘应力。边缘应力的大小随封头形状不同而异,从承压能力的角度来看,半球形、椭圆形最好,碟形、带折边的锥形次之,而球冠形、不带折边的锥形和平板形承压能力较差。

边缘应力的影响范围很小,只存在于连接边缘附近的局部区域,离开连接边缘稍远处边缘应力迅速衰减,并趋于零。在工程设计中,通常只是在结构上做局部处理,如改善连接边缘的结构,对边缘局部区域进行加强,提高边缘区域焊接接头的质量及尽量避免在边缘区域开孔等。

（五）容器附件

压力容器上的法兰、入孔（或手孔）、支座、安全阀、视镜、液面计和各种用途的接管等统称为容器附件。容器附件对压力容器正常、安全运行有很重要的作用。

1. 法兰联接 法兰连接是组合件,由法兰、垫片、螺栓和螺母组成。法兰连接为可拆连接,在制药厂中应用普遍,主要用于设备接管与管道或附件、管道与管道之间,以及设备的筒体与封头、筒体与筒体之间的连接。法兰连接的组成见图5–47。

法兰的外轮廓形状有圆形、方形和椭圆形。设备法兰一般为圆形,方形法兰有利于把管子排列紧凑,椭圆形法兰则通常用于阀门和小直径的高压管路上。法兰的外轮廓形状见图5–48。

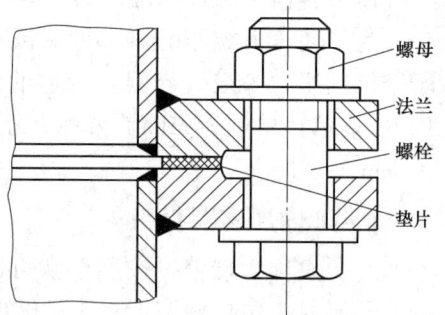

图5–47 法兰联接的组成

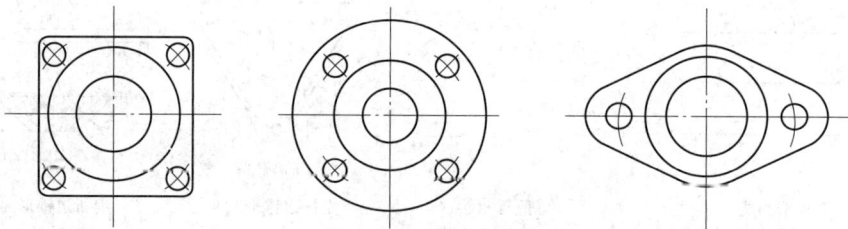

图5–48 法兰的外轮廓形状

2. 安全装置 在制药生产操作过程中,压力容器在一定的压力下运行,由于影响生产过程的因素很多,所以操作压力有可能波动,一旦出现操作压力偏离正常值较大而又无法适当处理,不仅损坏设备,甚至可能导致安全事故。为了保证压力容器安全运行,必须安装测量操作压力的监测装置及遇到异常工况时保证容器安全的装置,这些装置统称为压力容器安全装置。常见的压力容器安全装置有压力表、安全阀、爆破膜等。

（1）压力表 压力表可以用来测量介质的压力。压力表的种类较多,在制药生产中应用最广泛的是弹簧管式压力表。弹簧管式压力表见图5–49。

弹簧管式压力表的测压元件是弹簧管。弹簧管的封口端为自由端,另一端固定并

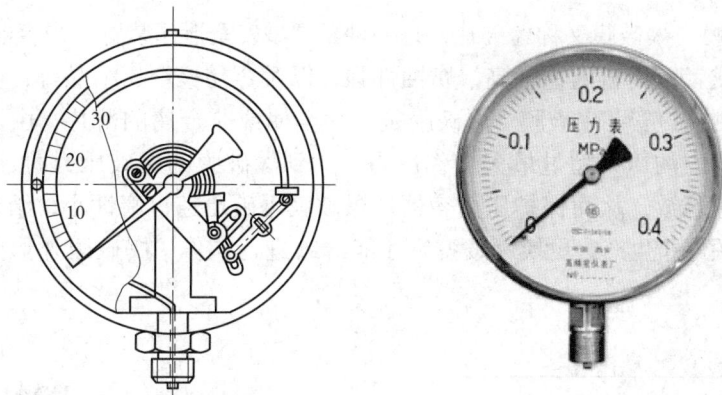

图 5 – 49　弹簧管式压力表

可通入有一定压力的气体或液体。当压力大于大气压的流体通入管内时，管子的曲率变小，管端向外移动。管端移动量的大小与管内流体的压力大小成正比，内流体的压力越大，管内流体的压力越大，反之亦然。这样，弹簧管就把压力信号转换成位移信号，弹簧管式压力表就是根据这一原理来进行压力测量的。

压力容器安装压力表可以更直观地了解压力容器内部压力实际情况，便于掌握工艺条件，防止安全事故发生。压力表属于计量仪器，为保证计量准确，《药品生产质量管理规范》明确规定计量仪器必须经过计量主管部门检定合格后方可使用，并规定有效期，到达有效期之后必须重新检定才可以继续使用。

（2）安全阀　当压力容器的压力超过允许工作压力时，安全阀能够自动开启并迅速排放气体，以使容器内压力始终保持在最高许用压力范围之内。常用的弹簧式安全阀是由阀座、阀头、顶杆、弹簧、调节螺栓等零件组成的，靠弹簧弹力将阀头与阀座紧。当容器内的压力升高，作用在阀头上的力超过弹簧弹力时，阀头上移，使安全阀自动开启，释放超压气体使器内压力降低。当器内压力降低到安全值时，弹簧力又使安全阀自动关闭。拧动安全阀上的调节螺栓，可以改变弹簧力的大小，从而控制安全阀的开启压力。弹簧式安全阀外形图和结构图见图 5 – 50。

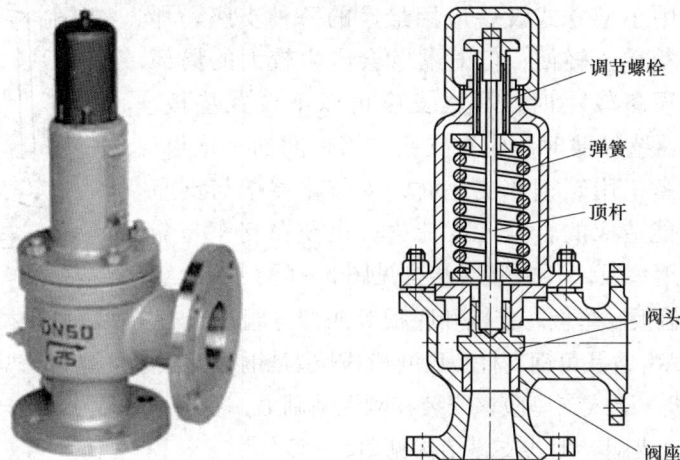

图 5 – 50　弹簧式安全阀外形图和结构图

（3）爆破膜 爆破膜又称爆破片，是一种断裂型安全泄压装置。当容器内盛装易燃、易爆的物料，或者因物料的黏度高、腐蚀性强，以及容易聚合、结晶等，安全阀不能可靠地工作时，则应该安装爆破膜。爆破膜是一片金属或非金属的薄片，由夹持器夹紧在法兰中，当容器内的压力超过最大工作压力，达到爆破膜的爆破压力时，爆破膜破裂，容器内气体迅速释放，从而保护压力容器。爆破膜爆破迅速，惰性小，结构简单，价格低，爆破后必须停止生产，更换爆破膜后才能继续进行操作。爆破膜外形图和结构图见图 5 - 51。

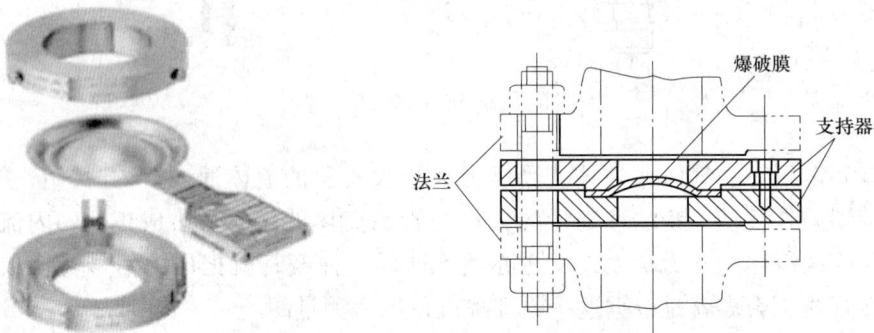

图 5 - 51 爆破膜外形图和结构图

3. 容器支座 容器支座具有支承、固定设备的作用，可以分为两类：卧式容器支座和立式容器支座。

（1）卧式容器支座 卧式容器支座有三种：鞍座支座、圈座支座和支承式支座。因容器自重而可能造成变形的大直径薄壁容器可以采用圈座支座，而支承式支座只用于小型卧式容器。

（2）立式容器支座 立式容器支座有耳式支座、腿式支座、支承式支座和裙式支座，中小型设备常采用耳式支座、腿式支座和支承式支座，而大型设备则广泛采用裙式支座。

耳式支座由垫板、筋板和底板组焊而成，并直接焊在容器外壁上，是中小型立式设备应用最广的一种支座。耳式支座的优点是简单、轻便，但对器壁会产生较大的局部应力。因此，当设备较小时，耳式支座可以不设置垫板，而当设备较大或器壁较薄时，应在支座与器壁间加一垫板。对于不锈钢制设备，用碳钢作支座时，为防止器壁与支座在焊接过程中可能造成的合金元素流失，也须在支座与器壁间加一个不锈钢垫板。耳式支座结构见图 5 - 52。

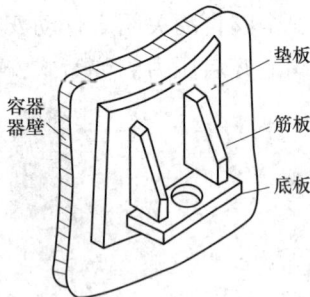

图 5 - 52 耳式支座

腿式支座由盖板、垫板、支柱和底板等四部分组成，有 A 型、AN 型、B 型、BN 型等四种。A 型和 AN 型是角钢支柱；B 型和 BN 型是钢管支柱。A 型和 B 型带垫板；AN 型和 BN 型不带垫板。腿式支座应该安装在刚性基础上，容器直径较小时用三个支腿，容器直径较大时用四个支腿。腿式支座结构见图 5 - 53。

支承式支座有 A、B 两种形式，A 型支座由垫板、筋板和底板组成，B 型支座用钢管取代 A 型中的筋板。支承式支座直接焊在容器底部，与腿式支座相比其支承高度低，承载能力更大。支承式支座的优点是简单轻便，但它与耳式支座一样，对壳壁会产生较大的局部应力，因此当容器壳体的刚度较小、壳体与支座的材料差异或温度差异较大，或壳体须焊后热处理时，在支座和壳体之间应该设置加强板。

裙式支座简称裙座，是高大设备广泛采用的一种支座，由裙座体、基础环、螺栓座等部分组成。裙座体上设有检修用的人孔、排气孔、排液孔、引出管孔等。螺栓座由盖板、筋板组成，盖板上设有圆孔，地脚螺栓从基础环上的螺栓孔及盖板上的圆孔中穿出，拧紧螺母即可固定设备。基础环是一块环形垫板，为了安装方便，基础环上的螺栓孔为长圆缺口。裙座结构图见图 5－54。

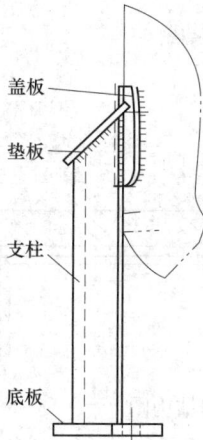

图 5－53　腿式支座

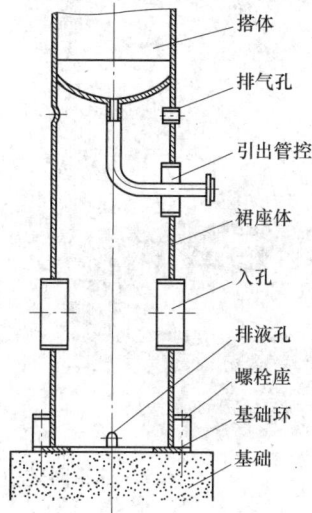

图 5－54　裙座

4. 其他附件

（1）接管与凸缘　接管与凸缘是用来连接设备与介质的输送管道及安装测量和控制仪表等。接管主要有三种类型：焊接接管、铸造接管和螺纹接管。当接管长度必须很短时，可用凸缘代替接管，凸缘本身具有开孔的补强作用，无须要另行补强。接管结构图见图 5－55。

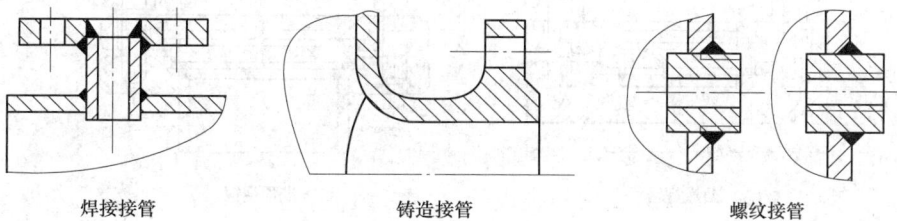

焊接接管　　　　　铸造接管　　　　　螺纹接管

图 5－55　接管

（2）入孔和手孔　压力容器上都应该开设检查孔，包括入孔和手孔，以便于定期检查设备的内部焊缝和腐蚀情况，以及安装拆卸设备的内部装置。入孔有圆形和椭圆形两种，制药设备上基本上采用圆形入孔。入孔是一个组合件，包括由钢板卷焊的筒节、法兰、法兰盖、密封垫片、紧固件，以及与入孔启闭有关的非受压零件。手孔和入孔具有类似的结构。常见的入孔有水平吊盖入孔和回转盖快开入孔。水平吊盖入孔外形图和结构图见图5-56，回转盖快开入孔外形图和结构图见图5-57。

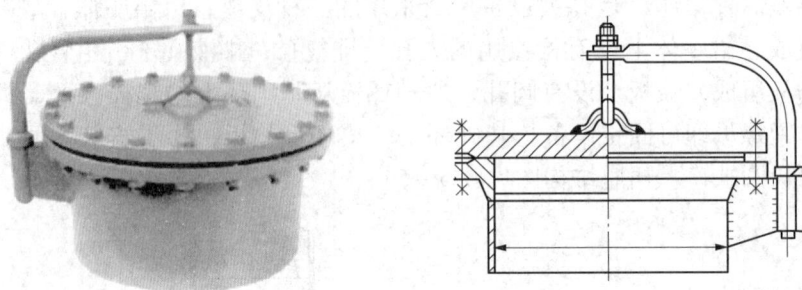

图5-56 水平吊盖入孔外形图和结构图

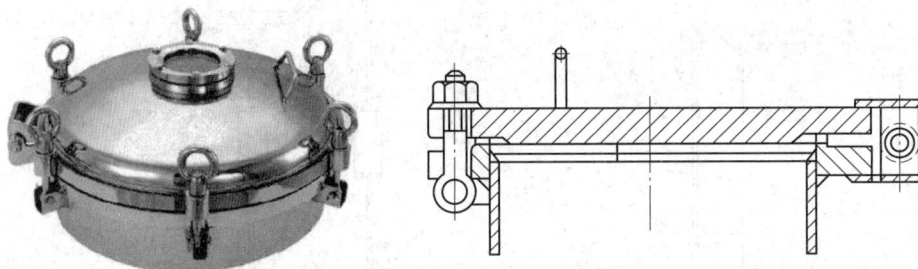

图5-57 回转盖快开入孔外形图和结构图

（3）视镜 在压力容器上安装视镜，可以观察设备内部情况，也可以作为液位的指示镜，以便于工艺操作。视镜已标准化，结构类型很多，常用的有两种基本结构形式：带颈视镜和凸缘视镜。带颈视镜根据视镜需要斜装，或安装在设备直径较小的场合。对于安装在压力较高或有强腐蚀介质设备上的视镜，可选双层玻璃或带罩安全视镜，以免视镜玻璃在冲击振动或温度剧变时因破裂而伤人。凸缘视镜结构简单，不易结料，视察范围大。视镜结构见图5-58。

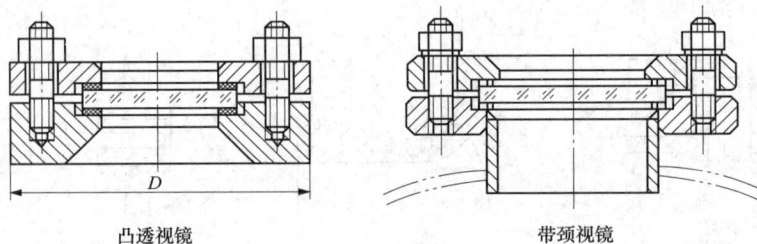

凸透视镜　　　　　　　　　　带颈视镜

图5-58 视镜

（4）液面计 液面计种类很多，常用的有玻璃板式液面计和玻璃管式液面计。液面计与设备的连接常用法兰、活接头或螺纹接头。对于承压设备，常用双层玻璃板式或玻璃管式液面计。玻璃板式液面计可以直接在设备上开长条孔，利用矩形凸缘或法兰把玻璃固定在设备上。玻璃板式液面计见图 5-59。

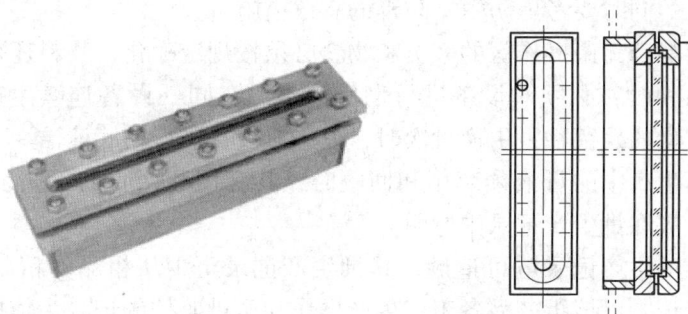

图 5-59　玻璃板式液面计

任务二　化学合成原料药生产和过程控制认知

化学合成原料药一般由化学结构比较简单的化工原料经过一系列化学合成和物理处理过程制得，或者由已知具有一定基本结构的天然产物经化学结构改造和物理处理过程制得，一般要经过较多的合成步骤。对于原料药生产，GMP 主要适用于生产中影响成品质量的个关键工艺，主要指精制、烘干、包装等工序。

生产过程是药品制造全过程中决定药品质量最关键和最复杂的环节之一。药品生产过程实际上包含两种同时发生的过程，既是物料的生产过程，又是文件记录的传递过程。以典型的化学合成原料药为例，备料（原材料领料，发料，物料暂存）、投料、化学反应、提取（分离）、纯化（结晶，干燥）、过程控制、包装、待验直至检验合格后入库、清场等，是物料投入、目标产物的生成及后续处理的过程。文件记录传递过程是指由生产部门发出生产指令，确定批号和签发发放批生产记录（由质量管理部门或者授权生产部门来进行），并在生产过程中由操作人员完成各种批生产记录，批包装记录及其他辅助记录（设备使用记录、清洁记录等），中间体检验人员完成检验记录，原料药检验人员完成成品检验记录等。文件记录经部门负责人或者授权人员审核并归档，由质量管理人员对这些记录审核，作为批放行的一部分。

一、生产特殊要求

（1）从事原料药生产的人员应接受原料药生产特定操作的有关知识培训，包括化学反应的原理和操作要求、化学安全防护知识、发酵操作的要求、无菌原料药生产的特殊要求等。

（2）原料药生产使用或产生大量的易燃、易爆、有害的物质，厂房设施应符合国家有关规定，生产过程中产生的"三废"应符合国家排放标准。

（3）原料药生产时宜使用密闭设备，密闭的设备、管道可以置于室外。使用敞口设备或打开设备操作时，应有避免污染的措施，难以清洗的特定类型的设备可专用于特定的中间产品、原料药的生产或贮存。

（4）对于使用有机溶剂或在生产过程中产生大量有害气体的原料药精制、干燥工序，在确保净化的同时要考虑防爆、防毒的有效措施。

（5）进入原料药无菌操作区的人员和物料必须按规定净化，物料还须消毒或灭菌。

（6）更换品种时，必须对设备进行彻底清洁。在同一设备连续生产同一品种时，如有影响产品质量的残留物，更换批次时，也应对设备进行彻底清洁。

（7）原料药生产中的母液须套用和回收时，其套用和回收的工艺须经验证，以确保成品质量，并应在批生产记录中标明。

（8）原料药的生产记录应可追溯，其批生产记录至少从粗品的精制工序开始。连续生产的批生产记录以该批产品各工序生产操作和质量监控的记录为依据。

二、生产操作

原料药生产操作涉及物料的准备、称量、分装、投料、中间控制、物料平衡（收率核算）、偏差处理、关键操作及复核、过程状态标识控制等环节，这些都是生产控制的一部分。

典型的生产操作流程见图5-60。

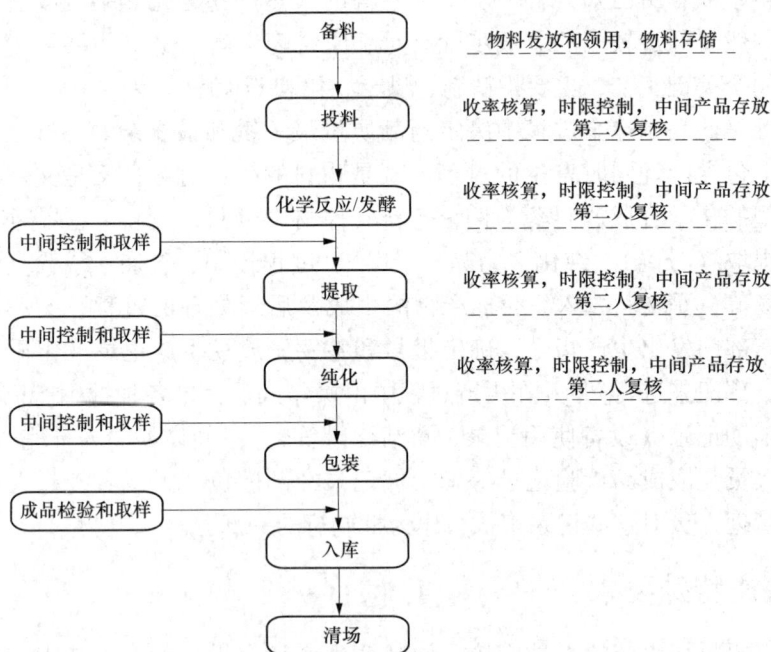

图5-60 典型的生产操作流程

（一）投料

投料是物料开始进入到生产的过程。投错料、投料量不对会造成很大的经济损失和质量风险。物料（固体和液体）的称量或量取应按照操作规程，确保准确投料，并避免交叉污染。

投料过程中须注意的事项包括但不限于如下事项。

1. 应该指定受控的区域，用于物料称量或者量取；

2. 应该记录受控区域的使用和清洁情况，有相对应的使用日志和清洁规程。

3. 在暴露的条件下投料，应使用排风系统来控制粉尘或者溶剂挥发。

4. 应有程序以确保用于不同工序的物料不同时发运或者投料。

5. 称量或量取装置应有合适的量程和精度，以确保称量操作的精度。

6. 液体可以使用流量计，固体可使用传送带称重进料器，以便于进料或监控连续的生产过程。

7. 关键的称量和量取装置应当适当校准。校准工作应该定期进行并且有记录，根据风险的原则制定合适的校准频率。

8. 对于某些直接参与下一步反应的湿品或溶液形式的中间体，每批的质量或体积都不同。在这种情况下，不容易在批生产指令中规定其他反应物料具体的重量或者体积，可采用检测中间体的含量、折纯的方式来计算其他物料的使用量，也可以根据上一步反应物料的投料来计算，投料数量的计算方式应有中小试的数据予以支持并应足够合理。

9. 在投料前的最后的检查过程中，应保证物料正确无误，批号与批生产指令一致，也可以包括对于关键的数量和体积的核实过程。

标准操作规程（SOP）示例：

题目：称量标准操作规程			
制定人：	审核人：	批准人：	颁发部门：质量部
制定日期：	审核日期：	批准日期：	生效日期：
分发部门：生产部			

1. 目的　建立一个称量操作的标准程序，使操作过程规范化。

2. 职责　生产部负责本文件起草，称量人员负责按照该 SOP 进行称量操作，QA 现场监控员负责监督该 SOP 的执行情况。

3. 范围　本标准适用于车间或库房的称量操作。

4. 内容

4.1　称量前准备

4.1.1　根据称量范围和称量精确度的要求，确定适宜的计量器具并检查，要求清洁、完好。

4.1.2　根据物料性状、包装要求，确定相应的盛装容器和配料工具，并要求清洁、完好。

4.2　称量

4.2.1　对计量器具进行空载调平，并校零。

4.2.2　称量：须根据指令或相关凭证对待称物料桶笺、外观性状进行检查，确认无误，按相关的《计量器具使用 SOP》进行称量操作。分装物料称量，须先称出盛装容器皮重，再加入物料，称其总重，计算出物料净重（公式：净重＝总重－皮重）；在计量器具上复零除去皮重，再加入物料，称其净重。

4.2.3　复核：对物料桶笺、外观性状进行复核，应无误；复核称量时应将称量物品从计量器具上取下，待计量器具复零后再将其称量一次，应与第一次称量相符。

4.2.4　分装物料按《定额包装操作规程》进行，附上桶笺，扎紧包装袋口。

4.2.5　称量、包装完毕，转入中间站，将物料按品种、加工状态分别码放于货架上，放上《状态标志卡》。

4.3　清场

4.3.1　生产操作完毕，按《清场管理程序》及相应的清洁 SOP 清场，填写清场记录。

4.3.2　QA 现场监控员确认清场合格后，方可进行下一步操作。

4.4　操作过程的控制与复核

4.4.1　整个称量过程必须专人称量、专人复核，并及时、准确地填写称量记录。

4.4.2　复核人须对称量过程进行监督，确认与指令或相关凭证要求一致，并签名。

4.4.3　每次称量操作前后都必须检查计量器具，并复零，发现异常情况及时处理，并复查前次操作。

4.5　注意事项

4.5.1　称量时，配料工具必须专物专用，不得混用。

4.5.2　计量器具应有《校验合格证》，且在校验周期内；容器应有清洁标志。

（二）物料分装

物料分装所用的容器应该与物料良好兼容，应不分解或者不释放出干扰物质，须有材质证明来评估对物料的影响，尤其是用于溶剂分装的容器。

适用于固体分装的内包容器有塑料袋、带有硬质衬里的塑料袋、大宗固体物料使用的装料斗等。用于分装液体物料（如溶剂）的容器通常有不锈钢桶、塑料桶、铁桶、高位槽、储罐、计量罐等。

对于大宗固体原料，通常采用装料斗投料或者人工投料的方式，应保证投料口清洁，以及采取适当的措施比如吸风罩或者防尘罩，控制粉尘。对于大宗液体投料，通常采用直接溶剂储罐抽取或者使用中转桶，可以通过计量泵、流量计、计量罐等实现加量控制。

（三）物料暂存

从仓库领到车间的物料，包括投料剩余物料，在车间物料暂存区存放。该区域的物料管理包括账物卡、存储条件、有效期和虫害控制等应同公司仓库一样，遵从相同的 GMP 规范要求。

中间体干燥后贮存在暂存间，同时应建立相应的使用台账。

（四）关键操作和复核

关键操作是指对质量有较大影响，且实施后就无法返回的操作。公司应当以关键工艺参数为基础来确定须复核的关键操作。复核操作可以通过不同的方式来实现，不一定非要第二人现场复核。关键的称量、量取或分装操作过程应经第二人现场复核或遵照类似的控制手段。

在原料药生产过程中，除了称量和配料以外，关键物料投料，关键参数如温度、压力、时间控制，多晶型原料药的结晶点控制，以及关键中间体检验等，也应复核或者采取等效的控制手段。

(五) 预期收率和实际收率

对规定的工艺步骤的收率波动进行调查不仅是控制生产的波动，而且要提高工艺的重现率，保证产品质量一致。收率变化可能表示工艺没有按照预期进行。

预期收率的来源包括产品开发数据、工艺验证结果、产品年度回顾数据等。预期收率并不是一成不变的，应通过每年产品年度回顾对预期收率进行评估。改变预期收率范围，须通过内部的变更控制程序来实现。

(六) 生产偏差记录和调查

在原料药生产过程中，应记录所有偏离规定的工艺步骤的偏差。可在生产记录中设计偏差记录的附页纸，便于记录意外事项或偏离标准的偏差。质量部门应该审核这些偏差记录并保证关键偏差得以调查。

关键偏差是指相对于之前规定的关键参数的变化或对于标准操作的重大偏差，这些偏差可能会影响中间体或原料药的质量。关键偏差一定要进行调查并确定整改措施。

当偏差反复出现时，应该考虑再验证设备、再培训操作人员、重新定义工艺参数或采取其他适当的行动。

(七) 过程状态标识

正确识别工艺中的设备、物料，可以防止差错和混淆。确定设备的过程状态可以有助于操作人员和管理者正确地控制操作过程，并避免设备错用。其中，批号和进行中的操作状态、设备的清洁状态及状态标识卡应该很好地加以控制。

对于须返工或重新加工的物料，可以使用相应的有颜色和编码的标签标识。质量部门应该明确规定哪些物料可以重处理或重加工，并确保有对应经批准的规程。

三、关键控制点

化学合成原料药生产每步合成步骤一般包括反应和后处理两部分。

(一) 反应

1. 反应温度 通常，温度升高，反应速度加快。但是，温度升高，副反应增多。因为在高能量下，更多的反应可以发生。温度对有些催化剂的催化能力有较大的影响。

2. 物料配比 合成反应很多都是可逆反应，所以一般不按反应方程系数比来投料。通常选择使其中一种较便宜的原料过量，来提高较贵原料的转化率。不同的物料配比可能导致生成不同的产物，特别是一种原料可以与不同倍数的另一种原料发生反应的情况。

3. 反应物浓度 反应物浓度增加，反应速率通常会增加。反应物浓度太高时，黏度一般增大，导致搅拌困难，传质效果不好而导致反应速度降低。同时，存在操作困难、反应不易控制的问题。所以，通常选择一个适中的反应物浓度，使得有一个较好的反应速度、可操作性及可控性。

4. 投料顺序　不同的投料顺序可能造成不同的反应情况，如在多种原料能够相互反应时，不同的投料顺序造成不同的反应产物。因此，在比较剧烈的反应中，有时选择将一种原料滴加到另一种原料中，投料的顺序不同将导致反应时不同的物料配比，而生成不同的产物。

5. 溶剂的选择　选用不同的溶剂，反应速度可能不同，反应产物可能不同，收率可能不同，后处理过程也可能不同。

6. 搅拌　搅拌须达到要求的传质和传热效果。传热效果差，导致局部热量积累，可能发生副反应和安全问题。不同的物料黏度和传质效果须选用不同的搅拌型式。对于非均相反应，一般要求较好的搅拌效果，如气液反应、不互溶液液反应、参与反应的两种固体在溶剂中溶解度都较低的固液反应等。

7. pH 值　pH 值不同，反应速度可能不同，甚至可能导致反应不能进行，还可能导致物料溶解度的差别，而在后处理中造成收率的差别。有时，还导致反应情况不同，比如对酸性、碱性比较敏感的物料分解。

8. 反应时间和反应终点控制　反应时间短，生产周期就短，可以提高产量。在有副反应的反应中，反应时间短，相应的副反应相对就较少。

反应是否完成须通过薄层检测、液相检测等手段来判断。如果反应不完全，收率低，在产品中残留的原料就多，就可能导致杂质含量不合格。

9. 原料和中间体的质量控制　原料中较多的杂质含量可能导致较多的副反应，则产品中就会有较多的杂质残留。原料的物理性质不同，可能导致不同的反应速度。比如，固体的粒度越小，反应速度相对越快，特别在固体在溶剂中溶解度很小的非均相反应中表现得比较明显。

中间体作为下一步反应的原料，控制其质量有利于下一步的反应。

（二）后处理单元操作

反应完成后，一般要经过一定的后处理过程，才能得到较纯的目的产物。后处理方法的差别可能造成产品收率、纯度、操作方便等方面的很大差别。常见的后处理操作有萃取、蒸馏、结晶、过滤、干燥、柱分离、膜分离等。

1. 萃取　萃取操作是利用化合物在两种互不相溶（或微溶）的溶剂中溶解度或分配系数不同，使化合物从一种溶剂内转移到另外一种溶剂中的一种单元操作。经过反复多次萃取，可以将绝大部分的化合物提取出来，萃取效果较一次大量萃取效果好。

2. 蒸馏　将液体加热至沸腾，使液体变为蒸气，然后使蒸气冷却，再凝结为液体，这两个过程的联合操作称为蒸馏。蒸馏可以将易挥发和不易挥发的物质分离开来，也可以将沸点相差很大的液体混合物分离开来。温度比较敏感的物料一般采用减压蒸馏。

3. 结晶　晶体在溶液中形成的过程称为结晶。结晶的方法有冷却法、蒸发法、加入低溶解度溶剂法、盐析法、反应结晶法。在结晶过程中，搅拌速度对晶体大小有影响，搅拌速度快则晶体较小。如果晶体太小，可采用静置结晶法增大晶体粒度。

4. 过滤　过滤操作是利用物质的溶解不同，将液体和不溶的固体分离开来的一种方法。过滤得到产品时应进行洗涤，并尽量滤干，洗涤不充分导致母液中的杂质随溶剂留在产品中，导致杂质含量较高。

5. 干燥　干燥过程一般是指借热能使物料中水分（或溶剂）气化，并由惰性气体带走所生成蒸气的过程。干燥方法有多种，如气流干燥、真空干燥、冷冻干燥、微波干燥、红外线干燥等。对热很敏感的物质应采用冷冻干燥法。

（三）精制、干燥、包装生产操作

原料药是加工成药物制剂的主要原料，为了确保制剂产品的质量，精制、干燥、包装是 GMP 控制的重点。生产操作时须进行微生物控制和异物控制，对生产环境洁净程度的要求较高。

按照 GMP 要求，非无菌原料药的精制、干燥、包装工艺流程及环境区域划分示意图如图 5 - 61 所示。对于生产非肠道注射用非无菌原料药的生产环境建议与制剂生产环境相一致。

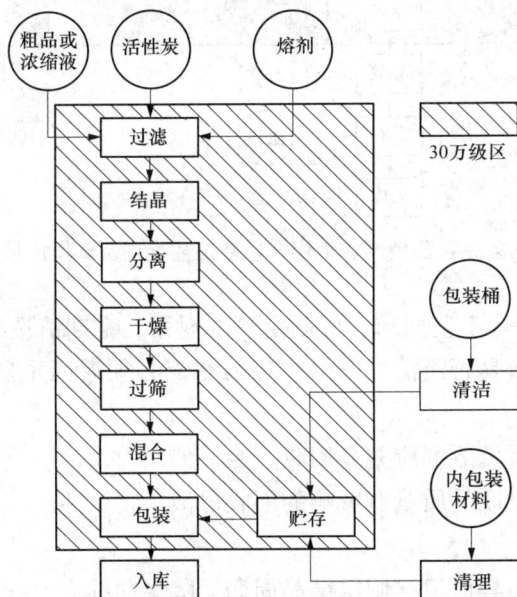

图 5 - 61　非无菌原料药精制、干燥、包装工艺流程及环境区域划分示意图

无菌原料药的精制、干燥、包装工艺流程及环境区域划分示意图如图 5 - 62 所示。无菌原料药生产环境与非最终灭菌产品的要求完全一样。

1. 精制　本工序包括精滤、结晶、分离、检验等过程。

（1）精滤

① 仪器仪表、计量器具应定期校验，并记录。

② 原料药精制前凭中间体交接单和检验报告单进行交接，投料前须核对粗品的批号、数量和质量情况。

③ 精制用的原辅料投料量的计算、称量及投料必须复核，操作人、复核人均应在原始记录上签名。

④ 原料药精制脱色后必须过滤，将滤液压入或抽入洁净区的结晶罐内。应严格检

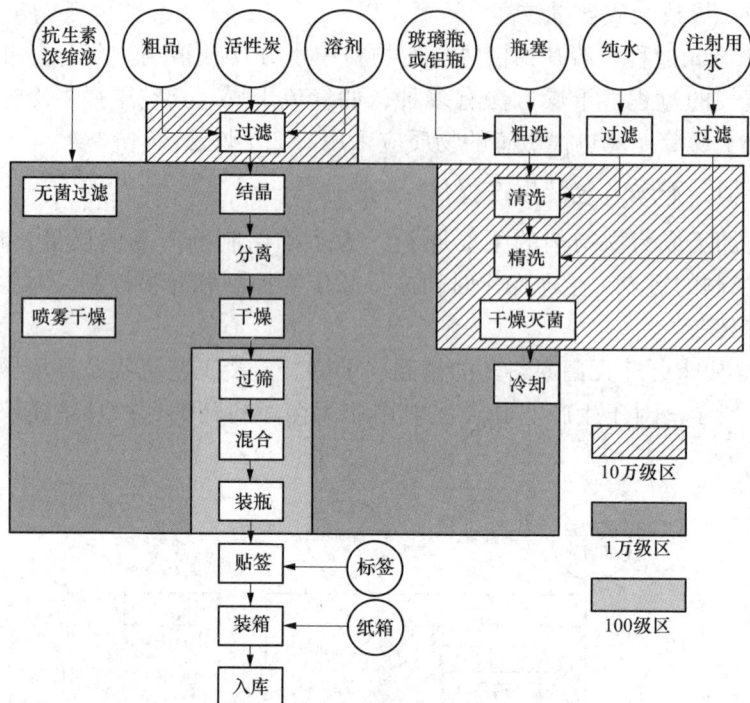

图 5-62 无菌原料药精制、干燥、包装工艺流程及环境区域划分示意图

查过滤器及滤材是否符合工艺要求，应制定清洗规程，定期清洗，并记录。

⑤ 应随时检查滤液是否澄清。开始收集的滤液必须返回重新过滤，确认无漏炭现象后方可连续过滤。

⑥ 生产中使用的有机溶剂应充分回收，专一使用。

⑦ 凡未经验证或对成品质量有影响的回收母液不得套用。

（2）结晶

① 根据生产品种的具体情况制定结晶周期、降温曲线。

② 按工艺要求，严格控制结晶浓度、温度、酸碱度等工艺参数。

（3）分离　可选用离心甩滤、板框过滤、溶剂萃取、树脂吸附、浓缩等多种方法。

① 应制定分离方法及洗涤用溶剂标准，定期进行检测。

② 为了保证成品质量，应按工艺要求严格控制洗涤次数及溶剂用量。

③ 分离有机溶剂或有气味的品种时，应采取措施，防止溶剂或气味在室内扩散。

④ 所有盛装用容器和滤袋、设备和管道必须定期检修、清洗和消毒。

2. 干燥　包括干燥、粉碎、混粉及检验等过程。

（1）干燥　应根据物料性质选用不同干燥方式和干燥用设备。

① 凭检验合格报告单进行物料交接，核对批号和数量。

② 尽可能采用干燥、混粉一次完成的设备。

③ 严格控制干燥操作各项工艺参数，并定期验证干燥温度是否均匀。

④ 采用箱式干燥时，烘盘宜为不锈钢材质，烘布应采用不掉纤维的材质。

（2）粉碎和过筛

① 粉碎和过筛时应局部防尘或安装吸尘装置。

② 应严格检查筛网情况，及时发现问题，防止异物落人。

（3）检验　成品经充分混合均匀后，应通知检验室取样检验。

3. 包装

（1）包装材料的处理

① 外包装材料应经清洁后进入贮存室。

② 直接接触药品的内包装材料应采取适当的方法进行清洁除尘并经消毒，专柜贮存在与包装同等洁净度的贮存室内备用。

③ 标签、合格证上的品名、规格、批号、数量和有效期等必须进行认真复核。

（2）包装

① 称量衡器应定期校验，并在规定的称量范围使用。

② 包装用品如铅丝、铅封、包装绳等应定量并经复核后发放于包装间内，包装后如发现缺数或多余，均要立即检查，查清后才能交库。

③ 核对成品批号、品名、数量后包装，并填写包装记录和标签、合格证台账，盖有批号的剩余标签由专人负责销毁，并记录，以完成换批清场工作。

（四）污染控制

1. 污染来源　药品生产操作中可能的污染主要有以下几个途径：人员、设备、环境、物料。污染可以是交叉污染或灰尘污染或微生物污染。

微生物污染来源有空气、环境、制药用水、药品原辅料、设备、人员、药品包装材料及洁净厂房密封不严等。无处不在的微生物对药品原料、生产环境和成品的污染是造成生产失败、成品不合格，直接或间接对人类造成危害的重要因素。药品生产中微生物污染防止措施有：应用洁净室技术、制药用水质量控制及原材料、辅料、设备、容器的灭菌和消毒处理等。

异物污染来源有空气、环境、药品原辅料、设备、管道及滤材、公用系统、人员、药品包装材料等。许多外来物质的污染无法通过最终检验来识别。

2. 污染控制　生产管理人员应时刻考虑可能的污染和交叉污染的风险，并通过控制来避免污染，尤其在最后的生产步骤。污染控制应从人、设备、环境、物料、生产计划安排、状态标示管理的角度来采取措施，并且，应对污染和交叉污染的措施定期进行评估。

设备和设施（厂房、设备、管道等）的设计和预防维护很重要，可以排除隐患，以防止污染或交叉污染。如果批与批之间有大量的残留物，特别是过滤或干燥器的底部，应有研究数据能证明没有不可接受杂质的积累或者能确定不存在微生物的污染，这也可以帮助确定那些长期用于生产一种产品的专用设备的清洗频率。

（1）交叉污染现象　应对目前的设施和设备进行审核，离最终原料药生产越近的工序须越显著加强交叉污染的控制力度，以使交叉污染最小化。

应该被控制的一些可能发生交叉污染的现象例举如下：

① 投料时区域应保持清洁、整齐，邻近投料区的辅助管线等不应有油漆碎屑、锈斑或滴水等。

② 在开放区域中进行中间体提取时，应当与其他工序的设备保持充足的距离，比如过滤器和干燥器之间。

③ 有多个产品同时在一个生产区域进行生产时，应当采取严格的规程避免在生产操作中误用原料和中间体。

④ 机械件的磨损带来的污染，如打粉机、金属筛网等，可以通过周期检查，或者添置在线的金属探测器来控制。

⑤ 由机械密封带来的污染，如轴承漏油、冷冻盐水渗入等；人员卫生方面的污染，如人员带入的颗粒、微生物、工衣上的线头等；由抹布、清洁工具等带来的污染。

（2）避免污染的一些关键点　避免污染的关键要求是建立控制和规程来避免原料药在精制以后的任何步骤中的污染。

在原料药生产的最后步骤中，应该对固体和液体物料的投料过程加以控制来避免交叉污染。不打开反应器，可以避免与环境接触的固体加料系统，比较适合用于原料药的最后步骤的生产。

原料药暴露在外部环境中（如在最终反应混合物中取样、从干燥或过滤器中卸载物料）时，应当建立程序以避免外部污染的风险。

（3）清场和清洁　为了防止混淆，应及时进行清场。所谓清场是将与本批生产无关的物料和文件清理出现场的生产活动，可以看作是生产过程中的一道特殊的工序。在每道工序的开始和结束时应有专门的操作规程规定清场的每个细节，以及实施清场的人员和复核人员的资格。清场的每一步作业都必须记录并签名。越是容易发生混淆的工序，清场的要求越严格。执行严格的清场，可以防止混淆和交叉污染。

清洁（清洗）有两种形式：一种是对于专用设备的清洗，不一定须逐批进行，可根据情况确定合适的清洗频率；另一种是更换生产品种时进行的转产清洗。清洗形式是防止交叉污染的有效手段。清洁形式一般指对设备和药品接触表面进行清洗，一般有拆洗和在线清洗两种手段。

无论哪种方式，都须有书面的经过验证的清洗规程（对于专用设备的清洗程序，不强制要求须清洗验证），详细规定清洗的方法，清洗液的成分、浓度、温度，清洗时间，流量等参数。每次清洗都必须有相应的记录和签名，以证明按照预定的方法进行了有关的清洁工序。

（五）无菌原料药控制要求

除达到以上非无菌原料药的要求外，还必须做到以下各点。

1. 不得以石棉为过滤介质，若必须采用时，应再经微孔滤膜过滤。

2. 洁净区内应避免使用容易散发尘粒或纤维的物料及用具，进入洁净区的人员量应控制到最低限度。

3. 为防止微生物污染，纯化水、注射用水和药液贮罐的通气口应装有不脱落纤维的疏水除菌过滤器。

4. 内包装材料清洗干净后必须用经过滤的注射用水冲洗并灭菌，存放和传递时应有防止污染的措施。

5. 所有设备包括结晶罐、离心机、过滤器、干燥器、灭菌、空气过滤设备、水处理系统等均应定期进行维修保养和验证。所有设备、工器具及管道等必须定期清洗及灭菌，并记录。

项目三　对乙酰氨基酚生产工艺设计

任务一　对乙酰氨基酚生产工艺流程设计

一、解热镇痛药物对乙酰氨基酚

对乙酰氨基酚（paracetamol）又名对乙酰氨基苯酚，化学名 N－（4－羟基苯基）－乙酰胺。对乙酰氨基酚产品为白色或类白色结晶或结晶粉末，无臭，味微苦。在热水或乙醇中易溶，在丙酮中溶解，在水中微溶，熔点为 168℃~172℃，饱和水溶液 pH 值 5.5~6.5。分子式如下：

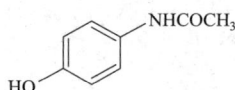

$$\text{HO}—\text{C}_6\text{H}_4—\text{NHCOCH}_3$$

对乙酰氨基酚是乙酰苯胺类解热镇痛药物，20 世纪 40 年代开始在临床上广泛使用，经过 100 多年的发展，现已成为全世界应用最广泛的药物之一，对解热镇痛有显著的疗效。

二、对乙酰氨基酚生产工艺原理

对氨基苯酚与醋酸或醋酐在加热下脱水，反应生成对乙酰氨基酚：

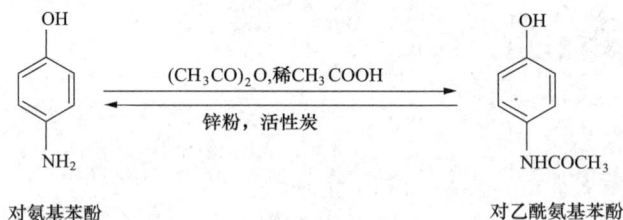

对氨基苯酚　　　　　　　　　　　　　对乙酰氨基苯酚

这是可逆反应，通常可以采用脱水的方法，使反应趋于完全，以提高收率。由于该反应在较高温度下进行，未乙酰化的对氨基苯酚有可能与空气中的氧气作用，生成亚胺醌及聚合物等，致使产品变成黑色，故通常须加入少量抗氧剂（如亚硫酸氢钠）等。此外，对氨基苯酚也能缩合，生成深灰色的 4，4′－二羟基二苯胺。

上述副反应是由于对氨基苯酚在较高温度下反应所引起的。如用醋酐为酰化剂，

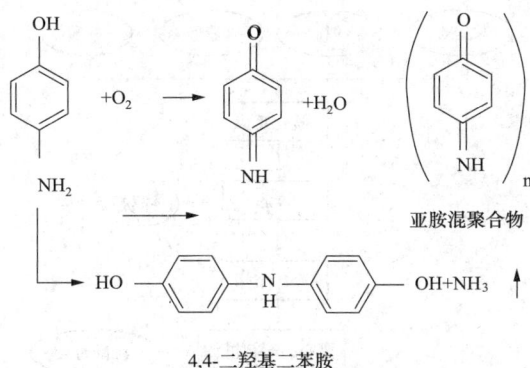

亚胺混聚合物

4,4-二羟基二苯胺

反应可在较低温度下进行，容易控制副反应。当然，醋酐价格较高，生产上一般采用稀醋酸（35%~40%）与之混合使用。先套用回收的稀醋酸，蒸馏脱水（一次出水），再加入冰醋酸回流去水（二次出水），最后加醋酐减压蒸出稀醋酸。通过测定对氨基苯酚的剩余量和反应液的酸度来控制反应终点。另外，乙酰化时，采用适量的分馏装置严格控制蒸馏速度和脱水量是反应的关键。可利用三元共沸的原理把乙酰化生成的水及时蒸出去，使乙酰化反应完全。

三、对乙酰氨基酚生产工艺过程

1. 配料比　对氨基苯酚∶冰醋酸∶母液（含酸大于50%）=1∶1∶1（质量）。

2. 操作方法　将物料投入酰化釜，用夹套蒸气加热至110℃左右，回流反应4~5h，控制蒸出稀酸速度为每小时蒸出总稀醋酸投料量的1/10。待蒸出的稀醋酸量达到投入稀醋酸总量的一半时，再加入冰醋酸和稀醋酸的混合液，继续加热回流，待内温升至140℃以上，取样检验对氨基苯酚残留量小于2.5%时，稀醋酸含量在15%~20%，为反应终点。转入结晶釜结晶，离心，先用少量稀酸洗，再用大量水洗至滤液近无色，得对乙酰氨基酚粗品。搅拌下将对乙酰氨基酚粗品、水及活性炭加热至沸腾，调节pH值5.0~5.5，保温5min。将温度升至100℃时，趁热压滤，除去活性炭。滤液冷却结晶（加适量焦亚硫酸钠），离心，滤饼用大量水洗至近无色，再用蒸馏水洗涤，离心脱水，干燥得对乙酰氨基酚成品。滤液经浓缩、结晶，离心后再精制。

四、对乙酰氨基酚生产工艺流程图

（一）粗品工序

苯酚投入酰化釜，再从醋酸计量槽抽入醋酸后闭盖。观察分馏柱回流情况，控制回流比，蒸出部分稀醋酸（一次出水和二次出水），经冷凝器流入贮罐。等反应到终点后转入结晶釜，通入冷却水，冷却结晶，接着离心机离心甩滤，得到对乙酰氨基酚粗品。粗品工序工艺流程框图见图5-63。

（二）精品工序

将对乙酰氨基酚粗品及活性炭投入脱色釜中，由高位槽放入精制母液，加热脱色，

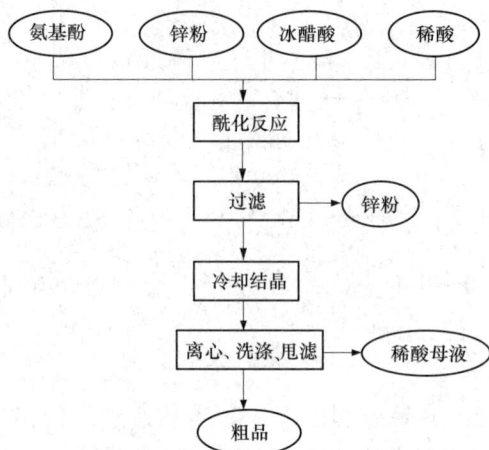

图 5 – 63　粗品工序工艺流程框图

压滤，滤液抽至结晶釜，冷却结晶，然后离心甩滤，得到对乙酰氨基酚精品。母液经地下槽后压入高位槽套用。精品工序工艺流程框图见图 5 – 64。

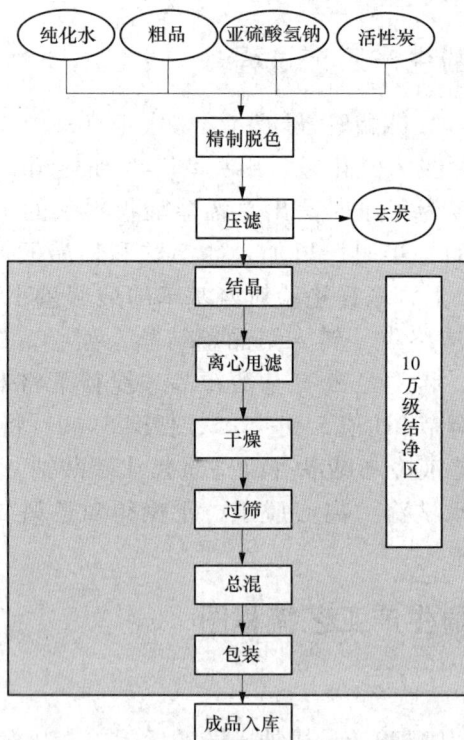

图 5 – 64　精品工序工艺流程框图

（三）对乙酰氨基酚生产工艺流程图

对乙酰氨基酚酰化工序工艺流程图见图 5 – 65，对乙酰氨基酚精制工序工艺流程图见图5 – 66，浓缩回收工艺流程图见图 5 – 67。

纯化水管道

空压管道

真空管道

蒸汽管道

热水管道

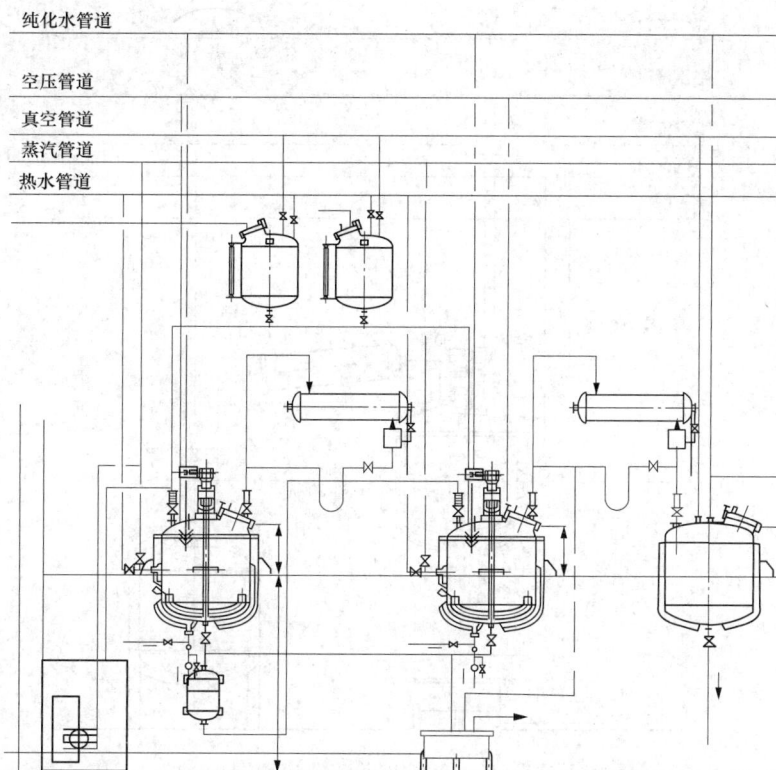

图 5-65 对乙酰氨基酚酰化工序工艺流程图

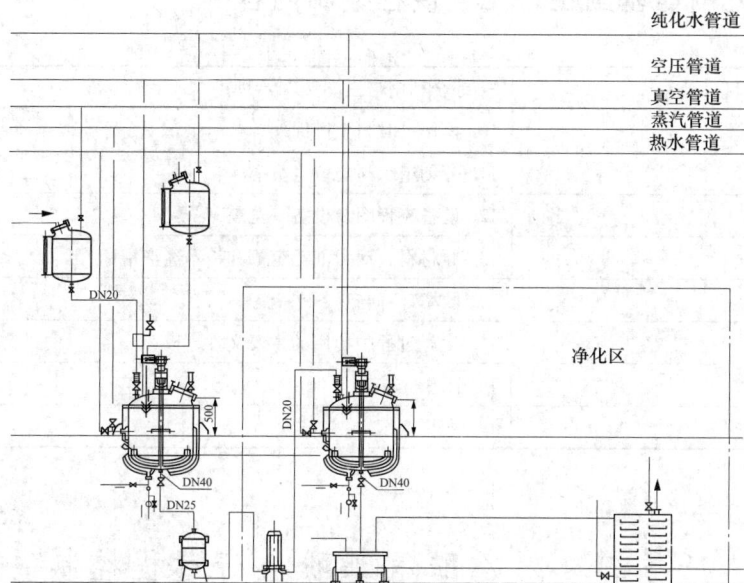

纯化水管道

空压管道

真空管道

蒸汽管道

热水管道

净化区

DN20

DN20

500

DN40

DN40

DN25

图 5-66 对乙酰氨基酚精制工序工艺流程图

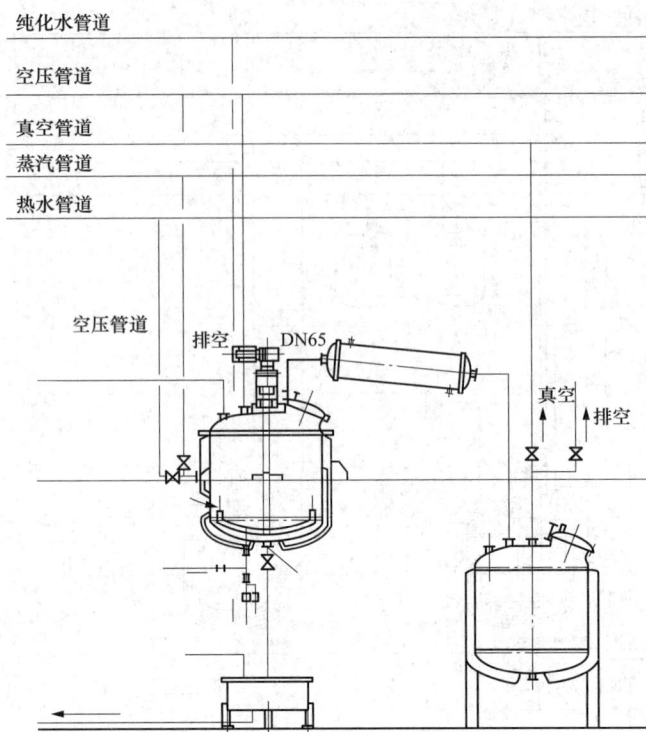

图 5 - 67　浓缩回收工艺流程图

五、对乙酰氨基酚生产工艺规程编制内容

目　录	9. 综合利用与三"废"治理
1. 产品名称及概述	10. 操作工时与生产周期
2. 质量标准	11. 劳动组织与岗位定员
3. 化学反应原理	12. 设备流程图及设备一览表
4. 生产流程图	13. 原材料、动力消耗定额和技术经济指标
5. 工艺过程	14. 收率计算与物料平衡
6. 返工工艺	15. 生产过程中使用的主要文件
7. 生产过程控制	16. 附录
8. 技术安全与防火	17. 变更登记

任务二　对乙酰氨基酚生产过程控制

一、对乙酰氨基酚生产操作控制

1. 粗品工序见表 5 - 5。

表 5-5　粗品工序生产操作质量控制项目

生产操作	质量控制项目	监控频次	工艺要求
备料	物料的品名、批号、数量	1 次/批	符合批生产指令
酰化反应	配料比	1 次/批	对氨基苯酚:冰醋酸:母液（含酸大于 50%）=1:1:1.2
	蒸酸速度	1 次/小时	15~18L
	蒸酸时间	1 次/小时	6h
	反应终点温度	1 次/批	130~135℃
	未反应物对氨基苯酚量	1 次/批	控制 2.5% 以下
粗品结晶、离心	补加稀酸	1 次/批	（含量大于 50%）50L
	离心温度	1 次/批	5~10℃
	冲洗	3 次/批	滤液无色
	离心时间	1 次/批	30min
	粗品质量	1 次/批	熔点应不小于 162℃，含量应不小于 95%，水份应不大于 5%
记录填写	填写时间、内容	随时/班	填写规范、准确及时、真实、完善，无提前或追记

2. 精品工序见表 5-6。

表 5-6　精品工序生产操作质量控制项目

生产操作	质量控制项目	监控频次	工艺要求
备料	物料的品名、批号、数量	1 次/批	符合批生产指令
精制	精制配比	1 次/批	粗品:纯化水:亚硫酸氢 =1:5:0.001
	调 pH 值	1 次/批	5~5.5
	压滤温度	1 次/批	100℃
精品（结晶、离心、干燥）	结晶温度	1 次/批	5℃
	离心时间	1 次/批	30min
	干燥温度	1 次/批	75~80℃
	干燥时间	1 次/批	4h
过筛	筛网目数	1 次/批	40 目
总混	转速、时间	1 次/批	20 转/分钟，时间 20 分钟
精品	质量	1 次/批	熔点为 168~172℃，含量应不小于 98%，水份应不大于 0.5%
内包装	每袋重量、包装质量	随时/班	25 千克/桶
外包装	产品批号、生产日期、有效期的印制、装桶	随时/班	清晰、正确、盖桶严密、美观
记录填写	填写时间、内容	随时/班	填写规范、准确及时、真实、完善，无提前或追记

二、对乙酰氨基酚生产质量控制标准

1. 原辅料质量标准见表 5 - 7。

表 5 - 7　原辅料质量标准

名称及执行标准	物料代码	检查项目	质量规格
对氨基苯酚 GB/T 21892 - 2008	301003601	外观	米白色至棕色晶体
		氨基值（质量分数）	≥96.5%
		对氨基苯酚含量（HPLC）	≥98%
		有机杂质（HPLC）	≤1.2%
		干燥失重	≤0.5%
		铁含量/（mg/kg）	150
		灰份	2.0%
		熔程/℃	183 ~ 190.2
冰醋酸 GB/T 675 - 1990	301006301	含量	≥99%
		外观	无色吸湿类液体
		结晶点/℃	14.8
醋酐 中国药典 2015 年版	301006302	外观	无色透明液体，有刺激性气味（类似乙酸）， 其蒸气为催泪毒气类液体或晶体
		沸点	138.6℃
		含量	≥98.5%
无水硫酸钠 GB/T 6009 - 2003	301001701	性状	白色结晶粉末，吸潮
		pH 值	5.0 ~ 8.0
		含量	≥98.0%
药用炭（767 型） 中国药典 2010	301002801	性状	黑色粉末；无臭，无味，无砂型
		酸碱度	符合标准
		氯化物	≤0.1%
		干燥失重	≤10.0%
		吸着力	符合标准
亚硫酸氢钠 HG/T 3492 - 2003	301005101	性状	白色结晶粉末
		溶液澄清度	溶于水应无色澄清，无异物
		含量（以 SO_2 计）	≥58.5%
		含量	≥98.0%

2. 半成品质量标准见表 5 – 8。

表 5 – 8　粗品工序半成品质量标准

检验项目	企业标准	检验方法
外观	白色或浅色粒状结晶	目测
气味	无酸气	鼻闻
水份	≤3%	干燥恒重法
含量测定	≥95.0%	重氮化法

3. 成品质量标准见表 5 – 11。执行标准依据：中国药典 2010 年版。

表 5 – 11　精品工序成品质量标准

项　　目		法定标准
性状		本品为白色结晶或结晶状粉末；无臭，味微苦。本品在热水或乙醇中易溶，在丙酮中溶解，在水中略溶
熔点		本品的熔点为 168 ~ 172℃
鉴别	（1）	应呈正反应
	（2）	应呈正反应
乙醇溶液的澄清度与颜色		溶液应澄清，无色；如显浑浊，与 1 号浊度标准液比较，不得更浓；如显色，与棕红色 2 号或橙红色 2 号标准比色液比较，不得更深
酸度		应为 5.5 ~ 6.5
氯化物		应不得过 0.02
有关物质		供试溶液如显杂质斑点与对照品溶液的主斑点比较，不得更大，更深
对氨基酚		应不得过 0.005%
干燥失重		应不得过 0.5%
炽烧残渣		应不得过 0.1%
重金属		不得过百万分之十
微生物		细菌不小于 100 个/克，霉菌和酵母菌不小于 100 个/克，大肠杆菌不得检出
含量测定		按干品计算含 $C_8H_9NO_2$ 应为 98.0% ~ 102.0%

4. 包装材料质量标准见表 5 – 12。

表 5 – 12　包装材料质量标准

包装材料名称	物料代码	规　　格	材　　质
内包装专用袋	420502601	Ø350mm × 500mm	药用低密度聚乙烯袋
外包装桶	420502602	Ø410mm × 500mm	纸桶

三、对乙酰氨基酚生产设备

1. 酰化岗位反应釜 见图5-68。

反应釜由釜体、釜盖、夹套、搅拌器、传动装置、轴封装置、支承等组成。搅拌形式一般有锚式、桨式、涡轮式、推进式或框式等，搅拌装置在高径比较大时，可用多层搅拌桨叶，也可根据要求任意选配。应在釜壁外设置夹套，或在器内设置换热面，也可通过外循环进行换热。加热方式有电加热、热水加热、导热油循环加热、远红外加热、外（内）盘管加热等；冷却方式有夹套冷却和釜内盘管冷却等；支承座有支承式或耳式支座等。转速超过160转以上宜使用齿轮减

图5-68 反应釜

速机。开孔数量、规格或其他要求可根据要求设计、制作，以实现工艺要求的加热、蒸发、冷却及低高速的混配功能。

标准操作规程（SOP）

题 目	酰化岗位反应釜标准操作规程	类 别	
		编 号	
部 门	×××车间	页 码	

1. 目的　建立搪瓷反应釜标准操作规程，指导使用和维护反应釜，保证产品质量，预防事故发生，延长反应釜使用寿命。

2. 范围　适用于搪瓷反应釜的标准操作。

3. 职责　×××车间，设备动力部。

4. 内容

4.1　检查

4.1.1　检查减速机润滑油是否足够。

4.1.2　检查机械密封油盘内冷却油是否足够。

4.1.3　检查机械密封动静环间的压紧程度是否适中。

4.1.4　启动电机，检查搅拌桨是否按顺时针方向转动。

4.2　操作

4.2.1　严防任何金属硬物掉进反应釜。

4.2.2　不锈钢反应釜严禁使用强酸介质，搪玻璃反应釜严禁使用含氟介质。

4.2.3　尽量避免冷釜时加热料，热釜时加冷料，以免影响使用寿命。

4.2.4　采用夹套加热应缓慢进行加压、升温。

4.2.5　蒸气加热上进下出，热水加热下进上出；冷却水、冷冻水冷却下进上出。

4.2.6　反应釜作为反应容器用时，充装余数不超过75%。

4.2.7　出料时，若出料阀、出料管堵塞，一律用非金属工具，轻轻捅开，不得

碰敲。

4.2.8　清洗反应釜内部时不得使用金属器具。对粘结在釜内表面上的物料必须及时清洗彻底。

2. 离心甩滤岗位离心机见图 5－69。

图 5－69　离心机

平板式密闭离心机为平台式结构，外壳与平台焊接为一体，壳盖与壳体采用法兰配合快开式结构，壳盖的开启采用机械平衡器助力，壳盖上设置加料管、清洗管、视镜、观察灯、透气孔等。

标准操作规程（SOP）

题　目	离心甩滤岗位离心机标准操作程序	类　别	
		编　号	
部　门	×××车间	页　码	

1. 目的　建立离心机标准操作规程，指导使用和维护离心机，保证产品质量，预防事故发生，延长离心机使用寿命。

2. 范围　适用于离心机的标准操作。

3. 职责　×××车间，设备动力部。

4. 内容

4.1　启动前的准备

4.1.1　检查各紧固件是否有松动现象。

4.1.2　检查转鼓内有无异物，滤袋是否装好、是否破损等。

4.1.3　用手转动转鼓转动自如，无异常刮擦。

4.1.4　检查转鼓转动方向是否与机泵上箭头方向一致。

4.1.5　上盖关闭后应将所有扣紧手柄按下锁紧。

4.2　操作

4.2.1　启动电机，空运转 15min（期间再进一步检查工作，重复 1.1～1.5）。

4.2.2　一切正常后，在离心机的运转过程中，物料从上部的加料管均匀加入，加料一直进行到滤料充满转鼓的篮盖，或根据实际生产状况定，但不得超过转鼓上出的篮盖，以防跑料。

4.2.3　洗涤过程可在滤液停止流出后进行，不必停机、洗涤液通过上方的洗涤管均匀加入，洗涤时间由不同的物料决定，洗涤后再经过一定的脱水时间。

4.2.4　卸料过程应在分离完毕或洗涤分离结束后进行。先断开电动机电源，等机器完全停止转动后打开全部锁紧装置及上盖进行卸料。

3. 精制岗位脱色釜、结晶釜见图5-70。

图5-70　脱色釜、结晶釜

精制岗位由脱色釜、结晶釜由釜体、釜盖、夹套、搅拌器、传动装置、轴封装置、支承等组成。

4. 干燥岗位真空干燥箱见图5-71。

真空干燥箱是专为干燥热敏、易分解和易氧化物质而设计的，工作时可使工作室内保持一定的真空度，并能够向内部充入惰性气体，特别是一些成分复杂的物品也能进行快速干燥，采用智能型数字温度调节仪设定、显示与控制温度。

真空干燥箱为较古老的干燥装置，箱内被加热板分成若干层。加热板中通入热水或低压蒸气作为加热介质，将铺有待干燥药品的料盘放在加热板上，关闭箱门，箱内用真空泵抽成真空。加热板在加热介质的循环流动中将药品加热到指定温度，水分即开始蒸发并随抽真空逐渐抽走。此设备易于控制，可冷凝回收被蒸发的溶剂，干燥过程中药品不易被污染，可以用在药品干燥、包材灭菌及热处理上。

图5-71　真空干燥箱

由于不易对料盘进行在线清洗和在线灭菌，干燥速度慢，工人劳动强度大，而且为实现药品均一性，干燥后还要经混粉装置混合，现原料药大生产上应用很少，真空干燥箱多用于中小试等生产中。

干燥的基本原理：在干燥过程中须同时完成热量和质量（湿分）的传递过程，保证物料表面湿分蒸气分压（浓度）高于外部空间中的湿分蒸气分压，保证热源温度高于物料温度。

热量从高温热源以各种方式传递给湿物料，使物料表面湿分汽化并逸散到外部空间，从而在物料表面和内部出现湿含量的差别。内部湿分向表面扩散并汽化，使物料湿含量不断降低，逐步完成物料整体的干燥过程。

物料的干燥速率取决于表面汽化速率和内部湿分的扩散速率。通常干燥前期的干燥速率受表面汽化速率控制；而后，只要干燥的外部条件不变，物料的干燥速率和表面温度即保持稳定，这个阶段称为恒速干燥阶段；当物料湿含量降低到某一程度，内部湿分向表面的扩散速率降低，并小于表面汽化速率时，干燥速率即主要由内部扩散速率决定，并随湿含量不断降低，这个阶段称为降速干燥阶段。

标准操作规程（SOP）

题 目	真空干燥箱操作规程	类 别	
		编 号	
部 门	×××车间	页 码	

1. 目的　建立真空干燥箱标准操作规程，规定真空干燥箱的操作方法、注意事项等。操作人员可以按照此规程进行规范操作、更好地使用和维护该设备。

2. 范围　本规程适用于真空干燥箱的操作人员和维护人员。

3. 引用标准　《真空干燥箱使用说明书》。

4. 操作方法

4.1　将须干燥处理的物品放入真空干燥箱内，将箱门关上，并关闭放气阀，开启真空阀。

4.2　将真空干燥箱后面的导气管用橡胶管与真空泵连接，接通真空泵电源，开始抽气，当真空表指数值达到0.1MPa时，关闭真空阀，再关闭真空泵电源开关。

4.3　把真空干燥箱电源开关拨至"开"处，选择所须设定的温度，箱内温度开始上升，当箱内温度接近设定温度时，加热指示灯忽亮忽熄，反复多次，一般120min以内搁板层面可进入恒温状态。

4.4　当所需工作温度较低时，可采用二次设定方法，如所需温度为60℃，第一次可设定50℃，等温度过冲开始回落后，再第二次设定60℃。这样可降低，甚至杜绝温度过冲现象，尽快进入恒温状态。

4.5　根据不同物品潮湿程度选择不同的干燥时间，如干燥时间较长，真空度下降，需再次抽气恢复真空度，应先开启真空泵电源开关，再开启真空阀。

4.6　干燥结束后应先关闭干燥箱电源，开启放气阀，解除箱内真空状态，再打开箱门取出物品。解除真空后，如密封圈与玻璃门吸紧变形，不宜立即打开箱门，经过一段时间，等密封圈恢复原形后才能方便开启箱门。

5. 注意事项

5.1　真空箱外壳必须有效接地，以确保使用安全。

5.2　真空箱不连续抽气时，应先关闭真空阀，再关闭真空泵电机电源，否则真空泵油要倒灌至箱内。

5.3　取出被处理物品时，如处理的是易燃物品，必须待温度冷却到低于燃点后才能放入空气，以免因发生氧化反应而燃烧。

5.4　真空箱无防爆装置时，不得放入易爆物品干燥。

5.5　真空箱与真空泵之间最好跨过滤器，以防止潮湿体进入真空泵。

5.6　非必要时，请勿随意拆开边门，以免损坏电器系统。

5.7　真空箱经多次使用后会产生不能抽真空的现象，此时应更换门封条或调整箱体上的门扣伸出距离来解决。当真空箱干燥温度高于200℃时，会产生慢漏气现象，此时通过拆开箱体背后盖板用内六角扳手拧松加热器底座，调换密封圈或拧紧加热器底座来解决。

5.8　放气阀橡皮塞若旋转困难，可在内涂上适量油脂润滑。

5.9　若真空箱长期不用，将露在外面的电镀件擦净后涂上中性油脂，以防腐蚀，并套上塑料薄膜防尘罩，放置于干燥的室内，以免电器元件受潮损坏，而影响使用。

图5－72　双锥回转真空干燥机

5.　干燥岗位双锥回转真空干燥机　双锥回转真空干燥机（图5－72）为双锥形的回转罐体，罐内在真空状态下向夹套内通入蒸气或热水进行加热，热量通过罐体内壁与湿物料接触，湿物料吸热后蒸发的水汽，通过真空泵经真空排气管抽走。由于罐体内处于真空状态，且罐体的回转使物料不断地上下内外翻动，故加快物料的干燥速度，提高干燥效率，达到均匀干燥的目的。

标准操作规程（SOP）

题　目	双锥回转真空干燥机标准操作规程	类　别	
		编　号	
部　门	×××车间	页　码	

1.　目的　建立双锥回转真空干燥机标准操作规程，指导使用和维护设备，保证产品质量，预防事故发生，延长双锥回转真空干燥机使用寿命。

2.　范围　适用于双锥回转真空干燥机的标准操作。

3.　职责　×××车间，设备动力部。

4.　内容

4.1　开机前检查

4.1.1　检查电控柜各仪表、按钮、指示灯是否正常，检查接地线是否良好，有无漏电、短路现象存在。

4.1.2　开启真空泵，检查管道连接处、转动轴填料处、进出口是否泄漏，要求密封良好。检查真空表反应是否灵敏。

4.1.3 检查罐体内过滤袋位置是否向上，过滤袋是否符合工艺要求、粉尘不得通过过滤袋随真空带走。

4.2 操作

4.2.1 关闭进料、放料孔盖。

4.2.2 将进料孔盖进料管上的罐帽换下，换上进料接管。

4.2.3 开启真空泵，罐内达一定真空度时将料管插入物料中，利用真空将物料吸入罐内，装料量不得超过总容器的50%，且物料中不得有坚硬的块状物。若物料密度或含水量过大时，应适当减少进料量。

4.2.4 抽料毕，进料口直接接通大气，关闭真空管上的阀门，卸下进料接管，装上进料管管帽，且保证其密封。

4.2.5 开启真空管路阀门，使罐内达到一定的真空度。

4.2.6 开启主机，使容器不断地绕水平轴线旋转。

4.2.7 开启夹套加热热水进口阀门，对罐内物料进行加热干燥，但在干燥开始阶段应间断地转动，以减少或消除物料结团现象。

4.2.8 根据操作经验，溶剂的回收量，器内温度情况，在确认罐内物料干燥过程已经结束时，切断热水及真空管路上的阀门，然后缓慢地向夹套通冷却水，待物料冷却到适当程度后，按主机停机按钮，并采用点动按钮，让罐体转至所需角度。

4.2.9 关闭真空泵，开启真空管路阀门，打开真空系统上的放空阀，使罐内接通大气。

4.2.10 打开放料孔盖卸料，清扫罐内残留物时关闭放料孔盖，以防灰尘直入罐内。

6. 混合、包装岗位自动提升料斗混合机 自动提升料斗混合机见图5-73，可以夹持大小不同容体的几种料斗，自动完成夹持、提升、混合、下降、松夹等全部动作。药厂只须配置一台自动提升料斗混合机及多个不同规格的料斗，就能满足大批量、多品种的混合要求。该机是药厂目前总混的理想设备。

图5-73 自动提升料斗混合机

标准操作规程（SOP）

题目	自动提升料斗混合机标准操作规程	类别	
		编号	
部门	×××车间	页码	

1. 目的 建立自动提升料斗混合机标准操作规程，指导使用和维护设备，保证产品质量，预防事故发生，延长自动提升料斗混合机使用寿命。

2. 范围 适用于自动提升料斗混合机的标准操作。

3. 职责 ×××车间，设备动力部。

4. 内容

4.1 检查总混设备运转是否正常，有无上批清场合格证。

4.2 核对物料批号是否正确。

4.3 将过筛后的物料通过提升料斗机装入混合料斗。

4.4 设定混合机控制面板，设定品名、批号，转速定为 20 转/分钟，时间 20 分钟。

4.5 混合参数设定好后，按"开始"按钮，混合机开始旋转混合，到 20 分钟自动停止。

4.6 混合后物料装入专用不锈钢桶，称重，挂物料标签送入内包间，填写成品请验单通知 QC 取样化验，化验合格后可进行包装操作。

四、对乙酰氨基酚生产工艺卫生控制

（一）物流及物净程序

1. 物流程序（单向顺流，无往复运动）

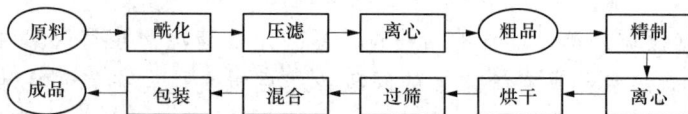

原料 → 酰化 → 压滤 → 离心 → 粗品 → 精制
成品 ← 包装 ← 混合 ← 过筛 ← 烘干 ← 离心

2. 物净程序（传递窗两扇门不能同时打开）

内、外 → 经脱外包装或清洁 → 传递窗 → 洁净区

（二）洁净区空气要求

1. 洁净区采用初、中、高三效空气净化系统，达到 10 万级。温度控制在 18～26℃，相对湿度控制在 45%～65%，换气次数 15 次/小时。定期检测空气中尘埃粒子数及微生物，不小于 $0.5\mu m$ 尘粒最大允许数/立方米应为 3500000，不小于 $5\mu m$ 尘粒最大允许数/立方米应为 20000；沉降菌不大于 10/皿，浮游菌不大于 500。

2. 产尘量较大的洁净室，如过筛、粉碎、分装室称量均设置布袋直排除尘，未利用回风并保持相对负压；产生溶剂气雾较大的洁净室，如结晶和离心甩滤室，未利用回风并保持相对负压。

（三）人净程序及标准

1. 洁净区人净程序

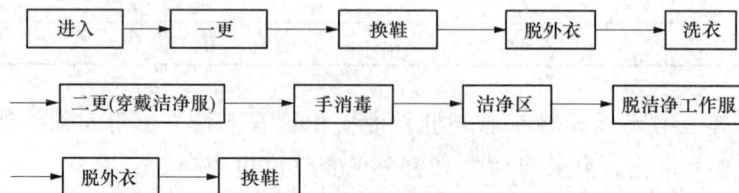

进入 → 一更 → 换鞋 → 脱外衣 → 洗衣
二更(穿戴洁净服) → 手消毒 → 洁净区 → 脱洁净工作服
→ 脱外衣 → 换鞋

2. 一般生产区人净程序

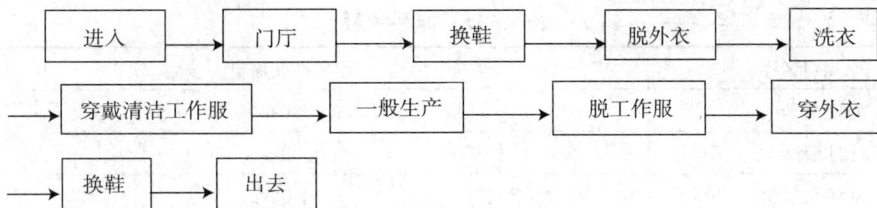

进入 → 门厅 → 换鞋 → 脱外衣 → 洗衣

→ 穿戴清洁工作服 → 一般生产 → 脱工作服 → 穿外衣

→ 换鞋 → 出去

3. 人净标准 见表 5 – 13。

表5 – 13 人净标准

区 域	清洁标准	清洁部位			
		身 体	衣、裤、帽、鞋	口 罩	手 套
洁净区	无尘粒、无污垢	至少每两日一次	1次/两日	1次/日	1次/班、批
一般生产区	常规	每周至少一次	不小于两次/周	无	无

（四）工作衣标准

工作衣标准见表 5 – 14。

表5 – 14 工作衣标准

区 域	衣裤、帽	鞋	手 套	口 罩	处理方法
洁净区	蓝白色	白色	白色	白色	清洗、烘干、消毒
一般生产区	蓝色	蓝色	乳胶	白色	清洗、烘干

（五）洁净区的消毒

手消毒采用自动杀菌净手器喷涂消毒液于双手表面及手指间；空气消毒，臭氧灭菌；设备表面，75% 乙醇擦洗。

（六）防虫防鼠措施

在人流及物流入口处放置驱鼠器、诱灭蚊蝇灯，并且随时关门。

五、对乙酰氨基酚生产物料衡算

在工艺设计中，物料衡算是在工艺流程确定后进行的，目的是根据原料与产品之间的定量转化关系计算原料的消耗量，各种中间产品、产品和副产品的产量，生产过程中各阶段的消耗量及组成，进而为热量衡算、其他工艺计算及设备计算打好基础。

物料衡算是以质量守恒定律为基础对物料平衡进行计算。物料平衡是指"在单位时间内进入系统（体系）的全部物料质量必定等于离开该系统的全部物料质量再加上损失掉的和积累起来的物料质量"。

1. 原料消耗 见表5-15。

表5-15 原料消耗

原辅料名称	最高使用量
对氨基苯酚	80kg
冰醋酸	80kg
亚硫酸氢钠	0.08kg
锌粉	0.64kg
活性炭	7.2kg

2. 动力消耗 见表5-16。

表5-16 动力消耗

名　称	单　耗
电力（千瓦时）	4.8
水（吨）	0.14
蒸汽（吨）	0.025

3. 包装材料消耗计算

实用数 = 领用数 - 剩余数 - 残损数；

消耗数 = 实用数 + 残损数；

消耗百分数 =（消耗数/实用数）×100%。

4. 收率计算

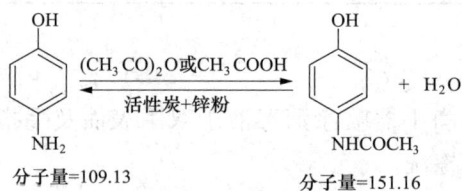

$$总收率 = 酰化收率 × 精制收率 × 过筛收率 = \frac{成品}{对氨基苯酚 × 1.385 × 0.95} × 100\%；$$

$$酰化收率 = \frac{粗品}{对氨基苯酚 × 1.385 × 0.95} × 100\%；$$

$$精制收率 = \frac{精品}{粗品} × 100\%；$$

$$过筛收率 = \frac{包装数}{精品} × 100\%。$$

注1：通常规定对氨基苯酚的含量在95%以上，故计算时以其95%折。

注2：对乙酰氨基酚相对分子质量 ÷ 对氨基苯酚 = 1.385。

5. 物料平衡 见图5-74，以下投料量均为理论值。

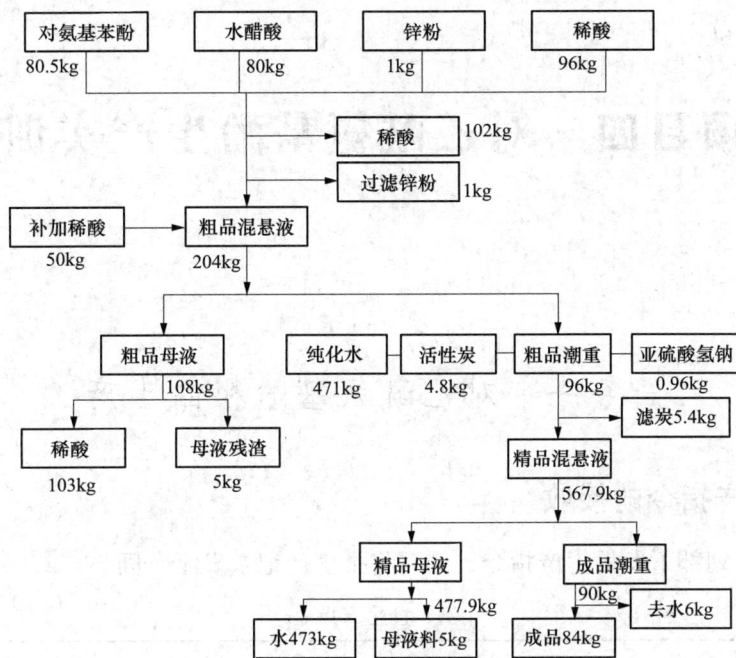

图 5 - 74　物料平衡

项目四　对乙酰氨基酚生产实训

任务一　对乙酰氨基酚粗品生产

一、生产指令的接收

1. 生产计划部下发批生产指令，同时将批生产记录发至车间

例　批生产指令

产品名称		批　　号	
工艺规程编号		生产日期	年　月　日
生产区域		批生产量	

生产投料

物料名称或代码	投料比例	理论用量	批　　号	批准用量	备　注

生产部编制人：　　审核批准人：　　签发日期：　　年　月　日

车间签收人：　　签收日期：　　年　月　日

2. 车间根据生产指令，在生产前开领料单，车间领料员到仓储领料。
3. 所有物料由仓储送货至车间，在物料存放区保存。

例　物料收领记录

产品名称：_____　　　　　　　　　　　　批号：_____

序号	物料名称	批　号	单位	结存量	领料量	本批使用量	本批结存量	备　注

开始领料日期：　　　年　月　日　　　车间领料人：

二、主要使用设备

酰化反应釜（400L）、钛棒过滤器、粗品结晶釜（400L）、LB－800 离心机，水冲泵。

三、生产前准备

1. 提前一天将冰醋酸入烘房烘化，控制烘房蒸气压力在不大于（0.1 ± 0.02）MPa。

2. 检查应有生产操作所需的岗位 SOP、批生产记录、粗品工序设备操作规程、清洁规程。

3. 检查粗品工序主要设备（反应釜、离心机、水泵）管道等应清洁完好，有清洁合格标志并在有效期内；操作间有清场合格证并在有效期内；仪表、计量器具有校验合格标志并在有效期内。

4. 操作人员认真核对原料、辅料的品名、规格、批号、数量、质量等，应与生产指令一致。

5. 检查完毕，填写工序生产前检查记录，并有检查人、复核人签字。

6. 更换设备清洁状态标志、房间清场状态标志，挂生产状态标志开始操作。

示例：

开工前现场检查表

检查日期：　　年　　月　　日

原生产产品		批号	
待生产产品		批号	

检查项目	检查情况（打√）	
	合　格	不合格
门窗清洁、明亮	☐	☐
天花板清洁、无剥落物	☐	☐
墙面清洁、无剥落物	☐	☐
地面清洁、无剥落物	☐	☐
台面清洁	☐	☐
物料外包装清洁	☐	☐
清洁状态标志	☐	☐
清洁场合格证	☐	☐
设备清洁、光亮	☐	☐
操作工人着装符合要求	☐	☐
按净化程序进行净化	☐	☐
无上次生产遗留物	☐	☐

续表

检查结果	经检查符合生产要求，同意开工□
	不符合生产要求，请按"检查项目"要求重新整理□
备 注	

生产管理员：　　　　　　　　　QA检查员：

四、生产操作

（一）酰化

1. 投料比

原料名称	规格	投料量	质量比
对氨基苯酚	工业	80kg	1
冰醋酸	工业	80kg	1
稀醋酸或母液（含酸大于50%）	自制	96kg	1.2
锌粉	工业	1kg	0.0125

2. 操作过程

（1）关闭冰醋酸计量罐上的排气阀，打开冰醋酸计量罐上的真空阀、开冰醋酸进料阀，向计量罐中吸进冰醋酸至达到投料规定的80kg质量刻度，然后关计量罐上真空阀，开排空阀，开通向酰化釜的放料阀将冰醋酸放入酰化釜内，关放料阀。

（2）开启稀酸计量罐真空阀及进料阀，关闭排气阀，开启稀酸贮罐出料阀，向计量罐中抽进稀酸母液至达到投料规定的96kg质量刻度。关真空阀，开排气阀，开放料阀将酸母液放入酰化釜内，关放料阀。

（3）开启酰化釜搅拌，打开酰化釜投料盖，搅拌下投入已称量并复核的对氨基苯酚80kg和锌粉1kg，关闭投料盖。

（4）开冷凝器进水阀和出水阀，开冷凝器回流阀、开冷凝器排气阀，关冷凝器出酸阀。

（5）开酰化釜夹层蒸气阀，开夹层排气阀，至有蒸气排出时关闭排气阀，加热至釜内对氨基苯酚完全融解，釜内温度升至100℃左右。

（6）继续加热至110℃左右釜内料液开始回流，回流反应1h。回流毕，关冷凝器回流阀、开冷凝器出酸阀开始蒸酸，开始蒸酸应缓慢，控制釜夹层压力0.15～0.2MPa，控制蒸出稀酸速度为每小时蒸出总量的1/10（15～18L），并维持约6h，然后控制蒸气压力达到0.3MPa以上，加快蒸酸速度，待内温升至130～135℃时，关蒸气阀，关排气阀。停止搅拌，微开真空阀，在釜内有一定真空度下打开投料孔盖，迅速用取样器取样100g后关真空阀、关投料孔盖，开始搅拌，开排气阀。

2.7　样品送化验室检查，对氨基苯酚残留量应在2.5%以下，否则可补加20kg冰醋酸先回流30min，然后继续升温回流分水，升温至145℃时停止升温，停止搅拌，重新检测。直至终点合格。

3. 酰化岗位职责

（1）对酰化岗位反应釜的清洁卫生负责。

（2）对按《酰化岗位反应釜标准操作规程》安全操作负责。

（3）对乙酰氨基酚粗品工序酰化岗位操作工人必须按《酰化岗位反应釜标准操作规程》正确操作。

（4）对酰化岗位原辅料的品名、检验合格等负责。

（5）对酰化岗位生产操作质量控制负责。

（6）对及时准确填好批酰化岗位生产记录负责。

（7）对酰化岗位的清场、清洁卫生负责。

4. 酰化岗位生产记录

酰化岗位生产记录

生产批号：			生产日期：	
操作步骤	工艺要求	操作记录	操作人	复核人
检查环境	干净无异物			
检查反应罐	洁净完好			
抽冰醋酸	80kg			
抽稀酸母液	96kg			
开启酰化釜搅拌，投入对氨基苯酚和锌粉	对氨基苯酚80kg和锌粉1kg，			
加热	至釜内对氨基苯酚完全融解，温度升至100℃左右			
继续加热	至110℃左右釜内料液开始回流，回流反应1h			
缓慢蒸酸	釜夹层压力0.15～0.2MPa，蒸出稀酸速度为每小时约15～18L，并维持约6h			
取样	内温130～135℃左右时，取样100g			
将酰化釜料液压入粗品结晶釜	通过压滤器全部压入			
抽入稀酸，搅拌降温	稀酸（含量大于50%）50L，搅拌降温至5～10℃可离心甩滤			

备注：

生产管理员：   QA检查员：

5. 酰化岗位清场记录

酰化岗位清场记录

清场产品名称	识 别 号	批 号	清场日期	班组长签名

清场项目	清场情况	签 名
文件、记录整理	☐	
设备状态标志及房间状态标志更换	☐	
生产设备表面是否清洁	☐	
上次生产用场的原辅料是否清除	☐	
上次生产用的标签是否清除	☐	
地面、门窗、内墙是否清扫	☐	
工具、器具、容器是否清洗	☐	

清场情况：项目已完成在方框内打√，未完成在方框内打×。

（二）结晶

1. 化验合格后关排气阀，开酰化釜底阀、开钛棒过滤器进、出料阀，开粗品结晶进料，开酰化釜上空压阀将酰化釜料液通过压滤器全部压入粗品结晶釜。

2. 压毕，关空压阀和酰化釜底阀，开放空阀。

3. 开粗品结晶釜搅拌，开稀酸计量罐真空阀和进料阀，抽入稀酸（含量大于50%）50L，加入结晶釜。开结晶釜进水阀、出水阀降温，搅拌降温至 5~10℃ 可离心甩滤。

（三）离心甩滤

1. 当酰化粗品料降温到 5~10℃ 时，关进水降温阀，离心机铺好滤袋，打开粗品结晶釜底阀放料，放料时要将料液缓慢、分次加入离心机，全部料液分三机滤完（操作方法详见离心机标准操作规程），每机过滤量为潮重 40~50kg，离心母液入粗品母液地缸，然后开齿轮泵泵入（或真空抽入）粗品母液贮罐。

2. 每机离心 10min 后停机，用稀酸 10L 冲洗滤饼，然后开机运行 5min 后停机，滤饼要用水冲洗三次，前两次都要水冲 30s 并甩干，冲水时要将四分水管阀开到最大，最后一次用水冲洗至洗水基本无酸味，pH≈7（用广泛 pH 试纸测）。

3. 冲水完毕后再甩滤 30min，关离心机等离心机自然停止运行后出料得对乙酰氨基酚粗品料。

（四）中间站

1. 酰化粗品质量标准：熔点应不小于 162℃，含量应不小于 95%，水分应不大于 5%。

2. 称量对乙酰氨基酚粗品重量，并于容器壁贴上物料标示卡，送入下道工序（净料库、中间站）。填写生产记录，并有工序负责人复核签字。

（五）粗品工序结束，清场

标准操作规程（SOP）

题 目	粗品工序清场标准操作规程	类 别	
		编 号	
部 门	×××车间	页 码	

1. 目的　建立粗品工序清场标准操作规程。

2. 范围　粗品工序生产区域。

3. 责任　车间主任、操作工、QA 监控员。

4. 内容

4.1　清场时间频次：每次生产操作结束，或本次清场后超过七天。

4.2　清场由本工序操作工执行，工序负责人复核，质监员检查并最后确认。

4.3　清场项目、方法及要求：

4.3.1　物料。将酰化粗品移至下道工序或净料库，剩余的辅料退回仓库。

4.3.2　字型材料。本次生产操作岗位 SOP、批生产记录、一般生产区车间厂房清洁规程，设备操作规程及清洁规程交车间工艺员。

4.3.3　酰化粗品操作间。按一般生产区车间厂房清洁规程进行清洁，应洁净无粉尘。

4.3.4　衡器。按一般生产区衡器清洁规程进行清洁，表面应洁净无污渍、无本次生产遗留物。

4.3.5　生产设备。按反应釜、离心机设备清洁规程进行清洁，内外应清洁，无本次生产遗留物。

4.3.6　容器、生产工具、洁具。按一般生产区容器、生产工具、洁具清洁规程进行清洁，应洁净无异物，并放在指定区域。

4.3.7　生产废弃物。按生产过程三"废"处理规程及时清理，运送到指定地点。

4.3.8　清场。先由操作工对作业现场逐项检查，确认合格后填写清场记录并签字，再由工序负责人检查复核，确认合格后签字。最后由质监员检查确认合格后签字。发放酰化釜、离心机设备清洁合格、酰化粗品工序清场合格证。

4.3.9　状态标志。更换生产状态标志，挂清洁、清场合格状态标志。

五、偏差处理

在生产操作过程中发出任何偏差应及时报告工艺员或车间主任，并按偏差处理程序处理，填写偏差记录表，详细描述偏差发生的时间、地点和现象。

标准操作规程（SOP）

题　目	合成车间偏差调查处理规程	类　别	
		编　号	
部　门	×××车间	页　码	

1. 目的　本规程规范车间生产过程中发生偏差时的处理程序。

2. 范围　×××合成车间任何未能预料到的异常现象，即现行生产工艺及生产过程的偏差。这种偏差可能以下列形式发生：温度、压力、进料时间、反应时间及各反应组份，溶剂或催化剂等在数量和质量上发生偏差。

3. 职责　车间主任、技术员、质量员及质管部 QA、QC 领导对本规程的实施负责。

4. 规程

4.1　生产过程发生偏差确认：

车间主任或技术员与质量员应对每一工序的关键工艺控制参数（称量、温度、时间等）进行检查。操作人员在操作过程中应对照 SOP 进行自查，如发现异常情况应立即通知技术员或车间主任。

4.2　偏差处理

一旦确认偏差发生（即控制参数超出 SOP 要求的范围），车间主任或技术员应填写偏差信息表，并立即调查偏差产生的原因及应采取的适当措施，分析可能导致的后果。

4.2.1　一般偏差：分析可能导致的后果，如对产品质量不会造成不良影响，车间主任或技术员应填写偏差信息表，分析偏差产生的原因及所采取适当的处理措施，并追踪该批记录至成品的化验报告，应能与偏差分析结果相符。

4.2.2　重大偏差：分析可能导致的后果，如属重大偏差，即会对产品质量造成大的不良影响时，车间主任或技术员应填写偏离信息表及偏差跟踪记录，并上报质管部，由质管部 QC 人员抽样检验，根据检验结果判定产品质量是否受到影响。最后 QA 主管根据 QC 检验结果及车间提供的偏差信息表决定处理措施。

4.3　如果检验结果合格，QA 主管则可下达释放证明，并应追踪记录该物料投入后续反应步骤后的结果，以确保后续反应的质量。

4.4　若检测结果不合格，则应该根据不合格的具体项目决定是否返工处理或销毁。

4.5　返工处理方案由车间主任或技术员提出并报生产部领导和 QA 领导批准，返工后产品若符合产品标准则可流入下一工序，但仍应追踪记录后续工序的产品质量情况。

4.6　如果无法返工或返工结果仍不符合要求，则应在 QA 人员监督下销毁该产品并写好销毁记录。

4.7　返工后相应批号及批档案均应及时补充完善并纳入批生产记录。

4.8　及时写好批生产记录中的异常情况处理记录。

六、收率计算与物料平衡

$$酰收化率 = \frac{粗品（拆干）}{对氨基苯酚 \times 1.385 \times 0.95} \times 100\%。$$

酰化收率应在 90% ~95% 范围内。

酰化粗品物料平衡及限度：

$$酰化粗品物料平衡 = \frac{X\,质量 + P\,质量 + K\,质量}{Y\,质量} \times 100\%；$$

物料平衡限度应 95% ~98% 之间。

注1：X = 实际得量、P = 母液料、K = 取样量、Y = 理论量（110.8kg）

注2：通常规定对氨基苯酚的含量在 95% 以上，故计算时以其 95% 折。

注3：对乙酰氨基酚分子量 ÷ 对氨基苯酚 = 1.385。

七、安全生产和劳动保护

（一）操作注意事项

1. 冰醋酸是腐蚀性液体，使用时要穿戴好防护用品，注意安全。

2. 锌粉是还原剂，吸湿能力强，操作时要防止与眼睛和皮肤接触，操作时要穿戴好劳动保护用品。如与眼睛及皮肤接触，则用大量水冲洗。

3. 趁热压滤前要对管道、压滤器预热，防止压滤时结晶析出阻塞管道。

4. 废酸水和多次套用的母液经贮罐，然后中和后经齿轮泵打入浓污水池，经化验COD 符合排放标准后排放至污水处理厂。

5. 车间内及其周围严禁明火，禁止携带火柴、打火机等进入车间岗位。

6. 车间的消防设备应定期检查，不得随便动用和丢失。

7. 车间检修动火，必须执行动火制度，进行设备清洗，搬走周围易燃物品，填写动火报告。经主管部门批准后方可动火，动火时必须有人监护。

8. 控制蒸气压力在规定范围内，停工后关掉蒸气。

9. 原料贮存量为保证连续生产最小量，整齐地堆放在原料区。

10. 中间体及成品及时入库，由核算员定批号和数量并与库房联系。

11. 压滤时，压力不得超过 0.3MPa。

12. 受压设备必须在规定压力范围内进行操作，严禁超过额定压力，受压时不得敲击设备，并定期检查设备腐蚀情况。

13. 搪玻璃、玻璃、石墨等设备要特别精心维护，禁止碰击。

14. 电机按规定进行操作，注意温度和运输中润滑，发现异常情况及时排除，防止火花，防止因电机烧坏而引起火灾。

15. 离心时，不可随意打开离心机盖，离心机应严格按照规定进行操作维修。

16. 真空泵按规定进行启动和停车，注意冷却系统和润滑系统的情况。

17. 本车间为防爆车间，车间内电器设备、传动装置和临时设施等必须符合防爆要求。

（二）岗位事故排查防范

岗位事故排查防范见表 5 - 17。

表 5 - 17 岗位事故排查防范

岗位名称	事故类别	事故原因	防范措施
酰化	火灾爆炸	回流、回收溶液时易产生冲爆	加强安全管理，严格按工艺操作，严禁违章作业
	灼烫	冰醋酸腐蚀皮肤	加强安全意识，穿好劳保服
	机械伤害	1. 铁通条在釜内启动、搅拌时造成人身伤害。 2. 离心时物料要铺平，严禁运转时放料，异常震动时，应停机检查	严禁违章作业，加强安全意识

八、工艺卫生

1. 物料的卫生

（1）物料包装材料的包装要求完好，无受潮、混杂、变质、发霉、虫蛀、鼠咬等，各种标记齐全，符合药用标准，有检验合格证方可进入车间。

（2）物料进入操作间时，应在指定区域脱去外包装（如不能脱去外包装，须擦洗干净），保证清洁、无尘。

（3）物料存放在规定的区域，按照品种、规格码放整齐，有明显的状态标记，必须放在垫板上。

（4）工作结束后，应将剩余物料整理、包装、封口，要及时结料、退料。工作区域不得存放与生产无关的物料。

2. 生产过程的卫生

（1）药品生产车间、工序、岗位应有相应的清洁规程。主要内容包括：清洁范围，清洁实施的条件、清洁所用的设备、清洁设备清洗、清洁设备存放、允许使用的清洁剂，以及使用浓度、清洁的频率和清洁方法、清洁效果的评价及清洁用水等内容，以保证药品生产过程卫生状态良好。

（2）生产中使用的各种器具、容器应清洁，表面不得有异物；不得有霉斑、菌团。容器具在用后应立即按清洁规程清洗干净。

（3）在生产工作间，设备、机械及容器均应有卫生状态标记。

（4）更换品种时要严格按清洁规程清洁。

3. 设备卫生

（1）机器、设备、管道应按照各自的操作程序操作、维护、保养，定期检查、维修、清洗，保养。

（2）产尘而又暴露的加工设备应加以封闭或遮盖，并且有捕吸尘装置。

（3）设备主体要清洁、整齐、无跑、冒、滴、漏等现象；轴见光、沟见底，设备见本色。设备周围无油垢，无污水，无油污及杂物。

（4）设备表面与加工的物料接触的地方不得与物料发生反应，不得释放或吸附加工物，必要时要加以验证。

（5）设备使用的润滑剂或冷却剂不得与药品原料、容器、塞子、中间体及药品本身接触。应将所有须润滑的部位尽可能与设备和产品接触的开口处或接触表面分隔开，以防止污染药品。

（6）设备要在安装时充分考虑到利于就地清洁保养。

（7）设备及管道的保温层要求全部包扎平整、光洁，不得有颗粒物质脱落，并能承受冲洗清洁、消毒而不渗漏。

（8）要求所有的管道要表明输送的介质内容和流向。

（9）不用的工具应存放在指定的工具柜内，码放整齐，且有专人保管。

任务二　对乙酰氨基酚精品生产

一、生产指令的接收

1. 生产计划部下发批生产指令，同时将批生产记录发至车间；
2. 车间根据生产指令在生产前开领料单，车间领料员到仓储领料；
3. 所有物料由仓储送货至车间，在物料存放区保存。

二、主要使用设备

精制脱色釜（500L）、钛棒过滤器、精品结晶釜（500L）、精品母液处理釜（500L）、LB－800 离心机、LB－600 离心机、水冲泵、减压烘箱、旋振筛。

三、生产前准备

1. 检查应有生产操作所需的岗位 SOP、批生产记录、粗品工序设备操作规程、清洁规程。

2. 检查精制工序主要设备（反应釜、离心机、干燥箱、水泵）、管道等应清洁完好，有清洁合格标志并在有效期内；操作间有清场合格证并在有效期内；仪表、计量器具有校验合格标志并在有效期内。

3. 操作人员认真核对原料、辅料的品名、规格、批号、数量、质量等，应与生产指令一致。

4. 检查完毕后填写工序生产前检查记录，并有检查人、复核人签字。

5. 更换设备清洁状态标志、房间清场状态标志，挂生产状态标志开始操作。

6. 稀酸计量罐先用真空抽入约40L稀醋酸，用于精制时调 pH 值。

7. 检查生产洁净区工艺环境（房间压差大于等于5Pa，温度18～26℃，湿度45%～65%）是否符合要求，环境不符合以上规定时立即报告 QA。

8. 检查工器具（包括扳手、烘盘、铲子、筛网等）是否齐全，是否清洁。

四、生产操作

（一）精制

1. 粗品精制投料比

粗品精制投料比见表 5 - 18。

表 5 - 18　粗品精制投料比

原料名称	规格	投料量	质量比
对乙酰氨基酚粗品	自制	80kg	1
纯化水	自制	400L	5
活性炭（767 型）	药用	4kg	0.05
亚硫酸氢钠	CP	0.08kg	0.001
稀醋酸	自制	适量（调 pH 值 5~5.5）	

2. 操作过程

（1）打开纯化水计量罐上的进水阀，计量 40L 后关进水阀，打开纯化水计量罐上的放料阀和精制釜上纯化水进料阀，向精制釜中加入 40L 纯化水，加毕，关闭纯化水计量罐上的放料阀和精制釜上纯化水进料阀，打开精制釜釜盖，开搅拌，投入亚硫酸氢钠 0.08kg，关闭釜盖。打开精制釜放空阀，开蒸气阀，升温至 30~40℃，使亚硫酸氢钠溶解。然后关气阀、关放空阀，开精制釜底阀、开钛棒过滤器进出料阀，开精品结晶釜进料阀，开精制釜上空压阀将精制釜中亚硫酸氢钠液通过压滤器全部压入精制结晶釜。压毕，关精制结晶釜进料阀、关空压阀，关精制釜底阀，关钛棒过滤器进出料阀。

（2）打开纯化水计量罐上的进水阀，计量 360L 后关进水阀，打开纯化水计量罐上的放料阀和精制釜上纯化水进料阀，向精制釜中加入 360L 纯化水，加毕，关闭纯化水计量罐上的放料阀和精制釜上纯化水进料阀，打开精制釜釜盖，开搅拌，投入对乙酰氨基酚粗品 80kg。打开精制釜放空阀，开蒸气阀，升温至 50℃ 左右，向釜内加入活性炭 4kg。关闭釜盖，开气阀继续升温至沸腾，然后关气阀。开稀酸计量罐放料阀，开精制釜上稀酸进料阀，向精制釜中缓慢加入稀酸，打开釜盖，用取样棒蘸取料液测试，当料液 pH 在 5~5.5 时，保温 5min 复测 pH 仍为 5~5.5 不变。关精制釜稀酸进料阀和稀酸计量罐上的放料阀，关精制釜釜盖。

（3）开气阀继续升温至 100℃，关排气阀，开精制釜底阀、开钛棒过滤器进出料阀，开精制结晶釜进料，开精制釜上空压阀将精制釜料液通过压滤器全部压入精制结晶釜。压毕，关空压阀，关精制釜底阀，关精制结晶进料阀，关钛棒过滤器进出料阀。

（4）开精制结晶釜进出水阀降温，搅拌时降温至 5℃ 左右可离心甩滤。

3. 精制岗位职责

（1）对精制岗位用的脱色釜、结晶釜、离心机的清洁卫生负责。

（2）对按《反应釜标准操作规程》《离心机标准操作规程》进行安全操作负责。

（3）精制岗位操作工人必须按《对乙酰氨基酚粗精品工序精制岗位标准操作程序》

进行正确操作。

（4）对脱色釜脱色粗品的品名、检验合格等进行核对负责。

（5）对所离心甩滤反应物的品名、检验合格等进行核对负责。

（6）对离心甩滤后固体物料的干燥结果负责。

（7）对及时准确填好精品工序精制岗位批生产记录负责。

（8）对本岗位的清场、清洁卫生负责。

4. 精制岗位生产记录

精制岗位生产记录

生产批号：			生产日期：	
操作步骤	工艺要求	操作记录	操作人	复核人
检查环境	干净无异物			
检查精制脱色釜、精制结晶釜	洁净完好			
向精制釜中加入纯化水	40L			
开搅拌，投入亚硫酸氢钠	0.08kg			
升温	至 30～40℃，使亚硫酸氢钠溶解			
将亚硫酸氢钠液压入精制结晶釜	通过压滤器全部压入			
向精制釜中加入纯化水	360L			
投入对乙酰氨基酚粗品	80kg			
升温，加入活性炭	升温至50℃左右，活性炭4kg			
继续升温	至沸腾			
缓慢加入稀酸	当料液 pH 在 5～5.5 时，保温5min复测 pH 仍为 5～5.5 不变			
继续升温	至100℃			
将料液压入精制结晶釜	通过压滤器全部压入			
搅拌时降温	至5℃左右可离心甩滤			
备注：				

生产管理员：　　　　　　QA 检查员：

5. 精制岗位清场记录

精制岗位清场记录

清场产品名称	识 别 号	批　号	清场日期	班组长签名

清场项目	清场情况	签 名
文件、记录整理	□	

续表

设备状态标志及房间状态标志的更换	☐	
生产设备表面清洁	☐	
上次生产用场的原辅料是否清除	☐	
上次生产用的标签是否清除	☐	
地面、门窗、内墙是否清扫	☐	
工具、器具、容器是否清洗	☐	

清场情况：项目已完成在方框内打√，未完成在方框内打×。

(二) 离心

1. 操作过程

（1）当精制结晶釜料降温到5℃时关进水降温阀，离心机铺好滤袋，打开精制结晶釜底阀放料，放料时要将料液缓慢、分次加入离心机，全部料液分三机滤完（操作方法详见离心机标准操作规程），每机过滤量为潮重 40～50kg，离心母液入精品母液地缸，然后开齿轮泵泵入（或真空抽入）精品母液贮罐。

（2）每机离心 10min 后停机，先用饮用水冲洗滤饼 30s，然后开机运行 5min 后停机，滤饼再用纯化水冲洗两次，每次冲洗 30s 并甩干，最终冲洗水 pH≈7（用广泛 pH 试纸测）。

（3）冲水完毕后再甩滤 30min，关离心机等离心机自然停止运行后出料得对乙酰氨基酚精品料。

2. 离心甩滤岗位职责

（1）对离心甩滤用离心机的清洁卫生负责。

（2）对按《离心机标准操作规程》安全操作负责。

（3）对乙酰氨基酚粗品工序离心甩滤岗位操作工人必须按《对乙酰氨基酚粗品工序离心甩滤标准操作程序》正确操作。

（4）对所离心甩滤反应物的品名、检验合格等进行核对负责。

（5）对离心甩滤反应物的温度负责。

（6）对离心甩滤后的母液质量负责。

（7）对离心甩滤后的固体物料的干燥结果负责。

（8）对及时准确填好批离心甩滤生产记录负责。

（9）对本岗位的清场、清洁卫生负责。

3. 离心甩滤岗位生产记录

离心甩滤岗位生产记录

生产批号：		生产日期：		
操作步骤	工艺要求	操作记录	操作人	复核人
离心机铺好滤袋，放料	分三机滤完，每机潮重 40～50kg			

续表

开离心机	离心10min后停机		
用稀酸冲洗滤饼	稀酸10L，然后开机运行5min后停机		
水冲洗滤饼	三次至洗水基本无酸味		
甩滤	30min		
关离心机	等离心机自然停止运行后出料得对乙酰氨基酚粗品料		

备注：

生产管理员：   QA检查员：

4. 离心甩滤岗位清场记录

离心甩滤岗位清场记录

清场产品名称	识 别 号	批 号	清场日期	班组长签名

清场项目	清场情况	签 名
文件、记录整理	☐	
设备状态标志及房间状态标志更换	☐	
生产设备表面清洁	☐	
上次生产用场的原辅料是否清除	☐	
上次生产用的标签是否清除	☐	
地面、门窗、内墙是否清扫	☐	
工具、器具、容器是否清洗	☐	

清场情况：项目已完成在方框内打√，未完成在方框内打×。

（三）中间站

称量对乙酰氨基酚精品质量，并于容器壁贴上物料标示卡，送入下道干燥工序（净料库、中间站）。填写生产记录，并有工序负责人复核签字。

（四）干燥、过筛

1. 操作过程

（1）按《对乙酰氨基酚减压干燥箱设备操作规程》操作，将离心后的精品用不锈钢铲，铲料装入烘料袋中，每袋潮重5kg左右，放入专用烘盘上铺平，进减压干燥箱烘架，密闭烘箱门。

（2）开真空泵，开减压干燥箱上的真空阀，真空度应0.07MPa以上．开蒸气阀和出气阀，压力控制在0.05~0.1MPa，调节烘箱的干燥温度75℃~80℃，烘4h，烘毕关蒸气阀和出气阀，关真空阀和真空泵。打开烘箱烘干后物料装入专用装料桶中，送入中转站称重，及时填写好物料标签，并填写请验单．通知QC取样。

（3）取干燥后的精品100g，测熔点、含量、水份。

精品质量标准：熔点应为168℃～172℃，含量应不小于98%，干燥失重应不大于0.5%。

（4）精品检验合格后，将中转站精品移至过筛站，将精品料用不锈钢铲铲入旋振筛进料室，出料口用不锈钢桶对接好，按"旋振筛开"按钮将精品分次过旋振筛筛网（40目），过筛毕按"旋振筛停机"按钮，过筛后得对乙酰氨基酚成品。未能通过筛网的粉头料装袋，称量，送到精制工序当粗品，可重新精制。

2. 干燥岗位职责

（1）对干燥岗位用真空干燥机的清洁卫生负责。

（2）对按《双锥真空干燥机标准操作规程》进行安全操作负责。

（3）干燥岗位操作工人必须按《对乙酰氨基酚粗精品工序干燥岗位标准操作程序》进行正确操作。

（4）对真空干燥机所干燥反应物的品名、检验合格等进行核对负责。

（5）对溶剂的回收操作负责。

（6）对干燥机内温度情况负责。

（7）对及时准确填好精品工序干燥岗位批生产记录负责。

（8）对本岗位的清场、清洁卫生负责。

3. 干燥岗位生产记录

干燥岗位生产记录

生产批号：		生产日期：		
操作步骤	工艺要求	操作记录	操作人	复核人
检查环境	干净无异物			
检查减压干燥箱	洁净完好			
装料	每袋潮重5kg左右			
开真空泵	真空度应0.07MPa以上			
开蒸气阀和出气阀	压力控制在0.05～0.1MPa			
调节干燥温度	75～80℃			
干燥	4h			
出料	送入中转间			

备注：

生产管理员： QA检查员：

4. 湿品干率测算操作规程

标准操作规程（SOP）

题目	湿品干率测算操作规程	类别	
		编号	
部门	×××车间	页码	

1. 目的　规范本车间对湿品干率的测算操作。

2. 范围　中间体控制室。

3. 职责　工艺员、技术员、QA 人员对本规程的实施负责。

4. 内容

4.1 取样

4.1.1 工艺员称量并标记两个干燥培养皿的皮重，备用；

4.1.2 车间相应操作岗位甩滤完成，湿品装桶称重，记录湿品总净重（G）后通知工艺员。取样测算干率；

4.1.3 工艺员用药匙在每个湿品桶中均匀取样（30 ± 5.0）g；

4.1.4 把取好的样品平均置于两个培养皿中；

4.1.5 分别小心称量装有湿品的培养皿，记录各份样品的净湿重（x_1，x_2）。

4.2 干燥

4.2.1 打开烘箱门，把装有湿品的培养皿轻放入烘箱中，关闭烘箱门；

4.2.2 打开烘箱电源，烘箱温度设定在（105 ± 1）℃；

4.2.3 启动加热程序，开始加热升温至设定的（105 ± 1）℃；

4.2.4 烘箱在设定温度保温加热 2h；

4.2.5 关闭加热按键，烘箱自然冷却；

4.2.6 显示温度不大于 25℃后关闭烘箱电源；

4.2.7 打开烘箱门，稍冷却后小心拿出培养皿。

4.3 干率测量

4.3.1 准确称量并记录各培养皿的毛重，样品及时回归到相应的湿品桶中；

4.3.2 用各毛重减去相应培养皿的皮重，计算出各份样品的净干重（z_1，z_2），并记录；

4.3.3 用各份干重除以相应各样品的湿重，即得相应每份的干率（y_1，y_2），记录各干率；

4.3.4 按预先给定的公式计算批干率 Y；公式如下：
$$Y = （y_1 + y_2）/2 \quad （其中：y_i = z_i/x_i，"i" 取 1 和 2）$$

4.3.5 按预先设定的公式计算出该批总净重 X，公式如下：
$$X = Y \times G$$

4.3.6 记录干率测量记录和批生产记录中相应的干率和干重；

4.3.7 清洗使用过的药匙和培养皿并及时干燥，以备下批再次测量；

4.3.8 清洁测算场地（包括实验室、化验室、烘箱等）。

5. 干燥岗位清场记录

干燥岗位清场记录

清场产品名称	识别号	批号	清场日期	班组长签名

续表

清 场 项 目	清场情况	签 名
文件、记录整理	☐	
设备状态标志及房间状态标志更换	☐	
生产设备表面清洁	☐	
上次生产用场的原辅料是否清除	☐	
上次生产用的标签是否清除	☐	
地面、门窗、内墙是否清扫	☐	
工具、器具、容器是否清洗	☐	

清场情况：项目已完成在方框内打√，未完成在方框内打×。

（五）混合、包装

1. 操作过程

（1）混合

①检查总混设备运转是否正常，有无上批清场合格证。

②核对物料批号是否正确。

③将过筛后的物料通过提升料斗机装入混合料斗。

④设定混合机控制面板，设定品名、批号，转速定为20转/分钟，时间20min。

⑤混合参数设定好后按"开始"按钮，混合机开始旋转混合，到20min自动停止。

⑥混合后物料装入专用不锈钢桶，称重，挂物料标签送入内包间，填写成品清验单，通知QC取样化验，化验合格后可进行包装操作。

（2）内包装前检查与准备

①操作人员检查内包装间应有上个品种或批号生产结束的清场合格证。

②检查生产环境应符合要求：温度18℃~26℃，湿度45%~65%。

③检查真空包装机上是否有设备完好标志和设备日志。

④根据QA已审核的批包装指令，操作人员要检查包装产品外观，看有无异常情况。复核称重，并在生产记录上签字。

⑤根据批包装指令更换操作间门牌标识，门牌内容：品名对乙酰氨基酚；规格：25千克/桶；批号：待包装产品的批号。

⑥操作人员去内包材存放间取铝箔袋到包装操作间。

（3）内包装过程

①检验合格后开始包装，校正计量器具，仔细检查待包装产品的批号。

②包装人员认真称量每袋的质量，称重（25千克/袋），称好的物料按批存放于待检包装区，通知质量管理部取样。零头料存放于零头料存放区。

③每批剩余的零头称重后在下一个批号总混时加入一起总混。批号为下一个批号。

④将称重好的料连桶放在真空封口机的推车上，推入真空封口机内，关好真空封口机的侧门，压好塑料袋的袋口，合上上盖，调好真空度（0.07MPa）和封口时间（5s），开机封口。等封口完毕，打开侧门，上盖，将料桶退出真空封口机，并连同批

包装记录一起交给外包装。

（4）外包装前检查与准备

①操作人员检查包装线是否有上个品种或批号生产结束的清场合格证。

②根据批包装指令换好包装线隔栏上文字标识。标识内容：品名对乙酰氨基酚；规格：25千克/桶；批号：待包装产品的批号。

③车间材领料员将所需包材送到包装线交给外包工，双方进行交接复核并签名确认。

④操作人员认真检查所领用的标签、合格证的名称及纸桶规格是否与待包装的对乙酰氨基酚相符合，生产日期、产品批号、有效期至内容应与包装指令相符合，操作人员复核确认后在批包装记录上签字。

（5）外包装过程

①根据批包装指令由一名操作工排列生产日期、产品批号、有效期的字码，再由另一操作工复核，确认无误后两人在批包装记录签字。将复核后的字码盖在合格证和标签上。

②合格证放入包装桶内，标签整齐地贴在包装外。

③包装过程中及时填写批包装记录，包装毕，待入库。

2. 混合、包装岗位职责

（1）对自动提升料斗混合机的清洁卫生负责。

（2）对真空封口机的清洁卫生负责。

（3）包装岗位操作工人必须按《对乙酰氨基酚粗精品工序包装岗位标准操作程序》正确操作。

（4）对自动提升料斗混合机所混合的反应物的品名、检验合格等进行核对负责。

（5）对内包、外包材料的检验合格等进行核对负责。

（6）对及时准确填好精品工序包装岗位批生产记录负责。

（7）对本岗位的清场、清洁卫生负责。

3. 混合、包装岗位生产记录

混合、包装岗位生产记录

生产批号：		生产日期：		
操作步骤	工艺要求	操作记录	操作人	复核人
检查环境	干净无异物			
检查减压干燥箱	洁净完好			
装料	物料过筛后，提升料斗机装入			
设定混合参数	设定品名、批号，转速定为20转/分钟，时间为20min			
混合	20min			
校正计量器具				
称重	25千克/袋			

续表

真空封口	真空封口机调真空度（0.07MPa 和封口时间（5s）			
开机封口				
外包	品名：对乙酰氨基酚；规格：25 千克/桶			

备注：

生产管理员：   QA 检查员：

4. 混合、包装岗位清场标准操作程序

标准操作规程（SOP）

题 目	混合、包装岗位清场标准操作规程	类 别	
		编 号	
部 门	×××车间	页 码	

1. 目的　建立混合、包装岗位清场标准操作规程。

2. 范围　混合、包装岗位生产区域。

3. 责任　车间主任、操作工、QA 监控员。

4. 内容

4.1　总混间的清场标准操作

4.1.1　将总混料斗移至器具清洗间，旋下料斗上盖，用饮用水对其内壁反复冲洗，并对准出料口的蝶阀反复冲洗，直至目测表面无残留物后再用纯化水对其内壁及出料口的蝶阀冲洗一次。

4.1.2　总混料斗的外壁用饮用水冲洗清洁。

4.1.3　将总混料斗的上盖用饮用水冲洗干净后再用纯化水冲洗清洁，用黄色丝光毛巾将其表面上的水迹擦拭干净，暂放在器具存放间。

4.1.4　用干抹布将总混机主机及其他部件的灰尘擦干净。

4.1.5　用抹布蘸取饮用水、纯化水擦洗总混机主机及其他部件各两遍

4.1.6　用推板依次自上而下清洁屋顶及四周墙壁，目测无粉尘。

4.1.7　将回风口拆下，用饮用水冲洗，用红色的丝光毛巾擦拭干净后装回原位。

4.1.8　用拖把将地面拖洗干净，目测无粉尘。

4.2　内包装清场标准操作

4.2.1　清除操作间内已生产结束批号的物料的口袋和容器。将尾料称重后放入中转间。

4.2.2　清除操作间内已生产结束批号的桶签、门上标识文字。

4.2.3　清除操作间内的废弃物、地面遗留物，用塑料袋扎好后从传递窗送出。

4.2.4　清洁工作台面。

4.2.5 清洁地面、四壁、门窗。

4.2.6 清洁灯管、风管。

4.2.7 整理清洁后的操作间定置摆放。

4.3 外包装结束后的清场标准操作

4.3.1 清除已生产结束批号的物料；

4.3.2 清除包装线内的废弃物、地面遗留物，并放置于废弃物回收处。

4.3.3 清洁工作台面。

4.3.4 清洁地面、墙壁、门窗。

4.3.5 整理清洁后的操作间定置安放。

5. 混合、包装岗位清场记录

混合、包装岗位清场记录

清场产品名称	识 别 号	批 号	清场日期	班组长签名

清场项目	清场情况	签 名
文件、记录整理	□	
设备状态标志及房间状态标志更换	□	
生产设备表面清洁	□	
上次生产用场的原辅料是否清除	□	
上次生产用的标签是否清除	□	
地面、门窗、内墙是否清扫	□	
工具、器具、容器是否清洗	□	

清场情况：项目已完成在方框内打√，未完成在方框内打×。

6. 批包装指令单

批包装指令单

日期： 年 月 日

产品名称		规 格	
批 号		包装规格	
批生产量		包装日期	年 月 日
起 草		审 核		批 准	

包装材料

名 称	进厂编号	检验单号	生产厂家	理论用量	批准用量
备 注					

（六）精品工序结束，清场。

标准操作规程（SOP）

题 目	精品工序清场标准操作规程	类 别	
		编 号	
部 门	×××车间	页 码	

1. 目的　建立精品工序清场标准操作规程。

2. 范围　精品工序生产区域。

3. 责任　车间主任、操作工、QA监控员。

4. 内容

4.1　清场时间频次：每次生产操作结束，或本次清场后超过七天。

4.2　清场由本岗位操作工执行，工序负责人复核，质监员检查并最后确认。

4.3　清场项目、方法及要求：

4.3.1　物料。将精品移至下道工序或净料库，剩余的辅料退回仓库。

4.3.2　字型材料。本次生产操作岗位SOP、批生产记录、一般生产区车间厂房清洁规程，以及离心机、干燥箱、旋振筛等设备操作规程和清洁规程交车间工艺员。

4.3.3　离心、干燥、过筛操作间。按10级洁净区车间厂房清洁规程进行清洁，应洁净无粉尘。

4.3.4　衡器。按10级洁净区衡器清洁规程进行清洁，表面应洁净无污渍、无本次生产遗留物。

4.3.5　生产设备。按反应釜、离心机、减压干燥箱、旋振筛等设备清洁规程进行清洁，内外应清洁，无本次生产遗留物。

4.3.6　容器、生产工具、洁具。按10级洁净区容器、生产工具、洁具清洁规程进行清洁，应洁净无异物，并放在指定区域。

4.3.7　生产废弃物。按生产过程"三废"处理规程及时清理，运送到指定地点。

4.3.8　清场结束。先由操作工对作业现场逐项检查，确认合格后填写清场记录并签字，再由工序负责人检查复核，确认合格后签字。最后由质监员检查确认合格后签字。发放精制釜、离心机、干燥箱、旋振筛设备清洁合格、精制、干燥、过筛工序清场合格证。

4.3.9　状态标志。更换生产状态标志，挂清洁、清场合格状态标志。

五、偏差处理

在生产操作过程中发现任何偏差时应及时报告工艺员或车间主任，并按偏差处理程序处理，填写偏差记录表，详细描述偏差发生的时间、地点和现象。

六、收率计算与物料平衡

$$精制收率 = \frac{精品}{粗品} \times 100\%;$$

精制收率应在 90% ~95% 范围；

$$过筛收率 = \frac{包装数}{精品} \times 100\%；$$

过筛收率应在 95% ~100% 范围；

$$精制物料平衡 = \frac{精品出烘重 + 母液含料量 + 活性炭中含料量}{精制投料量（干重）} \times 100\%；$$

$$过筛物料平衡 = \frac{实得数 + 未通过量 + 不可回收量}{精品} \times 100\%；$$

过筛物料平衡限度应在 98% ~100% 范围。

七、操作注意事项

1. 操作人员严禁裸手直接接触药物。

2. 发现有异常情况，要及时向组长、QA 汇报。

3. 相对湿度应控制在 45% ~65%。

4. 精制母液经浓缩，得到的精品母液料按标准化验，合格后进入精制工序。

5. 精制压滤后炭饼等固体废弃物转至固体废弃物存放处，按《固体废弃物处理规程》集中后统一处理。

6. 废气经废气净化塔处理。

7. 包装过程中应注意封口是否严密，以及是否出现漏贴标签等现象。

八、工艺卫生和环境卫生

1. 原辅料、内包装材料卫生

（1）进入洁净区的原辅料、内包装材料均须在缓冲室内除去外包装，无外包装材料清洁容器外表面，消毒后通过缓冲间进入洁净区。

（2）进入洁净区内的物料应控制在最低限度，按净化程序进出，并且严格记录进出时间、品名及操作人。

2. 生产过程卫生

（1）洁净区的清洁过程必须在工序操作结束后进行，停产超过一周时应在生产前再次进行清洁。工艺生产必须在净化空调系统开机运行达到自净时间以后方可进行。

（2）对于进出洁净室的非生产人员要进行登记。

（3）不允许未穿洁净服进入，不允许剧烈活动和交谈，以免造成空气污染。

（4）按清洁规程对顶棚、墙面、地板、窗户、台面、工具清洁。接触药物的容器、器具必须清洁、消毒后方可使用。

（5）生产过程中要保证清洁，出烘、过筛、称料时应轻缓，减少泼撒，减少粉尘飞扬，及时要用黄色丝光毛巾将浮粉擦拭干净。

（6）文件台要保持干净，无粉尘，不放置与所用文件无关的物品。各项生产记录文件要保证清洁。

（7）墙面、地面、回风口、高效头、地角线保持清洁干净，生产过程中随时观察操作间压差情况，若不在范围内，首先检查回风口过滤网是否清洁，若有粉尘及时进行清洁。

（8）生产过程中产生的吸尘余粉在每班生产结束后从吸尘箱中及时清理出来，装入塑料袋，通过物流通道经外包移出洁净区。

（9）禁止携入洁净区的物品：

①未按规定进行净化的物料、容器、工具、仪器等。

②未确定为低发尘性的记录、笔记用纸及与生产无关的所有物品。

3. 设备卫生

（1）洁净区使用的设备、容器、管路在进行清洁以后，还必须用纯化水冲洗干净，并采取有效的消毒措施方可使用。

（2）传递窗是洁净区与一般生产区，或不同级别洁净区之间的隔断设备，用来防止非洁净空气对洁净空气造成的污染。因此，传递窗二门应联锁，不能同时打开。

（3）在器具存放间领用清洁且在有效期内的不锈钢铲在使用前必须清洁。

（4）洁净区必须用不掉纤维的材料进行清扫。

（5）用于清洁生产的清洁用具包括拖把、毛巾、推板要保证在使用前后都清洁且进行定期消毒。使用后的擦机布装入塑料袋中，通过物流通道经外包移出洁净区。

【实训思考与测试】

一、填空题

1. 原料药是指用于制剂生产的（　　　　），是加工成（　　　　）的主要成份，一般由（　　　　）、DNA重组技术、发酵、酶反应或（　　　　）而成。

2. 药品质量是指为满足药品的（　　　　）和（　　　　）的要求，产品所具有的成分、（　　　　）、（　　　　）等物理、化学或生物学等特性的程度。

3. 原料药分为（　　　　）和（　　　　）。质量标准中有（　　　　）的原料药为无菌原料药。

4. 原料药生产人员应明确和理解自己的职责，并接受必要的培训，包括（　　　　）培训和（　　　　）培训。

5. 原料药质量是在（　　　　）的基础上，通过对所需的（　　　　）、（　　　　）、（　　　　）和生产过程等进行控制，对相应的质量活动进行程序管理来实现的。

6. 影响原料药质量、安全性和（　　　　）的关键因素有：（　　　　）原料药的（　　　　）、（　　　　）、稳定性和可能的污染和交叉污染。

7. 典型的合成工艺包括：（　　　　）、（　　　　）、（　　　　）、（　　　　）、（　　　　）、（　　　　）等过程。

8. 原料药生产的常用设备主要有（　　　　）、（　　　　）、（　　　　）、（　　　　）和（　　　　）等。

9. 原料药生产企业应该建立对（　　　　）原料供应商的评价体系。关键原料主要指影响原料药质量的（　　　　）、（　　　　）、（　　　　）和（　　　　）等。

10. 在制药行业特别是化学合成药物的生产中需要使用大量的化学反应装置，其中多数是（　　　　），也有连续式或连续－－－分批相结合的型式。在反应设备中除了（　　　　）以外，一般不需设置蒸汽灭菌设施。

11. 反应罐所配备的搅拌系统应根据不同的反应物系,如( )、( )、气—液或气—液—固,设计有效的( )及( ),以保证反应达到预期效果。

12. 离心过滤是将( )和( )进行分离的单元操作,在原料药生产中的应用非常广泛。

13. 萃取及浸取是把( )从液相或固相中用另一液相进行混合接触并重新分离,使有效成份( )的过程。萃取及浸取设备要求其设备本体及所附属管道不积存( ),并可( )。

14. 每批药品应当有批记录,包括( )记录、( )记录、( )记录和药品放行审核记录等与本批产品有关的记录。

15. 生产记录应当及时填写,( ),( ),易读,不易擦除。

16. 非专用设备更换品种生产前,必须对设备进行彻底的清洁,以防止( )。

17. 原料药生产宜使用( )设备,使用敞口设备或打开设备操作时,应有避免( )的措施。

18. 无菌区域内用于无菌原料药生产的设备要注意消毒灭菌的( ),建议尽可能采用带( )的精制、离心、烘干三合一的设备,以便尽可能地减小( )对产品的( )。

19. 同一设备连续生产同一原料药或阶段性生产连续数个批次时,应间隔适当的时间定期对设备进行( ),以防止( )的出现和遗留。

20. 设备运行所需的任何物料,如润滑剂、( )或( ),不得与( )或原料药直接接触,以免改变其质量并导致超出法定或其它预定质量标准的结果。

(顾勤兰)

生物制药生产实训

实训目标

1. 掌握生物制药车间的基本设置、基本要求及辅助系统的组成、作用；生物制药生产设备、工艺控制和质量管理的特殊要求；L-天冬酰胺酶菌种制备、发酵、提取、纯化的工艺过程及质量控制关键点。

2. 熟悉生物制药生产记录的填写、进行物料平衡的计算。

3. 了解生物制药的基本过程，学会对发酵染菌进行分析鉴定。

化学药物、生物药物与中草药是人类防病、治病的三大药源。

生物药物（biopharmaceutics）是利用生物体、生物组织、细胞或其成分，综合应用生物学与医学、生物化学与分子生物学、微生物学与免疫学、物理化学与工程学和药学的原理与方法加工制造而成的一大类用于预防、诊断、治疗和康复保健的制品。

1929 年，英国的细菌学家弗莱明（Fleming）发现青霉素，并鉴定其产生菌为点青霉（Penicillium natatum），但是由于青霉素不稳定，当时没有提取到青霉素的纯品。1940 年，弗罗里（Florey）和钱恩（Chain）再次研究青霉素，并成功地提取出青霉素结晶，证实其临床效果。当时的青霉素生产采用表面培养法，菌种的生产水平很低。为了满足市场的需求，1941 年研究成功深层培养法，制造出带有搅拌和通风装置的钢制发酵罐，采用培养基和制药设备的灭菌技术、空气的净化除菌工艺、无菌接种技术；制订和完善发酵过程中 pH 值、温度、营养物质浓度等参数的监控方法，逐渐发展起完整的液体深层发酵技术。这是生物制药工业史上的重大变革和成就，也为后来若干种抗生素的工业化生产奠定技术基础。

自 20 世纪 50 年代以来，维生素、氨基酸、酶制剂等生物药物的发酵生产得到迅速的发展，用丙酸菌直接发酵生产维生素 B_{12} 的生产工艺已建立。自从谷氨酸发酵生产首先在日本取得成功后，各种氨基酸产生菌的筛选和生物合成机理的研究日益深入，至目前为止，赖氨酸、苏氨酸等 18 种氨基酸均可用微生物发酵法进行生产，并实现发酵生产的规模化、自动化。

酶制剂的工业生产首先起始于 α - 淀粉酶，其后葡萄糖异构酶、蛋白酶、纤维素酶、果酸酶、青霉素酰胺酶、天冬酰胺酶等品种陆续实现工业化的发酵生产。此后，肌苷酸、ATP、辅酶 A 等重要医药品的发酵生产技术日益成熟，从而满足市场的需求。

生物制药过程是把生物工程技术运用到药物制造领域，以各种生物为起始材料，采用生物学工艺及分离纯化技术制造出生物药品的工艺过程。

现在的生物制药工业已经不是单纯由天然的微生物进行发酵的传统微生物制药，而是包括天然微生物和人工构建的基因工程菌，以及动植物组织细胞的培养和提取、微生物或生物酶催化的生物转化、微生物疫苗等多种类的制药工业体系。

项目一　生物制药生产认知

任务一　生物制药生产基本条件认知

一、生物制药的生产环境

生物制药原料药生产车间一般包括称量间、配料室、洗消间、化验室、种子室、摇瓶培养室、发酵间、提取间、纯化间、配液间、动力间、材料间等部分。基于不同的生物药物特性和生产工艺，其生产环境的洁净度有不同的要求，GMP 没有对生物制药原料药厂房设计、建造及环境要求给出具体标准，而是针对传统发酵产品、生物制品、血液制品给出厂房建设和生产环境控制的原则。

传统发酵产品有非无菌原料药，也有无菌原料药。法规规定：非无菌原料药精制、干燥、粉碎、包装等生产操作的暴露环境应当按照 D 级洁净区的要求设置；质量标准中有热原或细菌内毒素等检验项目的，厂房的设计应当特别注意防止微生物污染，根据产品的预定用途、工艺要求采取相应的控制措施；质量控制实验室通常应当与生产区分开，当生产操作不影响检验结果的准确率，且检验操作对生产也无不利影响时，中间控制实验室可设在生产区内。无菌原料药的生产通常是把精制过程和无菌过程结合在一起，将无菌过程作为生产工艺的一个单元操作来完成。目前，生产上最常用的方法是无菌过滤法，即将非无菌的中间体或原材料配制成溶液，再通过 0.22。μm 孔径的除菌过滤器以达到除去细菌的目的，在以后用于精制的一系列单元操作中一直保持无菌，最后生产出符合无菌要求的原料药。

对于生物制品的生产环境，法规规定：①生物制品生产环境的空气洁净度级别应当与产品和生产操作相适应，厂房与设施不应对原料、中间体和成品造成污染。②对于生产过程中涉及高危因子的操作，其空气净化系统等设施还应当符合特殊要求；③生物制品的生产操作应当在符合规定的相应级别的洁净区内进行，未列出的操作可参照表 6-1 在适当级别的洁净区内进行。

表 6-1　GMP 对生物制品生产操作过程洁净度的要求

洁净度级别	生物制品生产操作示例
B 级背景下的局部 A 级	附录一无菌药品中非最终灭菌产品规定的各工序灌装前不经除菌过滤的制品配制、合并等
C 级	体外免疫诊断试剂的阳性血清的分装、抗原与抗体的分装
D 级	原料血浆的合并、组分分离、分装前的巴氏消毒口服制剂发酵培养密闭系统环境（暴露部分须无菌操作）酶联免疫吸附试剂等体外免疫试剂的配液、分装、干燥、内包装

④在生产过程中使用某些特定活生物体的阶段，应当根据产品特性和设备情况，采取相应的预防交叉污染措施，如使用专用厂房和设备、阶段生产方式、使用密闭系统等。⑤灭活疫苗（包括基因重组疫苗）、类毒素和细菌提取物等产品灭活后，可交替使用同一灌装间和灌装、冻干设施。每次分装后，应当采取充分的去污染措施，必要时应当进行灭菌和清洗。⑥卡介苗和结核菌素生产厂房必须与其他制品生产厂房严格分开，生产中涉及活生物的生产设备应当专用。⑦致病性芽胞菌操作直至灭活过程完成前应当使用专用设施。炭疽杆菌、肉毒梭状芽胞杆菌和破伤风梭状芽胞杆菌制品须在相应专用设施内生产。⑧其他种类芽胞菌产品在某一设施或一套设施中分期轮换生产芽胞菌制品时，在任何时间只能生产一种产品。⑨使用密闭系统进行生物发酵时可以在同一区域同时生产，如单克隆抗体和重组 DNA 制品。

对于生产血液制品（人血浆蛋白类制品）的产房和设备，法规有如下规定：①血液制品的生产厂房应当为独立建筑物，不得与其他药品共用，并使用专用的生产设施和设备。②原料血浆、血液制品检验实验室应当符合国务院《病原微生物实验室生物安全管理条例》、国家标准《实验室生物安全通用要求》的有关规定。③原料血浆检验实验室应当独立设置，使用专用检验设备，并应当有原位灭活或消毒的设备。如空调系统应当独立设置。④原料血浆破袋、合并、分离、提取、分装前的巴氏灭活等工序至少在 D 级洁净区内进行。⑤血浆融浆区域、组分分离区域及病毒灭活后生产区域应当彼此分开，生产设备应当专用，各区域应当有独立的空气净化系统。⑥血液制品生产中，应当采取措施防止病毒去除和/或灭活前后制品的交叉污染，病毒去除和/或灭活后的制品应当使用隔离的专用生产区域与设备，并使用独立的空气净化系统。

二、生物制药的特殊要求

依据 GMP 对设备的要求及生物发酵本身的特点，生物发酵设备（发酵罐）必须符合：与培养基（包括补料物质）、发酵液（微生物、细菌、疫苗、细胞等）相接触的材质必须由无毒、耐腐蚀、不吸收上述物质、不与上述物质发生化学反应的材料制成。经常选用的材料是 316L、304L、316；生物发酵罐因整个生物培养须在无菌条件下进行，罐体要有 SIP 过程，所以在制作过程中应符合《钢制压力容器》（150-1998）、《钢制压力容器焊接规程》（JB/T4709-2000）、《承压设备无损检测》（JB/T4730-2005）及《压力容器安全技术监察规程》等标准。同时，发酵罐的内表面应光滑，无死角，防止积沉物料，发酵结束后易清洗灭菌；生物发酵罐的外接件应坚持三个方便，即安装拆卸方便、清洗灭菌方便与操作维修方便，并能承受高压蒸气灭菌；生物发酵罐在培养过程中涉及活性物质，因此须符合生物安全标准，既要做到防止一切外界微生物的污染，也要能防止发酵罐内的培养物质不污染周围环境。因而，生物发酵罐应该是一个密封性能良好的系统装置，其放空、排放罐内气体与液体等须经过滤装置除去活性物质；生物发酵罐应具备优良的传质/传热效果、优良的物料混合性能，以便于提供培养物的最佳生长温度。在进行动物细胞培养时，除了能充分混合均匀外，又要做到不能打碎动物细胞，以保证生物发酵培养过程顺利进行。

对于采用传统发酵工艺生产的原料药，法规要求：应当在生产过程中采取防止微生物污染的措施。必要时应当验证培养基、宿主蛋白，以及其他与工艺、产品有关的杂质和污染物的去除效果。

对于采用传统发酵工艺生产的原料药，工艺控制应当重点考虑以下内容：①工作菌种的维护；②接种和扩增培养的控制；③发酵过程中关键工艺参数的监控；④菌体生长、产率的监控；⑤收集和纯化工艺过程须保护中间产品和原料药不受污染；⑥在适当的生产阶段进行微生物污染水平监控，必要时进行细菌内毒素监测。

对于菌种的维护和记录的保存，法规也规定：①只有经授权的人员方能进入菌种存放的场所；②菌种的贮存条件应当能够保持菌种生长能力达到要求，并防止污染；③菌种的使用和贮存条件应当有记录；④应当对菌种定期监控，以确定其适用；⑤必要时应当进行菌种鉴别。

采用传统发酵工艺生产的原料药，对其菌种培养或发酵过程，法规要求：①在无菌操作条件下添加细胞基质、培养基、缓冲液和气体，应当采用密闭或封闭系统。初始容器接种、转种或加料（培养基、缓冲液）使用敞口容器操作时，应当有控制措施避免污染。②当微生物污染对原料药质量有影响时，敞口容器的操作应当在适当的控制环境下进行。③操作人员应当着适宜的工作服，并在处理培养基时采取特殊的防护措施。④应当对关键工艺参数（如温度、pH值、搅拌速度、通气量、压力）进行监控，保证与规定的工艺一致。必要时，还应当对菌体生长、产率进行监控。⑤必要时，发酵设备应当清洁、消毒或灭菌。⑥菌种培养基使用前应当灭菌。⑦应当制定监测各工序微生物污染的操作规程，并规定所采取的措施，包括评估微生物污染对产品质量的影响，确定消除污染使设备恢复到正常的生产条件。处理被污染的生产物料时，应当对发酵过程中检出的外源微生物进行鉴别，必要时评估其对产品质量的影响。⑧应当保存所有微生物污染和处理的记录。⑨更换品种生产时，应当对清洁后的共用设备进行必要的检测，将交叉污染的风险降低到最低程度。

对于这类药物发酵后产物的收获、分离和纯化，法规规定：①收获步骤中的破碎后除去菌体或菌体碎片、收集菌体组分的操作区和所用设备的设计，应当能够将污染风险降低到最低程度；②包括菌体灭活、菌体碎片或培养基组分去除在内的收获及纯化，应当制订相应的操作规程，采取措施减少产品的降解和污染，保证所得产品具有持续稳定的质量；③分离和纯化采用敞口操作时，其环境应当能够保证产品质量；④设备用于多个产品的收获、分离、纯化时，应当增加相应的控制措施，如使用专用的层析介质或进行额外的检验。

对于生物制品的生产管理，法规规定：①当原辅料的检验周期较长时，允许检验过程完成前投入使用，但只有全部检验结果符合标准时，成品才能放行。②生产和检定用细胞须建立完善的细胞库系统（原始细胞库、主代细胞库和工作细胞库）。细胞库系统的建立、维护和检定过程应当符合《中国药典》的要求。③生产和检定用菌毒种应当建立完善的种子批系统（原始种子批、主代种子批和工作种子批）。菌毒种种子批系统的建立、维护、保存和检定过程应当符合《中国药典》的要求。④应当通过连续批次的产品确认种子批、细胞库是否适用。种子批和细胞库建立、保存和使用的方式应当能够避免污染或变异的风险。⑤种子批或细胞库和成品之间的传代数目（倍增次数、代次数）应当与已批准注册资料中的规定一致，不应随生产规模变化而改变。⑥应当在适当受控环境下建立种子批和细胞库，以保护种子批、细胞库，以及操作人员。在建立种子批和细胞库的过程中，操作人员不得在同一区域同时处理不同活性或具有传染力的物料（如病毒、细胞系或细胞株）。⑦在指定人员的监督下，经批准的人员才能进行种子批和细胞库操作。未经批准不得接触种子批和细胞库。⑧种子批与细胞库的来源、制备、贮存及其稳定情况和复苏情况应当有记录。储藏容器应当在适当温度下保存，并有明确的标签。冷藏库的温度应当有连续记录，液氮贮存条件应当有适当的监测。任何偏离贮存条件的情况及纠正措施都应记录。库存台帐应当长期保存。⑨不同种子批或细胞库的贮存方式应当能够防止差错、混淆或交叉污染。生产用种子批、细胞库应当在规定的贮存条件下在不同地点分别保存，避免丢失。⑩在贮存期间，主代种子批和工作种子批储存条件应当一致；主代细胞库和工作细胞库的储存条件应当一致。一旦取出使用，不得再返回库内贮存。⑪应当按照《中国药典》中的生物制品分批规程对生物制品分批并编制批号。⑫应当进行培养基适用检查试验。培养基中不得添加未经批准的物质。⑬向发酵罐其他容器中加料或从中取样时，应当检查并确保管路连接正确，并在严格控制的条件下进行，确保不发生污染和差错。⑭应当对产品的离心或混合操作采取隔离措施，防止操作过程中产生的悬浮微粒导致活性微生物扩散。⑮培养基宜在线灭菌。向发酵罐或反应罐中通气及添加培养基、酸、碱、消泡剂等成分所使用的过滤器宜在线灭菌。⑯应当采用经过验证的工艺进行病毒去除或灭活处理，操作过程中应当采取措施防止已处理的产品再次污染。⑰使用二类以上病原体进行生产时，对产生的污物和可疑污染物品应当在原位消毒，完全灭活后方可移出工作区。⑱不同产品的纯化应当分别使用专用的层析分离柱。不同批次之间应当对层析分离柱进行清洁或灭菌。不得将同一层析分离柱用于生产的不同阶段。应当明确规定层析分离柱的合格标准、清洁或灭菌方法及使用寿命。层析分离柱的保存和再生应当经过验证。⑲对用于实验取样、检测或日常监测（如空气采样器）的用具和设备，应当制定严格的清洁和消毒操作规程，避免交叉污染。应当根据生产的风险程度对用具或设备进行评估，必要时专物专区专用。

对于血液制品的生产和质量控制，法规规定：①企业应当对原料血浆、血浆蛋白组分、中间产品、成品的贮存、运输温度及条件进行验证。应当对贮存、运输温度及条件进行监控，并有记录。②用于特定病原体（HIV、HBV、HCV及梅毒螺旋体）标记检查的体外诊断试剂，应当获得药品监督管理部门批准并经生物制品批签发检定合格。体外诊断试剂验收入库、贮存、发放和使用等应当与原辅料管理相同。③混合后血浆应当按《中国药典》规定进行取样、检验，并符合要求。如检验结果不符合要求，则混合血浆不得继续用于生产，应当予以销毁。④原料血浆解冻、破袋、化浆的操作人员应当穿戴适当的防护服、面罩和手套。⑤应当定期对破袋、融浆的生产过程进行环境监测，并对混合血浆进行微生物限度检查，以尽可能降低操作过程中的微生物污染。⑥已经过病毒去除和/或灭活处理的产品与尚未处理的产品应当有明显区分和标识，并应当采用适当的方法防止混淆。⑦不得用生产设施和设备进行病毒去除或灭活方法的验证。⑧血液制品的放行应当符合《生物制品批签发管理办法》的要求。

三、生物制药的生产管理的基本知识

（一）批生产记录

批是指在规定限度内具有同一性质和质量，并在同一连续生产周期中生产出来的一定数量的药品。连续生产的原料药在一定时间间隔内生产，且在规定限度内的均质产品为一批。间歇生产的原料药可由既定数量的产品经最后混合所得，且在规定限度内的均质产品为一批，混合前的产品必须按同一工艺生产并符合质量标准，且有可追踪的记录。

批号是用于识别批的一组数字或字母加数字，用以追溯和审查该批药品的生产历史。生产中的每一个批次都必须编制生产批号。正常批号用年－月流水号，如011201批，即2001年12月的第1批次；采用年－月－日流水号，如0112012批，即2001年12月1日的第2批次。

批生产记录是指一个批次的成品的所有生产记录。批生产记录应能提供该批产品的生产历史及与质量有关的情况，批生产记录应按产品种类按批归档保存至产品有效期后一年；未规定有效期的药品，其批生产记录至少应保存3年。批生产记录的内容包括产品名称、生产批号、生产日期、操作者签名、复核者签名、有关设备的操作、相关生产阶段的产品数量、物料平衡的计算、生产过程的控制记录及特殊问题的记录。其中，岗位操作记录由岗位操作人员填写，岗位负责人、工艺员审核并签字；批生产记录由车间技术人员汇总，车间技术主任或车间专职工程师审核签字；对于跨车间的产品，各车间分别填写，由厂生产技术部门指定专人汇总审核并签字。成品发放前，厂质量管理部门审核批生产记录并签字，决定产品最后放行。批生产记录的填写要求：①内容真实，记录及时；②字迹清晰，不得用铅笔填写；③不得任意撕毁和涂改，须更改时，应用一条或二条横线划在更改处，在旁边重写正确的数据并签名及日期，要使原数据仍可辨认；④按表格内容填写齐全，数据完整，除备注栏外，不准留有空格，如无内容可填写，要用"—"表示；⑤内容与前面相同时应重复填写，不得用"……"或"同上"、"同左"来表示；⑥品名等应写全名并按标准名填写，不可简写；与其他岗位、班组或车间有关操作记录应一致、连贯；⑦填写日期一律横写，不得简写；⑧签名时应写全名，不得简写；⑨数据的修约应采用舍进机会相同的修约原则，即四舍、六入、五成双。

（二）生产指令单

为了规范生产过程中对生产任务的安排及执行工作，规范生产类原辅料、包装材料及批生产记录的领用，防止出现差错，制药企业必须建立生产指令管理制度。生物制药企业一般由各工段主管根据批准后的《月度生产计划》起草生产指令，报生产技术部经理、质量保证部经理审核，最终报质量总监批准。批准后的生产指令一式三份，原件由生产技术部保存，复印件交由质量保证部和物流部各一份。生产指令经批准下发后，任何人不得任意变更或修改，必须严格遵照执行。物流部根据批准的生产指令要求提前备料、核对检验报告单等以便及时发放，生产技术部各工段按生产指令中生产开始日期的要求，提前 2~5 天领取有关物料，并按照生产指令要求进行生产。批准后的生产指令作为各部门生产过程衔接的起始凭证，必须存档妥善保管备查，批准后的生产指令原件纳入生产批记录管理，复印件保存至产品有效期后一年集中销毁。

不同生物制药企业的生产指令单各不相同，其基本项目包括生产指令号、产品名称、产品批量、生产时间、物料名称、规格、用量等项目。以下为某生物制药企业的批生产指令单。

原料药生产指令

表单编号：
表单版本：

指令编号：

所属工段：菌种培养及发酵□纯化□			生产周期：　年 月 日—年 月 日	
指令起草日期：			工段主管：	
所生产产品名称		单位	产量预估（培养基预计使用量）	

物料需求单

物料名称	规格	生产现场库存情况	理论使用量（1）	理论使用量（2）	实际需求量（最小包装）

审批记录

审核人	生产技术部经理	
	质量保证部经理	
批准人	质量总监	

说明：若该批生产指令单为菌种培养和发酵指令单，则菌种培养工段填写理论需求量（1），发酵工段填写理论需求量（2），指令单工段主管签字处由两个工段主管共同签字；若为纯化指令单，则纯化工段填写理论需求量（1），理论需求量（2）栏划掉。菌种培养及发酵工段须填写培养基预计使用量，纯化工段无须填写。

（三）物料平衡

物料平衡是指产品或物料的理论产量或理论用量与实际产量或用量之间的比较，并适当考虑可允许的正常偏差。生产过程进行物料平衡分析，可以控制物料使用情况，从而减少差错。物料平衡分为一般物料平衡和关键物料平衡两种。

一般物料平衡是指物料的称取、分装过程所须进行的物料平衡。一般物料平衡体现在称量、分装的现场记录，操作人员负责称量、分装过程，进行记录，并且判断物料平衡情况是否在允许的范围内，主管负责定期对物料平衡情况进行检查。一般的物料平衡的计算公式为 $\dfrac{\text{产出量} + \text{废品量}}{\text{投料量}} \times 100\%$ 。

关键工序的物料平衡是指在关键的生产工序（关键工序是指对产品质量起决定作用的工序）中物料的使用情况，如生物制药生产中的发酵工序即为关键工序，其物料平衡为所有进发酵罐的物料和所有出发酵罐的物料之间的平衡，简单的计算公式为概括为 $\dfrac{\text{产出发酵液总量} + \text{废弃液总量} + \text{取样总量}}{\text{投入培养基总量} + \text{接种量} + \text{碱(酸)液用量}} \times 100\%$ 。关键物料平衡必须体现在批记录中，物料平衡情况必须进行复核，并且须由主管签字认可。

操作人员在进行物料的使用过程中，要按规定方法进行物料平衡计算，核对物料平衡是否在规定范围内，并将物料平衡的结果进行记录，关键的物料平衡结果应体现在生产批记录中。主管人员必须按期检查操作人员在生产过程中所作的物料平衡结果，对于关键的物料平衡须经工段主管进行复核后方可进行下面的工作；对于出现的物料平衡偏差，及时进行分析、更正。凡物料平衡收率不符合生产工艺规程的规定应立即贴上待处理品的状态标志，不能递交到下一道工序，并填写偏差处理单，按偏差处理程序进行处理。

（四）清场

为了防止混淆和差错事故，各生产工序在生产结束后，或转换品种、规格或批号前，均应进行清场。通常每天生产结束后清理现场，将设备表面、操作间清理干净；换品种、批号时应进行彻底清场；连续生产规定的时间（一般为 3 天）后，也应进行彻底清场；长时间的生产间隔后，再次开始生产之前须进行清场。

清场操作必须严格按照岗位与设备等的清洁规程进行，车间工艺技术员、质量员及质量管理部门的质监员应对清场工作进行监督。清场时应填写清场记录，记录内容包括工序名称、上批生产品名、规格、批号、清场日期、清场项目及检查情况、清场人及检查人签字。清场结束时由车间质量员复查合格后发放清场合格证正副本，正本纳入本批批生产记录，副本流入下一批生产记录中。清场合格证应规定有效期，超过有效期的应重新进行检查。无上批清场合格证副本，车间不得进行下一批产品的生产。

任务二　生物制药生产的辅助系统

一、生物制药车间供给系统

（一）水

1. 给水　生物制药车间的给水包括工艺用水、循环冷却用水、洗涤用水、锅炉用水等生产用水及生活用水和消防用水。

工艺用水直接影响到半成品和成品的质量，通常不同产品或不同工序对水质的要求不同，如饮用水、软化水、纯化水、注射用水等；生物制药厂生产时，常用水来带走反应产生的热量或使物料温度下降，水经过一次使用后温度上升，为了降低用水量，将升温后的水送至冷却塔与空气换热从而冷却，此冷却水可以循环使用，称为循环冷却水，循环水的供水压力一般为 0.34 ~ 0.5MPa；洗涤用水主要用于清洗设备、器具和地面等，水质应满足清洗要求；锅炉用水要求是软化水；生活用水包括清洗用水、饮食用水、卫生（洗澡、冲厕所）用水，除冲厕所用水可低于自来水标准外，一般按自来水的质量标准；消防用水系统一般是独立设置的，包括消防水池、消防水系统和消防水管道，消防水系统的压力一般为 0.5 ~ 1.0MPa。

为满足给水的需要，必须有输配水系统。输配水系统一般包括清水泵房、调节水箱、厂区给水管网和室内管道。管网上的水压比每个车间或建筑物最高层用水要求的水压高 0.1 ~ 0.15MPa。一个车间的进水管至少分两路接入，故厂区应采用环状管网，以确保供水正常。

2. 排水　制药企业的排水系统按照"清污分流、分别排放"的原则，根据排放水的性质不同分为生产污水系统、生活污水系统和清洁废水系统。

生物制药厂的排出水包括生产污水、生产废水（清下水，指生产区排出的未被污染的废水，如间接冷却水、溢流水等）、生活污水和雨水四种。生产污水中往往含有微生物和一些有害物质，尤其是发酵车间和提取车间，这些生产污水必须经过处理达到排放标准后才能排放；生活污水中含有易腐化发臭的有机物和各种致病菌，在排除前也必须经过处理；生产废水（清下水）和雨水属于清洁废水，一般可以不经处理直接排入水体。

（二）电

生物制药工厂主要由地区电网供电，其供电系统一般由变压设备、配电线路和设备、用电设备等构成。车间用电包括动力用电和照明用电。

在供电设计中，必须提供各个车间的用电设备的安装容量，作为设计基础，然后把安装负荷转化为计算负荷，根据全厂的计算负荷选择供电线路和供电设备。一般生物制药工厂，尤其是大型厂，由于厂区范围大，全厂用电设备的容量也大，须根据供电部门的供电情况，设置变压器（或变电所），各车间有配电室用于接受和分配电能，但配电室不能进行电压变换。

生物制药工厂的照明分为一般照明、局部照明、混合照明。灯具以荧光灯为主，部分不宜采用荧光灯的区域采用白炽灯。洁净区内应全部采用净化灯具（含灯的空气净化器）；在走廊、人流通道、主要生产岗位及紧急疏散通道应设置带应急电源的应急灯；在通道入口、紧急出口、楼梯口及其他必要的地方应设置带应急电源的灯具；高架仓库常选用高压钠灯；爆炸危险场所应选用防爆灯具；潮湿的生产场所应选用防潮灯。

（三）蒸气

生物制药工厂的生产、空气调节与采暖及生活上所需的蒸气或热水，可以由热电厂供给，也可以由自设锅炉房提供。

热电厂输送到生物制药工厂的蒸气一般为1.6MPa左右的过热蒸气，须设置全厂总蒸气分配站进行减压，并在必要的时候向过热蒸气中喷入一定量的水，使之成为0.8MPa饱和蒸气后再供工厂使用。自设锅炉时，锅炉的蒸气参数应满足工厂生产、空调与采暖的需要。燃料的品种对选择锅炉的类型有决定的影响，目前常用的燃料有天然气、柴油和煤。由于煤燃烧产生的烟灰容易对厂区环境产生污染，故宜优先考虑选用燃气或燃油锅炉。锅炉房通常设置在厂区常年主导风向的下风向，同时尽可能接近用汽负荷中心。

（四）气

生物制药生产厂房空气调节方式有两种：舒适空调和净化空调。前者主要是为了满足人体的舒适感而配置的空气调节系统，可根据《采暖通风与空气调节设计规范》的要求确定室内温度；后者是根据GMP的要求，控制对洁净室内洁净环境产生影响的室外物质，防止尘埃粒子和微生物对药品生产造成污染而设置的，除生产工艺有特殊要求外，一般温度为18℃～26℃，相对湿度为45%～65%。

净化空调系统可以分为三种形式：集中式、半集中式、分散式。集中式净化空调系统把系统内单个或多个洁净室所需的净化空调设备都集中在机房内，用送风管道将洁净空气配给各个洁净室；半集中式净化空调系统指在系统中既有集中的净化空调机房，又有分散在各洁净室内的空气处理设备，是一种集中处理和局部处理相结合的形式；分散式净化空调系统指在系统内各个洁净室单独设置净化空调设备。

生物制药生产洁净厂房主要采用集中式净化空调系统，其特点是：①在机房内对空气集中处理，进而送进各个洁净室；②集中处理后的洁净空气送入各洁净室，以不同的换气次数和气流形式来实现各洁净室内不同的洁净度；③由于设备集中于机房，对噪声和振动较容易处理。

集中式净化空调系统基本流程见图6-1，室外的新鲜空气经粗效过滤器过滤后与洁净室回风混合，经空调机处理温度、湿度，再经中效过滤器和高效过滤器过滤，进入各洁净室内。当室内不产生有害物质时一般尽量利用回风以节省能源和投资。当室内不散发大量余热时，可不再经过空调机而由循环风机直接和空调机处理过的空气混合，进入中效过滤器。

系统中前两级过滤器一般设在机房。粗效过滤器一般设在新风口处。中效过滤器

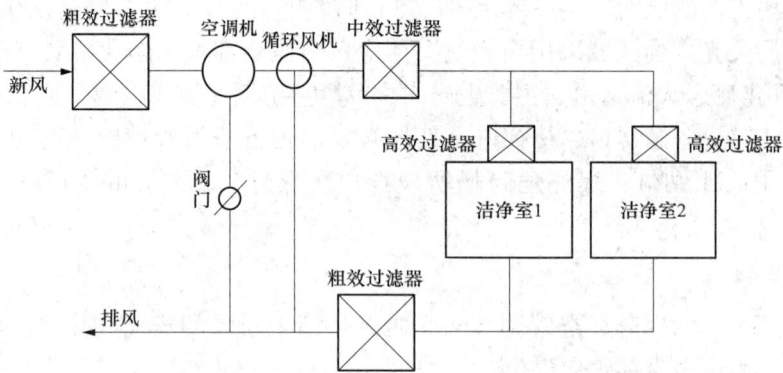

图 6-1　集中式净化空调系统的基本流程

一般设在循环风机之后，以保证中效过滤器以后风管内处于正压状态，防止管外灰尘从该段风管缝隙处侵入管内。高效过滤器一般设在洁净室送风口处，以避免经过高效过滤器后的空气再被管道污染。通过排风口可以排出洁净室内的一部分空气，以保证补入一定量的新鲜空气。为了阻止净化空调系统停止运行时，室外空气倒灌到洁净室内，常常要求在排风口上设置止回阀、密闭阀、阻尼层及水浴密封池。

洁净室内的气流组织可分为单向流和非单向流两种。单向流按气流方向分为垂直单向流和水平单向流；非单向流按其送风口位置分为顶送和侧送，常见的送回风方式有：侧送侧回、顶送侧回、顶送顶回。因为非单向流洁净室具有投资省、运行费用低、改建扩建容易等优点，所以生物制药厂大多应用非单向流送风。

（五）风

生物制药厂的通风方法可分为自然通风和机械通风。

自然通风利用建筑物的门、窗及缝隙进行自然换气，或利用温压和风压的作用而形成气流交换，如墙下设通风口、屋面设气窗。自然通风的风量无法控制，气流也比较混乱。

当自然通风达不到应有的要求时，可采用机械通风。在有大量蒸气散发或易燃易爆、毒害气体及粉尘散发的生产场所，必须进行机械通风或排风。机械通风可分为全面机械通风和局部机械通风。全面机械通风是指在厂房内全面进行空气交换，有进风系统和排风系统两部分。局部机械通风在有害物产生地点用专设的通风设备把它们收集起来，直接排除出去，或者将处理过，且合乎卫生要求的空气送到工作场所。常用的局部机械通风措施有风扇、空气淋浴器和局部排风机。

（六）暖

供暖系统通常三个组成部分：热发生器、供热管道和散热器。供暖系统可分为局部供暖系统和中枢暖气系统。前者的特点是热发生器、供热管道和散热器三个部分组成一体，如电加热器；后者的特点是一个热发生器向一个车间、一个建筑或全厂供应暖气。根据热介质性质，供暖系统又分为热水、蒸气和热风采暖系统。

（七）冷

生物制药工厂除了需要设置冷库外，大部分冷量是用来制取低温冷却水（也称为冷冻水）或冷冻盐水。通常冷冻系统分别用于空调、工艺设备或物料冷却，故冷冻站的位置应当尽可能靠近其使用岗位。

制冷机主要有四大类：①压缩式冷冻机（包括活塞式、离心式和螺杆式），依靠压缩机的作用来提高制冷剂的压力以实现制冷循环；②蒸气喷射制冷机，它由蒸气喷射器、蒸发器和冷凝器等设备组成，依靠蒸气喷射器的抽吸作用在蒸发器中保持一定的真空，使水在其中蒸发而制冷；③吸收式制冷机，也由消耗热能（蒸气）来制冷，依靠吸收器－发生器组（热化学压缩器）的作用完成制冷循环，又可分为氨水吸收式、溴化锂吸收式和吸收扩散式；④半导体制冷机，利用半导体的热－电效应制取冷量。

二、生物制药车间的压缩空气系统

发酵生产所用菌种一般为喜氧菌，必须保证培养液中一定的溶解氧，菌种才能正常生长及有效生产。喜氧菌的发酵通常是以空气作为氧源，空气中含大量的各类微生物，如果随空气一同进入培养系统，会在合适的条件下大量繁殖，与目的菌株竞争消耗营养物质，并产生各种副产物，从而干扰或破坏纯种培养过程正常进行，甚至使培养过程彻底失败导致倒罐，所以进入培养液的必须是洁净无菌的空气，同时还要具有一定压力以便克服空气在预处理、过滤除菌及有关设备、管道、阀门、过滤介质等处的压力损失，并在培养过程中能够维持一定的罐压，这就要求对外来的空气通过压缩空气系统进行净化除菌和调节处理。

从大气中吸入的空气常有微生物、灰尘、砂土等，其数量与环境有密切关系。就微生物而言，一般干燥寒冷的北方空气中含微生物量较少，而湿润温暖的南方空气中含微生物较多；城市空气中的微生物含量比人口稀少的农村多；地平面空气中微生物含量比高空多，有报道称吸气口高度每提升 3.05m，微生物数量减少一个数量级，因此采风口的选址通常在上风口、通风较好处，并进行高空吸气。提高吸气口至 15m 的位置可以大大减少吸入空气的微生物量，并加大吸气口与排气口的距离。

压缩空气系统工作流程的制订过程根据具体所在地的地理、气候环境和设备条件来考虑。如在环境污染比较严重的地方要改变吸风的条件（如采用高空吸风），以降低过滤器的负荷，提高空气的无菌程度；在温暖潮湿的地方要加强除水设施以确保和发挥过滤器的最大除菌效率和使用寿命；在压缩机耗油严重的流程中要加强油雾的去除力度，否则带入过滤器将会影响过滤效果。为保持过滤器在比较高的效率下进行过滤，并维持一定的气流速度，并不受油、水的干扰，则要有一系列的加热、冷却及分离和除杂设备来保证。下面介绍几种典型的空气净化流程。

（一）两级冷却、加热除菌流程

设计流程：高空空气吸气口→初效过滤器→空气压缩机→空气储罐→一级空气冷却器→旋风分离器→二级空气冷却器→丝网除沫器→空气加热器→空气总过滤器→空气分过滤器→发酵罐。

为减少进入空压机的灰尘和微生物，减轻介质过滤除菌的负荷，该空气净化流程中吸入的空气先通过粗过滤器过滤，然后进入空气压缩机。空气经空压机压缩后压力和温度升高，在后续过程中易产生冷凝水，水分一旦进入过滤器会堵塞过滤介质，增大空气的压力损失,严重时还会浸润介质而破坏过滤效果;空气在压缩过程中可能夹带空压机的润滑油烟雾,油雾会降低空气的给热系数,给空气的冷却过程造成困难,另外也会和冷凝水一样浸润介质破坏过滤效果,故水和油都应设法除去。从空压机出来的空气压力在0.2MPa以上,温度达120℃～160℃,一般先冷却降低空气温度,提高空气相对湿度,使其达到饱和状态并处于露点以下,使其中水分凝结为水滴或雾沫,从而将其除去,油雾滴通过冷却后可以和水滴一起除去。本流程采用二级空气冷却工艺:通常先用25℃左右的水将120℃～160℃的空气冷却到30℃～35℃,再用9℃左右的冷却水或15℃～18℃的地下水把30℃～35℃的空气冷却到20℃～25℃。经第一次冷却过程,大部分的水、油已凝结成较大的雾滴($>20\mu m$),且雾滴浓度较高,可用旋风分离器分离;第二冷却器使空气进一步冷却后析出一部分较小的雾滴($>1\mu m$),丝网能够分离较小直径的雾粒且分离效率高,故可采用丝网分离器分离。分离油和水后,空气的相对湿度仍为100%,当温度稍下降时,就会析出水,使过滤介质受潮而影响过滤效率,须用丝网分离器后的空气加热器将空气的相对湿度降低至50%～60%,以保证过滤器正常运行。最后通过总过滤器和分过滤器除菌,从而获得洁净度、压力、温度和流量都符合要求的无菌空气,满足发酵过程对于溶氧的需求。

两级冷却、加热除菌流程是一个比较完善的空气除菌流程,可适应各种气候条件,尤其是潮湿地区,能充分分离油水,使空气在较低的相对湿度下进入过滤器,以提高过滤效率。一些对无菌要求高的微生物发酵过程多使用此流程。

(二)冷热空气直接混合式空气除菌流程

设计流程如下。

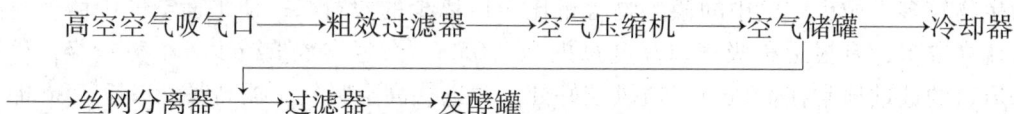

高空空气吸气口──→粗效过滤器──→空气压缩机──→空气储罐──→冷却器

──→丝网分离器──→过滤器──→发酵罐

压缩空气从空气储罐出来后分成两部分,一部分进入冷却器,冷却到较低温度,经丝网分离器分离水、油雾后与另一部分未处理的高温压缩空气混合,此时混合空气已达到温度为30℃～35℃,相对湿度为50%～60%的要求,再进入过滤器过滤。该流程的特点是省去第二次冷却后的分离设备和空气再加热设备,流程简单;利用压缩空气来加热析水后的空气,冷却水用量少。该流程适合中等含湿地区,但不适合空气含湿量高的地区。

除上述两种外,典型的无菌空气制备流程还有高效前置过滤空气除菌流程、利用热空气加热冷空气流程。前者采用高效率的前置过滤设备,利用压缩机的抽吸作用,使空气先经中效、高效过滤后,进入空气压缩机进行压缩,再经冷却器冷却、丝网分离器分离水油、空气加热器加热后进入主过滤器过滤,从而降低主过滤器的负荷,所得的空气无菌程度很高;后者利用压缩后的热空气和冷却后的冷空气进行热交换,使冷空气的温度升高,降低相对湿度。此流程对热能的利用比较合理,热交换器可兼做贮气罐,但由于气－气换热的传热系数很小,加热面积要足够大才能满足要求。

三、CIP 清洗系统

CIP（cleaning in place）即原位清洗或定置清洗，是一种按照一定的程序通过泵和管道输送水和清洗液，不移动位置、不拆解生产设备就可以达到清洗目的全自动或半自动清洗系统。CIP 清洗系统通常由清洗液罐（酸罐、碱罐）、热水罐、加热器、酸碱添加装置、进料泵和回流泵、清洗液送出分配器、各种控制阀门、清洗管路和电气控制箱等部件组成，可以对所有产品接触的表面进行自动清洗，清洗对象包括罐体内壁、管道内壁、液缸内壁及其他液体通道。根据不同的清洗对象，又可分为单回路、双回路、多回路等。典型的 CIP 系统的构造见图 6-2。

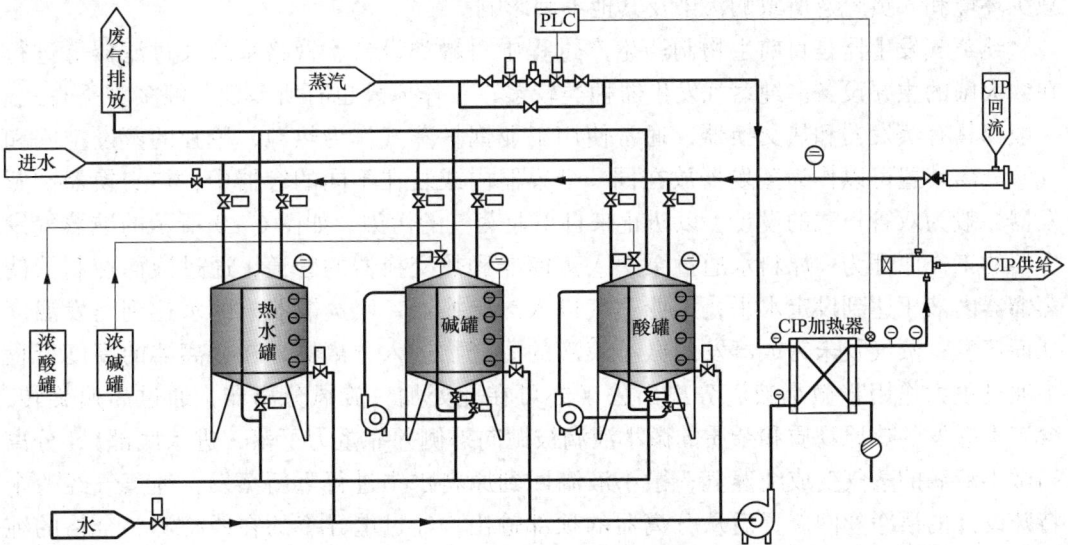

图 6-2　典型的 CIP 系统构造

CIP 系统的关键工艺参数为清洗液种类、浓度、温度和流速。通常，碱洗能去除脂肪和蛋白等残留物，酸洗能去除钙盐和矿物油等残留物，碱液一般用 NaOH，酸液常用硝酸或磷酸，浓度为 1%~3%，适当加热以增强清洗效果，清洗流速在 1.5~3m/s 之间。

自动 CIP 系统浓酸浓碱的计量添加、清洗液温度都是自动控制的，清洗程序也是设定后自动执行的。清洗开始后进料泵将清洗液泵入清洗管道，通过管道进入设备（如发酵罐）内部，通常在罐体的顶部安装有与清洗管道连接的喷雾球，清洗液从喷雾球中高速喷出，淋洗罐体内壁，并汇集到罐底部，再经回流泵抽回，通过阀门开合，既可进行强制循环清洗，也可进入排污管道排污。通常，先用纯化水或注射用水清洗一遍，再用碱（酸）液循环清洗，最后再用纯化水或注射用水清洗，并检测电导率，当电导率达到要求后结束清洗。

CIP 系统的运行成本低，结构紧凑，占地面积小，安装、维护方便，毋须挪动和拆卸就能有效地对缸罐容器及管道等生产设备进行就地清洗，其整个清洗过程均在密闭的生产设备、缸罐容器和管道中运行，从而大大减少二次污染机会，延长同时设备的使用寿命。CIP 系统根据生产需要分为一路至四路，其中二路及二路以上既能分区同时清洗两个以上区域，也能在生产过程中边生产边清洗，大大缩短清洗时间。CIP 系统的体外循环系统可有效减少能耗，CIP 的回水系统可减少清洗用水量。全自动 CIP 清洗系统能对清洗液进行自动检测、加液、排放、显示与调整，自动化程度高，操作简单，清洗效果好，因而更符合现代大规模制药工业、食品工业的卫生要求及生产环境要求。

四、SIP 系统

SIP（sterilization in place）即在线灭菌，是指系统或设备在原安装位置不拆卸及移动的条件下进行的灭菌工作。在线灭菌所需的拆装作业很少，容易实现自动化，从而减少环境和人员疏忽所致的污染及其他不利影响。

纯蒸气发生器是目前生物制药生产过程中对罐类设备、管路系统及过滤器等进行在线灭菌的主要设备。纯蒸气发生器种类较多，工作原理也有所差别，但多为垂直式，一般都具有蒸发器和热交换器，通常使用工业锅炉蒸气作为热源，单独的蒸发空间和气液分离装置可以作为蒸发器放在同一个容器内或装在不同的容器中，热交换器和蒸发器一般为双管板式的设计，以防止来自工业蒸气的污染。如图 6-3 所示的纯蒸气发生器的工作原理为：原料水通过泵送入蒸馏器和热交换器的管道，通过液面控制器使蒸馏器内液压达到设定水平；工业蒸气进入热交换器，使蒸馏器内的水达到蒸发温度从而蒸发；蒸气及未完成蒸发的微小液滴的混合物进入分离器，在分离器的高度行程中通过重力作用将微小液滴分离出去（亦可在此处加一旋风分离器，通过高速旋转，含有不挥发的热原物质和杂质的微小液滴被抛向外侧并靠重力下落，进入底部），分离出微小液滴的蒸气变成纯蒸气；微小液滴回到原料水中进行重新蒸发，纯蒸气经一个特殊设计的洁净丝网装置后从分离器的顶部输出；经过电导率的在线检测，合格的纯蒸气通过输出管路进入到各个分配系统使用，未能蒸发的浓缩水从分离器底部间歇排放；在原料水中有一种不能凝结成水的气体，一般通过蒸发器顶部设有的不凝气体连续排放装置排放。

纯蒸气发生器所产生的纯蒸气的压力一般在 0～0.6MPa，可供工艺用水系统及其他工艺设备在线灭菌使用。在一定的范围内，纯蒸气发生器的产汽量和汽压可通过调节锅炉蒸气的压力及进水量来控制，因此需要一个锅炉蒸气的控制阀及蒸发器内部的液位控制装置。锅炉蒸气的压力必须高于纯蒸气的压力，压差越大，纯蒸气的产量就越多。为了得到合适的纯蒸气产出，锅炉源蒸气的汽压应比普通制药用锅炉蒸气压（如一般灭菌设备使用的加热蒸气）高出 0.3～0.4MPa，锅炉蒸气的消耗量比所得的纯蒸气高 10%～20%。在匹配的情况下，蒸发器热交换表面的温度差接近最大值，以保持蒸气发生器最大的产出。如果锅炉蒸气压力在最大值附近，而纯蒸气压力在最低值时，通过汽液分离器的汽流速度太大，会将含有内毒素的雾状水珠带入纯蒸气，从而影响蒸气质量。另外，当纯化水的进水量太大时，来不及蒸发的微小液滴更容易夹带入纯蒸气中，导致纯蒸气质量失控，会造成产品质量方面的风险。因此纯蒸气发生器通常带报警装置自动关闭功能，防止流速过大，以确保纯蒸气的质量。

纯蒸气发生器使用纯化水或注射水为其源水，而不使用饮用水，主要有以下几个

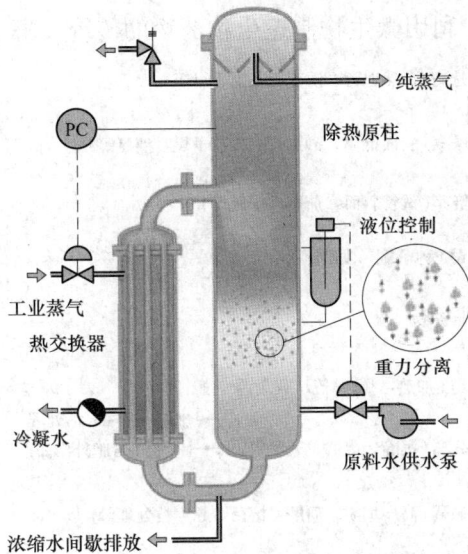

图6-3　纯蒸气发生器工作原理

方面的原因：①防止纯蒸气发生器内部形成水垢。纯蒸气发生器的运行温度高，源水的总溶解固体必须处在很低的水平，否则很容易形成水垢；②防止蒸气发生器及其管道系统腐蚀。在高温条件下，饮用水有很大的腐蚀性，特别是其中的氯离子对不锈钢材料的腐蚀性更大。③防止易挥发物质危及产品质量。蒸馏过程中难以分离易挥发物，如氨、肼、醛等，虽然蒸馏水机及纯蒸气发生器均有排气装置，但它们一经进入源水中，就会带来质量风险。

任务三　生物制药的基本工艺过程及生产中的共性问题

一、生物制药的基本过程

尽管提供生物药物的生物资源包括动物、植物、海洋生物和微生物的组织、器官、细胞与代谢产物，但应用微生物发酵与动植物细胞培养技术是获得生物药物的主要途径。

传统的发酵工艺，即利用微生物（可以是自然界存在的微生物，但主要利用由辐照或化学诱变等传统方法改良的微生物和由基因工程的方法构建的微生物）生产生物药物的工艺中，常人为地将生产过程分为菌种、发酵、提取、纯化四个阶段，形成与之对应的四个生产岗位。菌种岗位负责菌种的保藏、转接、培养工作，为发酵提供足量、合格的菌种；发酵岗位进一步扩大培养规模，并通过培养条件的控制使微生物进行代谢产物（目的物）的生产；提取岗位根据目的物与培养体系中的其他成分在物理、化学或生物学特性上的区别将目的物从复杂的生物体系中转移到特定的人工液相体系中（通常是水、缓冲液、稀盐溶液或有机溶剂等）；纯化岗位通过更精细、更有针对性的方法或技术将提取液中的目的物与其他成分分离开来，从而提高目的物的纯度，使之达到一定的质量标准。利用微生物制造生物药物的传统发酵工艺基本模式见图6-4。

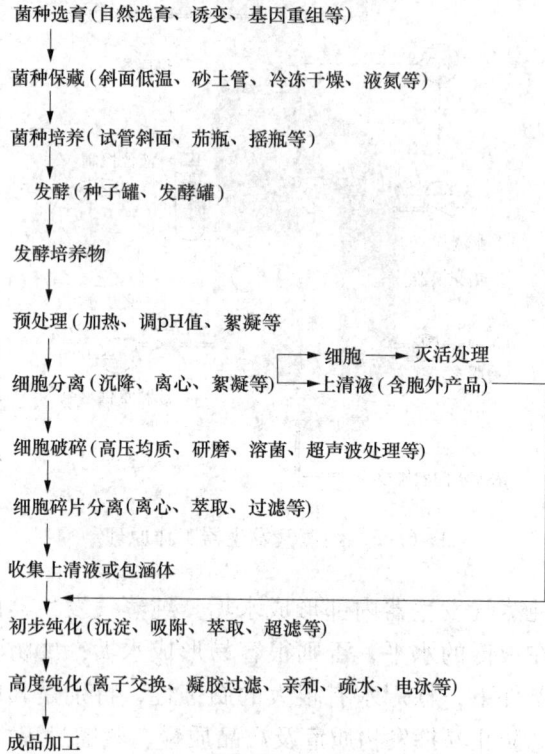

菌种选育（自然选育、诱变、基因重组等）
↓
菌种保藏（斜面低温、砂土管、冷冻干燥、液氮等）
↓
菌种培养（试管斜面、茄瓶、摇瓶等）
↓
发酵（种子罐、发酵罐）
↓
发酵培养物
↓
预处理（加热、调pH值、絮凝等）
↓
细胞分离（沉降、离心、絮凝等）→ 细胞 → 灭活处理
　　　　　　　　　　　　　　　→ 上清液（含胞外产品）
↓
细胞破碎（高压均质、研磨、溶菌、超声波处理等）
↓
细胞碎片分离（离心、萃取、过滤等）
↓
收集上清液或包涵体
↓
初步纯化（沉淀、吸附、萃取、超滤等）
↓
高度纯化（离子交换、凝胶过滤、亲和、疏水、电泳等）
↓
成品加工

图6-4　利用传统发酵工艺生产生物药物的基本模式

利用动植物细胞培养技术是获得生物药物的主要途径。与图6-4类似，构建的细胞亦须经过冻存、复苏、扩大培养然后产生目的物，并通过提取和纯化来使目的物达到一定的质量标准。

二、生物制药过程中的共性问题

（一）菌种岗位

培养基为菌种生长所需营养的基质。培养基要具备四个条件：①含有所培养的菌株生长所需要的各种营养物质，如糖类、有机氮、矿物质等；②所含养分浓度和状态要利于该菌种的吸收和利用；③要有适宜的酸碱度；④须经过严格灭菌，保持无菌状态。第四点是通过灭菌才能达到的，但灭菌的高温会破坏培养基中的许多化学成分，并降低培养基的 pH 值，这一点必须在配制时就考虑到。这就要求尽量选用热稳定状态好的原料，灭菌前的 pH 值要略高于使用时所需的适宜酸碱度。

在菌种保藏和扩大培养过程中要注意：①根据菌株对人和动物的致病力、毒性流行传染的危害程度，要实行严格安全的保藏管理制度；②所有与菌种有关联的工作，如菌种的接受、检查和保藏等工作都应有专门的微生物分析员处理和控制，建立进出账目，填写菌种记录，记录内容包括：菌种名称、编号、来源、形态特征、培养特性、生化检定、传代次数、最适培养基和培养条件、保藏方法、储存条件及保存库址等；③菌种保藏标签必须规范、清晰，所有保藏的菌种容器表面均应贴有相应的标签，标签必须字迹清晰可见，应注明：菌种的名称、系列号、传代次数、接种时间等等，一旦新一代菌种制备成功，上一代菌种务必处理掉，处理过程应记录；④制作或盛装培养基的器皿不能使用铁锅或铜锅，以免铁锈或铜锈混入培养基中，使铁或铜含量过高；⑤制成的培养基在使用前应做无菌检查，方法是将其置于37℃左右的恒温培养箱内培养24小时；⑥不要使用培养基已经干缩或老化的一级种，以免影响菌种存活率或导致生产性状退化；⑦长期保藏的菌种用前应放在恒温箱中活化培养，并逐步提高培养温度，活化时间一般为1~3天；⑧如在冰箱中保存时间超过3个月，最好转管培养一次再用，以提高接种成功率和菌种生长速度；⑨启用保藏的一级种，应认真检查是否有污染现象，被污染的菌种绝对不能用于扩大生产；⑩制备好的培养基应及时用完，不宜久存，以免降低其营养价值或成分上发生变化；⑪制备过程中一定要遵守无菌操作规程，并标好标签，注明菌种名称、接种日期和转接管次数，尤其在同一时间几种不同的菌种接种时，一定要严防混杂；⑫一级种转管的次数不能过多，一般以5~6次为好，不能超过10次，否则由于移植时所造成的机械损失及培养条件的变化，会削弱菌种活力，导致遗传性状变异，因此引进或育成的菌种在第一次转管时，可较多数量扩转，并以不同方法保藏，按计划使用；⑬接种必须在洁净室进行，环境洁净度C级下局部A级的单向流空气区域内全过程必须无菌操作，防止微生物污染。

在生产过程中有时会出现菌种接种后不能生长的现象，其原因可能是：①菌种在保藏过程中已冻死或失去活力；②菌龄过老，生活力衰弱；③接种操作时，母种被接种铲（或接种环，接种针）或酒精灯火焰烫死；④母种没有贴近培养基，菌种萌发后因缺少营养而死亡等。

（二）发酵岗位

发酵岗位最常见，也最严重的问题是染菌。发酵生产过程中污染生产菌株以外的菌称为杂菌。发酵染菌主要污染细菌，包括球菌、杆菌、芽孢杆菌，此外还有放线菌、霉菌、酵母菌和病毒（主要是噬菌体）等。杂菌广泛存在于水中、空气中、工农业产品中和一切物体的表面。

1. 发酵染菌的原因 发酵污染杂菌的原因错综复杂，但总体上说来不外乎：①设备渗漏，如冷却蛇管渗漏易污染水中的微生物，阀门或连接处罐体渗漏会污染空气中的微生物。②无菌空气系统过滤失效或减效。当无菌空气系统过滤失效或减效时，易污染大量积于过滤介质上的霉菌、酵母菌和细菌。③培养基灭菌不彻底。原材料中混有大量杂菌，灭菌不彻底很容易造成发酵过程污染。④罐体及管道灭菌不彻底，由此造成大量隐藏于死角中的杂菌，尤其是芽孢杆菌未能灭活，导致发酵污染。⑤种子系统带菌至下一代。种子染菌的原因有操作失误、环境不洁净和用品灭菌不彻底等三个方面，种子接种到发酵罐后其夹带的杂菌也随之进入发酵罐，造成污染。⑥蒸气质量不好。蒸气不饱和或过饱和，前者热量低穿透力差，后者热量虽高但穿透力差，都会导致灭菌不彻底而容易染菌。⑦补料系统不完善。有的工厂一根补料管道兼管所有发酵的补料，物料和管道灭菌不彻底常导致染菌；管道消毒后间隔时间太长、在管道灭菌后未用蒸气保压或者掉零后继续照常补料也会造成染菌；补料入罐管道的小排气阀没有及时检修、垫漏沙眼等，在补料过程中补料液的流速很大，就有可能将空气中的杂菌经由小排气阀的漏点处抽入罐内造成染菌。⑧人为因素。缺乏工作责任心、操作质量差，也是发酵染菌的重要因素，如消毒工没有严格按照工艺规程操作，看罐工泡沫控制不好，造成顶罐逃液，都容易导致染菌。⑨防染制度、防染措施不健全、不完善，从而导致染菌。

2. 无菌检验 在生产过程中，为了及早发现染菌并恰当处理，保证生产正常进行，对菌种制备、种子罐、发酵罐的接种前后和培养过程中须按工艺规程要求定时取样，以进行无菌检验。培养液是否污染杂菌可从无菌试验、培养液的显微镜拉查、培养液的生化指标变化情况等三个方面进行分析，其中无菌试验是判断染菌的主要依据。现在采用的无菌试验方法有肉汤培养法、双碟培养法、斜面培养法等，其中以酚红肉汤培养法和双碟培养法结合起来进行无菌检查用得较多。

（1）**肉汤培养法** 该法直接用装有酚红肉汤的无菌试管取样，然后放入37℃恒温室（箱）内培养。定时观察试管内肉汤培养基的颜色变化，同时进行显微镜观察。

（2）**斜面培养法** 先用空白无菌试管取样，然后在无菌条件下接种于斜面培养基上，置于37℃恒温室（箱）内培养，定时观察有无杂菌菌落生长。

（3）**双碟培养法** 种子罐样品先取入肉汤培养基中，然后在无菌条件下在双碟培养基上面划线，剩下的肉汤培养物在恒温室（箱）内培养6小时后复划线一次，发酵罐培养液直接取入空白无菌试管中，于37℃下培养6小时后在双碟培养基上划线。24小时内的双碟定时在灯光下检查有无杂菌生长。24~48小时的双碟一天检查一次，以防生长缓慢的杂菌漏检。在正常生产过程中，种子罐和发酵罐每隔8小时取样一次，进行无菌检查。该方法经常用于单菌落挑选，可以从染有杂菌的培养液中经多次划线挑取单菌落进行分离培养，以得到纯种的种子。

无菌试验的结果一般需要8~12小时才能判断。为了缩短判断时间，有时向培养基中加入赤霉素、对氨基苯甲酸等生长激素以促进杂菌生长。

染菌的判断方法一般以无菌试验中的酚红肉汤培养和双碟培养的反应为主，以镜检为辅。每个无菌样品的无菌试验至少用两只酚红肉汤或斜面同时取样培养。要定量取样，因取样量不同，影响颜色反应和浑浊程度观察。如果连续3个时间的酚红肉汤无菌样颜色变化或变浑浊，或斜面连续3个时间样品长出杂菌即判断为染菌。有时酚红肉汤反应不明显，要结合镜检确认连续3个时间样品染菌，即判为染菌。各级种子罐的染菌判断亦参照上述规定。

3. 染菌原因分析 查找发酵染菌的原因，以防再次发生，是生物制药过程中必须解决的问题。一般从以下几个方面着手。

（1）**从染菌的范围来分析** 单罐染菌应从单体设备的清洁和灭菌操作上找原因，相同时间内同时出现几个发酵罐染菌应该从空气系统、补料系统、排气系统找原因。单罐连续或间断染菌应从该罐的清洁状况、试漏、死角或设备不合理方面找原因。

（2）**从染菌的时间来分析** 尚未补加料之前发生的前期染菌，一般染菌量大，应从物料灭菌不透、种子带菌、泡沫顶罐、轴封渗漏等方面找原因，发酵的中后期染菌应从设备严密、空气系统、补料系统及中间工艺控制上找原因。

（3）从染菌的菌型来分析　染酵母菌、霉菌由于不耐热，可从无菌室的清洁情况、倒瓶、并瓶时菌落数及设备泄露上找原因。染球菌、杆菌等不抗热杂菌应从空气过滤介质的破损失效、设备渗漏、培养基倒流等方面找原因。染芽孢杆菌等抗热杂菌时应从设备的死角、罐内的清洁、不合理的设备装置及灭菌操作上找原因。

4. 发酵染菌的处理　发酵罐污染杂菌后，应依据染菌时间、所染杂菌的危害程度及时进行处理，同时对所涉及的设备及时处理。

（1）种子罐染菌处理　种子罐发生染菌后，不能往下道工序移种，应当及时用高压蒸气直接灭菌，再过滤处理后放入下水道。

（2）发酵罐染菌处理　发酵罐前期染菌，若污染的杂菌对产生菌的危害大，采用蒸气灭菌经过滤处理后放掉；如果危害不大，可用重新灭菌、重新接种的方式处理；如营养成分消耗较多，可放掉部分培养液补入部分新培养基后进行灭菌，重新接种；如污染的杂菌量少且生长缓慢，可以继续运转下去，但要时刻注意杂菌数量和代谢的变化。

发酵的中后期染菌，一是加入适量的杀菌剂，如呋喃西林或某些抗生素，抑制杂菌生长；二是降低培养温度或控制补料量来控制杂菌的生长速度。如果采用上述两种措施仍不见效，就要考虑提前放罐。

（3）染菌后的设备处理　染菌后的罐体用甲醛等化学物质处理，再用蒸气灭菌，各种附属设备应同时灭菌，以消灭罐内设备附件死角中残留的杂菌。可通入罐容积万分之一的甲醛加少量水，进蒸气加热至110℃排汽10min，再自然熏消30min，清洗干净，等待空消。在再次投料之前，还要彻底清洗罐体、附件，同时进行设备严密程度检查，以防渗漏。

由于细菌芽孢对温度的抵抗力大，故发酵罐染杆菌后不易杀灭，在罐垢层中的芽孢杆菌更不易溶出杀灭。处理方法：加入稀碱水浸煮，将芽孢杆菌从垢层中溶出，然后再用高压蒸气灭菌。

（4）污染噬菌体处理　抗生素等产品在发酵过程中有时出现噬菌体污染，轻者造成生产能力大幅度下降，重者停产。一般噬菌体污染后往往出现发酵液突然转稀，泡沫增多，早期镜检发现菌体染色不均匀，在较短时间内菌体大量自溶，最后仅残留菌丝断片，平皿培养出现典型的噬菌斑，溶氧浓度回升提前，营养成分很少消耗，产物合成停止等现象。如果污染温和噬菌体时，其反应温和，平皿培养不出现明显的噬菌斑，只出现部分菌体自溶，生化指标变化不显著，生产能力降低，对生产的危害亦是严重的，但不易被发现。

发酵过程中污染噬菌体后，一般按如下方法处理：①种子室、化验室的接触用具一律用消毒液浸泡灭菌；②发酵液用蒸气加热至100～121℃，维持30～45min，必须经高压蒸气灭菌后才可放掉，严防发酵液任意流失，以免扩大污染；③放罐后的罐体设备经清洗后还应该用甲醛熏罐灭菌；④全部停产，有关的管道和下水道及厂房环境区用甲醛和漂白粉喷洒消毒，以对环境进行全面的清洗和消毒，断绝噬菌体的寄生基础；⑤更换生产菌种，不断筛选抗噬菌体菌种，防止噬菌体重复污染。

（三）提取岗位

生物制药的提取工艺、设备因品种不同而有很大的差异，因而在生产过程中容易出现的问题各不相同，但因这类药物都来源于生物材料，故而也存在的共性问题。

生物药物稳定状态受 pH 值、温度、离子强度、提取过程所使用的溶剂和表面活性剂、金属离子等方面的影响；生物药物，特别是大分子药物，对剪切力也很敏感，相对分子质量越大，稳定状态越差；生物材料在提取、纯化过程中，其有效成分的生理活性处于不断变化之中，因此，在整个制造过程中，都要把防止目的物失活放在首位。

例如：由于青霉素的水溶液不稳定，容易分解或异构化；青霉素本身不耐高温，在常温下也易降解；青霉素在碱性条件下不稳定，容易加速水解，因而在其提取和精制过程中要遵循"时间短"、"温度低"、"pH 值"合适这三个原则，如发酵液应冷至 10℃ 以下再预处理，预处理过程中 pH 值只能控制在 4.8 ~ 5.2，且必须快速操作。

再如蛋白质类和酶类药物，生产过程中要严格控制好提取条件，常避免高温、剧烈搅拌、强酸、强碱、金属离子的作用，以防止上述因素破坏目的物的高级结构而导致失活。胰岛素生产中浓缩工序的快速操作、L – 天冬酰胺酶生产中离心过程的冷水降温、细胞色素 C 提取中的酸碱度控制等，这些工艺要求都是基于以上的出发点。

当然，对于一些相对稳定的生物活性物质，则可通过较剧烈的处理条件，使蛋白质类的杂质变性沉淀。如链霉素水溶液比较稳定，70℃ 加热半小时对其活性也没有明显影响，在其提取过程中，可采用蒸气加热（70℃ ~ 75℃）方法使蛋白质凝固变性，以提高过滤速度。

（四）纯化岗位

生物制药的产品很多为非最终灭菌的无菌原料药，尽管纯化结束后有无菌过滤的操作，纯化过程中也必须尽量保护暴露产品、保护产品接触表面免受微生物污染，以降低产品的微生物负荷。通常该污染来自人员、表面或工艺环境，所以纯化岗位的人员、设备、包装材料、生产环境的清洁过程必须严格执行操作规程，以保证微生物限度在除菌过滤器的无菌保证之内。

防止目的物失活也是纯化过程的面临的重要问题，尽管纯化所用方法相对于提取来说通常更温和，但 pH 值、温度、离子强度、金属离子等因素依然影响到目的物的活性，必须按工艺规程的要求严格执行。

在纯化精制过程中，尤其是后期，目的物的纯度越来越高，特别要注意减少产品的损失。产品的损失来源于器皿吸附、样品液体残留、空气氧化，甚至操作人员不慎等，必须通过完善工艺、规范操作、强化管理来尽量避免。

项目二　生物制药生产常用设备

任务一　菌种培养和发酵的设备

菌种培养和发酵所需的设备包括培养基配制设备（如电子秤、配料桶等）、菌种保藏设备（如砂土管、冰箱、液氮罐、超低温冰箱等）、灭菌设备（如高压蒸气灭菌器等）、接种设备（如超净工作台、接种环等）、培养设备（如恒温培养箱、恒温摇床、种子罐、发酵罐等）。培养基配制设备主要是称量、分装工具，在其他模块中已有涉及，本任务主要介绍菌种保藏、灭菌、接种和菌种培养过程中经常使用的设备

一、液氮罐

液氮罐（见图6-5）是将菌种进行液氮超低温保藏时所用的设备。液氮超低温保藏法是以甘油、二甲基亚砜、血清蛋白等作为保护剂，将菌种在超低温（-196℃）液氮中保藏的方法。其主要原理是菌种细胞从常温过渡到低温，并在降到低温之前，使细胞内的自由水通过细胞膜外渗出来，以免膜内因自由水凝结成冰晶而使细胞损伤。

液氮罐多为不锈钢或铝合金制造，分内外两层，即内胆和外槽。液氮罐外面一层为外壳，其上部为罐口；内槽一般为耐腐蚀的

图6-5　液氮罐

铝合金，内槽的底部有底座，供固定提筒用，可将液氮及样品储存于内槽中；颈管通常是玻璃钢材料，将内外两层连接，并保持有一定的长度，在颈管周围和底部夹层装有吸附剂，顶部的颈口设计特殊，其结构既要有孔隙能排出液氮蒸发出来的氮气，以保证安全，又要有绝热性能，以尽量减少液氮的气化量；内外两层间的夹层呈真空状态以增进罐体的绝热性能，在夹层中装有绝热材料和吸附剂；盖塞由绝热性能良好的塑料制成，以阻止液氮的蒸发，同时固定提筒的手柄；提筒置于罐内槽中，手柄挂于颈口上，用盖塞固定住。

液氮超低温保藏法操作简便、高效，保藏期一般可达到15年以上，是目前被公认的最有效的菌种长期保藏技术之一。除了少数对低温损伤敏感的微生物外，该法适用于各种微生物的各种培养形式的菌种保藏。

二、超低温冰箱

超低温冰箱又称超低温保存箱、超低温冰柜等。一般常见的低温和超低温冰箱温度分为 $-20℃$、$-40℃$、$-70℃$、$-86℃$、$-152℃$ 等，生物制药过程中常用于菌种、疫苗、生物材料、生物制品的保存。

超低温冰箱一般有卧式和立式两种箱体（见图6-6，左为立式，右为卧式）。内箱体一般分为多个承物层，每层均设计有可独立开关的内门。外箱体一般由5块冷轧钢板相互直接拼接而成。箱体内外各有60mm和80mm的聚亚氨脂泡沫材料。自动调温器为铂电阻敏感器，用于对温度的精确控制。制冷剂现在一般采用环保型制冷剂，以达到环保要求。

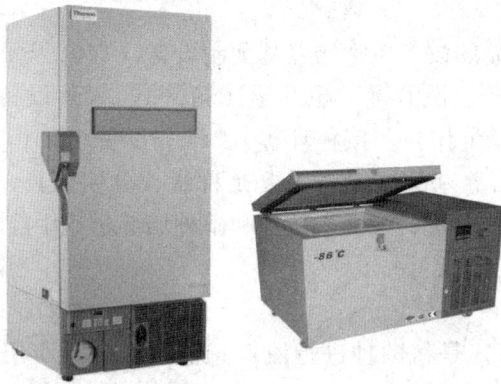

图6-6　超低温冰箱（左立式，右卧式）

超低温冰箱的制冷系统基本采用复叠式制冷的工作原理，选用两台全封闭压缩机作为高、低温级压缩机使用。低温级蒸发器的紫铜管以盘管形式直接盘附于内箱体外侧，并用导热胶泥填堵于盘管与箱壁之间的缝隙中，以增加热交换效果。冷凝蒸发器为壳管式结构，内部为四管螺纹型紫铜管，采用逆流式热交换方式。

超低温冰箱的低温级系统中还加配有气热交换器，可使从蒸发器出来的低压气体同进入冷凝蒸发器前的高压气体进行热交换，这样不但减少了冷凝蒸发器的热负荷，而且充分利用了热量。过滤器多采用除蜡型过滤器，其目的是有效去除冷冻油中的石蜡，以降低系统"油堵"的可能性。此外超低温冰箱根据不同的使用用途还可以选配一些附件，例如，温度记录仪，便于永久记录运行参数；二氧化碳备用系统，用于特殊情况下，保证保存环境的气体保持正常状态；电压增压器，可保证压缩机在低压状态下正常工作。

三、高压蒸气灭菌器

高压蒸气灭菌器是利用饱和压力蒸气对物品进行迅速而可靠的消毒灭菌设备。其工作原理为：通电加热后在密闭的蒸锅内产生蒸气，因为蒸气不能外溢，压力不断上升，使水的沸点不断提高，从而锅内温度也随之增加。在 0.1MPa 的压力下，锅内温度达 $121℃$。在此蒸气温度下，可以很快杀死各种细菌。生物制药车间常用它来对不锈钢器械、玻璃器皿、培养基等进行消毒灭菌。

高压蒸气灭菌器的按照样式大小分为手提式
高压灭菌器、立式压力蒸气灭菌器、卧式高压蒸
气灭菌器等。手提式高压灭菌器为18L、24L、30L
等规格（图6-7左）；立式高压蒸气灭菌器（图
6-7右）从30L~200L之间的都有，每个同样容
积的还有分为手轮型、翻盖型、智能型，智能型
又分为标准配置、蒸气内排、真空干燥型，还可
以根据要求加配打印机。此外，还有大型卧式的
高压灭菌锅。

图6-7 高压蒸气灭菌器
（左为手提式，右为立式）

四、超净工作台

超净工作台（图6-8）是为了适应现代化工
业、光电产业、生物制药以及科研试验等领域对
局部工作区域洁净度的需求而设计的。其工作原
理为：通过风机将空气吸入预过滤器，经由静压
箱进入高效过滤器过滤，将过滤后的空气以垂直
或水平气流的状态送出，使操作区域达到A级洁
净度，保证生产或科研对环境洁净度的要求。

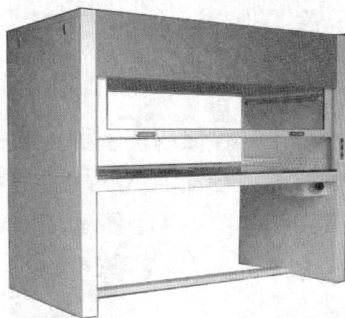
图6-8 超净工作台

五、恒温培养箱

恒温培养箱（图6-9）是一种供细胞培养、
育种、发酵及其他恒温试验用的一种恒温设备。

恒温培养箱内部的加热方式主要有两种：水
套式及电热膜式，水套式现在应用的较多。电热
膜式是通过贴在内壁的电热膜进行直接加热供热，
水套式则是通过对外面的水层加热再使内部受热。
这两种加热方式各有优点，电热膜加热比较迅速，
可在短时间内使内部达到理想的培养温度；水套
式的优点是其稳定性好，面对一些突发情况如断
电等，能够在较长时间内保持内部的温度不会发
生太大变化，维护了样品的稳定培养。

图6-9 恒温培养箱

六、恒温摇床

恒温摇床（图6-10）也称恒温振荡器，是一种多用途的生化培养设备，一般都具
有温度控制、无级调速和良好的热循环功能，通过摇床的摇动，达到传质、增加溶氧、
体系均一等作用。恒温摇床分为水浴恒温摇床和气浴恒温摇床（又称空气恒温摇床），
前者是恒温水浴槽和振荡器相结合，后者是恒温培养箱和振荡器相结合。

图6－10　恒温摇床

七、种子罐

　　种子罐是存储或产生种子的容器，为全封闭型发酵专用设备，罐体材质有不锈钢和碳钢两种。冷却加热形式通常有夹套式、内盘管式和外环管式三种。夹套式种子罐外形及结构如图6－11所示。

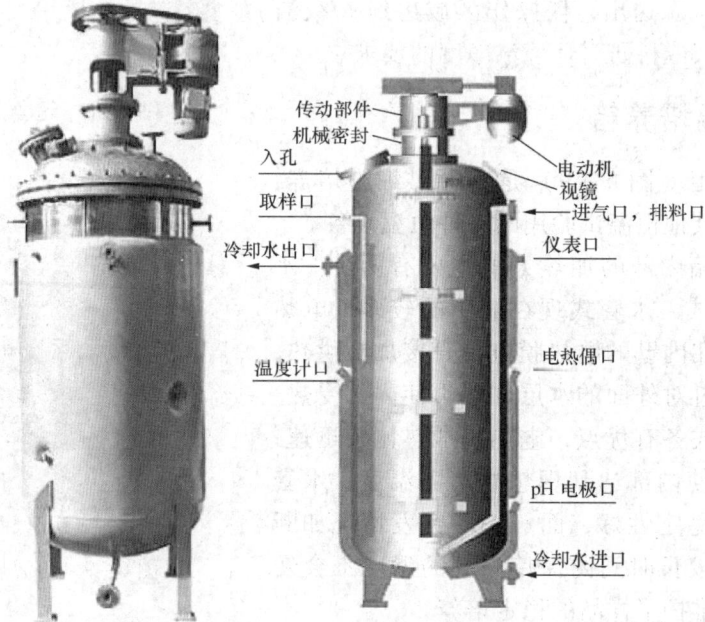

传动部件
机械密封
入孔
取样口
冷却水出口
温度计口
电动机
视镜
进气口，排料口
仪表口
电热偶口
pH电极口
冷却水进口

图6－11　种子罐外形及结构

八、发酵罐

　　发酵罐指工业上用来进行微生物发酵的装置。其主体一般为用不锈钢板制成的柱式圆筒，规模在数升至数千吨不等。发酵过程可以通过固体培养和深层液体培养完成，工业化大规模的发酵以通气纯种深层液体培养为主。

通气纯种深层液体培养的发酵罐型制有标准式发酵罐、自吸式发酵罐、高位塔式发酵罐、气升式发酵罐、喷射式叶轮发酵罐、外循环发酵罐等。自吸式发酵罐的关键部件是带有中央吸气口的搅拌器，通过发酵罐内叶轮的高速转动，液体在离心力作用下被甩向叶轮外缘，中心形成负压，发酵罐外的空气通过过滤器不断被吸入罐内。由于叶轮转动产生的真空，其吸入压力和空气流量有一定限制，因而适用于对通气量要求不高的发酵品种；高位塔式发酵罐是将发酵液置于有多层多孔塔板（亦称高位筛板）的细长罐体内，在罐底部通入的无菌空气，经过筛板逐渐上升，并带动发酵液同时上升，上升后的发酵液又通过筛板上带有液封作用的降液管下降而形成循环。由于塔式发酵罐是通过气体分散进行氧的传递，因而其供氧量受到了一定限制；气升式发酵罐、喷射式叶轮发酵罐、外循环发酵罐分别是使无菌空气通过罐内中央管、罐内旋转的喷射管和罐外喷射泵喷出，带动发酵液按照一定规律运行，从而达到气液传质的效果。目前气升式发酵罐在培养基较稀薄、供氧量要求不太高的条件下（如维生素 C 发酵）得到了使用。在发酵工业中，兼具通气又带搅拌的标准式发酵罐最为常见，被广泛应用于抗生素、氨基酸、酶、柠檬酸等许多品种的生产中。

标准式发酵罐即机械搅拌式发酵罐，主要部件包括罐身、搅拌器、轴封、消泡器、中间轴承、空气喷射器、挡板、冷却装置、人孔。其基本结构是在高径比为 2～4 的罐体的顶或底部安上向罐内延伸的搅拌轴，轴上装上 2～4 个搅拌桨（常用的搅拌桨是带有圆盘和 6 个矩形与扭成法向分布叶片的称为 rushton 涡轮的桨，桨叶外径约为罐径的 1/3）。罐底装有无菌空气的分布器（也有用单孔管的），由于机械搅拌的作用可使进入罐内的空气很好地获得破碎和分布，以增加罐内气液接触面积而有利于氧的传递和发酵液的混合。标准式发酵罐不仅可实现自动控制，还可以把相同体积或不同体积的多台发酵罐组成一套联体系统，大大提高了生产效率。全自动多联发酵罐在生产中的应用见图 6-12。

图 6-12 全自动多联发酵罐

任务二　提取和纯化设备

一、离心设备

离心机是生物制药生产中常用的液－固分离设备（也有的可用来进行液－液分离）。离心机的种类很多，根据分离原理，离心机可分为过滤式离心机和沉降式离心机。

（一）过滤式离心机

过滤式离心机的转鼓壁上开有均匀密集的小孔，转鼓内表面覆盖过滤介质（滤布），加入转鼓的悬浮液随转鼓一同旋转，在离心力作用下，悬浮液中的液体经过过滤介质并由转鼓壁上的孔甩出，固体被截留在过滤介质表面。过滤式离心机最常用的是篮式离心机，也称三足式离心机（图6-13），适用于分离 0.01～1mm 的悬浮液及粒状和结晶物料，要求物料易于洗涤和过滤。目前较为先进的卧式螺旋卸料过滤离心机（其外形和结构见图6-14）也是利用过滤原理分离悬浮液，可实现自动洗涤、连续运行、自动卸料。过滤式离心机的分离因素通常≤3000。

图6-13　三足式离心机

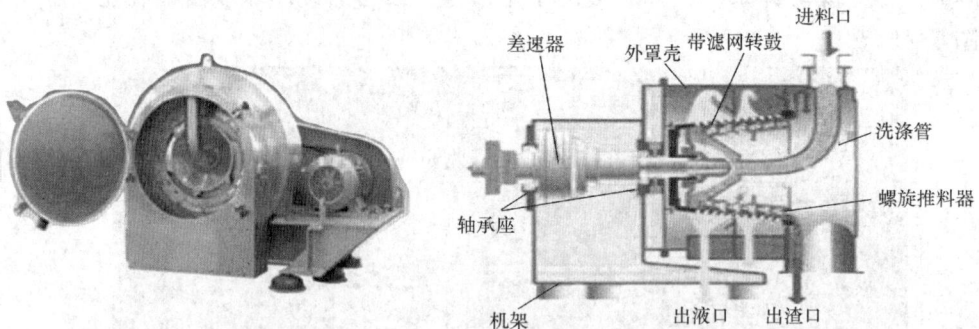

图6-14　卧式螺旋卸料过滤离心机外形及结构示意图

（二）沉降离心机

沉降离心机主要有管式离心机、碟片式离心机、卧式螺旋卸料沉降离心机等。

1. 管式离心机　管式离心机由滑动轴承组件、转鼓组件、集液盘组件、机头组件、机身等组成。电动机通过皮带、压带轮将动力传给机头上的皮带轮和主轴，从而带动转鼓绕自身轴线高速旋转，在转鼓内壁形成强大的离心力场。物料由底部进料口射入转鼓内，在强大的离心力作用下，料液进行分层运动。管式离心机既有液－固分离型（见图6-15左）和液-液分离型（见图6-15右）。当用于液固分离时为间歇操作——料液连续进入转鼓，离心后的上清液流动到转鼓上部通过集液盘回收；固体沉积在转筒内，当累积到一定量后须停机人工卸料。用于液液分离时为连续操作——料液由底部进入转筒内，密度大的液体形成外环，密度轻的液体形成内环，流动到转鼓上部，通过调整调节环大小，使轻重两种液体分开，从轻重两个集液盘中分别回收。管式离心机的构造和分离原理见图6-16。

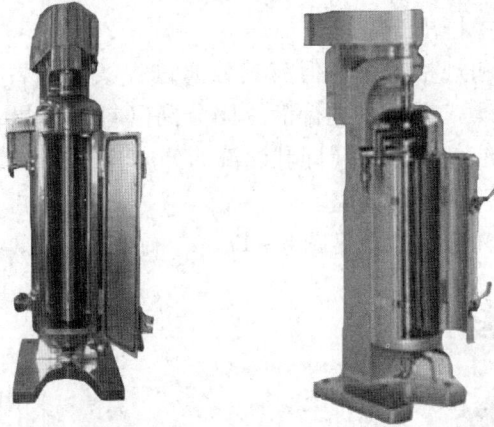

图6-15　管式离心机外形图（左液-固分离离心机，右液-液分离离心机）

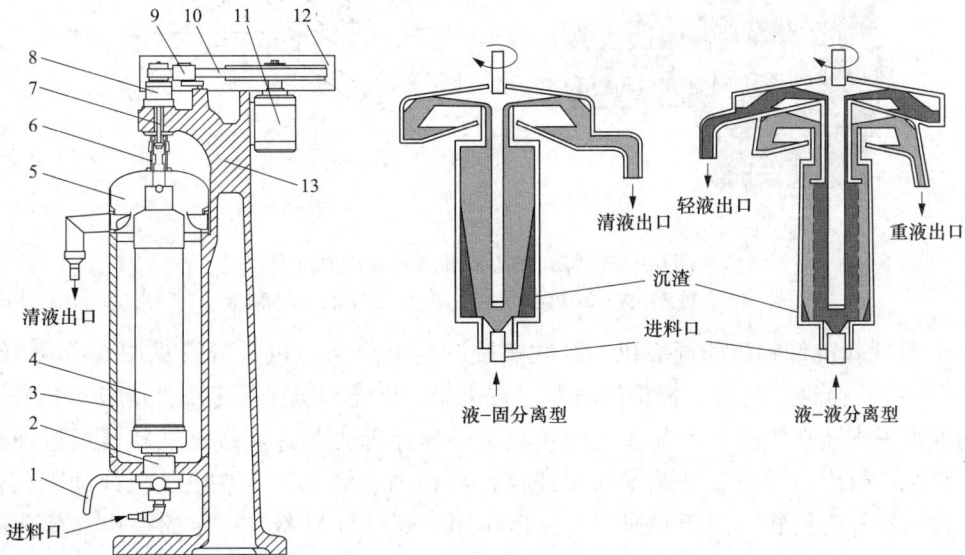

图6-16　管式离心机构造和分离原理

1. 手柄；2. 滑动轴承组件；3. 机身门；4. 转鼓组件；5. 集液盘组件；6. 保护套；7. 主轴；8. 机头组件；9. 压带轮组件；10. 皮带；11. 电机传动组件；12. 防护罩；13. 机身

2. 碟片式离心机　碟式离心机是立式离心机，转鼓装在立轴上端，通过传动装置由电动机驱动而高速旋转。转鼓内有一组互相套叠在一起的碟形零件——碟片，碟片与碟片之间留有很小的间隙（碟片之间的间隙至少为欲分离的最大固体颗粒直径的 2 倍）。悬浮液（或乳浊液）由位于转鼓中心的进料管加入转鼓，到达转鼓底腔。当悬浮液（或乳浊液）通过碟片之间的间隙时，固体颗粒（或液滴）在离心机作用下沉降到碟片上形成沉渣（或液层）。沉渣沿碟片表面滑动而脱离碟片并积聚在转鼓壁上，分离后的液体经向心泵的作用从出液口排出转鼓。碟片的作用是缩短固体颗粒（或液滴）的沉降距离、扩大转鼓的沉降面积，转鼓中由于安装了碟片而大大提高了分离机的生产能力。积聚在转鼓内的固体在分离机停机后拆开转鼓由人工清除，或通过排渣机在不停机的情况下从转鼓中排出。

碟式离心机的种类和规格很多，但就其分离过程实质而言，基本可分为离心澄清和离心分离两种过程。碟式离心机进行液 – 固分离（即低浓度悬浮液的分离）时通常被称为澄清操作；进行液 – 液分离（即乳浊液的分离），通常被称为分离操作；有的碟式离心机还可以进行液 – 液 – 固分离。

碟式离心机的外形和分离原理见图 6 – 17。

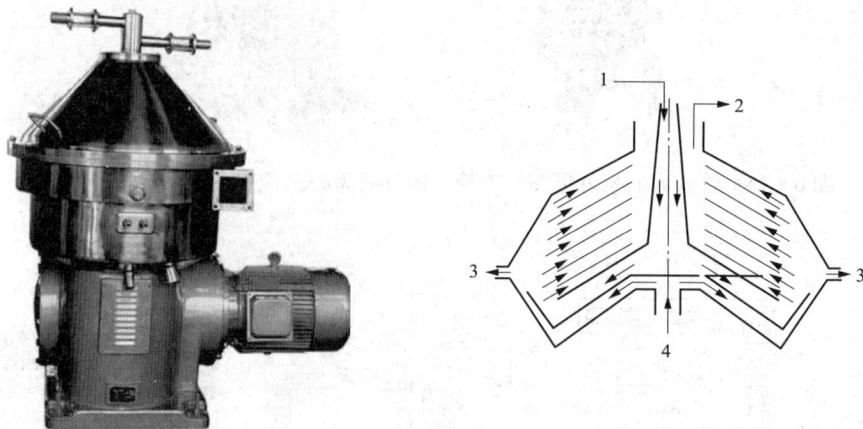

图 6 – 17　蝶式离心机外形及分离原理图
1. 生物悬浮液；2. 离心后清液；3. 固相出口；4. 循环液

3. 卧式螺旋卸料沉降离心机　卧式螺旋卸料沉降离心机（外形见图 6 – 18，结构见图 6 – 19）由锥形转鼓、螺旋推料器、差速器、机壳和机座等零部件组成。转鼓通过主轴承水平安装在机座上，并通过连接盘与差速器外壳相连。螺旋推料器通过轴承同心安装在转鼓内，并通过外花键与差速器输出轴内花键相连。在电动机拖动下，转鼓带动差速器外壳旋转，由于差速器的变速作用，螺旋推料器以一定的差速（超前或滞后）与转鼓同向旋转。待分离的悬浮液从加料管连续进入螺旋推料器的料仓内，经初步加速后经料仓出口进入转鼓。由于离心力的作用，转鼓内的悬浮液很快分成两相：密度较大的固相物质沉降在转鼓壁上形成外层沉渣，较轻的液相则形成内层液环。在螺旋推料器的作用下，沉渣和分离液向相反的方向运动，沉渣被推送到锥段进一步脱水后经出渣口排出，分离液由转鼓圆柱端的堰口通过管道排出。

图 6 - 18　卧式螺旋卸料沉降离心机外形

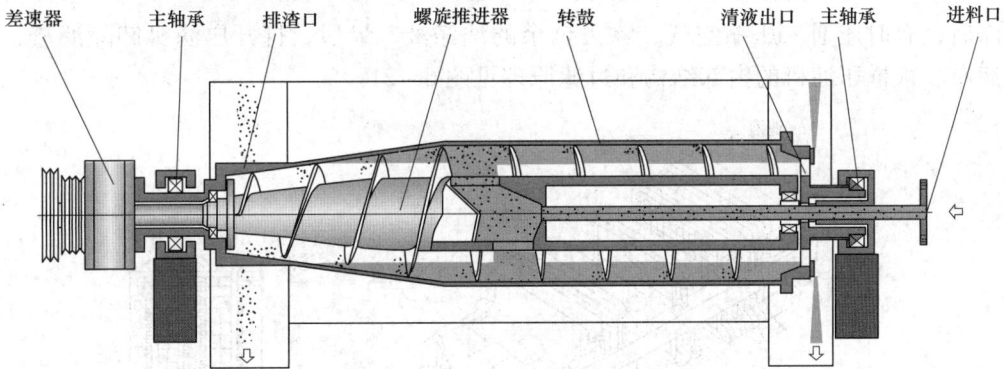

图 6 - 19　卧式螺旋卸料沉降离心机内部结构

二、过滤设备

（一）加压压滤机

板框压滤机是常见的加压过滤设备，是生物制药工业生产中常用来实现固体和液体的分离的设备。其主要部件包括：①机架。是压滤机的基础部件，两端是止推板和压紧头，两侧的大梁将二者连接起来。止推板与支座连接将压滤机的一端坐落在地基上。压紧板用以压紧滤板滤框，压紧方式包括手动压紧、机械压紧和液压压紧等。②大梁。是承重构件，用以支撑滤板、滤框和压紧板。根据使用环境防腐的要求，可选择硬质聚氢乙烯、聚丙烯、不锈钢包覆或新型防腐涂料等涂覆。③过滤机构。由滤板、滤框、滤布组成，有的还配置压榨隔膜。板框压滤机（图 6 - 20）的优点是过滤面积大，能耐受较高压差，适应性强，同时结构简单，造价低，动力消耗少。

设备的工作原理：板框压滤机由交替排列的滤板和滤框构成一组滤室。滤板的表面有沟槽，其凸出部位用以支撑滤布。滤框和滤板的边角上有通孔，组装后构成完整的通道，不同的通道具有通入悬浮液、洗涤水和引出滤液等不同的功能。板、框两侧各有把手支托在横梁上，由压紧装置压紧板、框。板、框之间的滤布起密封垫片的作用。由供料泵将悬浮液压入滤室，在滤布上形成滤渣，直至充满滤室。滤液穿过滤布并沿滤板沟槽流至板框边角通道，集中排出。过滤完毕，可通入清洗涤水洗涤滤渣。

图 6-20　板框压滤机

洗涤后，有时还通入压缩空气，除去剩余的洗涤液。最后，打开压滤机卸除滤渣，清洗滤布。板框压滤机的内部结构和过滤原理见图 6-21。

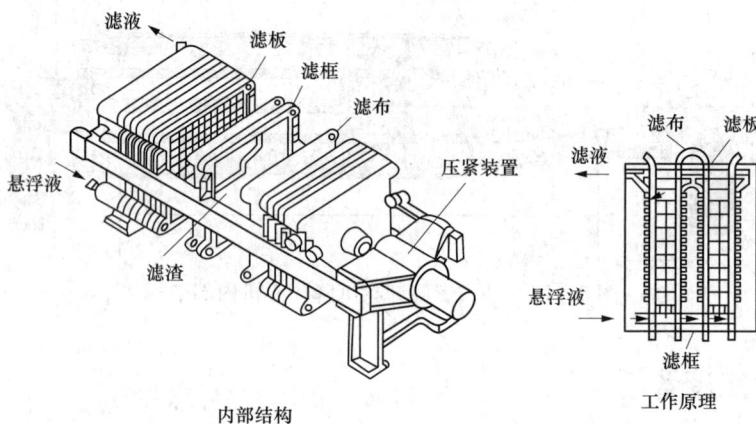

内部结构　　　　　　　工作原理

图 6-21　板框压滤机的结构和工作原理

（二）真空过滤设备

真空过滤机包括转筒式真空过滤机、圆盘真空过滤机、转台真空过滤机、翻盘式真空过滤机、带式真空过滤机等多种形式，其中较常见的是转筒式真空过滤机。转筒式真空过滤机（图 6-22）借助抽吸作用将过滤、洗涤、吹干、卸渣等操作集中在一个旋转周期中依次完成，其主要部件是一个覆盖有滤布的转筒，转筒的一部分浸入滤浆中，真空泵通过管道从转筒内部进行抽吸，悬浮液中的液体在压力作用下通过过滤介质进入内部成为滤液，并由真空泵排出机外；固体颗粒被截留在过滤介质表面形成滤渣（或称滤饼），从而使液、固相得到分离。

图 6-22　转筒式真空过滤机

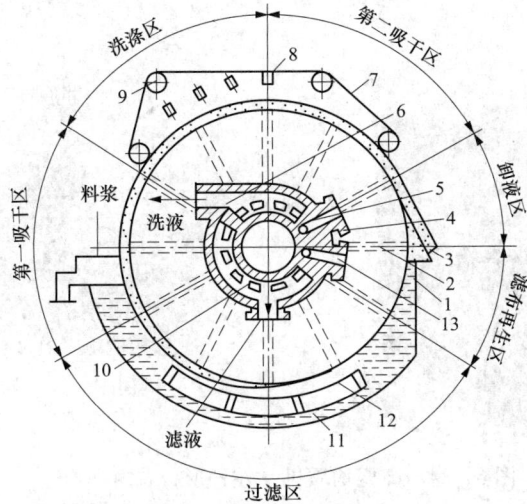

图 6 – 23　刮刀式卸料真空过滤机工作原理

1. 过滤转鼓；2. 吸盘；3. 刮刀；4. 分配头；5.13. 压缩空气管入口；6.10. 与真空源相通的管口；7. 无端压榨带；8. 洗涤喷嘴装置；9. 导向辊；11. 料浆槽；12. 搅拌装置

真空过滤机的优点是处理量大，可进行连续操作，自动化程度高。缺点是耗电量大，由于过滤推动力小，不能用于颗粒较细或黏度大的物料的过滤。真空过滤机中常见的是刮刀式卸料真空过滤机，其工作原理见图 6 – 23。

三、破碎设备

细胞破碎的目的是使胞内产物获得最大程度的释放。通常细胞膜强度较差，易受渗透压冲击而破碎；细胞壁较坚韧，不同的微生物其细胞壁的结构和组成不完全相同，破碎的难易程度也不同；不同目的物的稳定性存在很大差异，在破碎过程中应防止其变性或被细胞内存在的酶水解。因而，根据细胞和目的物的特点选择适宜的破碎方法十分重要。

细胞的破碎方法较多，常用的有机械法、物理法、化学法、生物法。大多数生物药物生产中主要采用机械法，常用的设备有高压均质机（又称高压细胞破碎仪）、珠磨机和超声波振荡器。

（一）高压均质机

高压均质机是由电动机驱动活塞泵，进而在均质阀体内产生高压。细胞通过止回阀进入均质阀体内，在高压下迫使其在均质阀的小孔中高速冲出，且由于瞬间减压和高速冲击，使细胞同时受到高的液相剪切效应、空穴效应、撞击效应而破碎。在操作方式上，可以采用单次通过高压均质机或多次循环通过等方式，也可连续操作。由于细胞在破碎过程中放出大量的热，为了保护设备，同时避免热敏性目的物失活，高压均质机内设计有冷却系统，可维持其在稳定温度下工作。高压均质机的外形和内部构造见图 6 – 24。

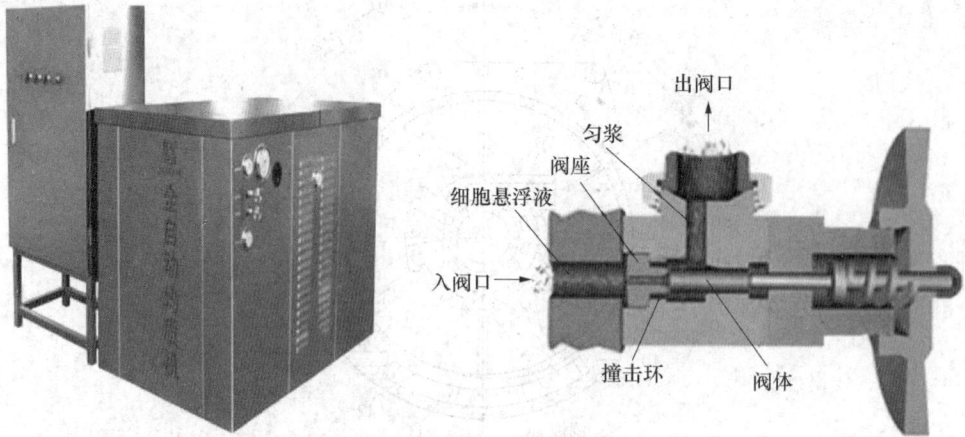

图 6 - 24　高压均质机（左外形，右内部构造）

（二）高速珠磨机

高速珠磨机又称砂磨机。其破碎腔由夹套组成，夹套内通冷却剂可以移出细胞破碎时产生的热量。破碎腔内装有直径约 1mm 的无铅玻璃珠或其他材质的微珠，当启动电动机后，玻璃珠随搅拌桨转动而进行各种形式的运动，从而珠子与细胞之间产生了撞击和剪切效应，使细胞破碎，释放出内含物。在细胞浆液出口处设置了珠液分离器滞留珠子，使珠液分离破碎能够连续进行。珠磨机的破碎率较高，在生物药物生产中常用于物料的精磨，由于可以在密封条件下进行粉碎操作，故可用来进行无菌粉碎。高速珠磨机的外形及工作原理见图 6 - 25。

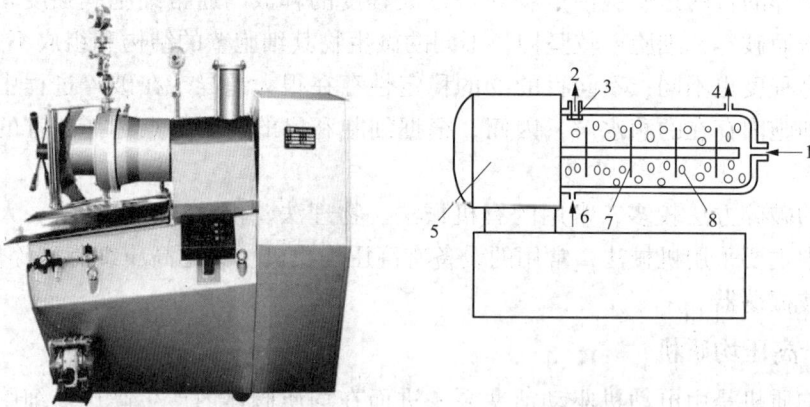

图 6 - 25　高速球磨机外形及工作原理（左外形，右工作原理）

（三）超声波振荡器

超声波对细胞的破碎作用于液体中空穴的行成有关。当超声波在液体中传播时，液体中的某一小区域交替重复地产生巨大的压力和拉力。由于拉力的作用，出现细小的空穴。这种空穴在超声波的作用下又迅速闭合，产生极为强烈的冲击波压力，由其引起的黏滞性漩涡在悬浮细胞上造成了剪切应力，促使其内部液体发生流动，而使细胞破碎。超声波振荡器容易引起温度的剧烈上升，操作时须将细胞悬浮液预冷，然后置于冰浴或用冷却液连续通入容器夹套进行冷却。

超声波振荡器常用的为电声型（见图6-26），由发声器和换能器组成，前者能产生高频电流，后者能把电磁振荡转换成机械振动。

图6-26　超声波振荡器

四、萃取设备

萃取是生物制药工业生产中常用的提取方法之一。广义上的萃取包括液-固萃取和液-液萃取两大类。液-固萃取也称浸取，多用于提取胞内成分，如用酸、醇从胰腺中提取胰岛素，用丙酮从菌丝体内提取脱落酸等，方法较简单，亦不需要结构复杂的设备。液-液萃取是指用一种溶剂将目的物从另一种溶剂（如发酵液）中提取出来的方法。根据所用萃取剂性质不同或萃取机制不同，液-液萃取分为多种类型，设备亦有所不同。生物制药生产中常用的液-液萃取设备有萃取罐、分级式萃取设备、多级离心萃取机、连续逆流离心萃取机、超临界流体萃取设备等。

（一）萃取罐

萃取罐通常上部为圆柱形，下部为圆锥形，带有搅拌装置（图6-27），一般用于分配系数较大的场合。

（二）分级式萃取设备

分级式萃取设备又称分段式萃取设备，由混合设备和分离/分层设备组成。混合设备有混合罐、管式混合器、喷射式混合器、离心泵等。当混合设备完成混合提取后，需要在分离设备中进行分层分离。由于发酵液中含有一定量的蛋白质等表面活性剂，易在两相间产生稳定的乳浊液，即使加入去乳化剂，仍难将两者靠重力在短时间内分开，实际生产中分离设备多采用分离因素比较大的管式离心机或碟式离心机。

图6-27　萃取罐

（三）多级离心萃取机

多级离心萃取机萃取效率高、溶剂消耗少、液体在机内停留时间短，并可处理黏度高、易乳化、密度差小的物系。例如芦威式离心萃取机（图6-28），它是立式逐级接触式离心萃取器的一种，属三级离心萃取机，其主体是固定在壳体上并可随之做高速旋转的环形盘，壳体中央有固定不动的垂直空心轴，轴上也装有圆形盘，盘上开设有若干个液体喷出孔。三级离心萃取机分上、中、下三段，下段是第三级混合与分离区，中段是第二级，上段是第一级。新鲜的萃取剂由第一级加入，待萃取料液由第三级加入；萃取轻液在第三级引出，萃取重液在第一级引出。

（四）连续逆流离心萃取机

连续逆流离心萃取机是将溶剂与物料在逆流情况下进行接触的设备，有卧式和立式两种。卧式典型的机型有美国波德式离心萃取机，简称 POD 离心萃取器（图 6 - 29），是一种微分接触式的萃取设备，由一水平转轴和随其高速旋转的圆形转鼓以及固定的外壳组成，适用于两相密度差小或易产生乳化的物系；立式如国产机型 LC - 500 型离心萃取机，对密度差小、易于乳化的液体可进行高效率萃取，且具有结构紧凑、拆装、清洗简便等特点。

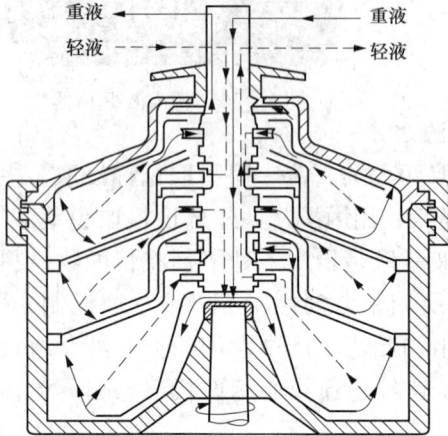

图 6 - 28　芦威式离心萃取机内部构造

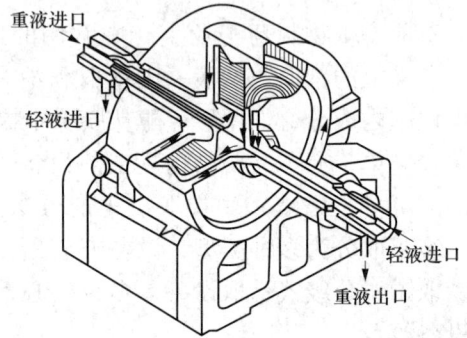

图 6 - 29　波德式离心萃取机

（五）卧式沉降螺旋卸料离心机

当卧式沉降螺旋卸料离心机（图 6 - 18）配有向心泵时可以进行轻液 - 重液 - 固体三相分离，可用于直接从发酵液中进行萃取，在一台机器内同时完成液固分离和萃取两个单元操作。

（六）超临界流体萃取设备

超临界流体萃取设备具有精馏和液相萃取的特点，即在萃取过程中由于被分离物质间的挥发度的差异和它们分子间亲和力的不同，这两种因素同时发生作用而产生相际分离效果。超临界萃取剂有二氧化碳、乙烯、乙烷、戊烷、二氧化硫等等。超临界萃取剂最常用的是二氧化碳，因为二氧化碳的超临界温度是所有溶剂中最接近室温的，且在萃取过程中不发生化学反应，同时还具有无味、无毒、不可燃、价格便宜、纯度高、易提纯与分离、扩散系数大而黏度小等优点。二氧化碳超临界流体萃取设备主要包括萃取釜、分离器、二氧化碳储罐、换热器、精馏柱等，其中萃取釜为核心设备。超临界萃取机见图 6 - 30。

图 6 - 30　超临界萃取机

五、蒸发设备

生物制药过程中的中间产物和终产物大多对热敏感，受热后容易引起变性失活。只有在低温短时间内受热的情况下进行浓缩，才能保证生物药物的质量，因而常采用真空蒸发器进行浓缩。真空蒸发器的特点是真空状态下物料的沸点大大降低，物料液体沿加热管壁呈膜状流动而进行传热和蒸发，传热效率高，蒸发速度快，物料停留时间短，因此特别适合热敏性物质的浓缩。常见的真空蒸发器是薄膜蒸发器，具有很高的传热系数，蒸发强度大。薄膜蒸发器分为三种类型：即管式薄膜蒸发器、刮板式薄膜蒸发器、离心式薄膜蒸发器。

管式薄膜蒸发器由加热蒸发室、料液分配器、汽液分离器等部分构成，根据液膜和蒸气的流动方向不同又分为降膜式蒸发器、升膜式蒸发器、升降膜式蒸发器。降膜式蒸发器的工作原理见图6-31。分配盘将料液均匀分布于加热管中，由加热管流出的料液及二次蒸气在处于真空状态的汽液分离室分离，并进行二次蒸发；分离后的料液的可经循环泵、分配盘再次回到加热管，继续加热蒸发。升膜式蒸发器与降膜式蒸发器结构相似，但由于液膜和蒸气的流动方向是由下至上，所以进料口在下面，分离器在上面。升降膜式蒸发器是在一个加热室内安装两组加热管，一组做升膜管，一组做降膜管。

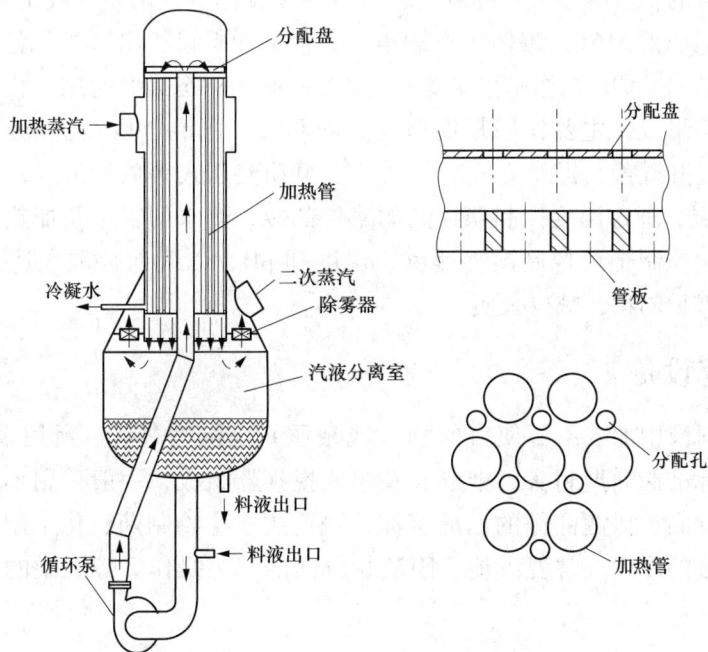

图6-31　降膜式蒸发器工作原理

刮板式薄膜蒸发器是通过旋转的刮板使料液形成液膜的蒸发设备，蒸发器由转动轴、物料分配盘、刮板、蒸发室的加热夹套等部分组成。离心式薄膜蒸发器是利用旋转的离心盘所产生的离心力对溶液的周边分布作用而形成薄膜。

六、提取设备

提取常用的设备为提取罐，其结构多样。按设备外形分为正锥形、斜锥形、无锥式、蘑菇式等形式（见图6－32）；按提取方法分为动态提取（带搅拌）和静态提取（无搅拌）两种。

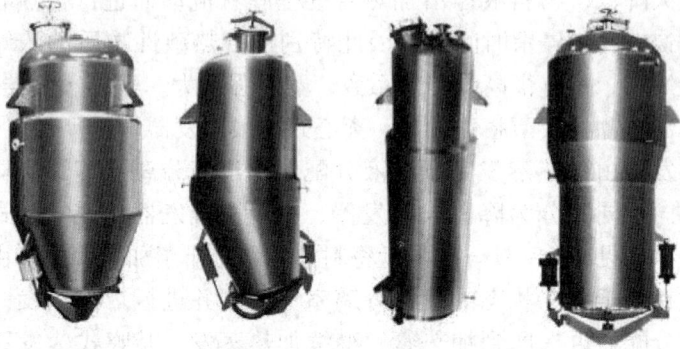

图6－32　提取罐的外形

提取罐主要由罐体系统、搅拌装置、提升装置、夹套、控制系统及其他附属设备等部分组成，有的提取罐还带有称重系统，可以去皮称重。罐体一般是耐压的圆柱体，罐体材质多为不锈钢316L，罐体上有罐盖、视窗、加料口、出渣口、各种控制管路和一些附件（补料口、CIP工作站接口等）；搅拌装置（动态提取时用）由电动机、搅拌轴和搅拌桨叶等组成，主要作用是提高气－液和液－固混合以及溶质间热量的传递；提升装置用来提升罐盖，提升方式有气压式、电动液压式等数种形式；夹套被用来传热（或冷）保温，通过温度控制器控制的罐外的冷、热水的管路及加热系统使罐内保持温度的稳定；控制柜可控制搅拌速度、温度和pH，以确保提取在适宜的条件下进行，有利于多得目的物，减少杂质。

七、醇沉设备

醇沉即向料液中加入乙醇使目的物（或杂质）沉淀的过程，所用设备为醇沉罐。醇沉罐通常由标准椭圆形封头、锥形底及桨式搅拌器组成，一般采用不锈钢制作，多应用于中药、食品、保健品等的乙醇沉淀，也适用于生物制药、化学制药、化工、染料等行业悬浮液的冷冻或常温沉淀、固液相分离的工艺操作。醇沉罐的主体结构与提取罐类似。

八、盐析设备

向蛋白质溶液中加入大量中性盐，使蛋白质溶解度降低从而沉淀析出的现象称为盐析。常用的中性盐有硫酸铵、氯化钠、硫酸钠等。盐析原理（图6－33）是大量中性盐在溶解时争夺了蛋白质颗粒表面的水化层，解离后又中和了蛋白质分子表面的电荷，稳定蛋白质亲水胶体的两个因素被破坏，于是蛋白质颗粒聚集沉淀。不同蛋白质因分子大小、电荷多少不同，盐析时所需的浓度各异，因而混合蛋白质溶液可用不同的盐浓度使其分别沉淀，这种方法称为分级沉淀。盐析法的主要特点是沉淀出的蛋白质不变性，因此常用于酶、激素等具有生物活性蛋白质的分离制备。盐析罐的主体结构和提取罐类似，为方便观察沉降物与上清液的分界面，盐析罐罐体上的视窗可以开得更长一些；盐析后的上清液如果通过虹吸的方式转移，则要在罐盖上设计一个可上下移动虹吸装置。

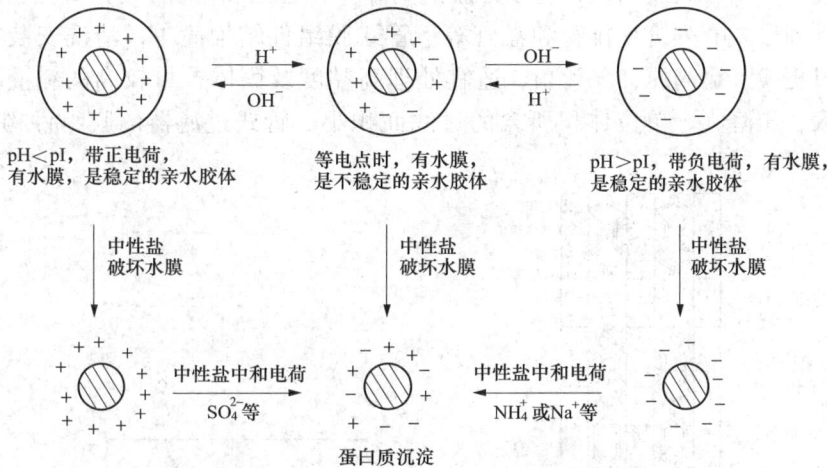

图 6-33　蛋白质的盐析原理示意图

九、膜分离设备

膜分离技术是借助于一定孔径的薄膜，借助于浓度差、压力差或电位差作为推动力，将不同大小、不同形状、不同特性的物质颗粒或分子进行分离、提纯或浓缩的技术。根据所加的操作压力和所用膜的平均孔径的不同，膜分离设备分为微滤、超滤、纳滤和反渗透等。微滤所用的操作压力通常小于 $4 \times 10^4 Pa$，膜孔径为 $50nm \sim 1.4\mu m$，用于分离较大的微粒、细菌和污染物等；超滤所用操作压力为 $4 \times 10^4 \sim 7 \times 10^5 Pa$，膜孔径为 $1.5 \sim 200nm$，能够截留相对分子质量 $1000 \sim 500000$ 的大分子和胶体颗粒，除能分离细菌外，还可以用于血液制品、疫苗、酶产品、基因工程产品、单克隆抗体的回收和注射剂去热原；纳滤介于反渗透与超滤之间，膜孔径为 $1 \sim 10nm$，适用于相对分子质量 20000 以下的物质，绝大部分药物的相对分子质量都在这个范围内；反渗透所用的操作压力比超滤更大，常能达到 $1.0 \times 10^7 Pa$，膜的平均孔径最小，一般为 $1nm$ 以下，用于分离小分子溶质，如海水脱盐、制纯化水等。

膜片是膜分离技术的核心，目前生物制药生产中所用的膜以有机膜为主（陶瓷膜和金属膜也有应用）。良好的膜片应该具有膜面切向速度快（以减少浓差极化）、单位体积所含膜面积大、易拆洗和更换、保留体积小、无死角等特点。目前膜片及其附属部件构成的具有过滤功能的膜组件主要有板式、管式、中空纤维式、螺旋卷式等几种形式。

（一）板式过滤器

板式过滤器由滤板、板式膜、支持物交替组成。其优点是组装方便，膜的清洗更换比较容易，料液流通截面较大，不易堵塞，同一设备可视生产需要组装不同数量的膜；缺点是死体积大。板式过滤器膜组件构造及过滤原理见图6-34。

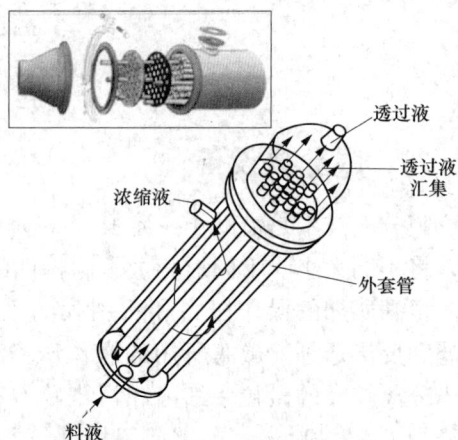

（二）管式过滤器

管式过滤器由管式膜制成，管子是膜的支撑体，管内和管外分别走料液和透过液。管式膜的排列形式有列管、排管和盘管等。管式膜组件结构简单，清洗安装方便，单根管子可以更换，耐高压，无死角，适宜处理高黏度及固体含量较高的料液。缺点是保留体积大，压降大，单位体积所含的过滤面积小。管式过滤器的膜组件构造见图6-35。

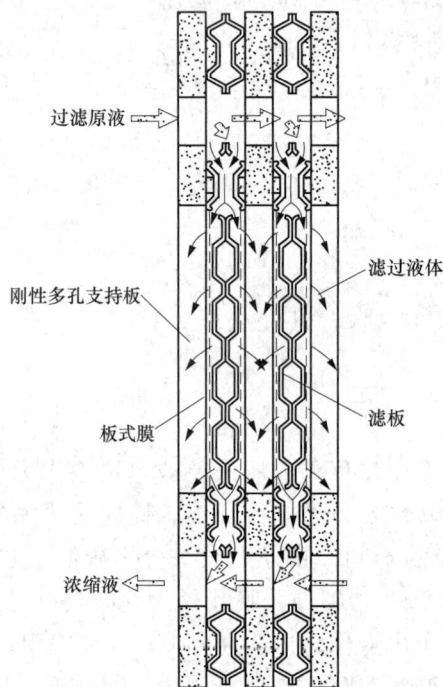

图6-34　板式过滤器膜组件构造及过滤原理　　　图6-35　管式过滤器的膜组件构造

（三）中空纤维过滤器

中空纤维过滤器的膜组件同管式膜组件相似，即将管式膜由中空纤维膜代替，根据需要制成不同直径的中空纤维膜管，用环氧树脂将许多中空纤维的两端胶合在一起，形似管板，然后装入管壳中（图6-36）。中空纤维过滤器内料液的流向有两种形式：内压式和外压式（图6-37）。中空纤维有细丝型和粗丝型两种，前者适合黏性低的溶液，后者适合黏度高或带有固体粒子的溶液。中空纤维过滤器优点是设备紧凑，装填密度大，结构简单，操作方便，单位体积中所含过滤面积大，保留体积小，可以逆洗，操作压力较低（一般小于0.3MPa），动力消耗较低。缺点是料液需要预处理，单根纤维损坏时，需调换整个膜件。

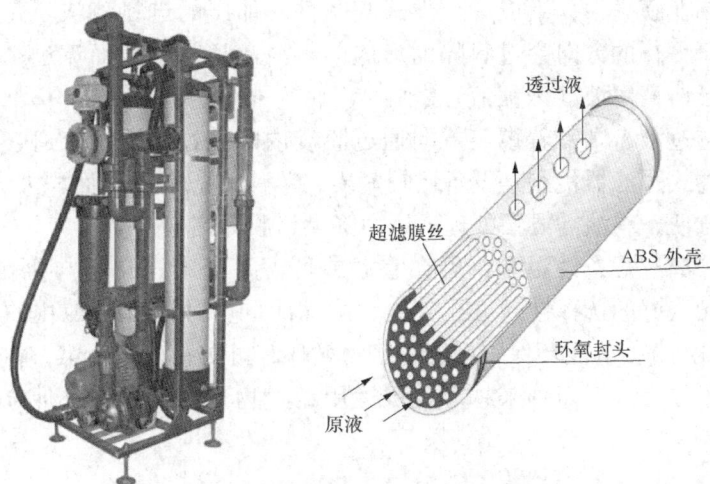

图 6－36　中空纤维超滤器外观和膜组件的结构

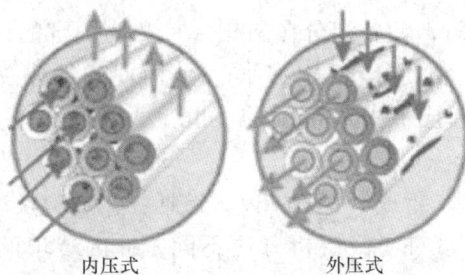

内压式　　　　　　外压式

图 6－37　中空纤维超滤器滤膜过滤方式

（四）螺旋卷式过滤器

螺旋卷式过滤器的主要过滤元件是螺旋卷膜（图 6－38），它是在两张膜片之间插入透过液隔网，两张膜的三个边缘用胶黏结密封，未黏结的边固定在开孔的中心管上，形成"膜袋"结构，"膜袋"的开口正对中心管的孔。膜的正面，即料液流经的面，衬上料液隔网，料液隔网与"膜袋"绕中心管卷绕成螺旋卷状膜芯。把一个或几个卷

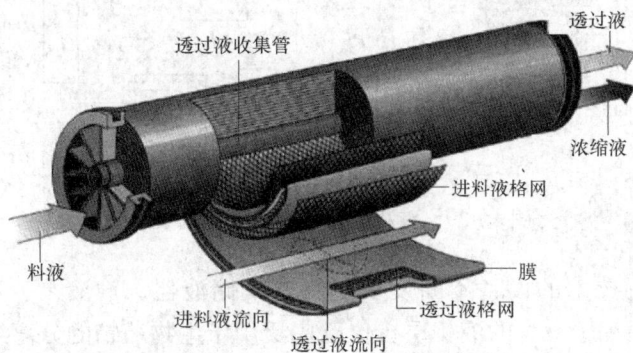

图 6－38　螺旋卷式过滤器的膜组件构造

式膜芯串联安装在膜壳中,组成一个卷式膜组件。加压的进料液从膜壳一端的进口进入后,沿中心管平行的方向穿过料隔网形成的料液流道从膜表面流过,从膜壳的另一端出口流出,形成截留液(浓缩液)。

透过膜的透过液,则沿着螺旋方向通过膜袋内的透过液隔网流道,流入中心管而被导出。螺旋卷式过滤器优点是设备比较紧凑,单位体积内的膜面积大,换新膜容易。缺点是清洗不方便,料液需要预处理,压力降大,膜易堵塞。

总之,膜分离过程条件温和,可在室温或低温下进行;化学与机械剪切作用小,减少失活;有相当好的选择性,可在分离、浓缩的同时达到部分纯化的目的;无相转变(除渗透气化外),节能环保;系统可密闭循环,可防止外来污染;占地少,处理效率高,设备易于放大,因而越来越多地被运用到生物制药工业的各种分离、精制和浓缩的过程中。

十、层析设备

层析法是利用混合物中各组分物理化学性质的差异(如吸附力、分子形状及大小、分子亲和力、分配系数等),使各组分在两相(一相为固定的,称为固定相;另一相流过固定相,称为流动相)中的分布程度不同,从而使各组分以不同的速度移动而达到分离的目的。在各种层析技术中最常用的,也是下游纯化领域应用最多的是液相柱层析。

液相柱层析系统的基本组成(图6-39)包括:①原料及溶剂系统;②输液泵,提供一定流速的稳定液流;③柱子,层析方法不同,柱内装填的固定相介质也不同;④检测器,用来监测柱末端流动相内已分离的各组分的分布情况;⑤记录仪,记录检测器发出的信号;⑥分部收集器,定量地分部收集洗脱液,把柱层析分离的各种组分收集到不同试管中。

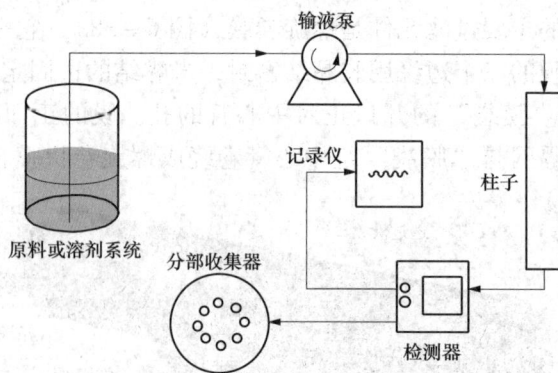

图6-39 液相层析系统基本组成示意图

随着现代层析技术的设备不断发展更新,集储液器、输液泵、进样器、检测器、记录仪等功能部件集于一身的液相层析仪已广泛用于生物药物的分离纯化(图6-40),极大地提高了生产效率。

液相柱层析的一般工作流程是:①装柱,将固定相装填到柱内;②平衡,用平衡缓冲液过柱，使柱床体积稳定及基质充分平衡；③进料（也称上样），将待分离的原料加到柱床上；④洗脱并收集，原料中的不同组分经泵供给的流动相推动，与柱内固定相介质发生有差别的相互作用而得以分离，分离后的各组分流经检测器，再由分部收集器分部收集，由检测器输送到记录仪上的检测信号可以判断各组分在分部收集器上的位置，从而获得分离后的目的物；⑥清洗，收

图 6-40　液相层析仪

集结束后用清洗液清洗整个流路。根据分离机制不同，液相柱层析又分为离子交换层析、凝胶过滤层析、亲和层析、聚焦层析、疏水作用层析和反相层析等多种形式。

十一、结晶设备

在蛋白质的纯化以及抗生素的生产过程中常常包括有结晶过程，用于结晶操作的设备又称结晶器。一般是在结晶器中将饱和溶液冷却或蒸发使达到一定的过饱和程度而析出晶体。

结晶设备主要可分为两大类：蒸发式（使溶剂的量减少）和冷却式（溶剂的量不变，降低溶液的温度）。后者又根据蒸发操作压力分常压蒸发式和真空蒸发式。因真空蒸发效率较高，所以蒸发式结晶器以真空蒸发为主。特定目标产物的结晶，具体选用何种类型的结晶器主要根据目标产物的溶解度曲线而定。如果目标产物的溶解度随温度升高而显著增大，则可采用冷却结晶器或蒸发结晶器，否则只能选用蒸发型结晶器。此外，结晶器也可分为间歇操作式和连续操作式，以及搅拌式和不搅拌式等形式。

（一）冷却结晶器

冷却结晶器的类型很多，目前应用较广的是间接换热的釜式结晶器图 6-41，其换热方式有内循环式和外循环式。内循环式结晶器的冷却比表面积较小，换热量不大，结晶速度较慢，不适于大规模结晶操作；另外，因为结晶器壁的温度最低，溶液过饱

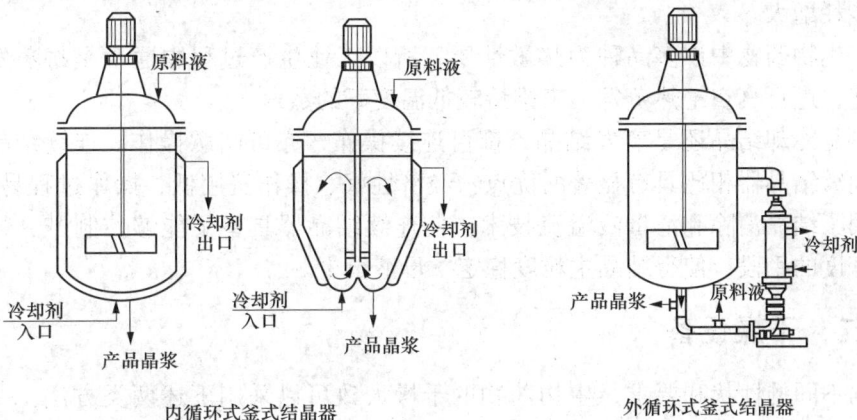

内循环式釜式结晶器　　　　　　外循环式釜式结晶器

图 6-41　冷却结晶器

和度最大，所以器壁上容易形成晶垢，影响传热效率。外循环式结晶器通过外部热交换器冷却，由于强制循环，传热系数较大；同时由于溶液高速流过热交换器表面，通过热交换器的溶液温差较小，热交换器表面不易形成晶垢，交换效率较高，可较长时间连续运转，但必须选用合适的循环泵，以免悬浮晶体磨损破碎。

此外，还有一些其他类型的冷却结晶器，如摇篮式结晶器、长槽搅拌式结晶器、Howard 结晶器等等。

（二）蒸发结晶器

蒸发结晶器由结晶器主体、蒸发室和外部加热器构成。图 6 - 42 是一种常用的 krystal - oslo 型常压蒸发结晶器。溶液经外部循环加热后送入蒸发室蒸发浓缩，达到过饱和状态，通过中心导管下降到结晶生长槽中。在结晶生长槽中，流体向上流动的同时晶体不断生长，大颗粒晶体发生沉降，从底部排出产品晶浆（晶体与溶液的混合物）。

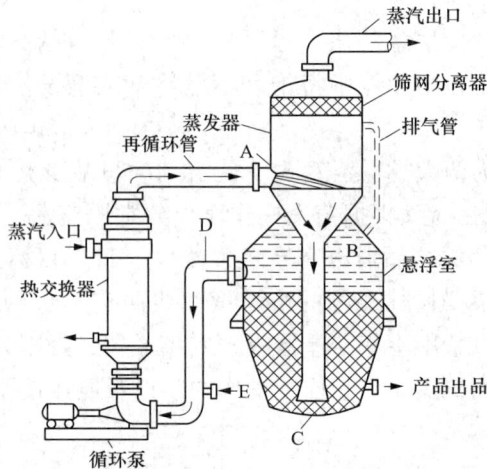

图 6 - 42　krystal - oslo 型常压蒸发结晶器

蒸发结晶容易产生的问题是晶粒大小不易控制，且后期蒸发温度高，料液利用效果低，能耗增大。

由于生物药物中许多品种为热敏性质，所以工业生产过程中通常是将蒸发室与真空泵相连，进行真空绝热蒸发，来维持较低温度下的蒸发。

不管是冷却结晶还是蒸发结晶，都可连续操作，亦可间歇操作。连续结晶设备与传统的间歇结晶器相比具有显著的优点：经济性好、操作费用低、操作过程易于控制。由于采用了结晶消除和清母液溢流技术，使连续结晶器具备了能够控制产品粒度分布及晶浆密度的手段，使得结晶主粒度稳定、母液量少。

十二、干燥设备

根据不同的性状和要求，生物药物的干燥大致可以采用下述两类方法：一类是从水溶液直接喷雾干燥成为颗粒，如链霉素、庆大霉素等；另一类是溶液经结晶后将结晶物进行干燥，如气流干燥、真空干燥，热敏性药物（如酶、蛋白等）常采用冷冻干燥。

1. 喷雾干燥设备　喷雾干燥是利用不同的喷雾器，将悬浮液或黏滞的液体喷成雾状，与热空气之间发生热量和质量传递而进行干燥的过程。成品以粉末状态沉陷于干燥室底部，连续或间断从卸料器排出。喷雾干燥优点是将蒸发、浓缩、干燥等过程集于一体完成，传热表面大，干燥时间短；缺点是热效低、能耗大、设备体积过大。喷雾干燥特别适用于不能通过结晶方法得到固体产品的生物药品生产中，如酵母、核苷酸、某些抗生素药物的干燥。喷雾干燥按雾化方式可分为压力喷雾干燥、气流喷雾干燥和离心喷雾干燥。喷雾干燥流程见图6-43。

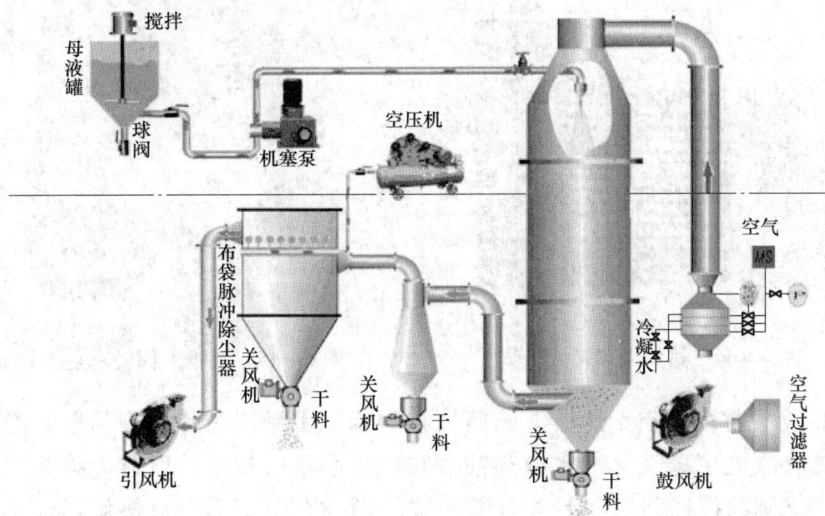

图6-43　喷雾干燥流程图

压力喷雾干燥法是利用往复运动的高压泵将液体从喷孔喷出，分散成 $50 \sim 150 \mu m$ 的液滴；气流喷雾干燥法则依靠 $0.25 \sim 0.6 MPa$ 的压缩空气通过喷嘴时产生的高速度，将液体喷出并雾化；离心喷雾干燥法利用在水平方向做高速旋转的圆盘给予溶液离心力，使其高速甩出，形成薄雾、细丝或液滴，同时又受到周围空气的摩擦、阻碍与撕裂等作用形成细雾。

2. 结晶状药物的干燥设备

（1）热风循环箱式干燥器　热风循环箱式干燥器（见图6-44）适用于少量、多品种物料的干燥。热风循环烘箱是传统的箱式干燥器的升级产品，箱内设有加热器、热风整流板、可调式分风板和进出风口。该设备利用蒸气或电为热源，用轴流风机对热交换器对流换热的方式加热空气，热空气流经物料表面，经过传热传质过程带走物料中的水分；新鲜空气从进风口补充，废湿热空气从排湿口排出，通过不断地补充新鲜空气与不断排出湿热空气，来保持烘箱内适当的相对湿度。热风循环烘箱适用范围广，可干燥多种物料，是通用的干燥设备。

（2）双锥形回转真空干燥器　双锥形回转真空干燥器（见图6-45）适用于粉末和粒状物料的干燥，特别适用于对热敏物料的干燥（不适用黏状、浆状物料的干燥）。

该设备为双锥形回转罐体，工作时罐体处于真空状态下，向夹套内通入蒸气、导热油或热水进行加热，热量通过罐体内壁与湿物料接触。湿物料吸热后蒸发的水汽或其他气体，通过真空泵经真空排气管被抽走。由于罐体内处于真空状态，且罐体的回转使物料不断地上下、内外翻动，故加快了物料的干燥速度，提高干燥速率，达到均匀干燥的目的。该设备内部结构简单，清扫容易，物料能全部排出，操作简便，传热系数高，干燥速率大，物料干燥均匀、充分、质量好；还可以用来混合物料，替代混合机，故被广泛地应用在制药业的干燥岗位。

图6-44 热风循环箱式干燥器	图6-45 双锥形回转真空干燥器

（3）圆筒搅拌型真空干燥器　圆筒搅拌型真空干燥器为卧式圆筒形，内有回转搅拌桨，筒体夹层内用蒸气、温水或热油加热。中心轴可加热，以避免物料黏附，并增加传热面积。圆筒搅拌型真空干燥器搅拌桨的形式有螺旋形、双螺旋形、桨形、加热盘管形及加热圆盘形等，应根据物料特性来选择。干燥黏性物料或含水率高的物料以及处理量大时，采用此设备较为适宜，尤其适用于维生素或抗生素等热敏性物料的低温干燥。圆筒搅拌型真空干燥器内部构造见图6-46。

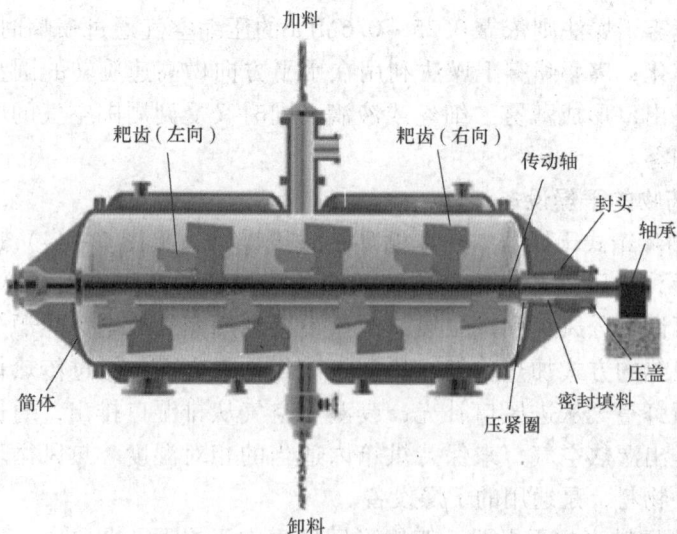

图6-46　圆筒搅拌型真空干燥器内部构造

（4）双滚筒真空干燥器　双滚筒真空干燥器由两个钢制的滚筒组成，需干燥的物料借助摆动加料器经过加料管口进入干燥器，并落在加料槽后均匀输送至滚筒。双滚筒真空干燥器在真空下操作，干燥后的物料用刮刀从滚筒表面刮下，刮刀的位置用压紧螺栓的手轮来调节。热载体采用 $0.01 \sim 0.05 MPa$ 的低压蒸气。在这种条件下，排气温度可降到40℃，适用于热敏性物料的干燥。双滚筒真空干燥器构造见图6－47。

（5）微波真空干燥器　在低压条件下，用微波能干燥药品，尤其是对含水和含极性溶剂的物料，由于吸收了微波能，液体迅速蒸发，热效率特别高。对于昂贵、有毒和热敏性药物来说，微波真空干燥器是一种较为理想的干燥装置（图6－48）。

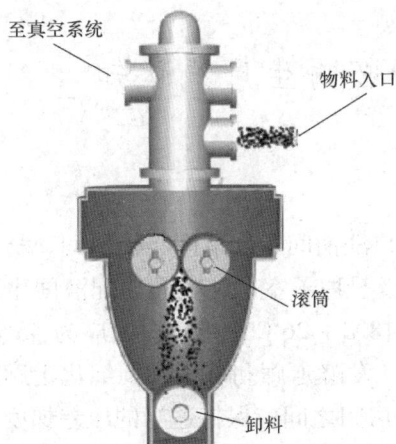

图6－47　双滚筒真空干燥器构造

图6－48　微波真空干燥器

（6）真空冷冻干燥机　真空冷冻干燥机（图6－49）主要由干燥器、真空系统、制冷系统、冷阱系统、加热系统、自动控制系统等组成。此外，为满足 GMP 要求，药品真空冷冻干燥机还配置了在位灭菌系统和在位清洗系统。真空冷冻干燥是将含水物料冻结后，置于真空环境下，并供给一定的热量，使物料中的冰直接升华并排走，从而除去水分，获得干制品。由于冻干药品呈多孔状，能长时间稳定保存，并易重新复水而恢复活性，因此这种方法广泛应用于血清、血浆、疫苗、酶、激素、抗生素、蛋白类药物等生物药品的干燥。

图6－49　真空冷冻干燥机

项目三 *L*-天冬酰胺酶生产实训

任务一 *L*-天冬酰胺酶生产线认知

一、*L*-天冬酰胺酶生产环境条件

L-天冬酰胺酶生产线的称量间、配料室、洗消间、发酵间、提取间、材料间化验室、摇瓶培养室生产环境的洁净度设计为 D 级，种子室、纯化间、配液间生产环境的洁净度设计为 C 级。洁净室（区）温度应为 18℃～26℃，相对湿度应为 45%～65%。洁净区与非洁净区之间的压差应不低于 10Pa（发酵走廊和外走廊、纯化走廊和外走廊的压差应大于20Pa），相同洁净区内不同功能房间之间应保持适当的压差梯度（通常不小于 5 Pa）。主要工作室一般照明的光照度不宜低于 300lx。

二、*L*-天冬酰胺酶各生产岗位的具体工作职责

（一）菌种岗位

1. 负责冻存管、原始斜面、生产斜面、上罐种子制备，保证操作正确，所制备种子符合相应质量标准。

2. 负责严格按工艺规程配制、制备冻存管、原始斜面、生产斜面、摇瓶所需的培养基，并对配制的培养基进行灭菌，使培养基符合质量标准。

3. 负责对发酵生产关键原材料进行测试，监督其质量。

4. 负责菌种的选育工作，为生产提供优质菌种，提高生产单位。

5. 负责菌种灭活处理，做好保密工作。

6. 及时、准确地做好数据记录及整理存档工作，便于做好技术分析。

7. 搞好生产环境卫生，保证无菌室的无菌标准符合质量规范。

（二）发酵岗位

1. 负责本岗位使用物料的领取、称量和交接工作，操作过程中严格核对品名、规格、批号、数量等项目。

2. 负责种子罐、发酵罐及其辅助设备（包括 SIP 系统、CIP 系统、压缩空气系统、冷却水系统、补料系统等）的操作，负责温度、酸碱度、压力、通气、搅拌、补料、液位的控制以及管路、仪表、阀门开关、调节等一切与发酵岗位生产相关的工作。

3. 负责种子罐、发酵罐的接种、转种，确保操作过程无菌。

4. 严格按照岗位标准操作规程、工艺规程和设备操作规程操作，并随时注意检查和保持。在操作过程中如实做好发酵记录，仔细观察操作过程中的现象，防止掉、跑、冒、漏以及超温、超压等意外情况发生。

5. 有权拒绝不符合工艺规程和设备操作规程的指令。

6. 对生产过程中出现的异常情况应及时上报、处理并记录。

7. 负责在生产结束后或更换品种时对工作区域进行清场，做好清场记录。

8. 正确进行物料平衡的计算和核对，防止生产过程中出现差错和混淆。

9. 认真填写生产记录和设备运行记录，保证真实，不得随意涂改。

（三）提取岗位

1. 负责提取、盐析所用物料的领取、称量，有权拒绝接受不合格的药料。领料时必须对所领物料进行复核，复核品名、数量、质量及衡器零点等。投料前应对物料进行再次复核，逐一核对品名、规格、数量、质量。

2. 负责配液罐的操作，按照配方正确配制破壁液。

3. 按照标准操作规程正确操作高速离心机，确保生产安全，对违规操作所造成的损失承担过失责任。

4. 按照标准操作规程正确操作提取罐、料液输送泵，负责投料、温度、酸碱度、搅拌速度的控制以及管路、仪表、阀门的开关、调节等工作，按章投料、按规提取，确保有效成分的提取效率和生产设备的正确使用、运转。

5. 按照标准操作规程操作盐析罐及其附属的虹吸装置，准确投料，正确判断液固分界面，减少上清液转移过程中的损耗。

6. 负责生产设备的现场管理，协助维修员做好生产设备的维修工作。

7. 及时填写生产记录、设备运行记录及各项原始记录，对其所填写的内容的真实性负责。

8. 正确进行物料平衡的计算和核对，防止生产过程中出现差错和混淆。

9. 负责工作场所的清洁卫生和清场，做好清场记录。

（四）纯化岗位

1. 负责超滤、纯化所用物料的领取、称量，有权拒绝接受不合格的药料。领料时必须对所领物料进行复核，复核品名、数量、质量及衡器零点等。物料使用前进行再次复核，逐一核对品名、规格、数量、质量。

2. 负责配液系统的操作，按照配方正确配制超滤所需的平衡液、清洗液以及液相层析所需的平衡液、洗脱液、清洗液。

3. 按照标准操作规程正确操作超滤设备和液相层析仪，按照工艺规程正确设定超滤的各项参数。

4. 负责纯化岗位各工序的衔接以及管路、仪表、阀门的开关、调节等工作，确保生产过程的正常、顺利进行。

5. 负责生产环境的现场管理，确保生产环境的洁净度要求。

6. 负责生产设备的现场管理，简单故障及时排除，不能解决时及时上报车间主任。

7. 及时填写生产记录、设备运行记录及各项原始记录，对其所填写的内容的真实性负责。

8. 正确进行物料平衡的计算和核对，防止生产过程中出现差错和混淆。

9. 负责工作场所的清洁卫生和清场，做好清场记录。

三、*L* – 天冬酰胺酶生产线质量控制关键点

（一）菌种岗位

严格控制菌种的保藏条件，保证在保藏期限内不变异、不退化、不污染。定期监控菌种的纯度、存活率、生长特性、生产能力等，必要时进行菌种表型和基因型的分析鉴别以及遗传稳定性的考察。

菌种活化时严格按照工艺规程控制活化条件，确保种子活力，活化时严格进行无菌操作；接种及培养过程中，必须保证培养基、培养器具、接种工具、接种环境、生长环境清洁无菌，操作准确无误；培养基灭菌后取样进行无菌检查，检查合格后方可进行接种操作。菌种培养过程中对关键的运行参数（如温度、pH、摇床转速等）进行监测，确保与规定的工艺一致。

（二）发酵岗位

种子罐的培养基要严格灭菌，培养过程中的各参数如温度、pH、溶氧等要按规设定并定时监控、记录，以保证培养出合格的菌种，保障生产的顺利进行。

发酵罐最重要的三个控制点为灭菌、温度、通气搅拌。发酵罐中的培养基在线灭菌需彻底，定期监测发酵罐及管路温度最低点的灭菌温度；发酵过程中须定期取样，检测发酵罐中菌体生长状况，是否染菌；检测取出的样品种培养基利用情况（碳、氮源的利用等）、产物合成情况并做好记录；定期检查培养温度、pH、溶氧、罐压等参数的变化，并及时做好记录，发现异常立即上报；关注尾气分析系统所检测的发酵尾气中各组分的含量变化并及时作好记录。

（三）提取岗位

高速离心机运行时转筒的高速旋转会引起离心机内温度升高，故进料前必须开启冷却水系统，通过冷水循环及时降温，以防 *L* – 天冬酰胺酶变性失活。

提取的工艺控制点是破壁液的组成、用量和保温时间，破壁效果对后续工序和终产品的得率影响很大。有药理活性的天冬酰胺酶存在于大肠杆菌的细胞周质中，控制好破壁液的组成、用量和保温时间，提取结束时，多数细胞的细胞膜没有破裂，因而溶出到提取液中的杂质少，提取液黏稠度不大，可以通过离心除去细胞。

盐析岗位的工艺控制点是硫酸铵的浓度和盐析时的 pH，控制好这两个参数可以提高分级效果和沉淀效果。硫酸铵的投料量必须准确，缓慢加入，边投料边搅拌，以防局部浓度过高；选择盐析 pH 的出发点是在酶稳定的前提下，适宜于酶沉淀的 pH，pH 调节时速度不宜过快，以防过酸或过碱。

（四）纯化岗位

超滤前对料液的预处理，可提高超滤膜的通量，减轻污染程度，延长超滤膜的使用寿命。

超滤的主要控制点是工作压力、进料流速、操作温度。工作压力太小，过滤速度慢；工作压力太大，会增加极化层的厚度，抵消增压的增速效果，还会把膜上的沉积层压实，易堵孔。料液流速提高对减少浓差极化，提高通透量有利，但需增加压力，增加耗能。操作温度升高可改变料液的黏度，增加传质效率，提高透过通量；但温度过高会影响膜的寿命，同时还会影响酶的活力，因此应在允许的最高温度下操作。

离子交换层析主要控制点是缓冲液的 pH 和离子强度，所以缓冲液要准确配制。缓冲液的酸碱度决定交换基团及交换离子的选择，对于分离效果有很大的影响，对交换的选择性影响也很大。高的离子强度与目的物离子竞争，减少有效交换容量，还会增加酶分子以及树脂活性基团的水合作用，降低吸附选择性和交换速度，但离子强度太低也会降低酶的溶解度和溶液缓冲能力。另外，上样量和洗脱液的流速也会影响离子交换层析分离效果，上样量一般为柱床体积的 1% ~ 5% 为宜，保证样品能吸附在层析柱的上层，得到较好的分离效果。洗脱速度要合适且保持恒定，过慢会造成分离时间长、样品扩散、谱峰变宽；过快会造成洗脱峰重叠，分辨率低。

任务二 L-天冬酰胺酶生产线的菌种培养和发酵

一、生产工艺流程

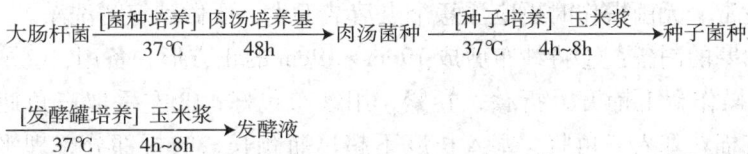

大肠杆菌 $\xrightarrow[37℃\quad48h]{[菌种培养]\ 肉汤培养基}$ 肉汤菌种 $\xrightarrow[37℃\quad4h~8h]{[种子培养]\ 玉米浆}$ 种子菌种

$\xrightarrow[37℃\quad4h~8h]{[发酵罐培养]\ 玉米浆}$ 发酵液

1. 菌种培养 采用大肠杆菌 E. coliA. S. 1. 357，培养基为牛肉汁 100ml、蛋白胨 1g、氯化钠 0.5g、琼脂 2 ~ 2.2g，37℃，在试管中培养 24h，茄瓶培养 8h，锥瓶培养 16h。

2. 种子培养 培养基用玉米浆 30kg，加水至 300kg，接种量 1% ~ 1.5%，37℃，通气搅拌培养 4 ~ 8 小时。

3. 发酵培养 取玉米浆 100kg 加水至 1000kg，接种量 8%，37℃，通气搅拌培养 6 ~ 8 小时。

菌种培养及发酵过程如图 6 - 50 所示。

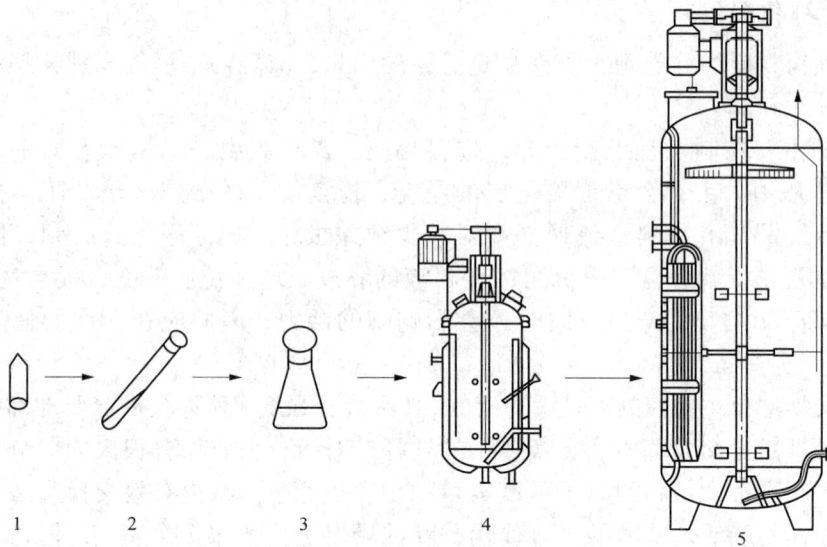

图 6-50 L-天冬酰胺酶发酵过程示意图
1. 冻存管种子；2. 斜面种子；3. 摇瓶种子；4. 种子罐；5. 发酵罐

二、L-天冬酰胺酶菌种培养和发酵的生产过程

人员和物料进入发酵和提取生产区域的程序依 D 级洁净区的要求，进入纯化生产区域的程序按 C 级洁净区的要求。在其他模块中已有介绍，不再赘述。

（一）准备工作

提前 10min 到岗，按照更衣规程更换好干净的工作服、工作鞋，同时检查各设备的状态是否正常。无菌操作时更应注意个人清洁卫生，要做到定时洗澡。

三角瓶棉塞的制备：①将纱布剪成 19cm×19cm 的正方形，备用；②取优质脱脂棉花 8~9g，在操作台上铺开，折叠，卷紧，用纱布包好；③左手取三角瓶，右手握棉花，均匀地将棉花塞入三角瓶，塞入长度不超过瓶颈长，皱折部分整理平整；④将管口外的棉花整形，纱布对角包扎好；⑤棉塞的性状和大小应与管口完全配合，棉塞要松软，外露部分要短些；⑥将棉塞连同三角瓶放入筐中，置入消毒柜以温度 118℃~121℃、压力 0.10~0.11MPa 灭菌 1h，使棉塞定形。试管棉塞的制作方法与三角瓶棉塞相同。

无菌衣的清洁消毒：进入无菌室所穿戴的无菌衣及口罩，操作完后带出无菌室。用洗衣粉或肥皂搓洗干净后用饮用水冲洗干净，晾在室内。将晾干的无菌衣及口罩折叠好用一层牛皮纸包扎好，以温度 118℃~121℃、压力 0.10~0.11MPa 灭菌 20~30min，取出，置缓冲间晾干备用。灭菌后的无菌衣应在两天内使用，否则重新灭菌。

（二）培养基的配制及消毒

培养基配方：牛肉汁 100ml、蛋白胨 1g、氯化钠 0.5g、琼脂 2~2.2g。

斜面培养基的操作过程如下：①称量：根据所需培养基体积与配比，准确计算各物质的量并复核，称量后置同大一烧杯中；琼脂粉按 200ml 培养基所需的量分别称量置 500ml 三角瓶中，塞好棉塞。一人称量，另一人复核。②溶解：将培养基原料用少量蒸馏水溶解在一起，然后再加水至配制体积，混合均匀，用酸度计测量并记录 pH 值，用 6mol/L NaOH 溶液调 pH 至 7.0。③留样：取两只大试管和量筒，每只试管装 50ml 培养基，用一层牛皮纸封护。④分装：用量筒量取 200ml 培养基；取称好琼脂粉的 500ml 三角瓶，左手持瓶，右手摘掉棉塞，放上漏斗，将培养基倒入三角瓶中，移去漏斗，塞好棉塞。重复至培养基分装完毕。⑤封护：分装后的三角瓶用三角巾封护，再包一层牛皮纸，用线绳扎紧，连同样品置筐中，放置不要太挤，太挤会影响蒸气流通。⑥清洗：清洗配制培养基所用的器具。清洗时要节约用水，清洗水排入清污水管道。⑦灭菌：将培养基置高压蒸气灭菌器内，以温度 118 ~ 121℃、压力 0.10 ~ 0.11MPa 灭菌 30 min，取出。⑧检测：取出样品，冷却至室温后，测量并记录 pH。消毒后 pH 应为 6.50 ~ 6.80，培养基合格则备用，不合格则重新配制。废培养基倒入不可回收垃圾箱。⑨分装斜面：待培养基温度降至 50 ~ 60℃时，分装斜面，斜面放置以形成的斜面长约为管身或瓶身的 2/3 为宜。用双层纱布覆盖斜面，放置 1h 以上，让其充分凝固。⑩空白培养：注明培养基批号，置 37℃恒温室中空白培养 1 天，以蒸发多余的水分，并检查无菌情况。无菌合格者放入缓冲间备用；有杂菌者用灭菌器进行蒸气灭活处理，培养基倒入不可回收垃圾箱。

摇瓶培养基中不加琼脂，重复上述操作步骤的①~⑧。

在培养基配制时要注意：①菌种培养基配方所列材料的用量均以最终配制成 1L 为单位，物料的实际用量要根据生产指令单计算；②蛋白胨极易吸潮，故称量时要迅速；③若使用的是琼脂条，则使用前剪成 2cm 左右长的小段，这样融化会快些；④定容时须搅拌使其均匀；⑤定容后用酸度计测定 pH，培养基灭菌前的 pH 要略高于使用时所需的适宜 pH；⑥分装时注意不要使培养基沾染在管口或瓶口，以免浸湿棉塞，引起污染；一旦管口内沾有培养基，待凝固后用接种钩取出，并用潮湿洁净的纱布擦拭干净。

举例：高压蒸气灭菌器的具体操作规程

文件名称	＊＊＊型全自动高压蒸气灭菌器操作规程		文件编号		
编 制 人	编制日期	年　月　日	生效日期	年　月　日
审 核 人	审核日期	年　月　日	复制日期	年　月　日
批 准 人	批准日期	年　月　日	复制份数	
颁 发 部 门	分发部门			
编订依据	《药品生产质量管理规范》2010 年修订		编订　复审	

1. 目的　规范＊＊＊型全自动高压灭菌器的操作过程，确保设备的正常运行，以及设备使用的安全性、有效性。

2. 范围　菌种岗位灭菌工段的灭菌操作。

3. 职责　车间车间负责人监督管理，车间 QA 检查、岗位操作工和维修工执行。

4. 内容

4.1 灭菌前准备工作

4.1.1 按下仪器控制面板上的"POWER ON/OFF"键。当开/关盖水平杆置于"LOCK"（锁定，左端位置）时，面板上显示模式代码，2s后，屏幕显示改变至参数设定状态，此时可设置仪器参数。当开/关盖水平杆置于"UNLOCK"（开锁，左端以外的其它位置）时，面板显示"Lid"。

4.1.2 将开/关盖水平杆拨向"UNLOCK"位置（右边）。

4.1.3 抓住把手，提起盖子。

4.1.4 往灭菌腔内加水，直至看到水流经加热盖中央的小孔。

4.1.5 放入待灭菌物。

4.1.6 抓住把手，往下盖盖子，按下盖子前面中间部分直至吸住磁扣。

4.1.7 盖子关好后，将开/关盖水平杆拨向"LOCK"（锁定）位置（左端）。

4.2 模式和参数设定 按压各功能键，根据需要选择使用适当工作模式，设定工作参数。各个键的功能见表6-2，四种模式的功能见表6-3。

表6-2 全自动高压蒸气灭菌器面板功能键的功能

键名	功能
MODE	选择工作模式，并查看设定温度、时间或排气比。 每按一次，当前模式按1、2、3、4、1、2…的顺序重复出现
FUNC	查看各功能设定的参数
SET/ENT	设置/输入键。按SET/ENT键可进行模式和参数的设置，设置结束后按该键可保存设置值
NEXT	按NEXT键可选择要进行更改的下一选项
▲▼	按▲▼键（上下）可增加或减小设定值
START/STOP	用于启动或停止操作

表6-3 全自动高压蒸气灭菌器各模式的功能

模式	功能
1	琼脂培养基灭菌（为防止凝固，灭菌结束后保温）
2	液体灭菌（液体必须耐高温高压蒸气）
3	固体灭菌（固体必须耐高温高压蒸气及排气时的突然降压）
4	琼脂溶解

4.3 运行灭菌程序

4.3.1 确定排气瓶的水位在"HIGH"和"LOW"水位之间。

4.3.2 确认排水瓶的水位低于排气管口。

4.3.3 按"START/STOP"键，灭菌器开始灭菌，运行设定的灭菌程序。

4.3.4 灭菌程序运行结束后，打开盖子，取出已灭菌物。

4.3.5 关闭电源开关。

4.4 清洁 按照《＊＊＊型全自动高压蒸气灭菌器清洁规程》对设备进行清洁，培养基配制结束后，须填写配制记录。培养基配制记录的格式可以参照表 6－4。

表 6－4 L－天冬酰胺酶生产线灭菌工段培养基配制记录

培养基名称		批 号		规 格	
有效期至	年 月 日	编 号			
开瓶日期	年 月 日	厂 家			
称量设备编号：		称取前培养基重：g		称取后培养基重：g	
配制方法：					
配制批号：		配制总量： ml（共 瓶）			
pH 测定仪编号：		配制日期： 年 月 日		配制人：	
灭菌前 pH 值：		有效日期： 年 月 日		复核人：	
消毒方法：高压蒸气灭菌 □115℃15 分钟 □115℃20 分钟 □115℃30 分钟 □121℃15 分钟 □121℃20 分钟 □其他					
灭菌开始时间： 时 分		灭菌结束时间： 时 分			
灭菌仪器编号：	灭菌压力： MPa		灭菌后 pH 值：		
灭菌后贮存条件：	灭菌人： 日期： 年 月 日		复核人： 日期： 年 月 日		
无菌平皿（试管）的分装： 取经过灭菌处理的培养基（ ）至洁净检测室，在超净工作台上以无菌操作方式倾注平皿或试管。共分装 □平皿 □试管					
操作人：	日期： 年 月 日	复核人：		日期： 年 月 日	

（三）菌种的制备

斜面种子的制备：①操作前 1 小时，取所需数量的斜面培养基放入无菌室缓冲间，开启无菌室净化工作台和紫外灯，操作前 30 min 关闭紫外灯。②从液氮罐中取出指定的冻存管，带入无菌室缓冲间，连同无菌工具带入无菌室。③取空白斜面培养基，在无菌区内解开线绳，揭去牛皮纸和纱布，牛皮纸置筐中，纱布置工作台右边上风侧，斜面置操作台左边，在试管上注明菌株号、接种日期。④解开线绳，打开牛皮纸，在无菌区取出内装无菌吸管的布袋，置操作者前上风侧。取冻存管，用酒精纱布擦拭后与酒精纱布一起置操作者前面。⑤待深冷管内容物融化后，用吸管抽吸几次，吸取所需数量的菌液，在试管斜面上涂布均匀，塞上棉塞。重复操作至所有斜面培养基接种完毕。吸管置台面右侧，试管用三角巾封护。⑥培养：斜面置恒温培养箱中，试管斜面培养 24 小时。

试管斜面培养结束后，按照工艺规程的要求接种到茄瓶，恒温培养 8h。培养结束后再由茄瓶转接到锥瓶培养，摇瓶培养 16h。

举例1：净化工作台的具体操作可参照如下操作规程：

文件名称	＊＊＊型净化工作台操作规程			文件编号	
编制人		编制日期	年　月　日	生效日期	年　月　日
审核人		审核日期	年　月　日	复制日期	年　月　日
批准人		批准日期	年　月　日	复制份数	
颁发部门		分发部门			
编订依据	《药品生产质量管理规范》2010年修订			编订　复审	

1. 目的　规范＊＊＊型净化工作台操作过程。

2. 适用范围　L-天冬酰胺酶生产线菌种岗位操作人员。

3. 职责　车间车间负责人监督管理，车间QA检查、岗位操作工和维修工负责执行。

4. 操作过程

4.1　使用前应检查、调试电源、电压是否完好、稳定，用75%乙醇认真做好净化工作台使用前的清洁擦拭工作。

4.2　将接种所需的仪器用品放入工作台，接通总电源，打开紫外灯30min，进行紫外杀菌、消毒。

4.3　关闭紫外灯，开启照明和风机开关，调节风力至适当大小，等待30min以上，以排尽臭氧。

4.4　穿好隔离衣，戴好口罩、帽子，双手及手腕用75%乙醇消毒。

4.5　点燃酒精灯，超净台内应避免放入过多的物品，使用的吸管、滴管、试管、培养瓶等均事先灭菌。

4.6　打开各类瓶盖前先过火，打开的瓶口、试管口过火焰，镊子使用前应经火焰烧灼。

4.7　开始接种操作。

4.8　接种过程中漏在培养瓶上或台上的液体，立即用酒精棉球擦。

4.9　接种完成后，进行清洁工作，保持净化台台面整洁无残留。

4.10　关闭超净台通风、照明设备，关闭电源。

举例2：菌种的斜面种子培养在恒温培养箱中进行，隔水式恒温培养箱的具体操作规程：

文件名称	＊＊＊型隔水式恒温培养箱操作规程			文件编号	
编制人		编制日期	年　月　日	生效日期	年　月　日
审核人		审核日期	年　月　日	复制日期	年　月　日
批准人		批准日期	年　月　日	复制份数	
颁发部门		分发部门			
编订依据	《药品生产质量管理规范》2010年修订			编订　复审	

1. 目的　规范＊＊＊型隔水式恒温培养箱操作过程。

2. 适用范围　L-天冬酰胺酶生产线菌种岗位操作人员。

3. 职责 车间车间负责人监督管理，车间 QA 检查、岗位操作工和维修工负责执行。

4. 操作过程

4.1 接通电源，打开电源开关，电源指示灯亮，温度控制器出现数字显示，设备进入工作状态。第一次使用本机时，会出现低水位指示灯亮且报警。

4.2 用橡皮接管连接水源和箱体进水接口，打开水源开关，随着水位逐渐升高，当低水位指示灯灭，报警消失，继续进水至箱体后部溢水口位置。水将溢出时，立即关闭水源开关，拉出放水塞头，放掉约 100ml 水后，将塞头复位，设备开始正常工作。使用中，当低水位指示灯亮时，应及时加水补充，否则电热管不加热，设备不工作。

4.3 按照培养工艺设定温度。当箱内温度接近设定温度时，加热指示灯忽亮忽熄，反复多次后进入恒温状态。

4.4 打开内门、外门，把待培养的物品放入培养箱内，关好内、外门。

4.5 设定好培养时间。培养期间，除非放、取箱内物品外，最好不要打开玻璃内门，尤其不要长时间打开内门，以免影响温度。

4.6 培养结束后，关掉电源开关。

4.7 打开内、外门，取出培养物。

4.8 按《＊＊＊型隔水式恒温培养箱清洁规程》进行设备的清洁。

菌种的锥形瓶种子培养在恒温摇床内进行，摇床内的温度和摇床的转速可以设定，摇床的具体操作可参照以下操作规程。

标准操作 SOP

文件名称	＊＊＊型摇床操作规程			文件编号	
编制人		编制日期	年 月 日	生效日期	年 月 日
审核人		审核日期	年 月 日	复制日期	年 月 日
批准人		批准日期	年 月 日	复制份数	
颁发部门		分发部门			
编订依据	《药品生产质量管理规范》2010 年修订			编订 复审	

1. 目的 规范＊＊＊型摇床的操作过程。

2. 适用范围 L–天冬酰胺酶生产线菌种岗位操作人员。

3. 职责 车间车间负责人监督管理，车间 QA 检查、岗位操作工和维修工负责执行。

4. 操作过程

4.1 戴上手套，以摇床中心为对称，将摇瓶安装至摇床板上，然后盖上摇床顶盖。

4.2 将三相插头插入电源插座。

4.3 打开摇床电源开关，摇床控制系统开始自检。自检结束后，摇床会发出蜂鸣声。按控制按钮一次，蜂鸣声停止，显示屏切换至"DISP"界面。

4.4 按控制按钮一次，使字符"DISP"开始闪烁。旋转控制按钮，字符"SUMM"出现时停止旋转，即切换到了"SUMM"界面。

4.5 按控制按钮至字符 "SUMM" 高亮，旋转控制按钮，使光标移动到 "SET" 栏需要设定的参数上。按控制按钮使该参数闪烁，旋转控制按钮调整至所需值，然后按控制按钮确认，则该参数的值设定完毕，新的设定值变为高亮显示。如果还需要设定其他参数，旋转控制按钮至 "SET" 栏对应参数上，同法设定。设定完参数后旋转控制按钮，将光标返回到 "SUMM" 上。

4.6 各项参数设定完毕，然后按下 "START/STOP" 键，摇床开始运转，当转速达到设定值后，观察摇床没有异常。

4.7 如果需要添加摇瓶或取出部分摇瓶，先按 "START/STOP" 键，等摇床停止旋转，并且转速降到 0 后，再打开顶盖，进行操作。操作完毕，关闭顶盖后，再按 "START/STOP" 键，恢复摇床运转。

4.8 培养结束后，先按 "START/STOP" 键停止摇床运转，等摇床转速降低到 0 后，关闭摇床电源，取出摇瓶。

4.9 按《＊＊＊型摇床清洁规程》进行设备的清洁。

菌种培养过程中要定期进行检查，并做好记录。主要检查两方面：一是有无污染；二是生长是否正常，包括形态、长速、活力、均匀度等。

（四）种子的制备

培养基配方：玉米浆 30kg，加水至 300kg。

种子制备工段的工作可概括为生产前检查、种子罐培养基的灭菌、种子罐的接种培养、种子罐的移种四个方面。

举例：种子制备操作规程

文件名称	＊＊＊型种子罐操作规程			文件编号	
编制人		编制日期	年 月 日	生效日期	年 月 日
审核人		审核日期	年 月 日	复制日期	年 月 日
批准人		批准日期	年 月 日	复制份数	
颁发部门		分发部门			
编订依据	《药品生产质量管理规范》2010 年修订			编订 复审	

1. 目的 制定＊＊＊型种子罐的正确使用、保养方法，规范种子制备的过程控制，保证种子的稳定生产。

2. 适用范围 适用于菌种岗位种子罐操作人员对设备进行规范操作。

3. 名词解释 无。

4. 职责 车间车间负责人监督管理，车间 QA 检查、岗位操作工和维修工执行。

5. 工作流程图 无。

6. 工作程序

6.1 准备工作

6.1.1 空气源的检查：主要检查空气压力在 $0.2 \sim 0.25 MPa$ 之间。

6.1.2 管道、阀门的检查：检查管道、阀门是否有泄漏。如有泄漏，应进行调整。

6.1.3 电气仪表的检查：检查种子罐温度显示是否准确；检查压力表、安全阀是否正常。

6.1.4 pH、DO 值的校正：校正 pH、DO 电极。将校正好的 pH、DO 电极插入安装孔内，并用螺母旋紧，可靠固定。

6.1.5 纯蒸气的检查：检查管道是否已有纯蒸气。

6.1.6 精过滤器灭菌

6.1.6.1 调节蒸气总过滤器前总蒸气阀，使其压力在 0.12～0.13MPa 之间。

6.1.6.2 调节压缩空气总阀，使其压力在 0.2MPa。

6.1.6.3 打开流量计压缩空气阀，使预过滤器压力在 0.2MPa。

6.1.6.4 关闭预过滤器与精过滤器中间的 MDV07 阀，慢慢打开 MDV06 阀，微开 MDV08 阀，打开 MDV09 阀，让纯蒸气通过精过滤器。打开 MDV11、MDV16、MDV14、MDV13 阀，有气冒出。打开 PPV01 阀排气，保证精过滤器压力在 0.1MPa 以上，保持 20 min。

6.1.6.5 精过滤器灭菌结束，依次关闭 MDV06 阀和 MDV11 阀。打开预过滤器与精过滤器中间的 MDV07 阀，在屏幕按下压缩空气恒流自动"关"显示为"开"，打开 MBV01 阀，并用压缩空气吹干精过滤器。

6.1.6.6 用压缩空气吹精过滤器 30 min，关闭 MDV08、PPV01 阀。

6.2 种子培养基灭菌

6.2.1 检查与罐体相连的阀门是否全部关闭。

6.2.2 按工艺要求配制种子培养基。

6.2.3 打开灌顶上的加料盖，将培养基缓慢加入罐内后拧紧加料盖。

6.2.4 开启搅拌器对培养基进行低速搅拌。打开出气阀，在屏幕按下种子罐实消灭菌关显示为开，对夹套进行加热，当罐体温度达到 90℃时，关闭进罐夹套蒸气阀及关小出气阀。

6.2.5 打开罐底蒸气阀与 MDV17 阀，蒸气进入种子罐内。罐内压力的控制通过 PPV02 阀的开度大小来实现。

6.2.6 培养基于 121℃灭菌 20 min，灭菌完毕后依次关闭 MDV17 阀和蒸气阀；把屏幕的种子罐实消灭菌开显示为关。打开 MDV11 和 MDV14 阀，将 MDV13 阀开至适当开度，通过 PPV02 控制罐内压力在 0.03～0.05MPa 之间。

6.2.7 关闭左夹套 MBV10、MBV09 阀，依次打开右夹套手动进水阀、在屏幕按下"种子罐自动降温关"显示为开，对罐体进行降温。打开空气压缩机的供气管路阀门，向种子罐内缓慢通入空气以发挥其搅拌与快速冷却作用，并使罐压保持正压状态。罐温降至 40℃±2℃，罐内压力保持在 0.03～0.05MPa 之间。在降温过程中罐内应始终保持正压，压力控制由 PPV02 的开度来实现。

6.2.8 在屏幕按下"种子罐自动恒温关"显示为开，"恒温水箱自行补水关"显示为开，"恒温水箱自动升温关"显示为开，对种子罐进行控温，温度控制在 37℃±1℃。

6.2.9 种子培养基灭菌结束，保压等待接种。

6.3 接种及培养

6.3.1 采用火焰封口接种法，接种前准备好酒精棉球，防火手套。

6.3.2 在接种前关闭搅拌电动机，关闭通气阀，慢慢打开排气阀，待罐压慢慢接近零时，旋松接种口盖，放入酒精环，点燃酒精，打开接种盖，注意接种口盖应保持在火焰附近。稍开通气阀，使接种口微微有气排出，将三角瓶内菌种在火焰掩护下，从接种口倒入罐内。

6.3.3 启动搅拌电动机，向罐内通空气，并慢慢调整通气阀和排气阀的开启度，使罐压维持在 0.02~0.05MPa 之间。

6.3.4 按《种子罐培养过程控制标准操作规程》操作，设定工艺参数，进行过程控制。定期取样，离线检测各参数如菌浓、菌体生长情况、碳源、氮源、产物合成情况等。

6.3.5 在种子罐接种后，菌种工段应安排相关人员进行 24h 值班对种子罐运行进行监控。

6.4 种子罐移种

6.4.1 采用压差移种，即在种子罐压力大于发酵罐压力的条件下将菌种转移到发酵罐内。

6.4.2 移种前对移种管道用蒸气进行灭菌 30min，移种前关闭蒸气排气阀门和蒸气阀门，打开发酵罐上的接种阀门。

6.4.3 移种前，调整种子罐压在 0.08~0.1MPa，发酵罐保压在 0.03MPa 左右。打开种子罐上的移种管道阀门，打开发酵罐移种管道进料阀，菌种在压力下由种子罐进入发酵罐。

6.5 种子罐清洗 移种结束后，按照《种子罐清洗标准操作规程》进行种子罐清洗。

种子罐培养基配制、灭菌、接种以及有关培养过程中的所有操作均应如实记录。表 6-5 为种子罐部分操作的生产记录示例。

表 6-5 种子罐培养基配制、灭菌、接种生产记录

产品批号		设备号		灭菌日期	

准备：
　□确认无上次生产遗留物
　□检查种子罐_____已清洗，搅拌机工作正常，检查温度、压力、空气流量仪表工作正常
　□空气过滤器_____事先必须灭菌，灭菌压力 0.15~0.20MPa,，时间 20min。实际压力范围_____ ~
_____MPa 开始时间_____时_____分 结束时间_____时_____分
　　操作者_____监督者_____日期_____

种子培养基的配制：
　往种子罐中注入适量饮用水 100L，将已核对的物料投入，开动搅拌机将物料搅拌均匀，再调 pH 至 6.0~6.2，消前 pH_____
　　操作者_____监督者_____日期_____

种子培养基的灭菌：

按 SOP 要求对培养基进行灭菌，规定时间 20 min，温度 118～121℃，118℃开始计时

开始升温时间_____时_____分，起始温度_____℃

保压开始时间_____时_____分，结束时间_____时_____分，温度范围_____～_____℃

操作者_____监督者_____日期_____

种子罐的接种：

种子批号：_____数量_____只_____体积_____ml

接种者：_____鉴定者：_____日期：_____

（五）发酵培养

发酵培养基配方为玉米浆 100kg 加水至 1000kg。发酵罐接种量 8%，37℃，通气搅拌培养 6～8h。发酵罐的基本操作与种子罐的操作类似，不再赘述。发酵培养结束后打开放料阀，将发酵液放到离心机的发酵液储罐中，最后对发酵罐进行 CIP 清洗。

发酵体系是一个非常复杂的多相共存的动态体系，培养基的 pH、温度、溶氧浓度、基质含量、空气流量、搅拌速率、泡沫、菌密度、补料等都对发酵结果有着重要的影响，发酵过程中应对这些参数进行实时监控和调整，以确保生物细胞在最适环境条件下进行生长繁殖和分泌代谢产物，达到稳定与高产的目的，所以，发酵过程中的生产管理和质量控制显得尤为重要。L－天冬酰胺酶生产线发酵工段生产记录表示例见表 6－6～表 6－8。

表 6－6　L－天冬酰胺酶生产线发酵工段生产记录表（1）

产品批号				设备号			日 期		
北京时间	累计时间（h）	罐温（℃）	罐压（MPa）	通气量（m³/h）	风压（MPa）	搅拌频率（Hz）	消沫情况	备注	值班人

表 6－7　L－天冬酰胺酶生产线发酵工段生产记录表（2）

产品批号	时间
在执行本操作过程中，发生的任何偏差，不论是设备运行、生产工艺的监控参数、标准操作范围及温度控制等，均应如实记录	

物料平衡：

　　□ 发酵单位范围　实际单位

　　□ 发酵体积范围　　实际体积

　　□ 发酵产量范围　　实际产量

　　产量＝发酵体积×发酵单位

续表

偏差记录:

偏差说明:

记录者: 核实者:

表6-8 反应器运行 pH 定期监测记录

表单编号:

样品编号	pH 定期监测记录				pH 单点校正记录		操作人	复核人
	检测值	在线值	差值	接受标准差值≤±1	校正输入值	最终 zero 值 -30~30 mv		

(六) 清场

为了避免由于使用同一设备、场所和由于设施不洁净而带来的污染和混淆,在每批产品发酵结束以后,必须将生产现场的产品、半成品、原辅料、包装材料以及设备上的残留药品等进行清理。清场的范围和程序应为:①清理剩余的原辅料(包括工艺用水等生产中使用的全部物料),移送备料间。②收集该批产品的各种记录,送交管理人员或下一工序;清除与该批产品有关的设备、容器上的标志。③需销毁的废品、废标签、废包装材料应按有关规定处理。④清理室内环境卫生,清理或清洗设备、容器、工具(必要时进行灭菌)。⑤将清洁剂、消毒剂以及清洁工具收集至清洁工具间。⑥在确认清场工作全部完成以后,应详细填写清场记录并及时通知检查人员进行检查。⑦检查合格后,由检查人员在清场记录上签字并记录检查结果(或签发清场合格证)。如不合格应重新清场,直至合格为止。

清场操作规程

文件名称:发酵岗位清场标准操作规程 分发部门:质量部、生产部、档案室	编制者: 年 月 日
	审核者: 年 月 日
文件类别:	批准者: 年 月 日

续表

文件编号：	执行日期： 年 月 日
编订依据：	共 4 页
颁布部门：质量部	

1. 目的　建立清场管理制度，防止混药、交叉污染及差错事故的发生，确保产品质量。

2. 适用范围　*L*－天冬酰胺酶生产线发酵车间。

3. 职责

3.1　操作人员　负责清场工作的实施。

3.2　主管　负责清场工作的复核，并同时负责现场监督及发放清场合格证。

4. 工作程序

4.1　清场对象包括生产场地、设备、容器具、物料、状态标志、文件等。清场过程中包含清洁内容，因此需对设备、容器具等与药品接触的表面进行清洗，必要时进行消毒灭菌。清场后的环境需保证墙面无积灰、污垢，门窗、室内照明灯、风管、开关箱外壳无积灰，不存放与生产无关的物品。

4.2　前清场

4.2.1　生产性物料清场：根据已批准的生产指令领用生产性物料，并确认生产现场没有生产指令单上没有的生产性物料。

4.2.2　工艺设备的清场：将工艺设备归放到指定位置，按照设备维护保养操作规程对设备进行清洁，与药品接触的表面进行清洗、灭菌，并确保工艺设备可正常运转。

4.2.3　其他物品的清场：确保生产区没有与生产过程无关物品。

4.2.4　工器具的清洁：对工具器按照相应的 SOP 进行清洗，确保工具器无残留物，清洗后放置到指定的区域中；对部分工具器进行灭菌（除热原），确保各工段使用的工器具是在灭菌（除热源）有效期的。

4.2.5　环境的清洁：对生产区环境按照《生产区卫生管理制度》进行清洁。

4.2.6　部分状态标识的更换：对状态标识参见《状态标识管理制度》进行更换。

4.2.7　前清场结束后，由主管进行检查，在《生产前确认工作记录》上签字开批放行，确认后的《生产前确认工作记录》交岗位负责人签字确认，得到确认后方可组织生产。《生产前确认工作记录》纳入生产记录中。

4.3　后清场

4.3.1　生产性物料清场：将生产性物料按照《生产区物料管理制度》要求进行退库处理。

4.3.2　标签性物料清场：标签性物料清场按照《标签性物料管理制度》进行清场。

4.3.3　一次性耗材清场：每个生产结束后，剩余的一次性耗材整理放置到本工段指定位置。

4.3.4　工艺设备的清场：将工艺设备归放到指定位置，按照设备维护保养操作规程对设备进行清洁，与药品接触的表面进行清洗，确保无残留物。

4.3.5　废弃物的清场：确保生产区无生产过程产生的废弃物。具体操作参见《生产区废弃物管理制度》。

4.3.6　工具器的清场：工具器按照相应的 SOP 进行清洗，确保工具器无残留物，清洗后放置到指定的区域中。

4.3.7　环境清洁：对生产区环境按照《生产区卫生管理制度》进行清洁一次。

4.3.8　生产记录的收集与整理：生产结束后，整理现场操作记录，批生产记录参照《原始记录管理制度》归档保存。

4.3.9　部分状态标志的更换：对状态标志按照《状态标志管理制度》进行更换。

4.3.10　由清场操作人员填写清场记录，清场工作记录应包括岗位、清场前产品的品名、生产批号/流水号、清场日期、清场项目、检查结果、清场人、复核人、检查人签名，此清场工作记录应纳入上一批生产记录。

4.3.11　车间主管在确认清场合格后发放《清场合格证》，此清场合格证纳入上一批生产记录中，此合格证作为上一批生产结束标志。

清场结束后须填写《清场记录》。《清场记录》的格式可参照表6-9。

表6-9　L-天冬酰胺酶生产线发酵岗位清场记录表

清场前	产品名称		代号		规格		批号	
	工序		地点				数量	
	生产时间	年　　月　　日至　　年　　月　　日						
清场要求	1. 各工序在更换产品、规格、批号时，进行全面清场 2. 将本批的中间产品、废弃物、剩余物料及与续产品无关的工艺文件等清离现场，无遗留物。物料、工器具、设备、工作状态标志醒目，并符合清场后的状态 3. 按清场 SOP 清洁生产设备、管道，做到设备内外无油污、干净、无物料残物，设备见本色 4. 按清场 SOP 清洁（或清洁）工具、容器，做到清洁、无异物、无物料残留物 5. 按清场 SOP 清洁地面、墙壁、门窗、天棚、地漏、天关箱外壳等，做到无积水、无积尘、无药液、无粉渣 6. 按清洁 SOP 清洗清洁工具，做到干净、无遗留物，并按规定进行放置 7. 生产现场及有关设施干净整洁，物放有序							

续表

<table>
<tr><td rowspan="17">清场情况</td><td colspan="2">清场项目</td><td colspan="3">操 作 要 点</td><td colspan="4">清 场 结 果</td></tr>
<tr><td colspan="2">物料</td><td colspan="3">结料、剩余物料退料</td><td colspan="4"></td></tr>
<tr><td colspan="2">中间产品</td><td colspan="3">清点、送规定地点放置、挂状态标记</td><td colspan="4"></td></tr>
<tr><td colspan="2">废弃物</td><td colspan="3">清离现场、置规定地点</td><td colspan="4"></td></tr>
<tr><td colspan="2">工艺文件</td><td colspan="3">与续产产品无关的清离现场</td><td colspan="4"></td></tr>
<tr><td colspan="2">工具器具</td><td colspan="3">冲洗、湿抹干净，置规定地点</td><td colspan="4"></td></tr>
<tr><td colspan="2">容器管道</td><td colspan="3">冲洗、湿抹干净、置规定地点</td><td colspan="4"></td></tr>
<tr><td colspan="2">生产设备</td><td colspan="3">湿抹或冲洗，见本色，标志符合状态要求</td><td colspan="4"></td></tr>
<tr><td colspan="2">工作场地</td><td colspan="3">清洗湿抹或湿拖干净，标志符合状态要求</td><td colspan="4"></td></tr>
<tr><td colspan="2">清洁工具</td><td colspan="3">清洗干净，置规定处存放</td><td colspan="4"></td></tr>
<tr><td rowspan="6">尾料处理</td><td rowspan="2">尾料名称</td><td colspan="2">数 量</td><td colspan="3">去 向</td><td rowspan="2">交料人</td><td rowspan="2">接料人</td></tr>
<tr><td>剩余量（kg）</td><td>报废量（kg）</td><td>中间站</td><td>退库</td><td>销毁</td></tr>
<tr><td></td><td></td><td></td><td></td><td></td><td></td><td></td><td></td></tr>
<tr><td></td><td></td><td></td><td></td><td></td><td></td><td></td><td></td></tr>
<tr><td></td><td></td><td></td><td></td><td></td><td></td><td></td><td></td></tr>
<tr><td></td><td></td><td></td><td></td><td></td><td></td><td></td><td></td></tr>
<tr><td colspan="2">清 场 人</td><td colspan="4"></td><td>班长</td><td colspan="2"></td></tr>
<tr><td rowspan="2">接续</td><td colspan="3">产品名称</td><td>代号</td><td>规格</td><td>批号</td><td colspan="3">数 量</td></tr>
<tr><td colspan="3"></td><td></td><td></td><td></td><td colspan="3"></td></tr>
<tr><td>QA检查结果</td><td colspan="9">检查人：　　　　年　　月　　日</td></tr>
<tr><td>备注</td><td colspan="9"></td></tr>
</table>

任务三 L-天冬酰胺酶的提取和纯化

一、生产工艺流程

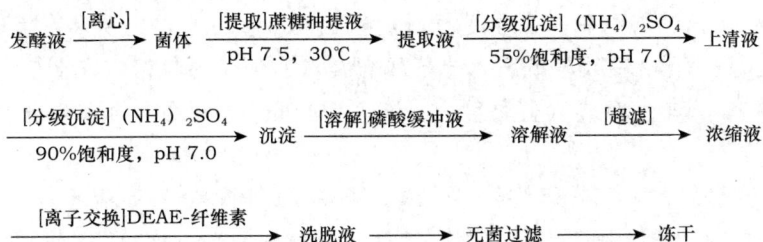

发酵液 —[离心]→ 菌体 —[提取]蔗糖抽提液，pH 7.5，30℃→ 提取液 —[分级沉淀]（NH_4）$_2SO_4$，55%饱和度，pH 7.0→ 上清液

—[分级沉淀]（NH_4）$_2SO_4$，90%饱和度，pH 7.0→ 沉淀 —[溶解]磷酸缓冲液→ 溶解液 —[超滤]→ 浓缩液

—[离子交换]DEAE-纤维素→ 洗脱液 —→ 无菌过滤 —→ 冻干

1. 离心　离心分离发酵液，得菌体。

2. 蔗糖溶液抽提　将菌体细胞中加入 5 倍体积蔗糖溶液，30℃振荡 2h，8000r/min 离心，收取酶液。

3. 硫酸铵分级沉淀　酶液中加入硫酸铵至 55% 饱和度，调 pH 至 7.0，18℃搅拌 1h，静置，虹吸上清液，在上清液中加入硫酸铵至 90% 饱和度，静置。

4. 溶解　将上清液虹吸掉，在沉淀中加入磷酸缓冲液使其溶解。

5. 超滤　二次盐析的沉淀溶解后进行超滤，经超滤系统脱盐浓缩后得超滤液。

6. 离子交换　超滤液通过预先用 10mmol/L、pH 7.6 磷酸缓冲液平衡的 DEAE - 纤维素柱，再用 50 ~ 200 mmol/L 磷酸缓冲液梯度洗脱，收集酶活力组分。

二、L - 天冬酰胺酶生产线提取和纯化生产过程

（一）准备工作

检查离心机、提取罐、盐析罐、超滤器、层析仪是否已清洗，检查各个设备的各阀门、仪表是否正常。检查有无上一品种或上一批次的清场合格证，并检查岗位上有无与本批生产无关的物品。

核对本批生产文件，按照《批生产指令单》领取物料置备料区，并核对品名、规格、批号、编号、重量。悬挂生产状态标志牌。

（二）配液

L - 天冬酰胺酶生产线提取和纯化岗位需要配制的溶液有破壁液、超滤缓冲液、平衡液、洗脱液等。破壁液的组成：蔗糖 40%，溶菌酶 200mg/L，EDTA 10mmol/L，pH 7.5。超滤缓冲液：50mmol/L 的 pH 7.0 磷酸缓冲液。平衡液、洗脱液：10mmol/L 的 pH 7.6 磷酸缓冲液、50mmol/L 的 pH 4.9 的磷酸缓冲液、200mmol/L 的 pH 5.2 的磷酸缓冲液等。

配液的具体操作规程

文件名称	***型配液操作规程			文件编号	
编制人	编制日期	年　月　日	生效日期	年　月　日	
审核人	审核日期	年　月　日	复制日期	年　月　日	
批准人	批准日期	年　月　日	复制份数		
颁发部门	分发部门				
编订依据	《药品生产质量管理规范》2010 年修订			编订　复审	

1. 目的　规范溶液配制的操作过程，确保配液质量符合规定要求。

2. 范围　适用于 L - 天冬酰胺酶生产线化提取、纯化岗位溶液配制。

3. 职责　车间车间负责人监督管理，车间 QA 检查、岗位操作工和维修工执行。

4. 内容

4.1　配液前应检查配料罐及物料管道是否清洁，阀门连接是否紧密。

4.2　检查微孔滤膜是否安装合理、清洁，计量器是否合格。

4.3 按产品工艺规程及处方量要求，严格配料。按SOP进行准确称取，并做到一人称量，一人复核，严禁单人进行。核对无误后方可将物料投入配液罐中，并双方在原始记录上签字。

4.4 操作时应小心谨慎，防止物料散落造成含量及经济损失。

4.5 操作结束后按洁净区清洁SOP对作业现场进行清洗、消毒。

4.6 认真填写配液生产记录。

（三）提取

发酵结束后向发酵罐内通入压缩空气，打开放料阀，将发酵液压放到高速管式离心机（图6-51）的原料液储罐内，然后启动高速管式离心机，进行液固分离。

举例：高速管式离心机的操作规程

题目：＊＊＊型高速离心机标准操作规程		编码：	页码：
制订人：	审核人：	批准人：	
制订日期：	审核日期：	批准日期：	
颁发部门：	颁发数量：	生效日期：	
分发单位：			

1. 目的 制订＊＊＊型高速离心机标准操作规程，确保设备正常、安全运行。

2. 范围 适用于L-天冬酰胺酶生产线化提取岗位＊＊＊型高速离心机的操作。

3. 职责 车间工艺员负责该SOP的培训工作；QA现场监督员监督检查该SOP执行情况；操作人员严格按该SOP进行操作。

4. 内容

4.1 操作前检查

4.1.1 检查与离心机连接的管道处于关闭状态。

4.1.2 确认设备有"完好、已清洁"标示并在有效期内。

4.2 离心机安装

4.2.1 将衬垫卷起轻轻地塞入转筒内，要塞到底，不得有折叠。

4.2.2 确认下端盖拧到转筒上，并用转鼓大扳手将下端盖拧紧，确认转筒与下端盖编号基本在同一位置。

4.2.3 将转鼓部件放入机身内，转鼓部件的下端盖轴插入滑动轴承部件的含油轴承孔内，并支承在滑动轴承部件的轴承外盖上。

4.2.4 分别装上积液盘部件、密封圈，用卡箍将接液盘和上清液储罐紧密连接。

4.2.5 盖上离心机的盖子。

4.2.6 拧下转鼓上部的护盖并将其拧在机身上的螺栓。检查转鼓上端配合孔是否有毛刺、脏物、翻边等现象。若有，则去除。

4.2.7 将主轴上的花键插入小带轮内的花键槽内，用扳手将转鼓翘起，然后将主轴配合凸台插入转鼓上端配合孔内，再用手将主轴上的连接螺母旋入转鼓上部的螺栓上，最后用两把板手拧紧。

4.2.8 拧动油杯，含油轴承加入适量油脂。用手旋转转鼓上端，应平稳无明显晃动。

4.2.9 拧下压管，将离心机盖压紧。

4.3 离心机运行

4.3.1 接通人机界面调速控制柜电源，进入运行模式。开启搅拌器，原料液在储罐内搅拌均匀。

4.3.2 确认离心机安装无误后，运行离心机（主机），离心机逐渐升速至额定转速。若要改变离心机转速进入设置界面进行调速。

4.3.3 打开冷却水进、出口阀，开始冷却水循环。

4.3.4 离心机到达额定转速并稳定运行后，开启球阀到指定位置，2 min 后开启进料电磁阀，物料由原液储罐进入离心机转鼓内分离。

4.3.5 物料分离结束后，分别关闭进料电磁阀、球阀、离心机（主机）和搅拌器。关闭人机界面调速控制柜电源。

4.4 离心机拆机卸料

4.4.1 离心机完全停止不转后，才能拆机卸料。

4.4.2 将压管向上拧松并拧到底。用两把扳手将连接螺帽和转鼓上端螺纹拧松，拧下连接螺帽并和主轴一起向上拉起，将护盖拧在转鼓上端螺纹上。

4.4.3 拆下积液盘出口管道连接，取下积液盘组件。

4.4 从机身中取出转鼓放置在桌面上。用转鼓大扳手拧下下端盖。用铲子轻轻将转筒内的衬垫铲送，取下衬垫放平在桌面上，用刮板刮去衬垫上的物料。

4.5 零部件清洗、消毒

4.5.1 将拆卸下来的转筒、下端盖、衬垫、积液盘组件、进料组件、输入管等零部件用纯化水冲洗干净。清洗后肉眼应看不到固形物。

4.5.2 确认上述与物料接触的零部件清洗干净后，将上述零部件放入消毒池内进行消毒。

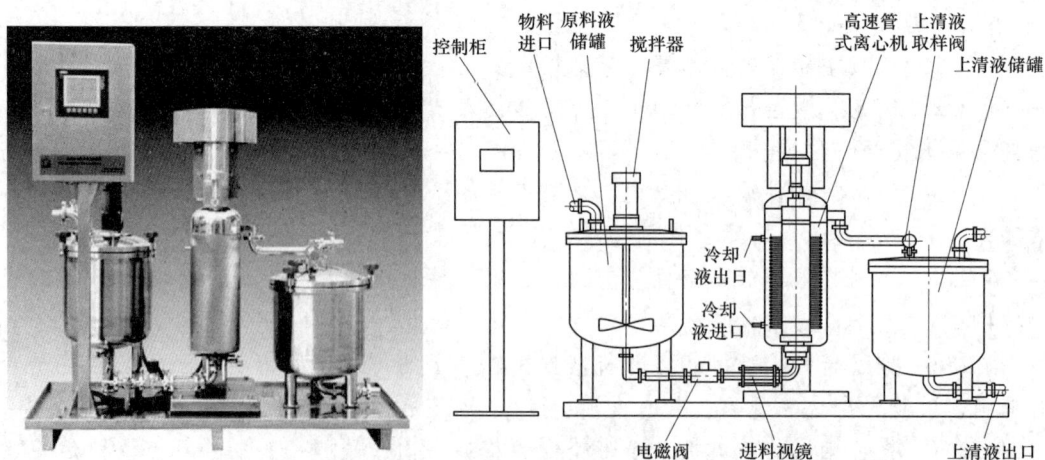

图 6-51 高速管式离心机的外形及构造

4.5.3 消毒后的零部件用纯化水冲洗干净，再用洗净、干燥的毛巾揩干水分，注意擦拭部位不得有尼龙线及纤维类残留。

4.5.4 与离心机连接的储罐、进料管道和出液管道用纯化水冲洗干净。

4.5.5 经 QA 检查员检查合格后在记录上签字，并将"已清洁"状态标示挂在机器上。

高速管式离心机运行速度快，有一定的危险性，应严格按操作规程准确操作。管式离心机运行中的常见故障及解决方法见表 6 – 10。

表 6 – 10 管式离心机常见故障及处理方法

一般故障	产生原因	排除方法
离心时振动大	①主轴配合凸台与转筒上端盖配合孔接触面有空隙或有异物	擦拭两个接触面，重新连接
	②连接螺帽松动	拧紧螺帽
	③安装不水平	调整离心机水平
	④主轴弯曲	更换主轴
	⑤转鼓失衡	做动平衡校正
响声大	①传动部位松动	紧固各传动部位
	②轴承磨损严重或断裂	更换轴承
	③滑动轴承与转筒下端盖摩擦大	给滑动轴承加油润滑
上清液不澄清	①进料速度过快	关小进料球阀
	②离心速度低	在控制柜上调整离心速度
离心过程中剩留液液口跑料	离心速度低	在控制柜上调整离心速度

离心结束后，从转筒中卸出的固体物料（主要是菌体）经称重后投入到提取罐中；离心后的上清液成为了生产过程中的废液，其中含有少量活菌。处理方法：先向上清液中加入氢氧化钠溶液，对细菌进行灭活处理，然后排放到带液位报警功能的酸碱中和水泥池中，水泥池带有自循环混合泵和总排放泵，前者用于酸碱中和或灭活微生物时混匀废水，后者将符合排放要求的废水排放到下水管道中。

菌体在提取罐中投料后，打开连接物料桶和提取罐的蠕动泵，向提取罐中加入 5 倍量的破壁液（蔗糖 40%，溶菌酶 200mg/L，EDTA 10mmol/L，pH 7.5），30℃搅拌提取 2h。

提取罐的操作规程

题目：提取罐标准操作规程		编码：	页码：
制订人：	审核人：	批准人：	
制订日期：	审核日期：	批准日期：	
颁发部门：	颁发数量：	生效日期：	
分发单位：			

1. 目的 制定提取罐标准操作规程，确保设备正常、安全运行。

2. 适用范围 L – 天冬酰胺酶生产线的提取罐。

3. 职责　车间工艺员负责该 SOP 的培训工作；QA 现场监督员监督检查该 SOP 执行情况；操作人员严格按该 SOP 进行操作。

4. 内容

4.1　操作前检查

4.1.1　确认提取罐上与物料接触的各零部件已清洁消毒完成。

4.1.2　检查水、电、汽是否符合要求。

4.2　投料

4.2.1　旋下连接罐盖和罐体的螺钉型搭扣，确保搭扣脱离罐盖。

4.2.2　接通人机界面控制柜电源，进入运行模式。

4.2.3　打开压缩空气手动阀门，点动控制柜上的上升按钮，至罐盖上升至最高点。

4.2.4　将已称重的物料投入提取罐中。

4.2.5　点动控制柜上的下降按钮，将罐盖下降到原始处，合上连接罐盖和罐体的搭扣，旋紧螺钉。

4.2.6　关闭压缩空气阀门。

4.2.7　打开蠕动泵，按工艺要求加入破壁液。

4.3　提取

4.3.1　打开提取罐夹套的进水阀，等连接下水道的视筒中有水流过后关闭进水阀。

4.3.2　按工艺要求在控制柜上设定好提取时间、温度、pH、搅拌速度，点击"确认"后开始提取。

4.3.3　提取过程中密切注意参数的变化，定时记录工艺参数。

4.3.4　完成提取操作后关闭控制柜电源，打开提取罐底部的放料阀，打开蠕动泵，将料液泵入高速管式离心机的储罐中。

4.3.5　打开夹套放水阀，放掉夹套中的水。

4.4　清洗

4.4.1　接通 CIP 工作站的人机界面控制柜电源，进入运行模式。

4.4.2　选择待清洗的提取罐的罐号，按照《CIP 工作站标准操作规程》操作，对提取罐进行清洗。

提取结束后，向提取罐中加入 15 倍体积的纯化水，搅拌均匀，打开连接提取罐和高速管式离心机的蠕动泵，将稀释以后的提取液泵送到高速管式离心机的原料液储罐，按工艺规程和《＊＊＊型高速离心机标准操作规程》进行操作。离心后的上清液通过蠕动泵输送到盐析罐中进行盐析。离心后的固形成分的组成比较复杂，包括菌体碎片、原生质体、极少量完整菌体、核酸以及发酵培养基中的不溶物等，没有特殊的危害，但也没有综合利用价值，可采用焚烧法或填埋法进行处理。焚烧法是将废渣与过量的空气在焚烧炉内进行氧化燃烧反应，从而使废渣中所含的污染物在高温下氧化分解而破坏；填埋法是将废渣埋入土中，利用微生物的长期分解作用使其中的有害物质降解。 *L* － 天冬酰胺酶生产线提取车间提取工段生产记录示例见表 6 － 11。

表 6 –11　L – 天冬酰胺酶生产线提取工段生产记录示例

天冬酰胺酶提取岗位生产记录			编号：	
品名：	批号：	执行文件：	生产日期：　年　月　日	
操作步骤	工艺要求	操作记录	操作人	复核人
检查离心机	清洁完好	_ 日_ 时_ 分结果： 设备编号：		
检查提取罐	清洁完好	_ 日_ 时_ 分结果： 设备编号：		
复核物料	正确无误	_ 日_ 时_ 分结果：		
离心	8000r/min	转速　r/min _ 日_ 时_ 分开始 _ 日_ 时_ 分结束		
菌体细胞称重	电子称称重	菌体重量　kg		
蔗糖破壁液抽提	5 倍的蔗糖 破壁液 搅拌， 30℃，2h	加入破壁液　kg 搅拌转速　r/min 温度　℃ _ 日_ 时_ 分开始 _ 日_ 时_ 分结束		
加水	15 倍水	加水　kg		
离心	8000r/min	转速　r/min _ 日_ 时_ 分开始 _ 日_ 时_ 分结束		
残渣及 剩留液称重	电子称称重	残渣重量 kg 剩留液重量 kg		

备注：

（四）盐析

L – 天冬酰胺酶生产线采用加硫酸铵分段盐析的方法来沉淀酶蛋白。提取液离心后所得的稀酶液（即上清液）经蠕动泵输送到第一个盐析罐，盐析罐带有称重系统，可以读出泵入酶液的重量。第一次盐析时硫酸铵浓度为55%（饱和度），工艺员根据公式计算出硫酸铵的用量，将称重后的硫酸铵缓缓从投料口加入到稀酶液中，边加边搅拌。加料结束后用氢氧化钠溶液调 pH 至7.0，室温搅拌 1 小时，静置 4 小时。静置结束后，将上清液虹吸到第二个盐析罐。第二次盐析硫酸铵的浓度为90%（饱和度），工艺员根据上清液的重量计算硫酸铵的投料量，投料后搅拌均匀，静置 4 小时。静置结束后，将上清液虹吸到废液桶中。向盐析罐中加入 50mmol/L、pH 7.0 的磷酸缓冲液，搅拌，使沉淀溶解，得到 L – 天冬酰胺酶粗酶液。

举例：盐析罐的操作规程

题目：盐析罐标准操作规程		编码：	页码：
制订人：	审核人：	批准人：	
制订日期：	审核日期：	批准日期：	
颁发部门：	颁发数量：	生效日期：	
分发单位：			

1. 目的　制定盐析罐标准操作规程，确保设备正常、安全运行。

2. 适用范围　L – 天冬酰胺酶生产线的盐析工段。

3. 职责　车间工艺员、设备安全员：负责该 SOP 的培训工作，监督检查 SOP 执行情况。QA 现场监督员：监督检查该 SOP 执行情况。操作人员：严格按该 SOP 进行操作。

4. 内容

4.1　操作前检查

4.1.1　确认盐析罐上与物料接触的各零部件已清洁、消毒完成。

4.1.2　检查水、电、汽是否符合要求。

4.2　接料

4.2.1　接通人机界面控制柜电源，进入运行模式。

4.2.2　打开离心机和盐析罐之间的蠕动泵，离心后的上清液被泵入盐析罐。

4.2.3　记录泵入的清液的重量，根据工艺规程计算出盐析所需的硫酸铵的量。

4.3　投料

4.3.1　旋开盐析罐投料口上的螺钉，打开投料口上的盖子。

4.3.2　将已称重的硫酸铵分批投入盐析罐中，边投料边搅拌。

4.3.3　盖上投料口的盖子，旋紧螺钉。

4.4　盐析

4.4.1　打开盐析罐夹套的进水阀，等连接下水道的视筒中有水流过后关上进水阀，打开夹套循环水阀。

4.4.2　按工艺要求在控制柜上设定好搅拌转速、搅拌时间以及罐内的温度、pH，并点击确认。

4.3　盐析过程中密切注意参数的变化，定时记录工艺参数。

4.5　虹吸

4.5.1　盐析结束后关闭控制柜电源，旋开虹吸管与盐析罐罐盖连接处的旋钮，将虹吸管的下端开口置于液固分界面上约 5 cm 处。打开蠕动泵，调节流速，虹吸上清液。

4.5.2　当虹吸管下端开口处以上的清液快吸完时，关掉蠕动泵。下降虹吸管至下端开口置于液固分界面上约 0.5 cm 处，打开蠕动泵，调慢流速，虹吸其余上清液。

4.6　放料

4.6.1　打开盐析罐底部的中间过渡法兰，放出盐析罐中的固体。

4.6.2　打开夹套放水阀，放掉夹套中的水。

4.7 清洗

4.7.1 接通 CIP 工作站的人机界面控制柜电源，进入运行模式。

4.7.2 选择待清洗的盐析罐的罐号，按照《CIP 工作站标准操作规程》操作，对盐析罐进行清洗。

L - 天冬酰胺酶生产线提取车间盐析工段生产记录示例见表 6 - 12。

表 6 - 12　L - 天冬酰胺酶生产线盐析工段生产记录示例

品名：	批号：	执行文件：	生产日期：		年 月 日
操作步骤	工艺要求	操作记录	操作人		复核人
检查盐析罐	清洁完好	___日___时___分结果： 设备编号：			
检查蠕动泵	清洁完好	___日___时___分结果： 设备编号：			
复核物料	正确无误	___日___时___分 结果：			
泵送 离心液	10L/min	泵速　L/min ___日___时___分开始 ___日___时___分结束			
离心液称重	称重模块读数	离心液重量：kg			
硫酸铵 用量计算	盐析饱和度90% 电子称称重：　kg	硫酸铵理论用量：　kg 硫酸铵实际用量：　kg			
投料	分批投料，边投料 边搅拌	投料：___日___时___分开始 　___日___时___分结束 搅拌转速：r/min			
第一次 盐析	pH 7.0，25℃搅拌1h 静置4h	搅拌___日___时___分开始 ___日___时___分结束 搅拌转速　r/min 温度：　℃，pH： 静置___日___时___分开始 ___日___时___分结束			
虹吸	插虹吸管，开蠕动泵，泵 走上清液	虹吸___日___时___分开始 ___日___时___分结束 泵速：　L/min 上清液重量：　kg			
出渣	打开罐底中间过渡法兰排 出沉淀	沉淀重量：　kg			
第二次盐析硫 酸铵 用量计算	盐析饱和度90% 电子称称重：kg	硫酸铵理论用量：　kg 硫酸铵实际用量：　kg			

品名：	批号：	执行文件：	生产日期： 年 月 日
投料	分批投料，边投料边搅拌	投料____日____时____分开始 ____日____时____分结束 搅拌转速： r/min	
第二次盐析	pH 7.0，25℃搅拌 1h 静置 4h	搅拌____日____时____分开始 ____日____时____分结束 搅拌转速： r/min 温度： ℃，pH： 静置____日____时____分开始 ____日____时____分结束	
虹吸	插虹吸管，开蠕动泵，泵走上清液	虹吸____日____时____分开始 ____日____时____分结束 泵速： L/min 上清液重量： kg	
溶解沉淀	泵入磷酸盐缓冲液，搅拌，溶解沉淀	沉淀重量： kg 磷酸盐缓冲液重量： kg 搅拌转速： r/min 搅拌时间： h	
备注：			
生产管理员：		QA检查员：	

（五）提取间的清场

盐析结束后，将 L-天冬酰胺酶粗酶液通过料液输送泵输送到纯化间。按照《提取车间清场标准操作规程》进行清场。

举例：清场标准操作规程

题目：提取车间清场标准操作规程		编码：	页码：
制订人：	审核人：	批准人：	
制订日期：	审核日期：	批准日期：	
颁发部门：	颁发数量：	生效日期：	
分发单位：			

1. 目的　建立提取岗位清场标准操作规程，以防发生混药和交叉污染，有利于设备的保养和正常运行，确保产品质量。

2. 适用范围　L-天冬酰胺酶生产线的提取岗位的设备、设施、容器均须按本规程进行操作。

3. 责任人　车间主任、组长、操作人员、QA 质监员对本规程的实施负责。

4. 内容

4.1　物料排除

将离心后的固形物放在密闭容器内，按照《提取岗位废渣处理方法》处理。

4.2　擦拭、消毒、清扫、除渣

4.2.1　清除门窗、台面、室内用具、运输车、暂存架、仪表、层流罩外表面、地漏、传递窗上的灰尘、污垢。

4.2.2　清除管式离心机、提取罐及相关管道、设施上的污垢、尘物。

4.2.3　按照《GZX－1高速分离机清洁规程》和《提取罐清洁规程》分别清洁离心机和提取罐。

4.2.4　打扫地面的药渣、杂物，并用拖把拖干地面。

4.2.5　对传递窗和地漏进行消毒。

4.3　检查要求

4.3.1　地面无积尘、无杂物、无死角，并应擦干。

4.3.2　门窗、开关、墙壁、日光灯、天花板等应无积尘、污垢和水迹。

4.3.3　操作间内应无与生产无关的物品。

4.3.4　清洁所用的工具，如抹布、拖把、扫帚等用后按规定清洗、消毒、晾干后放于指定位置。

4.3.5　清场完毕，当班应自查，并记录、签名。生产设备在指定位置附上"已清洁"和"设备待用"状态标志，生产区域在指定位置附上"已清洁"状态标志。

4.3.6　班组长或工艺员检查、签名。

4.3.7　QA质监员检查合格后发放清场合格证，并附上《清场合格证》副本。"清场记录"和"清场合格证（正本）"作为批生产记录的一部分纳入到本批生产记录中。

（六）超滤脱盐浓缩

启动料液泵，将L－天冬酰胺酶粗酶液通过管道并经过滤器过滤，输送到纯化岗位的超滤工段，经过超滤器脱盐浓缩。

举例：超滤器的操作规程

文件名称	＊＊＊型超滤器操作规程			文件编号	
编制人		编制日期	年　月　日	生效日期	年　月　日
审核人		审核日期	年　月　日	复制日期	年　月　日
批准人		批准日期	年　月　日	复制份数	
颁发部门		分发部门			
编订依据	《药品生产质量管理规范》2010年修订			编订　复审	

1.目的　规范＊＊＊型超滤器的操作过程，确保设备的正常、规范运行，以及设备使用的安全性、有效性。

2.范围　纯化岗位超滤工段的超滤操作。

3.职责　车间车间负责人监督管理，车间QA检查、岗位操作工和维修工执行。

4.内容

4.1　操作前检查

4.1.1　工作环境的检查：超滤的操作环境为C级背景下的局部的A级，并提前30 min开启层流罩。操作前检查以下事项：操作间处于清洁状态、无上次工作遗留物、无与本次操作无关的物品，操作间备有废弃物收集容器，生产状态标志已挂好。

4.1.2　设备运行前检查：检查超滤器、蠕动泵完好备用，并核实原液、透析液、氢氧化钠溶液的批号、液量及有效期。物料桶、循环瓶、卡箍、超滤管道、分液管道经0.105MPa、121℃、60min的湿热灭菌，核实数量及有效期。

4.2　滤柱的安装及滤膜完整性测试

4.2.1　滤柱的装配：将中空纤维滤柱按照要求正确装配，然后用手或扳手拧紧。将滤柱安装于柱位上，将下方的透过端封闭，上方的透过端口在开始运行时也封闭。确保滤柱的入口阀和回流阀均打开。

4.2.2　过滤系统排空和冲洗：将过滤系统的底部的废液阀打开，将系统排空。必要时关闭废液阀，冲洗泵和系统管路之后再排干系统中残留的液体。

4.2.3　系统的试漏：关闭底部废液阀，打开排气阀（用容器接可能流出的水），打开注射用水阀门。打开蠕动泵，泵速由小逐渐调大，先使用小流速将注射用水对滤柱进行冲洗，当滤柱上下的塑料接头内充满水后，逐渐关闭回流阀门，同时观察滤柱入口压力，使其稳定在15psi。如果全部关闭回流阀，滤柱入口压力仍达不到15psi，可适当提高泵速。观察滤柱是否漏水，如果出现渗漏，需要重新安装滤柱。

4.2.4　滤柱的完全浸润：确认无渗漏后停止蠕动泵，打开上方的透过口，并将其连接上软管排废。打开回流阀和排气阀，重新开泵，泵速不要太快，确认滤柱上下的塑料接头内充满水，然后关闭滤柱上方的回流阀。调节泵速，使用5psi的滤柱进口压力，冲洗滤柱5~10min去除柱内保护剂。冲洗过程中，上方的透过端用于排废。之后调节进口压力至25~30psi，循环2~5min，在高压下使膜表面的气泡完全被水溶解，除去滤膜表面的气泡。或者使用100%乙醇溶液浸泡1h，完全除去滤膜表面的气泡。之后用注射用水洗尽乙醇。

4.2.5　排水：停止蠕动泵，关闭注射用水阀，打开排气阀和废液阀，排掉滤柱内的水。打开透过端下方的口，将壳层的水排掉。

4.2.6　连接压缩空气：将废液阀关闭，然后将其连接到压缩空气减压阀，暂不要打开压缩空气阀。

4.2.7　完整性测试：关闭排气阀、回流阀，然后将上方透过端软管浸入盛有水的容器液面下。

打开压缩空气阀门，缓慢打开废液阀，同时观察滤柱入口压力表。先调节压力稳定在5psi，保持3~5min。然后观察浸于液面下的透过端软管是否有气泡出现。如果未出现连续气泡，说明膜完整性良好。可以缓慢调节废液阀，将压力增加12psi，保持3~5min。然后观察然后观察浸于液面下的透过端软管是否有气泡出现。如果未出现连续气泡，说明膜具有完整性。

如果出现连续气泡，可使用灌满水的倒置的量筒测量气速，气速只要不超过标称值仍具有完整性。

4.3　超滤操作

4.3.1　启动蠕动泵，将进液管道、回液管道、排液管道用 0.5mol/L NaOH 溶液循环 1 h，流速 50% ~60%，入口压力 <1bar，保证透过液和回流液基本为 1:1。SIP 结束后，排空系统里的碱。

4.3.2　用注射用水冲洗系统和滤柱，用水量不小于 30L（10L/0.1m²）。注意回流和透过端均被彻底冲洗，且 pH 试纸测试呈中性。冲洗结束后排空系统里的水。

4.3.3　用缓冲溶液循环冲洗系统，冲洗结束后排空系统里的缓冲液。

4.3.4　将澄清的样品倒入循环瓶中。开始的时候，先用止血钳关闭透过端，使样品在系统内循环 5 ~10 min，按工艺要求调节合适的泵速和 pH。然后打开透过端，同时开始计时。过程中 TMP 可能会逐渐升高，要随时调整回流阀，保持恒定的 TMP（上压力表和下压力表读数加起来在 30 ~35psi）。当透过端达到一定体积时，关闭透过端，记录时间。

4.3.5　依次加入所需体积的缓冲液进行滤洗。滤洗结束，继续浓缩，操作末期可降低泵速，避免起泡沫。

4.3.6　用一定体积的注射用水循环冲洗系统 2 次，尽量避免损失。

4.3.7　打开出料口，放出浓缩液，并定容到所需体积。

4.4　清洗

4.4.1　系统用 20L（5 ~10L/0.1m²）注射用水冲洗排废。

4.4.2　用 10L 0.5mol/L NaOH（3 ~5 L NaOH/0.1m²）冲洗排废。

注意：清洗过程中透过端也要有液体排出，最后排空系统。更换新的氢氧化钠进行循环回流清洗时应先完全打开回流端，关闭透过端，循环清洗 10min，然后打开透过端（透过端也回流），调节回流阀，使透过端和回流端的流速比为 1:2，循环 1 ~2h，进行清洗。

4.5　保存　清洗完毕，拆卸系统连接，将柱子保存在 0.5 mol/L NaOH 溶液中。

4.6　清场

4.6.1　操作完成后，将用后物品装入废弃物收集容器内，移出操作室，处理。

4.6.2　将操作间原有设备、工具经消毒剂擦拭干净，放回原处，确保各种设施运转正常，悬挂"备用"标志。

4.6.3　洁净室的工作台、凳、开关、插座、地面用浸湿消毒液的抹布擦拭。

4.6.4　上述过程检查合格后，操作室悬挂"已清洁"状态标志牌。

4.6.5　使用过的无菌服、抹布送洗衣间清洗。

（七）层析

用装柱器将 DEAE - 纤维素装入层析柱内，将层析柱连接到层析仪上，用 2 ~3 个柱床体积的 10mmol/L、pH 7.6 磷酸缓冲液平衡 DEAE - 纤维素柱，至流出液 pH 为 7.6。平衡结束后将超滤后定容的酶液通过系统泵上样，再用 50 ~200 mmol/L 磷酸缓冲液梯度洗脱，用分部收集器收集洗脱液，根据洗脱曲线合并 L - 天冬酰胺酶活性组分。

举例：层析仪的操作规程

文件名称		＊＊＊型层析仪操作规程			文件编号			
编 制 人		编制日期	年　月　日		生效日期		年　月　日	
审 核 人		审核日期	年　月　日		复制日期		年　月　日	
批 准 人		批准日期	年　月　日		复制份数			
颁发部门		分发部门						
编订依据	《药品生产质量管理规范》2010年修订				编订　复审			

1. 目的　规范＊＊＊型层析仪的操作过程，确保设备的正常、规范运行，以及设备使用的安全性、有效性。

2. 范围　纯化岗位层析工段的层析操作。

3. 职责　车间车间负责人监督管理，车间 QA 检查、岗位操作工和维修工执行。

4. 内容

4.1　开机　打开仪器的主电源，打开计算机电源。待仪器自检完毕（CU950 上面的 3 个指示灯完全点亮并不闪烁）。双击桌面上"UNICORN"图标，进入操作界面。

4.2　准备工作溶液和样品　所有的工作溶液和样品必须经过 0.45μm 的滤膜过滤，样品也可高速离心后取上清备用。当缓冲液中含有有机溶剂（如乙腈、甲醇），需在使用前用低频超声脱气 10min。

4.3　清洗及管道准备　首先将 A1 管道放入缓冲液或平衡液中，将 B1 管道放入高盐溶液中或洗脱溶液中，在 system control 窗口点击工具栏内的"manual"，选择"pump →pump wash basic"，选中 A1，B1 管道为 ON，execute。泵清洗将自动结束。

4.4　安装层析柱　在 manual 里选择 pump（泵）→flow rate（流速），输入流速，insert；选择 Alarm&mon→alarm pressure，设置 high alarm（输入填料的耐受压力，可在填料说明书中查到），insert，execute。待进样阀（InjectionValve）的 1 号位管道流出水后接入柱子的柱头，稍微拧紧后将柱下端的堵头卸掉接入管道连上紫外流动池。

4.5　层析

4.5.1　上样：等待柱子平衡完毕（观察电导 COND，pH 的数值和变化趋势），准备上样。此时将紫外调零，选择 Alarm&mon→autozero（自动调零），exectue。点击"pause"，将 A1 放入样品中，点击"countine"。待样品上完后，若进行梯度洗脱，将 A1 放到低浓度洗脱液中，将 B1 放到高浓度洗脱液中。

4.5.2　洗脱：上样后用缓冲液尽量将穿透峰洗回基线。在 manual 里选择；pump →gradient（梯度），按照工艺规程选择 targetB 和 length。

4.5.3　设定收集：选择 Frac→fractionation_ 900（组分收集），输入每管收集体积，exectue。结束固定体积收集选择 Frac→fractionation_ stop_ 900，exectue。

4.6　洗泵、卸柱　将 A1 和 B1 入口放入纯水中，启动 pump wash purifier 功能冲洗 A 泵和 B 泵及整个管路。然后再将 A1 和 B1 入口放入 20% 乙醇中，同样操作将乙醇冲满整个管路保存。系统给柱子一个慢流速，设置系统保护压力，然后先拆柱子的下端，正在滴水的时候将堵头拧上，再拆柱子的上端，最后拧上上端的堵头。整个过程防止气泡进入。

4.7 关闭电源 从软件控制系统的第一个窗口 unicorn manager 点击"退出"，其他窗口不能单独关闭。然后关闭 AKTA 主机电源，关闭计算机电源。

层析岗位是 L−天冬酰胺酶生产的最后一步，也是关键的一步，整个操作过程中要求无菌，所以必须在 A 级层流罩下操作。层析柱在装树脂时严禁有气泡和断层，层析缓冲液使用前必须脱气，储槽中要保证有足够的洗脱液，所有连接不能有泄漏，整个过程中严格按照工艺规程操作设备、设定工艺参数。

举例：层析工序的操作规程

文件名称：L−天冬酰胺酶生产线层析岗位操作规程	编制者： 年 月 日
	审核者： 年 月 日
文件类别：SOP	批准者： 年 月 日
文件编号：	执行日期： 年 月 日
编订依据：《GMP》	共 页
颁布部门：质量部	
分发部门：	

1. 目的 建立 L−天冬酰胺酶层析岗位的标准操作方法和步骤，使工序规范化，以防发生混药和交叉污染，有利于设备的保养和正常运行，确保产品质量。

2. 适用范围 L−天冬酰胺酶生产线的层析岗位的设备、设施、容器均须按本规程进行操作。

3. 责任人 车间工艺员负责本文件的起草，车间经理及相关部门负责人负责本规程的审核，QA 经理负责本规程的批准；车间操作人员负责严格按照本规程操作，生产管理人员、QA 现场监控人员负责监督、确保依据本规程实施。

4. 内容

4.1 操作前检查

4.1.1 操作场所无前次作业的遗留物，温、湿度及压差符合要求。

4.1.2 设备、器材、物料准备齐全，外观及使用期限符合规定要求。物料检验合格并可使用。

4.1.3 0.22μm 除菌滤器按"除菌滤器完整性试验 SOP"进行滤膜完整性检查并符合要求后高压蒸气灭菌。

4.1.4 层析管道、过滤管道、储液容器等均应高压蒸气灭菌。

4.5 所有器材和溶液须提前 1~4 h 送入洁净室。

4.1.6 所领浓缩液的名称、批号、数量正确，外观无异常情况。

4.2 纯化

4.2.1 用 10mmol/L、pH7.6 磷酸缓冲液平衡 DEAE−纤维素柱（用 pH 试纸检测，直至进样口与出样口 pH 值相同），清洗后待上样品。

4.2.2 按《＊＊＊型层析系统操作规程》上样。上样时应避免产生气泡，调节紫外监测波长 280 纳米，灵敏度 1.0，记录仪纸速 0.5 mm／min，电压 0.5 伏。层析柱使用时的压力不得超过 1 bar，当压力高于 0.9bar 时，层析柱需重新清洗和装柱。

4.2.3　用 50 mmol/L ~ 200 mmol/L 磷酸缓冲液进行梯度洗脱，流速为 40ml/h，收集天冬酰胺酶活性组分。

4.3　层析柱的清洗、处理

4.3.1　样品用无菌磷酸盐缓冲液完全洗脱，待基线平稳后可连续上样（缓冲液慢流速可连续通宵清洗，次日可立即上样）。

4.3.2　连续上样 4 ~ 5 次后（待磷酸盐缓冲液完全洗脱样品），用不少于 2 柱体积的 0.1mol/L NaOH 清洗，放置过夜；也可用不少于 2 个柱体积的无菌 PBS 清洗层析柱，用 pH 试纸检测直至进样口与出样口 pH 值相同，再用 0.1mol/L NaOH 清洗，不少于 1 个柱体积，最后用 0.1mol/L NaOH 浸泡层析柱。

4.3.3　如流速减慢，阻力明显增大，回收率降低，可采用 0.5mol/L NaOH 在线清洗，当 0.5mol/L NaOH 在线清洗效果也差时，填料必须柱外清洗。

4.3.4　层析柱外清洗的要求：取出填料置不锈钢桶中（严禁用蠕动泵抽取填料），先用 2 倍填料量的注射用水浸泡、搅拌，经过夜沉淀（或长时间沉淀）后去除悬浮液和填料表面污物。用上述清洗法清洗，早晚各 1 次，连续清洗 3 天。

4.3.5　再用 2 倍填料量的 0.1mol/L NaOH 替代注射用水浸泡、搅拌，沉淀、经过夜沉淀（或长时间沉淀）后去除悬浮液和填料表面污物。用上述清洗法清洗，早晚各 1 次，连续清洗 3 天。

4.4　操作过程中及时填写记录。

4.5　层析结束按《＊＊＊型层析仪清洁规程》对设备进行清洁。

4.6　生产结束后按《纯化岗位清场标准操作规程》进行清场。

在生产过程中要追踪酶的活性，活性测定方法为：①样本处理：加入 pH 8.4 硼酸缓冲液 1ml 混悬沉淀。②准备一组蒸馏水准备管：取 10ml 的洁净试管 5 支，每管加 3.5ml 蒸馏水。③另取 5 支 10ml 的洁净试管，分别加入 0.04mol/L 天冬酰胺底物和 0.1mol/L pH 8.4 硼酸缓冲液各 1ml，37 ℃水浴 5min，分别加入酶提取液、硫酸铵分级沉淀悬液、超滤液、离子交换洗脱液及去离子水（作为对照）各 20μl。反应 15min 后分别加入 50 % 三氯乙酸 1 ml 终止反应。再从终止反应管中各支取 500μl 进蒸馏水准备管，每管分别加入与 25 % NaOH 以 1：1 配好的奈氏试剂 1ml 显色，500nm 处测 OD 值。④计算：酶活力（U）＝ [（OD ×1000）/（0.07 ×15X）] ×（3 + X/1000），X 为取样体积（本操作为 20μl）。⑤计算蛋白回收率、酶活回收率、纯化倍数。

离子交换层析结束后，将收集的纯酶液存于用高压蒸气灭菌消毒过的物料桶中，称重，挂物料标签，填写成品请验单通知 QC 取样检验并测酶活性，检验合格后转到冻干车间进行冻干。

【实训思考与测试】

一、A 型题（从 A、B、C、D、E 五个备选答案中选出一个最佳答案）

1. 法规规定"体外免疫诊断试剂的阳性血清的分装、抗原与抗体的分装"对应的生产环境洁净度的要求为（　　）

      A. A 级   B. B 级   C. C 级   D. D 级

2. 在生产人血浆蛋白类制品过程中，原料血浆破袋、合并、分离、提取、分装前的巴氏灭活等工序生产区的洁净级别至少是（   ）

      A. A 级   B. B 级   C. C 级   D. D 级

3. 菌种岗位，培养基灭菌前的 pH 与使用时所需的适宜 pH 相比应（   ）

      A. 相同   B. 略低

      C. 略高   D. 没有关系

4. 目前工业生产中主要采用的破碎细胞的方法是（   ）

      A. 生物法   B. 机械法

      C. 物理法   D. 化学法

5. 下列离心机分离因素最大的是（   ）

      A. 三足式离心机   B. 卧式螺旋卸料过滤离心机

      C. 管式离心机   D. 卧式螺旋卸料沉降离心机

6. 超临界萃取最常用的萃取剂是（   ）

      A. 乙烯   B. 戊烷   C. 二氧化硫   D. 二氧化碳

7. 盐析法和醇沉法相比，在沉淀蛋白质时最大的优点是（   ）

      A. 沉淀的蛋白不变性   B. 沉淀效果好

      C. 容易将盐与沉淀的蛋白质分开   D. 成本低

8. 下列膜分离技术中，膜的平均孔径最小的是（   ）

      A. 微滤   B. 超滤   C. 纳滤   D. 反渗透

9. L - 天冬酰胺酶的生产菌种采用（   ）

      A. 枯草杆菌   B. 大肠杆菌   C. 假丝酵母   D. 小单孢菌

10. 高压蒸气灭菌器上按▲▼键的功能是（   ）

      A. 可增加或减小设定值

      B. 可选择要进行更改的上一或下一选项

      C. 设置/输入键

      D. 选择工作模式键

11. L - 天冬酰胺酶的生产菌种在斜面培养和摇床培养时，培养基成分（   ）

      A. 相同

      B. 斜面培养加琼脂，摇床培养不加琼脂，其他成分相同

      C. 摇床培养加琼脂，斜面培养不加琼脂，其他成分相同

      D. 斜面培养是肉汤培养基，摇瓶培养是玉米浆

12. 从种子罐移种到发酵罐时（   ）

      A. 种子罐的罐压应比发酵罐的罐压高

      B. 种子罐的罐压应比发酵罐的罐压低

      C. 种子罐的罐压应与发酵罐的罐压相等

      D. 发酵罐罐压应为负

13. 天冬酰胺酶生产线盐析工序所用的盐为（   ）

A. 氯化钠　　　　　B. 氯化铵　　　　　C. 硝酸钠　　　　　D. 硫酸铵

14. 天冬酰胺酶生产线盐析操作，当"打开盐析罐夹套的进水阀"看到"连接下水道的视筒中有水流过"时说明（　　）

    A. 盐析罐的夹套中已加满水

    B. 盐析罐夹套中的水已达到设定温度

    C. 盐析罐中投料量已达到 2/3

    D. 盐析罐夹套出现故障

15. 超滤器使用结束后，超滤柱应保存在（　　）

    A. HCl 溶液中　　　　　　　　　　　B. NaOH 溶液中

    C. 乙醇溶液中　　　　　　　　　　　D. 注射用水中

16. DEAE – 纤维素属于（　　）

    A. 阴离子交换树脂　　　　　　　　　B. 阳离子交换树脂

    C. 碳分子筛树脂　　　　　　　　　　D. 葡聚糖凝胶

二、B 型题（每组试题共用一组 A、B、C、D、E 五个备选答案，每个选项可供选择一次也可重复选用，也可不被选用。为每道试题选出一个最佳答案）

    A. 蔗糖　　　　　B. 溶菌酶　　　　　C. 硫酸铵

    D. EDTA　　　　　E. 磷酸钙

1. L – 天冬酰胺酶生产线提取时所加的破壁液中有促进质壁分离作用的是（　　）

2. 能破坏细胞壁中 N – 乙酰胞壁酸和 N – 乙酰氨基葡糖之间的 β – 1，4 糖苷键（　　）

3. 可以螯合提取液中的金属离子（　　）

4. 蛋白质盐析时常用的盐（　　）

    A. 普通过滤　　　　　B. 微滤　　　　　C. 超滤

    D. 纳滤　　　　　E. 反渗透

5. 膜的平均孔径最小的是（　　）

6. 操作压力最大的是（　　）

7. 过滤除菌常用的是（　　）

8. 胶体颗粒浓缩脱盐应选择（　　）

    A. 30min　　　　　B. 1h　　　　　C. 8h

    D. 16h　　　　　E. 24h

9. L – 天冬酰胺酶生产线菌种培养基高压蒸气灭菌时间为（　　）

10. 开启无菌室净化工作台和紫外灯须比接种时间提前（　　）

11. L – 天冬酰胺酶生产线斜面菌种培养时间为（　　）

12. L – 天冬酰胺酶生产线摇瓶种子培养时间为（　　）

三、X 型题（从五个备选答案中选出二个或二个以上的正确答案，多选、少选、错选均不得分）

1. 生物发酵设备（发酵罐）经常选用的材料的类型是（　　）

    A. 316L　　　　　B. 304L　　　　　C. 304　　　　　D. 316

2. CIP 清洗时通常碱洗容易去除 （　　）

  A. 脂肪   B. 蛋白   C. 钙盐   D. 矿物油

3. 制作或盛装培养基的器皿，下列材质的哪些通常不能选用 （　　）

  A. 铁   B. 不锈钢   C. 玻璃   D. 铜

4. 发酵培养液是否污染杂菌可从下列哪几个方面来判断 （　　）

  A. 无菌试验   B. 培养液的显微镜拉查

  C. 培养液的生化指标变化情况   D. pH 的变化

5. 机械法破碎细胞时常用的设备有 （　　）

  A. 高压均质机   B. 高速珠磨机

  C. 超声波振荡器   D. 冷冻干燥机

6. 要用离心法将两种密度不同又互不相溶的液体分开，应选用 （　　）

  A. 三足式离心机   B. 管式离心机

  C. 碟片式离心机   D. 卧式螺旋卸料过滤离心机

7. 高速分离机进料时必须打开的阀门是 （　　）

  A. 上清液取样阀   B. 手动调节阀

  C. 进料电磁阀   D. 进料视镜阀

8. 在目前工业生产中使用较多的超滤的膜装置形式包括 （　　）

  A. 组合板式   B. 中空纤维式

  C. 螺旋卷式   D. 管式

9. L－天冬酰胺酶生产线超滤的目的是 （　　）

  A. 脱盐   B. 除菌   C. 脱有机溶剂   D. 浓缩

10. L－天冬酰胺酶生产线层析岗位的 $0.22\mu m$ 除菌滤器在使用前须 （　　）

  A. 脱去保护剂   B. 进行滤膜完整性检查

  C. 高压蒸气灭菌   D. 测量滤器直径

四、名词解释

生物制药 批号 关键工序 物料平衡 CIP SIP 盐析 接种
超滤 液相层析

五、填空题

1. 无菌原料药的生产通常是把过程和无菌过程结合在一起。目前生产上最常用的方法是（　　　　），即将非无菌的中间体或原材料配制成溶液，再通过（　　　　）孔径的（　　　　）以达到除去细菌的目的，在以后的一系列单元操作中一直保持（　　　　），最后生产出符合无菌要求的原料药。

2. 批生产记录应按产品种类按批归档保存至产品有效期后（　　　　）年；未规定有效期的药品，其批生产记录至少应保存（　　　　）年。

3. CIP 系统的关键工艺参数为（　　　　）、（　　　　）、（　　　　）和（　　　　）。

4. 检查培养液是否污染杂菌的无菌试验的试验方法有（　　　　）、（　　　　）、（　　　　）等。无菌试验结果一般需要（　　　　）小时才能作出判断。为了缩短判断时间，有时向培养基中加入（　　　　）、（　　　　）等生长激素以促进杂菌的生长。

5. 菌种保藏的常用设备为（　　　）、（　　　）、（　　　）、（　　　）等。

6. 通气纯种深层液体培养的发酵罐型式（　　　）、（　　　）、（　　　）、（　　　）、（　　　）等，其中最为常见的是（　　　）。

7. 菌种培养基配方所列材料的用量均以最终配制成（　　　）L 为单位。

8. L – 天冬酰胺酶生产线发酵液经离心操作后，先向上清液中加入（　　　），对其中残留的细菌进行（　　　），然后加（　　　）中和至符合排放要求再排放到下水管道中。

9. 盐析岗位的主要工艺控制点是（　　　）和（　　　）。

10. L – 天冬酰胺酶生产线超滤的操作环境为（　　　）级背景下的局部（　　　）级。

六、简答题

1. 简述生物制药生产中批生产记录的填写要求。

2. 为何纯蒸气发生器使用纯化水或注射水为其源水，而不使用饮用水？

3. 发酵染菌的原因有哪些？

4. 查找发酵染菌的原因一般从哪几个方面着手？

5. 发酵污染杂菌后应如何处理？污染噬菌体应如何处理？

6. 链霉素提取过程中，预处理时为何采用蒸气加热发酵液？

7. 简述标准式发酵罐的基本结构。

8. 简述 CIP 的基本工作原理。

9. 简述板框压滤机的工作原理。

10. 生物制药过程中进行产品浓缩时为何常采用真空蒸发器？

11. L – 天冬酰胺酶生产过程中各岗位质量控制的要点是什么？

12. 简述高压蒸气灭菌锅的主要结构、工作原理及基本操作。

13. 简述发酵罐的基本操作和注意事项。

14. 简述高速管式离心机操作过程中的常见问题和解决方法。

15. 简述 L – 天冬酰胺酶生产线的基本工艺流程。

16. 简述液相层析仪的标准操作规程。

（黄　纯）

中药的提取与精制车间实训

实训目标

1. 掌握前处理、提取、浓缩、醇沉、喷雾、干燥岗位的生产管理要点、质量控制要点、生产中常见问题及解决方法。

2. 熟悉中药提取生产工艺及设备。

3. 了解中药提取各岗位SOP操作法。

中药制剂生产前必须对使用的中药材按规定进行拣选、整理、炮制、洗涤等加工，有些净药材还需进一步粉碎成药粉，以符合中药制剂生产时的净料或净粉投料要求，这就需要对中药材进行前处理。中药材提取物一般由中药材或者饮片经前处理、提取、浓缩、精制、干燥等工序制得。

中药制剂生产中常用中药材提取物（浸膏或干膏粉等）经继续加工而成为一定剂型的中药成品，因此中药制剂生产全过程中的必须符合《药品生产质量管理规范》（2010 年修订）要求。

本模块主要介绍了中药材前处理及提取、浓缩、精制、干燥的过程，为中药制剂的生产提供优质的提取物和原料。

项目一　中药材的提取

任务一　中药材前处理（炮制与粉碎）

一、中药材和中药饮片

中药材是指在中医药基础理论指导下，对天然来源的动植物、矿物（除人工制品和鲜品外）通过采捕收集、加工干燥、包装贮藏等工序制成的一定规格的药材。中药饮片是指在中医药基础理论指导下，将中药材通过净选、切制和炮制三大工序，制成的一定规格的成品。中药制剂生产前必须对使用的中药材按规定进行拣选、整理、炮制、洗涤等加工，有些净药材还需进一步粉碎成药粉，以符合中药制剂生产时的净料或净粉投料要求。

为了保证中药饮片的质量，必须首先保证原料药材的质量。中药材质量的控制关键如下：

1. 选择道地产区、无污染和品质优良的道地药材（最好从建立 GAP 基地的供应商购进药材）。

2. 选择适当的采集、捕捉季节、生长年限，并采用适当的方法得到品质优良的药材。

3. 选择适当的加工方法，如切、洗、煮、蒸、干燥、分档等不同方式进行产地加工，保证规格、性状、干燥状态品质优良。

4. 选择适宜的包装、贮藏和养护，做好防虫、防潮、防霉变等，保持品质稳定。

其中属于"把子货"的药材都得切制成一定形态的薄片（或颗粒），所以经过加工炮制的中药材通称为"中药饮片"。为了适应中医处方调配、成药调配以及中医临床诊疗的需要，中药饮片的质量至关重要，只有保证中药饮片的质量才能保证中医用药的安全和有效。

二、中药饮片生产的主要工序

中药饮片的生产可简述为净制、切制、炮制三大工序。

1. 净制　净选后的药材称为"净药材"。"净药材"是药材通过分别选用挑选、风选、水选、筛选、剪切、刮削、剔除、刷擦、碾串及泡洗等方法，达到规定净度的质量标准。

2. 切制　净药材的切制有鲜切或干切，都需经水润软化。软化药材要求"少泡多润""药透水尽"，防止药材内在水溶药效成分的丢失。切制的方法有切、剪、刨、镑、劈、捣、制绒等。切制要求一定规格的厚薄度、粒度，切制后的饮片需加以干燥，以利保存、保证质量。

3. 炮制　炮制是指取用净制或切制后的净药材、净片，根据中医药理论制定的炮制法则，采用规定的炮制工艺制成药物的过程。炮制方法有：加热处理的，如炒制、烫制、煅制、制炭、蒸制、煮制、煨制等；加入特定辅料再经加热处理的，如酒制、醋制、盐制、姜汁炙、蜜炙、药汁制等。另外，还有采用制霜、水飞等工艺处理的。

中药材必须依法炮制才能达到中医临床用药的质量标准，并能适应中医处方和中成药制剂的用药和调配质量的要求。一般生产经过备料、净制、浸润、切制、干燥、炮制等工艺环节，最终使各种规格的饮片达到规定的纯净度、厚薄度和安全有效的质量标准。近年来，我国中药炮制方面取得了很大进展，表7-1比较直观地列出了中药饮片的生产、选用设备与质量控制的情况。

表7-1　中药饮片的生产、设备与质量控制

工序		主要设备	工艺监控点	监控主要内容
备原料药材			原药材	产地来源、采收季节、外观与内在成分，要求真、伪、优、劣，显微、理化检测
净制	净选	风选、筛选、挑选、磁选等设备（代替传统挑拣、剪切、刮削、刷、擦等）	中药材	去除杂质、异物、非药用部位
	清洗	洗药机或（不锈钢）水池	淘洗	要求水质、流动水、洗净度（尽量避免内在成分流失）
			漂洗	要求换水次数、时间、检查性状（尽量避免内在成分流失）
浸润		旋转式全浸润罐、真空压力式润药机等（代替水池浸润）	浸润	掌握用水量、软硬度、均匀度、时间。要求药透水尽、软硬适度、劈开无丁心、切制无碎片
切制		各种功能的切片机	切丝、切片、切段等	长度、大小、片型、薄厚等
干燥		循环式烘箱、隧道式蒸气干燥箱、真空干燥箱、微波干燥箱等	干燥容器	温度、压力、强度、时间
工序		主要设备	工艺监控点	监控主要内容
炮制	蒸	不锈钢蒸锅、夹层加热罐等	加热、蒸、软化	加水或其他辅料量、时间、蒸气压力、强度
	煮		煮沸腾状态	加水或其他辅料、时间、强度
	炖		微火加热沸腾状态	加水或其他辅料、时间、强度
	焯		反复热浸	浸煮时间、外观、杂质、强度

		清炒	火力、温度、时间、强度
炒	自动控温燃油炒药机、燃气炒药机、电炒药机	加辅料（麸、砂、土等）炒	辅料量、温度、时间、强度
		炒炭	药材内外颜色、温度、时间、强度
酒制		加酒	酒质量、加酒量、加热时间、强度
醋制		加醋	醋质量、加醋量、加热时间、强度
蜜制	煨药机、焙药机	加蜜	蜂蜜处理、炼蜜质量、加蜜时间、数量、温度、强度
盐制		加盐	盐质量、盐水浓度、用量、加热时间、强度
姜炙		加生姜姜汁	生姜质量、姜汁用量、加热时间、强度
制霜		制霜	含油量、松散粉末
复制		浸煮	浸煮时间、次数、药材内外性状
水飞	球磨机	研磨	检查异物、细度
发酵	恒温培养箱、发酵罐	发酵	温湿度、辅料量、发酵强度、时间
发芽		胚芽	温湿度、发芽率、芽长情况
煅	电热可控式煅炉	明煅	时间、强度、含结晶水情况
		煅淬	料量、淬酥程度
		煅炭	时间、炭化强度
烫		烫	辅料用量、温度、烫至程度
灭菌		饮片	具体品种性能、数量、微生物限度
粉碎	高效粉碎、超低温粉碎机	药粉	注意去除异物、掌握水分
	筛药机		筛目、筛网、细度

（炮制为左起第一列纵向合并单元格）

三、中药饮片生产工艺流程及环境区域

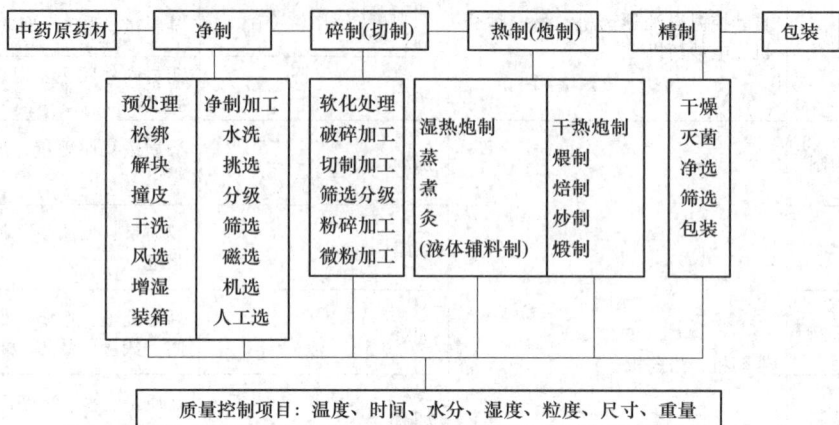

中药原药材	净制	碎制(切制)	热制(炮制)	精制	包装

| 预处理 松绑 解块 撞皮 干洗 风选 增湿 装箱 | 净制加工 水洗 挑选 分级 筛选 磁选 机选 人工选 | 软化处理 破碎加工 切制加工 筛选分级 粉碎加工 微粉加工 | 湿热炮制 蒸 煮 炙 (液体辅料制) | 干热炮制 煨制 焙制 炒制 煅制 | 干燥 灭菌 净选 筛选 包装 |

质量控制项目：温度、时间、水分、湿度、粒度、尺寸、重量

图7-1 中药饮片炮制的一般工艺流程图

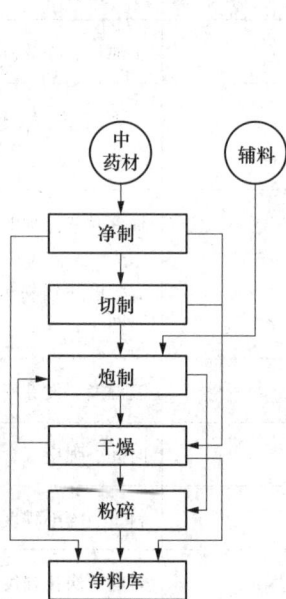

图7-2 中药材炮制工艺流程及
环境区域划分示意图

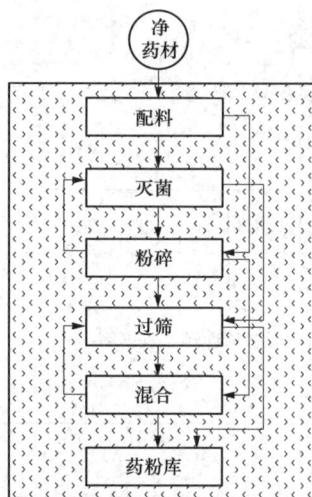

图例

洁净管理区

图7-3 中药材粉碎工艺流程及
环境区域划分示意图

（一）车间或区域划分的原则

根据饮片炮制工序不重复、不交叉、具备过程质量检验标准或条件、便于相对独立作业和管理、工序流转和衔接合理等原则，对饮片生产过程进行车间或区域划分。

（二）车间或区域划分

饮片生产过程可以划分为净制车间、碎制车间、热制车间、精制车间、包装车间和成品车间等。

净制车间设预处理和净制加工两个加工区域。预处理区域的功能是，对原料药材原包装进行松绑与解块、撞皮与干洗、风选、增湿等，最后将药材装入生产用的周转箱，待后续加工。净制加工区域的功能是，对原料药材进行水洗、挑选、分级、筛选、磁选、机选、人工选等工序内容，是饮片净制加工的核心。部分药材经净制后将直接进入后续的热制、精制或包装工序，应制定不同药材的净度检验标准。

碎制车间的功能是，将药材加工成片、段、条、颗粒或粉末等，便于进一步炮制或饮片的调配。碎制的内容包括软化处理、破碎加工、切制加工、筛选分级、粉碎和微粉加工等。

热制车间分为湿热炮制和干热炮制两个区域。湿热炮制的功能是蒸、煮和液体辅料制。液体辅料制包括醋制、酒制、蜜制等。干热炮制的功能是煨制、焙制、炒制、煅制等。热制车间的原料是饮片经过净制或碎制加工的半成品，经过热制加工达到增效降毒的功效，是饮片炮制的重要环节。由于饮片药效成分的多样性和复杂性，热制过程中每批产品的定量、初含湿量、设备温度控制、过程温度检测、过程计时（包括分段计时）、成品含湿量等，是热制工程的重要质量监控内容。

精制车间包括饮片的干燥、灭菌、净选、筛选、包装等，是饮片生产的最后工序，经精制加工达到饮片炮制的最终质量要求。其中，干燥时间、温度、含水率、菌检、净度检验、包装计量等，是精制工序的重要质量监控内容。

四、中药材炮制生产设备

（一）设备管理要求

1. 根据中药材、中药饮片的不同特性及炮制工艺需要，选用能满足工艺参数要求的设备。

2. 直接接触中药材、中药饮片的设备工具、容器易清洗消毒，不易产生脱落物，并不与中药材、中药饮片发生化学反应，不吸附中药材、中药饮片。

3. 用于设备的润滑剂、冷却剂等不得污染中药饮片或容器。

4. 与设备连接的主要固定管道标明管内物料名称、流向。

5. 生产设备有明显的状态标志，标明清洁及运行状态。

6. 生产设备定期维修保养。设备安装、维修、保养的操作不影响产品质量。

7. 生产、检验设备有使用、维修、保养记录，有专人管理。

（二）计量器具

1. 生产和检验用的仪器、仪表、量具、衡器等符合生产要求的适用范围、精密度。

2. 有明显的合格标志。

3. 定期校验，在有效期内使用（由国家认定的质量监督技术部门）。

（三）毒性饮片生产设施要求

1. 生产毒性药材（含按麻醉药品管理的药材）等特殊要求的饮片符合国家规定。

2. 毒性药材生产有专用设备及生产线。

（四）工艺流程设计

工艺流程的设计应满足饮片质量的要求，不同药材或同一药材的不同炮制要求，均应制定科学、合理的饮片炮制工艺流程，规定质量检验指标、检验方式和手段。按加工饮片的种类和批量，分别设计分段加工工艺流程、连续加工工艺流程或部分连续加工工艺流程。

（五）设备配置

按车间或区域功能划分和工艺流程设计来配置设备，是设备配置的主要原则，应按生产功能要求配置设备。不同生产区域的相同工序应分别配置设备，例如，净制、碎制、精制工程中均会有筛选工序，须分别配备筛选设备，有利于工艺过程按顺序流转，避免反复和交叉污染。同一区域的不同工艺设备按工艺流程要求进行配置，例如，蒸、煮、炒等，一般按分段加工流程设计，各设备之间应留有足够的物料堆放和操作空间，避免不同物料的相互污染；切制、筛选、干燥等，可以按连续加工工艺流程设计，各设备之间应精密衔接，避免漏料。另外，对于相同功能要求，在条件允许的情况下应该配置多种功能的设备，例如，切制功能，应同时选择往复式切药机（包括直线往复式和铡刀式）、旋转式切药机（包括旋刀式和旋料式）等多种切制机械，以满足不同药材的不同切制要求。

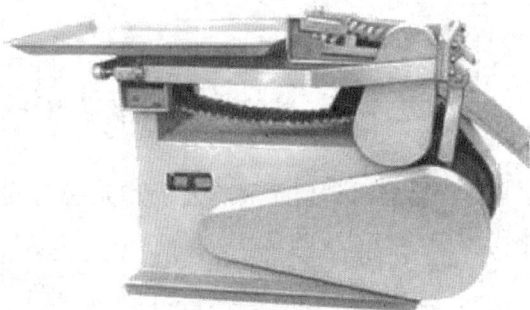

图7-4　往复式切药机　　　　　　　图7-5　旋转式切药机

（六）生产设备要求

生产中应"药不落地"，润药达到"药透水尽""水不见地"。设备的使用要避免药物的交叉污染，与药物接触的机器表面材料不应吸附药材、不与药材起化学反应、不应有腐蚀脱落，炮制后的药材不应露天干燥。设备的采购应选用具有设计、生产资质的厂家，产品设计安装合理、结构性能符合GMP要求的生产设备与公用设备。其主要要求如下。

1. 设备与工艺要求　根据中药材、中药饮片的不同特性及炮制工艺需要，选用能满足工艺参数要求的设备。

2. 设备的材质　直接接触药材、饮片的设备、工具、容器易清洗、易消毒，不易产生脱落物，且不与中药材、中药饮片发生化学反应，不吸附中药材、中药饮片。直接接触药材的设备零部件、工具、容器可以采用 1Cr18Ni9 或 SUS304 不锈钢材料或无毒的塑料和橡胶制品，不宜采用木质或布质制品，避免使用未经金属镀膜处理的碳钢材料。

3. 设备的选型 既要考虑适用性，又要考虑先进性。

4. 设备的使用管理 每种设备均应制定《操作规程》或《作业指导书》，指定专人使用和管理，以保证设备处于完好状态。设备的专用工具不得移作它用，设备的备品、备件均应入库管理。用于设备的润滑剂、冷却剂等，不得污染中药饮片和容器。

5. 设备的状态标志 每台生产设备的醒目位置均应设置状态标志，标明设备的名称、型号、编号和状态，如"运行中"、"完好"、"待清洗"、"检修中"、"停用"等字样。

6. 设备的维护与保养 应制定设备的维护、保养管理制度，包括设备的清洗、检修、保养的内容、时间、责任人等。建立设备工作台帐及运行档案，及时记录维护、保养的内容。

7. 设备的状态标志（示例）

设备状态标识 SOR-EM-323-01	设备状态标识 SOR-EM-324-01
完 好 设备名称＿＿＿ 设备型号＿＿＿ 设备编号＿＿＿ 购买日期＿＿＿ 管理人员＿＿＿ 使用人员＿＿＿	**待 修** 管理人＿＿＿ 日 期＿＿＿
设备状态标识 SOR-EM-325-01	设备状态标识 SOR-EM-326-01
维 修 日 期＿＿＿ 维修人＿＿＿ 批准人＿＿＿	**停 用** 管理人＿＿＿ 日 期＿＿＿
设备状态标识 SOR-EM-339-01	设备状态标识 SOR-EM-327-01
运 行 品 名＿＿＿ 规 格＿＿＿ 批 号＿＿＿ 设备编号＿＿＿ 批 量＿＿＿ 操作人＿＿＿ 日 期＿＿＿	**报 废** 管理人＿＿＿ 日 期＿＿＿

表7-2　设备管理卡（示例）

设 备 管 理 卡

名称：_____　型号：_____　　　　SOR - EM - 332 - 01

设备编号：_____　启用时间：_____

生产厂家：_____

维护人员：_____　管理人员_____

×××药业有限公司

（七）中药饮片炮制的主要设备

1. 清洗设备

（1）洗药池　广为采用的水泥洗药池，由于池壁吸水，易吸附药屑，不易清洗，易引起药物交叉污染。宜采用池壁以优质瓷砖砌面或以 1Cr18Ni9 或 SUS304 不锈钢板材衬里的洗药池。洗药池底应制成向排水口倾斜状，以便排尽污水、便于清理。另外，用不锈钢板衬里洗药池时，应预埋金属嵌件，不锈钢板衬里宜与水泥池施工同时进行，以便不锈钢板与水泥面牢固结合，提高其使用寿命。不锈钢板衬里的洗药池，还可以做成侧开门结构，便于料车进出洗药池。

（2）循环水洗药机　该洗药机结构简单，是当前广泛使用的药材清洗设备之一，适用于除去附着在药材表面的泥沙。其结构特点是，一水平放置的开有小孔的不锈钢筒体，内壁装有螺旋推进板，该筒体的下部为贮水槽，另装有水泵和喷淋管。物料由进料斗送入，启动水泵、转动带孔筒体，物料被筒体内螺旋板推进，受高压水流喷淋进行冲洗，污水进入水箱经沉淀、过滤后清水可重复使用，经洗净的药材在筒体的另一端被自动送出。

图7-6　洗药池

图7-7　循环式洗药机

（3）干式表皮清洗机。以"不用水"的方式除去附着在药材表面的泥沙、毛皮等杂物是其主要特点，能同时除去非药物和非药用杂质。该机型对块根类、种子类、果实类等药材，如泽泻、玄参、苍术、芍药、当归、川芎、板蓝根、柴胡及生地等，具有良好的净制效果，可避免药材经水洗时药效成分的流失。

2. 净选设备

（1）带式磁选机　利用高强磁性材料，自动除去药材中的铁性杂质（包括含铁质的砂石）是该机主要功能。它适用于中药材原料、半成品或饮片成品中非药物杂质的净选，对铁性杂质除净率可达99.9%，便于实现自动化流水作业。

（2）变频式风选机　变频式风选机有立式及卧式两
种机型，利用变频技术，可根据需要调节和控制风机风
速与压力，使之达到最佳净选效果，为饮片生产质量管
理提供量化依据。

（3）柔性支承斜面筛选机和振动筛选机　利用物料
自身的质量和惯性，按筛网孔径分离物料，是筛选机的
主要工作原理。柔性支承斜面筛选机由筛床、筛网、回
转机构、柔性支承机构、电机和机架等组成。筛网沿倾
斜面作匀速圆周运动，物料沿倾斜的筛网面向低处移

图7-8　变频式风选机

动，经各层筛网筛选达到分筛物料的工艺要求。振动筛选机有筛床、筛网、曲柄连杆
机构、电机和机架等组成。筛网作往复定向摆动，物料经各层筛网筛选被分离。柔性
支承斜面筛选机的运动幅度大、频率低，适合筛选20目以上的物料。振动筛选机的振
幅小、频率高，适合筛选20目以下物料。

（4）机械化净选机组　将风选、筛选、挑选、磁选等单机设备，经优化组合设计，
配备若干输送装置、除尘器等，组成以风选、筛选、磁选等机械化净选为主，人工辅
助挑选相结合的自动化成套净选设备，对饮片进行多方位的净制处理。该机组设有一
机械化挑选输送机，对于不能用机械方式除净的杂物由人工进行处理，如挑拣、剪切、
刮削、刷、擦等。由于中药材的种类繁多，物理形态差异大，加上不同药材有不同的
净制要求等，该机组将传统的净制要求与现代加工技术的有机结合，使中药饮片的净
制加工朝着机械化、自动化、高效率方向迈进。

3. 软化处理设备　药材切制前须经过润泡等软化处理，使其软硬适度，便于切制。
传统的软化方法包括浸润、泡润、洗润、淋润、堆润等，使药材吸水、软化。常用的
软化装备是水泥池，其存在的主要问题是软化时间长，工作效率低，药材的吸水量不
易掌握，易伤水，导致药效损失。另外，润药过程中排放的污水，会造成对环境的
污染。

药透水尽，降低其含水量，节约后续干燥能耗，提高工作效率，是中药材软化加
工的基本要求。一般药材适合切制要求的含水率在15%~30%范围内，淋润、堆润药
材的含水率不易控制，含水率可高达30%~50%，浸润、泡润、洗润药材的含水率可
高达50%以上。这不仅容易使药效成分流失，影响切制饮片的片形，还增加对后续干
燥加工的压力。因此，运用先进的润药工艺和设备，提高药材软化的工作效率和保证
饮片质量至关重要。

（1）HQG-2型回转式全浸润罐　该机（图7-9）由浸润罐、水计量系统、真空
系统、加压系统及控制系统等组成。将药材置于浸润罐内，抽真空达-0.7MPa，静置
30分钟后，开启进水阀门，按药材品种及重量加入一定量的水，按每间隔5分钟旋转
一周，共旋转4周，再加压至0.4Mpa，再将主机转到自动状态，50分钟后出料。注入
药材的水量需要先经试验，以保证润药达到"药透水尽"。

（2）QRY型（水蓄冷）真空气相置换式润药机　该机（图7-10）为机电一体

化，具有国内先进水平的润药设备，已经在中药材软化处理的应用方面取得了重要进展。运用气体具有强力穿透性的特点和高真空技术，让水蒸气置换药材内的空气，使药材快速、均匀软化，采用适当的润药工艺（如控制真空度、时间、润药次数等），给药材进行"定量"加水，使药材在低含水量的情况下，软硬适度，切开无干心，切制无碎片。

该机除了作为气相置换润药外，还可以用于液相浸泡、加温软化、增湿降尘、蒸药等功能，具有一机多用的优点。

图7-9　HQC-2型回转式全浸润罐

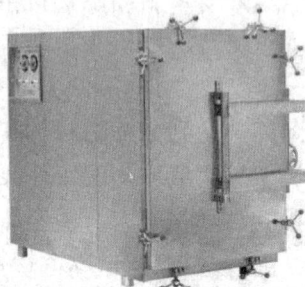

图7-10　QRY型真空气相置换式润药机

4. 切制设备

（1）剁刀式切药机　该机（图7-11）采用金属履带将药材挤压并输送至切刀口，刀架作大弧线、往复摆动，在切刀口处将药材切片或段，切制厚度0.5~30 mm可调。对药材适应性强，切制能力大，产量高。但切制的片形不够精确，金属履带易漏料或夹带物料，故不易清理。

（2）转盘式切药机　该机（图7-12）切药原理与上述机型不同，系模仿剪刀剪切物料原理。切药刀盘绕水平轴线旋转，物料由金属履带挤压并将其输送至切刀口，旋转刀盘与固定切口形成"剪刀"的两个相对运动刀口，将物料剪切为片状。切片厚度0.7~6 mm可调。该机功率大，切制力大，产量高，噪音比剁刀式切药机低，但同样存在着切制的片形不够精确，金属履带易漏料或夹带物料、不易清理的问题。

图7-11　剁刀式切药机

图7-12　转盘式切药机

（3）（自适应）旋料式切片机　该机（图7-13）切刀不动，物料与之作相对运动，切口大小可调，达到旋切目的。其工作原理是，物料从高速旋转的转盘中心孔投入，在离心力的作用下滑向外圈内壁作匀速圆周运动，当物料经过装在切向的固定刀片时，被切成片状。其主要特点是：切制力（离心力）与药材自身的质量成正比，故具有自适应性；切口间隙小，切制品的片形好、损耗小，切片厚度0.5～5mm可调；连续作业，单机产量高，例如切4 mm泽泻片每小时产量高达1200 kg。该机操作简便，机身结构简洁易清洗，故障少，维护方便，尤适应于根茎、果实、种子类药材的切片加工。

图7-13　旋料式切片机

（4）直线往复式切药机　该机是根据食品切制机械的相关工作原理和模仿人工手持切刀在砧板上切物料的方式，设计开发的中药材切制机械。药材由输送带及压料机构将物料按设定步进距离作间歇送进运动，直线往复运动的切刀就在输送带上切断物料，即切刀垫板切制方式。输送带的步进运动由棘轮机构驱动，步进长度通过齿轮调节，故切制尺寸准确、可靠，切制长度0.7～60 mm可调。由于切刀在垫板上切断药材，切制效率高，切口平整、片形好，切制成品的得率高，既能切制片、段、条一般饮片，还能切制颗粒饮片。可用于根、茎、叶、皮、藤、草、花、果等各类药材的切制，而且清洗方便。

（5）高速万能截断机　根据直线往复式切药机的工作原理，结合水产品切制机械需带水作业、水清洗的特点，设计开发的新型中药材切制机械。该机采用超越离合器驱动输送带作步进运动，切断长度0.5～40 mm无级可调。将机器的主要传动机构置于机身的两侧，药材的切制和输送机构下部设托盘，做到"切药不落地"、"药屑不入机"。整机可用水冲洗，故更便于清洗。经过整体的结构改进设计，切制能力更强，切制速度更快，工作噪音更低。

5. 湿热炮制设备　湿热炮制包括蒸、煮、液体辅料制等，主要设备有蒸煮锅、蒸药箱、煨药机和焙药机等。

（1）蒸煮锅　常用的蒸煮锅由锅体、锅盖、蒸气夹套、支架和传动机构组成。除蒸气夹套外，蒸煮锅为常压设备，蒸气夹套外一般没有保温材料。锅体轴线垂直于地面，药材由人工从锅体的上部加入。出料时，由传动机构将锅体旋转90°，药材从锅体内自行排出。热源仅限于蒸气，锅体中心装有蒸气管，既可以由蒸气夹套加热，也可以由锅体中心的蒸气管加热。该蒸煮锅的结构简单，造价低廉，但装料和出料需人工操作，劳动强度大，适合于需要蒸煮的药材。

图7-14　蒸煮锅

（2）蒸药箱　蒸药箱主体是装有侧开门的方形箱体，箱体外侧一般装有保温材料，箱体底部装有蒸气加热管（蒸气加热型）或电加热管（电热型），或两者兼有（电汽两用型）。箱体一般为非压力容器。装有电热管的蒸药箱，下部还有贮水槽和水位控制系统。另外，还装有温度测量和显示仪表、时间显示、控制和报警装置。药材由料框和料车装载，从箱体的侧开门进出，料车及料框不落地。与蒸煮锅相比，用料框装载药材，使药材受热均匀、蒸药效果好，操作简便，劳动强度小，能耗低。装备的时间、温度控制系统，提高操作的自动化水平。由于蒸药箱的箱门具有一定的密封能力，在选购蒸药箱时，箱体上一定要有可靠的放汽装置，避免过高的蒸气压力而发生事故。

图 7-15　蒸药箱

（3）煨药机和焙药机　这两种机械的结构和工作原理基本相同，不同的是工作温度范围和采用的热源。主机由鼓式转筒、热源装置、温度和时间控制装置、传动机构、液体辅料添加装置和除湿系统等组成。煨药机采用蒸气为主要热源，用电进行辅助加热和恒温控制，工作温度在120℃以内。焙药机采用电或间接式燃油或燃气为热源，工作温度200℃以内。适用于各类饮片的蜜制、醋制、酒制、姜制、干馏、焙制等炮制加工。配有计量泵和喷淋装置，用于添加液体辅料。

6. 干热炮制设备　干热炮制的设备主要有煅药机和炒药机。其中，炒药机的应用较为广泛，占据了饮片干热炮制的主导地位。

长期以来，炒药机以燃煤为热源，炒制的温度、时间、质量等由人工凭经验控制，炒药机的烟尘对环境造成严重污染，不能满足中药产业现代化和GMP的要求。近几年来，一些药机企业开发了电热、燃油、燃气炒药机，在一定程度上降低了烟尘对环境的污染，但缺少对温度、时间的检测和控制，炒药质量仍然得不到保证。药材在炒制时产生的灰尘和烟雾，仍不可避免地造成了对环境的污染。尤其是炒制温度对炒制品的质量起到重要的决定作用。然而，炒药机温度控制缺乏统一的行业标准，有的测量炉膛温度，有的测量炒筒温度，还有的测量排烟温度，显示的温度相差达几百度。

当前，在尚未建立饮片的药效成分、指纹图谱等质量标准的情况下，炒药机以及炒制工艺对炒制饮片的质量起到十分重要的作用。

（1）自动控温炒药机　该机热源可采用燃油、燃气或电加热三种形式。其中，燃油、燃气型炒药机采用进口燃烧器，便于实现温度自动控制。炒筒旋转轴线呈水平布置，在炉膛中由上述热源加热，炒筒内壁装有"人"字形螺旋板，使其充填率高、炒制均匀并能快速出料。炒筒端部采用"三开门"结构，即可作上开门（进料及排烟与湿气）、下开门（出料）、整体开门（便于清理）。炒筒底部中心装有温度传感器，可测量和控制炒筒空间温度，配备便携式红外测温仪可实时地测量炒筒和物料温度。采用控制炒筒空间温度和对物料温度实施实时监控的方案，能有效地控制炒制物料的实际温度，确保炒制品质量。炒筒转速无级可调，筒体正转时为炒制作业，反转则可快速出料。炒制过程自动控温、恒温、计时、出料，便于实现炒药的数据化管理，根据调控不同炒制温度可用于药材的清炒、麸炒、砂炒、炒焦、炒黄、炒炭等作业。

（2）鼓式炒药机　将普通炒药机的直通型炒筒底部采用压制封头，口部采用缩口结构，是鼓式炒药机的主要特征。这种鼓式炒筒在提高药材装载量的同时，避免了炒筒口部的漏料现象，更适合于液体辅料的炒制，还便于清洗。另外，炒筒的滚圈与炒筒缩口悬臂支承，滚圈后面装有隔热挡板，有效地降低了滚圈的工作温度，提高了滚圈与导轮的使用寿命。鼓式炒药机的其他结构和配置与自动控温炒药机相同。

（3）炒药机组　在自动控温（鼓式）炒药机的基础上，配置药材定量罐、自动上料机、旋风分离一级除尘、水膜二级除尘与除烟装置、PLC（可编程控制器）等，组成自动控温环保型炒药机组。该机组要求控制药材炒制前的含水率和每次炒制的重量，对上料时间、炒筒温度、炒制时间、出料时间等工艺参数进行编程，自动完成炒制过程。配备的旋风分离器和水膜除烟除尘装置，能有效地除去炒制过程中的粉尘和烟雾，确保生产环境清洁卫生。

（4）煅药机　该机可用燃油、燃气或电加热作为热源，对煅锅进行加热，用于动物骨质、化石或矿物类中药材进行煅烧，可使药材加热至红透、酥脆，加温速度快，可自动控温，但需要人工出料。

7. 干燥机械

（1）HWJ 型热风炉药材烘干箱　该机由产生干热空气的螺旋板式热风炉和烘干箱两部分组成。热风炉可利用燃油、燃气及热蒸气作为热源，经换热得干热空气，由热风管引至烘干箱底部，待干药物散布于数平方米面积的筛网上，干热空气通过向上排出使物料得以干燥。温度、风量可控，人工上料，间歇作业。由于热风与物料是直接对流热传导，干燥速度快、效果好。

（2）HFL 型热风炉翻板式烘干机　该机原系用于茶叶烘干的设备。由热风炉（热源可燃煤、油或热蒸气）换热产生的干热气，经送风器分配给烘箱内的多层翻板，物料由另一头的输送装运送入烘箱，散布于带孔可活动的翻板上，自上而下运动，经热空气对物料的对流和辐射热传导，使物料升温，达到干燥目的。经烘干的物料，在箱底出口，再由往复振动式输送器排出。

（3）HT 型风筒式烘干机　该机组由螺旋板式热风炉、风筒烘干机、自动上料机及除尘器等组成。热风炉为一可以燃油、气或蒸气为热源的换热器，产生干热空气。风筒烘干机的主体为一长圆柱筒，内装螺旋导流板。缓慢旋转筒体，使物料在筒体内慢速翻滚并作轴向移动。筒体中心轴线上有一柱管，下半部吹出由热风炉引出的干热空气，使筒内物料边翻滚边被加热、吹干，并逐渐轴向移动，柱管上半部接引风机，将筒内湿气、粉尘抽出筒外，以加速物料的干燥。

五、中药材前处理生产管理要点

（一）生产准备

中药材炮制各工序在生产操作前，必须做好以下准备工作。

1. 应有该品种的批生产指令及相应配套文件（如质量标准、工艺规程、岗位操作法或岗位 SOP、清洁规程、中间产品质量监控规程及记录等），并确认文件是现行文件。

2. 本批炮制所用中药材与批生产指令相符，并确认是合格中药材。

3. 生产现场的卫生、清场、设备、容器具、计量器具等及其标志符合要求，并确认无上次遗留物。

（二）生产过程

1. 净制　净制包括中药材的净选和清洗。

（1）净选

①检查需净选的中药材，并称量、记录。

②净选操作必须按工艺要求分别采用拣选、风选、筛选、剪切、刮削、剔除、刷擦、碾串等方法，清除杂质或分离，并除去非药用部分，使药材符合净选质量标准要求。

③拣选药材应设工作台，工作台表面应平整，不易产生脱落物。

④风选、筛选等粉尘较大的操作间应安装捕吸尘设施。

⑤净选后药材装合适容器，每件容器均应附有标志，注明药材名称、编号、炮制批号、数量、生产日期、操作者等。

⑥经质量检验合格后交下工序或入净料库。

（2）清洗

①清洗药材用水应符合国家饮用水标准。

②清洗厂房内应有良好的排水系统，地面不积水，易清洗，耐腐蚀。

③洗涤药材的设备或设施内表面应平整、光洁、易清洗、耐腐蚀，不与药材发生化学反应或吸附药材。

④药材洗涤应使用流动水，用过的水不得用于洗涤其他药材，不同的药材不宜在一起洗涤。

⑤按工艺要求对不同药材分别采用淘洗、漂洗、喷淋、洗涤等方法。

⑥洗涤后的药材需及时干燥。

2. 切制　切制包括中药材的浸润与切制。

（1）浸润

①需浸润的药材按其大小、粗细、软硬程度，分别采用淋、抢水、泡、润等方法，并根据操作时的季节、气候条件，严格掌握在工艺参数范围内。

②控制好浸润药材的用水量及时间，做到药透水尽，不得出现药材伤水腐败、霉变、产生异味等变质现象。

③浸润药材符合切制要求后应及时切制。

④采用真空加温浸润或冷压浸润，其工艺技术参数应经验证确认。

（2）切制

①根据不同药材及性能分别采用切、剪、刨、锉、劈等切制方法。

②按工艺要求将药材切成片、段、丝、块等，并符合炮制品标准。

③切制后药材装合适容器，每件容器均应附有标志，注明名称、规格、批号、数量、切制日期、操作者等，经检查合格后及时交下工序。

3. 炮制

（1）中药材蒸、炒、炙、煅等生产厂房应与其生产规模相适应，并有良好的通风、除尘、除烟、降温等设施。

（2）按工艺要求严格控制加入辅料的数量、方法、时间及炮制时间、温度等。

（3）炮制品应装在洁净、耐热、耐腐蚀容器内冷却，或在适宜条件下冷却，每件容器均应附有标志，注明名称、编号、炮制批号、数量、日期、操作者等。

（4）炮制后的药材应符合炮制品标准要求，经质量检验合格后交下工序或入净料库。

4. 干燥

（1）根据药材性质和工艺要求选用不同的干燥方法和干燥设备，但不得露天干燥。

（2）除另有规定外，干燥温度一般不宜超过80℃，含挥发性物质的不超过60℃。

（3）干燥设备及工艺的技术参数应经验证确认。

（4）干燥设备进风口应有适宜的过滤装置，出风口应有防止空气倒流装置。

（5）干燥后的药材应装入洁净容器，每件容器均应附有标志，注明药材名称、编号、炮制批号、数量、规格、日期、操作者等。

（6）净药材经质量检验合格后交下工序或入净料库。

5. 粉碎

（1）本工序指供提取用料的粉碎或破碎，厂房内应安装吸尘等设施。

（2）根据工艺要求粉碎成不同规格的碎料（煎煮、回流用）或粗粉（浸渍、渗漉用）。

（3）粉碎后的物料装洁净容器中，每件容器均应附有标志，注明名称、规格、批号、数量、日期、操作者等。

（4）经质量检验合格后入净料库。

6. 配料

（1）直接入药的净药材的配料、粉碎、混合、过筛等的生产厂房应能密闭，有良好的通风、除尘等设施，人员、物料进出及生产操作应参照洁净室（区）管理。

（2）配料前核对净药材名称、药材编号、炮制批号、规格、质量等，应与批生产指令相符。

（3）处方计算、称量配料等操作必须复核，操作者及复核者均应在记录上签名。

（4）贵细药材、毒性药材的称量配料，必须按规定监控，称量者、复核者、监控者均应在记录上签名。

（5）配好的料装在洁净密闭容器中，每件容器均应附有标志，注明产品名称（状态）、生产批号、规格、数量、日期、操作者等。

（6）配料记录上应有所用药材的炮制批号或编号，便于质量追踪。

表7-3　毒性药材库出入库人员登记表（示例）

日期	入库人员签字	事由	保管员	备注
⋮	⋮	⋮		

表7-4 毒性饮片出库复核记录（示例）

品名	规格	批号	单位	出库数量	发往客户	检验报告单号	产品出库单号	称量数量	复核数量	发货人	复核人	QA
:	:	:	:	:	:	:	:	:	:	:	:	:

7. 灭菌

（1）不同药材（药粉）的灭菌方法及条件应经验证、确认不改变药材（药粉）质量。

（2）带包装灭菌的药材，其包装材料不可影响药材质量，包装内外应有明显标志，灭菌后不应拆换包装。

（3）严格掌握灭菌温度、压力、时间，保证灭菌效果，灭菌过程要详细记录。

（4）灭菌前后物料应有可靠的区分方法，宜分室存放。

（5）灭菌后物料应规定使用期限，在存放、运输过程中应防止污染。

（6）经质量检验合格后交下一工序。

8. 粉碎、过筛、混合

（1）粉碎、过筛、混合等生产操作应参照洁净区管理。

（2）粉碎、过筛、混合等设备应有捕吸尘装置，并有防止异物混入和交叉污染的有效措施。

（3）粉碎、过筛、混合的工艺技术参数应经验证确认。

（4）过筛前后应严格检查筛网情况，确保药粉细度符合工艺要求。

（5）混合设备应密闭性好，内壁光滑，混合均匀，易于清洗，并能适应批量要求。

（6）混合后的药粉装入洁净、密闭容器中，每件容器均应附有标志，注明品名、批号、规格、数量、日期、操作者等。

（7）经质量检验合格后交下一工序或入药粉库，配料前应作微生物检查。

（三）生产结束

各工序生产结束后应按规定做好清洁、清场、收率统计、物料结退以及批生产记录等工作。

1. 清洁与清场

（1）生产结束后应对生产厂房、设备、容器具等按清洁规程清洁，其清洁效果应经验证确认。

（2）每批药品的每一生产阶段完成后必须由操作人员按清场要求进行清场，并填写清场记录。（中间产品名称后均应注明状态情况，如 xxx 产品（混合料）、xxx 产品（混合粉）等，以下同。）

（3）药材加工炮制过程中的洗药、切药、干燥、粉碎、混合等设备必须彻底清洁，不得有遗留物。

2. 收率统计与计算

（1）中药材加工炮制和粉碎、混合等工序生产结束后，按规定计算收率应在合理的偏差范围内。

（2）当收率超出合理范围时，应按偏差处理程序处理，确认不影响产品质量后，方可流入下道工序。

3. 结料与退料

（1）每个工序每批产品生产结束后，都必须进行物料使用情况的统计，应符合规定定额。

（2）剩余物料经检查质量、数量后封装，贴上标志，注明名称、数量、编号、封装日期、封装人、复核人等，退库，并留好记录。

（3）当物料结算发生偏差时，应按偏差处理程序及时处理，并记录。

表 7-5　退料单（示例）

单号：

品　名		代号		进厂编号（批号）		检验报告单号	
领用量		使用量		退料量		毛重：　净重：	
物料用途	用于产品名称			批号			
	规格			批重			
退库原因				退库日期			
				退料人			
物料使用意见	质检员： 日　期：						

4. 生产记录

（1）每个岗位在生产过程中和生产结束后应及时填写生产记录，生产记录的填写应符合要求。

（2）各工序或岗位应将本批生产操作的有关记录（如生产指令、操作记录、运行状态标志、中间产品合格证、中间产品流转卡、领料单、配料单、过程监控记录、清场记录、物料或中间产品检验报告书，以及有关偏差处理记录等）汇总整理，经岗位负责人复核签字后交车间统一整理。

（3）车间专人将各岗位生产记录依次汇总整理后，经车间负责人审签，交生产管理部门。

表 7-6　中间产品合格证（示例）

中间产品合格证

名　　称_____

批　　号_____

重　　量_____

检验单号_____

签 证 人_____

日　　期____年___月___日

表7-7 中药饮片生产流转卡（示例）

原料名称		产地		批号		生产指令单号			填表日期	月 日
工艺操作规程						饮片名称			开工日期	月 日
									完工日期	月 日

序号	规格\n工序	验收数量	转交数量	转交人	损耗量	物料平衡计算\n$\frac{转交数量+损耗量}{验收数量}\times100\%$	质量标准操作情况	工时	辅料名称及用量	QA签章
1	净选	kg	kg		kg					
2	洗润	kg	kg		kg					
3	蒸煮	kg	kg		kg					
4	切烘	kg	kg		kg					
5	炒制	kg	kg		kg					
6	包装	kg	kg		kg					

交库数量：kg	包装规格	成品数量	内包材名称	内包材数量	外包材名称	外包材数量	件数
生产批号：							

完工日期： 年 月 日	交库人签字：	接收人签字：	入库日期： 年 月 日

（四）中间库

中药材炮制与粉碎的中间库有药材净料库和药粉库等。

（1）直接入药的药材粉末应存放在药粉库，药粉库环境要求为洁净管理区。

（2）进入中间库的中间产品，每件容器上必须有明显标志。

（3）中间产品在中间库必须按品种、批号间距存放，并有明显的状态标志和货位卡。

（4）有可能互相影响质量或有混药可能的中间产品，宜分室存放或采取有效隔离措施，防止混药。

（5）中间产品出入中间库必须办理出入库手续，并填写出入库记录，做到帐卡物相符。

（6）中间库中的不合格品或待处理品必须按有关规定限时处理。

表7-8 中间产品台账（示例）

品名：　　　　编号：　　　　单位：kg

日期	批号	收入量	领用量	件数	结存	经手人	保管	备注
:	:	:	:	:	:	:		

表7-9　中间产品审核放行单（示例）

名称		规格	数量	批号
生产单位			检验证号	
审核项目		标　准		结　果
质管部审核员审核	1. 起始物料	有合格报告单		
	2. 净选	达到中间产品内控标准		
	3. 浸润	达到中间产品内控标准		
	4. 切制	达到中间产品内控标准		
	5. 干燥	达到中间产品内控标准		
	6. 炮制	达到中间产品内控标准		
	7. 中间产品合格证	每道工序结束应该有 QA 检查签字或经检验出具的检验报告书（合格证）		
	8. 检验结果	符合内控质量标准		
备　注				
结　论		本批产品合格，准予放行。		
审核人			审核日期	20　年　月　日
质管经理			审核日期	20　年　月　日

（五）中药材前处理注意事项

1. 中药材炮制与粉碎等生产操作，必须与其制剂在厂房设施、生产设备、人物流向及生产操作等方面严格分开。

2. 在任何环节的炮制过程中，中药材都不能直接接触地面。

3. 中药材炮制应使用表面整洁、易清洗、消毒、不易产生脱落物的工具及容器。

4. 直接入药的净药材的粉碎等生产操作应参照洁净区管理。

5. 毒性药材的生产操作应有防止交叉污染的特殊措施，生产量大的亦可采用专用设备、容器具及其他辅助设施。

六、中药材前处理质量控制要点

表7-10　中药材炮制与粉碎质量控制要点

工序	质量控制点		质量控制项目		频次
			生产过程	中间产品	
净制	净选	风选	风量、进料速度	杂质、异物、非药用部位、选净程度	每批
		筛选	筛目、振动频率、进料速度		
		拣选			
	清洗	淘洗	装量、水质、次数	选净程度、酸、不溶性灰分	每次
		漂洗	换水次数、时间		
		淋洗	水流量、时间、进料速度		

续表

工序		质量控制点	质量控制项目		频次
			生产过程	中间产品	
切制	浸润	真空温浸	真空度、温度、时间、装量、加水量	浸润均匀度，药材软化程度	每次
		加压冷浸	压力、时间、装量、加水量		
		常规浸润	水量、时间		
	切制	剁刀式	片型调整、进料速度、切制	规格（长度、大小、粗细、厚薄）、片型	每批
		转盘式	速度		
炮制	炒煅	清炒	温度、时间、装量	性状（黄、焦、炭）、水分、均匀度、存性	每次
		辅料炒	温度、时间、装量、辅料用量，加入方法		
		明煅	温度、时间	性状、煅酥程度	每次
		煅淬	辅料用量、温度、时间、次数	性状、淬酥程度	
	蒸、煮、炖		水或辅料用量、装量、温度、时间、压力	性状、程度要求	每次
	燀		煮烫时间	性状、程度要求、杂质	
	炙(酒、醋、蜜、盐水、姜汁)		辅料用量、加入方法、闷润时间、加热温度、时间	性状、炙透程度	每次
	发酵		水煮时间、辅料用量、发酵温度、湿度、时间	性状、发酵程度	每次
	发芽		浸泡时间，淋水次数，发芽温度、湿度、时间	性状、芽长、发芽率	每批
	制霜	去油法	加热温度、时间、压榨次数	性状、含油量	每批
		析出法	辅料用量、制霜条件	性状	每次
干燥	烘箱		温度、时间、装量、热风循环	性状、水分、定量	每批
	履带式		温度、时间、传运速度、进料速度		
灭菌	蒸气灭菌		灭菌温度、时间、蒸气压力、装量、干燥温度、时间	性状、水分、微生物数、定性、定量	每次
	射线灭菌		剂量、时间、温度、距离		
粉碎、过筛			粉碎速度、筛网	性状、水分、细度	每批
混合			转速，装量、时间	均匀度	每批
中间库			清洁卫生、温度、湿度	分区、分品种、分批、货位卡、标志	定时

七、连翘前处理生产实训

由生产技术部下达批生产指令，质量管理部部长审核、签字，生产厂长批准后执行。批生产指令生产技术部留存一份，其余三份分发至质量管理部一份，作为质量监控与检验依据；物料部一份，作为物料发放依据；生产车间一份，作为生产和物料领取依据。

表7-11　批生产指令（示例）

指令单号：

产品名称	连翘	理论数量		批　　号	
生产开始日期		生产结束日期		指令生效日期	
理论投料量		实际收率范围	% ~　%	损耗率范围	% ~　%
生产部				日期	
质量保证部				日期	
车间主任				日期	

炮制方法：

工艺员：　　　　　　　　　　　QA：

（一）称量配料

生产车间核算员按照批生产指令，填写领料单，交仓库保管员备料，并同领料员、车间质检员一起到仓库，按《称量配料岗位生产标准操作规程》进行称量配料、领料，并及时填写生产记录，产品与下一生产工序净制进行交接。

要点：重点核对物料名称、批号、数量、物料放行审核单、称量核对。

领料单（见表7-12）。

表7-12　领　料　单（示例）

年　月　日　　　　　编号

领料单位			发料单位	
编号			编号	

A	B	C	D	E	F
原料	半成品	包装物	常备物料	设备	文具用品

代码	品名	规格	单位	数量		单价	金额
				请领	实领		

材料会计	发料人（保管员）：	领料单位负责人：	领料人：	制单员

一式四联：①存根②财务③仓库④供应

物料审核放行单（见表 7 – 13）

表 7 – 13　物料审核放行单（示例）

名称		规格	数量	批号
供应商			物料编码	
审核项目		标　准		结　果
质管部审核员审核	1. 取样	按取样标准工作程序进行		
	2. 供应商	是指定供应商		
	3. 请验单	与物料相符合		
	4. 检验指令	内容完整，项目齐全		
	5. 检验记录	规范、整齐		
	6. 检验数据	真实、准确		
	7. 检验报告	与检验记录相符		
备注				
结论		本批产品合格，准予放行		
审核人			审核日期	20　年　月　日
质管经理			审核日期	20　年　月　日

（二）中药材前处理的方法和要求

按《挑选岗位生产标准操作规程》进行操作。在挑选工作台上手工净选生产，净选完毕及时填写生产记录，并检查中药材收率范围与规定的物料消耗定额核对，填写"物料周转单"，产品与下一个生产工序切制进行交接。

要点：除杂、除尘。

标志管理：生产状态标志、清洁状态标志、设备状态标志、清场合格证等。

规定收率：≥99％。

挑选岗位操作规程（示例）

文件标题		挑选岗位操作法			文件编码	××××
起草人		日期	年　月　日	起草部门		×××
审核人		日期	年　月　日	分发部门		×××
批准人		日期	年　月　日	执行日期		年　月　日

1. 目的　建立药材挑选岗位的标准操作规程，用以规范药材挑选操作。

2. 范围　药材的挑选。

3. 职责　工艺员、库房管理人员、药材挑选人员。

4. 内容

4.1　生产前准备

4.1.1　生产车间管理人员按照生产计划，组织安排生产操作人员准备生产。

4.1.2　工艺员根据产品计划投料量及工艺参数签发生产指令，计算物料数量。

4.1.3　挑选岗操作人员穿戴好工作服、帽、鞋进入车间，准备生产。

4.1.4 管理员根据生产指令单上开具的药材领用数量将药材备齐。班组长凭车间主任签字的"领料单"领料，双方核实物料数量，领料人员确认物料数量、外包完好后接收物料，仓库管理员将药材产地、物料批号和检验报告单号等填写在领料单上。

4.2 标准操作过程

4.2.1 将挑选的药材开包分次平铺在挑选台上，厚度以便于挑拣为准。挑选时要保证全部药材翻动挑选干净，挑选后的净药材要集中存放，与未挑选药材尽量分离开。

4.2.2 挑选方法：拣出混在药材中的杂质，以及霉黑变质的药材。

净制生产记录表（示例）

生产指令号：

物料编号：	品名：	产地：
批号：	生产日期：	
生产许可	QA：	
接收量： kg	接收人：	

操作记录：

操作人：　　　　复核人：

完成量： kg	移交人：	损耗量： kg	QA：

清场合格证（示例）

品名：＿＿＿＿＿　批号：＿＿＿＿＿

清场合格证（正本）

清场人：＿＿＿＿＿　质监员：＿＿＿＿＿

（三）清洗

按《清洗岗位生产标准操作规程》进行清洗操作，按《洗药机使用与维保标准操作规程》进行清洗。清洗完毕及时填写生产记录，填写"物料周转单"，产品与下一个生产工序切制进行交接。

要点：

①用流动水洗，洁净；②标志管理：生产状态标志、清洁状态标志、设备状态标

志、清场合格证等。

××洗药机操作、维护保养规程（示例）

文件标题		××洗药机操作、维护保养规程		文件编码	×××	共 页
起草人		日期	年 月 日	起草部门	×××	
审核人		日期	年 月 日	分发部门	×××	
批准人		日期	年 月 日	执行日期	年月日	

1. 目的　规范型××洗药机操作、维护保养程序。

2. 范围　本规程规定了××洗药机操作、维护保养的步骤、注意事项等，适用于××洗药机操作、维护保养。

3. 责任　车间设备员负责本规程的起草、修订；生产部负责对本规程进行审核；公司分管设备的副总经理负责批准本规程；设备操作人员负责按照规程进行操作、维护；工序班长、车间设备员负责对操作人员进行培训并对实施情况进行监督检查；维修人员负责执行设备维修保养规程，生产部对本规程的有效执行承担监督检查责任。

4. 内容

4.1　参数。

4.1.1　设计参数：　　产量：××kg/h；额定功率：××kW。

4.2　作业前的准备。

4.2.1　按要求穿戴好工作服及劳动防护用品。

4.2.2　检查电器控制箱和整机是否可靠接地。

4.2.3　检查各部件是否进行润滑，点动洗药机，观察电机转向和输送机运行情况，正常后再运行。

4.2.4　水箱里加入水，将水泵按钮打开，调节管道阀门控制水压，运行正常后可以进行加工。

4.2.5　如在检查中发现问题，应立即进行处理，自己不能处理的，应及时通知机电人员进行修理，在确认以上各检查项目达到要求后方可进行下一步操作。

4.3　作业过程中。

4.3.1　洗药机出料口放置料箱，打开总电源开关，启动水泵。

4.3.2　开机、上料，同时调节水压，使物料及时清洗。

4.3.3　机器开动时观察物料变化情况，随时调节水压和机器转向，使物料充分洗净。

4.4　作业结束后的工作。

4.4.1　关闭洗药机电源，关闭总电源开关。

4.4.2　按清洁规程的要求对设备及工作场地卫生进行清洁。

4.4.3　挂上状态标志牌，按规定填写运行记录。

4.4.4　在确认各阀门开关状态正确，电源已关闭后，方可离开。

4.5　维护和保养注意事项。

4.5.1　运行时，电机的温度不得超过65℃，滚动轴承的温度不得超过70℃，若有异常现象应停机检查。

4.5.2　每日生产结束后，对设备进行日常维护保养，检查设备是否完好，打扫洗药机表面卫生。检查管道连接螺栓、固定螺栓无松动、检查管道连接、泵体无滴漏。状态标识牌悬挂正确。电源线保护完好，无破损，无漏电。仪表在有效期内。

4.5.3　做好设备日常维护保养记录。

4.5.4　机器长期搁置后首次使用或每隔 6 个月，应更换轴承和涡轮箱中的润滑油。

4.5.5　严格遵守维护与检修制度，每年应作一次保养，做好记录。

洗药机清洁规程（示例）

清洁范围	洗药机	责 任 人	使用人员
颁布部门	生产部	分发岗位	洗药岗
项目	清洁操作要求		
清洁实施条件及频次	1. 换品种时，在原品种生产结束后 2. 同品种换批号时 3. 设备检修或长时间未用即将使用		
清洁地点	就地清洁		
清洁用具	抹布、刷子		
清洁剂（用水）	饮用水		
清洁方法	1. 用长刷或水管将内部残留的药屑冲洗取出（注意缝隙等难清洗部位的擦洗），将水箱中的脏水放掉 2. 固定部分用抹布将药渍擦干净 3. 用干抹布将铁质部分的水渍擦干		
设备的干燥	原地自然干燥		
清洁效果的评价	1. 内部、外部、接缝处无药渣、药渍存留 2. 用清洁的白抹布擦拭，无不洁痕迹		
备注			

（四）软化

按《软化岗位生产标准操作规程》进行洗润操作，按《润药机使用与维保标准操作规程》进行润药生产。润药完毕及时填写生产记录，填写"物料周转单"，产品与下一个生产工序切制进行交接。

要点：①润药时药透水尽；②标志管理：生产状态标志、清洁状态标志、设备状态标志、清场合格证等。

软化岗位操作规程（示例）

文件标题	软化岗位操作规程				文件编码	×××	共页
起草人		日　期	年　月　日	起草部门	×××		
审核人		日　期	年　月　日	分发部门	×××		
批准人		日　期	年　月　日	执行日期	年　月　日		

1. 目的　建立药材软化岗位的标准操作规程，用以规范药材软化的操作。

2. 范围　药材的软化。

3. 职责　工艺员、药材软化人员。

4. 内容

4.1　生产前准备

4.1.1　生产车间管理人员按照生产计划，组织安排生产操作人员准备生产。

4.1.2　工艺员根据产品计划投料量及工艺参数签发生产指令；计算物料数量。

4.1.3　软化岗操作人员穿戴好工作服、帽、鞋进入车间准备生产。

4.1.4　接收上道工序流转物料，双方核实数量，软化岗操作人员确认物料数量、外包完好后接收物料。

4.2 标准操作过程

4.2.1　设备操作（浸润罐）。

4.2.1.1　调试准备。

4.2.1.1.1　检查电控柜电压（380V）、设备传动系统是否正常。

4.2.1.1.2　转动"自动、主机、手动"按钮至"手动"，按"报警"按钮清场，注意主罐体转动状况（平稳、传动机构无噪声）。

4.2.1.1.3　转动"自动、主机、手动"按钮至"自动"，调"总计时"时间继电器定4min，再调"运行时间"继电器定60s，再调"间隔时间"继电器60min，最后按下"主机启动"按钮（注意：自动程序启动后，严禁进行调整操作），观察主罐体自动运行情况。

4.2.1.1.4　依次按动"水阀"、"蒸气阀"、"压力阀"、"真空阀"，观察各个阀体是否正常，是否能听到"啪"的声音。

4.2.1.2　日常操作。

4.2.1.2.1　上料操作：开启空气压缩机，待压力表达到0.8MPa时顺次打开缓冲罐、滤气罐的阀门，待缓冲罐的压力表值不小于0.6Mpa。首先打开电磁阀和右半轴放气阀，排净半轴内的水和杂质，关好后，搬动气缸操作盘中间小转阀，打开安全保险气缸锁，转动外边的转阀，打开主罐体开口法兰的锁钩，依次转动里面的转阀打开法兰。此时再执行"手动"程序，使罐体向前倾斜20°～30°，推进上料机，使软布袋镶入罐口，开动上料机，按工艺规定投料，按法兰开启程序的反向执行将法兰关闭，将锁钩锁好，安全保险气缸至工作位置。

4.2.1.2.2　加水操作：打开加水电磁阀和罐上左半轴的加水管阀，观察水表，开启表前阀，累计加至该中药材浸润工艺的规定数值，关闭阀门、电磁阀及罐体水管阀。

4.2.1.2.3　正压操作：开启空气压缩机，待压力表达到0.8MPa时顺次打开缓冲罐、滤气罐的阀门，待缓冲罐的压力表值不低于0.6MPa。首先打开电磁阀和右半轴放气阀，排净半轴内的水和杂质，然后打开通入罐内的阀门向罐内加压，观察压力表，直至到达中药浸润工艺要求的压力值。

4.2.1.2.4　减压操作：启动水力喷射器的水泵，开启电磁阀，使管路和罐内产生负压，观察压力表，使罐内达到规定的负压值，关闭水泵。

4.2.1.2.5　自动操作：参见自动操作程序（2.－（1）－①－C.），按工艺规定的总计时，间隔时间和运行时间调好后，按下"自动"按钮，设备进入自动操作程序。

4.2.1.2.6　卸料操作：自动操作完成后，控制柜中除电压表指示电压外，全部仪表回零、指示灯熄灭，转动"自动、主机、手动"按钮至"手动"，再按"点动"按钮，使罐体转到合适位置，开启罐体上的放风阀，使罐内恢复常压，然后执行法兰开启操作程序，打开法兰，旋转罐体，卸料。

4.2.1.2.7　加温操作：观察蒸气弯通管路上的压力表是否达到0.1MPa，然后打开罐体右半轴通夹套的蒸气阀门，启动电磁阀，通入蒸气，逐渐加温。观察罐体的压力指示及温度表，直至达到工艺规定要求。

4.2.2　软化操作：将药材放入浸润柜中，用清水喷润，堆润至透。

4.2.3　中间产品请验：认真填写生产记录，上交生产管理人员，请QA人员检验。

4.3　生产结束

4.3.1　生产操作人员将产成品流转到下道工序或暂存在中间站待用。

4.3.2　将生产过程中的废弃物整理收集到垃圾站。

4.3.3　将被污染的浸润罐（浸润筒）、墙面、台面、地面、水池的污染物先清扫干净，然后用抹布、拖布等清洁用具擦至无异物即可。

4.3.4　将清洁用具在清洗间用水清理干净，放在清洁间自然干燥即可。

4.3.5　关闭电源，闭锁或接续下个批次、品种的生产。

浸润罐清洁规程（示例）

清洁范围	浸润罐	责任人	使用人员
颁布部门	生产部	分发岗位	软化岗位
项目	清洁操作要求		
清洁实施条件及频次	1. 换品种时，在原品种生产结束后 2. 同品种换批号时 3. 设备检修或长时间未用即将使用		
清洁地点	就地清洁		
清洁用具	抹布、专用拖布		
清洁剂（用水）	饮用水		
清洁方法	1. 往罐体内部注入水，转动罐体，直至冲洗掉内部残留的药材 2. 转动罐体，将罐体外部残留的药渍用抹布擦干净、缝隙用刷子刷净（注意缝隙等难清洗部位的擦洗） 3. 转动罐体，用拖布抵住罐内壁，将罐内壁污渍擦掉，用水将内壁冲洗干净		
设备的干燥	原地自然干燥		
清洁效果的评价	1. 内部、外部、接缝处无药渣、药渍存留 2. 用清洁的白抹布擦拭，无不洁痕迹		
备注			

（五）切制

按《切制岗位生产标准操作规程》进行操作。将净制好的药材按《切药机使用与维保标准操作规程》进行切制生产。切制长度 10～15mm，切好药材装入洁净塑料桶内，及时填写生产记录，产品与净料库进行交接。

要点：①饮片长度；②标志管理：生产状态标志、清洁状态标志、设备状态、清场合格证等。

切制岗位操作规程（示例）

文件标题	切制岗位操作规程				文件编码	×××	共　页
起草人		日　期	年　月　日	起草部门	×××		
审核人		日　期	年　月　日	分发部门	×××		
批准人		日　期	年　月　日	执行日期	年　月　日		

1. 目的　建立药材切制岗位的标准操作规程，用以规范药材切制的操作。

2. 范围　药材的切制。

3. 职责　工艺员、药材切制人员。

4. 内容

4.1　生产前准备

4.1.1　生产车间管理人员按照生产计划，组织安排生产操作人员准备生产。

4.1.2　工艺员根据产品计划投料量及工艺参数签发生产指令；计算物料数量。

4.1.3　切制岗操作人员穿戴好工作服、帽、鞋进入车间准备生产。

4.1.4　接收上工序流转物料，双方核实数量，切制岗操作人员确认物料数量、外包完好，由 QA 人员签字后接收物料。

4.2　标准操作过程

4.2.1　设备操作过程（切药机）。

4.2.1.1　安装调试。

4.2.1.1.1　检查电源（220V），观察设备传动系统、齿轮箱、压刀夹具、进料皮带等关键部件是否正常，机身是否可靠接地。

4.2.1.1.2　装刀、取刀方法：装刀片，用手转动皮带轮，使刀架位于最高点，将刀片置于刀架杆的钩头并紧贴刀架杆，拧紧压刀板螺母；取刀片，用手转动皮带轮，让切刀位于最高位置，用扳手拧开压刀板螺母，取下刀片，最后装好压刀板。

4.2.1.1.3　产前试车：清理机器周围杂物，特别是输送带上的物品，并确认已取下切刀，用手转动皮带轮数周，检查无异常情况后启动电机，查看皮带转向是否为顺时针转动，正常运行数分钟后可关机。

4.2.1.2　日常操作。

4.2.1.2.1　根据具体工艺要求，对药材切断长度等各项工艺数据进行调整。

4.2.1.2.2　按齿轮箱上方的"截断长度－齿轮档位配位表"在开机后进行调整，表中的"内、中、外"为拨杆上小球所处的位置，表中的数值为棘轮转动一个齿时的数值。

4.2.1.2.3 调棘轮齿数：转动皮带轮外侧偏心座上的螺杆，使偏心块移动，用手转动皮带轮一周，使推动棘轮的齿数符合要求为止。

4.2.1.2.4 刀片切入传送带深度调节：刀片切入输送带深度以正好切断物料为宜。调整时，用扳手拧松刀架机构大螺母，调节刀架机构上下位置，每调节一次都要用手转动皮带轮，使刀片缓慢向下运动，观测刀刃切入输送带深度，最好直接将需切的物料置于输送带两侧，观察切断情况，直至合适为止。切刀切入输送带太深，会影响输送带的使用寿命。（注：调整后，刀架螺杆下端的方块长度应与机身一致。）

4.2.1.2.5 磨刀：为提高产品成品率，经常磨刀，并需确保刀刃直线度。

4.2.1.2.6 输送带位置偏移调整：让输送带的标记点运转一周，若有偏移应及时调整。调整方法：输送带偏移侧螺栓张紧，另一侧放松，每次调整螺栓转动不宜超过1/4周。输送带在出料端的偏移一般不得超过5mm。

4.2.1.2.7 调速：变频器调速，转动控制箱面板上的小旋钮即可；机械无级调速，电机运转时拧松电机头部内侧螺母，转动外侧螺母可调速，调完后拧紧内侧螺母，以便锁紧。（注：严禁停机时调速。）

4.2.2 药材切制规格切薄片（1~2mm），长度10~15mm。

4.2.3 中间产品请验：认真填写生产记录，上交生产管理人员，请QA检验。

4.3 生产结束

4.3.1 生产操作人员将由QA人员签字后的合格中间产品进行处理。

4.3.2 将生产过程中的废弃物整理收集到垃圾站。

4.3.3 将被污染的设备、墙面、台面、地面、水池的污染物先清扫干净，然后用抹布、拖布等清洁用具擦至无异物即可。

4.3.4 将清洁用具在清洗间用水清理干净，放在清洁间自然干燥即可。

4.3.5 关闭电源，闭锁或接续下个批次、品种的生产。

往复式切药机清洁规程（示例）

清洁范围	切药机	责 任 人	使用人员
颁布部门	生产部	分发岗位	切药岗位
项目	清洁操作要求		
清洁实施条件及频次	1. 换品种时，在原品种生产结束后 2. 同品种换批号时 3. 设备检修或长时间未用即将使用		
清洁地点	就地清洁		
清洁用具	抹布、刷子		
清洁剂（用水）	饮用水		

续表

清洁方法	1. 将切药刀及压轮卸下，用刷子或抹布将刀刷（擦）净 2. 开启设备，用刷子或抹布将传送带刷（擦）净 3. 关机，将设备用刷子或抹布清干净（注意缝隙等难清洗部位的擦洗） 4. 将擦干净的压轮装好，刀片准备磨制
设备的干燥	原地自然干燥
清洁效果的评价	1. 内部、外部、接缝处无药渣、药渍存留 2. 用清洁的抹布擦拭，无不洁痕迹
备注	

（六）干燥

按《干燥岗位生产标准操作规程》进行操作。将切制好的药材饮片按《××烘箱使用与维保标准操作规程》进行干燥生产。干燥完毕填写请验单、测定水分等，并将干燥好药材装入洁净塑料袋内，及时填写生产记录，产品与净料库进行交接。

要点：①干燥温度、水分、及时干燥；②标志管理：生产状态标志、清洁状态标志、设备状态标志、清场合格证等。

干燥岗位生产操作规程（示例）

文件标题	干燥岗位操作规程				文件编码	×××	共 页
起草人		日 期	年 月 日	起草部门	×××		
审核人		日 期	年 月 日	分发部门	×××		
批准人		日 期	年 月 日	执行日期	年 月 日		

1. 目的　建立药材烘干岗位的标准操作规程，用以规范药材干燥的操作。

2. 范围　药材的干燥。

3. 职责　工艺员、药材干燥岗人员。

4. 内容

4.1　生产前准备

4.1.1　生产车间管理人员按照生产计划，组织安排生产操作人员准备生产。

4.1.2　工艺员根据产品计划投料量以及工艺参数签发生产指令；计算物料数量。

4.1.3　干燥岗操作人员穿戴好工作服、帽、鞋进入车间准备生产。

4.1.4　接收上道工序流转物料，双方核实数量，干燥岗操作人员确认物料数量、外包完好QA人员签字后接收物料。

4.2　标准操作过程

4.2.1　设备操作（带式干燥机）。

4.2.1.1　生产前操作。

4.2.1.2　检查"后排潮"旋钮，将其至于"手动"。

4.2.1.3　检查"烘干、0、排潮"旋钮，将其至于"0"。

4.2.1.4　检查"慢→快"旋钮，将其逆时针转到头。

4.2.1.5 按下"总电源"绿色按钮，指示灯亮，设备电源接通。

4.2.1.6 检查电控柜电压是否达到380V。

4.2.1.7 按下"循环风机"绿色按钮，指示灯亮，循环风机启动。

4.2.1.8 打开"蒸汽阀"预热。

4.2.1.9 确定干燥品种，明确相应工艺要求，确定采用"手动烘干方式"或"自动烘干方式"。

4.2.2 生产中操作。

4.2.2.1 按下"温显/后排潮控制"绿色按钮，指示灯不亮，"初段温显"、"中段温显"、"末段温显"启动，开始显示机体内部温度（注：如预热温度超出工艺要求范围，可按下"前排潮"绿色按钮和"降温风机"绿色按钮，为机体降温）。

4.2.2.2 按下"网带启动"绿色按钮，指示灯亮，按下"网带调速"中"运行"按钮，面板启动，调节"慢→快"旋钮，至工艺要求转速。

4.2.2.3 如采用"自动烘干方式"操作，按工艺要求调节"烘干时间"计时器及"排潮时间"计时器，将"后排潮"旋钮调至"自动"，启动"上料机"上料。如采用"手动烘干方式"操作，将"后排潮"旋钮调至"手动"，开始上料操作，并根据工艺要求调节"烘干、0、排潮"旋钮，控制机体末端温度。

4.2.2.4 观察"烘干观察取样口"，待物料行进至机体末端，按下"降温风机"绿色按钮，指示灯亮，开始为物料降温。

4.2.2.5 启动"出料机"出料。

4.2.3 生产后操作

4.2.3.1 带机体温度降至室温，依次进行如下操作：调节"慢→快"旋钮将"网带调速"调零，关闭"网带启动"；关闭"循环风机"、"前排潮"、"降温风机"；关闭"温显/后排潮控制"；关闭"总电源"。

4.2.3.2 机体清洗步骤：①打开机体侧门，用吸尘器清楚网带及底板上的残留物料（注意：上料机、出料机及主机传送带夹缝处需重点清理）；②机体网带需用清水冲洗干净（注意：清洗前需仔细确认烘干机总电源已关闭，清洗操作中避免将水溅入风机、电机、控制柜中）；③带式干燥机风管需由物业部专人定时清理。

4.2.3 干燥操作 药材（厚度3cm以下）干燥温度60-80℃

4.3 中间产品请验。认真填写生产记录，上交生产管理人员，请QA检查。

4.3 生产结束

4.3.1 生产操作人员将由QA人员检查合格的中间产品流转到下工序进行处理。

4.3.2 将生产过程中的废弃物整理收集到垃圾站。

4.3.3 将被污染的墙面、台面、地面、水池的污染物先清扫干净，然后用抹布、拖布等清洁用具擦至无异物即可。

4.3.4 将清洁用具在清洗间用水清理干净，放在清洁间自然干燥即可。

4.3.5 关闭电源，闭锁或接续下个批次、品种的生产。

烘干机清洁规程（示例）

清洁范围	烘干机	责任人	使用人员
颁布部门	生产部	分发岗位	烘药岗
项目	清洁操作要求		
清洁实施条件及频次	1. 换品种时，在原品种生产结束后 2. 同品种换批号时 3. 设备检修或长时间未用即将使用		
清洁地点	就地清洁		
清洁用具	抹布、刷子		
清洁剂（用水）	饮用水		
清洁方法	1. 开动网带，用刷子将网带上残留的药渣刷净，上料机、出料机及传送带夹缝处需重点清洁（注意缝隙等难清洗部位的擦洗） 2. 打开机体侧门，用吸尘器清除底板上的残留物料 3. 机体网带需用清水冲洗干净（注意：清洗前需仔细确认烘干机总电源已关闭，清洗操作中避免将水溅入风机、电机、控制柜中） 4. 用抹布将表面水渍擦净		
设备的干燥	原地自然干燥		
清洁效果的评价	1. 内部、外部、接缝处无药渣、药渍存留 2. 用清洁的白抹布擦拭，无不洁痕迹		
备注			

（七）粉碎

按"粉碎岗位生产标准操作规程"进行操作，将净药材按"万能粉碎机使用与维保标准操作规程"或"粉碎机使用与维保标准操作规程"进行粉碎生产，得连翘粗粉。粉碎完毕，将药粉放入洁净塑料袋内密封，及时填写生产记录，产品与净料库进行交接。

要点：①药粉细度；②标志管理：生产状态标志、清洁状态标志、设备状态标志、清场合格证等。

收率：≥98%。

连翘前处理要求：净制、洗润、切薄片（1~2mm）、干燥、粉碎。

前处理药材规定的分步收率及总收率见表7-14：

表7-14 前处理药材规定的分步收率及总收率

编号	中药材名称	分步收率（%）					总收率 %	备注
		净制	洗润	切制	干燥	粉碎		
1	连翘							

任务二　中药的提取

一、中药提取概述

（一）中药提取的定义

广义的中药提取也称为分离，是指从中药材原料开始，经过提取、浓缩、精制、干燥等操作工序，最终得到所需要的药物或其半成品的全过程。狭义的提取系指采用适当的方法将原料药材中的有效成分或有效部位从药材组织中迁移出来，并制成相应的提取物（浸膏或干膏粉等），供进一步制成某一剂型中成药。因此，提取是制剂生产中的重要环节。

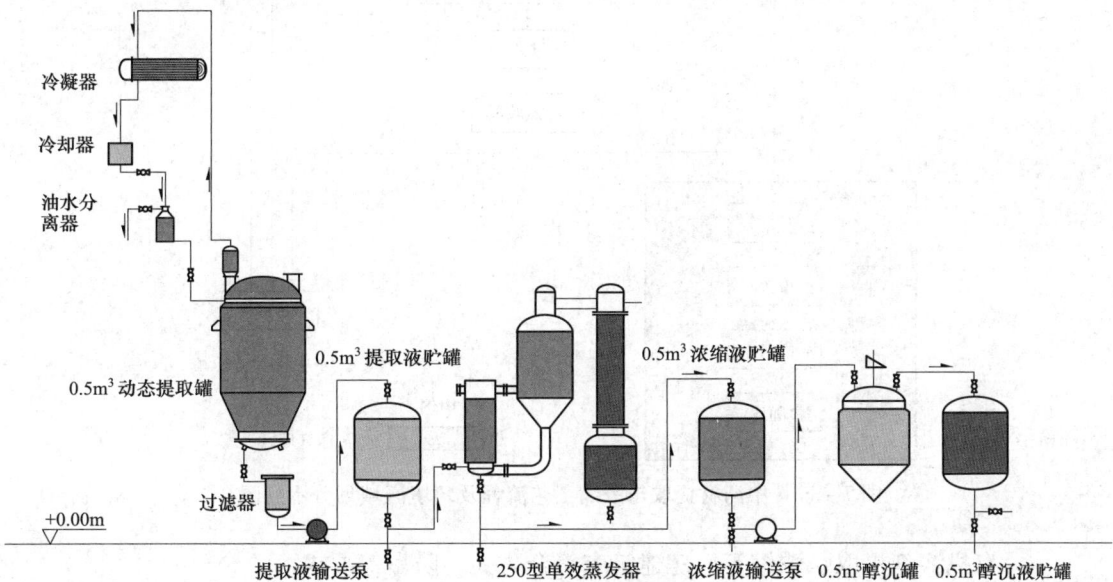

图 7 - 16　中药提取生产流程示意图

（二）工艺流程及环境区域划分

中药材提取与浓缩工艺流程及环境区域划分示意见图 7 - 17。

（三）中药提取生产特殊要求

1. 中药提取、浓缩等生产操作，必须与其制剂在厂房设施、生产设备、生产操作及人物流向等方面严格分开。

2. 中药提取、浓缩等厂房应与其生产规模相适应，并有良好的排风、排水及防止污染和交叉污染的设施。

3. 中药提取工艺用水的质量标准应不低于饮用水标准。

4. 提取药材的处方投料量应以洗涤干燥后的净药材计量。

5. 干膏粉碎及喷雾干燥收粉等生产操作应参照洁净区管理。

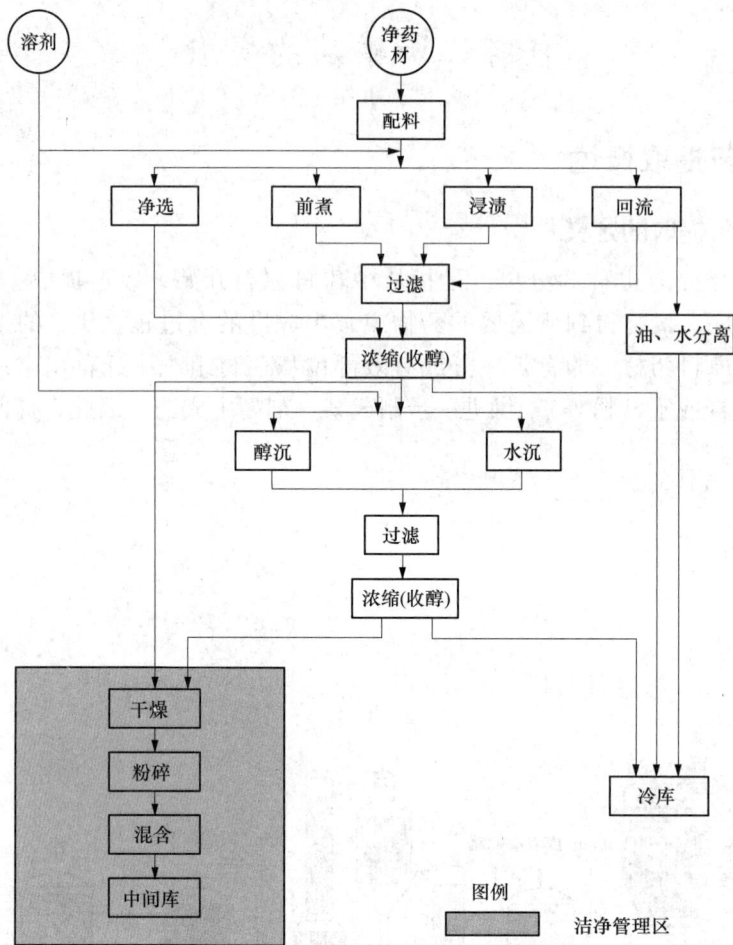

图7-17 中药材提取与浓缩工艺流程及环境区域划分示意图

6. 有机溶剂提取、浓缩等厂房建筑应符合防火、防爆等要求。

（四）中药材提取原理和方法

狭义的提取系指采用适当的方法将原料药材中的有效成分或有效部位从药材组织中迁移出来，得到含有有效成分的提取液。

生产中最常使用的提取方法是溶剂提取法，包括煎煮法、渗漉法、回流法等。

挥发油多用水蒸汽蒸馏法提取。超临界流体萃取、超声波、微波技术亦应用于中药提取，另外还有连续动态逆流提取等新工艺新技术应用于中药提取。

1. 中药提取技术的原理 浸出过程是将固体药材中的可溶物由固相转移到液相中来，得到含有溶质的浸出液。因此浸出实质就是溶质由固相传递到液相中的传质过程，它以扩散理论为基础，包括以下三个步骤。

（1）溶剂到药材组织细胞内（浸润渗透）。

（2）细胞内的溶质解析、溶解于溶媒/溶剂（解吸与溶解）。

（3）溶质从细胞内部向外扩散（浸出成分扩散阶段）。

浸出过程的影响因素：中药材原料（品种与来源、质量、药材成分）、原药材前处理（药材的干燥，药材的粉碎度、中药炮制等）、溶媒（溶媒类型、浸提辅助剂等）、浸出条件（温度、时间、压力、pH 值、溶媒用量和提取次数、浸取流场的运动等）

2. 中药提取技术的方法　由于中药材的药性、有效成分的不同，所适用的浸取方式显然不同，选择合适的浸取方法与工艺对浸出生产及保持中药有效成分的生物活性非常重要。目前浸取生产的传统方法按固液接触状态可分为静态方式和动态方式，具体有煎煮法、浸渍法、渗漉法、回流法等。

（1）煎煮法　煎煮法是以水为提取溶剂，将药材加热煮沸一定时间而获得煮出液，并重复进行若干次，以提取其有效成分的一种传统方法，又称煮提法或煎取法。

本质上，水煎煮法是一种强化的浸渍提取方法，只是操作温度较高，达到了溶媒沸点，是中药最早、最常用的制剂方法之一。但水煎煮法的操作工艺基本上是依据经验指导，其工艺参数，如浸泡及煎煮时间、次数、煎出量等均无最佳操控标准，往往导致产品质量或疗效的显著性差异；另外，水作为一种溶媒并不能完全提取所有有效成分；实际上现代中药理论研究表明，许多中药的生物活性对加热都有不同程度的敏感，因此使煎煮法的应用受到一定限制。

（2）浸渍法　浸渍法属于静态提取方法，是在常温或在加热条件下浸泡药材，使其所含的有效成分被浸出的方法。

通过浸渍法所得到的浸出液在不低于浸渍温度下能较好地保持其澄清度；操作简单易行，但所需时间较长，溶剂用量大，出液系数高，有效成分浸出率低；另外，浸渍状态下固液间通常呈静止状态，溶剂的利用率低，有效成分浸出不完全。

（3）渗漉法　将药材粉碎后装入特制的渗漉筒或渗漉罐中，从渗漉罐上方连续通入溶媒，使其渗过罐内药材积层，发生固液传质作用，从而浸出有效成分，自罐体下部出口排出浸出液，这种方法叫渗漉法。由于浸出液浓度在渗漉过程中不断提高而密度增大，逐渐向下移动，由上层溶剂或更稀浸出液置换其位置，连续造成较大浓度差，使扩散能较好地进行。

（4）回流法　回流法是以乙醇等易挥发的有机溶剂而不提取溶剂，对浸出液加热蒸馏，其中挥发性溶剂馏出后又被冷凝，重新回到浸出器中继续参与浸出过程，循环进行，直到有效成分浸提完全。

本质上，回流是一种热浸法。因为溶剂的循环使用，回流法较渗漉法的溶媒用量少，浸提较完全，但由于回流提取需要连续加热，浸出液受热时间较长，故不适用于对热敏感型有效成分的浸出。

（5）水蒸气蒸馏法　适用于具挥发性、能随水蒸气蒸馏而不被破坏，与水不发生反应，又难溶或不溶于水的化学成分的提取、分离，如挥发油的提取。

二、多能式中药提取罐

多能提取罐是目前应用最广泛的的一种中药大规模生产的提取设备。

（一）多能提取罐的结构

斜锥式提取罐可作水提、醇提、热回流提取、循环提取、提挥发油、回收药渣中有机溶剂等。出渣门由两个气缸分别带动开合轴完成门的启闭和带动斜面摩擦自锁机构将出渣门锁紧。出渣门上有直接蒸汽进口。规格自 0.5～6m³。罐内操作压力为 0.15MPa，夹层为 0.3MPa，属于压力容器。

正锥形多能提取罐筒体直径较大，出渣门较小，因而出料时易产生搭桥现象，往往需要人工辅助出渣，但出料门的密封较好。其一般采用夹套加热方式，加热沸腾时间较长，操作稳定性较差。

直筒式提取罐如图 7－20 所示，其机构特点为筒体较长，上下通径。传统的直筒式提取罐直径一般较大，传热慢，加热时间长，通常由于底部出渣门无热源，故原料提取不完全。目前普遍采用的是小直径的筒体，加热时间短。加热采用夹套和中心加热相结合的方式，加热效果好，底部加热沸腾，避免了爆锅现象。提取罐内壁的直筒形式使得出料阻力小，出渣顺畅。

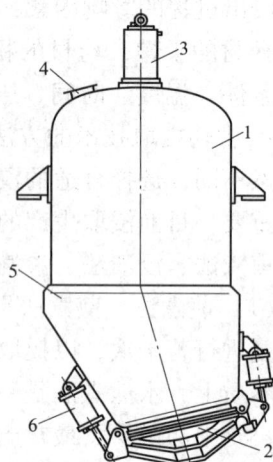

图 7－18　斜锥式提取罐

1. 提取罐；2. 出渣门；3. 提升气缸；4. 出料口；5. 夹套；6. 出渣门气缸

图 7－19　正锥式提取罐

图 7－20　直筒式提取罐

直筒式提取罐更多地应用于渗漉、罐组逆流提取和醇提、药酒等，也可用于水提取。直筒式提取罐结构简单，制造成本较低。

蘑菇式提取罐是广泛使用的一种提取设备，如图 7－21 所示。蘑菇式提取罐筒体上大下小，上部具有较大的缓冲空间，不易产生爆沸；下部直径小，传热快，加热时间短。夹套和中心有加热装置，加热效果好，底部加热维持沸腾，切线中间逆流循环，形成动态提取效果。蘑菇式提取罐相对生产较难，成本较高。

图7-21 蘑菇式提取罐　　　　图7-22 搅拌式提取罐

搅拌式提取罐管内配置有机械搅拌装置，使得原料在提取过程中能够产生一定的运动，药材和溶剂充分接触，改善了原料与溶剂的接触状况，产生了一定的动态提取的效果，提取时间较短。

提取设备的种类较多，各种设备都有其适应的工艺条件、原料特性和技术特点。根据提取生产的具体要求选用提取设备是提高提取生产效率、保证产品质量的重要前提。一般选用中药的提取设备应结合提取的工艺要求、工艺条件、原料特性、产品质量要求、设备技术特点、投资、占地面积、生产批量大小、设备操作复杂程度等方面综合考虑。

（二）多能式中药提取罐的安装设计

1. 多能式中药提取罐的安装　多能提取罐是目前应用最广泛的提取设备，其安装是正式投入生产前的一项重要工作，也是关系到设备能否安全正常运行的关键一步。下面简单介绍提取设备安装的一些基本知识。

提取罐的特点是体积大、结构简单、通常重量比较大，外形呈圆柱形、有较大的长径比。提取罐的安装一般不需反复的安装精度测量，无负荷试车、复合试车及调整排除各种故障等一系列复杂技术问题，安装相对比较简单。

多能式中药提取罐的安装须按照GMP标准及设备的性能和结构，根据设备作出工艺流程图、平面布置图、动力控制管线图。通过设备安装后，按GMP严格把关，进行安装确认，确认设备安装符合设计要求。

提取罐的安装过程主要包括罐体的找正与找平，附属管路的安装连接，各类阀门的安装与调整等。

（1）罐体的找正与找平。设备的找平与找正应按基础上的安装基准线（中心标记和水平标记）对应设备上的基准测量点进行调整和测量。设备支承（耳式支座）的底面标高应以基础上的标高基准线为基准；设备中心线位置应与基础上的中心线重合；作为立式设备的提取罐的垂直度应以设备的测点为基准。

提取罐的找正还可选几个补充测点，如法兰口、罐体铅垂轮廓等。

仅用一个方向找正与找平容易产生较大的误差，所以提取罐的找正与找平应在同一平面内互成直角的两个或两个以上的方向进行。在找平时，应根据要求用垫铁（或其他调整件）调整精度，不能用紧固或放松地脚螺栓螺母的方法进行调整，也不能用局部加压的办法。

标高可用水平仪或测量杆进行测量，如标高不符合要求，可用千斤顶将管体顶起，或用起重机吊起，用垫铁进行调整。

垂直度的校准可用经纬仪或铅垂线法进行。用经纬仪法时，必须在罐体吊装前，先在罐体上下两部分作好测点标记。用经纬仪测量罐体上下的标记点，即可测出垂直度的误差情况。一般情况下，罐体的垂直度误差不允许超过 1/1000。

（2）管路安装的注意事项。根据 GMP 要求，储罐和输送管道所用材质应无毒、耐腐蚀，管道的设计和安装应避免死角、盲管，应规定储罐和管道的清洗、灭菌周期。

①安装前应按配管图（或装配图），对管路布置的空间尺寸、材料、温度、压力等级、规格尺寸等进行核对，确保尺寸、规格、性能符合要求。

②各接管管口法兰面的水平度、垂直度、螺栓孔的位置要仔细核对。

③对现场焊接的管道，焊前应将预定的管段以正常安装要求与罐体管口连接、固定，再进行焊接。不可采用临时状态紧固焊接，以避免法兰密封性能受到影响。

④管道上的仪表，如流量计、压力表、温度测量仪表等的安装一定要明确安装的方位（水平、垂直或成一定的角度）。进出方向要保证正确无误。

⑤对于提取罐的管道安装，其偏差控制在规定的允许范围内。

⑥法兰安装前与管子焊接，当法兰与带有弯头的管段焊接时，要注意法兰上螺栓孔的位置。

⑦法兰连接是管道的主要泄漏点，安装需高度重视，法兰安装的偏差要控制在规定允许范围内。

（3）阀门的安装。有些阀门的外观往往较相似，但材料、压力、温度等级却不同，其法兰也不同，因此必须在安装前认真予以检查核实。

①根据阀门型号和出厂产品说明书检查阀门使用的工艺条件并进行必要的试验。

②检查阀门紧固件、填料及垫料是否符合工作介质性质的要求。

③检查阀门是否灵活，有无卡住或不正，关闭是否严密。

④安装时，阀门一般应处于关闭状态，以防止污物进入阀门影响其正常运行，因此安装前要予以验证。

阀门安装的注意事项：

①应将阀门安装在便于维护的位置。

②在水平管道上，应将安装的阀门的阀杆垂直向上，或倾斜一定的角度。

③对于截止阀，要注意阀体上的流体流动方向标记，应使介质自阀盘下面流向上面。

④调节阀、流量计要在水洗、水循环后再安装，这些仪表的位置可先用相同尺寸的管子临时代替。流量计安装时要注意其前后须有符合测量要求的直管段。

（4）提取罐安装的其他的注意事项。

①在安装过程中蒸汽阀后须要装安全阀和压力表。

②管路最低点要安装有排污阀、控制阀，要有明显的标记。

③压缩空气包要有排污阀、压力表和安全阀。

④提取罐出液管要配有管路视镜，以便观察出液情况。

⑤过滤器内的残液要用真空吸进罐内。

⑥按 GMP 要求，提取罐要做到封闭；为减轻劳动强度，控制区在封闭区外一层控制。

⑦出渣门下要配有运载车。

2. 多能式中药提取罐的设计　设备设计时，首先要和有关工艺人员确定生产工艺，必须以生产工艺的要求来确定设备设计的相关参数，而不是随便设计，请厂家按图加工制造，使购回的设备适应具体产品的生产工艺；其次，确定生产能力；再次，根据具体产品的生产工艺及其需要的生产能力来确保生产设备；最后，确定设计参数。

多能式中药提取罐的设计包括设备的工艺设计和机械结构设计两个部分。多能式中药提取罐的设计除了要遵循一般机械设计的原则和方法外，还要符合行业标准和 GMP 的要求。

设备的工艺设计的目的是要保证使设计的设备能满足生产工艺的要求。工艺设计应力求使设备技术上先进、可靠。

首先要明确设备的设计任务与条件，主要包括：进出物料的组成、物理和化学特性及有关数据、操作压力、温度、溶剂的特性和用量、提取物的质量要求、生产中的负荷的波动等。对于多能式中药提取罐还应重点考虑设备的防漏、防爆、防腐蚀及环境污染等问题。同时要综合考虑目前的中药提取设备的发展状况，技术的先进性、可靠性、生产和运行成本、设备的维护、能耗等因素，选择合理的设备形式和结构。

机械结构的设计是在设备形式和主要尺寸已确定的基础上，根据设备的常用结构，参照相关标准和规范，具体详细设计各个零部件的机构尺寸；选择各种构件的材料；计算零部件的强度；各接口方位及连接形式设计；提出设备制造的技术要求和规范。

中药提取罐结构设计应做到：满足安全需要的强度，防止机械的破坏；有足够的刚度，防止较大的变形；有良好的密封性能，以防泄漏；有良好的耐腐蚀性能，确保设备的使用寿命和产品的品质，提取罐和管道与物料接触部位无死角，便于清洗和排污。

多功能提取罐设计要求。

（1）加热溶媒的功能，要求罐内温度均一，需具备底部加热功能。

（2）为便于出渣，尽量采用下出渣门的方式，提取罐的形状采用直筒形或倒锥形。

（3）对于某些物料，即使采用吊篮盛装物料时，也应采用下出式吊篮（上出式吊篮有诸多缺点，已基本被淘汰，除非是在罐内提取压力要求 0.3MPa 以上的场合）。

（4）根据工艺需要的不同，提取罐内压力分为两种：0.1MPa 以下（非压力容器）和 0.1MPa 以上（压力容器），所对应的底盖密封方式有所不同。

（5）提取罐底盖门能自动关闭、锁紧/解锁和打开。

（6）与投料系统相配合，提取罐投料门能自动关闭、锁紧/解锁和打开。

（7）多功能提取罐需要的安装高度较高（包括投料和出渣），厂房建筑结构与提取罐的形式密切相关，需要在项目的开始阶段，根据生产品种的情况和生产工艺，设计适当的提取罐尺寸和工作方式（包括投料和出渣）。

（8）根据生产品种情况和生产安排，应采用尽可能大容积的提取罐，大容积的提取罐将降低土建和设备投资。

（9）辅以冷凝器、油水分离器等辅助设备，可以实现热回流提取、挥发油收集、渗漉等工艺流程。

（10）控制罐内温度和压力，纯蒸汽发生器可以实现温浸、煎煮、低温加压提取、高温高压提取等提取工艺。

3. 提取罐安装设计可能遇到的问题讨论 有些多能提取罐在建造时，用单汽缸对底盘进行启闭，由于在设备设计、选型时，未对产品工艺参数进行认真分析，结果投入运行时，因产品工艺不同，要求所加溶媒量不同，因压力或重力作用，结果产生滴漏现象。GMP 要求不得有抛、冒、滴、漏现象。

如果在设计、选型时，出渣门采用旋转式双气缸启闭式或三气缸旋转式安全门，通过旋转锁紧圈将排渣门压紧密封条达到密封效果。由于两侧锁紧气缸和旋转槽的作用保证锁紧圈的自锁功能，增加了排渣门的密封和安全性；或采用气压密封，增加底阀的密封性和安全性，保证了密封的可靠性。

用气压密封能够很好地解决多能罐煎煮时漏液的问题，避免密封圈长久使用后变形，经加水检漏无滴漏现象，而有内压时出现泄漏的问题。只有严格按 GMP 要求，并将其要求逐一加以深度理解拓展，才能在设备的设计、选型时，从源头上规避这一问题。

有的多能提取罐在设计建造时，因采用夹层加热提取，发现煎煮放料时底部约有20万毫升的药液是冷的。通过分析发现是其加热时，罐内药液受热不均所致。GMP 评定标准中，要求设备的设计、选型、安装应符合生产要求，应能防止差错。如果在设计当初就进行了确认（DQ），在设计上采用在出渣门上设有底部加热，就会使药材提取更加完全。

（三）多能式中药提取罐的运行

1. 多能提取器 提取操作根据不同需要采取不同方式。

（1）加热方式 用水提取时通入蒸气加热，当温度达到提取温度后停止向罐内而改向夹层通蒸气进行间接加热，以维持罐内温度在规定范围内。

如用醇提取，则全部用夹层通蒸气进行间接加热。

（2）强制循环 在提取过程中，用泵对药液进行强制性循环，即从罐体下部放液口放出浸出液，经管道滤过器滤过，再用水泵打回罐体内。加速了固液两相间相对运动，从而增强对流扩散及浸出过程，提高了浸出效率。

（3）回流循环。

（4）提取液的放出。

（5）提取挥发油（吊油）的操作。

在提取过程中药液蒸气经冷却器进行再冷却后直接进入油水分离器进行油水分离，

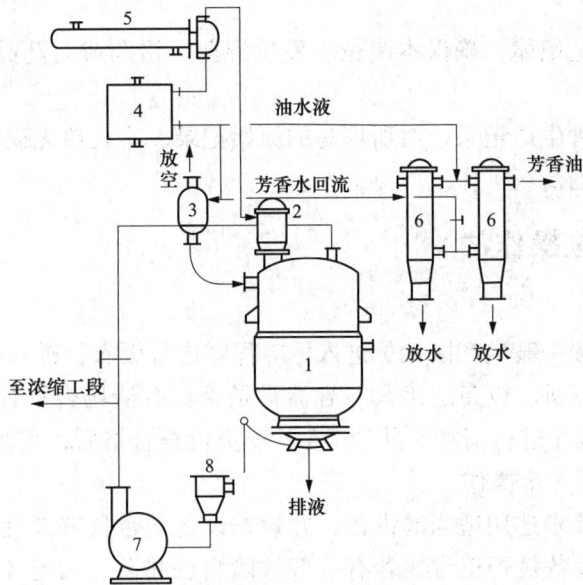

图 7 - 23　多能提取器示意图

1. 提取罐；2. 泡沫捕集器；3. 气液分离器；4. 冷却器；
5. 冷凝器；6. 油水分离器；7. 水泵；8. 管道过滤器

此时冷却器与气液分离器的阀门通道必须关闭。分离的挥发油从油出口放出。芳香水从回流水管道经气液分离器进行气液分离，残余气体放入大气而液体回流到罐体内。两个油水分离器可交替使用。提油进行完毕，对油水分离器内残留部分液体可从底阀放出。

三、中药提取生产管理要点

1. 煎煮　应控制好煎煮的温度、压力、时间、加水量及次数，煎煮液过滤后合并入贮罐。

2. 渗漉　药材粗粉充分浸润后装筒，分层加料，松紧均匀，表面压平后加覆盖物，添加溶剂，浸润规定时间后开始收集漉液，控制流速、流量，并不断补充溶剂，不使药材外露，直至符合工艺规定量。

3. 浸渍　根据工艺要求采用冷浸或温浸，掌握好浸渍次数及每次溶剂加入量，浸渍时容器上加盖，浸至规定时间后取上清液，过滤，最后药渣压滤，合并滤液。

4. 回流　回流中应经常检查温度、压力等，提油时注意速度和时间，油、水分离后，挥发油密封备用，同时收集药液，过滤入贮罐。

四、提取岗位职责

1. 严格执行《提取岗位操作法》、《提取设备岗位操作》。
2. 负责提取所用设备的安全使用及日常保养，避免发生生产事故。
3. 严格执行生产指令，保证提取所用的药材名称、数量、规格、质量无误，提取质量达到内控标准。

4. 自觉执行工艺纪律，确保本岗位不发生混药、错药或对药品造成污染。发现偏差及时汇报。

5. 如实填写各种生产记录，对所填写的原始记录、盛装单无误负责。

6. 搞好本岗位的清场工作。

五、提取岗位操作法

1. 生产前准备

（1）操作人员按一般生产区人员进入标准程序进行更衣，进入操作间。

（2）检查工作场所、设备、工具、容器具是否具有清场合格标识，并核对其有效期，否则，按清场程序进行清场。并请 QA 检查员检查合格后，将清场合格证附于本批生产记录内，进入下一步操作。

（3）根据提取要求选用适当的设备，并检查设备是否具有"完好"标识卡及"已清洁"标识。检查设备是否正常，若有一般故障自己排除，自己不能排除的则通知维修人员，正常后方可运行。

（4）对计量器具进行检查，正常后进行下一步操作。

（5）根据生产指令填写领料单，向仓库领取需要炮制的药材，摆放在设备旁。并核对待提取药材的品名、批号、规格、数量、质量无误后，进行下一步操作。

（6）按《多功能提取罐清洁标准操作规程》对设备及所需容器、工具进行消毒。

（7）挂本次运行状态标识，进入操作状态。

2. 操作

（1）根据药材的性质及不同产品的工艺要求选用适当的设备，按设备安全操作程序进行操作。

（2）根据不同产品的工艺要求，制备合格的提取液。

（3）操作完毕，将提取液装入洁净的盛装容器内，容器内、外贴上标签，注明物料品名、规格、批号、数量、日期和操作者的姓名，交中间站或下一道工序。填写请验单请验。

（4）将生产所剩的尾料收集，标明状态，交中间站，并填写好记录

（5）有异常情况，应及时报告技术人员，并协商解决。

3. 清场

（1）按清场程序和设备清洁规程清理工作现场、工具、容器具、设备，并请质量检查员检查，合格后发给清场合格证。

（2）撤掉运行状态标识，挂清场合格标识。

（3）连续生产同一品种中的暂停要将设备清理干净。

（4）换品种或停产两天以上时，要按清洁程序清理现场。

4. 结束

（1）及时填写批生产记录、设备运行记录、交接班记录等。

（2）关好水、电、气开关及门，按进入程序的相反程序退出。

提取岗位操作规程（示例）

文件标题	提取岗位操作规程				文件编	××××	共 页
起草人		日期	年 月 日	起草部门	×××		
审核人		日期	年 月 日	分发部门	×××		
批准人		日期	年 月 日	执行日期	年 月 日		

1. 目的　建立药材提取岗位的标准操作规程，用以规范药材提取的操作。
2. 范围　药材的提取。
3. 职责　工艺员、药材提取人员。
4. 内容
4.1　生产前准备
4.1.1　生产车间管理人员按照生产计划，组织安排生产操作人员准备生产。
4.1.2　工艺员根据产品计划投料量以工领参数签发生产指令；计算物料数量。
4.1.3　提取岗操作人员穿戴好工作服、帽、鞋进入车间准备生产。
4.1.4　接收上道工序流转物料，双方核实数量，提取岗操作人员确认物料数量、外包完好后接收物料。
4.2　标准操作过程
4.2.1　设备操作
4.2.1.1　首先检查水、电、汽的供应情况。
4.2.1.2　检查所有阀门并按工艺要求启动或关闭有关阀门。
4.2.1.3　所有密封部分有无损坏，密封部位是否清洁。
4.2.1.4　管路检查：先检查空压机是否运转正常，管路是否畅通、泄漏；二位四通阀的开启位置等。
4.2.1.4.1　系统中运动部件加注润滑油脂。
4.2.1.4.2　关闭排渣门，放水试漏，如有漏水现象，请专业维修人员进行调整，至不再泄漏，方可进行生产操作。
4.2.1.5　生产过程（工艺参数详见生产指令）。
4.2.1.5.1　水提取：按工艺要求将水和中药材加入提取罐，当液面到达2/3罐筒高度时，停止注水，启动提取罐下部的直通蒸汽阀门，加热至药液沸腾时打开夹套蒸汽，关闭直通蒸汽，保持药液处于微沸状态。如密闭提取，需给冷却水，使药液蒸发气体冷却后，返回提取罐内，保持循环和设定的温度（此时罐内压力不得超过××MPa，即罐内温度在95℃±2℃左右）。在提取过程中，每隔20～30min开启循环泵，每次5～10min，使药液强制循环流动，有利于提取有效成分和提高药液澄明度，从而形成动态提取新工艺。水提取采用罐组式逆流提取工艺，即每罐药材均经过三次提取。前一罐的提取液作为后一罐的溶媒，提取液浓度增高并将药材中有效成分提取得更完全。生产操作时第一罐提取液送入储罐，第二次提取液进入第二罐，第二罐提取液进入第三罐，依此类推，形成了逆流提取的过程送至浓缩。
4.2.1.5.2　取挥发油成分：先将含挥发油成分的药材按工艺要求的水量加入罐

中，启动油水分离器系统及冷却水，关闭旁通回流阀门，开启直通蒸汽阀门或夹套蒸汽，达到工艺要求之挥发温度时，关闭直通蒸汽，控制夹套蒸汽，保持药液在分离器内的高度，使之分层，得到所需挥发油。

4.2.1.6 操作结束。

4.2.1.6.1 开动出渣车至指定号位，准备接药渣。

4.2.1.6.2 可向提取罐加入适量冷水，使药渣冷却，待出渣车到位后缓慢开启提取罐出渣口进行排渣。（注意：除出渣车操作人员，其他任何人不得在出渣时进入出渣间）

4.2.1.6.3 清洗提取罐及加料门、出渣门密封条，清洗提取液过滤器，可将过滤器上盖卸开，提取网篮，清洗后复原，为下批投料作准备。

4.2.2 生产结束，认真填写生产记录，上交生产管理人员。

4.3 生产结束

4.3.1 生产操作人员将产成品流转到下道工序或暂存在中间站待用。

4.3.2 将生产过程中的废弃物整理收集到垃圾站。

4.3.3 将被污染的墙面、台面、地面、水池的污染物先清扫干净，然后用抹布、拖布等清洁用具擦至无异物即可。

4.3.4 将清洁用具在清洗间用水清理干净，放在清洗间自然干燥即可。

六、多功能中药提取罐的操作

（一）标准操作

1. 开机前准备

（1）检查设备清洁情况。

（2）检查水、汽供应情况。

（3）检查出渣门的搭钩是否灵活，汽缸下部小孔是否畅通。

（4）检查各处的紧固螺丝是否有松动，各路阀门开闭是否灵活。

（5）检查出渣门、加料口橡胶密封圈的完整，不允许有位移、破损。

（6）检查附件仪表是否灵敏完整。

（7）检查清场合格证，核对有效期，取下标识牌，挂生产标识牌于指定位置，按生产指令填写工作状态。

（8）试开机运行，提取罐运行无阻止现象，再重新启动。

2. 操作

（1）关闭出渣门并锁紧出渣门。

（2）根据生产指令及各原料相对应的投料量将经过前处理的原料投入提取罐内。

（3）加入溶剂（饮用水），溶剂加入量第一次为投料重量的×倍为宜，第二次×倍为宜，溶剂加入后关闭进料门。

（4）加热煎煮，打开蒸汽阀进行加热，第一次煎煮时间为溶剂沸腾后2小时，第二次为溶剂沸腾后×小时。

（5）提取完成后关闭蒸汽阀。将提取液放入地池，将药液打入贮罐之前，要认真检查贮罐各阀门开得是否正确，并打开所用贮罐的排空阀，然后在检查下料时是否有人，并将门窗打开，当压缩罐内的压力指到×MPa时方可按配电柜的按钮，开始放料。用料泵经过滤器过滤后将提取液通过管道送入贮罐。

（6）提取液放尽后开出渣门，排出药渣。

（7）药渣排尽后，喷淋饮用水将提取罐清洗干净。

（8）按清洁规程对多功能提取罐进行清洁。

（二）清洁消毒

1. 清洁消毒频度

（1）生产操作前、生产结束后清洁消毒1次。

（2）更换品种时必须彻底清洁消毒。

（3）设备维修后必须彻底清洁消毒。

2. 清洁工具

洁净布、橡胶手套、毛刷、清洁盆等。

3. 清洁方法

（1）生产操作前用毛刷、洁净布清洁炒药筒、烟筒、分汽管道等。

（2）生产结束后。

①先用饮用水对设备进行冲洗，清洗后的设备用白绸布擦拭干净，至无附着物，见本色，仪器、仪表用洁净布擦拭干净。

②设备停止使用期间要用清水冲净残渣余料。

③填写设备清洁记录，检查合格后，挂"已清洁"状态标识牌。

表7-15 多功能提取罐清洁规程（示例）

清洁范围	多功能提取罐、储罐	责任人		使用人员	
颁布部门	生产部	分发岗位		提取岗位	
项目	清 洁 操 作 要 求				
清洁实施条件及频次	换品种时，生产前后同一品种更换批号时，生产前后				
清洁地点	提取车间				
清洁用具	刷子				
清洁方法	1. 出渣后及时清洗 2. 打开进水管，启动循环泵，将罐体内部残留物冲洗干净 3. 专用拖布将将下盖残留物刷净 4. 用热水清洗储罐2~3次				
设备的干燥	原地自然干燥				
清洁效果的评价	罐内无药渣罐壁见本色、罐内流出的水清澈				
备注					

4. 清洗效果评价 多功能提取罐应表面洁净、无污点，微生物抽检合格。

（三）维护保养

1. 操作人员必须严格遵守《多能提取罐的标准操作规程》。

2. 指定专人对本机进行维护保养。

3. 设备停用期间投料及出渣门应放松，防止橡胶密封圈失去弹性。

4. 每周检查各汽缸如发现泄漏，及时更换有关密封圈。

5. 生产过程中如发生漏汽、漏液等异常情况应及时处理，不得带病操作。

6. 不能及时处理的应立即停止操作并及时向生产部及设备部汇报，正常后才能进行操作。

七、多能提取罐的维护要点

1. 轴承和密封圈应定期检查，如发现轴承缺油应注油，密封圈损坏则应及时更换。

2. 应随时观察疏水器的管道视镜，确保疏水质量。若提取所需加热时间变长，可能和疏水器不畅有关。可将疏水器旁通管打开一点，若蒸发能力恢复，说明是疏水器故障，应检修、清理。

3. 通过冷凝水管道视镜观察判断，提取正常工作时的蒸汽加热情况，判断疏水器的工作状态，及时进行生产维护。

八、提取设备生产过程常见的几种故障与解决措施

1. 出渣门密封泄漏、出渣门关不上、出渣门控制停气脱钩。

原因可能有：密封胶条老化、空气压力不够、管道连接处泄漏、出渣门使用变形等。

解决方法：更换胶条、保持公共系统的压缩空气压力在一定值以上、处理连接口、更换汽缸密封等。

2. 停汽后温度自然上升。阀门不严，需修理或更换阀门。

3. 出液不畅。出渣门滤网堵塞或者出液泵泄漏都可能会引起。

4. 热循环不畅。泵的配置不合理需换泵；出渣门底网堵塞，可用其他反吹；产生汽蚀，关闭底部加热。

5. 系统正常温度卜不去。蒸汽压力表不准，需检查蒸汽控制阀上的压力表；温度计不准需检查或者校验温度计；疏水器疏水不畅或损坏，需检查疏水器以及旁通排放管道。

九、连翘提取生产实训

1. 生产指令 提取批量：连翘每批提取量为××kg。由生产技术部按提取批量下达批生产指令一式四份，质量管理部部长审核、签字，生产厂长批准后执行。批生产指令生产技术部留存一份，其余三份分发至质量管理部一份，作为质量监控与检验依据；物料部一份，作为物料发放依据；生产车间一份，作为生产和物料领取依据。

2. 称量配料 生产车间核算员按照批生产指令填写领料单，交仓库保管员备料，并同领料员、车间质检员一起到仓库，按《称量配料岗位生产标准操作规程》进行称量配料、领料，并及时填写生产记录，与下一生产工序提取进行交接。

要点：重点核对物料名称、批号、数量、物料放行审核单、称量核对。

注意事项：

（1）提取用中药材应是净药材（净料），并根据工艺要求加工成不同规格的炮制品，以适应不同提取工艺需要。

（2）称量人核对净药材的名称、编号、炮制批号、规格、合格证等，确认无误后，按规定的称量方法和指令的定额量称量、记录。

（3）称量必须复核，复核人核对称量后药材的名称、数量，确认无误后记录。

（4）称量人、复核人均需在记录上签名，注明日期。

（5）生产中所需贵细药材、毒性药材、中药饮片，须按规定监控投料，并有记录、监控人签名。

（6）剩余药材应附有标志，注明名称、规格、数量、批号、日期等，包装完好，放备料室，并记录、签名。

3. 提取 按《提取岗位生产标准操作规程》进行操作。取连翘，投入提取罐中（注意投料要松紧均匀，便于煎煮），封盖，加水适量，浸润××分钟，浸润后视水量进行适量添加，按《提取罐使用与维保标准操作规程》进行生产操作。自沸腾起开始记录时间，提取 3 次，每次××小时，依法进行操作。分次滤过，合并滤液，滤液置贮液罐中，标明品名、规格、批号、重量（或体积）等，取上清夜。生产过程同步填写各种生产记录，产品与下一生产工序浓缩进行交接。

要点：①投料核对。②煎煮参数控制（温度、时间）。③提取罐的投料量控制（药材和水的总体积不宜超过提取罐体积的三分之二）。④固液分离效果（包括提取液药渣的含液量、提取液内含药渣量）。⑤标志管理：生产状态标志、清洁状态标志、设备状态标志、清场合格证等。

连翘提取生产记录

1. 生产前再确认

（1）在有效期内的清场合格证　　　　符合规定□

（2）设备完好证　　　　　　　　　　符合规定□

（3）生产标志牌已挂上　　　　　　　符合规定□

2. 配料

核对药材品名、数量与实物及生产指令是否相符，将准备好的药材运到提取间。

连翘提取生产记录（示例）

物料名称	指令投料量（kg）	皮重（kg）	净重（kg）	总量（kg）
连翘				
备注				

3. 煮提

第一次煮提：

将药材投入提取罐中，加入药材总量 10 倍量饮用水，浸泡 30min，加热提取 2 小时。加入饮用水的体积_____L。浸泡时间_____，煮沸时间_____，放液时间_____将药液滤过，打入储罐药液体积_____L。

第二次煮提：

再向提取罐加入 10 倍量饮用水，加热提取 2 小时。

加入饮用水的体积_____L。煮沸时间_____，放液时间_____将药液经滤过，打入储罐药液体积_____L。合并两次药液总体积_____L。

操作人：_____   复核人：_____

4. 设备

连翘生产设备记录表（示例）

名称	编号	运行情况
提 取 罐		

5. 清场

连翘生产清场记录表（示例）

清场内容	结果
地面、门窗、墙壁	□清洁　□未清洁
生产设备	□清洁　□未清洁
工具容器	□清洁　□未清洁
上次剩余原料	□无　□有
生产废弃物	□清洁　□未清洁
清洁用具	□清洁　□未清洁

备注：

清场人：_____   清场时间：_____

结　论：_____   QA：_____

项目二　中药提取液的浓缩、精制

任务一　中药提取液的浓缩

一、浓缩概述

浓缩是中药制剂原料成型前处理的重要操作单元。中药提取液经浓缩可制成一定规格的半成品，或进一步制成成品，或浓缩成过饱和溶液使结晶析出。用于中药生产的蒸发浓缩设备有升膜式、降膜式、外循环式、真空浓缩罐等。

图7-24　单效真空浓缩装置主要部件示意图

一般均根据浓缩比来选择上述设备。

薄膜蒸发器由于是料液一次通过，当浓缩比较大时，易致加热管结垢堵塞，多用于浓缩比较小的浸出液浓缩等。

真空外循环蒸发器对浸出液的蒸发效果较好，该设备紧凑，易清洗，不易结垢，浓缩比大，可浓缩到相对密度1.25，使用广泛。

采用外加热自然循环与负压蒸发方式，蒸发速度快，浓缩比大，有的密度可达

$1.4g/cm^3$，蒸发器内有特殊结构，使料液在无泡沫状态下浓缩，不易跑料。蒸发器易清洗，不易结垢。操作灵活，可单效、双效或三效操作。与一般蒸发器相比，三效蒸发器的节能效果显著。

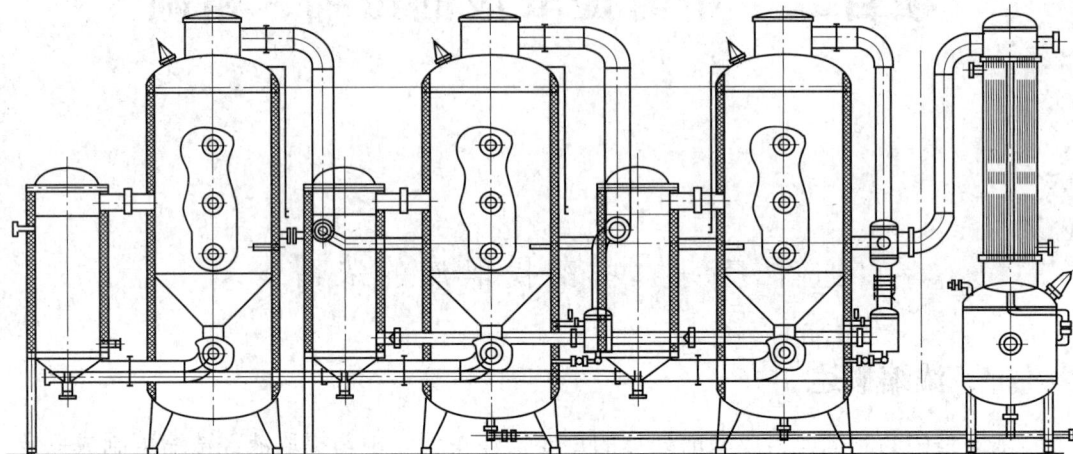

图 7-25　多效蒸发器

二、多效蒸发

多效蒸发流程是由多个蒸发器组合后的蒸发操作过程。多效蒸发时要求后效的操作压强和溶液的沸点均较前效低，引入前效的二次蒸汽作为后效的加热介质，即后效的加热室成为前效二次蒸汽的冷凝器，仅第一效需要消耗生蒸汽。一般多效蒸发的末效或后几效总是在真空下操作，由于各效（除末效外）二次蒸汽都作为下一效的加热蒸汽，故提高了生蒸汽的利用率，即经济性。需要强调的是蒸发量与传热量成正比，多效蒸发并没有提高蒸发量，而只是节约了加热蒸汽，其代价是设备投资增加。在相同的操作条件下，多效蒸发器的生产能力并不比传热面积与其中一个效相等的单效蒸发器的生产能力大。

三效浓缩器在一、二效分离器内隔板隔出顶部与内腔相通的蒸汽腔，蒸汽腔底部接直管与下一级加热器连接，为二次或三次蒸汽管。蒸汽从分离器顶部进入蒸汽腔，直接进入下一级加热器。因蒸汽腔的横截面比一般蒸汽管大得多，直管通入下一级加热器无折转，距离近，大大降低蒸汽阻力，增加流量，提高分离效率。且因蒸汽腔是位于分离器内，减少了引出蒸汽的热量损失。一效加热器的疏水管通入分离器的冷凝室，冷凝水从其下排出，避免了蒸汽损失，也解决了疏水器的噪声和污染。下联管前端的清洗手孔，便于清洗加热器底部边角的残留物。各分离器有独立进料口，便于观察和控制进料流量。三组加热器和分离器按扇形排列布置，缩短了设备总长度，便于操作。

根据给蒸发器加入原料的方式，可分为并流加料、逆流加料和平流加料三种蒸发流程。下面以三效为例分别介绍。

（一）并流蒸发流程

并流三效蒸发流程中，溶液和加热蒸汽的流向相同，都是从第一效开始按顺序流到第三效后结束。其中加热蒸汽分两种，第一效是生蒸汽，即由其他蒸汽发生器产生的蒸汽，第二效和第三效的蒸汽是二次蒸汽，第一效蒸发产生的蒸汽是第二效蒸发的加热蒸汽，第二效蒸发产生的二次蒸汽是第三效蒸发的加热蒸汽。原料液进入第一效浓缩后由底部排出，并依次进入第二效、第三效，在第二效和第三效被连续浓缩。完成液由第三效底部排出。

并流加料法的优点有：利用各效间的压力差输送料液；因前效温度和压力高于后效可以不设预热器；辅助设备少，流程紧凑，温度损失小；操作简便，工艺稳定，设备维修量少。其缺点是：后效温度降低后，溶液黏度逐效增大，降低了传热系数，需要更大的传热面积。

（二）逆流加料流程

在逆流加料流程中，料液与蒸汽走向相反。料液从末效加入蒸发浓缩后，用泵将浓缩液送入前一效直至末效，得到完成液；生蒸汽从第一效加入后经放热冷凝成液体，产生的二次蒸汽进入第二效，在对料液加热后冷凝成液体，第二效产生的二次蒸汽进入第三效对原料液加热，释放热量后冷凝成液体排出。

逆流加料流程中，因随浓缩液浓度增大而温度逐效升高，所以各效的黏度相差较小，传热系数大致相同；完成液排出温度较高，可在减压下进一步闪蒸浓缩。其缺点是：辅助设备多，需用泵输送原料液；因各效在低于沸点下进料，故必须设置预热器。能量消耗大也是其缺点。逆流加料流程主要应用于黏度较大的液体的浓缩。

（三）平流加料流程

在平流蒸发流程中，原料液分别加入到各效蒸发器中，完成液分别从各效引出，蒸汽流向是从第一效进生蒸汽，产生的二次蒸汽进入第二效并释放热量后冷凝成液体，第二效产生的二次蒸汽进入第三效，在第三效释放热量后冷凝成液体而排出。此法主要用于黏度大、易结晶的场合，也可以用于两种或两种以上不同液体的同时蒸发过程。

多效蒸发流程只在第一效使用了生蒸汽，故节约了生蒸汽的需要量，有效地利用了二次蒸气中的热量，降低了生产成本，提高了经济效益。在实际生产中，还可根据具体情况，将以上基本流程进行组合，设计出更适应生产需要的多效流程。

三、薄膜蒸发

刮板式薄膜蒸发器是利用高速旋转将液体分布成均匀薄膜而进行蒸发或蒸馏的一种高效蒸发、蒸馏设备，适合于浓缩高黏度的果汁、蜂蜜，或含有悬浮颗粒的料液，也可进行脱臭、脱泡反应及加热、冷却等单元操作，又广泛应用于中西制药、食品、轻工、石油、化工、环保等行业。

在浓缩过程中液层很薄，溶液沸点升高可忽略，料液在加热区域停留时间，随浓缩器的高度（长度）和刮板的导向角、转速等因素而变化，一般在 2s～45s 左右。

加热室是一夹套圆体，它根据工艺要求与加工条件而进行设计。当浓缩比较大时，可增加加热室长度，分成几段加热区，采用不同压力加热蒸汽来加热，这有利于保证产品质量。

加热室圆筒体内表面，必须经过精加工。保证刮板与加热面之间的最小隙在 $1.5 \pm 0.3 mm$ 左右。

图 7 - 26 薄膜浓缩

（一）薄膜蒸发器结构

刮板式薄膜蒸发器由转轴、料液分配盘、刮板、轴承、轴封、蒸发室和夹套加热室等所组成，一般有立式、卧式两种类型。

立式刮板薄膜浓缩器，它的料液从上部和进料管以稳定流量进入，先经由转轴带动旋转的分配盘，在离心力作用下，被抛向夹套加热室的内壁。这时料液受重力作用，沿着器壁向下流动，在此同时，装在转轴上的刮板，把料液刮成薄膜，这样料液受加热面的加热而蒸发。由于料液部在重力及离心的作用下不断更新液膜，最后流集于底部。在浓缩过程所产生的二次蒸汽，可与浓缩液并流方向进入汽液分离器，分离排除，或者以逆流方向上长升到浓缩器顶部，经旋转的带孔叶板，把夹带的液沫分离，从顶部排出，进入冷凝器。

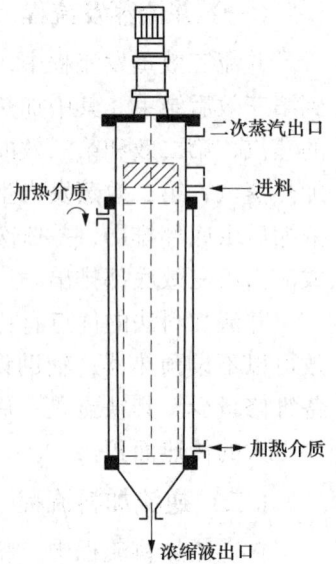

（二）薄膜蒸发器性能

刮板式薄膜蒸发器设备采用离心式滑动沟槽转子，是目前国外最新结构蒸发器，在流量很小的情况下也能形成薄膜，在筒体蒸发段内壁表面附着处理液中的淤积物可被活动刮板迅速移去。和固定间隙的刮板蒸发器相比，蒸发量可提高 $40\% \sim 69\%$ ，它具有下列性能与特点：

1. 传热系数值高，蒸发能力大，蒸发强度可达到 $200kg/m^2 \cdot h$ ，热效率高。

2. 物料加热时间短，约 $5s \sim 10s$ 之间，且在真空条件下工作，对热敏性物料更为有利，保持各种成分不产生任何分解，保证产品质量。

3. 适应黏度变化范围广，高低黏度物均可以处理，物料黏度可高达 10 万厘泊（CP）。

4. 改变刮板沟槽旋转方向，可以调节物料在蒸发器的打理时间。

5. 蒸发段筒体内壁经过精密镗削并抛光处理，表面不易产生结焦、结垢。

6. 操作方便，产品指标调节容易，在密闭条件下，可以自控进行连续性生产。

7. 设备占地面积小，结构简单，维修方便，清洗容易。

四、真空浓缩系统的运行

（一）真空浓缩岗位职责

1. 严格执行《浓缩岗位操作法》、《浓缩设备岗位操作规程》。

2. 负责浓缩所用设备的安全使用及日常保养，避免发生生产事故。

3. 严格执行生产指令，保证浓缩所用的药液名称、数量、规格、质量无误，浓缩质量达到内控标准。

4. 自觉执行工艺纪律，确保本岗位不发生混药、错药或对药品造成污染。发现偏差及时汇报。

5. 如实填写各种生产记录，对所填写的原始记录、盛装单无误负责。

6. 搞好本岗位的清场工作。

（二）真空浓缩岗位操作法

1. 生产前准备

（1）操作人员按一般生产区人员进入标准程序进行更衣，进入操作间。

（2）检查工作场所、设备、工具、容器具是否具有清场合格标识，并核对其有效期，否则，按清场程序进行清场。请 QA 检查员检查合格后，将清场合格证附于本批生产记录内，进入下一步操作。

（3）根据浓缩要求选用适当的设备，并检查设备是否具有"完好"标识卡及"已清洁"标识。检查设备是否正常，若有一般故障自己排除，自己不能排除的则通知维修人员，正常后方可运行。

（4）对计量器具进行检查，正常后进行下一步操作。

（5）根据生产指令填写领料单，向仓库领取需要浓缩的药液，摆放在设备旁。并核对待浓缩的品名、批号、规格、数量、质量无误后，进行下一步操作。

（6）按《真空浓缩罐清洁标准操作规程》对设备及所需容器、工具进行消毒。

（7）挂本次运行状态标识，进入操作状态。

2. 操作

（1）根据药材的性质及炮制要求选用适当的设备，按设备安全操作程序进行操作。

（2）操作人员按规定穿戴本岗位工作服，直接接触药品者用消毒剂对手部消毒。

（3）操作人员按工作任务要求先检查设备运行状态，生产品种的名称、数量、比重等具体工作内容。

（4）操作完毕，将浓缩好的药液装入洁净的盛装容器内，容器内、外贴上标签，注明物料品名、规格、批号、数量、日期和操作者的姓名，交中间站或下一工序。填写请验单请验。

（5）有异常情况，应及时报告技术人员，并协商解决。

3. 清场

（1）按清场程序和设备清洁规程清理工作现场、工具、容器具、设备，并请质量检查员检查，合格后发给清场合格证。

（2）撤掉运行状态标识，挂清场合格标识。

（3）连续生产同一品种中的暂停要将设备清理干净。

（4）换品种或停产两天以上时，要按清洁程序清理现场。

4. 结束

（1）及时填写批生产记录、设备运行记录、交接班记录等。

（2）关好水、电、气开关及门，按进入程序的相反程序退出。按工艺要求检测半成品，合格的半成品盛放于规定的清洁容器中。

（三）真空浓缩罐操作

1. 安全操作

（1）操作人员应了解设备的结构、性能。

（2）坚持在岗巡视，及时排除跑冒滴漏等故障。

（3）罐内药液不得超过罐体的2/3，以免汽液分离器失效。

（4）操作中控制蒸汽、冷却水的进量，真空度在××MPa以上。回收酒精的温度小于40℃，药液温度控制在60℃左右，以免大量酒精蒸汽进入真空缓冲罐而造成真空泵的损坏。

（5）浓缩罐罐体及连接管路表面温度较高，注意不要烫伤。

（6）设备运行中出现异常情况时，立即关闭蒸汽节门、真空节门，放尽罐内药液后进行检查。

（7）工房内严禁明火，要保持通风。

2. 生产操作

（1）确认设备状态完好、清洁。

（2）关闭罐下口进药节门、放空节门及罐盖。

（3）打开真空节门，待真空上升至××MPa以上时，打开进药节门。

（4）控制药液在罐体2/3处以下，关闭进药节门，真空度控制在××MPa以上。

（5）打开冷却水节门、蒸汽进汽节门、回水节门进行浓缩（除酒）。

（6）控制蒸汽、冷却水的进出量。

（7）待药液浓缩至一定的体积后，关闭蒸汽节门、真空节门、冷却水节门，打开放空节门，待罐内为常压时，打开罐下口放药。

（8）除酒时，当罐内泡沫发生变化后，可抽入少量纯化水继续回收酒精至尽。

（9）操作完毕后，进行设备清洁。

五、连翘提取液浓缩生产过程实训

按照《浓缩岗位生产标准操作规程》进行操作。将煎煮液置×效真空浓缩罐中，按《真空浓缩罐使用与维保标准操作规程》（参见"真空浓缩罐操作"）进行生产操作，煎煮液随时添加，直至全部加入为止，浓缩至相对密度为1.10～1.20的清膏，放冷即可。浓缩结束后，将浸膏放入洁净带盖的不锈钢容器内，同步填写生产记录，产品与下一道生产工序精制进行交接。

要点：①参数控制（温度、真空度）；②浸膏量的控制；③浸膏收膏与转运时防止污染；④标志管理：生产状态标志、清洁状态标志、设备状态标志、清场合格证等。

浓缩岗位生产标准操作规程（示例）

文件标题	浓缩岗位生产标准操作规程			文件编号	××××	共 页
起草人		日期	年 月 日	起草部门	×××	
审核人		日期	年 月 日	分发部门	×××	
批准人		日期	年 月 日	执行日期	年 月 日	

1. 目的 建立浓缩岗位的标准操作规程，用以规范浓缩岗位的操作。

2. 范围 提取液浓缩。

3. 职责 工艺员、浓缩操作人员。

4. 内容

4.1 生产前准备

4.1.1 生产车间管理人员按照生产计划，组织安排生产操作人员准备生产。

4.1.2 工艺员根据产品计划投料量及工艺参数签发生产指令；计算物料数量。

4.1.3 浓缩岗操作人员穿戴好工作服、帽、鞋进入车间准备生产。

4.1.4 接收上工序流转物料，双方核实数量，提取岗操作人员确认物料数量，接收物料。

4.2 标准操作过程

4.2.1 调试准备

4.2.1.1 操作人员须认真检查设备各阀门的开关情况是否符合工艺要求。

4.2.1.3 检查浓缩泵运转是否灵活、是否需加注润滑油。

4.2.1.4 检查所有密封部分有无损坏，密封部位是否清洁。

4.2.1.5 检查水力喷射器是否正常。

4.2.2 操作过程（工艺参数详见生产指令）。

4.2.2.1 先开启水力喷射器，开闭有关阀门，使一、二、三效的真空表压接近到0.04MPa，开启一效的进料阀门，关闭二、三效阀门，使物料先进一效，当料液上升到蒸发室下视镜中心线时，停止进料，然后依次为二、三效进料，打开蒸汽阀门，保持压力0.09MPa，同时打开冷却水阀门，对蒸发气体进行冷却，即进入蒸发浓缩的正常工作状态。

正常浓缩时负压与温度关系见表7-16。

表7-16 正常浓缩时负压与温度的关系

	温度/℃	真空度/Mpa
一效	80	0.04
二效	70	0.06
三效	60	0.08

4.2.2.2 根据各效的蒸发速度，可间断进料，补充至原来的位置。

4.2.2.3 排水：当二效受水器、冷凝水升至视镜的1/2处时，关闭联通阀门，破坏真空，打开排气阀，排水后复原。

4.2.2.4 当三效受水器冷凝水上升至视镜的1/2处时，关闭汽液分离器上联通阀门，破坏真空，打开排气阀，排水后复原。

4.2.2.5 冷却水排水：当冷却水受水器上升至视镜的1/2处时，关闭联通阀门，破坏真空，打开排气阀，排水后复原。

4.2.2.6 收膏：由于一效蒸发温度高，浓缩速度快，料液比重大，出膏方便，将

二、三效的浓缩液由一效浓缩，首先要关闭蒸汽，提高一效真空度，并通过有关阀门控制其真空度。再破坏二效或三效真空度，开启相关物料阀门，使二效或三效浓缩液转入一效，然后补入新料。若无料则必须加水，不得空罐操作。当物料达到一定浓度时，关闭真空泵，破坏真空后，可经放料口放料。

4.2.3 操作结束。

生产结束及换品种时，须清洗设备及输液管道。具体方法：向设备内注入10%烧碱溶液煮沸半小时后刷洗设备内部即可。

4.2.4 操作维护注意事项

4.2.4.1 水力喷射器关机前，须破坏机组真空，以防回水，保护水泵电机，延长其使用寿命。

4.2.4.2 同种产品生产时，一效加热室的蒸汽压力保持在0.09MPa左右为正常，若蒸汽压力有显著升高时，说明收膏后膏料附在加热管壁上，形成药垢，直接影响设备传热，此时须打开一效加热室上盖，用圆形钢刷刷除药垢后即可恢复正常生产。

4.2.4.3 生产完毕进行清场工作。

4.2.5 操作结束，填写生产记录，上交生产管理人员。

4.3 生产结束

4.3.1 生产操作人员将产成品流转到下道工序或暂存在中间站待用。

4.3.2 将生产过程中的废弃物整理收集到垃圾站。

4.3.3 将被污染的墙面、台面、地面、水池的污染物先清扫干净，然后用抹布、拖布等清洁用具擦至无异物即可。

4.3.4 将清洁用具在清洗间用水清理干净，放在清洁间自然干燥即可。

4.3.5 关闭电源，闭锁或接续下个批次、品种的生产。

表7-17 浓缩岗位生产记录（示例）

编码：

产品名称		产品批号		规格		理论产量		生产日期	
检查项目	生产前检查		检查项目		生产前检查			操作人	
	结果				结果				
清场合格证	有/无		设备计量器具是否完好		是/否				
地面墙壁门窗是否清洁	是/否		定置管理是否符合规定		是/否				
设备工作台是否清洗	是/否		水电汽是否存在安全隐患		是/否				
容器工具是否清洗	是/否		挂"生产状态"标志		是/否				
待浓缩液名称			批号			数量			

续表

| 主要操作记录 | 1. 开启真空泵，打开药液阀门，将药液抽入双效真空浓缩器内。
2. 开启蒸汽阀门，一效：温度_____℃，真空度_____MPa；二效：温度_____℃，真空度_____MPa；开始浓缩时间_____，结束时间_____。
3. 分次从取样孔抽检相对密度，当相对密度约为_____（_____℃），结束浓缩，抽入醇沉罐，收取流浸膏_____kg。
附：抽检频率表 |

频序	1	2	3	4	5	6	7	8	9	10
相对密度										

4. 按工艺要求清洗容器、设备及清场。
5. 设备、容器、物料挂相关状态标志。

操作人：　　　　　复核人：　　　　　质量管理员：

清场检查项目	生产后清场检查 结果	清场检查项目	生产后清场检查 结果
取下本批"生产状态"标志	是/否	无本批遗留产品	是/否
容器、设备工作台是否清洗	是/否	定置管理是否符合规定	是/否
地面、墙壁是否清洁	是/否	挂"已清洁"状态标志	是/否

清洁剂：　　　　　消毒剂：

操作人：　　　　　复核人：　　　　　质量管理员：

流浸膏总量	kg	移交人		接收人		日期	

本批生产情况说明

任务二　中药提取液的精制

一、醇沉

（一）水提醇沉工艺

1. 水提醇沉法和醇提水沉法　水提醇沉法系指处方中药材加水煎煮，既提取出有效成分，如生物碱盐、苷类、有机酸类、氨基酸、多糖类等；同时也提出一些水溶性杂质，如淀粉、蛋白质、黏液质、鞣质、色素、无机盐等。若往水煎液中加入适量乙醇，可以改变其溶解性能而将杂质部分或全部除去。当乙醇浓度达到 60% ~ 70% 时，除鞣质、树脂等外，其他杂质已基本上沉淀而除去。如果分 2 ~ 3 次加入乙醇，浓度又逐步提高，最终达到75%～80%，则除去杂质的效果更好。

在水提醇沉法相应发展的技术中，以醇为溶剂提取饮片中有效成分，再用水除去其水溶杂质的方法，称为醇提水沉法。

醇提水沉法系指将中药原料用一定浓度的乙醇用渗漉法、回流法提取，即可提取出生物碱及其盐、苷类、挥发油及有机酸类等；虽然多糖类、蛋白质、淀粉等无效成分不易溶出，但树脂、油脂、色素等杂质却仍可提出。为此，醇提取液经回收乙醇后，再加水处理，并冷藏一定时间，可使杂质沉淀而除去。40%～50%的乙醇可提取强心苷、鞣质、蒽醌及其苷、苦味质等；60%～70%乙醇可提取苷类；更高浓度乙醇则可用于生物碱、挥发油、树脂和叶绿素的提取。

2. 水提醇沉法的特点 水提醇沉法是一种经典常用的精制方法。该方法的基本步骤是在待制中药的水提液或浓缩液中，加入1～4倍的酒精后静置沉降以除去溶液中的醇不溶物，再回收酒精并加水稀释至规定浓度。该方法的基本原理是利用中药的部分有效成分既溶于醇又溶于水的性质，采用醇水液沉淀部分不溶于乙醇的所谓无效组分如多糖、蛋白质等，达到精制成品、提高制剂成品质量的目的。水提醇沉法操作简单，而且通过向水提浓缩液中加入乙醇能使多糖等呈絮状沉淀析出。

目前有相当比例的中药制备采用了水提醇沉工艺，有的机构、药厂甚至把水提醇沉法视为中药提取工艺的"既定通则"。水提醇沉与醇提水沉的应用丰富和发展了中药制药工艺，其特点如下。

（1）传统中药均用水煎，大多用水作溶剂，性价比高、极性大、溶解范围广。因此，水提符合中医用药特点且能够提取中药的有效成分。

（2）醇沉是以乙醇沉淀去除提取液中无效和辅助成分的方法。它去除无效和辅助成分，减少药量，达到精制、方便制剂的目的。

（3）乙醇沸点适中（78℃），可回收后反复使用，并且经过乙醇处理的物料不易发霉变质。

（4）水提醇沉法对于一些有效成分不是很清楚、作用机制不明确的中药复方，可以作为一种简单适用的提取方法。

水提醇沉法是提取中药材的常规方法，然而在长期的应用中，也发现存在不少问题：

（1）水提醇沉是从原料中提取有效成分。首先要将有效成分从原料中提取出来，然后再将提取时带入的杂质分离出去，否则最后所得的提取物所含的有效成分、无效成分皆少，药用价值不高。然而，水提时不可能将全方中的各药的有效成分完全提取出来。

（2）用醇沉除杂，常常影响药效。究其原因主要有二：一方面是一些有效成分如多糖、氨基酸等不溶于醇而被除去；另一方面，生物碱、苷、黄酮之类醇溶性成分本来提取不完全，除杂时又受加醇操作的影响而不同程度地被裹附，致使含量明显降低。另外口服固体制剂也不用水提醇沉法。因为醇沉时将多糖等除去，醇液回收乙醇浓缩后又加数倍量的淀粉、糊精等辅料方能成型，这样既浪费了资源，又大大提高了成本。

（3）生产成本高。由于在醇沉中大量使用酒精，其回收损失至少在30%以上，且耗能耗物，必须购置专门设备，也大大增加了生产成本。

（4）成品稳定差。由于醇沉工艺会除去药液中的亲水胶体如多糖等，因此，口服液等成品中的疏水胶体缺乏亲水胶体的"保护"，成品在贮存过程中极易产生沉淀。

（5）生产周期长。一般生产周期都在4~5天以上。

3. 影响醇沉工艺的因素

（1）初膏浓度及温度　一般中药提取都要将药材水煎液浓缩到一定浓度的初膏，然后再进行醇沉精制，其目的是为了保证醇沉时可以把杂质尽量除去，同时减少有效成分损失以及乙醇的消耗量。初膏浓度高，药液黏稠度会较大，乙醇与药液就难以充分接触混匀，所产生的沉淀容易包裹药液，会造成有效成分损失；初膏浓度低，药液量就会较大，需耗费大量乙醇来进行精制。因此，选择适宜的初膏浓度对水提醇沉工艺非常重要。实验研究和文献数据分析表明，初膏浓度并非决定醇沉工艺分离化的关键性因素，但它决定最少的乙醇用量。

（2）乙醇用量及乙醇浓度　通常当含醇量为50%~60%时可除去淀粉等杂质；含醇量达60%时，无机盐开始沉淀；含醇量达75%以上时，可除去蛋白质等杂质，当含醇量达80%时，几乎可除去全部淀粉、多糖、蛋白质、无机盐类杂质，但是鞣质、水溶性色素、树脂等不易除去。醇沉液中含醇量的高低与药物有效成分的溶解有着密切的关系，随着醇沉液含醇量的沉淀加快，通常醇沉液的含醇量在60%~75%之间。醇沉的含醇量如在70%~75%之间，一般宜用90%左右的乙醇，此时所耗乙醇体积较少，与用95%浓度的乙醇相比，回收蒸馏要容易得多，乙醇单耗和能源消耗亦低；若醇沉液含醇量低，则所用乙醇浓度亦可相应低些。有实验表明，醇沉精制过程中当乙醇总量低于某一临界乙醇总量时，醇溶物的量随乙醇用量增加而增加；高于临界乙醇总量时，增加趋势减缓直至不再增加。

（3）醇沉温度与时间　醇沉时间与温度有直接的关系。醇沉温度低，沉淀物析出与沉降的速度加快，所需的静置时间短，反之则长。

加醇时药液温度不能过高，主要是为了防止乙醇挥发损耗。一般人工降温或者等含醇药液慢慢降至室温时，再移至冷库中，于5℃~10℃下静置24~48h，若含醇药液降温太快，微粒碰撞机会减少，沉淀颗粒较细，难于过滤。静置时间过长是导致操作周期过长的主要原因。

（4）加醇方式　在中药生产过程的醇沉工艺中，主要是将乙醇一边搅拌一边加入常温或低温浸膏中，进行沉析，醇沉初始就加入大量高浓度乙醇，倘若搅拌不匀，乙醇未能均匀分散，会造成局部含醇量过高，淀粉、蛋白质类迅速沉析并包裹浓缩液。随着乙醇的增加，包裹层质地越来越致密而难以分散，势必影响醇沉效果。

分次醇沉或以浓度梯度递增方式加入乙醇，有利于除去杂质，以减少有效成分的损失。

但此时醇沉操作较为麻烦，乙醇用量也大。有时，为了减少乙醇耗量，降低生产成本，将水煎提取液浓缩至规定比重后先放置沉淀桶内沉淀24h，弃去沉淀物，再加入乙醇进行沉淀。

（5）搅拌速度　搅拌在醇沉过程中的作用与在其他工艺过程中的作用相似，有利于提高药液与乙醇的接触面积，提高药液与乙醇的均一性。

一般情况下，随着醇含量的增加，沉析速度加快，沉析完全，当醇含量达到80%时，几乎可除去全部蛋白质、多糖和无机盐类杂质。但是随着醇沉浓度的升高，有效成分易被沉淀物包裹而造成损失。因此，醇沉时应提高搅拌速度，缓缓加入乙醇，以避免药液中局部乙醇浓度过高造成有效成分被沉淀物包裹所造成的损失。

在醇沉工艺中，搅拌速度应有一适宜的范围。搅拌速度过快则能耗增大，噪音增强，且对设备材质的要求有所提高。此外，过快的搅拌速度会使生成的沉淀颗粒过小，难于过滤；搅拌速度过慢，药液中局部乙醇浓度过高，造成沉析物包裹有效成分，造成有效成分的损失，同时也会造成沉淀物粘连，难以过滤分离。因此，在醇沉时应根据物系的特征，选择适宜的搅拌速度以及乙醇的加入速度。

（6）原药材的影响　原药材的性状及初步处理过程对所用乙醇的浓度及醇沉效果都有一定的影响。当药材中的糖分及黏液质较多，浓缩后的浸膏黏性会比较大，此时选用的醇沉浓度应稍高；原药材粉性较强，醇沉使用的乙醇浓度一般以80%～90%为宜。

4. 目前醇沉工艺存在的缺点

（1）醇沉过程操作周期长。目前影响醇沉操作周期的因素主要有两个：一是，水提液一般要冷至室温或更低温度才能加入乙醇；二是，醇沉后一般都要静置24～48h才能抽取上清液。有的药材品种一次醇沉杂质沉淀不完全，特别是容易发生包裹浓缩液现象的品种，需要进行多次醇沉操作。醇沉次数的增加，乙醇的用量、单耗、耗能相应增多。

（2）排渣困难。醇沉后大量沉淀物因静置后聚集于罐底，造成醇沉罐排渣困难。抽取上清液后，沉淀物有时需要加入热水融化才能排出，而且有些沉淀物是黏稠的糊状物要经挤压处理后才能排出，费时费工。有的厂家针对排渣问题对醇沉罐加了后续固液分离装置，将沉淀物用机械方法破碎再行排出。

（3）上清液抽取过程困难。通常沉淀罐都装有手动摇杆，以控制沉淀罐罐内抽取上清液管道水平面的高低，但在实际操作中，要看清罐内液面情况是十分困难的。此外，沉淀物堆积于罐底不会呈理想的水平面，所以抽取上清液往往会不完全，从而导致乙醇的损耗和有效成分的损失。

（4）乙醇耗量大。醇沉次数的增加，沉淀物的聚集以及上清液抽取不完全等都会造成乙醇用量的增加。

（5）有效成分损失严重。由于醇沉时大量沉淀物的出现，可吸附、包裹部分有效成分而造成损失。

（6）成品稳定性差。一方面，醇沉时有效成分的损失，使药品质量难以稳定；另一方面，醇处理的液体制剂在保存过程中易产生沉淀和黏壁现象。

5. 醇沉罐　目前国内中药生产厂家使用的醇沉设备为带有夹套的筒体、椭圆、封头、锥形底的圆筒体及特殊的微调旋转出液管组成。

锥形底锥角为60°～90°，醇沉后杂质沉淀于锥底，清液通过管道吸出。罐底安装球阀（浆状或悬浮状沉淀物排渣）或气动出渣口（渣状沉淀物排渣）。沉析罐的搅拌，一般都为固定转速，无法根据物系的特征进行转速的调节。操作时，开启搅拌，加入乙醇，由于乙醇直接通过管道加入。因此使得药液中乙醇局部浓度过大，容易包裹浓缩液产生块状沉淀物。

目前使用的醇沉罐搅拌效果一般较差，不利于乙醇在药液中的分散与混合，既造成有效成分损失又产生块状沉淀物，不利于排渣。因此，醇沉后必须要经过长时间的静置分层，以分离药液与沉淀物。

静置沉淀完成后，开启上清液出料阀，将上清液抽出，利用转动手轮微调罐内出液管的角度，通过醇沉罐视镜与上清液出液管上的玻璃视管观察出液情况。但在实际操作中罐内液面往往很难观察清楚，而且所形成的沉淀物表面往往不是理想的平面，因此，很难将沉淀后的上清液抽取完全，尤其是形成絮状沉淀物时更难操作，往往会造成有效成分的损失和乙醇的损耗。同时，长

图 7 - 27　醇沉罐

时间静置沉淀之后，所形成的沉淀物往往板结成块，很难通过常规的方法排放，尤其是处理黏性较大的沉淀物时更难排出罐体。

（二）醇沉岗位生产管理要点

1. 滤液浓缩至 1∶1～1∶2 之间为宜。

2. 醇沉时应采用分次醇沉或以梯度递增的方式逐渐提高乙醇浓度，边加边搅拌，有利于除去杂质，并减少杂质将有效成分包裹而被一起沉淀的损失。

3. 为防止有效成分的损失，所得滤液必须除尽乙醇，再经过必要精制后方可供配制剂型用。

4. 如果药液中含有较多的鞣质类成分时，可少量分次加入 2%～5% 明胶溶液，边加边搅拌，使明胶与鞣质结合产生沉淀，冷藏后滤出，滤液再用乙醇处理以除去多余明胶。

5. 传统醇沉法，在加醇时，药液温度不能太高，加至所需含醇量后密闭，以防挥发，5℃～7℃冷藏 12～24h。

（三）醇沉岗位的操作

1. 生产前准备工作

（1）检查是否具有前批"清场合格证"，并附于本批生产记录内。

（2）检查设备是否具有"合格"标识卡及"已清洁"标识。

（3）准备盛装容器及工具等。

2. 醇沉

（1）根据生产工艺规程的要求，浓缩液自然醇沉或自然冷却至室温后加乙醇。加入溶媒时必须由两人操作，一人加入，一人复核。

（2）醇沉加入溶媒时应边加边搅拌，使之充分混匀，盖好缸盖，贴上状态标志，注明品名、批号、数量等，移交下一工序。

（3）严格按照生产工艺规程要求，保持足够的醇沉时间，充分提取有效药用成分。

3. 清场情况

（1）设备按清洁规程进行清洁。

（2）清除地面遗留物、水迹和污迹。

（3）清场后的废弃物按规定及时处理，清场用的工具按规定存放在指定位置。

（4）工作间按提取、浓缩间清洁规程进行清洁。

（5）清场完毕，填写清场记录，并请 QA 检查员检查，确认合格后，在批生产记录上签字，并发放"清场合格证"

4. 及时做好醇沉工序原始记录及清场记录

5. 异常情况处理：

设备不能正常运转，影响正常生产或影响包装质量时，应填写《偏差及异常情况报告》交车间主任并通知 QA，请设备维修人员进行修理。醇沉完以后的上清液要回收乙醇，按《乙醇回收岗位标准操作规程》操作，并填写生产记录表（表7-18 和表7-19）。

表7-18 生产过程偏差通知单（示例）

品名		批号		规格		批量		工序	
偏差内容		发生过程及原因		发生地点					
填表人：		日期：			负责人：		日期：		

表7-19 生产过程偏差处理记录表（示例）

品名		规格		批号	
生产过程偏差通知单编号					

偏差描述：

签名：
日期：

调查结果：

车间负责人：
质监员：
日期：

处理意见：

车间负责人：
质监员：
日期：

处理过程以书面报告形式附后。

乙醇回收岗位标准操作规程（示例）

文件标题			乙醇回收岗位操作规程			文件编	××××	共 页
起草人		日期	年 月 日	起草部门	×××			
审核人		日期	年 月 日	分发部门	×××			
批准人		日期	年 月 日	执行日期	年 月 日			

1. 目的　建立乙醇回收岗位标准操作规程。

2. 范围　乙醇回收岗位。

3. 责任人　乙醇回收岗位人员。

4. 内容

4.1　操作步骤。

4.1.1　准备过程。

4.1.1.1　检查全部水、汽、电路防止接错及泄漏。

4.1.1.2　检查各处的紧固螺丝是否松动，各路阀门开闭是否灵活。

4.1.1.3　检查附件仪表是否灵敏完好。

4.1.1.4　检查工房、设备的清洁状况。

4.1.1.5　检查清场合格证，核对有效期，取下标识牌，挂生产标识牌于指定位置，按生产指令填写工作状态。

4.1.2　操作过程。

4.1.2.1　将醇提上清液抽入乙醇回收罐中，加到视镜位的1/3为宜。

4.1.2.2　开启蒸汽阀进行加热，同时开大上水阀，使上水玻璃转子流量计工作，其水压仪表指针达到 MPa 以上，蒸汽压力控制在 MPa。

4.1.2.3　在液面下降后，开启进料泵，控制进料阀门，将液面稳定在外加热器出料管管口下缘（保持进料量与乙醇蒸发量之间的平衡），连续进料至料液抽完。经玻璃转子流量计的阀门调节流量。

4.1.3　结束过程。

4.1.3.1　乙醇度蒸发在96°左右时，关闭蒸汽阀后，再把合格乙醇打入乙醇贮罐内。

4.1.3.2　打入饮用水将回收塔清洗干净。

4.1.3.3　按清场SOP进行清场。

4.1.3.4　及时做好各项生产记录，并在设备上挂好设备状态标志。

4.2.操作标准

操作标准（示例）

项　目	标　准
蒸汽压力	0.3~0.5MPa
水压	0.2MPa 以上
乙醇度	95°以上
蒸馏釜内压力	0.02MPa 以下
稀液温度	101—102℃

4.3 操作过程的控制与复核

根据操作标准中各项标准要求对乙醇回收整个过程进行控制，并利用贮罐中回收量（乙醇数量），对投料量、蒸发操作时间等项目进行复核，如有异常，应及时复查。

4.4 操作过程的安全注意事项和劳动保护

4.4.1 安全注意事项。

4.4.1.1 本乙醇回收罐无压容器，如乙醇回收罐内压力大于 0.03MPa 时，需立即关闭蒸汽阀，找出原因（冲洗排除后有否堵塞），才可继续工作。

4.4.1.2 交接班时要注意各阀门开关、仪表指示是否正常，严防缺水。

4.4.1.3 严格控制调节蒸汽压力和进料量，使乙醇回收罐内保持 101℃～102℃。

4.4.2 劳动保护。

4.4.2.1 乙醇回收岗位，应注意操作间室温不可过高，应有良好的通风、除湿措施。

4.4.2.2 操作区内应配备消防器材。

4.4.2.3 严禁穿钉子鞋进入操作室，禁止铁器碰撞，严禁吸烟、使用明火。

4.4.2.4 带压管路、安全阀要进行定期检查与试压，确保设备正常。

4.4.2.5 压力表、水压表、真空表、温度表应完好、可靠。

4.5 异常情况处理和报告 生产过程中如发生漏汽、漏乙醇等异常情况应及时处理，不得带病操作，不能及时处理的应立即停止操作并及时向生产部及设备部汇报，正常后才能进行操作。

4.6 设备清洗、维修和保养

4.6.1 设备的清洗，用饮用水对设备进行冲洗，清洗后的设备应干净，无附着物，见本色，仪器、仪表用擦布擦拭干净。

4.6.2 设备维修。如设备发生故障，应及时通知设备部安排维修。

4.6.3 设备保养。

4.6.3.1 设备停止使用期间要用清水冲洗干净。

4.6.3.2 定期检修和检查设备的各部位螺丝是否有松动和蒸汽阀、蒸汽压力表、水压表、真空表等是否正常。

4.7 工艺卫生和环境卫生

4.7.1 工艺卫生。

4.7.1.1 物流程序：醇沉上清液浓缩回收。

4.7.1.2 物净程序：浓缩回收机组岗（过管道）操作区。

4.7.1.3 空气要求：应有良好通风、除湿设施。

4.7.1.4 工作服标准：一般生产区工作服应进行常规清洗，每周不低于 2 次，保持工作衣服的干净、整洁。

4.7.1.5 人净标准：一般生产区操作人员应按要求进行清洁。

4.7.2 环境卫生。

一般生产区设备及环境应保持清洁卫生，地面无积料、积水和垃圾。

（四）连翘提取液精制生产实训

1. 精制 按《醇沉岗位生产标准操作规程》进行操作。取连翘清膏置醇沉罐中，加入 4 倍量乙醇，搅拌，静置 2 小时使之沉淀，取上清液滤过，置贮液罐中，标明品名、规格、批号、重量（或体积）等，生产操作过程同步填写各种生产记录。产品与下一生产工序"乙醇回收浓缩"进行交接。

要点：①参数控制（pH 值、醇度等）；②标志管理：生产状态标志、清洁状态标志、设备状态标志、清场合格证等。

2. 乙醇回收、浓缩 按《乙醇回收岗位生产标准操作规程》进行操作。取上述乙醇液，加入到××型提取罐或球型浓缩罐中，密封，按《××型提取罐使用与维保标准操作规程》或《球型浓缩罐使用与维保标准操作规程》进行乙醇回收生产。依法进行操作，边回收边添加乙醇液，直至全部添加完毕。至醇度达到 15% 时，停止回收乙醇，继续操作转浓缩阶段。浓缩至相对密度为 1.20 的浸膏即可。浓缩结束后，将连翘浸膏放入洁净带盖的不锈钢容器内，密封，标明品名、规格、批号、重量等，生产过程同步填写各种生产记录，产品与低温喷雾干燥岗位进行交接。

要点：①乙醇回收参数控制（温度、真空度）；②乙醇浓度、浸膏量；③标志管理：生产状态标志、清洁状态标志、设备状态标志、清场合格证等。

醇沉岗位标准操作规程（示例）

文件标题	醇沉岗位操作规程				文件编	××××	共 页
起草人		日期	年 月 日	起草部门	×××		
审核人		日期	年 月 日	分发部门	×××		
批准人		日期	年 月 日	执行日期	年 月 日		

1. 目的 建立醇沉岗位标准操作规程。

2. 范围 醇沉岗位。

3. 责任人 醇沉岗位人员。

4. 内容

4.1 操作步骤

4.1.1 准备过程。

4.1.1.1 核对来料的品名、批号、数量及合格单。

4.1.1.2 检查全部水、电路，防止接错及泄漏。

4.1.1.3 检查出渣门是否灵活及检查各处的坚固螺丝是否有松动，各路阀门开闭是否灵活。

4.1.1.4 检查出渣门、加料口橡胶密封圈的完整，不允许有位移、破损。

4.1.1.5 检查工房、设备、容器的清洁状况。

4.1.1.6 检查清场合格证，核对有效期，取下标识牌，挂生产标识牌于指定位置，按生产指令填写工作状态。

4.1.2 操作过程

4.1.2.1 关闭出渣门并旋紧出渣门的螺丝。

4.1.2.2 根据生产指令及相对应的投料量将三效浓缩蒸发器贮罐中的浓缩液用真空直接打入醇沉罐内，同时量好浓缩液体积。

4.1.2.3 按照处方计算需加入乙醇的量，将加乙醇体积与原冷的浓缩液体积相加总体积不得超过醇沉罐的容量，必须经过二人核对无误以后，然后通过管道打入规定量的乙醇，同时启动搅拌器。加完乙醇后，继续搅拌5～10分钟，检测用乙醇沉淀好的药液所含乙醇量要符合工艺要求（50%～60%）。

4.1.2.4 在状态标志，注明品名、批号、日期、时间、操作人、药液处理情况。

4.1.2.5 将加好乙醇的药液按工艺要求静止醇沉，醇沉时间达到处方规定（24小时）。

4.1.2.6 待醇沉时间已达处方规定时，再用真空将醇沉药液的上清液吸入卧式贮罐内。

4.1.2.7 所剩药渣再经过离心机进行离心甩干后，把药渣弃去。

4.1.3 结束过程。

4.1.3.1 药渣排尽后，放入饮用水将醇沉罐及管道清洗干净。

4.1.3.2 按清场SOP进行清场。

4.1.3.3 及时做好各项生产记录，并在设备上挂好设备状态标志。

4.2 操作标准

4.2.1 投料量：原料药溶剂的总体积（以醇沉罐容量2/3为宜）。

4.2.2 溶剂用量：检测所含乙醇是否到工艺要求（50%～60%）。

4.2.3 醇沉时间：达到工艺要求（24小时）。

4.3 操作过程的控制与复核 根据操作标准中各项目的标准要求对醇沉整个过程进行监控，并利用卧式贮罐中的数量、原料投量、溶剂用量、醇沉时间等项目进行复核，如有异常及时复查。

4.4 操作过程的安全注意事项和劳动保护

4.4.1 安全注意事项。

4.4.1.1 关闭加料口时，必须把橡胶圈复位，螺丝要旋紧。

4.4.1.2 当设备带压操作内尚有残余压力时，严禁启动带压操作。

4.4.2 劳动保护。

4.4.2.1 使用乙醇时，应注意操作间室温不可过高，应有良好的通风、除湿措施。

4.4.2.2 操作区内应预备消防器材。

4.4.2.3 严禁穿钉子鞋进入操作室，禁止铁器碰撞，严禁吸烟、使用明火。

4.4.2.4 带压管路设备定期进行试压，安全阀进行定期检查。

4.4.2.5 压力表、真空表、温度表应完好、可靠。

4.5 异常情况处理和报告

生产过程中如发生异常情况，应及时处理，不得带病操作，不能及时处理的，应立即停止操作，及时向生产部及设备部汇报，正常后才能进行操作。

4.6 设备清洗、维修和保养

4.6.1 设备的清洗。用饮用水对设备进行冲洗，清洗后的设备应干净、无附着物，见本色，仪器、仪表用擦布擦干净。

4.6.2　设备维修。如设备发生故障，应及时通知设备部安排维修。

4.6.3　设备保养。

4.6.3.1　设备停止使用期间要用清水冲净残渣余料。

4.6.3.2　设备停用期间投料及出渣门应放松，防止橡胶密封圈失去弹性。

4.6.3.3　每周定期检修与保养，及时更换有关密封圈。

4.7　工艺卫生和环境卫生

4.7.1　工艺卫生。

4.7.1.1　物流程序：三效浓缩→醇沉。

4.7.1.2　物净程序：原料→三效浓缩操作区。

4.7.1.3　空气要求：应有良好通风、除湿设施。

4.7.1.4　人净标准：一般生产区操作人员应按要求进行清洁。

4.7.1.5　工作服标准：一般生产区工作服应进行常规清洗，每周不低于 2 次，保持工作衣服的干净、整洁。

4.7.2　环境卫生：一般生产区设备及环境应保持清洁、卫生，地面无积料、无积水和垃圾。

回收乙醇操作执行《乙醇回收岗位标准操作规程》

表 7-30　乙醇回收生产记录表

操作步骤	操作记录			
①确认生产设备是否完好。	快装酒精回收塔　　使用□　完好□　故障□			
②按设备操作规程把稀酒精贮罐内的稀酒精泵入选用设备的蒸馏釜内进行回收。 a. 釜内液位加至视镜以下。 b. 仪表盘上水压 0.18 ~ 0.25 MPa。（低于 0.1 Mpa 不得加热）。 c. 加热压力 0.3 ~ 0.5 MPa。 d. 分流温度 73 ~ 78℃。 e. 回收酒精浓度 90% ~ 95 %。	快装酒精回收塔			
	水压/MPa	蒸汽压力/MPa	分流温度/℃	操作人
	回收酒精浓度/%	回收数量/L	回收时间	操作人
	工序负责人：		QA 检查员：	

二、大孔吸附树脂分离技术

（一）大孔吸附树脂简介

大孔吸附树脂（Macroporous Adsorption Resin）是 20 世纪 60 年代发展起来的、继离子交换树脂之后的一类新型分离材料，是一类没有可解离基团，具有多孔结构，不溶于水的固体高分子物质。它具有选择性好、吸附性强、吸附速度快、机械强度高、再生处理方便等特点。大孔吸附树脂分离技术的核心是吸附树脂的性能及其相关的应用工艺，两者对分离效果均有重要影响。因此使用该技术进行中药成分提取分离的时候，首先应该了解大孔吸附树脂的性能及其使用方法。

1. 组成与结构　大孔吸附树脂主要以苯乙烯、二乙烯苯等为原料，在 0.5% 的明胶溶液中加入一定比例的致孔剂聚合而成。其中，苯乙烯为聚合单体，二乙烯苯为交联剂，甲苯、二甲苯等作为致孔剂，它们互相交联聚合形成了大孔吸附树脂的多孔骨架结构。此外，大孔吸附树脂的聚合单体还有 2 – 甲基苯乙烯、乙基苯乙烯、丙烯腈、丙烯酸酯、甲基丙烯酸、α – 甲基丙烯酸酯、丙烯酸胺、亚砜、氧化氮类等，交联剂有双（α – 甲基丙烯酸）乙二醇酯、甲基丙烯酸等，致孔剂有石蜡、溶剂汽油、煤油、碳醇、聚乙烯醇等。

大孔吸附树脂一般为白色球形颗粒，粒度为 20～60 目。大孔吸附树脂的宏观小球系有许多彼此间存在孔穴的微观小球组成，其结构的主要特点是多孔性。因此，孔径、孔体积及孔的比表面积作为表征其结构的参数，对其吸附性能具有重要影响。大孔吸附树脂孔的形状是不规则的。

2. 吸附原理与性能　大孔吸附树脂是吸附性和分子筛性原理相结合的分离材料。它的吸附性是由于范德华引力或产生氢键的结果，分子筛性是由于其本身多孔性结构所决定的。因此，有机化合物根据其分子量的大小及与大孔吸附树脂吸附力的不同，在大孔吸附树脂柱上实现分离。

大孔吸附树脂的性能包括许多方面，如对溶液中的溶质的吸附量、吸附率、吸附速度、吸附选择性、脱附性能等。在实际应用工艺中，对树脂性能的要求往往是全面的，任何一项性能的缺陷都可能成为应用工艺成败的关键。可以通过对比上柱量、比吸附量、比洗脱量、保留率、纯度等树脂吸附特性参数的测定与计算来评价大孔吸附树脂分离纯化的效果、质量与效益。

3. 类型与规格　大孔吸附树脂按其化学结构，即根据骨架材料是否带功能基团，可分为非极性、中等极性、极性和强极性四种类型。

非极性大孔吸附树脂一般是指电荷分布均匀，在分子水平上不存在正负电荷相对集中的极性基团的树脂，大部分为苯乙烯、二乙烯苯聚合物。

中等极性大孔吸附树脂，此类树脂内存在酯基一类的极性基团，具有一定的极性。常见的是聚丙烯酸酯型聚合物，以多功能团的甲基丙烯酸酯作为交联剂。

极性大孔吸附树脂，此类树脂多具有酰基、亚砜、腈等基团，极性较大，如以丙烯酸胺、亚砜等作为聚合单体的树脂。

强极性大孔吸附树脂，此类树脂含有极性很强的极性基团，如吡啶基、氨基等。以氧化氮类作为聚合单体的树脂也属于此类型。

4. 质量要求和质量评价　大孔吸附树脂的质量对中药纯化效果和安全性起着决定性作用。在使用以前，充分了解各种树脂的结构、组成、性能和适用范围，选择适宜的树脂，并严格控制质量标准，对提高纯化效果、保证纯化产物的安全有效至关重要。

药用大孔吸附树脂的质量标准应包括名称、牌（型）号、结构（包括聚合单体、交联剂、致孔剂）外观性状、极性，粒径范围、含水量、湿密度（真密度、视密度）、干密度（表观密度、骨架密度）、比表面积、平均孔径、孔容（孔体积）、孔度（孔隙率）、刚性、溶胀系数（水—乙醇）等物理参数，未聚合单体、交联剂、致孔剂等添加剂残留量限度等参数，主要用途、该质量标准的级别、贮藏及相关批准文号等。

目前市售的大孔吸附树脂中大都含有未聚合的单体、交联剂、致孔剂、分散剂及防腐剂等。这些有机物可能会在生产过程中带入药品而影响人体健康。因此根据大孔吸附树脂的结构、组成、性能和适用范围，建立适宜的质量评价标准及方法是十分必要的。

5. 预处理 商品大孔吸附树脂在出厂前一般未进行彻底清洗,含有较多的未聚合单体与交联剂、致孔剂、分散剂、防腐剂等各种有机残留物。如果直接使用,会影响药品的质量和安全,因此在使用前必须进行预处理,以去除树脂所含的杂质,提高树脂洁净度。同时,合理的预处理方法还可使树脂的孔得到最大限度的恢复,提高树脂的吸附性能。树脂预处理的方法可以采用回流提取法、渗漉法或水蒸气蒸馏法,预处理的溶剂可以选择乙醇、丙酮、异丙醇、2%~5%盐酸或2%~5%氢氧化钠等。

（1）渗漉法 采用玻璃或不锈钢色谱柱（径高比为1:3~1:7），湿法装柱。洗脱溶剂为乙醇—2%~5%盐酸—2%~5%氢氧化钠—水。具体操作为:乙醇浸泡12小时→2倍树脂体积（2BV,下同）洗脱→浸泡3~5小时→2BV洗脱→浸泡3~5小时→3~5BV洗脱→浸泡3~5小时→3~5BV洗脱→2~3BV盐酸浸泡2~4小时→洗脱→水洗脱→2~3BV氢氧化钠浸泡2~4小时→洗脱→水洗脱。

在用乙醇浸泡树脂前,也可先用水进行反洗,使树脂层松散、展开,将树脂的微细粉末及一些机械杂质洗去,然后放出水,再加乙醇浸泡。若大孔吸附树脂因长期存放变干,或要求更严格的清洗,可用水→乙醇→甲苯→乙醇→水依次洗脱,这样不仅能洗出有机杂质,还可洗出线型聚合物。对于变干缩孔的吸附树脂还能使其孔结构恢复至最佳状态。

（2）回流提取法 大孔吸附树脂加丙酮或甲醇浸泡24小时,加热回流提取（或用改良索氏提取器加热洗脱）,视树脂中可溶性杂质的多寡,一般需3~4天,甚至长达7~8天。另外,也有研究尝试采用醋酸纤维素膜截留大孔吸附树脂残留物。1万分子截留量的醋酸纤维素膜对苯乙烯有较好的截留作用,其对水溶液中苯乙烯的清除率为50.5%。

在新药研究开发与药品生产时,应建立大孔吸附树脂预处理的方法及相应的合格标准。适宜的预处理方法应能将树脂残留物控制在安全范围内。目前多以醇洗脱液加数倍量水不显浑浊作为树脂预处理的合格标准,但这不够全面,应进一步研究,建立更科学合理的标准。

6. 再生 大孔吸附树脂使用一定周期后,吸附能力降低,需要强化再生。树脂再生用的溶剂可以选择乙醇（50%~95%）、甲醇（50%~100%）、异丙醇、丙酮（50%~100%）、碱性乙醇溶液、2%~5%盐酸和2%~5%氢氧化钠,洗脱方法可以选择正洗脱,也可选择逆流洗脱。若树脂污染不严重,一般用95%乙醇洗脱至无色止,树脂即已再生;用大量水洗去乙醇,可用于相同样品的分离纯化。若树脂污染严重,颜色较深,则需用酸碱强化再生。具体方法为:用3%~5%盐酸浸泡树脂2~4小时→3~4BV 3%~5%盐酸洗脱→水洗脱至流出液呈中性→3%~5%氢氧化钠浸泡树脂2~4小时→3~4BV 3%~5%氢氧化钠洗脱→水洗脱至流出液呈中性。

树脂经多次使用后,柱上方沉积有悬浮不溶物,或柱床挤压过紧,或树脂颗粒破碎,都会影响流速,此时可选择逆流洗脱方法,用水或醇从柱下进行反洗,以便使柱床变松,悬浮不溶物或树脂破碎颗粒从柱上方被顶出。也可自柱中取出树脂,用水漂洗,除去悬浮不溶物或树脂破碎颗粒,再重新装柱使用。

由于树脂再生后的性能会影响到下一轮的纯化分离，故在新药研究开发与药品生产时，需建立评价树脂再生是否合格的指标与方法，以证明树脂经多次反复再生后其纯化效果保持一致。树脂再生合格的检测指标可以选择比吸附量、洗脱量或吸附容量。原则上，对纯化同一品种的树脂，当其吸附容量下降30%以上时，则应视为不宜再使用。

树脂再生次数（即树脂使用寿命）与树脂的组成、结构以及纯化对象和工艺条件有关。一般而言，树脂的稳定性顺序为非极性＞中等极性＞极性＞强极性。树脂经几百次的吸附与解吸附，有裂解的可能性，尤其在碱性条件下或与氧化剂作用时，稳定性会明显下降，裂解为苯乙酮或苯二乙酮类，因此需要通过实践，制订合理的树脂再生次数或树脂使用期限。

7. 保存 大孔吸附树脂应湿态保存，不宜干燥，原因是易引起缩孔，使树脂吸附性能下降。如果树脂暴露在空气中失水，可用乙醇或丙酮浸渍，使其充分溶胀后使用。

大孔吸附树脂应在0℃以上保存，因商品树脂含水量约在70%左右，温度低于0℃时，会使球体胀裂，破坏强度。

（二）大孔吸附树脂吸附分离技术基本操作程序

运用大孔吸附树脂分离技术分离纯化中药有效成分或有效部位时，首先应根据待分离组分或部位的理化性质，筛选出适宜的树脂。在此基础上，按下面的基本操作程序进行：

树脂预处理→树脂吸附→树脂解吸附（树脂洗脱）→树脂再生

前面已经讨论了树脂预处理与再生的有关问题，此处重点介绍树脂筛选、吸附和解吸附。树脂选择是否合适，树脂吸附和解吸附工艺是否合理，是大孔吸附树脂分离技术的核心问题，对中药有效成分或有效部位的纯化分离效果影响很大。

1. 树脂筛选 针对具体的分离纯化目的，首先需要选择适宜的大孔吸附树脂，以保证大孔吸附树脂对待分离组分的高选择性和高吸附性，从而满足分离纯化的要求，提高分离纯化的效率。

大孔吸附树脂对物质的分离纯化取决于它的吸附性和分子筛性。吸附性的大小又取决于树脂的极性和被分离组分的极性，分子筛性则取决于树脂本身的多孔性结构和待分离组分的分子大小。因此，树脂本身的极性大小与孔结构对待分离组分的选择性吸附是非常重要的。

吸附性：大孔吸附树脂对物质的吸附遵从类似物吸附类似物的原则，即极性大的树脂对极性大的组分吸附性强，对极性小的组分吸附力弱，反之亦然。因此，应根据待分离组分的极性大小选择相应极性的树脂。一般而言，极性较大的组分适于在中极性的树脂上分离，极性小的组分适于在非极性树脂上分离。吸附性的大小可通过测定吸附量来评价，吸附量大则意味着吸附性强。

分子筛性：有机物通过树脂的网孔扩散到树脂网孔内表面而被吸附，树脂孔径大小直接影响不同大小分子的自由出入，从而使树脂吸附具有一定的选择性。树脂吸附能力大小与树脂孔径大小、组分分子大小密切相关。分子较大的组分宜选择较大孔径的树脂，否则将直接影响到分离效果。

大孔吸附树脂的性能包括许多方面。在实际应用工艺中，对树脂性能的要求往往是全面的，任何一项性能的缺陷都可能成为应用工艺成败的关键。因此在选择树脂时，必须综合考虑树脂的极性、孔径、比表面积、孔容等性能参数，以及对待分离组分或部位的吸附量、吸附率、吸附速度、吸附选择性和解吸率等。实际应用时，可以通过对树脂比上柱量、比吸附量、比洗脱量、保留率、纯度等反映树脂吸附特性的参数测定与综合评价，来选择适当的大孔吸附树脂用于组分或部位的分离纯化。

2. 树脂吸附

（1）吸附方式　大孔吸附树脂的吸附方式可分为静态吸附与动态吸附两种。

静态吸附可在带搅拌的釜和槽中进行。溶液黏度较大，悬浮物较多时可用此法。如果加入吸附树脂后不进行搅拌，吸附树脂的吸附速度较慢，为了提高吸附速度，进行适当的搅拌是必要的（这仍然称为静态吸附）。

动态吸附多在不锈钢或搪瓷柱中进行，柱下部或上、下部装有 80 目的滤网。实验室则常用玻璃柱。将树脂装在层析柱中，是固定的，药液是流动的，因而被称为动态吸附。在动态吸附中，树脂床因装填的不均匀性、气泡、壁效应或沟流的存在，吸附饱和层面的下移常是不整齐的，即存在所谓"偏流"现象。并且当吸附过程临近结束、部分组分从柱子漏出时，柱子底部的树脂层尚未达到吸附平衡，因此动态吸附时，树脂的吸附容量可能会有些变化。

中药水提液是一种十分复杂的混合体系，其中存在大量的鞣质、蛋白质、多糖等大分子物质及许多微粒、亚微粒以及絮状物等，易引起大孔吸附树脂的毒化，导致吸附能力下降。上样以前，采用适当的方法对样品溶液进行预处理，不仅能够保护树脂吸附性能、提高解吸物的纯度，而且能够减轻树脂污染，延长使用寿命。

样品溶液预处理的方法通常采用醇沉或高速离心。但需要注意的是，醇沉法易引起有效成分的损失，高速离心法效果较差，近来有研究采用陶瓷膜微滤技术对样品溶液进行预处理，效果较为理想。

（2）大孔吸附树脂的吸附量的影响因素。

①浓度。在一定浓度范围内，大孔吸附树脂的吸附量随样品溶液浓度的增加而增大。但样品溶液浓度的增加有一定的限度，因为随着浓度的增大，样品组分的分配系数（在达到吸附平衡时，组分在吸附树脂中的浓度与在溶液中的浓度之比）会减小。

② pH 值。pH 值对酸性或碱性成分在大孔吸附树脂上的吸附有显著影响。因为 pH 值的改变，直接影响了酸性或碱性成分在溶液中的解离程度及存在状态，亦即影响了它们与树脂的亲和力。

③离子强度。对大孔吸附树脂而言，样品组分在溶剂中的溶解度大，则在该溶剂中，树脂对该物质的吸附力就小，反之亦然。因此样品溶液的离子强度对树脂的吸附性能影响明显。如果在样品溶液中加入适量无机盐（如氯化钠、硫酸钠、硫酸铵等），提高其离子强度，降低样品组分在溶液中的溶解度，就能够使树脂的吸附量增大。同时离子强度的增加，还能加快树脂对样品组分的吸附速度。

④温度。对于一定的吸附体系，温度过低，吸附过程往往在短时间内达不到平衡，升高温度有利于吸附量的提高。但同时吸附反应又是一个放热反应，温度过高、解吸

速率加大，反而不利于吸附。实验证明，在室温范围内（20℃～40℃），温度对树脂的吸附量影响较小，但温度超过50℃时，比吸附量会明显下降。

⑤吸附流速。对同一浓度的样品溶液，吸附流速过大，树脂的泄漏点就会提前，导致吸附量下降、吸附率降低。但吸附流速过小，吸附时间就会增加，在实际应用时，应综合考虑来确定最佳吸附流速，既要使树脂的吸附效果好，又要保证较高的工作效率。

⑥吸附泄漏点和泄漏曲线。每种大孔吸附树脂都有一定的吸附容量。当吸附量达到饱和时，树脂对组分的吸附减弱甚至消失，此时组分就会泄漏，据此就能得到树脂的吸附泄漏点，计算树脂的吸附量，为评价树脂吸附性能、预算树脂用量与可上柱样品量提供依据。吸附泄漏点通常需要通过考察树脂的泄漏曲线来确定。

（3）树脂解吸附（树脂洗脱） 洗脱溶剂的选择应符合两种要求：一是洗脱溶剂应能使大孔网状吸附剂溶胀，这样可减弱组分与吸附剂之间的吸附力；一是洗脱溶剂对组分溶解性良好。因为解吸时不仅需要克服吸附力，而且当溶剂分子扩散到吸附中心后，应能使组分很快溶解。

对于非极性大孔吸附树脂，洗脱剂极性越小，洗脱能力越强；对于中极性和极性树脂，则用极性较大的洗脱剂为宜。实际应用时，应根据大孔吸附树脂对组分吸附力的强弱选用相应的洗脱剂及其浓度。常见的洗脱剂有甲醇、乙醇、丙酮、乙酸乙酯等，其中乙醇应用最多。乙醇溶液的解吸附能力随乙醇浓度增加而加强。树脂解吸附前，通常先用水洗脱，以除去残留在树脂床中未被树脂吸附的杂质，然后以不同浓度的乙醇溶液洗脱，同时配合适当的理化反应或色谱方法（TLC 或 HPLC）监测洗脱的情况。为了达到满意的洗脱效果，可选择几种不同浓度的洗脱剂来进行洗脱，通过比较，以确定最佳的洗脱剂浓度。

另外，洗脱溶剂的 pH 值和离子强度对树脂解吸附也有一定的影响，在特定情况下，也可能会有显著影响。改变洗脱溶剂的 pH 值和离子强度，不仅能够提高解吸速度和解吸率，而且能够改变树脂解吸附的选择性。

4. 树脂重复使用次数 大孔吸附树脂的一大优点就是可再生供重复使用。但随着树脂使用和再生次数的增加，其吸附性能总会表现出逐渐下降的趋势，进而影响到后面的纯化分离。因此通过试验确定树脂可重复使用的次数，是大孔吸附树脂吸附分离工艺考察中一个不可缺少的内容。原则上，对纯化同一品种的树脂，当其吸附容量下降30%以上时，则应视为不宜再使用。

（三）大孔吸附树脂在中药生产中的应用

大孔吸附树脂应用于中药制药过程，需满足以下要求：

1. 树脂应该首先是无毒的，不含有对人体有害的有毒物质，在使用过程中也不应该产生该类物质。

2. 化学性质稳定。

3. 吸容量大、选择性高、脱附容易。

4. 机械强度好，不容易破损。

大孔吸附树脂分离工艺是目前对中药提取精制纯化影响最大、带动面最广的技术之一，具有应用范围广、理化性质稳定、分离性能优良、使用方便、溶剂相对用量较少、可重复使用、成本经济等优点。

对于重要有效成分提取分离过程中的大孔吸附树脂分离过程，首先需要根据欲分离的目标产物选择合适的树脂。在同系物中，相对分子质量越大，越容易被吸附；能和大孔吸附树脂形成氢键的化合物容易被吸附；芳香族化合物一般较非芳香族化合物容易被大孔吸附树脂吸附。极性化合物易被极性树脂吸附。化合物的极性越大，吸附力越大，吸附量越多；非极性化合物易被非极性树脂吸附。

在实际中药制剂的生产工艺中，大孔吸附树脂分离技术也越来越受到关注。目前，国家对药品生产中大孔吸附树脂吸附分离工艺有一定的要求，主要包括对药用大孔吸附树脂，要求检查苯、甲苯、二甲苯、苯乙烯、烷烃类、二乙基苯及树脂残留物总量等。如果采用非苯乙烯型的其他类型的大孔吸附树脂或在生产过程中采用了其他可能有安全性问题的致孔剂等添加剂，还需要对相应的基团或添加剂进行检查，确定合格的限量标准。

任务三　喷雾干燥

一、喷雾干燥及其基本流程

喷雾干燥技术是在喷雾干燥室内，采用雾化器将原料液化成雾滴，雾化器内有较高温度，空气也属于热空气，因此可形成干燥的粉粒状产品。原料可多种多样，例如溶液、悬浊液、乳浊液等。根据干燥产品的要求，可以制成粉状、颗粒状、空心球或团粒状。喷雾干燥的干燥介质所用的大多数是空气。但是考虑到一些有机溶剂在空气中易燃易爆，改用惰性气体（如氮气等）作为干燥介质。

喷雾干燥装置所处理的料液虽然差别很大，产品形状不尽相同，但其工艺流程基本相同。图 7 - 28 所示的是典型的喷雾干燥装置工艺流程。原料液由料液槽 10 经过滤器 5，由送料泵 6 输送到喷雾干燥器的顶部的雾化器喷头 7 雾化为雾滴；干燥过程所需的新鲜空气一般由鼓风机经空气过滤器 5 过滤，加热器 2 加热到所需温度后，再经热风分配器 3 均匀分布后进入喷雾干燥器顶部；经雾化器喷头 7 雾化的雾滴与来自热风分配器 3 的热风在喷雾干燥室内相互接触、混合，进行传热与传质，即进行干燥；干燥的产品一部分由喷雾干燥器底部经卸料器排出，另一部分与废气一起进入旋风分离器 8 被分离下来，废气经引风机 9 排空。

（一）喷雾干燥技术的三个基本过程阶段

喷雾干燥的过程可分为三个基本过程阶段：料液的雾化；雾滴和空气的接触、混合及流动；干燥产品与空气分离。

1. 喷雾干燥的第一基本阶段——料液的雾化　料液的雾化是使料液雾化形成雾滴，雾滴的平均直径一般为 $20 \sim 60 \mu m$，具有很大的表面积，当与热空气接触时，雾滴中的水分迅速汽化而干燥成粉末或颗粒状产品。干燥塔内有较高的温度，有利于料液的雾化，该过程是喷雾干燥技术的关键。干燥塔首先是将料液分散成表面积较大的细小雾

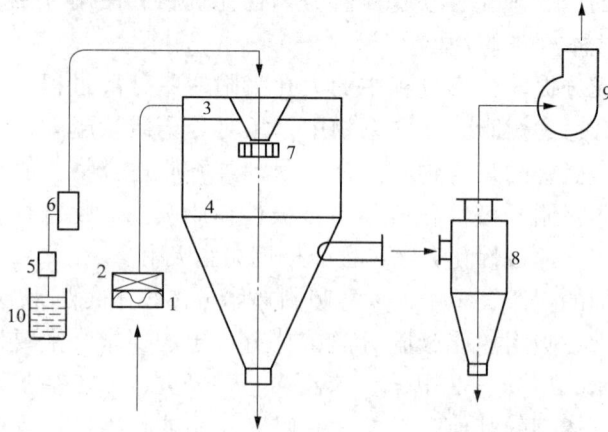

图7-28 喷雾干燥装置的一般流程

滴，提高雾滴与热空气接触面积，雾滴中水分快速蒸发而形成所需要的粉末或颗粒状的干燥物。喷雾干燥塔可根据需要，调节温度和液滴的密集程度，从而获得不同类型干燥物，对产品纯度有很大的影响。

雾滴的大小和均匀程度对于产品质量和技术经济指标有很大的影响，特别是热敏性物料的干燥尤为重要。如果喷出的雾滴大小很不均匀，就会出现大颗粒还未达到干燥要求，小颗粒却已经干燥过度而变质的现象。因此，料液雾化器是喷雾干燥器的关键部位。目前常用的雾化器，有气流式、压力式和旋转式。

2. 喷雾干燥的第二基本阶段——雾滴和空气的接触及干燥 在较高温度下，雾滴在干燥器内与热空气接触混合并快速流动，同时进行传热传质，由于干燥器内热风分布器结构形式不同、雾化器的安放角度不同及干燥器内废气的排出方式不同，最终决定了雾滴和空气的接触、混合和流动的程度。在喷雾干燥器内，雾滴与空气有不同的流动方式，包括并流式、逆流式及混合流式三种。同时干燥时间长短及干燥塔的规模大小也决定了雾滴的干燥过程。

3. 喷雾干燥的第三阶段——干燥产品与空气分离 喷雾干燥的产品一般都是从干燥塔底采集的，有些细小的粉尘与排放的废气混合在一起，因此我们要将这些粉尘从废气中收集下来，降低粉尘的收集率，减少生产的费用。净化处理排放的废气，必须在国家要求以下才可以排放，最大程度的降低废气对环境的污染。

4. 喷雾干燥系统的组成 喷雾干燥系统一般都由以下四个部分组成：

（1）料液雾化部分：包括雾化器、供料泵、料液管道及阀门等。

（2）热风加热部分：包括空气加热器、风机、空气过滤器、热风管道及阀门等。

（3）雾滴与空气接触的和干燥部分：包括热风分布器、喷雾干燥室等。

（4）干燥产品的回收及废气净化部分：包括气-固分离的旋风分离器、湿式洗涤器、排料阀、包装机、废气引风机等。

（二）喷雾干燥的特点

喷雾干燥具有以下优点：

1. 喷雾干燥技术较其他干燥技术所需时间短，干燥更彻底，产品质量高。

2. 适用于非热敏性物料的干燥，也适用于热敏性物料的干燥。

3. 可通过改变操作条件，从而获得不同类型的产品。

4. 喷雾干燥技术操作步骤少，只包括雾化、接触和分离，操作是连续的，可以实现全自动控制。

5. 干燥后获得产品纯度较高，因此不需要再提纯，减少了人力物力，缩小了工业经费。喷雾干燥技术在大型干燥仪器中进行，减少了工作环境中粉尘的漂浮量，避免了粉尘对环境的污染和对工人肌体的损伤，有效地减少了职业病的发生。

6. 喷雾干燥技术适用于大型生产规模，可一次性获得大量产品。

喷雾干燥的缺点是：

1. 喷雾干燥技术属于对流型干燥，热效率比较低。

2. 喷雾干燥技术所用的设备投入费用较高。

3. 当热风进口温度低于150℃时，容积传热系数较低，设备体积比较大。

4. 对气固分离要求较高，一般需要两级分离设备。

二、喷雾干燥生产管理要点

（一）离心式喷雾干燥器的操作要点

1. 操作开始前的检查：根据离心式雾化器操作规程（SOP），检查各部分的基本情况，手工操作准备、电源确认、公用工程准备、计量仪表的校验等其他方面的状态，还必须进行环境洁净系统的检查。

2. 干燥条件的设定：根据产品使用说明书和离心式雾化器操作规程而设定的干燥工艺条件，具体设定热风入口温度（一般可控制在109℃±5℃），待入口温度上升后，起动料液泵进行水的试喷雾。当出口温度（一般可控制在85℃±5℃）一定时，可调节排风门，使干燥室的静压保证在规定的压力内（一般维持压力在0～400Pa以上）。

3. 开始干燥：根据离心式雾化器操作规程，把水罐切换到料液罐，进行料液喷雾，根据产品性能和产品要求作必要调整，使干燥系统达到正常状态，其中调整包括：根据料液浓度调整供液量与调整干燥室的静压（工作开始时尤为注意）。

4. 运转中的检查：由于离心喷雾干燥器是连续运转的装置，装置与结构决定其运转是否稳定。然而，运行中定时检查是发现异常情况的最有效手段，也是生产管理的核心。

5. 停车：根据停车操作要求，装置停止运行。通常先切换到水喷雾，停热源，调整水喷雾量，调节静压，入口及出口温度降到规定温度下，再停排风机和送风机（注意：当料液停止喷雾，热源停止后即停止送风可能导致故障发生，会引起干燥室的异常高温）。

6. 停车后的检查：停车后，根据离心式雾化器操作规程进行干燥设备及附属设备的检查，停止作业。特别要注意热源和干燥塔内温度，要在停车前确认已达到规定温度下。

（二）离心式喷雾干燥器的维护要点

为了充分发挥离心式喷雾干燥设备的功能，得到质量稳定的产品，必须经常定点检查，检查内容如下。

1. 日常检查要点

（1）日常检查包括喷雾圆盘、驱动部件、冷却水系统、润滑等方面，检查完后才能起动。

（2）运行时，要经常检查：①各润滑部位的润滑情况（含供油量、油压、油温）。②各压力表、真空计、温度计、流量计的灵敏、可靠情况。③各密封装置有无泄漏。④各单元设备地脚螺栓及其他紧固件有无松动。⑤电机电流。⑥雾化器的异声。⑦敲击电锤的动作灵敏度及敲塔效率。⑧排空尾气的含尘情况，如发现尾气跑料过多时，应及时检查、修理。

（3）停机时，要取出喷雾圆盘进行清洗，塔内工作区域、原料泵、管路等均应按工艺清洗规程进行清洗与灭菌，经检查保证无异常方可。

（4）干燥塔停用时，应彻底清洗、除垢并干燥，涂油保护。

2. 定期检查要点

（1）应每月1次定期对各传动机构检查、润滑检查、喷雾圆盘目检及主、附电机的电流参数等运行情况检查，注意各轴承、齿轮啮合部位的振动与温升状况，发现异常应停车拆开检查处理。

（2）喷雾干燥塔本体部分，由于受热影响会变形，建议每2年检查1次，此时应以结构和功能两方面检查为主，进行诊断，并根据诊断结果进行对应的修补或整改。

（三）离心式喷雾干燥器的故障排除

离心式喷雾干燥器的故障排除要点

故障现象	故障原因	处理方法
发现粘壁、颗粒粗大或干燥困难现象	（1）风压过低 （2）喷雾流量调节不当 （3）热量不够 （4）进料含水量过高	（1）调整风压 （2）调节喷雾流量 （3）调节热风或检修加热系 （4）控制含水量
离心喷雾机运转振动大有杂音	（1）离心盘不平衡 （2）轴弯曲 （3）轴承或变速齿轮磨损或损坏 （4）润滑油质量问题	（1）校正离心盘平衡 （2）校正或更换轴 （3）更换轴承或变速齿轮 （4）检查润滑油系统及油质，并更换
轴承明显升温	（1）油孔堵塞，油量减少 （2）油质不好 （3）冷却水管堵塞 （4）轴承磨损或损坏	（1）检查疏油通孔 （2）换油 （3）检查疏通冷却水管 （4）更换

续表

故障现象	故障原因	处理方法
密封不良	（1）密封圈老化 （2）紧固件松动 （3）过滤器支架松动	（1）更换 （2）紧固 （3）调整支架并紧固应紧急停车，顺序停车
塔内出现冒烟或火星	物料燃点低，风温过高，起火燃烧	检查原因，对塔体进行清洗，调低风温后试喷
敲塔电锤动作不良或不动作	（1）电气系统故障 （2）通电动作与电锤动作不同步 （3）弹簧回弹力不足	（1）检修 （2）调节通电动作时间（3）更换弹簧
塔进口风通升不起来	（1）蒸汽压力过低 （2）电压过低 （3）电加热器烧断	（1）按规定汽压供汽 （2）停车检查电加热器 （3）检修

三、连翘喷雾干燥生产实训

按《喷雾干燥岗位生产标准操作规程》进行操作。取连翘浸膏，置喷雾干燥器中，按"喷雾干燥器使用与维保标准操作规程"进行喷雾干燥生产，得连翘提取物，喷雾干燥结束，将连翘提取物装于洁净塑料袋内，密封，每袋外均应放有标签，写明品名、规格、批号、重量等，填写请验单，按质量标准进行检验。生产过程同步填写各种生产记录，产品与仓库进行交接。

要点：①参数控制（温度、喷速等）；②标志管理：生产状态标志、清洁状态标志、设备状态标志、清场合格证等。

规定收率：≥5.0%。

××型喷雾干燥机组操作规程（示例）

文件标题	××型喷雾干燥机组操作规程		文件编号	××××	共　　页
起草人	日期	年　月　日	起草部门	×××	
审核人	日期	年　月　日	分发部门	×××	
批准人	日期	年　月　日	执行日期	年　月　日	

1. 目的　建立××型喷雾干燥机组操作规程，以规范××型喷雾干燥机组操作。

2. 范围　本规程适用于××型喷雾干燥机组的操作管理。

3. 职责　设备操作人员、质量监督员对本规程实施和监督负责。

4. 内容

4.1. 运行前检查与准备

4.1.1　检查蒸汽压力是否正常（ ～kg/cm^2），如有异常，及时与热力站联系解决。

4.1.2　缓缓打开分汽包喷雾阀门，将 kg/cm^2 主蒸汽管和 kg/cm^2 原液罐蒸汽管进气阀和排水阀打开，放排检查蒸汽管道的连接，特别是分气缸五支阀门不能有跑、冒、滴、漏现象，如无上述现象，关闭进气阀和排水阀。

4.1.3 按要求向各润滑部位加注润滑油。

4.1.4 接通主操作盘电源，检查电压是否正常（380V±19V）。

4.1.5 检查水冷却系统是否正常，检查油冷却系统是否正常，检查甩盘是否组装好，皮带张力应适中。

4.1.6 检查送液管线是否组装好，阀门是否关闭。

4.1.7 检查原液罐中××目过滤筒是否破损，如有破损，及时修补。

4.1.8 安装好异型弯头和制品回收器。

4.1.9 关闭干燥室的4个入孔、旋风分离器的2个入孔和引风机前侧排风管的入孔。

4.1.10 将储液罐放液阀与原液罐过滤棒用软管连接好。

4.1.11 启动送风机→引风机→冷风机半分钟，检查是否有异常声响。

4.2 设备运行

4.2.1 打开×kg/cm²主蒸汽管进气阀，启动加湿机，启动送风机，40分钟后，启动排风机，20分钟后，启动冷风机，设定进风温度为150℃，将喷雾设备各部件干燥60分钟。在这60分钟里，完成以下工作：

4.2.1.1 确认送液管道上的阀门清洗阀门、出液阀门、吸液阀门、排放阀门已关闭，贮液罐和原液罐连接好，打开贮液罐放液阀门，将其中的浓缩液导入原液罐。待药液放毕后，用纯化水将储液罐内壁残留药液顶入原液罐。

4.2.1.2 打开3 kg/cm²原液罐蒸汽管道进气阀，给浓缩液加热，将浓缩液保温在50℃~60℃。

4.2.1.3 打开甩盘喷射器水冷却系统。

4.2.1.4 打开甩盘喷射器油冷却系统。

4.2.2 启动甩盘喷射器，并监听一下运转声响是否正常。甩盘喷射器转速分别为10450-9704-8764转/分，根据不同药物品种选择，一般均放在中挡转速。

4.2.3 打开吸液阀门，用软管将装有纯化水的专用不锈钢桶和吸液阀门连接，开启原液泵，根据药物品种和比重调整刻度盘流量到指定位置，进行纯化水降温，使干燥室温度和出口温度降至98℃~99℃，将吸液阀门关闭，打开原液罐进液阀门。

4.2.4 调节主操作盘三种温度和工艺规定温度（入口温度在130℃~150℃、干燥室温度和出风口温度在85℃~95℃）一致，进行喷雾。

4.2.5 喷雾5分钟后，由旋风分离器检视管确证喷雾粉回收情况，检查一下制品回收器安装是否严密。观察干燥室压力是否正常（-1~-2）。

4.2.6 喷雾过程中，根据出料情况，在20~60分钟内更换制品回收器。

4.2.7 每批浓缩液喷雾近完成时，从吸液阀处注入30~40L去离子水，用以把输液管道中的浓缩液按固定流量顶入喷雾干燥室。

4.2.8 喷雾完毕，关闭喷雾干燥机：关闭送液泵，立即关闭主蒸汽管进气阀，打开输液管道下排阀门，将水放净。稍候，关闭甩盘喷射器，确认主干燥室温度降至

50℃以下后，关闭引风机，关闭送风机，10分钟后关闭冷风机，30分钟后，关闭甩盘油冷却系统，关闭水冷却系统。

4.2.9　机器在运转时，发生异常情况时一定要停机处理，严禁机器运转过程中排除故障。

4.3　运行结束

填写设备运行记录，按《××型喷雾干燥机组清洁规程》进行清洁。

××型喷雾干燥机组清洁规程（示例）

文件标题	雾干燥机组操作规程		文件编号	××××	共页
起草人	日期	年　月　日	起草部门	×××	
审核人	日期	年　月　日	分发部门	×××	
批准人	日期	年　月　日	执行日期	年　月　日	

1. 目的　建立××型喷雾干燥机组清洁规程，以规范××型喷雾干燥机组清洁规程。

2. 范围　本规程适用于××型喷雾干燥机组的清洁管理。

3. 职责　设备操作人员、质量监督员对本规程实施和监督负责。

4. 内容

4.1　清洁频次：更换品种或批号，超过有效期再次生产前。

4.2　清洁溶媒：饮用水、纯化水。

4.3　卫生洁具：高压水枪、一类抹布、二类抹布、白色绸布、水桶。

4.4　清洁剂：0.5%氢氧化钠溶液。

4.5　清洁方法

4.5.1　更换品种的清洁。

4.5.1.1　启动清洗泵。

4.5.1.2　用0.5%氢氧化钠溶液通过清洗球清洗浓缩液储罐30分钟。向浓缩液储罐加入热饮用水，清洗浓缩液储罐内部，至无药污、pH值呈中性，关闭排污阀。关闭清洗泵。

4.5.1.3　卸下异型弯头，用饮用水将内外表面清洗干净。

4.5.1.4　放掉原液罐中的药液，取出80目过滤器，用饮用水冲洗干净；用高压水枪和饮用水将原液罐内部冲洗干净。

4.5.1.5　向原液罐内注入100L饮用水，启动打液泵，打开、关闭排放阀门8次，20分钟后，关闭打液泵，打开原液罐下排阀门。

4.5.1.6　打开干燥室的入孔，用饮用水和高压水枪清洗干燥室内部，将内壁的残留物质清洗干净。

4.5.1.7　打开旋风分离器入孔，用饮用水和高压水枪将旋风分离器内部和管道冲洗干净。

4.5.1.8　将制品回收器用引用水清洗干净。

4.5.1.9　将上述各个部件重新装配好。

4.5.1.10　用碱液冲洗原液罐内部，启动送风机、引风机、冷风机和离心甩盘，启动打液泵，打开、关闭排放阀门 7 次，4～6h 后，关闭打液泵，打开原液罐下排阀门。

4.5.1.11　按 a.～g. 的方法用饮用水冲洗至中性。

4.5.1.12　将各个部件重新装配好。

4.5.1.13　用抹布擦洗设备外壁。

4.5.1.14　在以上的各操作过程中，均将管路上的阀门依次开启、关闭 8 次，即可达到清洁的目的。

4.5.2　更换批号，超过有效期再次生产前的清洁按①中的方法只用饮用水清洁。

4.6　清洁结果评价。

4.6.1　设备内外表面见本色、无残留物和水痕。

4.6.2　用白色绸布擦拭无污痕。

4.7　洁具的清洁与存放。

4.7.1　收粉洁净区清洁用一类抹布、二类抹布、白色绸布、水桶等在洁净区清洗，用洗洁精洗至见本色，用饮用水清洗至无泡沫，一类抹布、白色绸布再用纯化水冲洗一次，控水甩干后，一类抹布、白色绸布放至容器具存放室存放，二类抹布、水桶放在洁具室自然晾干；一般区使用的洁具在一般区清洗和存放。

4.7.2　以 7 天为一有效周期对卫生洁具进行消毒处理。

4.8　清洁结束，填写清场记录。

特别注意：①清洗机器必须严格控制水及湿气进入电器部位，清洗后要严格检查。②设备和机器维修后，必须进行严格的检查，确认无零部件的脱落或遗留后，方可进行清场和清洁操作。

中间产品请验单

样品名称		请验部门	
规格		请验者	
批号		请验日期	
数量（单位）			
备注			

批包装记录表

单位：　　　kg

编号		名称		产品批号		包装规格	
生产准备（签字/日期）							
操作人				复核人			
领用量		发放人		领用人		核对人	
生产许可（签字/日期）							
QA：							

续表

包装材料名称	编号	单位用量	理论用量	领用量	领用人	使用量	退库量	损耗量	物料平衡计算 $\left(\dfrac{使用量+退库量+损耗量}{领用量}\times100\%\right)$

备注：

操作人：	复核人		QA：
	工时		

温度：	湿度：	完成量：	损耗量：	物料平衡计算 $\left(\dfrac{使用量+退库量+损耗量}{领用量}\times100\%\right)$	

备注：

1. 将产品合格证附后
2. 包装检查记录附后
3. 包装清场记录附后
4. 前批包装清场记录副本附后

生产操作负责人：　　　　　日期：　年　月　日

附 录

连翘提取生产工艺规程（示例）

目 录

1. 产品简介

【中文名】连翘提取物

【汉语拼音】Lian qiao Ti qu wu

【性状】本品为棕褐色粉末；气香味苦。

【有效期】12 个月。

【贮藏】密封，置通风干燥处。

2. 处方和依据

（1）标准依据：《中国药典》2010 年版一部。

（2）原材料质量标准：应符合《中国药典》2010 年版一部"连翘"项下有关各项规定。

2.3　生产批量处方

编号	原辅料名称	质量要求	单位	批量处方	理论产量	备 注
1	连翘	《中国药典》2015 年版一部				

3. 生产工艺流程图和生产环境洁净区域划分

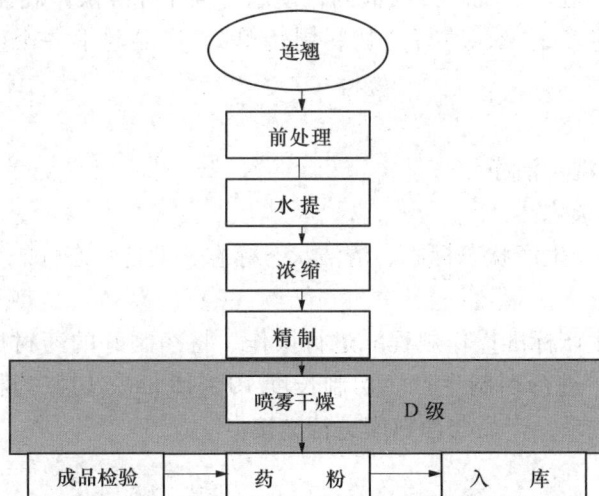

4. 制备方法　取连翘，粉碎成粗粉，加水煎煮三次，每次 1.5 小时，合并煎液，过滤，滤液于 60℃以下减压浓缩至相对密度为 1.10～1.20（室温）的清膏，放冷，加入 4 倍量乙醇，搅匀，静置 2 小时，沉淀，过滤，滤液减压回收乙醇，浓缩液喷雾干燥，即得。

5. 生产操作过程、工艺技术条件及操作要点

（1）中药材的前处理。

①生产指令。由生产技术部下达批生产指令一式四份，质量管理部部长审核、签字，生产厂长批准后执行。批生产指令生产技术部留存一份，其余三份分发至质量管理部一份，作为质量监控与检验依据；物料部一份，作为物料发放依据；生产车间一份，作为生产和物料领取依据。

②称量配料。生产车间核算员按照批生产指令，填写领料单，交仓库保管员备料，并同领料员、车间质检员一起到仓库，按《称量配料岗位生产标准操作规程》进行称量配料、领料，并及时填写生产记录，产品与下一生产工序净制进行交接。

要点：重点核对物料名称、批号、数量、物料放行审核单、称量核对。

③前处理依据：《中国药典》2015 年版一部（炮制通则）及药材项下的规定、《药材炮制规范》（修订本）。

④中药材前处理的方法和要求

a. 净制。按《净制岗位生产标准操作规程》进行操作。在挑选工作台上手工净制生产，净制完毕及时填写生产记录，并检查中药材收率范围与规定的物料消耗定额核对，填写《物料周转单》，产品与下一个生产工序切制进行交接。

要点：

（a.）除杂、除尘。

（b.）标志管理：生产状态标志、清洁状态标志、设备状态标志、清场合格证等。

（c.）规定收率：≥99%。

b. 洗、润。按《洗润岗位生产标准操作规程》进行洗润操作，按《洗药机使用与维保标准操作规程》进行清洗。按《润药机使用与维保标准操作规程》进行润药生产。洗润完毕及时填写生产记录，填写"物料周转单"，产品与下一个生产工序切制进行交接。

要点：

（a.）用流动水洗、洁净。

（b.）润药时药透水尽。

（c.）标志管理：生产状态标志、清洁状态标志、设备状态标志、清场合格证等。

c. 切制。

按《切制岗位生产标准操作规程》进行操作。将净制好的药材按《切药机使用与维保标准操作规程》进行切制生产。切制长度10～15mm，切好药材装入洁净塑料桶内，及时填写生产记录，产品与净料库进行交接。

要点：

（a.）饮片长度。

（b.）标志管理：生产状态标志、清洁状态标志、设备状态标志、清场合格证等。

d. 干燥

按《干燥岗位生产标准操作规程》进行操作。将切制好的药材饮片按《隧道烘箱使用与维保标准操作规程》进行干燥生产。干燥完毕填写请验单、测定水分等，并将干燥好药材装入洁净塑料袋内，及时填写生产记录，产品与净料库进行交接。

要点：

（a.）干燥温度、水分、及时干燥；

（b.）标志管理：生产状态标志、清洁状态标志、设备状态标志、清场合格证等。

e. 粉碎。

按《粉碎岗位生产标准操作规程》进行操作，将净药材按《万能粉碎机使用与维保标准操作规程》或《粉碎机使用与维保标准操作规程》进行粉碎生产，得连翘粗粉。粉碎完毕，将药粉放入洁净塑料袋内密封，及时填写生产记录，产品与净料库进行交接。

要点：

（a.）药粉细度。

（b.）标志管理：生产状态标志、清洁状态标志、设备状态标志、清场合格证等。

（c.）收率：≥98%。

f. 连翘前处理要求：净制、洗润、切薄片（1~2mm）、干燥、粉碎；

g. 前处理药材规定的分步收率及总收率参考附表1。

附表1　前处理药材规定的分步收率及总收率

编号	中药材名称	分步收率（%）					总收率（%）	备注
		净制	洗润	切制	干燥	粉碎		
1	连翘							

（2）提取（成品制备方法）。

①生产指令

提取批量：连翘每批提取量为×kg。由生产技术部按提取批量下达批生产指令一式四份，质量管理部部长审核、签字，生产厂长批准后执行。批生产指令生产技术部留存一份，其余三份分发至质量管理部一份，作为质量监控与检验依据；物料部一份，作为物料发放依据；生产车间一份，作为生产和物料领取依据。

②称量配料：生产车间核算员按照批生产指令，填写领料单，交仓库保管员备料，并同领料员、车间质检员一起到仓库，按《称量配料岗位生产标准操作规程》进行称量配料、领料，并及时填写生产记录，与下一生产工序提取进行交接。

要点：重点核对物料名称、批号、数量、物料放行审核单、称量核对。

③提取：按《提取岗位生产标准操作规程》进行操作。取连翘，投入提取罐中（注意投料要松紧均匀，便于煎煮），封盖，加水适量，浸润30分钟，浸润后视水量进行适量添加，按《提取罐使用与维保标准操作规程》进行生产操作。自沸腾起开始记录时间，提取3次，每次1.5小时，依法进行操作。分次滤过，合并滤液，滤液置贮液罐中，标明品名、规格、批号、重量（或体积）等，取上清夜。生产过程同步填写各种生产记录，产品与下一生产工序浓缩进行交接。

要点：a. 投料核对。b. 煎煮参数控制（温度、时间）。c. 提取罐的投料量控制（药材和水的总体积不宜超过提取罐体积的三分之二）。d. 固液分离效果（包括提取液药渣的含液量、提取液内含药渣量）。e. 标志管理：生产状态标志、清洁状态标志、设备状态标志、清场合格证等。

④浓缩：按照《浓缩岗位生产标准操作规程》进行操作。将煎煮液置单效多能浓缩罐中，按《单效多能浓缩罐使用与维保标准操作规程》进行生产操作，煎煮液随时添加，直至全部加入为止，浓缩至相对密度为1.10~1.20的清膏，放冷即可。浓缩结束后，将浸膏放入洁净带盖的不锈钢容器内，同步填写生产记录，产品与下一生产工序精制进行交接。

要点：a. 参数控制（温度、真空度）；b. 浸膏量的控制；c. 浸膏收膏与转运时防止污染；d. 标志管理：生产状态标志、清洁状态标志、设备状态标志、清场合格证等。

⑤精制：按《精制岗位生产标准操作规程》进行操作。取连翘清膏置醇沉罐中，加入4倍量乙醇，搅拌，静置2小时使沉淀，取上清液滤过，置贮液罐中，标明品名、规格、批号、重量（或体积）等，生产操作过程同步填写各种生产记录。产品与下一生产工序乙醇回收浓缩进行交接。

要点：a. 参数控制（pH 值、醇度等）；b. 标志管理：生产状态标志、清洁状态标志、设备状态标志、清场合格证等。

⑥乙醇回收、浓缩：按《乙醇回收岗位生产标准操作规程》进行操作。取上述乙醇液，加入到 T－QA 型提取罐或球型浓缩罐中，密封，按《T－QA 型提取罐使用与维保标准操作规程》或《球型浓缩罐使用与维保标准操作规程》进行乙醇回收生产。依法进行操作，边回收边添加乙醇液，直至全部添加完毕，至醇度达到 15% 时，停止回收乙醇，继续操作转浓缩阶段。浓缩至相对密度 1.20 的浸膏即可。浓缩结束后，将连翘浸膏放入洁净带盖的不锈钢容器内，密封，标明品名、规格、批号、重量等，生产过程同步填写各种生产记录，产品与低温喷雾干燥岗位进行交接。

要点：a. 乙醇回收参数控制（温度、真空度）。b. 乙醇浓度、浸膏量。c. 标志管理：生产状态标志、清洁状态标志、设备状态标志、清场合格证等。

⑦喷雾干燥：按《喷雾干燥岗位生产标准操作规程》进行操作。取连翘浸膏，置喷雾干燥器中，按《喷雾干燥器使用与维保标准操作规程》进行喷雾干燥生产，得连翘提取物，喷雾干燥结束，将连翘提取物装于洁净塑料袋内，密封，每袋外均应放有标签，写明品名、规格、批号、重量等，填写请验单，按质量标准进行检验。生产过程同步填写各种生产记录，产品与仓库进行交接。

要点：a. 参数控制（温度、喷速等）；b. 标志管理：生产状态标志、清洁状态标志、设备状态标志、清场合格证等。

规定收率：≥5.0%。

6. 工艺卫生管理

（1）工艺卫生包括：生产车间卫生、生产区环境卫生、人员卫生与健康、工作服卫生、物料卫生以及设备卫生。

（2）生产车间卫生要求：严格执行《一般生产区环境卫生管理规程》、《一般生产区工艺卫生管理规程》、《洁净区环境卫生管理规程》以及《洁净区工艺卫生管理规程》等卫生管理规程的有关卫生要求。

（3）生产区环境卫生要求：严格执行《一般生产区环境卫生管理规程》和《洁净区环境卫生管理规程》等卫生管理规程的有关卫生要求。

（4）人员卫生与健康要求：严格执行《一般生产区个人卫生管理规程》、《洁净区个人卫生管理规程》、《员工卫生管理规程》以及《员工体检与健康档案管理规程》等卫生管理规程的有关卫生要求。

（5）工作服装卫生要求：严格执行《更衣室、卫生间卫生管理规程》、《工作服管理规程》、《一般生产区工服清洗消毒与收发管理规程》、《洁净区工作服清洗消毒与收发管理规程》等卫生管理规程的有关卫生要求。

（6）物料卫生：严格执行《物料进入生产区卫生管理规程》、《生产废弃物处理管理规程》等卫生管理规程的有关卫生要求。

（7）设备卫生：严格执行《一般生产区清洁标准操作规程》、《洁净区清洁消毒管理规程》、《卫生状态标志管理规程》等卫生管理规程的有关卫生要求，以及各生产设备清洁标准操作规程。

7. 标准操作规程　本产品工艺过程中所需的主要标准操作规程名称及要求如下。

附表2　本产品工艺过程中所需的主要标准操作规程名称及要求

序号	标准操作规程名称	编号	要求
1	生产指令流转标准操作规程		执行
2	领发料标准操作规程		执行
3	中间站物料周转标准操作规程		执行
4	车间结料退料标准操作规程		执行
5	一般生产区清洁消毒标准操作规程		执行
6	洁净区清洁消毒标准操作规程		执行
7	称量配料岗位生产标准操作规程		执行
8	净制岗位生产标准操作规程		执行
9	切制岗位生产标准操作规程		执行
10	称量配料岗位生产标准操作规程		执行
11	提取岗位生产标准操作规程取		执行
12	浓缩岗位生产标准操作规程		执行
13	精制岗位生产标准操作规程		执行
14	乙醇回收岗位生产标准操作规程		执行
15	喷雾干燥岗位生产标准操作规程		执行
16	生产岗位清场标准操作规程		执行
17	切药机使用与维保标准操作规程		执行
18	真空提取浓缩机组使用与维保标准操作规程		执行
19	提取罐使用与维保标准操作规程		执行
20	球形浓缩罐使用与维保标准操作规程		执行
21	T－QA型提取罐使用与维保标准操作规程		执行
22	单效多能浓缩罐使用与维保标准操作规程		执行
23			

8. 原辅料、中间产品和成品的质量标准、检验方法、技术参数及贮存注意事项

（1）原材料连翘质量标准、检验方法及贮存注意事项。

（2）辅料乙醇（yi chun／Alcohol，C_2H_6O，46.07）质量标准、检验方法及贮存注意事项

【性状】本品为无色澄明液体；微有特臭，味灼烈；易挥发，易燃烧，燃烧时显淡蓝色火焰；热至约78℃即沸腾。

本品与水、甘油、氯仿或乙醚能任意混溶。

【相对密度】本品的相对密度（《中国药典》2015年版二部附录Ⅵ　A）不大于0.8129，相当于含 C_2H_6O 不少于95.0%（ml/ml）。

【鉴别】取本品1ml，加水5ml与氢氧化钠试液1ml后，缓缓滴加碘试液2ml，即发生碘仿的臭气，并生成黄色沉淀。

【检查】酸度：取本品 10ml，加水 25ml 及酚酞指示液 2 滴，摇匀，滴加氢氧化钠滴定液（0.02mol/L）至显淡红色，再加本品 25ml，摇匀，加氢氧化钠滴定液（0.02mol/L）0.50ml 应显淡红色。

水不溶性物质：取本品，与同体积的水混合后，溶液应澄清；在 10℃ 放置 30 分钟，溶液仍应澄清。

杂醇油：取本品 10ml，加水 5ml 与甘油 1ml，摇匀后，分次滴加在无臭的滤纸上，使乙醇自然挥散，始终不得发生异臭。

甲醇：取本品 5ml，用水稀释至 100ml，摇匀；分取 1.0ml，加磷酸溶液（1～10）0.2ml 与 5% 高锰酸钾溶液 0.25ml，在 30℃～35℃ 保温 15 分钟，滴加 10% 焦亚硫酸钠溶液至无色，缓缓加入在冰浴中冷却的硫酸溶液（3～4）5ml，在加入时应保持混合物冷却；再加新制的 1% 变色酸溶液 0.1ml，置水浴中加热 20 分钟，如显色，与标准甲醇溶液（精密称取甲醇 20mg，加水使成 200ml）1.0ml 用同一方法制成的对照液比较，不得更深（0.20%）。

易氧化物：取 50ml 具塞量筒，依次用盐酸、水与本品洗净后，加入本品 20ml，放冷至 15℃，加高锰酸钾滴定液（0.02mol/L）0.10ml，密塞摇匀后，在 15℃ 静置 10 分钟，粉红色不得完全消失。

丙酮和异丙醇：取本品 1.0ml，加水 1.0ml、磷酸氢二钠的饱和溶液 1.0ml 与高锰酸钾的饱和溶液 3.0ml，混匀后，置 45℃～50℃ 水浴中，待高锰酸钾褪色后，加 10% 氢氧化钠溶液 3.0ml，摇匀，用垂熔玻璃漏斗滤过，滤液中加新制的 1% 糖醛溶液 1.0ml，放置 10 分钟后，取出 1.0ml，加盐酸 3.0ml，在 3 分钟内观察；如显粉红色，与对照液（取磷酸氢二钠的饱和溶液 1.0ml、10% 氢氧化钠溶液 3.0ml 与 0.001% 丙酮溶液 0.8ml，加 1% 糖醛溶液 1.0ml，用水稀释成 10ml，放置 10 分钟后，取出 1.0ml，加盐酸 3.0ml）比较，不得更深（0.0008%）。

戊醇或不挥发的易炭化物：取本品 25ml，置蒸发皿中，于水浴上蒸发至器皿表面微显湿润（约剩 0.05ml），加 95% 硫酸数滴，不得染成红色或棕色。

不挥发物：取本品 40ml，置 105℃ 恒重的蒸发皿中于水浴上蒸干后，在 105℃ 干燥 2 小时，遗留残渣不得过 1mg。

【类别】消毒防腐药、溶剂。

【贮藏】遮光，密封保存。

（3）中间产品质量标准、检验方法及贮存注意事项

前处理后连翘质量标准、检验方法及贮存注意事项。

a. 性状：本品为不规则 1～2mm 的薄片，洁净、干燥（目检）。

b. 水分：≤10.0%（《中国药典》2015 年版一部附录 IX H 水分测定法）。

c. 贮存注意事项：置阴凉干燥处，防潮。

d. 其他：应符合《中国药典》2015 年版一部连翘质项下的有关各项质量标准和检验要求。详见"板兰根质量标准"。

（4）成品连翘质提取物质量标准、检验方法及贮存注意事项。

（5）技术参数。

①温度：常用的温度计有华氏（°F）和摄氏（℃）。本工艺以摄氏为标准，摄氏温度计以0℃为冰点，100℃为沸点。本工艺要求干燥温度控制在60~80℃之间；生产操作间温度为18~26℃；贮藏温度：常温10~30℃，阴凉处指≤20℃。

②湿度：以相对湿度为准，要求生产操作间相对湿度为45%~65%之间。

③蒸汽压力：蒸汽压力以MPa/cm²达到的温度表示。扣除管道损耗以蒸汽压力0.1~0.3MPa之间为宜。

④动力电压：以动力电压表计，360V~390V为正常电压，低于或高于正常电压设备不得起动。

⑤真空度：以真空表计，控制真空度4~6Pa之间。

9. 工艺用水的制备方法、质量标准及质量控制

（1）工艺用水要求：前处理、提取用饮用水。

（2）饮用水的制备方法、质量标准及质量控制。

①饮用水的制备方法：使用县自来水公司的生活饮用水（自来水）。

②饮用水质量标准。

附表3　饮用水质量标准

编号	项目	标准
感官性状和一般化学指标：		
1	色	色度不超过15度，并不得呈现其他异色
2	浑浊度	不超过3度，特殊情况不超过5度
3	臭和味	不得有异臭、异味
4	肉眼可见物	不得含有
5	pH值	6.5~8.5
6	总硬度（以 $CaCO_3$ 计）	≤450mg/L
7	铁	≤0.3mg/L
8	锰	≤0.1mg/L
9	铜	≤1.0mg/L
10	锌	≤1.0mg/L
11	挥发酚类（以苯酚计）	≤0.002 mg/L
12	阴离子合成洗涤剂	≤0.3mg/L
13	硫酸盐	≤250mg/L
14	氯化物	≤250mg/L
15	溶解性总固体	≤1000mg/L
毒理学指标：		
16	氟化物	≤1.0mg/L
17	氰化物	≤0.05mg/L
18	砷	≤0.05 mg/L
19	硒	≤0.01 mg/L

续表

编号	项目	标准
20	汞	≤0.001mg/L
21	镉	≤0.01mg/L
22	铬（六价）	≤0.05mg/L
23	铅	≤0.05mg/L
24	银	≤0.05mg/L
25	硝酸盐（以氮计）	≤20mg/L
26	氯仿*	≤60μg/L
27	四氯化碳*	≤3μg/L
28	苯并（a）芘*	≤0.01μg/L
29	滴滴涕*	≤1μg/L
30	六六六*	≤5μg/L

细菌学指标：

编号	项目	标准
31	细菌总数	≤100 个/ml
32	大肠菌群数	≤3 个/L
33	游离余氯	在接触30min 后应不低于 0.3mg/L。集中式给水除出厂水应符合上述要求外，管网末梢水不应低于 0.05mg/L

放射性指标：

编号	项目	标准
34	总 α 放射性	0.1 Bq/L
35	总 β 放射性	1 Bq/L

注："＊"为试用标准。

③饮用水质量控制：执行《工艺用水质量监控标准操作规程》。

10. 需要进行验证的关键工序及其工艺验证的具体要求

附表4　需要进行验证的关键工序及其工艺验证的具体要求

内容分类	验证的对象	验证工作要点
厂房及设施	净化空调系统	高效过滤器检漏、压差、换气次数
	生产厂房	布局及气流方向合理、温湿度、洁净度达到《规范》标准
生产设备及工艺	双真空提取浓缩机组	蒸汽压力、温度、投料量、提取时间、蒸发量
	提取罐	蒸汽压力、温度、投料量
	单效多能浓缩罐	蒸汽压力、温度、蒸发量
	生产工艺	生产全过程

11. 原辅材料消耗定额、技术经济指标、产品收率以及各项指标的计算方法

（1）原辅材料消耗定额及技术经济指标。

附表 5　原辅材料消耗定额及技术经济指标（按抵投料计）

序号	原辅料名称	单位	理论用量	规定损耗率（%）	消耗定额	实际用量	备注
1	连翘	kg					
2	乙醇	kg					损耗

（2）产品收率及各项指标的计算方法。

每个产品批次生产过程中，关键工序生产结束后和最终产品都必须计算收率，产品收率在规定的收率范围内，经质量管理部检查，签发"中间产品放行审核单"或"中间产品递交许可证"后方可转下道工序。产品收率高于或低于合格范围，不得递交下一个生产工序。经质量管理部组织生产技术部、生产车间管理人员等按《生产过程偏差处理管理规程》进行调查，采取处理措施，直至确认不影响最终产品质量的情况下，方可放行。

收率计算方法：

$$总收率\% = \frac{最终产品实际产量}{原材料投入量} \times 100\%$$

12. 主要设备及生产能力

附表 6　主要设备及生产能力一览表

序　号	设备名称	规格型号	生产能力	数量（台）	装机位置
01	切药机			1	切药间
02	真空提取浓缩机组			1	水提间
03	提取罐			1	水提间
04	提取罐			1	醇提间
05	×效多能浓缩罐			1	醇提间
06	球形浓缩罐			1	水提间
07	喷雾干燥机			1	喷雾干燥间

13. 技术安全、工艺卫生及劳动保护

（1）技术安全。

①设备动力部分，如电机皮带轮应有保护罩。

②凡用汽设备均需安装安全阀、紧密放汽阀。蒸汽输送管道需保温隔离。

③各岗位在操作前应检查电源、机器部件，加油润滑，试车运转，正常后方能进行生产操作。如发现异常情况，应立即停止操作。

④操作设备必须严格遵守该设备的使用与维保标准操作规程，严格遵守岗位生产标准操作规程（SOP），不得违章操作。

⑤机械电器设备均应根据不同性能定期检查和测试，正常后方可使用，如发现异常情况，应立即停止操作，并报设备工程部进行维修。

⑥设备操作过程中要注意安全，设备运转时，严禁将手直接伸入切药机内，严禁

用手接触设备受热部位，以免被挤伤、压伤或烫伤。

⑦操作或维修设备及启动电闸开关时，应由一人独立操作或一人操作一人监督。以免其他人员不知情而启动机械，发生危险事故。

⑧设备操作人员下班前要检查好水、电、汽、门窗等是否关闭，清场合格后方可离岗。

（2）工艺卫生与劳动保护。

①各生产区域、各生产岗位操作人员，均应按规定穿戴好本区域岗位工作服、鞋、帽及其他劳动保护用品。

②生产人员在生产操作过程中，要轻拿轻放，避免起尘。

③车间各岗位生产操作人员，不得涂抹化妆品及佩带饰物。

④严格执行公司制定的各种卫生管理规程。

14. 劳动组织、岗位定员与产品周期

（1）劳动组织　本产品经前处理、提取生产，由前处理提取车间完成。生产期间实行三班八小时工作制。人员分配时要考虑技术熟练程度、劳动量、劳动强度以及机械化程度高低等因素，对关键岗位的生产一定要指定专人操作，对技术性要求比较低的岗位，也要考虑熟练工和新工人的比例，以期达到以老带新，稳定操作。生产全过程由质量管理部进行全程监控。

（2）岗位定员

附表7　前处理提取车间岗位定员情况及耗用工时表

岗位名称	定员（人）	生产时限（天）	耗用工时（个）	备注
车间管理人员				
领料、挑选				
洗润、切制、干燥				
提取、浓缩				
精制				
乙醇回收				
喷雾干燥				
合计				

（2）生产周期：　　天。

①前处理生产周期：　　天。

②提取生产周期：　　天。

15. 综合利用与三废处理

（1）综合利用：由于本品为纯中药制剂，其中药渣可用作肥料。

（2）三废处理环境保护。

①废水的管理和处理：本品为纯中药制剂，不存在化学合成成分的污染，对环境无危害，并采取净化处理可达到排放标准。

②废渣的管理和处理：本品所产生的废渣，均有专人管理运输，及时清理，运至

指定垃圾场，并可作为动物饲料或肥料。

③废气的管理和处理：废气主要是热蒸气、压缩空气，对环境无污染。

④噪音：由于本公司远离市区，并且所用生产设备均在密闭的生产车间内，经过了严格降噪隔音处理，对外界无影响。

16. 附页

【实训思考与测试】

一、名称解释

1. 提取物　　2. 渗漉法　　3. 浓缩　　4. 喷雾干燥技术

二、单项选择题

1. 切制工序在（　　）下操作

　　A. D 级区域　　　　B. 一般生产区　　　　C. B 级区域　　　　D. C 级区域

2. （　　）后的药材，作为净药材

　　A. 挑拣　　　　B. 干燥　　　　C. 切制　　　　D. 洗涤

3. 洗药用水用（　　）洗涤

　　A. 纯化水　　　　B. 蒸馏水　　　　C. 注射水　　　　D. 饮用水

4. 开工前，应有经（　　）签名的上批清场合格证副本，才能进行操作

　　A. 车间主任　　B. 班长　　　　C. QA　　　　D. 工艺员

5. 开工前检查时，房间里没有的标牌是（　　）

　　A. 房间"已清洁"牌　　　　B. 设备"已清洁"牌

　　C. 上批生产清场合格证副本　　　　D. 设备正在运行牌

6. 用热风循环烘箱干燥药材时，当温度达到（　　）时，打开排湿阀

　　A. 报警温度　　　　B. 设定的干燥温度

　　C. 100℃　　　　D. 50℃

7. 热风循环烘箱的排湿阀的开启角度要根据（　　）来调整

　　A. 干燥温度　　　　B. 物料的含水量

　　C. 风机动率　　　　D. 当地温度

8. 中药材粉碎完毕，清场用水用（　　）

　　A. 饮用水　　　　B. 纯化水　　　　C. 蒸馏水　　　　D. 注射用水

9. 在进行粉碎时，操作人员要注意（　　）的读数，如果读数超过允许的最大值应停止进料

　　A. 电压表　　　　B. 电流表　　　　C. 压力表　　　　D. 温度表

10. 中药口服液提取用水为（　　）

　　A. 纯化水　　　　B. 饮用水　　　　C. 注射用水　　　　D. 纯净水

11. 煎煮时间应从（　　）开始计时

　　A. 沸腾开始时　　B. 投料时　　　　C. 开启蒸汽时　　　　D. 压液时

12. 药液经浓缩后，用（　　）测定比重

　　A. 波美比重计　　B. 酒精计　　　　C. 糖度计　　　　D. 温度度

13. 开工前，必须有经（　　）签名的上批生产清场合格证副本，才能进行下步

A. 生产部长　　　B. 车间主任　　　　C. 工艺员　　　　　D. QA

14. 乙醇精馏时,当精馏釜内的乙醇含量低于(　　)时,可停机操作

A. 20 %　　　　　B. 35 %　　　　　C. 5 %　　　　　D. 15 %

15. 提取装置关机后,开启出渣门排渣的顺序:①保险锁气缸回拉。②旋转锁紧气缸回拉。③开门气缸回拉(　　)

A. ①②③　　　　　　　　　　　　B. ②③①

C. ③①②　　　　　　　　　　　　D. ③②①

三、判断题(对的划√,错的划×)

1. 从仓库领出的药材,不经挑拣可以作为净药材。(　　)

2. 洗过这种药材的水,可以重复使用,用来洗涤其他药材,以节约水资源。(　　)

3. 洗药之前,必须先让滚筒空转,空转正常后才能投料。(　　)

4. 切药时,根据药材不同,选择切成不同的规格。(　　)

5. 在一般生产已操作时,不必穿工作服,穿上便衣即可。(　　)

6. 每班生产结束时,必须认真填写批生产记录和清场记录。(　　)

7. 切药机在切药过程中可以进行调速。(　　)

8. 清场完毕后,经 QA 检查合格后,挂上相应状态标志。(　　)

9. 不同种药材可以一起洗。(　　)

10. 洗好的药材可以放 3~4 天,然后进行提取或干燥。(　　)

11. 用热风循环烘箱干燥药材时先要打开疏水器旁通阀门,排放掉管道内可能残留的杂物及冷凝水,然后再开蒸气。(　　)

12. 用炒药机炒药时,旋转方向为顺时针方向,出料方向为逆时针方向。(　　)

13. 粉碎中药材,不用开启循环水。(　　)

14. 清场完毕后,经班组长检查合格即可。(　　)

15. 热风循环烘箱应设定干燥温度和报警温度。(　　)

16. 接通电源,启动万能粉碎机,正常运转 1~2 分钟后,即可加料粉碎。(　　)

17. 干燥前,只需检查干燥间有无"已清洁"状态标志以及上批生产清场合格证副本即可进行生产。(　　)

18. 炒药机清洁时,拆下进出料门,并用饮用水将其清洗干净。(　　)

19. 清洗地面时,用 0.5% 新洁尔灭清洗干净。(　　)

20. 每班生产结束应认真填写批生产记录和清场记录。(　　)

21. 真空泵的停车顺序为:①关闭进气管上的阀门。②关闭电动机。③关闭补充水管阀门。(　　)

22. 往双效浓缩器的一、二效进料时,液面不宜过高,液面盖过加热器管板 50~100mm 左右,以免跑料。(　　)

23. 当药液浓缩到工艺要求的比重后,真空表没有回零时,可以直接放料。(　　)

24. 在防爆区严禁抽烟,严禁打手机,严禁携带火种。(　　)

25. 当罐内达到需要温度时,减少蒸汽,循环水冷却使酒精回流。(　　)

26. 酒精回收时,蒸气压力一般为 0.08~0.15MPa,精馏釜温度一般为 80℃~

85℃。（   ）

四、简答题

1. 中药材和中药饮片的质量控制项目至少应当包括哪些内容?

2. 简述多功能提取罐的操作过程。

3. 简述中药提取水提醇沉和醇提水沉的操作过程。

4. 大孔树脂应用的特点。

5. 多效蒸发的流程。

6. 喷雾干燥的优点。

思考题答案

模块一 生产过程的质量管理

一、名词解释

（1）偏差管理：指对生产或检验过程中出现的或怀疑存在的可能会影响产品质量的偏差的处理程序。

（2）变更：指即将准备上市或已获准上市的药品在生产、质量控制、使用条件等诸多方面提出的涉及来源、方法、控制条件等方面的变化。

（3）设计确认：有文件记录的对厂房、设施、设备等的设计所进行的审核活动。

（4）再验证：系指一项生产工艺、一个系统或设备或者一种原材料经过验证并在使用一个阶段以后，证实其"验证状态"没有发生漂移而进行的验证。

（5）质量风险管理：是质量管理方针、程序及规范在评估、控制、沟通和回顾风险时的系统应用。

二、填空题

（1）质量管理体系、质量保证系统、文件体系。

（2）组织机构、文件系统、取样、检验。

（3）回顾性验证、前验证、再验证、分析方法验证、同步验证。

（4）质量管理部门、一年 。

（5）生产处方、生产操作要求、包装操作要求。

（6）存在风险的级别。

三、单项选择题

1. B 2. D 3. C 4. D 5. B 6. B

四、多项选择题

1. ABCD 2. ABDE 3. ABC 4. ABCD 5. ABCDE 6. ABCDE

五、简答题（略）

模块二　空气净化系统的运行与管理

一、单选题答案

1. A　2. D　3. B　4. B　5. D　6. A　7. A　8. D　9. C　10. A

二、多选题答案

1. ABCD　2. ABC　3. ABCD　4. ABCD　5. ABC

6. BCD　7. ABCD　8. ABCD　9. ABD　10. ABCD

三、名词解释

1. 单向流：指空气朝着同一个方向，以稳定均匀的方式和足够的速率流动，单向流能持续清除关键操作区域的颗粒。

2. 高效过滤器：在额定风量下，对粒径大于或等于 $0.3\mu m$ 粒子的捕集效率在 99.97% 以上及气流阻力在 245Pa 以下的空气过滤器。

3. 洁净室（区）：空气悬浮粒子浓度受控的限定空间。它的建造和使用应能减少空间内诱入、产生及滞留粒子。空间内其他有关参数如温度、湿度、压力等按照要求进行控制。

4. 气闸室：设置在洁净室出入口。阻隔室外或邻室污染气流和压差控制而设置的缓冲间。

5. 空态测试：指洁净室空调净化系统已处于正常运行状态，室内没有工艺设备和生产人员的情况下进行的测试。

四、简答题（略）

模块三　制药用水系统运行与管理

一、单选题答案

1. A　2. D　3. A　4. A　5. B　6. C　7. C　8. B　9. B　10. A

二、多项选择题

1. ABC　2. ABC　3. AB　4. AB　5. ABCD　6. ABC　7. ACD　8. ABC

三、名词解释（略）

四、简答题（略）

模块四　压缩空气岗位实训

简答题（略）

模块五　化学原料药生产实训

一、填空题

1. 活性物质、制剂、化学合成、从天然物质提取。
2. 安全性、有效性、含量、纯度。
3. 无菌原料药、非无菌原料药、无菌检查项目。
4. 上岗前、继续。
5. 科学合理的设计、人员、物料、生产设。
6. 有效性、杂质水平、相关理化性质。
7. 合成反应、过滤、结晶、离心、干燥、过筛、包装。
8. 反应设备、萃取及浸取设备、结晶设备、离心过滤设备、干燥设备。
9. 关键、起始原料、重要的试剂、催化剂、精制用溶剂。
10. 罐式反应器、反应过程有易污染物料进入。
11. 液—液、液—固、叶型、搅拌强度。
12. 液相、固相。
13. 有效成份、转移、料液、原位清洗。
14. 批生产、批包装、批检验。
15. 内容真实、字迹清晰。
16. 交叉污染。
17. 密闭、污染。
18. 效果验证、原位灭菌系统、人工操作、污染。
19. 清洁、污染物。
20. 加热液、冷却剂、中间产品。

模块六　生物制药生产实训

一、A 型题

1. C　2. D　3. C　4. B　5. C　6. D　7. A　8. D　9. B　10. A　11. B　12. A　13. D
14. A　15. B　16. A

二、B 型题

1. A 2. B 3. D 4. C 5. E 6. E 7. B 8. C 9. A 10. B 11. E 12. D

三、X 型题

1. ABCD 2. AB 3. AD 4. ABC 5. ABC 6. BC 7. BC 8. ABCD 9. AD 10. BC

四、名词解释

1. 生物制药：是利用生物体、生物组织、细胞或其成分，综合应用生物学与医学、生物化学与分子生物学、微生物学与免疫学、物理化学与工程学和药学的原理与方法加工制造而成的一大类用于预防、诊断、治疗和康复保健的制品。

2. 批号：

3. 关键工序：

4. 物料平衡：

5. CIP：即原位清洗或定置清洗，是一种按照一定的程序通过泵和管道输送水和清洗液，不移动位置、不拆解生产设备就可以达到清洗目的全自动或半自动清洗系统。

6. SIP：即在线灭菌，是指系统或设备在原安装位置不作拆卸及移动的条件下进行的灭菌工作。

7. 盐析：大量中性盐在溶解时争夺了蛋白质颗粒表面的水化层，解离后又中和了蛋白质分子表面的电荷，稳定蛋白质亲水胶体的两个因素被破坏，使蛋白质颗粒聚集沉淀。

8. 接种：

9. 超滤：是一种加压膜分离技术，即在一定的压力下，使小分子溶质和溶剂穿过一定孔径的特制的薄膜，而使大分子溶质不能透过，留在膜的一边，从而使大分子物质得到了部分的纯化。

10. 液相层析：是利用混合物中各组分物理化学性质的差异（如吸附力、分子形状及大小、分子亲和力、分配系数等），使各组分在两相（一相为固定的，称为固定相；另一相流过固定相，称为流动相）中的分布程度不同，从而使各组分以不同的速度移动而达到分离的目的。

五、填空题

1. 无菌过滤法、0.22 μm、除菌过滤器、无菌

2. 1、3

3. 洗液种类、浓度、温度、流速

4. 有无菌试验、培养液的显微镜拉查、培养液的生化指标、8～12h、为了缩赤霉素、对氨基苯甲酸

5. 土管、冰箱、液氮罐、超低温冰箱

6. 标准式发酵罐、自吸式发酵罐、高位塔式发酵罐、气升式发酵罐、喷射式叶轮

发酵罐、标准式发酵罐

7. 1

8. 硫酸铵、灭活处理、酸碱中和水泥池

9. 硫酸铵的浓度、pH 值

10. C、A

六、简答题（略）

模块七　中药的提取与精制车间实训

一、名称解释

1. 提取物：指采用适当的溶剂或方法，从某种材料中提出或加工的物质。

2. 渗漉法：将中草药粉末先装在渗漉器中使药材浸渍 24～48 小时膨胀，然后不断加入新溶剂，使其自上而下渗透过药材，从渗漉器下部流出，收集浸出液的一种浸出方法。

3. 浓缩：将药液加热至沸腾并不断移走气化了的溶剂，气化溶剂再经冷却而全部冷凝为液体重复使用的单元过程叫作浓缩或蒸发。

4. 喷雾干燥技术：是在喷雾干燥室内，采用雾化器将原料液化成雾滴，雾化器内有较高温度，空气也属于热空气，因此可形成干燥的粉粒状产品。原料可多种多样，例如溶液、悬浊液、乳浊液等。

二、单项选择题

1. B　2. A　3. D　4. C　5. D　6. B　7. B　8. A　9. B　10. B
11. A　12. A　13. D　14. C　15. A

三、判断题

1. ×　2. ×　3. √　4. √　5. ×　6. √　7. ×　8. √　9. ×　10. ×
11. √ 12. √ 13. × 14. × 15. √ 16. √ 17. × 18. √ 19. × 20. √
21. √　22. √ 23. × 24. √ 25. √ 26. √

四、简答题（略）